Le monopole de fait

Logiques Juridiques

Fondée par Gérard Marcou

Dirigée par Jean-Claude Némery et Thomas Perroud

Le droit n'est pas seulement un savoir, il est d'abord un ensemble de rapports et pratiques que l'on rencontre dans presque toutes les formes de sociétés. C'est pourquoi il a toujours donné lieu à la fois à une littérature de juristes professionnels, produisant le savoir juridique, et à une littérature sur le droit, produite par des philosophes, des sociologues ou des économistes notamment.

Parce que le domaine du droit s'étend sans cesse et rend de plus en plus souvent nécessaire le recours au savoir juridique spécialisé, même dans des matières où il n'avait jadis qu'une importance secondaire, les ouvrages juridiques à caractère professionnel ou pédagogique dominent l'édition, et ils tendent à réduire la recherche en droit à sa seule dimension positive. À l'inverse de cette tendance, la collection « Logiques juridiques » des éditions L'Harmattan est ouverte à toutes les approches du droit. Tout en publiant aussi des ouvrages à vocation professionnelle ou pédagogique, elle se fixe avant tout pour but de contribuer à la publication et à la diffusion des recherches en droit, ainsi qu'au dialogue scientifique sur le droit. Comme son nom l'indique, elle se veut plurielle.

Dernières parutions

Pierre-Marie Reynal, *De la fiction constituante*, 2020
Amer TABBARA, *Les actions de groupe dans le contentieux international*, 2020.
Mathieu BAUCHARD, *Emmanuel Macron et l'imposition de la richesse, La politique fiscale des hauts revenus et patrimoines entre 2019 et 2019*, 2020.
Boris BARRAUD, *La prospective juridique*, 2019.
Virginie LANCERON, *La fonction de coordination en droit public,* 2019.
Mohamed Jamal BENNOUNA, *Responsabilité civile extracontractuelle et assurance des constructeurs, Droit comparé*, 2019.
Yaya DIALLO, *Les sûretés et garanties réelles dans les procédures collectives,* 2019.
Sangoné THIAM, *Droits de la défense et enquête policière*, 2019.
Georges-Philippe ZAKHOUR, *Les investissements étrangers, Droit application et tribunal compétent*, 2019.
Rachid EL BAZZIM, *Conseil de la concurrence au Maroc*, 2019.
Bienvenu OKIEMY, *L'OMC, une ingénierie juridique et commerciale à reconfigurer*, 2019.

Alice PHILIPPE

Le monopole de fait

Préface de Lucien RAPP

L'Harmattan

5-7, rue de l'Ecole-Polytechnique, 75005 Paris

www.harmattan.fr

ISBN : 978-2-343-19410-3
EAN : 9782343194103

Principales abréviations

ADLC	Autorité de la concurrence
AJDA	L'actualité juridique, Droit administratif
AJCA	Actualité juridique contrats d'affaires
Arafer	Autorité de régulation des activités ferroviaires et routières
Arcep	Autorité de régulation des communications électroniques et des postes
c/	contre
CNR	Conseil national de la Résistance
coll.	collection
cons.	considérant
CJCE	Cour de justice des communautés européennes
CJUE	Cour de justice de l'Union européenne
Cons. const.	Conseil constitutionnel
Cons. conc.	Conseil de la concurrence
CURAPP	Centre Universitaire de Recherches Administratives et Politiques de Picardie
coord.	Coordonné par
D.	Recueil Dalloz
dir.	dirigé par, directeur(s) de publication
éd.	édition
ibid.	*ibidem* / au même endroit
id.	*idem* / identique
in	dans
JA	Juris associations
JCl	Juris-Classeur
n°	numéro(s)
Nouv. cah. Cons. Const.	Les nouveaux cahiers du Conseil constitutionnel (suite des Cahiers du Conseil constitutionnel)
not.	notamment
op. cit.	*opere citato* / cité précédemment
p.	page(s)
s.	suivant(e.s)
Petites aff.	Les petites affiches. La loi : le quotidien juridique

PUF	Presses universitaires de France
RDA	Revue de droit d'Assas
RDP	Revue du droit public de la science politique en France et à l'étranger
REM	La revue européenne des médias et du numérique
Rev. éco.	Revue économique
Rev. éco. pol.	Revue d'économie politique
Rev. soc.	Revue des sociétés
RFDA	Revue française de droit administratif
RIDE	Revue internationale de droit économique
RJEP	Revue juridique de l'économie publique
RLC	Revue Lamy de la concurrence
RTD Civ.	Revue trimestrielle de droit civil
RTD Com.	Revue trimestrielle de droit commercial
RTD. Eur.	Revue trimestrielle de droit européen
RSC	Revue de science criminelle et de droit pénal comparé
t.	tome
vol.	volume
QPC	question prioritaire de constitutionnalité

PREFACE

Voilà bien un ouvrage, qui comble opportunément une lacune de la connaissance en droit économique français. Et voilà une auteure qui mérite pleinement le compliment que son directeur de recherches lui renouvelle, en incitant le lecteur à parcourir de belles pages d'analyses fouillées, écrites dans un style incisif et toujours accessible, sur un sujet fascinant.

Qu'est-ce qu'un monopole de fait, au-delà de sa non-reconnaissance par un texte législatif, à la différence du monopole de droit ? Le monopole de fait justifie-t-il cet excès d'indignité qui transpire des termes de l'alinéa 9 du Préambule de la Constitution du 27 octobre 1946 et la sanction radicale qu'ils lui infligent : sa collectivisation ? L'expression elle-même, indéfectiblement attachée à ce dernier texte et au programme de la Résistance qui l'inspire, aurait-elle conservé une actualité à l'heure des plateformes numériques, des marchés double-face et de la demande politique, ici ou là, à Washington, Londres ou Bruxelles, de leur démantèlement ? Ce sont là quelques-unes des questions posées quatre ans plus tôt à Alice Philippe, jeune major de sa promotion du M2 Droit public des affaires de l'Université Toulouse-Capitole et nantie d'une allocation de recherches de l'Ecole doctorale. Elle n'était visiblement préparée ni à son classement, qui pourtant couronnait un parcours brillant, ni à ce financement providentiel qui l'incitait à engager un travail de recherches en vue de la soutenance d'une thèse pour le doctorat en droit. Pourtant, elle n'était pas au bout de ses peines, en découvrant le sujet de thèse qui lui était proposé. A en juger par les apparences, il fût à l'origine d'un moment de désarroi, vite compensé par la conviction affichée qu'il y avait là un défi à relever pour une jeune femme décidée et un sourire crispé qui tentait de donner le change sans réellement y parvenir.
En quelques mois, l'essentiel de la recherche était accompli, un plan se dégageait, les premiers développements étaient rédigés. Et en peu plus de trois ans, la thèse était là, prête à être soutenue. Il s'agit bien d'une performance que le jury de soutenance ne manquera pas de relever entre autres compliments adressés à Alice Philippe.

C'est assurément un travail de pionnier réalisé aux sons du canon et du clairon pour reprendre l'adage boursier selon lequel on vend au son du clairon et on achète au son du canon. A la vérité, on ne « vend » pas un tel travail, on se « vend » à travers lui. Et par la qualité de sa recherche et de sa réflexion, on « achète » la sympathie du lecteur. Nul doute que ce dernier n'en sera pas avare, s'il a ouvert cet ouvrage, sur la seule foi de son titre.
Et s'il est expert, historien, gestionnaire, économiste ou juriste, il y trouvera bien des aliments pour sa propre réflexion. En voici quelques-uns, à peine esquissés, en manière de prolégomènes, aux confins du droit et de l'économie,

dans cette zone-estuaire où le droit donne à l'économie, comme l'océan à la rivière, « un long baiser salé » (Richard Galliiano).

Précisément, au commencement des rapports subtils du droit et de l'économie se trouve le monopole. Qu'il soit de droit ou de fait, il est l'ennemi.

Le monopole est en effet la marque d'un monde d'incitations prétendument faibles. Le monopoliste vit d'une rente qu'il a confisquée et sur laquelle il prospère, aux détriments

- du consommateur (usager ou client), qui supporte *in fine* l'intégralité du coût et partant, du risque de la prestation qu'il lui fournit ;
- des pouvoirs publics, condamnés à le laisser tisser, hors de leur contrôle, une toile d'opacités, sous couvert de péréquation ou de subventions croisées.

C'est pourquoi, en droit français, le monopole appelle la sanction radicale qu'exprime en termes très directs et presque comminatoires sinon violents, l'alinéa 9 précédemment évoqué : « Tout bien, toute entreprise, dont l'exploitation a ou acquiert les caractères d'un service public national ou d'un monopole de fait, doit devenir la propriété de la collectivité ». La formule sonne comme un injonction, dépourvue de toute ambiguïté : le monopole justifie l'appropriation publique, comme si le postulat de bienveillance de l'Etat qui la sous-tend et l'explique, suffisait, d'un seul coup, à purger le monopole de tous ses défauts.

L'alternative à l'appropriation publique est la démonopolisation qui, elle, suppose la concurrence.

Mais il faudrait être naïf pour penser que la concurrence se décrète et qu'une loi supprimant le monopole ou le déclarant hors la loi, puisse suffire. La construction d'une situation de marché, libre et concurrentiel aux lieu et place d'un régime de monopole, est une longue marche qui implique plusieurs étapes et avec elles, plusieurs années.
Combien de politiques de démonopolisation, même progressives, expérimentant par exemple le duopole pendant une période intermédiaire, ont ainsi échoué pour l'avoir ignoré. Il faut en passer par la régulation sectorielle, qui implique la sanctuarisation provisoire d'une activité par sa soumission à un régime spécifique, la mise en place transitoire d'un régulateur propre, un contrôle strict des pratiques de l'opérateur historique pour tenter de corriger les abus de dominance. Et ce n'est que lorsque les entrants ont fait leur place que l'on peut songer à une régulation concurrentielle dont la phase ultime est la sanction par le juge de comportements jugés anticoncurrentiels, parce que contraires aux intérêts du consommateur. Cette sanction est prononcée *in fine*

pour la violation de droits reconnus à ce dernier, qu'il faut donc consacrer un à un dans l'intervalle, en même temps que la régulation concurrentielle est mise en place.

Encore faut-il que le marché établisse « sa » loi et pour cela, que la concurrence soit parfaite.

La difficulté vient de ce que les économistes nous enseignent qu'elle ne l'est que rarement, ne serait-ce que parce que l'information sur les coûts, les choix technologiques, l'état de la demande est confiscable, sinon effectivement confisquée. Cette information ne circulant pas librement, elle crée une situation d'asymétrie entre opérateurs économiques.

La concurrence serait donc le plus souvent imparfaite.

Elle le serait à raison

- du déséquilibre entre opérateurs, qui ne sont pas tous également informés et, fait plus grave du point de vue de l'économie de marché, d'un déséquilibre plus inquiétant entre les opérateurs qui se livrent concurrence sur le marché de référence et le régulateur lui-même qui est chargé de veiller à son bon fonctionnement ; un opérateur dominant a généralement une meilleure connaissance de l'environnement du marché que ses concurrents et le régulateur ; on pourrait presqu'avancer qu'il est dominant et qu'il le reste, parce qu'il est mieux informé qu'eux ;
- de l'opacité du marché lui-même, qui peut, elle-même, être créée de toute pièce par cet opérateur dominant, en organisant ainsi les conditions d'apparition de ce que les économistes appellent un aléa moral. Fontenelle ne disait-il pas la même chose à la fin de sa vie, lorsqu'il remarquait : « Si j'avais les mains pleines de vérités, je me garderais bien de les ouvrir ». Ce à quoi, rosse, Voltaire répondait dans sa Lettre à Helvetius (1763) : « Quand il disait que s'il avait la main pleine de vérités il n'en lâcherait aucune, c'était parce qu'il en avait lâché; et qu'on lui avait donné sur les doigts. » (Édit. Garnier, t. XLII, p. 570.)

On comprend que la fluidité du marché postule la circulation de l'information, garante d'une situation de concurrence idéalement parfaite. C'est au moins ce que les juristes toulousains ont appris de leurs collègues économistes … A commencer par Jean-Jacques Laffont et à sa suite, Jean Tirole, prix Nobel d'économie 2014.

A ce point du raisonnement, on pense être loin du droit. A la vérité, on est au cœur des relations du droit et de l'économie. C'est par exemple l'un des apports majeurs des directives du 26 février 2014 relatives aux marchés publics et aux contrats de concession et de leurs textes nationaux de transposition, articulés en France autour des deux ordonnances des 23 juillet 2015 et du 29 janvier 2015 et désormais, depuis le 1er avril 2019 du Code de la commande publique. L'obligation de communication régulière de données de la part de l'attributaire comme du pouvoir adjudicateur, le principe d'égale concurrence qui s'applique tout particulièrement à l'opérateur sortant, candidat à sa succession, la durée limitée des contrats et leurs mises en concurrence régulières, l'encadrement laborieux des modifications éventuelles des contrats … tout cela relève d'un effort méritoire de régulation des pratiques contractuelles et de fluidité « du » et - sans prétendre jouer avec les mots -, « des » marché(s) de la commande publique.

Encore s'agit-il ici de régulation prédictive, prenant la forme d'obligations textuelles assorties de sanctions. Or, on connait par expérience les limites de ce type de régulation, singulièrement si son bien-fondé et son utilité ne sont pas partagés par l'ensemble des parties prenantes. La régulation prédictive, c'est la porte ouverte à de nombreuses externalités, qui ne sont que rarement positives. C'est le contrôle judiciaire des licenciements, qui cherche à infléchir le comportement des employeurs, en se montrant intraitable sur le respect des causes admises ou des procédures définies par le législateur, au risque d'oublier que tout excès de sévérité est le plus sûr moyen de décourager l'embauche et de creuser la courbe du chômage.

Voilà qui fait la vertu de la régulation incitative.

La régulation incitative, c'est

- la préférence pour le rééquilibrage des tarifs, voire le partage des gains, qui responsabilisent l'entreprise cocontractante,
- le droit et l'économie de la concurrence qui mesurent les pouvoirs de marché et les corrigent, généralisant la mise en concurrence, privilégiant la transparence dans l'attribution d'un droit de desservir ou l'accès au réseau, veillant à la concurrence pour le marché, autant qu'à la concurrence dans le marché,
- la « compliance » ou le « nudge » ; en d'autres termes, l'inflexion des comportements par une régulation fine, ex ante ou ex post selon les cas, que cette régulation soit le fait d'une autorité administrative, d'une agence ou d'un juge, dès lors qu'ils sont réellement indépendants c'est-à-dire non capturables par les pouvoirs publics comme par les opérateurs sur le marché ; mieux : que cette régulation confine à l'auto-régulation, qui n'est que l'internalisation de la règle de droit par son sujet.

Ainsi conçue, la régulation incitative fournit une excellente approche des contrats publics et de leur droit, pour revenir à leur exemple, approche trop souvent ignorée des juristes. Elle peut conduire à de nouvelles typologies, plus riches de sens, telles que celle

- de contrats à incitations faibles, lorsque le cocontractant est compensé par un prix fixe résultant d'une procédure de mise en concurrence attentive aux risques de collusions entre opérateurs comme aux offres anormalement basses ou par des subventions, qui se limitent à une prise en charge, strictement proportionnelle, de déséquilibres qui ne peuvent être laissés à la charge de l'attributaire (imprévision, circonstances imprévues ou exceptionnelles, cas fortuit) ou de surcoûts provoqués par l'exercice de prérogatives de puissance publique (modifications unilatérales, résiliation pour motif d'intérêt général) ; on aura reconnu les marchés publics et certains contrats de concession (régie intéressée, affermage)
- de contrats à incitations fortes, lorsque le cocontractant est récompensé par une rémunération variable, assise sur les risques qu'il prend et qu'il doit in fine accepter d'assumer au cas de mauvaise gestion ; c'est toute l'économie subtile d'un contrat de concession de travaux ou de services ou d'un marché de partenariat.

« Subtile » en effet, la relation contractuelle qui unit le pouvoir adjudicateur (comme l'autorité adjudicatrice) à son cocontractant, singulièrement lorsqu'elle s'exécute dans le temps. Et « subtile » plus encore, la définition des règles qui vont l'encadrer pour tenter d'en corriger tous les excès et tous les risques.

Il s'agit une fois de plus d'empêcher la constitution de rentes de situation par

- la confiscation de l'information, qu'il faut ici comprendre comme une connaissance insuffisante par le pouvoir adjudicateur des coûts de son cocontractant, puisqu'ils demeurent sous le contrôle exclusif de ce dernier ;
- la position dominante de l'opérateur, qui déséquilibre la négociation et crée en sa faveur un véritable pouvoir d'influence du cocontractant sur le pouvoir adjudicateur, généralement utilisé en vue de la maximisation des avantages que lui donne le contrat public, à commencer par la perspective de profits.

De tout cela, le travail d'Alice Philippe rend compte, directement ou indirectement, consciemment ou inconsciemment. Et la moindre de ses qualités n'est pas dans les interrogations qu'il suscite. On pose l'ouvrage au détour d'une page et l'on se prend à réfléchir à ses prolongements. Ce n'est donc pas un ouvrage qu'on lit distraitement comme on le ferait d'un roman. Et l'expert aurait tort de le juger sur ses seules imperfections. Cet ouvrage est un canevas qui soutient la pensée sur le chemin difficile des relations du droit et de l'économie.

Il convient de le redire : une thèse vaut davantage par les questions qu'elle pose que par les réponses qu'elle apporte. Celle d'Alice Philippe en est une illustration dont de nombreux doctorants pourront s'inspirer.

Pourtant à l'heure où ces lignes sont écrites (décembre 2019), Alice Philippe s'apprête à tourner la page d'un projet de carrière académique. Peut-être n'y était-elle entrée que par hasard ? Elle s'inscrit au Barreau et mettra son talent au service de causes qui la mobiliseront de manière sans doute plus utile pour la société et plus lucrative pour elle. Du moins peut-on le lui souhaiter. Il s'agit là d'un choix personnel qui lui appartiendrait, s'il n'invitait les universitaires à réfléchir au mauvais sort qui est fait depuis trop d'années désormais, aux meilleurs de leurs étudiants. Il est déjà difficile de les décider à entreprendre un travail de recherches. Quand ils sont financés, la rémunération qui leur est servie est sans comparaison avec les salaires d'embauche de jeunes cadres supérieurs ou les rétrocessions des collaborateurs de cabinets internationaux. Était-il nécessaire de les contraindre au parcours du combattant de tout docteur, une fois sa qualification obtenue du CNU : cette litanie d'auditions en vue de la maitrise de conférences, toutes laissées à la seule charge financière de jeunes talents désargentés ? Et quand ils décident de s'inscrire au concours d'agrégation, est-il opportun de leur infliger cette souffrance additionnelle d'une misère de quelques postes ouverts au concours ?
On sent la nécessité de réformes urgentes, sauf à laisser se détruire un édifice qui ne tient encore que par une somme quotidienne de dévouement, de convictions, d'abnégation, de foi au sens que Péguy donnait à ce mot. Malgré tout, cet édifice contribue au rayonnement de l'école française du droit et c'est de ce rayonnement que dépend la défense des intérêts de nos entreprises sur les marchés internationaux. L'oublierait-on ?

Une nouvelle fois, la recherche a donc perdu l'un de ses espoirs. Les praticiens y gagnent au change, en accueillant une intelligence vive et ordonnée, qui se déploiera dans les prétoires ou les cabinets ; elle est celle que reflètent les pages qui suivent. On envie le lecteur qui s'apprête à les découvrir comme le préfacier l'a fait, il y a quelques mois. Il est assuré de passer quelques bons moments, qui le réconcilieront, sans nul doute, avec la jeunesse actuelle : elle est finalement, de foi d'universitaire, la seule querelle qui vaille dans un monde qui l'a jusqu'ici trop souvent méprisée.

Lucien Rapp
Professeur à l'Université Toulouse-Capitole
Professeur affilié à HEC Paris

INTRODUCTION

« *Tout bien, toute entreprise, dont l'exploitation a ou acquiert les caractères d'un service public national ou d'un monopole de fait, doit devenir la propriété de la collectivité* ».

1. C'est en ces termes que le neuvième alinéa du Préambule de la Constitution du 27 octobre 1946 consacre le monopole de fait. Dans la droite ligne de la Déclaration de 1789[1], il illustre la volonté des constituants d'alors, à réaliser la démocratie économique et sociale en France. Cette disposition n'aurait aujourd'hui qu'un caractère historique si elle n'avait été incluse, avec l'ensemble du Préambule de la IVe République, dans le bloc de constitutionnalité[2], qui sert régulièrement de fondement aux décisions du Conseil constitutionnel.

2. Pourtant, à bien y réfléchir, sous la simplicité de la formulation et l'évidence de son articulation, c'est une disposition qui ne doit pas laisser d'interroger : elle oblige à recourir à une sanction radicale et presque automatique, l'appropriation collective d'un bien ou d'une entreprise dès lors qu'ils sont en situation de monopole de fait ; cela sans que l'expression n'ait fait l'objet d'une définition explicite. Tel est l'objet de la présente étude et son projet : identifier le monopole de fait, en cerner les contours et poser la question de la pertinence de la solution proposée pour en régler le régime juridique.

3. Il faut au préalable préciser le champ de l'étude (I) et les intérêts qu'elle présente (II). Une proposition d'identification du monopole de fait sera donnée, que l'on se propose de vérifier dans les développements, c'est la thèse soutenue qui sera précisée (III). Les difficultés de l'étude seront ensuite précisées (IV) ainsi que les méthodes retenues pour y remédier (V). Enfin, la problématique sera exposée ainsi que le plan de l'étude (VI).

---

[1] Déclaration des droits de l'homme et du citoyen, 26 août 1789.

[2] Cons. const., déc. n° 71-44 DC, Loi complétant les dispositions des articles 5 et 7 de la loi du 1er juillet 1901 relative au contrat d'association.

L'introduction de la question prioritaire de constitutionnalité (QPC) ne fait que rappeler la valeur sociétale de la Constitution. En effet, selon Dominique ROUSSEAU, « *Cette conception de la constitution-expression de la société s'est effacée lorsque s'est imposée, tout au long du XIXe siècle, l'idée qu'elle était seulement le statut particulier des gouvernants ; elle réapparaît logiquement aujourd'hui avec l'émergence et le développement de la justice constitutionnelle qui contribue à déployer la Constitution sur l'ensemble des activités sociales.* », ROUSSEAU (D.), « Le droit constitutionnel continue : institutions, garantie des droits et utopie », *RDP*, 2014, n° 6, p. 1517.

I. Champ de l'étude

4. Le Préambule de la Constitution du 27 octobre 1946. Le neuvième alinéa est une disposition centrale dans le dispositif constitutionnel de la IVe République. Si « *toute règle de droit repose sur une certaine idée de l'homme et de la société, c'est-à-dire sur une idée politique au sens le plus large et le plus élevé du terme* »[3], le Préambule de 1946 fait alors figure de proue. Il est empreint d'idées fortes, qui mêlent à la fois « *des libertés traditionnelles, pouvoirs de faire, et des créances sur la société, pouvoirs d'exiger* »[4], il s'inscrit dans la continuité de la Déclaration des droits de l'homme et du citoyen[5] et a pour objet la société[6]. Le Préambule de 1946 constitue un contrat de société[7].

5. La valeur constitutionnelle du Préambule ne peut être aujourd'hui niée, quand le débat subsisterait sur le fait de savoir s'il régénère les droits de

---

[3] RIVERO (J.), « Idéologie et techniques dans le droit des libertés publiques », *Mélanges J.-J. Chevallier*, Editions Cujas, Paris, 1978, p. 247.

[4] RIVERO (J.), « Idéologie et techniques dans le droit des libertés publiques », *op. cit.*, p. 255. L'auteur précise que : « *Les "pouvoirs d'exiger" de la première génération, celle du Préambule de 1946, avaient comme débiteur principal l'État. [...]. La satisfaction des nouveaux pouvoirs d'exiger ne dépend qu'indirectement du service public : elle suppose une discipline des comportements privés plus encore que des comportements publics. [...] C'est contre le pouvoir que la tradition libérale entendait protéger la liberté, c'est contre "les autres", tous les autres hommes, que doivent être protégés les droits nouveaux reconnus à chacun* », p. 556.

[5] SUEUR (J.-J.), « Régénération des droits de l'homme et/ou consécration de droits nouveaux ? », *in Le Préambule de la Constitution de 1946 : antinomies juridiques et contradictions politiques*, CURAPP, PUF, Paris, 1996, p. 139 : « *À l'instar des hommes de 1798, les constituants de 1946 ont une claire conscience de leur place dans l'histoire et des chances (limitées) de réalisation de leur projet politique. [...] Le droit constitutionnel et le droit constitutionnel des droits de l'homme sont, de la même manière, un droit d'accompagnement du changement social, à la fois droit de transition et droit transitoire.* ».

[6] Comme le relève ROUSSEAU (D.), « L'objet de la Constitution, ce n'est pas l'État, mais la société », *Critique*, 2012/5, n° 780, p. 434 : « *L'objet de la Constitution n'est pas l'État, mais la société, et je dirais même, au sens premier du mot* constitution, *quand on dit de quelqu'un qu'il a une bonne constitution, qu'il se porte bien. C'est le texte qui constitue la société en tant que société. Tant que la Constitution n'existe pas, il n'y a pas de société, il n'y a que des individus ; la Constitution fait advenir ce qu'elle énonce : la société politique. On est face à cette magie du texte qui fait que des gens qui sont séparés se voient tout à coup comme formant un peuple.* ».

[7] Formule empruntée, voir not. : *Le Préambule de la Constitution de 1946 : un contrat de société ?*, Colloque Droit et démocratie, La documentation française, Paris, 1994. Voir également sur le couple État et société civile : *La société civile*, CURAPP, PUF, 1986.

l'Homme ou consacre des droits nouveaux, dits de solidarité[8]. Il est en fait, à mi-chemin[9]. Ils consacrent des droits nouveaux pour revendiquer la démocratie[10] économique et sociale et la liberté et l'égalité qu'elle implique[11]. S'agissant du neuvième alinéa, il met en lumière à la fois l'antinomie juridique et la contradiction politique[12] entre le Préambule de 1946 et la DDHC[13]. Le

---

[8] SUEUR (J.-J.), « Régénération des droits de l'homme et/ou consécration de droits nouveaux ? », *op. cit.*, p. 131. Ces droits de solidarité connaissent un premier essor dans le Préambule de la Constitution du 4 novembre 1848.
Sur cette notion de solidarité, voir également : CHEVALLIER (J.), COCHART (D.), HAROCHE (C.) et al., *La solidarité : un sentiment républicain ?*, CURAPP, PUF, 1992 ; BOURGEOIS (L.), *Solidarité*, Armand Colin, Paris, 1896 : « *[...] les hommes sont, non des êtres isolés, mais des* êtres associés *; au point de contact, ces libertés, se limitant l'une l'autre, ne doivent point se heurter, se faire échec et s'entre-détruire, mais au contraire, comme des forces de même sens appliquées à un point commun, elles doivent se composer en résultantes, qui accroîtront le mouvement du système tout entier.* », p. 100 (nous soulignons).

[9] SUEUR (J.-J.), « Régénération des droits de l'homme et/ou consécration de droits nouveaux ? », *op. cit.*, p. 131 : « *Le Préambule résume [...] et synthétise, à sa manière, ce que nous suggérons d'appeler la problématique de la nouveauté en matière de droits de l'homme : décrire comme "nouveau" ce qui n'est, en réalité, qu'une revendication inaboutie.* ».

[10] Sur la démocratie voir not. : RIPERT (G.), *Le régime démocratique et le droit civil moderne*, LGDJ, Paris, 1936, voir particulièrement les réflexions relatives à l'égalité, p. 92 et s. L'auteur affirmait alors que « *c'est justement parce que la vie moderne affirme l'inégalité qu'il est nécessaire de maintenir le dogme égalitaire.* », p. 93.

[11] Comme le relève le doyen Vedel : « *Dans la démocratie traditionnelle, la liberté est essentiellement la faculté pour chacun de n'être pas, dans sa pensée, dans l'expression de cette pensée et jusqu'à un certain point dans ses comportements, en accord avec le pouvoir, fût-il l'émanation d'une majorité. [...] En regard de cette conception classique de la liberté se dresse un système du monde [...] selon ce système, une réflexion sur la liberté convaincrait que le sentiment de souffrance et d'insécurité que l'on croit inséparable de celle-ci n'est peut-être inséparable que d'un état social radicalement mauvais.* », VEDEL (G.), « Existe-t-il deux conceptions de la démocratie ? », *Pages de doctrine*, Vol. 1, LGDJ, 1980, p. 206.

[12] QUIOT (G.), « Service public national et liberté d'entreprendre », *in Le Préambule de la Constitution de 1946 : antinomies juridiques et contradictions politiques*, CURAPP, PUF, Paris, 1996, p. 187 et s.
Selon l'auteur l'antinomie juridique serait liée au fait que « *la prescription de l'alinéa 9, en ce qu'elle impose le transfert à la collectivité de certains biens et entreprises et interdit en conséquence l'exploitation de ceux-ci par des particuliers contrarierait les dispositions de la Déclaration des droits de 1789 relatives à la liberté et à la propriété* » ; alors que la contradiction politique reposerait sur le fait que le neuvième alinéa « *impose la collectivisation des biens et entreprises [...] (et) serait d'inspiration socialiste, alors que la réaffirmation des droits et libertés consacrés par la Déclaration de 89 dont est porteur l'alinéa 1 postulerait l'attachement à l'individualisme libéral et aux principes du libéralisme économique.* ».

[13] QUIOT (G.), « Service public national et liberté d'entreprendre », *op. cit.*, p. 188.

Préambule de 1946 est un texte de compromis[14]. Il reflète la volonté de bâtir[15] une véritable démocratie, dans toutes ses composantes[16]. Conformément aux préceptes de la solidarité, doctrine qui repose sur le constat qu'« *il y a entre chacun des individus et tous les autres un lien nécessaire de solidarité.* »[17].

6. Le neuvième alinéa, ainsi présenté, est d'une portée symbolique rare, mais comparé aux autres[18], il semble dénué de portée normative, alors que l'on considère que cette disposition a fondé les nationalisations. L'idée qu'il évoque c'est que le monopole de fait est un obstacle à la réalisation de la démocratie économique et sociale, car il est vecteur d'inégalité. C'est pourquoi la solution d'appropriation collective proposée est radicale, conforme à l'idée selon laquelle « *le pouvoir économique doit être aux mains de la masse des citoyens et non confisqué par des minorités.* »[19]. Le recours à l'appropriation collective met l'accent sur l'évolution de la démocratie économique entre 1798 et 1946 ; évolution qui a fait se demander au doyen Vedel ce qu'il s'était passé « *pour que la réalisation de la démocratie économique, qui semblait alors liée à l'avènement du libéralisme, apparaisse aujourd'hui dépendre de la réalisation du socialisme ?* »[20]. La persistance des monopoles de fait est un élément de réponse.

---

[14] Voir pour une étude approfondie des idées politiques et des débats suscités par le Préambule, dans les deux assemblées constituantes de 1946 : PELLOUX (R.), « Le Préambule de la Constitution du 27 octobre 1946 », *RDP*, 1947, p. 372.
Le compromis politique sous-jacent « *explique non seulement les formules du Préambule, mais son esprit, sa structure et son existence même.* », RIVERO (J.), VEDEL (G.), « Les principes économiques et sociaux de la Constitution : Le préambule », *Pages de doctrine*, vol. 1, LGDJ, Paris, 1980, p. 93.

[15] VEDEL (G.), « Existe-t-il deux conceptions de la démocratie ? », *op. cit.*, p. 191 : « *Reconstruction intérieure et reconstruction internationale, d'ailleurs étroitement liées l'une à l'autre, réclament un accord fondamental sur le principe du gouvernement des hommes, et, pour tout dire, sur la condition humaine elle-même.* ».

[16] Sans trancher la définition de la démocratie, relevons que « *la divergence entre les conceptions [...] n'est que le reflet du caractère composite de l'idée démocratique elle-même.* », VEDEL (G.), « Existe-t-il deux conceptions de la démocratie ? », *op. cit.*, p. 194.

[17] BOURGEOIS (L.), *Solidarité*, Armand Colin, Paris, 1896, p. 15. L'auteur poursuit : « *c'est l'étude exacte des causes, des conditions et des limites de cette solidarité qui seule pourra donner la mesure des droits et des devoirs de chacun envers tous et de tous envers chacun et qui assurera les conclusions scientifiques et morales du problème social.* ».

[18] Notamment comparé aux sixième et huitième alinéas relatifs à l'action syndicale et à la participation des travailleurs à la détermination de leurs conditions de travail qui ont servi de fondements à plusieurs reprises au Conseil constitutionnel. Voir pour une décision récente où le Conseil constitutionnel précise les conditions d'effectivité du huitième alinéa : Déc. n° 2017-652 QPC du 4 août 2017, Comité d'entreprise de l'unité économique et sociale Markem Imaje [Délai de consultation du comité d'entreprise].

[19] VEDEL (G.), « Existe-t-il deux conceptions de la démocratie ? », *op. cit.*, p. 200.

[20] VEDEL (G.), « Existe-t-il deux conceptions de la démocratie ? », *ibid.*, p. 199-200.

7. La démocratie économique et sociale et la liberté. L'étude du neuvième alinéa c'est, en filigrane, questionner la démocratie. Le désir démocratique est fort après-guerre, et si l'on devait expliquer ce désir, couplé au refus du capitalisme et à l'adhésion au socialisme, on avancerait que la raison « *est hautement honorable : c'est, avant tout, pour une raison morale ; c'est parce que l'ordre capitaliste est inséparable d'une répartition des revenus qu'il n'est pas possible de juger bien équitable.* »[21]. Mais, de coutume juridique, la démocratie n'est ni libérale ni sociale ; elle serait (finalement) constitutionnelle et en tout état de cause, elle correspond à une certaine idée de l'égalité et de la liberté[22].

8. La liberté est à entendre dans son sens moderne, selon la célèbre proposition de Benjamin Constant. Ce dernier distinguait la liberté des Anciens de la liberté des Modernes. Il précisait en effet que « *Le but des anciens était le partage du pouvoir social entre tous les citoyens d'une même patrie. C'était là ce qu'ils nommaient liberté. Le but des modernes est la sécurité dans les jouissances privées ; et ils nomment liberté les garanties accordées par les institutions à ces jouissances.* »[23]. La liberté des Anciens c'est bien la liberté politique. Dans son sens moderne, la liberté « *(c)'est pour chacun le droit de n'être soumis qu'aux lois, de ne pouvoir être ni arrêté, ni détenu, ni mis à mort, ni maltraité d'aucune manière, par l'effet de la volonté arbitraire d'un*

---

[21] LAVERGNE (B.), « La forme coopérative des nationalisations », *in Les nationalisations en France et à l'étranger*, JULLIOT DE LA MORANDIERE (L.), BYE (M.) dir., Recueil Sirey, Paris, 1948, p. 64. L'auteur précise par ailleurs que « *Le profit capitaliste, de plus en plus, donc, est la conséquence d'un jeu, d'un hasard : de moins en moins il est la récompense d'un effort, d'une initiative personnels. De là vient que le sentiment populaire, qui se trompe sur des points secondaires très souvent, est dans le vrai quand il juge de moins en moins juste de rapporter à des personnalités individuelles, si remarquables soient-elles, les gains parfois énormes, les pertes souvent considérables, que laissent ou qu'infligent les grandes industries actuelles.* ».

[22] Ce qui a été à l'origine de la proposition de l'expression de *demoliberalisme*.
Cette idée de la démocratie se retrouve dans le discours de Jean Jaurès, Pour la laïque, prononcé devant la Chambre des députés en 1910 : « *proclamer que toute personne humaine a un droit, c'est s'engager à la mettre en état d'exercer ce droit par la croissance de la pensée, par la diffusion des lumières, par l'ensemble des garanties réelles, sociales, que vous devez à tout être humain si vous voulez qu'il soit en fait ce qu'il est en vocation, une personne libre.* », JAURES (J.), *Pour la laïque*, Librairie générale française, Paris, 2016.
Voir également : RIPERT (G.), *Le régime démocratique et le droit civil moderne*, *op. cit.*, p. 113 qui énonce : « *Si les hommes sont égaux, aucun homme ne saurait prétendre au pouvoir sur un autre. Les traces de puissance privée qui restent dans nos lois sont insupportables à la sensibilité démocratique, comme marquant la domination de l'homme sur l'homme. La civilisation se doit de détruire de telles puissances.* ».

[23] CONSTANT (B.), « De la liberté des Anciens comparée à celles des Modernes », Discours prononcé à l'Athénée royal de Paris en 1819, *in* Constant (B.), *Écrits politiques*, annotés par GAUCHET (M.), coll. Folio essais, Gallimard, Paris, 1997, p. 603.

ou de plusieurs individus. »[24]. La liberté dans son sens moderne ne correspond plus à la seule liberté politique, elle est profondément individuelle et économique. Les deux sont néanmoins intimement liées. L'égalité des droits doit permettre une égale liberté, un véritable libéralisme politique s'impose[25], une *liberté d'entreprise* en somme, telle que proposée par Hauriou[26].

9. On pressent[27] que le principe fondamental de la démocratie, qu'elle soit considérée sous un angle politique, économique ou social, c'est la liberté, et des Anciens, et des Modernes. Et plus précisément, la liberté avec comme seules limites « *celles qui assurent aux Autres Membres de la Société la jouissance de ces mêmes droits* »[28]. La démocratie en droit c'est la liberté dans l'égalité[29]. Et après-guerre, cet idéal démocratique se double d'une véritable volonté de solidarité sociale. Dans ce système nouveau, « *La liberté de chacun ne connaît pas seulement pour limite la liberté des autres, mais aussi les obligations de solidarité sociale.* »[30]. Il s'agit alors pour assurer un système

[24] CONSTANT (B.), « De la liberté des Anciens comparée à celles des Modernes », *op. cit.*, p. 593-594. Benjamin Constant énonçait déjà dans ce discours que « *Notre liberté, à nous, doit se composer de la jouissance paisible de l'indépendance privée. La part que dans l'antiquité chacun prenait à la souveraineté nationale n'était point, comme de nos jours, une supposition abstraite. [...] Chacun sentant avec orgueil tout ce que valait son suffrage, trouvait dans cette conscience de son importance personnelle, un ample dédommagement. Ce dédommagement n'existe plus aujourd'hui pour nous. Perdu dans la multitude, l'individu n'aperçoit presque jamais l'influence qu'il exerce.* », p. 602.

[25] Sur cette notion, parfois galvaudée, voir not. : BACHOFEN (B.) dir., *Le libéralisme au miroir du droit, L'État, la personne, la propriété*, ENS Éditions, 2008.

[26] Selon Hauriou, « *Envisagée pratiquement, la liberté humaine est une liberté d'entreprise ; elle ne se sépare point de l'action et d'une action qui a besoin de se déployer pour atteindre un certain résultat ; or, une entreprise ne peut ni atteindre son but ni se déployer si le milieu est trop instable, toute prévision est rendue, et même tout élan est arrêté.* », HAURIOU (M.), *Principes de droit public*, Dalloz, 2010, p. 8.

[27] L'objet n'est pas de définir ni la démocratie ni la liberté, il s'agit d'esquisser les idées contenues dans le Préambule de 1946 pour mieux comprendre le monopole de fait.

[28] DDHC, article 4 : « *La liberté consiste à pouvoir faire tout ce qui ne nuit pas à autrui : ainsi, l'exercice des droits naturels de chaque homme n'a de bornes que celles qui assurent aux autres Membres de la Société la jouissance de ces mêmes droits. Ces bornes ne peuvent être déterminées que par la Loi.* ».

[29] Pour une approche du principe d'égalité en droit administratif et en droit européen voir not. : CHRISTOPHE-TCHAKALOFF (M.-F.), « Le principe d'égalité », *AJDA*, n° HS, 10 juin 1996, p. 168.

[30] BOY (L.), *L'intérêt collectif en droit français (Réflexions sur la collectivisation du droit)*, Thèse, Nice, 1979, p. 224.

démocratique d'organiser et de concilier ces libertés[31], ainsi que d'en sanctionner les abus ; de les réguler dirait-on aujourd'hui. C'est l'idée fondamentale qui sous-tend le neuvième alinéa[32].

10. Le monopole de fait et les situations monopolistiques. Intuitivement, l'expression de monopole de fait renvoie à des considérations économiques plus que juridiques. De nos jours, on perd cette idée démocratique, à l'origine fondamentale dans le Préambule de la Constitution de 1946. L'accent est mis sur l'approche économique. Le monopole de fait semble synonyme du monopole économique[33]. Dans la théorie économique, le monopole est entendu, du point de vue de la structure de marché, comme cette situation particulière où il n'existe qu'un seul vendeur pour une multiplicité d'acheteur. Dans ces conditions, rares sont les monopoles purs. Ainsi pour embrasser pleinement le monopole de fait, dans l'étendue du concept, il faut relativiser cette approche économique, questionner la correspondance entre le monopole de fait et la situation monopolistique. Il faut considérer l'ensemble des situations monopolistiques, et notamment ces situations où un opérateur économique dispose d'un pouvoir de marché substantiel, lui permettant de rebattre seul les cartes de la concurrence et les confisquer au besoin. Ainsi, et de manière à prendre l'exacte mesure du problème que pose le monopole de fait, il faut y inclure les oligopoles et autres situations intermédiaires.

11. L'expression de situation monopolistique sera retenue dans les développements, et non celle de position dominante, pour éviter les confusions entre le monopole de fait et l'abus de position dominante. L'élément central qui est condamné dans l'abus de position dominante c'est le comportement anticoncurrentiel et les effets sur la concurrence[34], mais ce

---

31 « *La synthèse juridique (de l'équilibre) est à la fois totale et spéciale encore d'une autre façon. Après avoir réduit par l'analyse tous les ressorts qui font mouvoir la société aussi bien en matière politique qu'en matière économique, en des droits, le système juridique analyse les droits eux-mêmes en des intérêts, des pouvoirs et des fonctions, et il ne se borne pas, comme la politique, à équilibrer les pouvoirs aux pouvoirs, ou, comme l'économie politique, les intérêts aux intérêts, son originalité est d'équilibrer à l'intérieur de chaque droit, en une proportion définie, des intérêts, des pouvoirs et des fonctions* », HAURIOU (M.), *Principes de droit public, op. cit.*, p. 31.

32 Cette organisation des libertés sur le plan juridique prend source dans le bloc de constitutionnalité.

33 Pour une définition économique du monopole, voir not. : LANNEAU (R.), « Monopoles (approche économique) », *in* BAZEX (M.), ECKERT (G.), LANNEAU (R.), LE BERRE (C.), DU MARAIS (B.), SEE (A.) dir., *Dictionnaire des régulations,* Lexisnexis, Paris, 2015, p. 407 et s. ; pour une approche juridique, BERROD (F.), « Monopoles (approche juridique) », *in* BAZEX (M.), ECKERT (G.), LANNEAU (R.), LE BERRE (C.), DU MARAIS (B.),SEE (A.) dir., *Dictionnaire des régulations, op. cit.,* p. 415.

34 Voir sur ce point : MALAURIE-VIGNAL (M.), *L'abus de position dominante*, LGDJ, Systèmes : droit, 2002, particulièrement p. 79 et s.

qui caractérise le monopole de fait ce ne sont pas ses effets concurrentiels, il a des incidences plus transversales, ce que laisse deviner son origine politique. L'élément central du monopole de fait c'est bien le résultat d'un abus de pouvoir de marché. Résultat que la thèse se propose de définir comme une rente de situation.

L'assimilation entre abus de position dominante et monopole de fait n'est donc pas totale, bien que les deux notions soient connexes. En ce sens, l'encadrement des abus de positions dominantes, parce qu'il sanctionne les comportements anticoncurrentiels, est appréhendé d'un point de vue plus englobant comme sanctionnant les abus de pouvoir de marché. De manière plus générale, c'est tout le droit du marché, comprenant grand et petit droit de la concurrence[35], libre concurrence[36], droit de la consommation et régulation, qui est à explorer ; car ce droit participe de la déconstruction du pouvoir de marché d'un opérateur économique et encadre son exercice. Ce qui restreint, nécessairement, les possibilités de monopole de fait.

12. **Le monopole de fait et l'entreprise**. Le monopole de fait appelle une approche englobante de l'entreprise et de ses activités, une analyse substantielle de l'exercice du pouvoir de marché par les acteurs économiques. Il est pourtant singulier de constater que le droit ne connaît du marché que ce que le droit commercial et le droit de la concurrence en révèlent. Les activités économiques ne sont perçues qu'à travers leurs acteurs, les sociétés, et leurs effets sur la concurrence, sans que leurs effets sur la société civile ne fassent l'objet d'aucune supputation. Il n'y a pas de droit de l'entreprise[37]. Selon l'article 1832 du Code civil, « *(l)a société est instituée [...] en vue de partager le bénéfice ou de profiter de l'économie qui pourra en résulter* ». Et comme cela a été très justement relevé, « *au fil du temps, la portée symbolique du*

---

[35] Sur la distinction entre petit et grand droits de la concurrence, voir not. : DELAUNAY (B.), *Droit public de la concurrence*, 2e éd., Manuel, LGDJ Lextenso, 2018, n° 132 et s.

[36] Sur cette notion voir not. : GODIVEAU (G.), « La politique de concurrence et les droits fondamentaux », *in Politiques de l'Union européenne et droits fondamentaux*, Treizièmes journées Jean Monnet, POTVIN-SOLIS (L.) dir., Bruylant, 2017, p. 262. Selon l'auteur : « *Le droit de la* libre *concurrence (que l'on distingue du droit de la concurrence* lato sensu, *lequel inclut par exemple le droit de la concurrence déloyale, voire le droit des prix) comporte plusieurs branches : le droit des pratiques anticoncurrentielles, le droit des concentrations, le droit des aides d'État, sans compter les dispositions particulières consacrées aux services d'intérêt économique général. Ses diverses dimensions font de lui un droit composite.* ».
Voir également : SERRA (Y.), *Le droit français de la concurre*nce, Dalloz, coll. Connaissance du droit, 1993, p. 11 et s. où l'auteur précise que la liberté de la concurrence est sous-tendue par la liberté du commerce et de l'industrie et la liberté contractuelle.

[37] Ce droit appelé de ses vœux dès 1946 par Georges RIPERT : « *Le droit de l'entreprise n'est pas encore établi [...]. Pour l'instant, il est formé d'emprunts au droit commun des contrats et d'une législation fragmentaire sur les rapports de l'entrepreneur avec les détenteurs de capitaux et les salariés. Si ce droit doit un jour se créer, il marquera à n'en pas douter un certain déclin du régime capitaliste.* », RIPERT (G.), Aspects juridiques du capitalisme moderne, LGDJ, Paris, 1946, p. 16.

texte est allée au-delà de ce simple sens technique, en ce que, d'une part, il fait de la recherche du profit l'objectif unique de la société, qu'elle soit civile ou commerciale, et, d'autre part, il ne fait quasiment pas de place à une quelconque dimension collective et constructive. »[38]. La recherche du profit n'est pas l'objectif unique de la société, mais on ne saurait nier qu'il constitue son objectif principal. C'est d'ailleurs précisément cet aspect qui est condamné par le neuvième alinéa lorsque la recherche du profit conduit à privatisation des richesses, et heurte l'idéal démocratique.

13. Pour échapper à ce dilemme, à cette impossibilité de faire entrer dans la société des exigences collectives, il faut prendre conscience de l'entreprise comme « *objet d'intérêt collectif* »[39]. Il s'agit de déconstruire l'idée selon laquelle l'entreprise constitue une boîte noire, souveraine en son domaine et déconnectée des attentes de la société. Dans les années 80, le choc de la mondialisation conduisait déjà à se demander « *à quoi jou(ait) l'entreprise* »[40], et comment faire en sorte qu'elle participe de la réalisation d'une démocratie économique ? Un premier pas est à souligner avec le développement du droit de la consommation, mais l'avancée est timide ; et « *Pour que l'entreprise devienne l'objet d'une réforme, les liaisons entre l'entreprise et la société méritent donc d'être repensées, et même pour l'essentiel, pensées.* »[41]. C'est tout l'objet de la loi Pacte[42], qui, si elle ne projette pas de modifier cet article, propose la modification de l'article 1833

[38] CLERC (C.), « Sur la réforme de l'entreprise : l'objet social, objet de réforme sociale », *Revue de droit du travail*, n° 2, 28 février 2018 p. 107.

[39] Rapport de NOTAT (N.), SENARD (J.-D.), *L'entreprise, objet d'intérêt collectif*, 9 mars 2018, Dalloz actualité, 13 mars 2018.
Et l'entreprise avait déjà été qualifiée d'» affaire de société », voir en ce sens : SAINSAULIEU (R.) dir., *L'entreprise, une affaire de société*, Presses de la Fondation nationale des sciences politiques, Paris, 1990.

[40] OLLIVIER (B.), SAINSAULIEU (R.) dir., *L'entreprise en débat dans la société démocratique*, Presses de la Fondation nationale des sciences politiques, 2001, les auteurs ajoutent : « *On sait à l'évidence que l'entreprise ne fonctionne pas comme une démocratie. Mais lorsqu'elle se trouve dans un tel contexte de société, on s'interroge sur la part qu'elle prend à son devenir.* ».

[41] VERNAC (S.), « Du bon gouvernement de l'entreprise en société », *Revue de droit du travail*, n° 4, 30 avril 2018, p. 261.

[42] Projet de loi relatif à la croissance et la transformation des entreprises, n° 1088, déposée le 19 juin 2018.

et la consécration de l'intérêt social des entreprises[43]. La question de l'entreprise redevient centrale et ce mouvement redonne souffle à toute la pensée contenue dans le Préambule de la Constitution de 1946. À force d'avoir mis en avant la compétitivité de l'entreprise, on en a oublié d'apprécier sa performance globale, et notamment sociale. De manière générale, on a éludé la problématique selon laquelle, parfois, la compétitivité de l'entreprise ne se réalise qu'aux dépens de l'intérêt général. Pour des raisons de compétitivité, il semble bon de faire primer les intérêts de l'entreprise sur l'intérêt général. Dans ce contexte, revenir sur la pensée contenue dans le Préambule de la Constitution de 1946 est absolument nécessaire.

14. L'opposition du monopole de fait au monopole de droit. Il s'agit d'un premier mythe autour du monopole de fait. Le choix des mots par les constituants est rarement anodin, celui de l'expression de *monopole de fait* n'est sans doute pas indifférent. Il semble, de prime abord, reposer sur l'opposition entre monopole de fait et monopole de droit. Le monopole de droit est octroyé par le législateur sous réserve pour son titulaire de se conformer à certaines exigences, pour certains d'intérêt général[44], pour d'autres de service public. C'est le « *privilège de l'exclusivité* » pour reprendre l'expression du Conseil d'État[45]. À l'opposé, le monopole de fait correspond à une situation de fait[46] ne reposant sur aucun fondement juridique, et les prérogatives qui en résultent peuvent s'exercer en dehors de toute obligation d'intérêt général. La formulation ne laisse pas de doute, ainsi que précédemment relevé, en imposant à ce que le monopole de fait devienne la

---

[43] Selon l'exposé des motifs du gouvernement précédent le projet de la loi PACTE, présenté en Conseil des ministres le 18 juin 2018 : « *cette notion (d'intérêt social) n'a jamais été définie par le législateur. Cette absence s'explique essentiellement par le fait que la pertinence de son application pratique repose sur sa grande souplesse, ce qui la rend rétive à tout enfermement dans des critères préétablis. Les éléments nécessaires pour déterminer si une décision est ou non contraire à l'intérêt social dépendent en effet trop étroitement des caractéristiques, protéiformes et changeantes, de l'activité et de l'environnement de chaque société.*
Afin de conserver cette souplesse, essentielle à son application, le projet d'article ne propose pas de définition rigide, mais plutôt d'en consacrer la notion. ».

[44] DAUGERON (B.), « L'intérêt général, fondement de la représentation nationale ? », *in L'intérêt général dans les pays de common law et de droit écrit*, Gilles J. GUGLIELMI dir., coll. Colloques, Éd. Panthéon-Assas, 2017, p. 27 et s. L'auteur précise que : « *nul juriste n'ignore plus qu'il est naïf de vouloir donner une définition de l'intérêt général, en tout cas à la lumière du droit français, en particulier de la jurisprudence du Conseil d'État, tant elle est variable et n'existe elle-même qu'à travers les usages qui en sont fait.* ».

[45] Utilisée relativement tôt, voir not. : Conseil d'État, 10 janvier 1902, n° 94624, Compagnie nouvelle du Gaz de Déville-lès-Rouen c/ Commune de Déville-lès-Rouen ; Conseil d'État, 4 mars 1910, n° 29373, Thérond.

[46] Le fait est entendu dans tous les développements suivants de façon large – comme quelque chose qui est – et la distinction entre le fait et le droit ne sera pas envisagée. Pour une approche comparée du fait et du droit, v. not. : LEVENEUR (L.), « Le fait », Archives de philosophie du droit, t. 35, CNRS, Sirey, Paris, 1990, p. 143 et s.

propriété de la collectivité, les constituants, sans les nommer, mettent l'accent sur les risques que de tels monopoles de fait font peser sur la démocratie économique et sociale et sur l'égalité qu'elle promeut. Ainsi, le neuvième alinéa s'entend comme un combat livré contre le monopole de fait, comme une lutte de la démocratie contre le monopole de fait[47].

15. Pourtant cette opposition entre monopole de fait et monopole de droit n'est pas toujours pertinente. L'objectif du monopole de droit est de pouvoir mettre à la charge des opérateurs à qui il est octroyé certaines obligations, et le monopole conféré, le droit d'exclusivité dans l'exploitation d'une activité, leur permet de compenser les obligations qu'on leur impose. Le monopole de droit, s'il repose sur certaines justifications, particulièrement de service public, n'est pas pour autant exempt d'abus de pouvoir de marché et peut être constitutif de monopole de fait. C'est particulièrement le cas dans les secteurs de réseaux, où les obligations de service public sont nombreuses, et où le monopole permet une péréquation entre les différentes activités[48]. Pourtant, le monopole de droit, particulièrement dans ces secteurs, repose sur des montages contractuels souvent instrumentalisés, qui peuvent dissimuler un monopole de fait. Le monopole de fait n'est donc pas l'opposé du monopole de droit. Et il semble que cette assimilation, ce mythe, résulte du traitement réservé au monopole de fait : la nationalisation.

16. Le rapprochement du monopole de fait et de la nationalisation. L'autre mythe qui entoure le monopole de fait tient à ce que l'on associe au neuvième alinéa un « *principe de nationalisation* »[49]. La solution au monopole de fait serait donc le monopole public, par la propriété publique, à l'échelle

---

[47] En référence aux travaux de l'anthropologue CLASTRES (P.), *La société contre l'État*, éd. de Minuit, coll. Critique, Paris, 1974. Dans son ouvrage l'auteur questionnait les relations de pouvoir dans la société et relevait qu'« *il y a désormais assez de textes et de descriptions pour que l'on puisse parler d'une anthropologie politique, mesurer ses résultats et réfléchir à la nature du pouvoir, à son origine, aux transformations enfin que l'histoire lui impose selon les types de sociétés où il s'exerce.* », p. 8.
Pour une approche sociologique de la société et de la démocratie, v. not. : ROSANVALLON (P.), *La société des égaux*, Seuil, Paris, 2011, l'auteur précisait en incipit que « *La démocratie affirme sa vitalité comme régime au moment où elle dépérit comme forme de société.* », il précise encore que « *L'idée de société des égaux renvoie dans ce cas à une forme de relation sociale, à un type de société, dans laquelle nul n'est soumis à la volonté d'autrui.* ». Voir également : ELIAS (N.), *La société des individus*, Fayard, coll. Agora, 1991.

[48] Toute la réglementation relative aux compensations d'obligation de service public illustre bien cette situation. Au niveau européen, c'est la jurisprudence de la Cour qui est venue préciser les conditions de cette compensation (CJCE 24 juillet 2003, Altmark Trans GMBH). Sur ce point, voir not. : NICINSKI (S.), « Application de la jurisprudence Altmark par le juge administratif français », *AJDA*, n° 24, 3 juillet 2006, p. 1346.

[49] COLSON (J.-P.), IDOUX (P.), *Droit public économique*, LGDJ/Lextenso, 8e éd., 2016, n° 228 et s.

nationale[50], et donc la propriété de l'État. Le neuvième alinéa se réduirait en une équation cursive selon laquelle : monopole de fait égale propriété publique. C'est que la nationalisation est l'outil d'intervention par excellence de l'État-nation, de l'État providence, deux figures que l'on retrouve très prononcées en 1946. Il s'agit d'un outil contraignant par lequel la puissance publique fait entrer certaines entreprises dans le champ de sa propriété afin d'en avoir le contrôle. Plus précisément, la nationalisation a constitué un outil majeur de la politique économique de l'État qui s'en est servi, au lendemain de la Seconde Guerre mondiale, pour contraindre les entreprises à suivre sa politique de reconstruction et rationaliser le développement de certains secteurs, notamment bancaire et financier. La nationalisation d'entreprises et l'essor du secteur public sont, dans l'idéologie de travail de la Résistance, au cœur de la vie économique. Les entreprises du secteur public, souvent en position dominante sur le marché, sont utilisées aux fins d'entraînement de tout un secteur d'activité. La nationalisation, au-delà du transfert de propriété, permet à l'État d'évincer certaines entreprises du contrôle de l'économie, d'influencer le développement des secteurs concernés afin qu'ils contribuent au développement équilibré du pays et participent de son rayonnement international.

17. Pourtant, plus que l'État, c'est la nation qui est convoquée en rempart du monopole de fait, la nation comme « *principe universel d'organisation des sociétés sur la base des intérêts communs* »[51]. Et même, si l'on accepte que l'État incarne la nation, force est de constater que les profondes mutations économiques de ces deux derniers siècles et l'avènement de la pensée libérale ont engendré de profonds changements dans l'approche du rôle de l'État et de ses moyens d'action. Il passe d'un État interventionniste, « *débiteur de multiples régimes de prestations* »[52], disposant d'un large secteur public, et usant de la propriété publique comme outil d'action économique, à un État

---

[50] Cette approche ressort particulièrement de la décision Cons. const., n° 86-207 DC, 25 et 26 juin 1986, Loi autorisant le gouvernement à prendre diverses mesures d'ordre économique et social où le Conseil refuse de prendre en compte les positions qui ne s'exercent pas à l'échelon national. Or la dimension nationale du monopole de fait n'est pas inscrite dans le neuvième alinéa, cette approche du monopole de fait n'est pas réellement justifiée et vient drastiquement limiter la portée du neuvième alinéa.

[51] SUPIOT (A.), *Homo juridicus, Essai sur la fonction anthropologique du Droit*, Seuils, coll. Essais, 2005, p. 161, note 1.

[52] OST (F.), VAN DE KERCHOVE (M.), *De la pyramide au réseau ? Pour une théorie dialectique du droit*, Facultés Universitaires de Saint-Louis, Bruxelles, 2002, p. 143.

actionnaire[53] et régulateur[54], voire partenaire[55], garant d'une concurrence libre et non faussée et à l'action économique plus diffuse, moins contraignante et plus incitative[56]. Dans ce nouveau contexte, toujours en évolution[57], la nationalisation, marquée du sceau de l'unilatéralité et d'un dirigisme économique désuet, n'est plus tout à fait pertinente. Cela a pu conduire à se demander ce qu'il restait du neuvième alinéa du Préambule de la Constitution de 1946[58]. Mais le neuvième alinéa oblige le monopole de fait à *devenir la propriété de la collectivité*, la nationalisation n'est pas visée directement : la formulation laisse une marge d'interprétation et de manœuvre conséquente au législateur.

18. La redécouverte de la notion d'appropriation collective. Le Préambule de la Constitution de 1946 semble consacrer des droits créances au profit des travailleurs et de la personne humaine. Une distinction a pu être faite au sein des droits-créances[59] entre ceux « *qui consacre(nt) le droit de la personne à obtenir une prestation matérielle* »[60] et ceux dont « *l'obligation positive réside dans le fait même que le législateur doit intervenir pour mettre en œuvre la norme constitutionnelle.* »[61]. En 1946, on prend conscience et on affirme que le droit doit assurer ce que la concurrence ne permet pas : une justice sociale. On fait passer le monopole de fait dans le droit, et l'on revient au vieil adage d'Ulpien : *suum cuique tribuere*. En cela, on comprend que les droits économiques et sociaux consacrés dans le Préambule constituent moins

---

53 CARTIER-BRESSON (A.), *L'État actionnaire*, Bibliothèque de droit public, t. 264, LGDJ, Lextenso, Paris, 2010 .

54 Sur ces approches v. not. : COLSON (J.-P.), IDOUX (P.), *Droit public économique*, LGDJ/Lextenso, 8e éd., 2016, n° 865 et s., n° 1620 et s. ; BRACONNIER (S.), *Droit public de l'économie*, 2e éd., PUF, coll. Thémis Droit, Paris, 2017, n° 481 et s., n° 538 et s., n° 758 et s.

55 Sur cette approche de l'État, v. not. : COLSON (J.-P.), IDOUX (P.), *Droit public économique*, *op. cit.*, n° 663 et s.

56 L'expression d' » *État propulsif* » a été proposée : OST (F.), VAN DE KERCHOVE (M.), *De la pyramide au réseau ? Pour une théorie dialectique du droit*, *op. cit.*, p. 145.

57 BOITEAU (C.), « La loi *PACTE* et l'État », *RFDA*, n° 4, 25 septembre 2019, p. 581.

58 MARCOU (G.), « Que reste-t-il de l'alinéa 9 du Préambule de la Constitution de 1946 ? », *AJDA*, 2007, p. 192.

59 v. not. la thèse de GAY (L.), *Les droits-créances constitutionnels*, Bruylant, 2007.

60 DUTHEILLET DE LAMOTHE (O.), « Les principes de la jurisprudence du Conseil constitutionnel en matière sociale », *Nouv. Cah. Cons. const.*, 2014 :4, n° 45, p. 5-20.

61 DUTHEILLET DE LAMOTHE (O.), « Les principes de la jurisprudence du Conseil constitutionnel en matière sociale », *op. cit.*

« *des droits subjectifs, construits sur le modèle de la propriété* »[62] que des droits collectifs, une protection du social, permettant de restaurer l'équilibre des pouvoirs entre l'entrepreneur (capitaliste) et les travailleurs. C'est en ce sens que le neuvième alinéa oblige le législateur[63] à ce que le monopole de fait devienne la propriété de la collectivité. La propriété de la collectivité ne peut être pleinement saisie en l'absence d'approche précise du monopole de fait.

II. Intérêts de l'étude

19. La rémanence du monopole de fait. Le monopole de fait constitue une défaillance de marché, et à ce titre appelle l'attention sur l'analyse des rapports entre pouvoirs économiques[64] et pouvoir politique. En ce sens, le monopole de fait constitue un véritable « *projet ordonnateur* »[65], et semble directement s'inscrire dans la pensée libérale allemande de l'ordolibéralisme[66]. Il met l'accent sur ces situations cruciales où les libertés politiques et économiques se rencontrent ; il invite à une approche englobante de l'entreprise et à prendre

---

[62] RIGAUX (F.), « Les droits économiques et sociaux », *in Liberté et droit économique*, FARJAT (G.), REMICHE (B.) dir., De Boeck, coll. Droit/Economie, Bruxelles, 1992, p. 152 : « *D'une part, les droits économiques et sociaux sont, à tort, présentés comme des droits subjectifs, construits sur le modèle de la propriété ou, plus exactement, du droit de créance. Mais ils n'ont pas la consistance de celui-ci, parce que le débiteur de l'obligation est indéterminé (est-ce l'État, le cocontractant du travailleur, du locataire, etc. ?) mais aussi parce que le contenu de l'obligation est insuffisamment précisé* ».

[63] Ce qui était déjà souligné par le doyen Vedel dans ses conclusions sous la décision Conseil Constitutionnel, n° 81-132 DC, Loi de nationalisation : « *L'article 9 du Préambule de la Constitution de 1946 prévoit deux cas particuliers où une obligation, à tout le moins morale, s'impose au législateur alors qu'en général il est libre d'apprécier de l'opportunité d'une nationalisation au regard de ce qu'il estime être une utilité publique.* ».

[64] L'émergence de pouvoirs privés économiques a été relevé assez tôt en doctrine, notamment par Gérard FARJAT (G.) L'ordre public économique, Bibliothèque de droit privé, LGDJ, t. 37, 1963 ; FARJAT (G.), *Pour un droit économique*, PUF, coll. Les voies du droit, Paris, 2004, p. 68 et s. où l'auteur précise que « *ils constituent l'un des pôles du droit économique, l'autre étant constitué par les pouvoirs publics* », dans ses développements sont envisagés les sociétés, les groupes de sociétés et les entreprises.
Voir également : RIGAUX (F.), « Les droits économiques et sociaux », *op. cit.*, p. 159 et s.

[65] DUSSART (M.-L.), *Constitution et économie*, Nouvelle bibliothèque de thèses, vol. 144, Dalloz, Paris, 2015, p. 147.

[66] Voir sur l'ordolibéralisme : RABAULT (H.) dir., *L'ordolibéralisme, aux origines de l'Ecole de Fribourg-en-Brisgau*, L'Harmattan, Paris, 2016.
Voir sur la notion de constitution économique très liée à l'idéologie de l'école de Fribourg : DUSSART (M.-L.), *Constitution et économie*, *op. cit.*, 2015, particulièrement Partie 1, Titre 2, Chapitre 2 – L'interprétation des articles économiques de la Constitution et les références citées relatives à l'ordolibéralisme ; AUBY (J.-B.), « Quelques observations sur la "Constitution économique" », *Petites aff.*, 2009, n° 16, p. 5 et les autres contributions de ce numéro ; RABAULT (H.), « La constitution économique de la France », *Revue Française de droit constitutionnel*, 2000-707.

en compte des risques qu'elle peut faire peser sur la démocratie économique et sociale, sur la société civile telle que souhaitée par les constituants.
Le neuvième alinéa constituait en 1946 une garantie contre les risques nouveaux pour la société induits par la révolution industrielle[67] et par l'avènement de véritables puissances économiques, propriétaires des moyens de production.

20. Aujourd'hui, le système économique mondial et les systèmes de production connaissent une seconde révolution, la révolution technologique et numérique[68]. À première vue, cette révolution donne la chasse à tous les intermédiaires et semblerait éroder les monopoles de fait et faire disparaître la nécessité de leur appropriation. Mais à ne raisonner qu'ainsi, ce serait aller trop vite en besogne. Le neuvième alinéa retrouve des applications et une grande actualité à la découverte de monopoles de fait que la numérisation a fini par produire : les plateformes numériques par lesquelles transite la circulation des données et la privatisation de tout service. Le monopole de fait reste bien d'actualité.

21. Dans ce contexte, si l'État-nation semblait déjà quelque peu dépassé, l'avènement de l'espace numérique a confirmé la nécessité de modifier et d'actualiser ses moyens d'action, car « *qui, dans le méta-jeu mondial, ne joue que la carte nationale, perd* »[69]. En effet, les échanges se font à l'échelle internationale et les entreprises sont plus que jamais mobiles. Ce changement de paradigme économique nécessite de repenser les rapports entre l'État et le Marché ; pour ce qui nous intéresse, de repenser l'appropriation collective du monopole de fait au-delà de la nationalisation.

22. La nécessité de redécouvrir le débat politique sous-jacent à la condamnation du monopole de fait pour comprendre juridiquement la notion. Faut-il rappeler qu'en Europe, marché et régime politique sont inextricablement liés ? Les activités économiques se développent dans les régimes politiques stables, offrant un cadre juridique pour l'investissement et le développement, ainsi que des infrastructures performantes. De manière

[67] PONTIER (J.-M.), *La République*, *D.*, 1992, p. 239 : En effet, « *(l)a démocratie économique et sociale est une exigence de la société industrielle, du changement des rapports dans le travail comme dans la société, celle-ci étant devenue ce qu'il est convenu d'appeler une société de masse. La démocratie économique et sociale se caractérise par la reconnaissance au profit des citoyens de nouveaux droits qualifiés de droits-créances qui supposent, pour leur réalisation, une intervention active des pouvoirs publics.* ».
[68] Qui ouvre l'ère de l'information, voir en ce sens : CASTELLS (M.), *La société en réseaux. L'ère de l'information*, Vol. 1, Fayard, 2001.
[69] BECK (U.), *Pouvoir et contre-pouvoir à l'ère de la mondialisation*, Aubier, Paris, 2003, p. 38-39. Cette affirmation est à entendre de façon restrictive et ne fait référence ici qu'à la nationalisation.

schématique, l'État garantit une sécurité certaine aux opérateurs économiques évoluant sur son territoire, voire leur confère des avantages ; en retour, les opérateurs économiques investissent et créent de la valeur pour la Nation. Cette vision complémentaire des rapports entre l'État et le Marché ne reflète pourtant pas la réalité de la concurrence qu'ils se font dans la satisfaction du bien-être des individus[70], ni les logiques diamétralement opposées qui les animent[71] ou les moyens qui sont les leurs[72]. Cette opposition relève du débat politique, on en convient, mais il est pourtant nécessaire de la comprendre pour appréhender le monopole de fait et son régime.

23. Très tôt, les actions de la puissance publique dans le champ économique ont été critiquées par la pensée libérale. L'initiative économique publique a été considérée comme superfétatoire, voire négative, au mieux elle ne devait être que subsidiaire à l'initiative privée et conditionnée à sa carence[73]. Rien de plus logique si l'on considère que la *main invisible du marché*[74], résultat d'une concurrence pure et parfaite, conduit naturellement à la satisfaction du plus grand nombre[75]. C'est ici que le bât blesse. Le marché souffre, en pratique, de

---

[70] Pour une approche juridique du bien-être, v. not. : TORRE-SHAUB (M.) dir., *Le bien-être et le droit*, Publications de la Sorbonne, 2016, et particulièrement la communication de Maxence Christelle, « Bien-être, être-bien et bonheur : essai de clarification conceptuelle », p. 17 et s.

[71] La finalité de l'État c'est bien l'intérêt général, notablement illustré par les règles applicables au domaine public, alors que la finalité du Marché c'est bien l'intérêt commercial et économique, les entreprises ayant comme objectif premier la rentabilité.
« *Les règles qui le régissent ont surtout été conçues pour soumettre les usages sociaux auxquels il est affecté à des exigences d'ordre public. Il faut entendre par là que la notion de domaine public n'a pas été construite avec l'intention de mieux servir des activités économiques privées. Sans être réfractaire à l'idée d'échanges marchands, la domanialité publique s'est affirmée comme le régime destiné à rendre visible un intérêt général irréductible à la logique de l'entreprise.* », CAILLOSSE (J.), « Le droit administratif contre la performance publique ? », *AJDA*, 1999, p. 195.

[72] En effet, l'État répond à une organisation hiérarchique et pyramidale alors que le Marché renvoie à une organisation contractuelle et en réseau, voir not. : OST (F.), VAN DE KERCHOVE (M.), *De la pyramide au réseau ? Pour une théorie dialectique du droit, op. cit.*, p. 112.

[73] Cette règle, énoncée par le Conseil d'État, 30 mai 1930, Chambre syndicale du commerce en détails de Nevers, connaît toutefois certains aménagements. Voir en ce sens et pour une synthèse de l'évolution de cette jurisprudence : LOMBARD (M.), « 80 ans après l'arrêt Chambre syndicale du commerce en détail de Nevers : pavane pour une infante défunte », *RJEP*, n° 683, février 2011, repère 2, l'auteur précise que : « *Cette jurisprudence évoquait en effet les mots d'Alfred Jarry : une fois passées les bornes, très émoussées, de la carence de l'initiative privée, il n'y avait finalement plus de limite aux initiatives économiques des personnes publiques.* ».

[74] Cette théorie de la main invisible a été développée notamment par Adam Smith, nous y reviendrons.

[75] L'idée sous-jacente est bien celle selon laquelle : « *la recherche des intérêts individuels conduit à la satisfaction de l'intérêt collectif : en vertu d'un mécanisme automatique qui fait sa sagesse profonde, le capitalisme laisse les individus s'opposer en apparence les uns aux autres. Car il saut que, de l'opposition, naîtra un accord. Loin d'être fondamental, irréductible, le conflit se résout en une harmonie [...].* », LHOMME (J.), *Capitalisme et économie dirigée*, LGDJ, Paris, 1942, p. 7.

nombreuses défaillances, le monopole de fait est à ce titre symptomatique. L'« *ordre immuable* »[76] ne se résume pas à l'ordre concurrentiel. Le marché ne saurait alors être présumé comme participant de la réalisation de l'intérêt général, ne serait-ce que parce qu'il ne permet pas toujours d'instaurer une véritable justice sociale. La satisfaction du plus grand nombre, du point de vue économique, ne correspond pas nécessairement à l'intérêt général. S'il existe une certaine correspondance, ils ne sont pas synonymes[77]. Le marché et l'État ne poursuivent pas la même finalité, ils partagent néanmoins un même instrument : le *pouvoir*.

24. Penser le droit, et le monopole de fait, en matière de pouvoir. Avec l'État de droit, le pouvoir politique est soumis aux normes en vigueur sur son territoire[78]. C'est bien la prise de conscience selon laquelle l'exercice du pouvoir politique peut menacer les libertés publiques qui a conduit à son encadrement et son contrôle[79] ; l'œuvre constitutionnelle s'affirme et impose au pouvoir politique le respect de certains principes et valeurs et encadre son exercice[80]. Mais le droit est depuis quelques décennies confronté à l'avènement de pouvoirs privés qui défient le droit[81]. Or, « *qu'il y ait d'autres pouvoirs que le pouvoir politique, que toute relation de dépendance puisse entraîner pour celui qui la subit une menace pour sa liberté de la part de celui qui l'impose, c'est une idée qui n'est que très faiblement perçue.* »[82]. C'est pourtant bien cette idée que les constituants avaient perçue en 1946, et ils

---

[76] Notion que l'on doit à François Quesnay. Pour une analyse, voir not. : FISCHMAN (M.), « Le concept quesnayen d'ordre naturel », *Cahiers d'économie politique*, n° 32, 1998, p. 67.

[77] FARJAT (G.), *L'ordre public économique*, *op. cit.*, p. 54 : « *On a parfois soutenu que la démocratie s'identifiait à la force du nombre [...]. Mais qu'importe le nombre s'il comprend des individus ou des groupes sans lien entre eux ?* ».

[78] Selon l'approche de Dominique ROUSSEAU, « L'objet de la Constitution, ce n'est pas l'État, mais la société », *op. cit.*, p. 436 : « *Pour un juriste, l'État de droit se divise en deux principes : la séparation des pouvoirs et la garantie des droits. Nous distinguons l'État de police, l'État légal et l'État de droit. L'État de police : les gouvernants font ce qu'ils veulent c'est le libre arbitre. L'État légal : les gouvernants sont soumis à la loi, c'est-à-dire qu'ils ne définissent pas le programme, mais que le législateur le définit. Et l'État de droit : le législateur lui-même n'est pas libre de définir le programme, il doit respecter le droit qui est inscrit dans la Constitution, divisé en ces deux principes.* ».

[79] Voir pour une approche comparée du contrôle juridictionnel des pouvoirs législatif et administratif : VEDEL (G.), « Études et doctrines : excès de pouvoir législatif et excès de pouvoir administratif » (en deux publications), *Nouv. Cah. Cons. const.*, n° 1 et n° 2, Décembre 1996 et mai 1997.

[80] Que l'on songe par exemple au détournement de pouvoir, cette situation où une autorité publique use de son pouvoir à d'autres fins que celles pour lesquelles ce pouvoir lui a été confié.

[81] Voir en ce sens : OCDE, La puissance économique et la loi : un rapport du Comité d'experts en matière de pratiques commerciales restrictives, 1969.

[82] RIVERO (J.), « Idéologie et techniques dans le droit des libertés publiques », *op. cit.*, p. 551.

percevaient déjà toute la menace que constitue le pouvoir économique vis-à-vis du social.

25. Le pouvoir est une « *notion généralement peu appréciée des économistes et des juristes parce qu'elle est contraire à leur représentation du monde ou qu'elle contrarie leurs méthodes* »[83], il y a donc un certain inconfort à penser le droit en termes de pouvoir[84] et céans, à appréhender le monopole de fait des pouvoirs économiques privés. Mais cet inconfort ne doit pas conduire à penser que le pouvoir n'est pas une notion centrale en droit. Cette question du pouvoir se pose particulièrement de nos jours dans la sphère marchande, pour ne pas dire la société du tout marchand[85]. La transformation des modes d'action de l'État dans la sphère économique, le large mouvement de privatisation[86] du secteur public couplé à une libéralisation des échanges[87], a permis le développement d'entreprises puissantes, au fort pouvoir économique. L'exercice de ce pouvoir de marché[88], tout autant que l'exercice d'un pouvoir politique, est susceptible de porter atteinte aux libertés de celui qui le supporte, voire le subit. C'est bien en ce sens que « *la méfiance manifestée à l'égard des concentrations du (pouvoir économique) semble [...] pouvoir être considérée comme le pendant des revendications démocratiques de*

---

[83] FARJAT (G.), *Pour un droit économique*, *op. cit.*, p. 69.
Voir également pour quelques éléments de réponse quant à la difficulté à recevoir en droit la notion de pouvoir : SALAH (M.), « Le pouvoir économique et le droit. Variation sur un thème très niçois », *RIDE*, 2013/4, t. XXVII, p. 475-490.

[84] Peu de thèses y sont d'ailleurs consacrées, voir pour le droit privé : GAILLARD (E.), Le pouvoir en droit privé, Paris, LGDJ, 1985 ; LOKIEC (P.), *Contrat et pouvoir : Essai sur les transformations du droit privé des rapports contractuels*, Paris, LGDJ, 2004.

[85] Sur la marchandisation des sociétés, soit l'introduction du marché dans toutes les sphères de la vie, voir not. : SANDEL (M.), *Ce que l'argent ne saurait acheter*, Editions du Seuil, coll. Economie, 2016. L'auteur précise attire l'attention du lecteur : « *Pourquoi s'inquiéter à l'idée que nous vivrons de plus en plus dans une société où tout sera à vendre ? Pour deux raisons : l'une a trait à l'inégalité ;l'autre à la corruption. S'agissant d'abord de l'inégalité, vivre dans une société où tout est à vendre est d'autant plus malaisé que l'on a un train de vie modeste. Plus l'argent permet d'acheter de biens, plus l'aisance matérielle (ou son absence) importe.* », p. 41.

[86] Notamment avec les lois de privatisation de 1986.

[87] Impulsée par l'Union européenne et les différents « Paquets » de directives sectorielles visant à introduire la concurrence dans les segments concurrentiels.

[88] À propos duquel certains se questionnent : « *Mais que dire alors du pouvoir de l'entreprise – on veut dire son pouvoir de marché, sa capacité à modifier à son profit son environnement, y compris son environnement normatif? Doit-on considérer qu'il relève exclusivement de la logique privatiste de la propriété (autrement dit, de l'autonomie des actionnaires), ou bien, s'avisant du fait que l'entreprise détient désormais un pouvoir considérable, cherchera-t-on à en contrôler l'exercice comme on le fait depuis longtemps déjà à l'égard de la puissance des pouvoirs publics ?* », OST (F.), VAN DE KERCHOVE (M.), *De la pyramide au réseau ? Pour une théorie dialectique du droit*, *op. cit.*, p. 113-114.

séparation des pouvoirs visant à canaliser le (pouvoir politique) »[89]. Or, la Constitution établit les règles fondamentales de l'exercice du pouvoir politique, elle organise la séparation des pouvoirs et donne corps à la célèbre formule de Montesquieu selon laquelle « *Pour que l'on ne puisse abuser du pouvoir, il faut que par la disposition des choses, le pouvoir arrête le pouvoir* »[90]. Mais le pouvoir économique privé n'est pas en reste. La Constitution énonce, à travers le neuvième alinéa du Préambule de 1946, l'obligation de sanctionner les abus et autres excès du pouvoir économique. On trouve là une forme de Constitution économique[91].

26. La sanction de ce pouvoir économique prend la forme de la propriété collective[92]. Le droit répond au fait, au pouvoir, par la propriété, et par la collectivité. Il a trouvé le sens de la relation entre ces deux notions : « *la propriété [...] engendre et détermine le pouvoir ?* »[93]. Mais ce faisant, l'analyse du monopole de fait est cantonnée sur un terrain restreint, celui de la propriété, et le prisme de la collectivité, de l'intérêt collectif y trouve

---

89 GODIVEAU (G.), « La politique de concurrence et les droits fondamentaux », *in Politiques de l'Union européenne et droits fondamentaux*, Treizièmes journées Jean Monnet, POTVIN-SOLIS (L.) dir., Bruylant, 2017, p. 259.

90 MONTESQUIEU, *De l'esprit des lois*, Livre XI, Chapitre IV, Lavigne, Paris, 1845.

91 Sur cette notion, voir not. : *La Constitution économique*, Hommage au Professeur Guy Carcassonne, Actes du colloque organisé par le Centre de recherche sur le droit public de l'Université Paris Ouest Nanterre La Défense, MARTUCCI (F.), MONGOUACHON (C.) coord., Éditions la Mémoire du droit, 2015 ; voir également : AUBY (J.-B.), « Quelques observations sur la "Constitution économique" », *Petites aff.*, n° 16, 22 janvier 2009, p. 5 (et de manière générale, tout ce numéro dédié à cette question de Constitution économique).
Notons tout de même que lorsque l'on parle de Constitution économique, la réflexion porte sur les rapports entre pouvoir économique et puissance publique. Prisme que l'on retrouvera dans ces développements mais que l'on souhaite dépasser. Si la puissance publique peut contrebalancer le pouvoir économique, d'autres pouvoirs le peuvent (le doivent) également, c'est l'élément central pour la compréhension de l'appropriation collective telle qu'elle est présentée en deuxième partie de cette étude.

92 Quand bien même le Conseil constitutionnel refuse de voir dans le neuvième alinéa un droit ou liberté garantis par la Constitution. Voir en ce sens : Décision Conseil constitutionnel, n° 2015-459 QPC du 26 mars 2015, M. Frédéric P. [droit de présentation des greffiers des tribunaux de commerce].

93 En effet la question de la relation entre la propriété et le pouvoir est difficile à délimiter et se résume en ces simples questions : « *est-ce le pouvoir qui est à l'origine de la propriété et qui la fonde, ou bien est-ce la propriété qui engendre et détermine le pouvoir ?* », BARBIER (M.), « Pouvoir et propriété chez Thomas D'Aquin : la notion de *dominium* », *Revue des sciences philosophiques et théologiques*, 2010/4, t. 94, p. 655-670.

difficilement sa place[94]. Pourtant, les mutations contemporaines, tant économiques que politiques, méritent certainement d'apporter un regard nouveau sur les sources de pouvoir qui rythment notre quotidien et sur les intérêts qui s'y rapportent. C'est bien la question de l'équilibre des pouvoirs qui se pose lorsque l'on aborde le monopole de fait.

27. Décorréler l'appropriation collective de la propriété publique. Schématiquement, « *le mouvement démocratique ne fera rien d'autre que de revendiquer les droits complets de la citoyenneté, pour tous les individus, le droit de suffrage mais aussi le droit de protection économique, qu'il soit garanti par une propriété réelle ou par des mécanismes qui se substituent à ses effets.* »[95]. En ce sens, le neuvième alinéa met à la charge des pouvoirs publics une obligation positive : en cas de monopole de fait, celui-ci doit faire l'objet d'une propriété collective. Cette disposition, conformément au système répressif[96], a été traduite en sanction, manifestée par la nationalisation. C'est alors la propriété publique qui assure la propriété de la collectivité ; mais d'autres mécanismes se substituant à ses effets sont à envisager.

28. Pour bien cerner la finalité du neuvième alinéa, il faut ici réintroduire le postulat de bienveillance sur lequel repose toute intervention de l'État[97]. L'État est présumé bienveillant, protecteur[98], à l'égard de ses citoyens et des entreprises installées sur son territoire ; il est un État soucieux de garantir aux

---

[94] Or, selon Laurence Boy « *on peut dire qu'à partir du moment où un mode d'organisation sociale est basé sur la protection d'intérêts, il marque le passage du non juridique au juridique.* », cependant, elle relève que dans certains cas, « *devenu droit subjectif, l'intérêt a été institutionnalisé, conceptualisé, donc médiatisé. Le fait est devenu valeur et, la règle élaborée, occulte les intérêts en présence, elle interdit désormais que l'on se préoccupe des intérêts.* ». La propriété est bien un exemple d'intérêt institutionnalisé qui semble interdire l'approche du monopole de fait sous l'angle de l'intérêt, cette étude vise à lever ce voile, BOY (L.), *L'intérêt collectif en droit français (Réflexions sur la collectivisation du droit), op.cit.*, p. 6 et s.

[95] ROSANVALLON (P.), La crise de l'État providence, coll. Essais, Ed. du Seuil, 1992, p. 23.

[96] Sur l'opposition entre système préventif et répressif v. not. : RIVERO (J.), « Idéologie et techniques dans le droit des libertés publiques », *op. cit.*, p. 550 : « *La prévention met la liberté à la discrétion de l'exécutif, par l'autorisation préalable ou l'interdiction. Elle est donc, par définition, la porte ouverte à l'arbitraire [...]. Le système répressif, lui, ouvre à l'individu un vaste champ où il est seul maître de ses comportements, sans avoir de comptes à rendre à personne. La limite du champ, c'est le législateur qui la trace [...]. Et la sanction, c'est le juge qui la fixe, avec toutes les garanties de procédures qu'impliquent son intervention et l'indépendance inhérente à son statut.* ».

[97] Sur ce postulat de bienveillance : CHEVALLIER (J.), *Le service public,* PUF, coll. Que sais-je, 1987, p. 41 ; CHEVALLIER (J.), « Le service public : regards sur une évolution », *AJDA*, 1997, p. 8 ; CALMETTE (J.-F.), *La rareté en droit public,* L'Harmattan, coll. Logiques juridiques, 2004, 380 p.

Bien que l'intervention de l'État pour ses propres fins ne soit pas à négliger.

[98] RAPP (L.), « De l'État-entrepreneur à l'État-protecteur : article 152 et 153 de la loi "PACTE" », *Revue droit des affaires*, Hebdo – éditions affaires, n° 597, 13 juin 2019.

premiers un système économique démocratique, un système protecteur du social et d'assurer aux secondes une concurrence libre et non faussée. Une égale liberté. Le postulat de la bienveillance de l'État sert à penser la réforme de sa propriété, que rien d'autre ne justifie que le fait que lorsqu'un doute surgit sur la pertinence de la propriété privée, l'État est seul à pouvoir garantir les droits de la collectivité. Cette approche explique le principe de nationalisation attaché à l'alinéa 9 du Préambule de la Constitution du 27 octobre 1946 : dès lors qu'un monopole pointe, il faut réduire sa menace (à moins qu'il ne résulte de la volonté du législateur) en provoquant son appropriation par l'État. Parce que seul l'État peut assurer la neutralité de sa gestion. Ce faisant, ce réflexe fait grand ménage de la question de la corruption des agents publics et repose sur le postulat selon lequel ils n'agiraient que dans l'intérêt général. Sans répondre à cet écueil, c'est parce que le pouvoir politique dans un État de droit est encadré par la Constitution qu'il doit pallier les défaillances du marché qui porteraient atteinte à la réalisation de la démocratie économique et sociale. En effet, « *(l)a théorie économique a [...] montré depuis longtemps que le maintien d'un centre de décision centralisé était nécessaire pour remédier, dans certaines situations, aux imperfections des mécanismes concurrentiels.* »[99] ; et de manière plus générale, le droit doit permettre la juste[100] conciliation des intérêts : c'est tout l'objet de l'appropriation collective.

29. L'appropriation collective : une approche renouvelée par la réflexion sur les communs. L'expression de *propriété de la collectivité* s'inscrit indéniablement dans une approche socialiste. Elle fait résolument écho à la notion de communs[101]. Cette notion n'est pas étrangère au droit, que l'on considère les biens communaux par exemple, ces biens « *à la propriété ou au produit desquels les habitants d'une ou plusieurs communes ont un droit acquis.* »[102]. Il s'agit des biens dont les communes sont généralement propriétaires et vis-à-vis desquels les habitants de la commune détiennent un droit, à la propriété ou à la jouissance ; « *(i)ls constituent la réminiscence d'une forme de propriété collective de l'Ancien régime fondée sur le droit*

---

[99] Rapport de la commission « État, administration et services publics de l'an 2000 », Alain MENEMENIS (rap.), Pour un État stratège, garant de l'intérêt général, La documentation française, Janvier 1993, p. 20.

[100] Selon Kant, « *est juste toute action qui peut, ou dont la maxime peut, laisser coexister la liberté de l'arbitre de chacun avec la liberté de tout le monde d'après une loi universelle.* », *Métaphysique des mœurs*, *Œuvres philosophiques III*, trad. J. Masson, O. Masson, Paris, Gallimard, 1986, p. 479.

[101] Entendue dans une acception large et telle que (re)découverte par la théorie économique, notablement par Elinor Ostrom dans ses recherches et travaux qui feront l'objet d'une analyse par rapport à l'appropriation collective du monopole de fait, voir la Partie 2, Titre I, Chapitre I, Section I, § II.

[102] Art. 542, Code civil.

d'usage et de jouissance collective par les habitants d'une part du territoire utilisé en commun pour le pâturage, la culture, la chasse, la cueillette... »[103]. Ces biens hybrides reflètent la difficulté pour le droit de concevoir et concilier la diversité des intérêts à l'utilisation de certains biens[104]. L'exclusivité et l'unilatéralité du droit de propriété peinent à constituer un régime pérenne d'exploitation et d'utilisation de ces biens, sans les dénaturer[105].
Malgré cette difficulté, on ne peut que constater la réalité des communs et la pertinence des réflexions contemporaines quant au régime à leur appliquer. Pour cela, il faut revenir, « *entre contrôle de l'État et mécanismes du marché, (sur) cette troisième voie, qui propose de repenser la propriété des biens universels, (et) implique une autre approche économique et politique* »[106]. Le point de départ, c'est le constat selon lequel certains biens doivent être mis à la disposition de tous parce qu'ils peuvent bénéficier à tous, l'idée étant alors celle de la propriété collective sur ces biens pour s'assurer que les personnes y ayant un intérêt légitime peuvent effectivement en jouir ou en bénéficier. Pour éviter, *a contrario*, qu'un seul n'accapare la jouissance et les bénéfices de ce bien ou de cette entreprise. Mais en pratique, l'appropriation collective est difficile à réaliser[107].

30. Lorsque le neuvième alinéa énonce que les biens ou les entreprises exploités en monopole de fait doivent devenir la propriété de la collectivité, il invite à repenser l'appropriation collective, en dehors du schéma classique opposant propriété privée et propriété publique[108]. Il faut pour cela et tout d'abord,

---

[103] SORBARA (J.-G.), « Biens communaux », *JCl Propriétés publiques*, Fasc. 34-20 ; voir également SORBARA (J.-G.), Les biens communaux, *RDP*, n° 4, 1er juillet 2008, p. 1023.

[104] BOURJOL (M.), *Les biens communaux : voyage au centre de la propriété collective*, coll. Décentralisation et développement local, LGDJ, Paris, 1989. L'auteur relevait que « *La dimension juridique ne reconnaît pas, officiellement du moins, l'existence de la propriété collective. En outre, la Morale et l'Économie de marché la rejettent comme une survivance lointaine d'un paganisme et d'une économie de cueillette, archaïques et socialement dangereux.* », p. 7.

[105] Cet état de fait s'intensifie à la lecture de l'art. L. 2544-10 du Code général des collectivités territoriales qui interdit le partage des biens communaux, et donc annihile toute possibilité de propriété indivise.

[106] VINCENT (C.), « Jouir sans posséder », *Cahier du Monde* n° 22844, 23 juin 2018, p. 2-3. L'auteur continue en ces termes : « *Pour le dire autrement : un commun est une ressource partagée, gérée et maintenue collectivement par une communauté dans le but de pérenniser cette ressource tout en permettant à tous de l'utiliser. [...]Les considérer comme biens communs (d'une ville, d'un pays, de l'humanité) suppose essentiellement deux choses : sur le plan économique, privilégier la valeur d'usage plutôt que la valeur d'échange ; sur le plan politique, dépasser la dichotomie entre l'État et le marché.* ».

[107] Pour les biens communaux la difficulté est triple : délimitation territoriale des biens, délimitation territoriale des habitants et nature des droits à exercer, voir SORBARA (J.-G.), « Biens communaux », *op. cit.*

[108] v. not. : BORRITS (B.), *Au-delà de la propriété. Pour une économie des communs*, La Découverte, 2018.

déterminer les personnes ayant un intérêt légitime[109] à la jouissance, à l'usage de certains biens ou entreprises, cela invite naturellement à penser en droit la notion de parties prenantes et à repenser un système d'appropriation plus à même de garantir cette idée d'appropriation collective en termes d'usage et non plus de propriété. On retrouve en substance dans l'idée de l'appropriation collective, une invitation à une sorte de démembrement de la propriété où une personne conserverait la nue-propriété alors que les parties prenantes conserveraient un droit au bénéfice ou à la jouissance[110].

31. L'existence de situations monopolistiques inédites et l'accroissement du risque de monopole de fait. Dès le début du XXe siècle, il était prégnant que « *les plus sérieux monopoles de notre époque sont beaucoup plus subtils et ont, pour la plupart, grandi en dehors de la loi, et même en dépit de la loi. Cela implique une défaillance à reconnaître les faits sociaux les plus évidents et limite le terme de monopole à des privilèges exclusifs expressément accordés par le législateur. C'est une chose d'ouvrir les yeux et de voir les faits clairs de la société industrielle; c'en est une autre de rechercher leurs causes sous-jacentes* »[111]. Depuis, de nouvelles situations monopolistiques se développent, et la mondialisation de l'économie entraîne des situations monopolistiques d'une envergure jusqu'alors inédite. Il serait présomptueux de livrer une liste des monopoles de fait avant même d'en avoir donné des pistes d'identification ; pourtant l'intuition est souvent juste, car cette notion entretient une correspondance particulière avec les situations monopolistiques. Ainsi, les monopoles contemporains constituent bien souvent des monopoles de fait.

[109] Ce lien entre appropriation collective et intérêt se retrouve en filigrane dans le CGCT qui précise le régime des biens communaux dans un Chapitre relatif aux « Intérêts propres à certaines catégories d'habitants ».

[110] Si l'on reprend le cas des biens communaux : « *La situation des habitants, après la reconnaissance de la propriété des communes et des sections, est celle de titulaires de droits réels sur la propriété d'autrui. Ce droit réel, qu'ils tiennent de leur qualité n'est pas cessible. L'exercice en est collectif.* », SORBARA (J.-G.), « Biens communaux », *op. cit.*

[111] Traduction libre. ELY (R. T.), *Monopolies and Trusts*, The Macmillan Company, London, New York, 1900, p. 29 : « *(t)he really serious monopolies of our day are far more subtle, and have for the most part grown up outside of the law, and even in spite of the law. It implies a failure to recognize the most obvious social facts to limit the term monopoly to exclusive privileges expressly granted by the legislative branch of government. It is one thing to open one's eyes and see the clear facts of industrial society ; it is another thing to seek for their underlying causes* ».

32. À l'échelle internationale, l'espace numérique offre de formidables exemples d'opérateurs économiques titanesques, les GAFA[112]. Ces opérateurs détiennent des positions stratégiques sur différents marchés ouverts par la révolution numérique. Après l'euphorie de la révolution, les premières critiques ont été émises à l'encontre des pratiques et des buts poursuivis par ces géants du web[113]. Et l'on se rend compte que ces « *maîtres de la GAFAXIE* »[114] s'organisent en dehors de tout contrôle étatique.

Les domaines bancaires et financiers ne sont pas en reste, la crise de 2008 et la défaillance d'opérateurs systémiques concrétisent les risques engendrés par les situations monopolistiques[115]. L'accroissement du pouvoir de marché de certains opérateurs bancaire et financier dépasse l'entendement, au point que leur seule défaillance entraîne celle du système en entier. Or, ce caractère systémique de certains opérateurs est intimement lié à leur situation monopolistique. Plus encore, il semble que le pouvoir de marché de ces opérateurs systémiques fasse l'objet d'une garantie si l'on considère la théorie du *too big to fail* selon laquelle les États ne peuvent laisser défaillir les entreprises systémiques.

Dans le même sens, les différentes affaires financières[116] de la dernière décennie mettent l'accent sur l'internationalisation des échanges et l'avènement de stratégies fiscales internationales où les opérateurs économiques procèdent à un véritable *forum shopping*[117]. Ce vaste mouvement pose de sérieux défis aux États et leur fait perdre des ressources

[112] Désignant à l'origine les entreprises Google, Amazon, Facebook et Apple, l'acronyme de GAFA tend à devenir un vocable propre à désigner tous les géants de l'Internet, sans distinction d'origine, tel qu'en plus de ceux cités : Twitter, Netflix, Microsoft, Uber, Air B&B, Tesla, Baidu ou Alibaba…

[113] Que l'on songe aux critiques relatives aux méthodes de travail imposées à ses salariés par Amazon ou la collecte massive des données personnelles opérées par Google ou Facebook.

[114] SIRINELLI (P.), PREVOST (S.), « Les maîtres de la GAFAXIE », *Dalloz IP/IT*, n° 10, 22 octobre 2019, p. 525 : « *Ces entreprises investissent peu à peu des activités qui relevaient de pouvoirs régaliens. Tout en tentant de se soustraire aux règles de certains États. Faut-il s'en étonner quand on sait qu'elles ont une puissance économique supérieure à celle de la majorité des États de la planète ?* ».

[115] Pour une analyse récente du secteur bancaire et financier, v. not. : Rapport de la Banque de France, Évaluation des risques du système financier français, juin 2018, établi au titre de l'article L. 141-5-1 du Code monétaire et financier. Ce rapport souligne les risques liés aux changements structurels du système financier : « *Les enjeux structurels du système financier persistent, (digitalisation, maîtrise des coûts, recherche de rentabilité). L'évolution des coûts d'exploitation demeure un sujet d'attention et les institutions financières poursuivent leurs efforts d'adaptation et de transformation.* », p. 8.

[116] Luxleaks et Panama papers comme exemples emblématiques.

[117] Expression utilisée normalement en droit international pour désigner cette pratique qui consiste à choisir la juridiction nationale que l'on considère comme la plus clémente. Transposée à la fiscalité le *forum shopping* correspond à cette recherche par les opérateurs économiques de montages fiscaux permettant une véritable optimisation fiscale (pour ne pas dire évasion fiscale).

précieuses. La dimension transnationale d'une entreprise peut, au même titre qu'une situation monopolistique, donner à voir un monopole de fait.

33. D'autres situations monopolistiques à l'échelle nationale appellent toute notre attention. Par exemple, la situation d'Orange vis-à-vis de la boucle locale, cette partie finale du réseau raccordant l'utilisateur final au réseau principal, pose la question de l'encadrement à prévoir pour éviter tout abus lié à ce monopole. Plus généralement les secteurs dits de réseaux (énergie, communications électroniques, chemin de fer, autoroutes...) constituent de véritables monopoles naturels et reposent sur une infrastructure essentielle. Ces secteurs sont, en ce sens, propices à la constitution de situations monopolistiques particulières reposant sur l'exclusivité dans l'exploitation de l'infrastructure, faisant craindre là encore des abus. Le potentiel monopolistique de ces secteurs invite à repenser le cadre applicable à l'infrastructure et notamment la séparation de sa gestion et de son exploitation, et ce afin d'assurer à tous les opérateurs la possibilité d'utiliser cette infrastructure à des fins commerciales[118] tout en respectant certaines exigences[119].

34. Paradoxalement, certaines critiquent à l'encontre des professions réglementées appellent l'attention sur ces situations monopolistiques légales. Certains discours laissent à penser qu'un monopole de droit peut cacher un monopole de fait[120], certaines décisions de justice vont également en ce sens[121]. Le projet de réformes des professions réglementées mettait en avant l'existence de barrières à l'entrée et corrélativement l'existence de rentes de

[118] On retrouve avec l'infrastructure essentielle une sorte de transposition dans la sphère concurrentielle de l'idée de communs. Les infrastructures essentielles constituent une sorte de communs pour les opérateurs économiques désireux de l'exploiter, il faut alors s'assurer de la possibilité pour tous de l'utiliser.

[119] Qu'il s'agisse d'exigences de service public ou d'exigences liées au caractère stratégique de certains secteurs. La séparation des activités de gestion et d'exploitation dans les secteurs de réseaux est développée à la Partie 2, Titre I, Chapitre II, Section I, § II.

[120] Idée que l'on retrouve en considérant l'approche faite de la diversification des activités par une entreprise détenant un monopole légal. En effet, les ressources perçues au titre du monopole légal correspondent aux exigences du service public et à la compensation des obligations de service public, et bien qu'elles puissent être utilisées pour le développement d'activité dans le secteur concurrentiel, cela peut constituer un abus de position dominante. V. not. : décisions Conseil de la concurrence, n° 00-D-47 du 22 novembre 2000 et n° 00-D-57 du 5 décembre. 2000 ; Cour de cassation, chambre commerciale, 10 déc. 2003, n° 01-17.493.
Sur les limites conceptuelles à la rentabilité d'un service public voir not. : ZIANI (S.), « Les limites conceptuelles et prudentielles à la rentabilité d'un service public délégué », *RDA*, n° 5, mai 2011, étude 10.

[121] Sur ce point, voir not. la décision CJUE, 24 mars 2011, aff. C-50/08, Commission c/ France. Les juges relèvent, pour ce qui nous intéresse, que la profession notariale ne participe pas de l'exercice de l'autorité publique. C'est pourtant cet argument, mêlé de considérations de service public, qui justifie le monopole dont jouissent les professions juridiques réglementées.

situation et prévoyait une libéralisation des professions afin de pallier cette défaillance[122]. Néanmoins, cette réforme a été critiquée, car trop libérale[123], substituant la régulation à la réglementation.

35. Toutes ces situations monopolistiques ou stratégiques dans certains secteurs de l'économie ne font que poser avec une acuité brûlante la question de l'encadrement des situations monopolistiques pour éviter la constitution de monopole de fait.

III. Thèse soutenue

36. De ces réflexions introductives, une première identification du monopole de fait et de l'appropriation collective se dessine, que l'étude propose de vérifier.

37. Le monopole de fait est une situation où une entreprise, parce qu'elle dispose d'un fort pouvoir de marché, maximise son profit au-delà du raisonnable. Disons qu'elle peut poursuivre exclusivement son intérêt aux dépens de l'intérêt général et, plus précisément, aux dépens de l'intérêt collectif de ses différentes parties prenantes. Cette situation se caractérise par l'existence d'une rente de situation. Rente accaparée par l'entreprise, parce que les rapports de pouvoir entre elle et ses parties prenantes sont déséquilibrés. Rente illégitime, car si les rapports de pouvoir étaient équilibrés, ce surplus de profit n'existerait pas.

38. En ce sens, la propriété de la collectivité, cette sanction opposée au monopole de fait, vise à restaurer l'équilibre des pouvoirs, condition *sine qua*

---

[122] Voir not. : Pour un exemple des pratiques critiquées en matière tarifaire, car constituant une sorte de barrière à l'entrée du marché : décision n° 00-D-23 du Conseil de la concurrence du 31 mai 2000 relative à des pratiques en matière d'honoraires mises en œuvre par le barreau de Bonneville.
Voir également, MARTY (F.), « Le prix des services juridiques entre défaillance de réglementation et défaillance de marché ? », *RIDE*, 2017/4, t. XXXI, l'auteur précise que : « *À l'extrême, un modèle de réglementation qui instaure des barrières à l'entrée (même si la finalité première est de garantir la qualité des services rendus et la viabilité des offreurs) et qui fixe des tarifs (même pour protéger les consommateurs en situation d'asymétrie d'information) pourrait éventuellement évoluer dans un sens conduisant à une « cartellisation » de la branche, passant par une autorégulation par ses acteurs et rendue inexpugnable par une protection contre toute concurrence potentielle offerte par la réglementation publique.* ».

[123] Voir pour quelques critiques centrales du projet de réforme : GAUDEMET (Y.), « Synthèse générale. La réforme des professions juridiques réglementées et la Constitution », *Semaine juridique Notariale et Immobilière*, n° 6, février 2015, 1071 : « *L'esprit général de la réforme, [...], est empreint d'une idéologie "libérale" telle qu'on la comprend aujourd'hui sur le plan juridique ; c'est-à-dire l'ouverture à la concurrence d'un "marché" qui serait actuellement paralysé et artificiellement confisqué par une réglementation dont bénéficient les professionnels, assurés ainsi du bénéfice de ce que la réforme appelle "des rentes de situation".* ».

non de tout système démocratique. Ainsi, l'appropriation collective, comme sanction, passe par la déconstruction du pouvoir de marché dont dispose l'entreprise. De manière plus transversale, et pour prévenir le développement de monopole de fait, l'appropriation collective doit être comprise comme le renforcement du pouvoir des parties prenantes, comme la reconnaissance de certains intérêts collectifs opposables aux entreprises puissantes. Elle doit être entendue comme la capacité de certaines collectivités à faire valoir leurs intérêts vis-à-vis de l'entreprise et cela demande de penser les mécanismes de ces contre-pouvoirs.

IV. Difficultés de l'étude

➢ *Des études ponctuelles du monopole de fait*

39. Une généalogie extrajuridique. L'usage courant tout autant que les usages spécifiques du terme monopole ont comme caractéristique commune d'être de mauvais auspices[124]. Si le monopole de fait peut être assimilé à une défaillance de marché, cette seule approche concurrentielle ne saurait suffire à une approche juridique complète de cette notion telle qu'énoncée par le neuvième alinéa. Or, et malgré sa consécration constitutionnelle, la notion de monopole

[124] Notamment en lien avec la tendance de l'époque à fustiger le système capitaliste. Comme le relevait le Doyen RIPERT : « *À l'heure présente, une opinion en majorité hostile au régime capitaliste, ou tout au moins à certaines de ses manifestations, s'exprime en termes violents. Les projets des réformateurs restent vagues. On dénonçait autrefois les puissances d'argent ; aujourd'hui on dénonce les trusts. On a appris au public à prononcer ce mot. Il est plus difficile de lui en faire comprendre le sens. Peu importe. Il s'agit d'exprimer dans un slogan le dessein de détruire le régime capitaliste. Encore faudrait-il commencer par le définir.* », RIPERT (G.), *Aspects juridiques du capitalisme moderne*, *op. cit.*, p. 5.

de fait n'a été l'objet que de rares études juridiques[125], et nombreuses ne font que l'analyser incidemment ou à l'occasion de l'actualité[126]. L'intérêt n'est pas des plus vifs[127]. L'évidente filiation du monopole de fait avec la matière économique et sa dimension profondément politique ont en quelque sorte dessaisi les juristes d'une notion centrale. Plusieurs explications peuvent être avancées quant à ce désintérêt de la discipline juridique vis-à-vis du monopole de fait, sans pour autant que l'une prenne le pas sur les autres.

40. À l'étude du monopole de fait, on a préféré l'étude du service public. Au sein du neuvième alinéa, le monopole de fait semble subsidiaire par rapport à son grand voisin : le service public national. Les analyses juridiques

---

[125] Comparativement à l'attention portée au service public national.
Le monopole de fait est l'objet de développements dans les manuels de droit public économique : NICINSKI (S.), *Droit public des affaires*, 6e éd., LGDJ, coll. Précis Domat droit public, 2018, n° 628 et s., n° 646 et s. ; COLIN (F.), *Droit public économique*, 6e éd., Gualino, 2017, n° 250, p. 168 et s. ; BRACONNIER (S.), *Droit public de l'économie*, *op. cit.*, n° 494 et s., p. 261 ; COLSON (J.-P.), IDOUX (P.), *Droit public économique*, *op. cit.*
Le monopole de fait a aussi été analysé par la doctrine, voir not. :
CARTIER-BRESSON (A.), « Marché, concurrence, État actionnaire. Dits, non-dits et clairs obscurs constitutionnels », *Petites aff.*, 22 janvier 2009 ; CLAMOUR (G.), « La "concurrence" dans la jurisprudence du Conseil constitutionnel », communication au VIe congrès de l'Association française de droit constitutionnel, 2005 ; CHEROT (J.-Y.), *Droit public économique*, 2007, Broché, p. 34 à 37. ; CHEVALLIER (J.), « Le pouvoir de monopole et le droit administratif français », *RDP*, 1974, p. 21 et s. ; COSSALTER (Ph.), « L'alinéa 9 », *in Le Préambule de la Constitution de 1946*, GAUDEMET (Y.) dir., Ed. Panthéon Assas, 2008, p. 181 ; LAVIGNE (P.), « Les biens qui doivent "devenir la propriété de la collectivité" », *in L'interventionnisme économique de la puissance publique*, *Mélanges Péquignot*, t. 2, Centre d'études et de recherches administratives, Montpellier, 1984, p. 407 et s. ; LOMBARD (M.), « Les limites constitutionnelles à la privatisation des entreprises dont l'activité a le caractère d'un monopole », *Mélanges Franck Moderne*, Dalloz Ed., 2004, p. 673 ; LOMBARD (M.), « Portée du 9e alinéa du préambule de 1946 », *RDA*, 2004, comm. n° 62 ; MAGNON (X.), note sous n° 543 DC du 30 novembre 2006, RFDC n° 70, 2007, p. 324 ; MARCOU (G.), « Que reste-t-il de l'alinéa 9 du Préambule de la Constitution de 1946 ? », *op. cit.*; PELLOUX (R.), « Le Préambule de la Constitution du 27 octobre 1946 », *op. cit.*, spécialement p. 377 à 381 ; QUIOT (G.), « Service public national et liberté d'entreprendre », *op. cit.*, p. 187 ; ISRAËL (J.-J.), « L'alinéa 9 », *in Le Préambule de la Constitution de 1946. Histoire, analyse et commentaires*, CONAC (G.), PRETOT (X.), TEBOUL (G.) dir., Dalloz, Paris, 2001, p. 221 ; QUIOT (G.), « La révision de l'alinéa 9 du préambule de la Constitution de 1946 par le Conseil constitutionnel », *Petites aff.*, 2007, n° 48, p. 4.

[126] Les diverses périodes de nationalisation et privatisation concentrent l'essentiel de la doctrine.

[127] PERROUD (T.), « Face aux privatisations, retrouver l'esprit de l'alinéa 9 du Préambule de la Constitution de 1946 », *Juspoliticum*, 10 juillet 2018. [http://blog.juspoliticum.com/2018/07/10/face-aux-privatisations-retrouver-lesprit-de-lalinea-9-du-preambule-de-la-constitution-de-1946-par-thomas-perroud]. L'auteur souligne que : « *Réfléchir aujourd'hui à la question du monopole semble être, en France, parfaitement inactuel tant la réflexion sur le pouvoir économique n'a pas pris, dans ce pays, la vigueur qu'elle connaît par exemple aux États-Unis où la question des inégalités [...] a entraîné la publication de stimulantes études appelant à étendre la réflexion constitutionnelle au-delà de l'État pour inclure le pouvoir privé.* ».

ont été prolixes à l'égard de ce dernier, et de nombreux auteurs se sont essayés à le définir[128]. Les approches ont tenté également de distinguer le service public national du service public constitutionnel[129]. L'attention est plus aisément portée sur le service public, notion plus commune à la sphère juridique que celle de monopole de fait et qui a annihilé, pendant longtemps, toute approche économique[130]. Et ce alors même que la nature duale de certaines activités n'est pas à démontrer, notamment dans les secteurs de réseaux, en matière d'énergie, de communications électroniques, mais aussi dans le domaine routier et ferroviaire. C'est l'approche par le service public qui a prévalu, mais ils constituent tout autant de véritables monopoles naturels, mettant à mal la concurrence et conduisant souvent à des monopoles de fait. À une autre échelle, c'est le service public local qui a fait l'objet de nombreux développements[131], quant à la légitimité et les moyens d'action des

---

[128] Pour une analyse transversale du service public voir le numéro spécial, « Service public : unité et diversité », *AJDA*, 20 juin 1997, et plus particulièrement l'article de FAVOREU (L.), « Service public et Constitution », *AJDA*, n° HS, 1997, p. 16.
Voir également QUIOT (G.), « De l'inconstitutionnalité de la loi du 31 décembre 2003 relative aux obligations de service public des télécommunications et à France Télécom, *AJDA*, n° 15, 2005, p. 813 : « *Les auteurs du Préambule considèrent certainement qu'il est à toute époque des biens et des entreprises dont l'exploitation présente objectivement "le caractère d'un service public national" par cela qu'elle est "indispensable à la réalisation et au développement de l'interdépendance sociale" comme l'aurait dit Léon Duguit.* ».

[129] Voir not. : DRAGO (G.), « Service public national et services publics constitutionnels », *JCP A*, n° 16-18, 16 avril 2007, étude n° 2099.

[130] Il faut relever que ces domaines faisaient l'objet de monopoles publics, rattrapés néanmoins par l'influence européenne, les considérations économiques se sont lentement imposées, ce qui ressort de la notion de service d'intérêt économique général. Cette notion a largement été précisée par la Cour de justice des communautés européennes. Voir en ce sens : WACHSMANN (A.), BERROD (F.), « Les critères de justification des monopoles, un premier bilan après l'affaire Corbeau », *RTD Eur.*, 1994, p. 39.

[131] Voir pour un aperçu de ce que peut recouvrir le service public local : PONTIER (J.-M.), « Qu'est-ce que le local ? », *AJDA*, 2017, p. 1093 ; PONTIER (J.-M.), « Le service public culturel existe-t-il ? », *AJDA,* 2000, p. 8 ; DOUENCE (J.-C.), « Les incidences du caractère national ou local du service public », *AJDA*, 1997, p. 113 ; MATHARAN (X.), ABBOUB (S.), « Le service public local des communications électroniques : bilan de dix années et perspectives d'évolution », *RFDA*, 2015, p. 313 ; CALLEY (G.), « La présence et l'organisation des services publics en montagne », *AJDA* 2017, p. 789 ; CARLES (J.), « La société publique locale, un outil adapté à l'évolution des missions du service public local ? », *RFDA*, 2012, p. 1099 ; NICINSKI (S.), « Les sociétés publiques locales et le droit de la concurrence », *RFDA*, 2012, n° 6, p. 1135 ainsi que les autres communications de ce numéro dédié aux sociétés publiques locales.

collectivités locales dans la gestion de leur territoire[132]. Si, comme dit précédemment, l'action publique a tout d'abord été conditionnée à la carence de l'initiative privée, l'attention s'est ensuite portée sur l'intérêt public local, très en lien avec les services publics locaux. La jurisprudence a connu une longue évolution[133] et a accaparé, là encore, la réflexion juridique.

41. Dès l'origine, on a réglé le sort du monopole de fait par l'affirmation d'un principe de nationalisation. Plus fondamentalement, la rareté des études semble tenir au fait que l'on a considéré[134] la consécration du monopole de fait comme la justification des nationalisations de cette époque et comme la seule mise en œuvre possible du neuvième alinéa[135]. Le monopole de fait n'était alors qu'une notion consacrée pour les biens d'une cause momentanée, une notion particulièrement nécessaire à ce temps des nationalisations[136]. La défaite des systèmes collectivistes[137] a contribué à remettre en cause la pertinence d'une réflexion sur la propriété collective. Et naturellement, le recul des recours à la nationalisation du fait de la mutation de l'État

[132] Dont l'un des derniers actes est constitué de la suppression de la clause générale de compétence par la loi Notre (Loi n° 2015-991 du 7 août 2015 portant nouvelle organisation territoriale de la République). Suppression qui selon le Cons. const., 16 septembre 2016, n° 2016-565-QPC, Assemblée des départements de France, ne porte pas atteinte au principe de libre administration des collectivités territoriales. Voir not. sur ce point : DURANTHON (A.), « À propos d'un cheval de Troie : le Conseil constitutionnel et la suppression de la clause de compétence générale », *Constitutions*, 2016, n° 4, p. 677 ; et de manière plus générale sur la clause de compétence générale : DREYFUS (B.), « À propos de la clause de compétence générale », *AJDA*, 2009, n° 7, p. 337 ; VERPEAUX (M.), « Pavane pour une notion défunte – La clause de compétence générale », *RFDA*, 2014, n° 3, p. 457 ; PASTOR (J.-M.), « Les maires veulent constitutionnaliser la clause de compétence des communes », *AJDA*, 2018, n° 16, p. 880.

[133] Voir note 70.

[134] Voir not. : HUBERT (P.), CASTAN (A.), « Droit constitutionnel et liberté de la concurrence », *Nouv. Cah. Cons. const.*, 2015/4, n° 49, p. 15-27, où l'auteur énonce de façon restrictive que « *le neuvième alinéa du Préambule de la Constitution de 1946 ne dispose que d'une arme atomique : la nationalisation.* ».

[135] En effet, « *l'État est la personnification juridique de la nation, qui ne peut posséder que par lui* », RIVERO (J.), *Le régime des nationalisations*, Éd. Techniques, Paris, 1948, n° 159. Pourtant, le neuvième alinéa oblige à la propriété de la collectivité et non à celle de la Nation.

[136] Puisque finalement, le Préambule de la Constitution de 1946 énonce les principes particulièrement nécessaires à notre temps.

[137] Par opposition aux systèmes capitalistes, et l'on pense ici à l'effondrement de l'Union des Républiques socialistes soviétiques en 1991.

Voir pour une approche des modes de production capitaliste et étatiste : CASTELLS (M.), *La société en réseaux. L'ère de l'information*, *op. cit.*, p. 39 : « *Dans le système capitaliste, la séparation entre les producteurs et leurs moyens de production, la transformation du travail en marchandise et la propriété privée des moyens de production par la domination du capital (ou surplus de marchandise) forment le principe essentiel de l'appropriation et de la distribution de l'excédent par les capitalistes [...]. Sous un régime étatiste, la maîtrise du surplus est extérieure à la sphère économique et dépend de ceux qui exercent le pouvoir de l'État.* ».

providence à l'État libéral a conduit à la désuétude du monopole de fait comme notion juridique. L'État n'est plus ce « *Léviathan démocratique* » et « *peine à être instituteur du social* »[138]. De plus, l'absence de voie de recours effective pour obliger le législateur à nationaliser les entreprises en situation de monopole de fait n'a fait qu'accentuer le désintérêt pour le neuvième alinéa qui a surtout été utilisé « *pour s'opposer aux privatisations* »[139] sans qu'il constitue pour autant un « *obstacle réel* »[140]. En effet, il semble difficile d'obliger le législateur à se conformer aux prescriptions constitutionnelles et « *le refus du gouvernement de déposer un projet de loi de nationalisation entre dans la catégorie des actes de gouvernement* »[141], non susceptible de recours donc.

➢ *La transversalité de l'étude du monopole de fait*

42. Le monopole de fait est une notion qui se meut aux confins du droit, de l'économie et de la politique. L'analyse de cette notion repose nécessairement sur une approche à la fois économique et concurrentielle mais appelle l'établissement d'une véritable traduction juridique. Avoir recours à différents systèmes de pensées permet à la fois de comprendre en quoi les situations de monopole de fait constituent un obstacle à la réalisation de la démocratie économique et sociale, de préciser la correspondance entre cette notion et les situations monopolistiques ; cela permet également de mettre en place un schème de pensée englobant, permettant de traduire la notion et de lui donner consistance juridique.

Néanmoins, cette interdisciplinarité de l'étude, soit le fait de croiser les regards sur ce même objet qu'est le monopole de fait, constitue une véritable difficulté dans la mesure où les différentes disciplines, juridique, économique, politique et sociale, sont à la fois cloisonnées mais en concurrence, et que, rares sont les ponts construits entre elles.

---

138 Ces expressions sont empruntées à Pierre Rosanvallon. L'auteur précise que l'on peut distinguer quatre grandes figures de l'État. « *La deuxième figure, celle de l'État instituteur du social, fait suite à l'avènement d'une société d'individus (qui) bouleverse les rapports de l'État à la société et à l'idée de nation. L'État devient une force d'institution du social, c'est-à-dire qu'il produit de la cohésion en jouant le rôle tenu auparavant par les corps intermédiaires. L'instituteur du social est l'État en tant qu'il produit du lien social et de l'unité, met en forme la société et constitue la nation (rapport d'institution).* », ROSANVALLON (P.), *L'État en France, de 1798 à nos jours*, Éditions du Seuil, coll. L'univers historique, 1990, p. 15.

139 NICINSKI (S.), *Droit public des affaires*, 5e éd., LGDJ, 2016, n° 861, p. 463.

140 BRACONNIER (S.), *Droit public de l'économie*, *op. cit.*, n° 497, p. 262.

141 NICINSKI (S.), *Droit public des affaires*, 5e éd., LGDJ, 2016, n° 861, p. 463.

Il faut également relever, avec COLIN (F.), *Droit public économique*, *op. cit.*, que « *Par ailleurs, l'al. 9 n'institue pas un droit ou une liberté que la Constitution garantit ; sa méconnaissance ne peut donc, en elle-même, être invoquée à l'appui d'une QPC* », ce qui ressort de la décision Cons. const., 26 mars 2015, n° 2015-459 QPC, M. Frédéric P, cons. 6.

43. Le monopole de fait et l'absence de droit de l'entreprise. Le monopole de fait affecte les catégories traditionnelles du droit commercial et du droit de la concurrence. Il nécessite de repenser l'approche juridique des acteurs économiques. Or, cela constitue un défi d'ampleur dans la mesure où « *le concept juridique d'entreprise comme autrefois ceux de famille et de domaine, touche à deux vaches sacrées de la pensée juridique : le pouvoir et la propriété* »[142].

La définition de l'entreprise varie en fonction des disciplines. De manière générale, « *une théorie de la firme doit répondre à deux grandes catégories de question. Elles sont soit internes et portent sur l'architecture et le fonctionnement de l'entreprise, soit externes et concernent la place et le rôle de l'entreprise dans l'organisation économique et sociale.* »[143]. En droit européen, c'est la jurisprudence qui de manière constante depuis la décision Höfner de 1991[144] définit l'entreprise comme « *toute entité exerçant une activité économique indépendamment de son statut juridique et de son mode de financement* ». L'activité économique est quant à elle définie par la jurisprudence européenne antérieure comme une activité « *consistant à offrir des biens ou des services sur un marché donné* »[145]. L'entreprise en droit de l'Union européenne est ainsi considérée selon sa place et son rôle dans l'organisation économique et sociale[146]. L'approche sociologique de l'entreprise qui repose sur une approche de celle-ci en termes, notamment, de

---

[142] CHAMPAUD (C.), « Propriété, pouvoir et entreprise », *in Le droit économique entre intérêts privés et intérêt général. Hommage à Laurence Boy*, PUAM, 2016, p. 47.
Ce pouvoir et cette propriété étant la résultante naturelle de la Révolution dont le mot d'ordre était, comme le rappelle Jacques BOUVERESSE : « *Tous propriétaires ! Tous maîtres !* » : « La IIIe République eut-elle une politique économique et sociale ? », *in L'État interventionniste, Le rôle de la puissance publique dans l'économie*, BOTTINI (F.) dir., L'Harmattan, Paris, 2012, p. 85 et s.

[143] « Entreprise », *in* CHARREAUX (G.), *Encyclopedia Universalis*, 5e éd., Corpus 8, Paris, 2002.

[144] CJCE, 23 avril 1991, aff. C-41/90, Höfner.

[145] CJCE, 24 octobre 2002, aff. C-82/01, ADP c/ Commission. La Cour fait référence à sa jurisprudence antérieure et plus particulièrement aux arrêts du 18 juin 1998, Commission c/ Italie, C-35/96, et du 25 octobre 2001, Ambulanz Glöckner, C-475/99.
JURY (F.), « Le régime des aides d'État : un moteur efficace de la politique fiscale européenne », *Revue UE*, n° 620, 2018, p. 427. Voir également : CJCE, 12 septembre 2000, C-180/98 à C-184/98, Pavel Pavlov.

[146] Pour une analyse de la notion d'entreprise et d'activité économique en droit européen, voir not. les articles : CHEROT (J.-Y.), « Le droit communautaire de la concurrence fonde-t-il un ordre concurrentiel ? Essai sur la notion d'entreprise et d'activité économique dans la jurisprudence de la Cour » et IDOT (L.), « La notion d'entreprise en droit de la concurrence, révélateur de l'ordre concurrentiel », *in L'ordre concurrentiel, Mélanges Pirovano*, éd. Frison-Roche, Paris, 2003.

pouvoir au sein de l'entreprise[147] se distingue des approches économiques et de gestion qui portent l'attention sur la performance des entreprises et les considère comme des unités de production.

44. Étudier le monopole de fait nécessite de combiner ces approches, et au-delà encore de la définition de l'entreprise, de comprendre, parmi les mécanismes économiques, ceux qui participent de la constitution d'un pouvoir de marché des entreprises ; pouvoir constituant de monopole de fait. Plus précisément, il faut comprendre les moyens de constitution et/ou de consolidation du pouvoir de marché, et préciser la correspondance entre l'existence d'une situation monopolistique et le monopole de fait. Ce qui oblige à dépasser le seul droit de la concurrence et à avoir une approche transversale du pouvoir de marché.

45. Le monopole de fait : une notion système. L'étude du monopole de fait nécessite une approche juridique englobante. Il ne s'agit pas seulement de vérifier la dimension économique et concurrentielle du monopole de fait, mais de le situer dans le système juridique. Cela demande l'exploration de différentes branches du droit et le recours à une approche juridique transversale. En effet, parce que le monopole de fait se meut aux confins de l'économie et du droit, il dépasse la distinction entre droit public et droit privé. L'appréhender demande alors la mobilisation de différentes branches du droit : droit commercial, droit de la concurrence, mais aussi droit des sociétés et droit fiscal, bien entendu ; mais d'autres encore comme le droit des obligations, le droit de l'environnement, le droit du travail, etc.
Cette transversalité du monopole de fait constitue une véritable difficulté, car elle oblige à manier différentes notions et différents schémas juridiques dont la complémentarité n'est pas, de prime abord, évidente.

V. Approche(s) retenue(s)

46. Le monopole de fait est une notion plurielle et demande une approche réflexive des diverses disciplines où il est présent.

47. Le monopole de fait est un objet économique. En revenant sur la pensée économique, il est possible de mettre en lumière le rapport entre les mécanismes de constitution d'un pouvoir de marché et l'existence d'un monopole de fait. Il s'agit pour cela de mettre l'accent sur les faits

[147] Voir not. : ALTER (N.), *Sociologie de l'entreprise et de l'innovation*, coll. Premier cycle, PUF, Paris, 1996 ; SAINSAULIEU (R.) dir., *L'entreprise, une affaire de société*, Presses de la Fondation nationale des sciences politiques, Paris, 1990, p. 19 et s. et notamment les références citées ; BAUER (M.), COHEN (E.), *Qui gouverne les groupes industriels ? Essai sur l'exercice du pouvoir du et dans le groupe industriel*, Seuil, Paris, 1981.

pertinents[148], tant les stratégies de croissance que de manière générale le comportement sur le marché des opérateurs économiques, qui permettent à l'entreprise de constituer un fort pouvoir de marché. Et plus précisément, il s'agira de faire le lien entre les défaillances de marché et le monopole de fait.

48. Le monopole de fait est tout autant un objet politique. Le contexte en 1946 est difficile et le texte constitutionnel est, comme cela a été soulevé, fort d'idées politiques. Les débats des assemblées constituantes de 1946, imprégnés de l'idéologie résistante, ne laissent que peu de doute quant à l'interprétation possible du neuvième alinéa. L'exégèse du monopole de fait permet d'en préciser l'idée[149] avant d'en proposer l'identification.

49. Ces premières approches sont un préalable à toute compréhension et explication du monopole de fait, de la signification de la notion. Il s'agira de retenir, dans chacune de ces approches, les idées saillantes et substantiellement attachées au monopole de fait pour qu'en synthèse, soit rendue possible son identification juridique. L'interprétation analytique de la *ratio legis* du neuvième alinéa, en quelque sorte une interprétation *originaliste*[150], tout autant que l'étude de la pensée économique permet d'approcher au plus près l'objet *monopole de fait*, d'en donner une approche substantielle. Elle sera couplée à une approche, en quelque sorte, anthropologique, mettant l'accent sur les rapports de l'homme au monopole de fait, et sur les conséquences de ce dernier dans la vie de ceux-là. Cette méthode permettra également de redécouvrir l'appropriation collective. La signification du monopole de fait permet d'interpréter son régime. Car si la propriété de la collectivité doit bien être entendue comme une sanction, la difficulté de sa mise en œuvre en droit doit être explicitée et invite à dresser un panorama du droit mobilisable tout autant qu'à penser les outils juridiques

---

148 « *La science juridique n'admet ni les doctrines, ni les partisans. Elle étudie les faits sans passion, car elle les considère uniquement dans leurs rapports avec le droit. [...] L'économie politique veut être reconnue comme une science ; ainsi le monde fonctionnera suivant des lois scientifiques. Le droit se contente volontiers de n'être que l'art de conduire les hommes. C'est tout de même le plus important.* », RIPERT (G.), *Aspects juridiques du capitalisme moderne, op. cit.*, p. 1.

149 En effet et comme le relève Dominique Rousseau, « *Si, quels que soient les efforts de rédaction, les mots sont toujours porteurs de plusieurs sens, il faut, pour savoir quelle obligation de comportement prescrit tel ou tel énoncé, décider de la signification de cet énoncé ; il faut, par une opération intellectuelle, lui attribuer le sens qui permet d'ordonner ce comportement. En d'autres termes, c'est le sens qui fait la norme, non le mot. Ce que reconnaît le Conseil constitutionnel lorsqu'il affirme, dans sa décision du 6 octobre 2010, que c'est l'interprétation jurisprudentielle qui donne à une disposition législative sa "portée effective".* », ROUSSEAU (D.), « Le droit constitutionnel continue : institutions, garantie des droits et utopie », *op. cit.*, p. 1517.

150 PHILIPPE (X.), « L'amnistie devant le juge constitutionnel », *Constitutions*, n° 2, 30 juillet 2013, p. 225.

propres à endiguer le monopole de fait. L'analyse du monopole de fait permet de préciser la notion de propriété de la collectivité et l'étude donne alors l'occasion de donner des pistes de réflexion sur cette notion.

VI. Problématique et plan

50. L'État et le Marché se grippent avec le monopole de fait qui pointe leurs limites respectives. Qu'on le recense sous l'angle de l'intérêt général ou de la concurrence, le monopole de fait perturbe et défie les modèles classiques opposant l'État et le Marché, la propriété publique à la propriété privée. Le neuvième alinéa, souvent perçu comme disposition performative, annonçant et réalisant les nationalisations, est imprégné de cette opposition au point d'en sembler perdre toute véritable signification. Cette opposition est à dépasser dans l'analyse du monopole de fait, car c'est bien la complémentarité du Marché et de l'État qui permet de l'encadrer, la rigueur de la concurrence et la protection sociale qui permettent de le contraindre.

51. Préciser le monopole de fait est absolument nécessaire à un moment où de telles situations, particulièrement menaçantes, se constituent sous des visages toujours renouvelés, et attestent de l'existence de véritables défaillances de marché aux effets considérables sur l'économie réelle. Les GAFA, les opérateurs bancaires et financiers, les opérateurs historiques dans les secteurs de réseaux, les entreprises transnationales dans tout domaine d'activité sont autant d'entreprises qui usant de leur pouvoir de marché, mettent en œuvre des stratégies agressives, opportunistes, et s'épanouissent en détruisant la concurrence et en lésant leurs parties prenantes. La libre concurrence lorsqu'elle est exercée de manière déloyale peut bien aboutir à un monopole de fait. Dans ces conditions, définir le monopole de fait et surtout en préciser le régime est bien nécessaire mais cela constitue une véritable gageure ; car cette disposition condamne en fait la déraison économique, elle pose une limite morale au marché, et corollairement elle contient en substance une certaine vision des finalités du droit[151].

52. À ce titre, le neuvième alinéa donne à penser une clé de lecture du monopole de fait lorsqu'il l'oblige à devenir la *propriété de la collectivité*. Mais cette expression malheureuse, qu'il s'agit de redécouvrir, a dans un premier temps ajouté à la complexité de l'étude du monopole de fait puisqu'elle place la réflexion sur le terrain du droit de propriété. Or, le droit est binaire en la matière, il oscille entre propriété individuelle et propriété publique. Pourtant, en affirmant la nécessaire propriété de la collectivité des biens et entreprises exploités en monopole de fait, les constituants de 1946 ouvrent une véritable troisième voie, qui n'est ni le marché, ni l'État ; et qui n'est pas contre eux pour autant. La propriété de la collectivité c'est l'appropriation collective, l'affirmation et la revalorisation d'intérêt collectif contre l'entreprise. Il apparaît ainsi que la propriété de la collectivité sur le monopole de fait est une condition nécessaire de justice. Or la collectivité, ce corps intermédiaire fluctuant au gré des évolutions économiques et sociales, peine à être reconnue en droit, dans toutes ses déclinaisons[152].

53. L'élément décisif pour comprendre le monopole de fait et son régime, pour interpréter le neuvième alinéa, ce n'est pas la propriété mais bien la reconnaissance de l'existence d'une collectivité, qu'il s'agit de préciser. Car

---

[151] Sur les finalités du droit, voir not. : OST (F.), *À quoi sert le droit ? Usages, fonctions, finalités*, Bruylant, coll. Penser le droit, 2017. L'auteur soutient dès les propos liminaires (p. 8) que « *[...] la démocratie, la justice, et la constitution de l'humain (dans un ordre croissant d'importance) sont les finalités extrinsèques les plus éminentes que le droit peut servir [...]. Trois finalités intrinsèques (doivent) être dégagées : d'un droit voué à la promotion de la démocratie, de la justice et de la constitution de l'humain, nous attendons qu'il définisse un équilibre social général à vocation opératoire, qu'il soit en mesure de l'imposer par une contrainte réglée, génératrice de confiance, et qu'il soit également susceptible d'assurer se remise en cause dans le cadre de procédures déterminées.* ».
Dans la troisième partie de l'ouvrage, il s'attache à préciser les finalités intrinsèques du droit : « *[...] c'est une fonction du droit d'assurer la coordination des activités sociales et de maintenir l'ordre public ; relève, en revanche, de ses finalités, le fait que cet ordre et cette coordination soient le fruit d'un équilibre recherché entre les différents intérêts sociaux ou, au contraire, qu'ils visent à maximiser le pouvoir d'un parti, d'une église ou d'un occupant étranger.* », p. 329.

[152] Nous adhérons ici à l'idée selon laquelle : « *Lorsqu'on envisage les hommes dans les relations qu'ils soutiennent entre eux, il convient de se les représenter, non pas comme des sortes de monades se heurtant – librement ou non, peu importe ici – les unes aux autres, mais bien comme les éléments constitutifs plus ou moins étroitement interdépendants les uns vis-à-vis des autres, de collectivités plus ou moins nettement définies, à plusieurs desquelles le même individu est susceptible d'appartenir simultanément.* », LAZARD (M.), « De l'intervention de l'État en matière économique et de l'équilibre des forces sociales », *Mélanges offerts à Ernest Mahaim*, Librairie du recueil Sirey, Paris, 1935, p. 4-5.
Cette condamnation des corps intermédiaires est en partie liée à une conception rousseauiste de la loi qui ne laisse pas de place à l'existence d'intermédiaire entre le citoyen et l'État.

la collectivité concernée par le monopole de fait dépend de chaque situation. Ce sont à chaque fois des parties prenantes différentes qui voient leurs intérêts heurtés par le monopole de fait. En ce sens et sans vraiment le savoir, le droit s'adapte à ces situations, notamment avec le droit économique. En effet, il permet de réguler l'exercice du pouvoir de marché et de sanctionner les stratégies agressives auxquelles peuvent avoir recours les entreprises. Néanmoins, le monopole de fait n'est pas seulement subi par les concurrents ou les partenaires commerciaux. Le monopole de fait ne menace pas seulement la concurrence. Une telle situation peut être subie par un ensemble de parties prenantes dont il s'agit de saisir les intérêts pour préciser le traitement à réserver au monopole de fait. Traitement juridique qui devra résolument être transversal pour que, conformément à la pensée constituante, la condamnation du monopole tende à assurer une justice sociale.
C'est latent, le monopole de fait cristallise les rapports entre l'État et le marché et demande une approche alternative, qui permettrait la nécessaire conciliation des intérêts, compris de l'intérêt privé à l'intérêt général, et mettant en balance l'intérêt des parties prenantes et l'intérêt de l'entreprise[153].

54. Protéiforme, le monopole de fait rompt avec les logiques fondamentales du droit et défie l'analyse. Commun à différents systèmes de pensées, le monopole de fait doit être précisé et identifiable juridiquement. Pour cela seront étudiées ses origines, à la fois économique et politique. Ce sont elles qui éclairent la conception de la notion de monopole de fait, tant celles de 1946 que celles plus contemporaines. Ses origines font sourdre ses caractéristiques principales qui en permettent une traduction juridique (Partie 1).
Une fois le monopole de fait appréhendé et défini, c'est la question du régime à appliquer au monopole de fait qui se pose, parce que l'on ne peut faire l'impasse sur le régime qui lui est attaché dans le neuvième alinéa du Préambule de 1946. L'étude portera ainsi sur l'étude de l'appropriation collective. Sanction qui trouve un écho dans la propriété publique. Mais l'appropriation collective dépasse cette dernière. Il est alors nécessaire d'ouvrir le champ de la réflexion à l'étude des intérêts en présence, et de recenser les outils juridiques propres à contraindre le monopole de fait et à prévenir son développement (Partie 2).

153 Pour une approche de l'intérêt de l'entreprise, voir : PIROVANO (A.), « La "boussole" de la société. Intérêt commun, intérêt social, ou intérêt de l'entreprise ? », *D.*, 1997, p. 189.

Partie I.
LE MONOPOLE DE FAIT ET LE DROIT

55. L'exégèse du monopole de fait est un préalable nécessaire à son étude. Fortement imprégnée de considérations économiques et politiques, la notion de monopole de fait renvoie à l'existence d'une situation qui génère méfiance et aversion. Le monopole de fait doit donc être précisé dans ces deux champs, économique et politique, pour pouvoir en déduire la manière dont le droit peut s'en saisir. Son exégèse est instructive. (Re)découvrir les théories à la fois économique et politique sous-jacentes à cette notion permet de comprendre l'idée du monopole de fait. Le schème de pensée dans lequel il s'insère. Car ce sont bien ces origines qui ont conduit les constituants à le condamner dans le Préambule de la Constitution du 27 octobre 1946.

56. La pensée économique, particulièrement les classiques et néo-classiques, s'est intéressée aux situations de monopole comme des situations de défaillance de marché où celui-ci n'exprime plus ses vertus, productive et allocative. Les situations monopolistiques heurtent de plein fouet certains développements de l'économie classique, et particulièrement celui de la main invisible d'Adam Smith. Elles tendent à relativiser l'affirmation d'efficacité naturelle du marché. Elles démontrent que la libre concurrence ne tend pas toujours à l'optimum de bien être, cher à Pareto[154], et qui a pu être compris,

---

[154] Selon lui, l'équilibre constitue une situation d'optimum qui « *résulte de l'opposition entre les goûts des hommes et les obstacles à les satisfaire* », l'auteur lui-même admet qu'il se propose « *uniquement de rechercher les uniformités que présentent les phénomènes, c'est-à-dire leurs lois, sans avoir en vue aucune utilité pratique directe sans se préoccuper en aucune manière de donner des recettes ou des préceptes, sans rechercher même le bonheur, l'utilité ou le bien-être de l'humanité ou d'une de ses parties. Le but est dans ce cas exclusivement scientifique ; on veut* connaître, savoir, *sans plus.* », PARETO (V.), *Manuel d'économie politique, t. I, Principes généraux, Introduction à la science sociale, Notion générale de l'équilibre économique, Les goûts, Les obstacles*, 2e éd., Paris, LGDJ, 1963, p. 3 et p. 150.
Le plus grand obstacle à la réalisation de l'équilibre est celui de la répartition des biens en fonction des goûts de chacun. Et lorsqu'il n'est plus possible d'augmenter la satisfaction des individus sans diminuer la satisfaction d'autres, alors on a atteint l'optimum. Dans son ouvrage, l'auteur parle d' « ophélimité ».

non sans dénaturer la pensée de l'économiste, comme l'intérêt général[155]. Les situations monopolistiques sont ainsi appréhendées, du strict point de vue concurrentiel, comme pouvant permettre de s'émanciper des règles et mécanismes du marché, comme pouvant remettre en cause l'effectivité de la concurrence. À ce titre, certains phénomènes, comme les concentrations, doivent être encadrés.

57. L'approche politique, quant à elle, éclaire sous un jour particulier le monopole de fait et donne matière à une approche juridique renouvelée, qui s'ajoute à l'approche économique. L'avènement, après la Seconde Guerre mondiale, de la démocratie économique et sociale s'est doublé d'une condamnation ferme des monopoles de fait, précisément parce celui-ci ne permet pas celle-là. Le monopole de fait est antinomique d'une démocratie économique et sociale puisqu'il fait fi de ses exigences, et particulièrement en matière d'égalité et de liberté. C'est en cela que le politique s'en est saisi et a actualisé, avec ce nouveau terme de monopole de fait, la condamnation des féodalités économiques affirmée en première instance à la Révolution.

58. L'exégèse du monopole de fait permet d'en comprendre l'idée, celle d'abus de pouvoir de marché, dont les conséquences ne sont pas seulement concurrentielles. Le monopole de fait est condamné car il constitue une situation de déséquilibre de pouvoir, permettant à celui en position de force, à l'opérateur puissant, d'abuser de son pouvoir de marché vis-à-vis de ses parties prenantes. Le monopole de fait, c'est la défaillance de marché en matière économique, les féodalités économiques en matière politique (Titre I). Cette première approche conduit naturellement à considérer le monopole de fait comme une situation privilégiée pour son détenteur et permet d'en proposer un trait caractéristique, une résultante commune. Ce dénominateur commun à toute situation de monopole de fait, c'est l'existence d'une rente de situation. Pour l'identification du monopole de fait, l'accent est à mettre sur le résultat de cette situation, non sur ses leviers ; même si ces derniers sont à connaître (Titre II).

---

[155] Pour Samuelson, l'équilibre est atteint lorsque « *il ne devrait pas exister de variation ou mouvement quelconque possible qui pourrait améliorer la situation de tout le monde* », SAMUELSON (P. A.), *Les fondements de l'analyse économique, t. I Théorie de l'équilibre et principales fonctions économiques*, 2e éd., coll. Finance et économie appliquée, Dunod, 1971. La théorie de Pareto a parfois été mal comprise que ce soit du point de vue économique - voir not. les remarques de SAMUELSON (P. A.), *Les fondements de l'analyse économique*, *op. cit.*- mais également du social), en effet, l'optimum de Pareto n'est pas nécessairement une situation socialement juste. Si on augmente la satisfaction des plus riches sans que cela entraîne une diminution de la satisfaction des plus pauvres, les conditions de l'optimum sont remplies, mais on voit bien ici qu'il ne s'agit pas d'une situation juste, équitable.

Titre I.
EXEGESE DU MONOPOLE DE FAIT

59. Pour dessiner les grandes lignes du monopole de fait, il est nécessaire de mettre en exergue ses racines économiques. Pour cela, il faut bien comprendre les postulats de l'économie classique relatifs à la concurrence pure et parfaite ainsi que les conditions nécessaires à l'efficacité du marché. Il faut revenir surtout, sur la réalité des phénomènes économiques, qui ne sont pas toujours synonymes de développement harmonieux du marché. La concurrence n'est pas auto-réalisatrice, parfois même, la concurrence peut tuer la concurrence. La lutte contre les *trusts* et les cartels outre Atlantique, celle contre les concentrations et les ententes en Europe, confirment bien ce constat. Les situations s'éloignant des conditions de réalisation de la concurrence pure et parfaite tendent, *a contrario*, vers la constitution d'un monopole de fait. Et c'est bien parce que le monopole de fait constitue une défaillance de marché, que le droit, par le droit des concentrations et la théorie des infrastructures essentielles, s'est très vite appliqué à le régler (Chapitre I).

60. On pressent, pourtant, que le monopole de fait ne peut se résumer qu'à une approche économique. Ses racines politiques obligent à une analyse historique, féconde. Le Programme du Conseil national de la Résistance (CNR) insuffle à la vie politique, telle qu'elle se dessine au sortir de la guerre, ses idées forces. Les fondements de ce programme se retrouvent et sont affirmés dans le Préambule de la Constitution du 27 octobre 1946. De l'approche historique se dessine une filiation entre le monopole de fait et les féodalités économiques. Il faut alors saisir la spécificité de l'époque féodale pour comprendre l'essence du monopole de fait. Ces racines politiques expliquent également le rôle central attribué à l'État contre le monopole de fait (Chapitre II).

Chapitre I.
L'ORIGINE ECONOMIQUE DU MONOPOLE DE FAIT

61. Déterminer et expliquer les mécanismes de création et de répartition de la valeur est central dans la pensée économique classique[156]. La création de valeur, ou en d'autres termes la croissance de l'économie appelée de tous les vœux, est néanmoins confrontée à un problème d'envergure qui justifie *a priori* l'analyse économique : la rareté, qui pose la question de la répartition des richesses[157]. Dans cette recherche permanente de valeur, certains opérateurs économiques usent de leur pouvoir de marché à des fins particulières et exclusives. Ils biaisent le jeu de la concurrence, et sans créer de valeur, accaparent un surplus de profit, et l'on devine alors le monopole de fait.

Or, selon l'analyse économique classique et néoclassique[158], pour éviter de telles situations, ou dit autrement, pour bénéficier des vertus du marché, à savoir l'efficacité productive et allocative, pour garantir une juste répartition des richesses, il faut laisser le marché fonctionner seul. Car il tend naturellement vers l'équilibre. La libre concurrence, seule, permet aux mécanismes de marchés, aux lois de l'économie, de pleinement se réaliser. Seule celle-ci contraint les comportements des opérateurs économiques sur le marché, car ils ne pourraient, en une telle situation concurrentielle, opter pour des comportements indépendants sans risquer d'être exclus du marché

62. Pourtant, les économistes ont constaté que, naturellement, tout marché tend à la concentration et/ou à la constitution de situations monopolistiques. De telles situations sont à l'origine d'un fort pouvoir de marché et en cela, la situation monopolistique est potentiellement source de défaillance du marché. Elle correspond en fait à cette situation où les conditions nécessaires à la

---

156 « *L'économie est l'étude de la façon dont les sociétés utilisent des ressources rares pour produire des biens ayant une valeur et les répartir entre les individus* », SAMUELSON (P. A.), NORDHAUS (W. D.), *Économie*, *op. cit.*, p. 4.

157 SAMUELSON (P. A.), NORDHAUS (W. D.), *Économie, op. cit.*, p. 4. Les auteurs relèvent que si « *nous pou(v)ions tous avoir tout ce que nous vou(l)ons, personne ne s'inquiéterait de la répartition des revenus entre les individus ou les différentes catégories sociales.* ».

Cette idée a été mise en avant très tôt en économie politique, voir en ce sens MARCHAL (J.), *Cours d'économie politique*, t. I, Paris, 1952, p. 325 : « *une définition correcte de l'économie politique doit partir, comme le font les économistes traditionnels, du fait premier que les hommes éprouvent des besoins et que ces besoins ils ne peuvent aisément les satisfaire par suite de la rareté des moyens utilisables.* ».

158 On renvoie par ce terme, notamment, à l'École de Chicago et à l'ultralibéralisme. Pensée qui « *déconsidèr[e] complètement toute faille éventuelle dans le fonctionnement du marché* » et qui s'applique donc à stigmatiser toute intervention de l'État dans l'économie. FILHO (C. S.), *Histoire critique des monopoles. Une perspective juridique et économique*, LGDJ coll. Droit & Économie, 2010, p. 8.

réalisation de la concurrence pure et parfaite ne sont pas réunies. Mais c'est que la concurrence pure et parfaite est un idéal-type. Et comme tout idéal-type, s'il permet de saisir et comprendre des phénomènes particuliers, et en l'occurrence les mécanismes de marché, il ne constitue qu'un idéal inaccessible. Pourtant, en comprenant la concurrence pure et parfaite, on comprend les ressorts de la situation monopolistique, ce cas singulier permettant à l'opérateur économique de se soustraire aux lois du marché. Il est possible de saisir tout à la fois, la diversité de ces situations monopolistiques et le risque pouvant en résulter : le monopole de fait (Section I).

63. Le potentiel anticoncurrentiel des situations monopolistiques a conduit à leur appliquer relativement tôt un encadrement ; première réception juridique de l'idée de monopole de fait. Est alors encadrée l'acquisition d'un pouvoir de marché, la collusion et la connivence des intérêts économiques. Le contrôle porte sur la mise en œuvre des stratégies de concentrations des entreprises ou le recours aux ententes (qui se substituent, dans leurs effets, à la concentration effective des entreprises). Les deux permettent l'acquisition et/ou le renforcement d'un pouvoir de marché. Mais sous une apparente simplicité, le pouvoir de marché dont les entreprises disposent s'exprime de différentes façons. Il est souvent volatil. Il ne s'exprime pas toujours ouvertement. Et surtout, la détention d'un fort pouvoir de marché n'est pas synonyme de monopole de fait (Section II).

Section I. LE MONOPOLE DE FAIT : UNE DEFAILLANCE DE MARCHE

64. Lorsque les conditions nécessaires à la concurrence pure et parfaite ne sont pas réunies s'ouvrent des possibilités de défaillance du marché. L'existence de telles défaillances est significative du fait que la concurrence pure et parfaite est un idéal-type, une *« construction intellectuelle obtenue par accentuation délibérée de certains traits de l'objet considéré »*[159]. En effet, l'expression même est hyperbolique et s'apparente à une fiction. Il s'agit en fait, à travers cette construction intellectuelle, de comprendre les conditions nécessaires à une concurrence efficace, qui érode les rentes. Celles qui permettent d'atteindre, à tout le moins de se diriger, vers la situation d'équilibre général, vers une juste et équitable allocation de la valeur créée.

---

[159] COENEN-HUTHER (J.), « Le type idéal comme instrument de la recherche sociologique », *Revue française de sociologie*, 2003/3 (Vol. 44), p. 532. L'idéal-type est un outil utilisé et défendu par Max Weber, voir : WEBER (M.), *Essais sur la théorie de la science*, (Julien Freund trad.), Plon, Paris, 1965.

Cet idéal-type de concurrence pure et parfaite permet de mettre en exergue les bienfaits de la concurrence, à la fois d'un point de vue concurrentiel, mais également de façon plus générale d'un point de vue social ; la concurrence pure et parfaite est *supposée* être la condition de l'efficacité du marché et de sa participation à l'intérêt général[160]. Néanmoins, la réalité du marché démontre que la concurrence est le plus souvent imparfaite, les situations monopolistiques constituent l'archétype d'une telle concurrence (§I). Plus encore, certains secteurs d'activité présentent la particularité d'être des monopoles naturels. Il en va ainsi des secteurs de réseaux et cela tient à l'existence d'une infrastructure essentielle. La concurrence y est, par définition, plus restreinte qu'ailleurs (§II).

§ I. L'EFFICACITE DU MARCHE A L'EPREUVE DU MONOPOLE DE FAIT

65. On ne peut comprendre les racines économiques du monopole de fait si l'on ne comprend pas les leviers d'efficacité du marché. En effet, l'efficacité du marché est ce qui permet d'éroder les rentes, et de créer (du point de vue économique) une juste répartition de la valeur, là où le monopole de fait, comme cela sera proposé par la suite, s'apparente à une situation rentière (A). Ainsi, parce que les situations monopolistiques, ces situations de concurrence imparfaite, remettent en cause les conditions de la concurrence pure et parfaite, on pourra considérer qu'elles peuvent tendre vers le monopole de fait (B).

A. L'efficacité supposée du marché dans la pensée économique

66. À ses débuts « *l'idéologie économique, l'économie comme philosophie, se présente [...] comme la solution concrète aux problèmes les plus décisifs du XVII*e *et du XVIII*e *siècle : ceux de l'institution et de la régulation du social* »[161]. À ce titre, les différents penseurs essayent de déterminer les sources de richesse et les moyens de leur équitable allocation entre les individus. Le marché est ainsi présenté comme un mode alternatif de

[160] Sur la correspondance entre la concurrence et l'intérêt général, voir notamment : CLAMOUR (G), *Intérêt général et concurrence, Essai sur la pérennité du droit public en économie de marché,* Nouvelle bibliothèque de thèse, vol. 51, Dalloz, 2006.

[161] ROSANVALLON (P.), *Le libéralisme économique : Histoire de l'idée de marché*, Ed. du Seuil, coll. Points Politique, Paris, 1989, p. 41.

L'économie politique « *s'est toujours occupée des problèmes d'intérêt public et de bien-être* », SAMUELSON (P. A.), *Les fondements de l'analyse économique*, *op. cit.*, p. 259.

régulation du social, permettant aux individus d'interagir sur un mode d'égalité et leur garantissant la meilleure allocation des ressources disponibles : cette allocation optimale repose sur des mécanismes économiques naturels, les grandes lois de l'économie[162]. Se font ici face la concurrence et la justice sociale dans leur capacité redistributive.

C'est plus précisément l'économie de marché[163] qui est un mode alternatif d'organisation des interactions sociales. Dans *Recherches sur la nature et les causes de la richesse des nations*, « *ce monument de la science économique* »[164], Adam Smith[165] énonce que les bénéfices de l'économie de marché résultent de la poursuite de leurs intérêts privés par les individus[166]. C'est la main invisible du marché qui est à pied d'œuvre, idée que l'on retrouve à travers la métaphore du boulanger[167].

Néanmoins, les postulats de l'économie classique et néoclassique ne peuvent conduire à concevoir la concurrence pure et parfaite que comme un idéal-type, un mythe. Sa compréhension permet néanmoins de comprendre les effets de viscosité du marché pouvant survenir, effets qui créent des occasions de constitution d'un monopole de fait.

67. **Premier postulat de l'économie classique et néoclassique : la rationalité des individus.** Toute la théorie, smithienne repose sur ce postulat : « *les individus informés, indépendants, ont des comportements rationnels* »[168]. Ce

---

162 Voir sur ces lois : GENEREUX (J.), *Les vraies lois de l'économie*, Seuil, coll. Points, 2005.

163 « *Sans renseignements ou calculs centralisés, il (le marché) résout des problèmes de production et de distribution impliquant des milliards de variables et relations inconnues, problèmes largement hors de portée de nos ordinateurs les plus rapides. Personne n'a conçu le marché, pourtant il fonctionne remarquablement bien. Dans une économie de marché, aucun individu ou aucune organisation n'est responsable de la production, de la consommation, de la distribution ou de la fixation des prix.* », SAMUELSON (P. A.), NORDHAUS (W. D.), *Économie, op. cit.*, p. 26.

164 ALBERTINI (J.-M.), SILEM (A.), *Comprendre les théories économiques*, 4e éd., Seuil, coll. Points, 2011 (première publication 1983), p. 134.

165 Considéré comme le père de l'économie politique. Pour un historique de l'économie politique, voir not. LEROY-BEAULIEU (P.), *Traité théorique et pratique d'économie politique*, t. I, 6e éd., coll. Economistes et publicistes contemporains, Guillaumin et cie, Paris, 1914, plus particulièrement le chapitre premier « Genèse et nature de l'économie politique ».

166 L'intérêt individuel doit être entendu ici comme l'intérêt personnel de l'individu. Selon Maurice Allais, l'intérêt personnel d'un individu peut être défini comme « *l'ensemble des mobiles matériels, intellectuels et moraux qui dirigent son comportement* ». ALLAIS (M.), « Intérêt général et intérêts particuliers », *Nouvelle revue d'économie contemporaine*, février 1951, p. 13.

167 « *Ce n'est pas de la bienveillance du boucher, du brasseur ou du boulanger que nous attendons notre dîner, mais de leur souci de leur intérêt propre.* », SMITH (A.), *Recherches sur la nature et les causes de la richesse des nations*, GARNIER (G.), BLANQUI (A.) trad., 2e éd., Guillaumin, 1843, p. 19.

168 ALBERTINI (J.-M.), SILEM (A.), *Comprendre les théories économiques, op. cit.*, p. 186.

postulat[169] est lié à la philosophie du XVIIIe siècle qui proclame le triomphe de la raison[170]. On considère que l'homme, qui poursuit la satisfaction de son intérêt, est amené à choisir de façon rationnelle, à opérer des choix de consommation utiles. C'est l'avènement de l'utilitarisme[171]. Ainsi, pour l'acheteur, le choix rationnel est fondé sur la considération de l'utilité marginale d'un bien, qui décroît avec la quantité de biens déjà consommés[172]. On retrouve en substance dans la notion d'utilité celle de l'intérêt de chacun, mais un simple intérêt de consommation, un intérêt cantonné à une rationalité économique. À ce titre, ce critère de l'utilité est largement critiqué[173], parce qu'il a pour point de départ dans l'analyse, la consommation[174] et considère l'homme comme être économique. Et c'est bien ce point de départ qui ne permet pas une réelle évaluation du niveau de bien être des individus[175], bien être qui ne peut se résumer à un bien-être économique. Alors, comment évaluer le niveau de bien être ? Par l'analyse du produit national brut, par la

---

169 Le courant néoclassique s'inscrit en effet dans une démarche d'individualisme méthodologique ayant pour objectif de mettre au centre des réflexions le comportement des individus, d'où l'avènement du terme d'*homo œconomicus.*

170 Dont on trouve des prémisses dans l'œuvre de Spinoza. Voir not., SPINOZA (B.), Œuvres de Spinoza, (SAISSET (E.) trad.), Seconde série, Éthique, Réforme de l'entendement, Correspondance, Charpentier, Paris, 1842. Et particulièrement la troisième Partie de l'Ethique : De l'origine et de la nature des passions et la proposition IX : « *Le désir, c'est l'appétit,* avec conscience de lui-même. *Il résulte de tout cela que ce qui fonde l'effort, le vouloir, l'appétit, le désir, ce n'est pas qu'on ait jugé qu'une chose est bonne ; mais au contraire, on juge qu'une chose est bonne par cela même qu'on y tend par l'effort, le vouloir, l'appétit, le désir.* », p.113.

171 Que l'on peut rattacher à la philosophie de Jérémy Bentham, voir not. : DE CHAMPS (E.), « Utilitarisme et liberté. La pensée politique de Jeremy Bentham », *Archives de philosophie*, 2015/2, tome 78, p. 221 ; DE CHAMPS (E.), « Propriété et statut personnel chez Jeremy Bentham », *in* BACHOFEN (B.) dir., *Le libéralisme au miroir du droit, L'État, la personne, la propriété*, ENS Éditions, 2008, p. 117.

172 Ainsi de façon très logique, l'utilité d'acheter un ordinateur lorsque l'on en a déjà un est plus faible que lorsque l'on n'en a pas. Et donc, le choix de consommation est rationalisé par cette utilité marginale.

173 Voir par exemple : BOUKHARINE (N.), *L'économie politique du rentier, Critique de l'économie marginaliste*, Études et documentation internationales, Paris, 1967.

174 Selon Nicolas Boukharine : « *Les bases sociologiques de la science économique qui caractérise le marxisme sont les suivantes : reconnaissance de la primauté de la société sur l'individu, reconnaissance du caractère historique, passager, de toute structure économique et enfin reconnaissance du rôle dominant de la production. Ce qui distingue l'école autrichienne, au contraire, c'est son individualisme méthodologique, ses conceptions non historiques, qui prennent pour point de départ la consommation.* », BOUKHARINE (N.), *L'économie politique du rentier, Critique de l'économie marginaliste, op. cit.*

175 On touche ici à la distinction entre l'économie positive et l'économie normative : « *l'économie positive décrit les faits, tandis que l'économie normative implique des jugements de valeur* », SAMUELSON (P. A.), NORDHAUS (W. D.), *Économie, op. cit.*, p. 7.

métrique de l'utilité[176] ou encore la métrique des biens premiers[177] ? Cette dernière, proposée par Rawls, est l'approche la moins artificielle, bien que largement critiquée[178]. En effet, elle permet de prendre en compte des éléments totalement oubliés de la métrique de l'utilité : les biens premiers naturels (telle que la santé par exemple), les biens premiers sociaux (constitués des droits et libertés fondamentaux) et enfin les avantages socio-économiques. Dans sa réflexion, Rawls propose d'approfondir la théorie du contrat social telle qu'elle a pu être présentée par Locke, Rousseau et Kant.

68. La rationalité des individus permet en fait de modéliser les mécanismes économiques. Mais les conclusions se fondent sur le prisme unique de l'individu-consommateur, de l'*homo œconomicus*[179], réducteur donc. En cela, la rationalité des individus a d'ailleurs fait l'objet de critiques et certains ont pu y préférer une « *rationalité limitée* »[180], ou encore mettre en lumière des effets de mimétisme, antinomique de la rationalité portée par les libéraux[181]. Le prix Nobel 2017 d'économie, Richard Thaler, a consacré ses travaux aux comportements des agents sur le marché, notamment financier, et tend à remettre en cause cette rationalité supposée, au profit d'une approche dynamique de la rationalité, subjective et relevant d'une approche plus psychologique[182]. Toute une branche de l'économie travaille de longue date à

---

[176] Chère aux tenants du « Welfarisme », parmi lesquels notamment JK Arrow, l'évaluation du bien-être d'un individu se fait de manière subjective par l'analyse de l'utilité, c'est-à-dire du niveau de satisfaction qu'une personne retire des ressources. Cette approche est vivement critiquée. Voir not. pour un panorama de cette question : CLEMENT (V.), « Economie du bien-être, choix social et l'influence de la Théorie de la justice », *Raisons politiques,* 2009/1, n° 33, p. 57-79.

[177] RAWLS (J.), *Théorie de la justice*, trad. Catherine AUDARD, Paris, Seuil, 1987.
Rawls s'est notamment intéressé à la conciliation entre la liberté et l'égalité dans les sociétés démocratiques et il met l'accent sur la coopération des individus et la nécessité d'une justice distributive, voir not. : RAWLS (J.), *La justice comme équité, Une reformulation de Théorie de la justice*, La Découverte, Paris, 2008 (trad. Bertrand Guillarme).

[178] On a pu lui reprocher d'induire un « *affaiblissement de la réflexion éthique en économie* », CLEMENT (V.), « Economie du bien-être, choix social et l'influence de la Théorie de la justice », *op. cit.*, p. 61.
L'auteur renvoie ici aux développements d'Amartya SEN, Éthique et Économie, Paris, PUF, 1993 (traduction Sophie MARNAT).

[179] Sur cette notion, voir not. : COHEN (D.), *Homo economicus, Prophète (égaré) des temps nouveaux*, Albin Michel, coll. Poches, 2013, spécialement p. 36 et s.

[180] Voir en ce sens les travaux de SIMON (H.), *Models of Man : Social and Rational. Mathematical Essays on Rational Behavior in a Social Setting*, New York, Wiley, 1957. Et les différentes approches qui en ont été faites : MONGIN (Ph.), « Simon, Stigler et les théories de la rationalité limitée », *Social science Information,* 1er septembre 1986, vol. 25, issue 3, p. 555-606.

[181] ORLEAN (A.), *L'empire de la valeur, Refonder l'économie*, Editions du Seuil, coll. Economie, 2011, p. 154.

[182] Pour plus de précisions quant aux travaux de Richard Thaler, voir not. le communiqué de presse de l'Académie royale des sciences de Suède et les documents joints : [https://www.nobelprize.org/prizes/economics/2017/press-release/]

proposer une approche plus réaliste des comportements sur le marché. La pensée économique tente d'expliquer le comportement des individus, et la théorie des jeux, dont le dilemme du prisonnier est emblématique[183], tient une place particulière dans ce mouvement[184].

69. Deuxième postulat de l'économie classique et néoclassique : le marché se suffit à lui-même. Cela parce qu'il assure une symétrie d'information entre les agents économiques. Le postulat selon lequel le marché est l'élément central en économie est cher à Léon Walras. Selon lui, le marché tient lieu de *commissaire-priseur* : il permet d'informer les parties sur le prix des offres et le prix des demandes[185]. Le marché participe donc de la rationalité des individus, car il génère une information complète sur les échanges. De ce fait, lorsqu'on laisse fonctionner librement le marché, on parvient « *à la meilleure satisfaction possible de tous et à la meilleure allocation possible des ressources* »[186]. Par suite, le marché permet l'élimination des « *incapables et des rentes de situation* »[187]. En effet, l'individu rationnel privilégiera toujours le prix le plus bas (à qualité égale de produits), et donc les opérateurs incapables de proposer un prix au moins égal à celui que ses concurrents proposent pour un bien, service ou produit égal seront, de fait, éliminés. Le marché conduit ainsi naturellement à l'éviction des opérateurs économiques les moins efficaces et érode les rentes.

70. Premier résultat de ces postulats : le marché est efficace et érode les rentes. L'efficacité du marché doit être entendue comme sa capacité à utiliser

---

[183] Ce dilemme permet de modéliser les comportements des joueurs et les résultats de leur choix en fonction de leur niveau de coopération.
Deux individus suspects sont arrêtés et interrogés séparément. Ils ont le choix entre ne pas parler ou se déclarer innocents. Si aucun ne parle, ils ont chacun une peine de 2 ans de prison ; si les deux se déclarent innocents, ils ont chacun une peine de 4 ans ; si l'un se déclare innocent et l'autre ne dit rien, le premier est libéré tandis que le second aura une peine de 5 ans.
La situation optimale souhaitée par chacun (la liberté) les incite à se déclarer innocents. La théorie des jeux permet de démontrer que même s'ils connaissent les règles du jeu, leur coopération tend difficilement à réaliser la solution optimale (liberté pour l'innocent, peine de cinq ans pour le coupable). On doit cette réflexion à John Forbes Nash, récompensé par le prix de la Banque de Suède en sciences économiques (Prix Nobel).

[184] Voir : TIROLE (J.), *Théorie de l'organisation industrielle*, *op. cit.*, chapitre 11 ; MAGRIS (F.) « Logique de marché et pouvoirs publics dans la sphère internationale : la Banque Mondiale, le FMI et l'OMC », *in Le marché et l'État à l'heure de la mondialisation*, Thirion (N.) dir., Actes du 1er colloque David-Constant de la Faculté de droit de l'Université de Liège, Larcier, 2007, p. 193 et s., et particulièrement la troisième section (III) qui fait l'historique de cette théorie et présente les différents types de jeux (statiques, coopératifs…).

[185] Dit autrement, le marché permet aux acheteurs de savoir à combien le bien, produit ou service convoité est proposé par les vendeurs ; et inversement, le marché permet aux vendeurs de savoir à combien est estimé le bien, produit ou service qu'il vende par les acheteurs.

[186] ALBERTINI (J.-M.), SILEM (A.), *Comprendre les théories économiques*, *op. cit.*, p. 180.

[187] ALBERTINI (J.-M.), SILEM (A.), *Comprendre les théories économiques*, *op. cit.*, p. 181.

au mieux les ressources[188] pour créer de la valeur et à en opérer une juste redistribution, la concurrence est « *stabilisante* »[189]. Cette efficacité supposée du marché repose sur l'idée dominante de l'utilitarisme. L'efficacité est garantie par une concurrence pure et parfaite, c'est toute la pensée d'Adam Smith[190]. En effet, « *d'une part, elle permet la diminution des prix, jusqu'au coût marginal de production en situation de concurrence parfaite, avec érosion de la rente des entreprises* (efficacité allocative) *; d'autre part, elle incite les entreprises à rechercher des réductions de coût ou des améliorations de la qualité pour conquérir des parts de marché ou augmenter leur marge, ce qui conduit à l'utilisation efficace des techniques de production disponibles et à la recherche de l'innovation* (efficacité productive) »[191].

71. L'efficacité productive peut être améliorée par différents procédés, et notamment par la maximisation des facteurs de production, au premier titre desquels le facteur travail. C'est ainsi que le taylorisme, qui promeut la division du travail, a participé de l'efficacité de la production industrielle durant le XXe siècle. L'efficacité productive est intimement liée à la gestion de la rareté. C'est parce que nous sommes dans une économie de la rareté que le monopole doit être combattu. Ceci afin d'assurer une utilisation optimale des ressources et une juste redistribution de celles-ci.

Pour ce qui nous intéresse, l'efficacité allocative du marché, en économie, suggère l'inexistence de rente[192] et notamment celles constituées au détriment des consommateurs. Ces derniers doivent en effet bénéficier du meilleur prix, ainsi l'efficacité productive doit induire une efficacité redistributive ; l'entreprise ne doit pas profiter de son efficacité productive sans en faire bénéficier ses consommateurs. Cette caractéristique du marché est

---

188 SAMUELSON (P. A.), NORDHAUS (W. D.), *Économie*, *op. cit.*, p. 13 : « *l'efficacité signifie que les ressources de l'économie sont utilisées au mieux, sans gaspillage, pour satisfaire les besoins et désirs des individus* ».

189 ORLEAN (A.), *L'empire de la valeur, Refonder l'économie*, Editions du Seuil, coll. Economie, 2011, p. 86-87. L'effet de stabilisation est expliqué par les rétroactions négatives et positives autour du prix, en fonction de l'offre et de la demande.

190 SAMUELSON (P. A.), NORDHAUS (W. D.), *Économie*, *op. cit.*, p. 35 : « *Adam Smith admettait que les vertus du mécanisme du marché ne se concrétisaient pleinement que si les poids et contrepoids de la concurrence parfaite étaient présents* ».

191 JANIN (L.), MENONI (B.), « Le contrôle des concentrations en France : une analyse empirique des avis du Conseil de la concurrence », *Economie & prévision*, 2007/2 n° 178-179, p. 95.
Plus particulièrement, il y a efficacité productive « *quand l'économie ne peut produire davantage d'un bien sans produire moins d'un autre bien* », SAMUELSON (P. A.), NORDHAUS (W. D.), *Économie*, *op. cit.*, p. 13. Certains auteurs préfèrent la notion d'« *efficience productive* », voir not., RUFFIER (J.), *L'efficience productive*, Comment marchent les usines, CNRS, 1996, p. 9.

192 « *Le terme de "rente" est utilisé en économie pour désigner les revenus non productifs, par opposition aux salaires ou aux profits.* », WINANT (P.), « Privatisations et rentes de monopole », *Regards croisés sur l'économie*, 2007/2, n° 2, p. 106-107.
Il s'agira de préciser, en droit, ce que recouvre la rente de situation.

primordiale. Les rentes sont antinomiques de l'efficacité du marché. Autrement dit, un marché efficace érode les rentes, et c'est lorsque le marché ne remplit plus son office que le monopole de fait menace.

72. Deuxième résultat de ces postulats : le marché tend naturellement vers l'équilibre. Ce que l'on retrouve en filigrane derrière ces hypothèses c'est la théorie de l'équilibre général[193]. En effet, la théorie économique cherche à comprendre les comportements et à déterminer les mécanismes pouvant conduire à instaurer un équilibre général. Pareto a proposé sa propre vision de cet équilibre. Or, « *(l)a stabilité de l'équilibre général repose essentiellement sur les comportements de marchés, qui dépendent à leur tour de comportements individuels fondés sur un ensemble d'hypothèses relatives aux préférences des individus.* »[194]. Ainsi, la place que tient le postulat de la rationalité des individus est primordiale[195] pour expliquer l'équilibre général, de même que le critère de l'utilité, malgré les carences que cette théorie comporte.

73. Critique de la pensée économique. La concurrence permet bien d'éroder les rentes, c'est toute l'utilité de la théorie de la concurrence pure et parfaite que de le modéliser[196], et en cela on peut considérer que le Marché est efficace. De là à considérer que le Marché suffit à instaurer une justice sociale, il n'y a qu'un pas, que l'on se gardera bien de franchir.

---

[193] Plusieurs économistes se sont essayés à proposer une théorie de l'équilibre. Léon Walras a proposé une théorie de l'équilibre micro-économique ; Keynes une théorie de l'équilibre macroéconomique. Voir pour une approche critique de ces théories : ALBOUY (M.), « Portée et limites du modèle de Walras », *Rev. éco. pol.*, Juillet-Août 1972, n° 4, p. 38 et s.

[194] LENFANT (J.-S.), « Psychologie individuelle et stabilité d'un équilibre général concurrentiel dans le Traité d'économie pure de Maurice ALLAIS », *Rev. éco. pol.*, 2005/4, vol. 56, p. 862.

[195] Beaucoup d'études ont porté sur les comportements des individus. Parmi les pionniers de ces recherches, Maurice Allais dans son Traité, a opéré une analyse psychologique des préférences individuelles afin d'étayer les réflexions relatives à la stabilité de l'économie. Cette analyse des comportements individuels est loin d'être dépassée, et la consécration des recherches de Richard H. Thaler relatives à la finance comportementale par le comité Nobel en 2017 en témoigne.

[196] La concurrence sera pure à trois conditions. Ces conditions sont cumulatives et le défaut de l'une d'entre elles empêche la qualification de concurrence pure. La première condition concerne l'atomicité du marché ; c'est-à-dire que sur le marché en cause, les acheteurs ainsi que les vendeurs sont très nombreux et ne peuvent ainsi, à eux seuls, influer sur la formation des prix. La deuxième condition concerne l'homogénéité des produits ; celle-ci suppose que les produits en cause sur le marché analysé sont identiques et substituables les uns aux autres, on peut également parler d'interchangeabilité. Enfin, la dernière condition concerne le cadre normatif. Celui-ci ne doit pas restreindre la libre entreprise, cette condition suppose donc la fluidité de l'encadrement juridique du marché. Ensuite, pour que la concurrence soit parfaite deux hypothèses doivent être vérifiées : la libre circulation de l'information et la parfaite mobilité des facteurs de production.

Tout d'abord, parce que la concurrence pure et parfaite n'existe pas, elle s'apparente à un idéal-type[197], à un « *type ou concept ayant une valeur purement opératoire, permettant en particulier de formuler des hypothèses, d'établir des comparaisons entre les différents faits de la réalité historico-sociale* »[198]. Les effets de la concurrence sur les prix ont d'ailleurs été critiqués, notamment par Akerlof[199], car la concurrence peut conduire, lorsqu'existe une asymétrie d'information, à une baisse de la qualité des produits.

Plus encore, parce que l'efficacité du Marché ne peut correspondre à la justice sociale que l'on connaît en droit et que l'on a largement pensé, sous l'égide des Lumières, par le prisme du contrat social[200]. L'efficacité du Marché n'est pas forcément synonyme de réduction des inégalités[201], et cela invite, si ce n'est à relativiser, à tout le moins à être conscient des limites de la théorie

---

[197] Affirmation confirmée par PARETO (V.), *Manuel d'économie politique*, *op. cit.*, p. 11 : « *Puisque nous ne connaissons entièrement aucun phénomène concret, nos théories de ces phénomènes ne sont qu'approximatives. Nous ne connaissons que des phénomènes idéaux, qui se rapprochent plus ou moins des phénomènes concrets.* ».

Voir également : ORLEAN (A.), *L'empire de la valeur, Refonder l'économie*, Editions du Seuil, coll. Economie, 2011, p. 124 qui cite la critique de Weber à l'encontre de l'économie : « *Malheureusement, la théorie économique a été elle aussi victime du phénomène typique de la "confusion des problèmes". En effet, la théorie purement économique en son sens "individualiste", politiquement et moralement "neutre", qui a été un moyen méthodologique indispensable et le restera sans doute toujours, fut conçue par l'école radicale du libéralisme [...] comme ayant le caractère d'un "devoir-être" ; autrement dit on lui a attribué la validité d'un idéal dans la sphère des valeurs au lieu d'un idéaltype à utiliser au cours d'une recherche empirique portant sur l'étant.* ».

[198] Trésor de la langue française informatisé, *Idéal.

[199] Voir not. : ORLEAN (A.), *L'empire de la valeur, Refonder l'économie*, Editions du Seuil, coll. Economie, 2011, p. 99 et s. où l'auteur retrace le cas du marché de l'occasion automobile utilisé par Akerlof pour démontrer les effets indésirables que peut induire la concurrence.

[200] Sur ce point, voir notamment les écrits de Rousseau, de Locke, de Kant ou encore de Rawls.

[201] STIGLITZ (J. E.), *Le prix de l'inégalité*, Les liens qui libèrent, 2012, particulièrement le chapitre 3, Les marchés et l'inégalité (p. 97 et s.).

économique[202] et de l'analyse économique du droit[203] (même si, évidemment, une telle analyse ne peut être derechef condamnée)[204]. La plupart des systèmes juridiques ayant perdu de vue la justice n'ont pas duré longtemps[205]. Et c'est dans cette optique que l'anthropologie du Droit[206], prenant corps dans l'expression d'*homo juridicus*[207], prend ses lettres de noblesse. Sans trancher pour l'une ou l'autre de ces approches du Droit, il est à l'inverse nécessaire de combiner les approches du droit pour mieux cerner le monopole de fait.
Retenons, pour la suite des développements, que la concurrence permet normalement l'efficacité du marché, malgré les réserves qui viennent d'être

---

[202] Notablement remis en cause par Rawls dans son ouvrage de 1971, La théorie de la justice, où l'auteur s'érigeait contre la doctrine dominante de l'utilitarisme.

[203] L'analyse économique du droit vise à transposer les méthodes de la discipline économique à l'analyse du droit (ne serait-ce finalement que de l'économie normative ?). Voir sur le « malaise » des juristes face à l'analyse économique du droit, LOMBARD (M.), « De Colbert à Posner : malentendus sur l'économie du droit », *International Law, Forum du droit international*, n° 6-2, 2004, p. 81-89.
Pour une approche globale de l'analyse économique du droit, voir not. MACKAAY (E.), L'*Analyse économique du droit. I - Fondements*, Bruylant, 2000.
Sur les postulats et pour une proposition d'analyse économique du droit constitutionnel, voir not. : LANNEAU (R.), « L'analyse économique du droit constitutionnel », *Revue interdisciplinaire d'études juridiques*, 2017/1, vol. 78, p. 67 et s.
Pour une critique, voir not. : SUPIOT (A.), *Homo juridicus, op. cit.*, p. 115 et s. ; SUEUR (J.-J.), « Pour une autre "analyse économique" du droit », Revue interdisciplinaire d'études juridiques, 2012/1, vol. 68, p. 107 et s. où l'auteur est assez critique : « *Ce n'est évidemment pas le présupposé utilitariste qui sous-tend toutes ces analyses qui est contestable en soi, mais l'usage qui en est fait. En suivant cette méthodologie qui n'en est pas une, on fait l'impasse sur l'objet, tout simplement, - l'objet dont il est question, l'objet droit.* » ; CANIVET (G.), « La pertinence de l'analyse économique du droit : le point de vue du juge », *Petites Aff.*, mai 2005, n° 99, p. 23.

[204] Voir not. : MASSON (A.) coord., BOUTHINON-DUMAS (H.), DE BEAUFORT (V.), JENNY (F.), *Stratégies d'instrumentalisation juridique et concurrence*, coll. Droit, Management et stratégies, Larcier, 2013.

[205] SUPIOT (A.), *Homo juridicus, op. cit.*, p. 22 et s. L'auteur énonce notamment : « *L'erreur profonde, et l'irréalisme foncier, des juristes qui croient réaliste d'expulser les considérations de justice de l'analyse du Droit est d'oublier que l'homme est un être bidimensionnel, dont la vie sociale se déploie à la fois sur le terrain de l'être et du devoir-être. Le Droit n'est ni révélé par Dieu ni découvert par la science, c'est une œuvre pleinement humaine, à laquelle participent ceux qui font profession de l'étudier, et qui ne peuvent l'interpréter sans prendre en considération les valeurs qu'il véhicule.* ».

[206] Expression qui convoque « *le juriste-technicien aussi bien que le juriste-philosophe, le praticien autant que le théoricien, le juriste généraliste comme son homologue spécialisé. Toutes ces figures que la tradition académique s'est employée à diviser, souvent pour mieux les opposer, le texte d'A. Supiot les rassemble. La pensée juridique retrouve ainsi une richesse et une densité dont elle est, trop souvent, privée, à force d'être tirée du seul côté des exigences techniques, quand il ne s'agit pas tout simplement de soumettre toujours plus le droit aux sommations du marché.* », CAILLOSSE (J.), « Le juriste occidental en son théâtre », *Droit social*, n° 2, 10 février 2006, p. 206.

[207] SUPIOT (A.), *Homo juridicus, op. cit.*

émises, que la concurrence est supposée éroder les rentes. Mais cette approche souffre une réalité bien prégnante : le monopole.

B. L'inefficacité du marché en concurrence imparfaite

74. Il ne s'agit pas de nier que le marché *peut* être efficace et que la concurrence est « *bienfaisante pour tous les acteurs du monde économique* »[208], il s'agit de préciser que celle-ci ne s'autoréalise pas et qu'elle ne participe pas nécessairement d'une justice sociale. Ainsi, contrairement à la pensée des néoclassiques, une intervention extérieure au marché, par l'État, ou par le Droit, est requise. Le monopole est une situation où les conditions de la concurrence pure et parfaite ne sont pas réunies, où existent des effets de viscosité qui remettent en cause l'efficacité du marché[209], c'est en cela que l'on considère qu'il s'agit d'une défaillance de marché et que s'est développée la théorie de la concurrence imparfaite[210] et l'analyse des situations monopolistiques. Notons d'ores et déjà que les situations monopolistiques ne correspondent pas au monopole pur, car, et comme le note Jean Tirole, « *la plupart des phénomènes considérés (dans l'analyse de l'exercice du pouvoir de monopole) peuvent être dérivés même en présence de concurrents, aussi longtemps que l'entreprise conserve quelque pouvoir de marché* »[211].

---

[208] HIRSCH (J.-P.), « La concurrence : discours et pratiques, hier et aujourd'hui », *L'économie politique*, 2008/1, n° 37, p. 67.

[209] Comme le notent SAMUELSON (P. A.), NORDHAUS (W.), *Économie*, *op. cit.*, p. 35 : » *Hélas, il existe bien des voies par lesquelles les marchés peuvent s'écarter de la concurrence parfaite. Les trois plus importants impliquent une concurrence imparfaite, telle que des monopoles, des externalités, telles que la pollution, et des biens collectifs, tels que la défense nationale ou les autoroutes. Dans chaque cas, la carence du marché entraîne un manque d'efficacité dans la production ou la consommation, et l'État peut jouer un rôle utile en traitant le mal.* ».

[210] Voir not. : TIROLE (J.), *La concurrence imparfaite*, *Economica*, Paris 1985. L'auteur explique que « *L'un des objectifs de cet ouvrage est de décrire le comportement des entreprises en économie de marché de manière plus réaliste que ne le fait la théorie économique classique. De fait, la théorie de la concurrence imparfaite repose sur la remise en cause d'un certain nombre de postulats de la théorie micro-économique de base [...]* », p. 1. L'auteur relève également trois distorsions principales en cas de monopole (situation de concurrence imparfaite) : la distorsion des prix, les efforts pour conserver le monopole et la faible incitation à produire de façon efficace.
Pour une approche synthétique : GABSZEWICZ (J.), *La concurrence imparfaite*, La découverte, Repères, Paris, 1994.

[211] TIROLE (J.), *Théorie de l'organisation industrielle*, coll. Economie et statistiques avancées, Economica, Paris, 2015, p. 124. Le pouvoir de marché fait l'objet de développements ultérieurs, voir le § 2 de la section suivante.

Les situations monopolistiques peuvent résulter d'une diversité de facteurs, et l'on recense plusieurs qualifications des monopoles[212]. L'économie traditionnelle considère que le monopole renvoie à une situation où un agent dispose d'un avantage économique, autrement appelé un agent naturel[213]. On a l'idée implicite d'une commodité détenue par un opérateur économique lui procurant des résultats supérieurs à d'autres opérateurs ne disposant pas de cette commodité. C'est lorsque la détention de cet avantage conduit effectivement à l'inefficacité du marché que la situation monopolistique peut aboutir à un monopole de fait, car cela crée une situation favorable à la constitution de rente.

75. L'inertie des situations monopolistiques peut tendre vers le monopole de fait. Il semble que les situations monopolistiques tendent naturellement vers ce point où, forts de leur position monopolistique, les opérateurs économiques ne jouent plus le jeu de la concurrence, se reposent sur leurs acquis, et ne cherchent plus, comme leurs profits sont assurés[214], à réduire leurs coûts. La situation de monopole peut alors conduire à une inefficacité

---

212 Voir pour une synthèse de la définition de monopole : BEQUET (L.), Répertoire du droit administratif, t. XX, Société d'imprimerie et librairie administratives et des chemins de fer, Paris, 1882, *Monopole.
Voir également, pour un exemple étranger de classification : ELY (R. T.), *Monopolies and trusts*, *op. cit.*
Notons que d'autres classifications ont pu être proposées, mais plus indirectes. Ainsi, Jèze, dans une classification des contrats de concession de service public, propose de distinguer quatre types de concessions : « *1° contrats de concession de service public avec monopole de droit ; 2° contrats de concession de service public avec monopole de pur fait ; 3° contrats de concession de service public avec monopole de fait (concessions à titre exclusif) ; 4° contrats de concession de service public non monopolisé.* », JEZE (G.), *Les principes généraux du droit administratif, t. 3, Le fonctionnement des services publics*, Dalloz, 2011, p. 372.
La question du monopole de fait issu des contrats de l'administration, et particulièrement de l'octroi de droits exclusifs d'exploitation fait l'objet de développements ultérieurs.

213 NASSAU SENIOR (W.), *Political economy*, 3e éd., Richard Griffin and company, London and Glasgow, 1851, p. 103 : « *now it is clear that the production in which no appropriated natural agent has concurred is the only productions which has been made under circumstances of perfectly equal competition. And how few are the commodities of which the production has in no stage been assisted by peculiar advantages of soil or situation, or by extraordinary talent of body or mind, or by processes generally unknown or protected by law from imitation ? [...] A commodity thus produced is called the subject of a monopole ; and the person who has appropriated such a natural agent, a monopolist* ».

214 MILL (J. S.), *Principes d'économie politique avec quelques-unes de leurs applications à l'économie sociale*, 2e éd., t. 2e, Guillaumin et Cie, Paris, 1861, p. 476, (trad. DUSSARD, COURCELLE-SENEUIL) : « *dès qu'ils cessent d'être aiguillonnés par la concurrence, fabricants et marchands deviennent indifférents au progrès qu'exigerait leur intérêt pécuniaire lui-même ; ils préfèrent à toute espérance de profit l'agrément de rester dans leur routine actuelle. Celui qui gagne déjà ne se dérange guère pour faire une amélioration, même utile, à moins qu'il n'y soit poussé aussi par la crainte qu'un rival ne le supplante en faisant avant lui cette amélioration* ».

productive et allocative[215] et à une rente de situation[216] ; et c'est dans ce cas que la situation monopolistique devient monopole de fait.
Les situations monopolistiques peuvent donc être des monopoles de fait lorsqu'elles conduisent à l'instauration de situations stationnaires où la concurrence ne joue plus son rôle de catalyseur, où des circonstances opportunes de rente sont créées, et où les opérateurs économiques se comportent, en fait, comme des rentiers et non comme des entrepreneurs. C'est-à-dire une situation où les profits ne sont plus réinvestis, comme ils devraient l'être, dans le perfectionnement de la production, mais sont accaparés et accumulés. La situation monopolistique constitue à ce titre le parangon des capitalistes et illustre les contradictions du capitalisme.

§ II. LE CAS EMBLEMATIQUE DU MONOPOLE NATUREL

76. Au sein des monopoles économiques, un cas particulier est à recenser, celui du monopole naturel. Comme son nom l'indique, il s'agit d'un monopole qui se développe de manière naturelle puisqu'il constitue le seul moyen d'exploitation viable d'une activité[217]. Ce constat est lié à certaines caractéristiques des activités, notamment l'existence de rendements croissants et d'économie d'échelle (A). Mais cela est surtout dû au fait qu'il serait économiquement impossible et non rentable pour tout opérateur concurrent de prendre en charge l'exploitation de cette même activité. Cela ressort particulièrement dans les secteurs de réseaux. Dans de tels secteurs, les activités ont ceci de particulier qu'elles reposent sur l'exploitation d'une infrastructure essentielle, qui ne peut être dupliquée par des concurrents (B). Dans ces situations singulières de monopole naturel, le monopole de fait est facilité.

---

[215] En ce sens, l'avènement récent de la Théorie des incitations dans la pensée économique, donne à voir de nombreux moyens pour pallier cette défaillance, notamment dans les contrats et la réglementation.

[216] Élément fondamental du monopole de fait qui fera l'objet de plus amples développements dans le dernier chapitre de cette partie. La rente de situation, comme notion juridique, fait écho à la théorie générale des surplus qui « *repose sur la recherche d'une mesure de l'efficacité, ou ce qui revient au même d'une mesure de l'inefficacité, d'une situation économique donnée* », ALLAIS (M.), *La théorie générale des surplus*, 2nde éd., Presses universitaires de Grenoble, 1989, p. 304-305.

[217] Voir pour des éléments d'appréciation de la viabilité d'un monopole naturel : « Annexe B : Monopole naturel et entrée sur le marché », *Revue sur le droit et la politique de la concurrence*, 2005/1, vol. 7, p. 151-158.

A. Les caractéristiques économiques du monopole naturel

77. La définition du monopole naturel et le profit de monopole. Il s'agit, selon John Stuart Mill, d'un monopole pratique. Selon sa conception, « *(i)l y a bien des cas dans lesquels, par la nature même des choses, celui qui fait un service doit être seul ; dans lesquels un monopole pratique s'établit forcément* »[218]. Il est intéressant de noter que Mill souligne le rôle que l'État doit jouer face à de telles situations de monopole pratique. En effet, il affirme qu'« *il revient au gouvernement, soit de soumettre l'entreprise à des conditions raisonnables au profit du public, soit d'y conserver une autorité telle que les profits du monopole puissent en définitive être acquis au public.* »[219]. Toute la problématique du monopole naturel est donc dans la constitution de rente, et c'est précisément contre la constitution de telles rentes que l'autorité de l'État doit s'exercer.

78. Le monopole naturel repose sur le concept d'économie d'échelle. Le rendement d'échelle sera croissant lorsque la quantité de facteurs de production nécessaire à l'accroissement de l'activité décroît alors que l'échelle de production augmente[220]. L'économie d'échelle renvoie ainsi à cette idée que lorsque la production augmente alors les coûts de celle-ci diminuent. On a longtemps pensé que la poursuite d'économie d'échelle permettait de s'imposer sur un marché donné. Véritable truisme selon lequel plus l'entreprise est grande et la production de masse, plus on est rentable. Cependant, il s'agit d'une assimilation malheureuse[221]. Les économies d'échelle sont liées à la notion de rendement et non de taille. La théorie des rendements croissants[222] est intimement liée à la théorie des coûts et

---

[218] Cité *in* Guy NUMA, « Note sur le monopole naturel et le monopole pratique chez J. S. Mill », *op. cit.*, p. 341.

[219] Cité *in* Guy NUMA, « Note sur le monopole naturel et le monopole pratique chez J. S. Mill », *op. cit.*

[220] Voir sur ce point : ERDEMLI (H.), *Éléments d'économie industrielle globale : la production industrielle, le concept d'économie d'échelle et la théorie de l'échange international*, Connaissances et savoirs, coll. Économie et gestion, Paris, 2011, p. 191 et s.
Dans un sens strict, « *le concept d'échelle [...] définit la croissance d'échelle comme croissance de la taille des unités de production qui a lieu en l'absence de changement du rapport des facteurs de production et des produits* », HOURCADE (J.-Ch.), « Les économies d'échelle », *Communications*, vol. 42, 1985, p. 106.

[221] « *Le sens commun confond en effet aisément échelle, dimension, taille, pour conclure que, pour gagner la bataille économique, il faut disposer des marchés les plus larges et des technologies les plus concentrées, ce que confirme une appréhension hâtive de l'histoire des rapports de forces économiques* », HOURCADE (J.-Ch.), « Les économies d'échelle », *op. cit.*, p. 103.

[222] KRUGMAN (P.), *L'âge des rendements décroissants*, 3e éd., Economica, 2000, (trad. Bertrand (E.)).

s'intéresse à déterminer les conditions dans lesquelles les rendements de production augmentent. C'est-à-dire expliquer les mécanismes conduisant à réduire le coût marginal, à réduire le coût de production d'une unité supplémentaire.

79. Le point central est la question de la conciliation de tels rendements croissants avec une concurrence parfaite, en effet « *ce que le bon sens pourrait fournir comme précepte de base à une gestion saine de l'économie, à savoir produire au coût minimum, ne conduit pas forcément à une utilisation socialement optimale des facteurs.* »[223]. Dans sa théorie de la firme, Marshall constate « *une tendance à la croissance des rendements des firmes jusqu'à un certain seuil puis leur décroissance au-delà. [...] Certaines économies (externes) dépendent du développement de l'industrie en général, d'autres économies (internes) émanent des ressources mêmes de la firme individuelle, de son organisation, son efficacité et son management* »[224]. On parlera du « dilemme de Marshall » vis-à-vis de ces rendements croissants et de la grande difficulté (voire de l'impossibilité, d'où le dilemme) de concilier l'existence de rendements croissants et le maintien de l'équilibre concurrentiel[225].

80. Les rendements croissants d'adoption ou les effets de réseau : le monopole naturel dans le numérique. Les rendements croissants d'adoption font l'objet d'une attention particulière depuis le milieu des années 80. Il s'agit de rendements intimement liés au développement des nouvelles technologies de l'information et de la communication. Ces nouveaux moyens de communication reposent sur un effet de réseau[226] : plus le nombre d'utilisateurs augmente, plus l'attractivité du produit/service augmente. Ainsi, le rendement sera croissant à mesure que le nombre d'utilisateurs augmente et

---

223 QUINZI (M.), *Monographies d'économétrie. Rendements croissants et efficacité économique*, CNRS, 1988, p. 29.

224 CHAUDEY (M.), *Analyse économique de la firme*, Armand Colin, coll. Cursus économie, Paris, 2014, p. 19. Voir également MARSHALL (A.), *Principes d'économie politique*, t. 1, Gordon & Breach, 1971, particulièrement le Chapitre XIII relatif à la tendance au rendement croissant et la tendance au rendement décroissant, p. 521 et s.

225 Ce dilemme a été analysé notamment par ROBINSON (J.), *Hérésies économiques : essais sur quelques problèmes démodés de théorie économique*, Calmann-Lévy, Paris, 1972 (trad. G. Grellet). De manière plus générale, l'auteure s'intéresse à la concurrence imparfaite, objet d'un autre ouvrage : ROBINSON (J.), *L'économie de la concurrence imparfaite*, coll. Finance et économie appliquée, vol. 49, Dunod, 1975.
Voir pour une approche des travaux de Joan Robinson et des précisions pour situer sa pensée dans la théorie économique : LAPERCHE (B.), « Les ressorts du monopole : essai sur l'hérésie de Joan Robinson », *Innovations*, 2001/2, n° 14, p. 33-54.

226 Pour un historique de la pensée économique, voir not. : CORBEL (P.) et al., « La dynamique d'émergence d'un standard industriel : proposition d'une grille d'analyse théorique », *Management & Avenir*, 2011/6, n° 46, p. 14-34.

permet à l'entreprise d'imposer un standard technologique[227]. Cet effet de réseau constitue un nouveau type de rendements croissants qui n'est plus directement lié à la quantité de production, mais plutôt à la quantité d'utilisateurs du service. On a une transition de la pensée du schéma industriel vers le schéma tertiaire et numérique.
On constate tout ce que les situations de monopole naturel ont de singulier et toutes les potentialités de rente qu'elles offrent aux opérateurs économiques.

B. Le monopole naturel et l'infrastructure essentielle

81. L'expression d'infrastructure essentielle peut sembler redondante. En effet, selon les dictionnaires d'usage, l'infrastructure est le « *support, base indispensable à l'édification, au maintien, ou au fonctionnement d'une structure concrète ou abstraite* »[228]. Le caractère essentiel est donc déjà présent dans l'idée d'infrastructure. Adjoindre le qualificatif *essentiel* met davantage l'accent sur cette idée d'essentialité de l'infrastructure pour l'exercice d'une activité. On retrouve l'idée d'avantage naturel de monopole.

82. L'affaire de la *Terminal railroad association*. La théorie des infrastructures essentielles se développe aux États-Unis, lors d'un contentieux retentissant. La Cour Suprême des États-Unis, le 22 avril 1912, dans l'affaire *United States v. Terminal Railroad Association of Saint Louis*[229], marque le début de la réflexion relative à une telle infrastructure. L'accent est mis sur l'essentialité[230] de certains biens dans l'exploitation de certaines activités. À cette époque, le développement du transport ferroviaire est fulgurant, notamment à Saint Louis, capitale du Missouri. La *Terminal Railroad Association*, par son importance, ne tarde pas à avoir la main mise sur les différentes infrastructures permettant de traverser le fleuve Mississippi. Or, les infrastructures détenues par elle étaient les seules permettant d'assurer une activité économique de part et d'autre du fleuve. D'autres ponts existaient, mais ceux-ci étaient situés bien plus loin de Saint Louis. La question qui se posait était celle de la limitation, de fait, de la concurrence, car il n'était pas économiquement viable pour les opérateurs concurrents de construire d'autres

---

227 CORBEL (P.) et al., « La dynamique d'émergence d'un standard industriel : proposition d'une grille d'analyse théorique », *op.cit.* Notons que le fait de pouvoir imposer un standard technologique permet à l'entreprise concernée de conforter une situation monopolistique, de détenir *« l'avantage du pionnier »*.
228 Trésor de la langue française informatisé, *Infrastructure.
229 Pour un rappel précis des faits et du contexte, voir DEZOBRY (G.), *La théorie des facilités essentielles : Essentialité et droit communautaire de la concurrence*, Bibliothèque de droit international et communautaire, t. 124, LGDJ Lextenso éditions, 2009.
230 DEZOBRY (G.), *La théorie des facilités essentielles... op. cit.*

ponts afin de contourner l'existant et de s'émanciper du monopole. En effet, les coûts d'investissements demandés par une telle opération n'auraient certainement pas pu être amortis dans la mesure où l'essentiel du trafic ferroviaire passe par le pont déjà existant.
Pour résoudre ce conflit, la Cour, plutôt que porter atteinte à la propriété de l'Association, a préféré raisonner en matière d'accès[231]. Il s'agit en fait d'affirmer que pour assurer une concurrence effective dans le secteur ferroviaire, où existe une infrastructure essentielle, la solution réside dans la gestion de l'accès à celle-ci. Si le contrôle de l'accès à l'infrastructure n'est pas objectif et transparent, alors peuvent être constituées des barrières à l'entrée du marché (auxquelles seront consacrés quelques développements ultérieurement). Or, de telles barrières participent de la puissance de marché des opérateurs en exercice. C'est en ce sens que se développe le terme de « *facilités essentielles* »[232], reprit littéralement de l'anglais *essential facilities*.

83. Notons d'ailleurs que « *tout bien, matériel ou non, tangible ou non, peut potentiellement être qualifié d'essentiel* »[233] ; il faut élargir le champ de la théorie de l'infrastructure essentielle. Ce qu'il faut bien comprendre c'est « *l'indifférence à l'égard de la nature ou des caractéristiques intrinsèques de l'objet* »[234], ce qui importe, c'est l'essentialité de l'objet pour l'exercice d'une activité donnée, or « *définir l'essentialité suppose [...] de s'intéresser aux caractéristiques extrinsèques du bien ou du service en cause, c'est-à-dire aux caractéristiques qu'il présente en raison de l'environnement dans lequel il est placé* »[235]. Et c'est bien en ce sens que la jurisprudence européenne, à considérer l'existence d'infrastructure essentielle immatérielle[236]. Finalement, « *la théorie des facilités essentielles [...] permit sur le seul fondement du droit de la concurrence et par l'ingéniosité juridictionnelle d'aboutir au même résultat* ex post *qu'un système de régulation* ex ante *des industries de réseaux.* »[237].

84. L'approche des situations monopolistiques sous l'angle du monopole naturel cristallise les risques d'exploitation existants dans les secteurs de réseaux. Le fait que la situation monopolistique résulte naturellement des caractéristiques de l'activité fait peser le risque d'inertie concurrentielle, et donc d'inefficacité du marché, dans des secteurs particulièrement sensibles,

---

[231] DEZOBRY (G.), *id.*, p. 3.
[232] DEZOBRY (G.), *op. cit.*
[233] DEZOBRY (G.), *op. cit.*, point 24.
[234] DEZOBRY (G.), *op. cit.*, point 25.
[235] DEZOBRY (G.), *op. cit.*, point 24.
[236] CJCE, 29 avril 2004, IMS Health, aff. C-418/01.
[237] FRISON-ROCHE (M.-A.), *Les 100 mots de la régulation*, PUF, coll. Que sais-je ?, 2011, p. 71.

tant en termes de service public que de secteurs stratégiques. Et cela ouvre la voie au monopole de fait.

Section II.
LE MONOPOLE DE FAIT ET LE POUVOIR DE MARCHE

85. La réalité du marché met en porte à faux les discours sur l'efficacité du marché. Il existe en effet plusieurs phénomènes, certaines contingences, parmi lesquels les concentrations et les ententes, qui conduisent les opérateurs économiques à disposer d'un fort pouvoir de marché. Pouvoir de marché qui leur permet de s'émanciper des exigences de la concurrence. C'est en cela que l'attention s'est portée sur le comportement des opérateurs économiques et non plus seulement sur la structure concurrentielle du marché[238].

Le libre jeu de la concurrence et la recherche par les opérateurs économiques d'une certaine efficacité de production et surtout, la recherche par eux d'une rentabilité exacerbée au prix d'un effort minimal, les conduit naturellement à recourir à des stratégies de concentration ou à des ententes (§I). Néanmoins, les concentrations et les ententes conduisent à conférer un fort pouvoir de marché aux entreprises concernées. Or le pouvoir de marché constitue l'instrument du monopole de fait lorsqu'il induit une indépendance de comportement pour les opérateurs économiques. Indépendance de comportement qu'ils utilisent dans leur intérêt exclusif, en se constituant indûment une rente (§II).

---

238 On retrouve le passage d'une attention centrée sur le Marché, à l'attention portée aux comportements des opérateurs économiques. On passe de la théorie de la main invisible du Marché à la théorie bien concrète de la firme et des coûts de transactions, les comportements sont analysés en fonction de différents facteurs et les postulats de l'économie classique sont remis en cause. Voir not. pour un historique de cette transition : GHERTMAN (M.), « Oliver Williamson et la théorie des coûts de transaction », *Revue française de gestion*, 2006/1, n° 160, p. 191-213. Voir également la thèse développée par WILLIAMSON (O. E.), *Les institutions de l'économie*, *op. cit.* L'auteur poursuit en substance la réflexion initiée par Ronald Coase selon laquelle « *les firmes avaient le plus souvent supplanté les marchés pour remplir ces mêmes fonctions (d'organisation).* », p. 22.

§ I. LES STRATEGIES D'ACQUISITION D'UN POUVOIR DE MARCHE

86. La dimension des opérations de concentration est aujourd'hui colossale[239]. La concentration d'entreprises permet d'atteindre une taille critique et/ou participe d'une meilleure gestion de l'activité. Elle permet de bénéficier de ces fameuses économies d'échelle[240]. Plus précisément, on considère qu'« *une concentration a en général deux effets. D'une part, elle peut conduire à des gains d'efficacité, sous la forme d'une diminution de coût de production, d'une amélioration de la qualité de l'introduction de nouveaux produits, etc. D'autre part, elle peut permettre aux entreprises d'augmenter leur prix de façon stratégique, ce qui constitue un renforcement du pouvoir de marché.* »[241]. Ce constat explique l'encadrement rapide de ces stratégies de concentration (A). Il faut noter que lorsque les entreprises ne peuvent opter pour des stratégies de croissance, leur permettant d'augmenter leur prix, les stratégies d'ententes semblent être le moyen le plus sûr de parvenir aux mêmes résultats (B). Avec l'encadrement de ces stratégies, on constate « *un déplacement du contrôle traditionnel des restrictions à la concurrence vers une approche en termes de régulation de la concurrence* »[242].

A. Les opérations de concentration

87. Tout opérateur économique opte pour des stratégies de croissance ; celles-ci sont diverses et l'on oppose généralement la croissance interne, « *fondée sur la seule utilisation de leurs ressources internes* »[243] et la croissance externe qui elle est fondée sur l'absorption, que ce soit par l'achat ou la prise de contrôle, d'une autre entreprise. Cette croissance externe « *est perçue comme moins naturelle et apparaît découler d'une stratégie moins "noble" […], surtout lorsque les acquisitions sont réalisées par de grandes firmes déjà leaders sur leurs marchés* »[244]. Les stratégies de concentration qui permettent

---

[239] Que l'on songe par exemple au rachat de Monsanto par Bayer, autorisé par la Commission européenne en mars 2018, que l'on pense également au rachat par Disney du groupe 21th Century Fox. Les exemples de concentrations d'entreprise, que l'opération soit contrôlée ou non, sont monnaie courante dans l'actualité et font émerger de véritables géants économiques.

[240] Voir les développements précédents.

[241] JANIN (L.), MENONI (B.), « Le contrôle des concentrations en France : une analyse empirique des avis du Conseil de la concurrence », *op. cit.*, p. 93 et s.

[242] BOY (L.), « L'abus de pouvoir de marché : contrôle de la domination ou protection de la concurrence ? », *RIDE*, 2005/1, t. XIX, 1, p. 29.

[243] GLAIS (M.), *Concentration des entreprises & Droit de la concurrence*, Economica, Paris, 2010, p. 11.

[244] GLAIS (M.), *Concentration des entreprises & Droit de la concurrence*, *op. cit.*, p. 11.

d'atteindre une taille critique, c'est-à-dire une dimension de production permettant la meilleure optimisation des coûts, sont diverses. Malgré la diversité des stratégies de concentration, et bien qu'elles permettent de baisser les coûts, participant ainsi d'une efficacité du marché, elles conduisent incidemment à une concentration du pouvoir de marché[245].

88. Les stratégies de concentration : l'optimisation des actifs de l'entreprise pour diminuer les coûts de production. La nature des actifs utilisés dans la production varie selon deux grands types : les actifs redéployables et les actifs spécifiques[246]. De manière générale, on considère que les actifs redéployables sont facilement disponibles sur le marché, ils constituent des actifs relativement communs qui peuvent être employés à différentes fins de production. En revanche, les actifs spécifiques font partie d'un processus productif particulier, et sont intimement liés à la bonne marche de la production. Cette distinction entre actifs redéployables et actifs spécifiques a notamment été mise en avant par Williamson. Cette distinction met en lumière le choix qui se pose à l'entreprise lorsque des actifs spécifiques sont nécessaires : faire faire ou faire soi-même (donc faire faire par une autre entreprise propriétaire d'actifs spécifiques, ou faire soi-même en achetant les actifs spécifiques nécessaires à la production[247]). L'optimisation des actifs correspond à la première étape de la minimisation des coûts (qu'ils soient de production ou de transaction) et participe ainsi de l'efficacité de l'entreprise, et *a fortiori*, du marché.

89. La concentration horizontale : l'accroissement de la capacité de production pour accroître les rendements d'échelle. La concentration horizontale correspond à une concentration d'entreprises intervenant entre des opérateurs ayant la même activité ou des activités complémentaires. Elle permet de bénéficier de diverses économies. En premier lieu, la concentration horizontale permet la mise en place d'économies d'échelle. En deuxième lieu, cela lui permet de faire des économies de gamme. On se place ici dans la même logique que les économies d'échelle. La concentration permet de diversifier la production sans pour autant révolutionner les équipements de production déjà existants. Enfin, la concentration horizontale peut permettre

---

245 CHEVALLIER (J.), « Le pouvoir de monopole et le droit administratif français », *op. cit.* : « *La concentration constitue, pour les entreprises, un des moyens privilégiés d'accéder au pouvoir de monopole et un des signes tangibles de l'établissement de ce pouvoir.* ».

246 « *les* actifs spécifiques *sont caractérisés par leur adéquation à un processus productif particulier. [...] Le problème contractuel qui se pose alors dans le cadre d'une négociation entre le propriétaire de ces actifs et leur utilisateur est fondamentalement celui de l'appropriation de la quasi-rente créée grâce à l'utilisation de ces actifs dans l'activité où ils s'avèrent les plus rentables* », GLAIS (M.), *Concentration des entreprises & Droit de la concurrence*, *op. cit.*, p. 46.

247 Point de vue développé par Williamson dans sa théorie sur les coûts de transaction.

des économies de portefeuille. Les économies de portefeuille équivalent à une économie d'envergure[248].
L'opération de concentration horizontale conduit donc de manière générale à optimiser la production et à faire baisser les coûts unitaires de production.

90. La concentration verticale ou l'intégration de la chaîne de valeur. Dans le cas d'une intégration verticale, ce ne sont pas deux entreprises similaires qui fusionnent, mais bien des entreprises intervenant à des étapes distinctes de la production d'un bien ou d'un service. On parle donc d'intégration, car il s'agit de contrôler divers stades de la production. L'objectif ultime est de maîtriser toute la chaîne de valeur[249]. La question fondamentale dans le cadre de ce type de concentration c'est de savoir si l'entreprise souhaite faire elle-même ou faire faire. C'est toute la question de l'internalisation ou de l'externalisation. L'internalisation, l'intégration, a ceci d'avantageux qu'elle permet une maîtrise complète de la chaîne de valeur et permet ainsi une meilleure adéquation de l'offre à la demande. Cependant, une telle intégration est coûteuse, car cela revient à acheter les actifs correspondant à chaque nouvelle étape. En effet, et à l'inverse de la concentration horizontale, en cas de concentration verticale, on acquiert certains actifs spécifiques. Mais d'un autre côté, et conformément à la théorie de la firme portée par Ronald Coase, l'intégration de l'entreprise permet de supprimer les coûts de transaction, et à ce titre, constitue une source d'économie non négligeable.

91. Il existe à la fois des avantages et des risques à ce type de concentration. S'agissant des avantages, on constate que lorsqu'une entreprise maîtrise divers stades de la chaîne de valeur cela conduit normalement à éliminer la « double marge » ou les marges multiples pouvant résulter d'une chaîne de valeur non intégrée. L'intégration verticale devrait ainsi conduire, en théorie à un abaissement du prix. Néanmoins, et si l'on considère l'intégration verticale sous l'angle des actifs spécifiques, une telle opération peut là encore conduire à restreindre l'état de la concurrence. C'est d'ailleurs une telle intégration verticale que la régulation des secteurs de réseaux vise à détruire[250].

92. La diversification conglomérale. La diversification conglomérale permet à une entreprise de diversifier ses activités et de ne pas rester centrer

---

[248] Voir : CHAUDEY (M.), *Analyse économique de la firme*, *op.cit.*, p. 34 : l'entreprise « *bénéficie d'économie d'envergure si elle est plus efficace en raison du nombre croissant de ses activités* ».
[249] Prenons un exemple simple : dans l'industrie du papier-carton, on pourrait avoir une intégration verticale entre une entreprise fabriquant du papier et une entreprise de distribution ou encore une exploitation forestière. La maîtrise des diverses étapes d'une même chaîne de valeur participe de la sécurité de la production, qu'il s'agisse de l'approvisionnement en matière première indispensable à la production ou de la distribution optimale des biens produits.
[250] FRISON-ROCHE (M.-A.), *Les 100 mots de la régulation*, PUF, coll. Que sais-je ?, 2011, p. 82.

uniquement sur son cœur de métier[251]. La diversification conglomérale est par exemple illustrée par l'entreprise Bouygues, actif à la fois dans le secteur des communications électroniques et celui de l'immobilier. Cette stratégie de diversification permet de scinder les risques sur de nombreuses activités. Ainsi, l'exploitation d'une activité très risquée pourra être compensée par une diversification conglomérale ayant pour objectif la prise en charge d'une activité plus sûre, permettant un lissage des risques à travers les différentes activités de l'entreprise[252].

93. Le point de non-retour de la concentration et la mise en place de contrôle des concentrations pour assurer l'ordre concurrentiel. Si les stratégies de concentration tendent, en premier lieu, à faire baisser ses coûts et donc les prix proposés aux consommateurs, si elles participent de l'efficacité de l'entreprise, cela lui permet, corrélativement, d'évincer ses concurrents et de se retrouver en position de force sur un marché, ce qui finit, paradoxalement, à ce que l'entreprise se permette de rehausser ses prix, au-delà de ce qui aurait été possible en situation concurrentielle. C'est bien tout le paradoxe de la concentration, et ce qui était vrai à la fin du XIXe siècle, est aujourd'hui largement réactualisé avec les plateformes numériques[253] : il faut parfois renoncer à des gains d'efficacité d'une entreprise, même si celui-ci est profitable au consommateur, pour assurer un ordre concurrentiel, porteur d'efficacité à un autre niveau, celui de l'intérêt général.

C'est en ce sens que s'est développé le contrôle des concentrations, à l'échelle nationale et européenne[254]. Ce contrôle constitue une véritable garantie en

---

[251] Pour une approche approfondie de la diversification conglomérale, voir not. : GANIDIS (B.), *Stratégie de diversification des grands groupes industriels en France, Approche historique et enseignements contemporains*, Eska, Paris, 2003.

[252] De nombreuses entreprises optent pour une stratégie de diversification et cela n'est pas sans poser quelques problèmes notamment lorsque cette diversification émane d'entreprises intimement liées aux autorités publiques et qui bénéficient à ce titre d'une certaine garantie de l'État du fait de leurs missions de service public. En effet, que l'on pense à Orange, opérateur de téléphonie qui se lance dans les activités bancaires, ou la Poste qui propose des services mobiles, les financements auxquels ils peuvent prétendre sont avantageux par rapport à un opérateur économique standard, cela vient rompre l'égalité entre les concurrents.

[253] MARTY (F.), « La concentration des pouvoirs économiques privés : une perspective d'économie institutionnelle du droit », *RIDE*, 2019/1, p. 35, spécialement n° 17 et s. : « *À l'heure actuelle, les appels à la régulation de certaines plateformes s'appuient sur leur caractère de point d'entrée incontournable pour accéder au marché, en d'autres termes de facilités essentielles* ».

[254] Règlement (CE) n° 139/2004, 20 janvier 2004, relatif au contrôle des concentrations entre entreprises.

faveur de l'ordre concurrentiel[255], mais cet ordre est difficile à établir[256]. Le contrôle est renforcé par plusieurs mécanismes permettant de s'assurer de la conservation d'un niveau concurrentiel suffisant. Ainsi, les Autorités de concurrence sanctionnent le gun jumping[257], elles ont également accepté la pratique des engagements pris par les parties à une opération de concentration[258].

B. La mise en œuvre d'ententes

94. Les ententes constituent également un moyen d'acquisition d'un pouvoir de marché, ou plus précisément, un moyen de bénéficier des mêmes effets. C'est en ce sens que, dès 1890, les États-Unis se dotaient du *Sherman antitrust Act*,

---

[255] Notion chère à Antoine Pirovano, voir en ce sens : PIROVANO (A.), « Justice étatique, support de l'activité économique. Un exemple : la régulation de l'ordre concurrentiel », *Justices*, n° 1, janvier/juin 1995, p. 15.
Sur cette notion, voir not. : BOY (L.), « L'ordre concurrentiel : essai de définition d'un concept », », *in L'ordre concurrentiel, Mélanges Pirovano*, éd. Frison-Roche, Paris, 2003, p. 23.

[256] « *A. Pirovano a su montrer avec réalisme que l'ordre concurrentiel oblige d'abord à construire des équilibres savants et fragmentaires entre trois systèmes de normes relativement contradictoires entre eux. […] "le principe de la liberté concurrentielle […], le principe de la liberté contractuelle […] ; le droit de propriété […]"* », BOY (L.), « L'ordre concurrentiel : essai de définition d'un concept », *op. cit.*, p. 34.

[257] Cette pratique de *gun jumping* est le fait pour des opérateurs de mettre en œuvre une opération de concentration, une prise de contrôle, sans en avoir référé en amont aux autorités compétentes, autrement dit, sans respecter la suspension obligatoire de l'opération jusqu'à la décision des autorités compétentes. C'est l'Autorité de la concurrence en France qui a été la première à mettre en œuvre une sanction pour ce motif (Autorité de la concurrence, décision n° 16-D-24, 8 novembre 2016). Sans préjuger de la validité ou non de l'opération, la Commission européenne sanctionne désormais ce type de pratique. Par exemple, le 24 avril 2018 le groupe Altice a été sanctionné pour avoir racheté l'opérateur de télécommunication PT Portugal. Ce qui est sanctionné c'est la prise effective de contrôle avant l'autorisation ; les seules mesures préparatoires à une opération de concentration ne peuvent pas, quant à elles, donner lieu à sanction.
Sur le *gun jumping*, voir not. : AUDRAN (F.), « Gun jumping : l'Autorité française dégaine la première », *RLC*, n° 60, 1er avril 2017 ; BRUNET (F.), VERNEY (C.), « Vers une clarification jurisprudentielle de la notion de gun jumping : une entreprise en suspens ? Les conclusions de l'avocat général Nils Wahl dans l'affaire Ernst & Young/KPMG (C-633/16) », *RLC*, n° 70, 1er mars 2018.

[258] C'est en partie pour ne pas freiner la recherche de la maximisation des coûts, ni les innovations et le progrès que les pouvoirs publics ont eu recours au mécanisme des engagements dans les opérations de concentration. Mais surtout, les procédures d'engagements ont pour objectif la conservation d'un niveau acceptable de concurrence sur le marché.
Pour une approche comparée entre les États-Unis et l'Europe au sujet des procédures négociées en droit de la concurrence : MARTY (F.), MEZAGUER (M.), « Quelles garanties pour la procédure d'engagements en droit de la concurrence de l'Union européenne ? », *RIDE*, 2016/1, t. XXX, p. 146.

une réglementation à même de réglementer ces ententes, d'essence généralement contractuelle[259], et d'éviter qu'elles ne conduisent à restreindre la concurrence. En effet, l'entente est une situation où plusieurs entreprises vont s'entendre, notamment, sur les prix de vente de leurs produits, normalement concurrents. Autrement dit, deux ou plusieurs opérateurs s'entendent entre eux et biaisent le jeu de la concurrence qui conduit normalement à ce que les prix résultent de la concurrence que se font les opérateurs entre eux. Ils s'entendent donc afin d'influencer le libre jeu de la concurrence[260], de le fausser dans leur intérêt. En effet, les ententes reviennent à ce que la concurrence ne s'exerce plus par les prix, cela revient pour les entreprises qui s'entendent à créer un surplus de profit.

95. On peut présumer que les ententes résultent d'opérateurs économiques ne disposant pas d'un pouvoir de marché individuel suffisant, et qui sont donc contraints de s'allier à d'autres opérateurs économiques. Celles-ci sont prohibées à l'échelle européenne[261] ainsi qu'à l'échelle nationale[262]. Il faut noter que tout type d'entente est prohibé, ce n'est pas la forme de l'entente qui importe, mais bien les effets de celle-ci sur la concurrence. Les ententes font l'objet d'un encadrement particulier, car, dans leurs effets, elles conduisent à limiter le libre jeu de la concurrence et à remettre en cause l'efficacité du marché. Les ententes permettent de simuler un pouvoir de marché. En fait, les ententes servent à modeler la concurrence et revêtent les mêmes caractéristiques qu'un monopole. Plus précisément, elles conduisent à « *la hausse des prix, l'inefficience, le ralentissement de l'innovation et la moins grande variété de produits* »[263].

---

[259] Le trust est une forme contractuelle typiquement anglo-saxonne. Il fait l'objet de développements dans le dernier chapitre, Section 2, relative à la transparence des liens financiers des entreprises.

[260] Notons qu' » *Il en est une autre [accusation], très générale, très certainement vérifiée pour un grand nombre de cas, et contre laquelle les Trusts eux-mêmes ne se défendent que mollement : c'est celle de leur influence politique* », DE ROUSIERS (P.), *Les industries monopolisées (Trusts) aux États-Unis*, Armand Colin, 1898, p. 6.

[261] L'article 101 du Traité sur le fonctionnement de l'Union europeenne précise que « *Sont incompatibles avec le marché intérieur et interdits tous accords entre entreprises, toutes décisions d'associations d'entreprises et toutes pratiques concertées, qui sont susceptibles d'affecter le commerce entre États membres et qui ont pour objet ou pour effet d'empêcher, de restreindre ou de fausser le jeu de la concurrence à l'intérieur du marché intérieur* ».

[262] Code de commerce au sein du livre IV relatif à la liberté des prix et de la concurrence, codifiée par l'ord. n° 2000-912 du 18 septembre 2000 relative à la partie Législative du code de commerce. L'article L. 420-1 précise que « *sont prohibées [...], lorsqu'elles ont pour objet ou peuvent avoir pour effet d'empêcher, de restreindre ou de fausser le jeu de la concurrence sur un marché, les actions concertées, conventions, ententes expresses ou tacites ou coalitions* ».

[263] OCDE, Roundtables on competition policy, Oligopoly, DAFFE/CLP (99)25, p. 11. [http://www.oecd.org/officialdocuments/publicdisplaydocumentpdf/?cote=DAFFE/CLP(99)25&docLanguage=En.].

96. La diversité des ententes : entente sur les prix, division géographique du territoire. Un premier exemple d'entente peut être celui de l'entente entre entreprises sur les prix proposés au public. L'entente entre plusieurs opérateurs économiques quant au prix d'achat ou de vente de certains produits ou services contrevient à la liberté des prix et de la concurrence et porte nécessairement préjudice au consommateur. Ceci parce que les prix seront fixés de telle manière qu'ils permettent de gonfler allègrement les marges de profit ou d'éviter à se lancer dans une « guerre des prix » avec les concurrents[264]. Les ententes sur les prix ne permettent pas directement d'accroître le pouvoir de marché des parties à l'entente, mais permet, sans pouvoir de marché substantiel d'organiser la concurrence à des fins anticoncurrentielles. L'entente se substitue aux effets du pouvoir de marché. De nombreuses ententes sont sanctionnées en droit européen[265]. Néanmoins, les procédures sont longues et n'aboutissent pas toujours[266]. D'autres ententes peuvent porter sur une division géographique du marché entre les différents opérateurs[267]. Cette division géographique permet de recréer artificiellement des situations monopolistiques sur un territoire donné, et est donc source de pouvoir de marché en ce sens que l'entreprise pourra alors fixer librement ses prix.

97. Les programmes de clémence. Les programmes de clémence[268] constituent une incitation à la dénonciation des ententes et constituent un outil permettant de restreindre l'asymétrie d'information entre les acteurs économiques et les régulateurs. En effet, « *les programmes de clémence permettent de mettre à jour des ententes qui resteraient sans cela ignorées et les investigations qui*

---

264 Voir par exemple : ADLC, Déc. n° 11-D-17 du 8 décembre 2011 relative à des pratiques mises en œuvre dans le secteur des lessives.

265 Voir pour un exemple récent d'entente dans le secteur du transit aérien, les quatre décisions CJUE, 1er février 2018, aff C-261/16P, aff. C-263/16 P, aff. C-264/16 P, AFF. C-271/16 P, RLC, 1er mars 2018, n° 70, p. 6.

266 Ce qui explique en partie le recours à la procédure de clémence, voir infra.

267 Voir not. : CJUE, 25 octobre 2011, aff C110/10 P, Solvay c/ Commission, §7 : « *Sur le marché communautaire, pouvait être constatée une répartition des sphères d'influence entre Solvay et ICI ainsi qu'un cloisonnement des marchés nationaux, avec des différences de prix importantes* ».

268 L'article L. 464-2 du Code de commerce prévoit que : « *IV. Une exonération totale ou partielle des sanctions pécuniaires peut être accordée à une entreprise ou à un organisme qui a, avec d'autres, mis en œuvre une pratique prohibée par les dispositions de l'article L. 420-1 s'il a contribué à établir la réalité de la pratique prohibée et à identifier ses auteurs, en apportant des éléments d'information dont l'Autorité ou l'administration ne disposaient pas antérieurement. [...].* ».

s'ensuivent sont également rendues plus efficientes et plus efficaces. »[269]. Il s'agit d'un outil incitatif. Ces programmes de clémence, s'ils permettent à un opérateur de s'exonérer de sa responsabilité, contribuent néanmoins, et indéniablement, à une action efficace des régulateurs. Cela à condition que le programme de clémence soit plus avantageux pour l'opérateur que le fait de rester dans l'entente.

§ II. L'APPRECIATION DU POUVOIR DE MARCHE

98. S'il est indispensable de comprendre les stratégies d'acquisition d'un pouvoir de marché par les opérateurs économiques afin de l'encadrer, il est plus important encore de donner des éléments d'appréciation de ce pouvoir de marché et de véritablement le caractériser. Il faut expliciter en quoi le pouvoir de marché est l'instrument du monopole de fait. Le pouvoir de marché permet de constituer des rentes qui, si la concurrence était efficace, seraient érodées. Certaines indications telles que la structure du marché ou la rentabilité de l'entreprise, constituent des indices de pouvoir de marché (A) ; mais l'appréciation du degré d'indépendance de l'opérateur économique dans la fixation du prix de ses produits ou services est le véritable indicateur de pouvoir de marché (B).

A. Le pouvoir de marché et les parts de marché

99. L'appréciation du pouvoir de marché est souvent difficile à mettre en œuvre, car il s'exprime sous différentes formes[270]. De manière générale, « *le concept*

---

[269] Rapport OCDE, Lutte contre les ententes injustifiables, Effets dommageables, sanctions efficaces et programmes de clémence, 2002. [https://www.oecd-ilibrary.org/docserver/9789264274990-fr.pdf?expires=1530520918&id=id&accname=ocid47009079&checksum=C2D234A8EDE3B9416C5CD07425F0B5E4].

[270] Pour une approche comparée des méthodes utilisées pour déterminer la puissance économique d'un opérateur, voir not. : OCDE, La puissance économique et la loi, 1970. Ce rapport fait état des mesures nationales s'occupant de la puissance économique, c'est-à-dire à la fois les moyens de détermination de celles-ci et les moyens de sa contrainte.
Sur cette notion de pouvoir de marché : PRIETO (C.), BOSCO (D.), *Droit européen de la concurrence. Ententes et abus de position dominante*, coll. Droit de l'Union européenne, Bruylant, 2013, n° 286 et s.

de pouvoir de marché est l'expression moderne de cette puissance consistant à se placer hors de portée de toute pression concurrentielle »[271].

100. Le pouvoir de marché se résume-t-il aux parts de marché ? Les parts de marché correspondent en fait à la part de production/vente que l'entreprise réalise par rapport à la production/vente globale d'un bien ou d'un service sur un marché donné. Plus les parts de marchés seront grandes, plus la position dominante (voire monopolistique) avérée et le pouvoir de marché fort. Les entreprises sont en position dominante lorsqu'« *en raison de leur part de marché, ou de leur part de marché en liaison notamment avec la disposition de connaissances techniques, de matières premières ou de capitaux, elles ont la possibilité de déterminer les prix ou de contrôler la production ou la distribution pour une partie significative des produits en cause* »[272]. La caractérisation d'une position dominante par la seule évaluation des parts de marché n'est néanmoins pas toujours pertinente. Tout d'abord, on constate des divergences entre les différents pays. Ainsi, aux États-Unis, la position dominante correspond à des parts de marché supérieures à 70% alors qu'en Europe, un seuil de 40 à 50% de parts de marché suffit à présumer une position dominante[273]. Le seuil de parts de marché constitutif d'une position dominante sur un marché varie en fonction des espèces[274]. Aux États-Unis comme en Europe les parts de marché détenues par une entreprise constituent un indice très significatif de sa position sur le marché. Néanmoins, en Europe, il n'est pas nécessaire que l'entreprise détienne toutes les parts de marché, ou même une partie substantielle de celles-ci pour identifier une position dominante ; c'est l'étude comparative des parts de marché respectives détenues par chacun des opérateurs économiques présents sur le marché en cause qui pourrait

---

[271] PRIETO (C.), BOSCO (D.), *Droit européen de la concurrence. Ententes et abus de position dominante*, *op. cit.*, n° 286.

[272] Décision de la Commission, 72/21/CEE, 9 décembre 1971, relative à une procédure d'application de l'article 86 du traité CEE (IV/26 811 - Continental Can Company), II, B, 3.

[273] OECD, Policy roundtables, Abuse of dominance and monopolisation, OCDE/GD (96)131, 1996, p. 64, [http://www.oecd.org/daf/competition/abuse/2379408.pdf].

[274] Voir not. pour l'approche de la CJCE des parts de marché pour apprécier la position dominante d'une entreprise : CJCE, 13 février 1979, aff. 85/76, Hoffman La Roche & Co. c/ Commission des communautés européennes, où la Cour analyse en détail les parts de marché détenues par l'entreprise Roche dans l'absolu, mais également par rapport aux parts de marché détenues par ses concurrents ; CJCE, 9 novembre 1983, aff. 322/81, NV Nederlandsche Banden Industrie Michelin c/ Commission des Communautés européennes, où la Cour, là encore, apprécie les parts de marché détenues par l'entreprise en cause (Michelin) par rapport aux parts détenues par ses concurrents pour qualifier une position dominante.

permettre de rendre compte d'une position dominante[275]. Il faut noter d'ailleurs que la Commission européenne a pu appliquer, dans l'appréciation d'ententes, une présomption d'absence de pouvoir de marché en deçà d'un certain seuil de parts de marché[276].

101. La structure de marché n'est qu'indicative quant au pouvoir de marché. Selon Jacques Houssiaux, il y a plusieurs séries d'indices permettant de déterminer le rapport entre la structure d'un marché et le pouvoir de marché. Il s'agit de prendre en compte « *le nombre et la puissance des acheteurs, les caractéristiques intrinsèques du produit, et le degré d'isolement du marché* »[277]. En fonction des différentes structures, on supposera un pouvoir de marché plus ou moins grand. Pourtant, certaines de ces suppositions peuvent être mises à mal parce que les structures de marché sont diverses et variées. Par exemple, on considère qu'en cas de structure oligopolistique du marché alors les membres de l'oligopole détiendront un fort pouvoir de marché. Mais la structure oligopolistique peut correspondre à diverses réalités. Un marché pourra être oligopolistique à tendance monopolistique, il sera alors composé de petites entreprises directement en concurrence avec de grandes entreprises à l'influence prépondérante[278], qui détiennent, seules, le pouvoir de marché. Les entreprises peuvent aussi être

---

[275] OECD, Policy roundtables, Abuse of dominance and monopolisation, OCDE/GD(96)131, 1996, p. 64/65 : « *Si la part de marché de l'entreprise n'est pas prédominante, d'autres facteurs témoignant du pouvoir détenu sur le marché peuvent être considérés, par exemple la part relative de marché, les relations de l'entreprise dominante sur le marché avec ses concurrents, fournisseurs et clients, la durée de la période pendant laquelle l'entreprise considérée a occupé une position dominante, la possession de technologie matérielle, et les obstacles à l'entrée* », [http://www.oecd.org/daf/competition/abuse/2379408.pdf].
« *L'erreur consiste à tenir la part de marché pour la meilleure base de définitions des objectifs de l'entreprise, de gestion de l'entreprise et de mesure de sa performance* », SIMON (H.), BILSTEIN (F.), LUBY (F.), *La rentabilité avant la part de marché*, trad. ALCOUFFE (C.), Economica, Paris, 2009, p. 2.

[276] Avec au départ un seuil unique, puis la mise en place d'un double seuil avec le règlement n° 330/2010, de la Commission du 20 avril 2010 concernant l'application de l'article 101, paragraphe 3, du TFUE à des catégories d'accords verticaux et de pratiques concertées, art. 3. Il s'agissait « *non pas de caractériser l'existence d'un pouvoir de marché, mais seulement une zone de sécurité dans laquelle il était permis de présumer son absence.* », PRIETO (C.), BOSCO (D.), *Droit européen de la concurrence. Ententes et abus de position dominante*, *op. cit.*, n° 834 et s.

[277] HOUSSIAUX (J.), *Le pouvoir de monopole*, *op. cit.*, p. 185.

[278] Jacques HOUSSIAUX précise que « *même dans les situations où la grande entreprise ne produit qu'un faible pourcentage des biens échangés sur ce marché, sa position monopolistique peut être néanmoins considérable* », HOUSSIAUX (J.), *Le pouvoir de monopole : essai sur les structures industrielles du capitalisme contemporain*, Recherches économiques, Sirey, Paris, 1958, p. 186.

face à un partenaire puissant, tel est le cas des centrales d'achat[279]. Un marché peut aussi être oligopolistique à tendance concurrentielle, ce sera le cas lorsqu'il est constitué par des entreprises peu nombreuses, mais peu puissantes, car aucune des entreprises ne peut réellement s'imposer aux autres, le pouvoir de marché de l'oligopole étant alors relativement restreint. Enfin, on peut être face à un oligopole pur, où le nombre de vendeurs est très restreint et détient dès lors un fort pouvoir de marché.

B. L'élément central du pouvoir de marché : l'indépendance de comportement

102. Déterminer l'existence d'un pouvoir de marché revient en fait à mettre en lumière les différents rapports de force existants sur ce marché. La théorie de l'organisation industrielle a pour finalité d'étudier le système de formation des prix, par l'analyse du fonctionnement des marchés et du comportement des opérateurs. Ainsi, le paradigme de la structure-comportement-performance, traditionnellement associé à Joe Bain et Edward Mason, tente de donner une explication au fonctionnement des marchés[280]. La structure du marché détermine le comportement des entreprises, comportement qui détermine lui-même la performance (efficacité) du marché. Une telle analyse d'un marché peut néanmoins laisser perplexe en ce qu'elle se fonde sur des « *conditions de base* »[281] du marché qui sont en réalité variables. De nombreux travaux d'économie, dont ceux de Jean Tirole, donnent de nouvelles pistes d'identification du pouvoir de marché des entreprises[282], il en ressort que c'est bien l'indépendance de comportement des entreprises qui révèle la détention d'un pouvoir de marché.

103. L'indépendance de comportement des opérateurs économiques matérialise mieux le pouvoir de marché que la structure du marché. Cet aspect a été mis en exergue relativement tôt par la Cour de justice dans

---

[279] Certes, on pourrait penser que l'acheteur n'aurait personne d'autre vers qui se tourner pour se fournir en biens ou services et est donc contraint d'accepter les conditions de vente du vendeur ; mais le vendeur n'a personne d'autre à qui vendre sa production. Ces questions relèvent du déséquilibre significatif, voir Partie 2, Titre I, Chapitre II, Section II, § II, A.

[280] Sur ce point, voir not. : LEVET (J.-L.), *L'Économie industrielle en évolution : les faits face aux théories*, Economica, Paris, 2004 ; SUN (B.), JING (W.), ZHAO (X.), HE (Y.), « Research on market power and market structure. A direct measure of market power of internet platform enterprises », *International Journal of Crowd science*, vol. 1, n° 3, 2017, pp. 210-222.

[281] TIROLE (J.), *Théorie de l'organisation industrielle*, *op. cit.*, p. 4.

[282] SUN (B.), JING (W.), ZHAO (X.), HE (Y.), « Research on market power and market structure. A direct measure of market power of internet platform enterprises », *International Journal of Crowd science*, vol. 1, n° 3, 2017, pp. 210-222.

l'affaire United brands[283]. La Cour met l'accent sur l'indépendance de comportement résultant d'« *une position de puissance économique détenue par une entreprise qui lui donne le pouvoir de faire obstacle au maintien d'une concurrence effective sur le marché en cause en lui fournissant la possibilité de comportements indépendants dans une mesure appréciable vis-à-vis de ses concurrents, de ses clients et, finalement, des consommateurs* »[284]. Cette indépendance de comportement se révèle particulièrement dans la libre détermination des prix par une entreprise, alors que le niveau de prix devrait résulter du libre jeu de la concurrence. C'est bien en ce sens que l'OCDE[285] définit le pouvoir de marché comme « *la capacité des entreprises de pratiquer des prix supérieurs aux niveaux de pleine concurrence et, par conséquent, de réaliser des bénéfices importants (ou des bénéfices économiques supérieurs à la normale)* »[286]. Mais l'indépendance de comportement se matérialise, aussi, dans la possibilité d'éviction des concurrents[287].

104. La détermination du prix des produits en concurrence pure et parfaite. La théorie est relativement simple, en concurrence pure et parfaite, le prix de vente tend à rejoindre le coût de production. Cela parce que le prix de vente ne peut être fixé arbitrairement par un opérateur sans risquer de voir les consommateurs opter pour un autre produit (substituable), ou les concurrents proposer des prix plus faibles, les marges sont ainsi restreintes à leur strict minimum et c'est surtout grâce à l'augmentation du volume de production que les opérateurs économiques peuvent jouer sur leurs bénéfices. Le prix de vente doit néanmoins permettre à l'entreprise d'être le plus rentable possible. C'est-à-dire capable de produire des revenus, des bénéfices satisfaisants, raisonnables[288]. En ce sens, la rentabilité est intimement liée à l'optimisation de la chaîne de valeur de l'entreprise[289]. La recherche de la rentabilité par les entreprises participe ainsi de l'efficacité productive et allocative du marché, et donc de l'érosion des rentes. La rentabilité de l'entreprise est tributaire, notamment, de la gestion des coûts de production. Ainsi, la minimisation, l'optimisation des coûts, et de manière plus générale, toute méthode propre à optimiser la chaîne de valeur permet d'augmenter la rentabilité et d'engendrer

[283] CJCE, 14 février 1978, 27/76, United brands c. commission.
[284] CJCE, 14 février 1978, 27/76, United brands c. commission, pt 65.
[285] OCDE, Manuel pour l'évaluation de la concurrence : [http://www.oecd.org/fr/daf/concurrence/46891475.pdf].
[286] OCDE, Manuel pour l'évaluation de la concurrence, *op. cit.*, 3.1.1.
[287] DEFFAINS (B.), PELLEFIGUE (J.), « Vraiment pertinent ? Une analyse économique des marchés pertinents », *RTD com.*, n° 3, 7 novembre 2018.
[288] Notons d'ores et déjà que le raisonnable n'est pas une notion commune à la sphère juridique. Voir not. : MAGNON (X.), « Qu'est-ce que le droit peut faire du "raisonnable" ? », *in Le raisonnable en droit administratif*, THERON (S.) dir., Actes du colloque de Toulouse, Ed. L'épitoge Lextenso, Toulouse, 2016.
[289] CHARLIER (J.), *La chaîne de valeur de l'entreprise. Améliorer sa productivité et sa rentabilité*, éd. Azura, 2017.

des bénéfices. C'est en ce sens que se sont développées les théories de l'organisation du travail, taylorisme et fordisme. C'est également en ce sens que les coûts de transaction ont fait l'objet d'attentions particulières[290]. Plus fondamentalement, la rentabilité est très liée aux prix pratiqués sur le marché[291].

105. La notion juridique de prix équitables. L'article 102 du Traité sur le fonctionnement de l'Union européenne énonce que constitue un abus de position dominante le fait d'« *imposer de façon directe ou indirecte des prix d'achat ou de vente ou d'autres conditions de transaction non équitables* »[292]. C'est le premier exemple d'une liste non exhaustive de comportements constitutifs d'un abus de position dominante ; c'est, pour ce qui nous intéresse, un autre élément confirmant que les prix sont au cœur du pouvoir de marché. Une décision récente de la Cour de justice de l'Union européenne[293] précise à nouveau ce qu'il faut entendre par cette notion de prix équitable : « *pratique d'un prix excessif sans rapport raisonnable avec la valeur économique de la prestation fournie. [...] disproportion excessive entre le coût effectivement supporté et le prix effectivement réclamé imposition d'un prix inéquitable, soit au niveau absolu, soit par comparaison avec les produits concurrents.* »[294]. Autrement dit, le prix est excessif lorsqu'il est déconnecté des coûts de l'entreprise ou s'en éloigne significativement. Néanmoins, la difficulté réside dans l'appréciation de ce prix excessif. En l'espèce, la Cour se fonde sur une

---

[290] Ces coûts sont généralement plus faibles en intragroupe plutôt que sur le marché (d'où la pertinence de la filialisation, parfois au détriment de la sous-traitance).

[291] SIMON (H.), JACQUET (F.), BRAULT (F.), *La stratégie prix. Le pricing, levier indispensable pour augmenter votre rentabilité*, 3e éd., Dunod, Paris, 2011, p. 21 : « *La réflexion stratégique doit aujourd'hui intégrer le prix comme élément essentiel du pilotage de la rentabilité et de la croissance. La position de l'entreprise est déterminée par la valeur qu'elle offre en vendant ses produits ou services : ses relations avec le client découlent directement de la valeur perçue du produit proposé, tandis que la place qu'elle occupe dans l'univers concurrentiel provient de ses niveaux de prix et avantages concurrentiels.* ».

[292] Article 102, a), TFUE.

[293] CJUE, 14 septembre 2017, aff. C-177/16, Autortiesību un komunicēšanās konsultāciju aģentūra / Latvijas Autoru apvienība c/ Konkurences padome.

[294] CJUE, 14 septembre 2017, aff. C-177/16, Autortiesību un komunicēšanās konsultāciju aģentūra / Latvijas Autoru apvienība c/ Konkurences padome, point 34.

La Cour renvoie dans cette décision à de nombreuses décisions centrales de sa jurisprudence, notamment les décisions fondatrices en matière d'exploitation abusive d'une position dominante : CJCE, 13 février 1979, Hofmann-La Roche, aff. 85-76, Rec., p. 1190 ; CJCE, 14 février 1978, aff. C-27/76, United Brands Company and United Brands Continental BV c/ Commission des Communautés européennes.

analyse comparative des prix pratiqués dans différents pays pour en déduire l'existence de prix excessif[295].

106. Le prix et la rentabilité de l'entreprise Pour une entreprise, le prix proposé pour un produit ou un service « *joue un rôle central dans l'extraction de (la) valeur* »[296], il est « *le principal levier d'extraction de la valeur* »[297], à côté des coûts et du volume des ventes. Or, cette fixation du prix est un indice particulièrement fiable du pouvoir de marché dont dispose un opérateur économique[298]. L'objet n'est pas de remettre en cause le bien-fondé des marges bénéficiaires, elles sont inhérentes à tout échange économique et constituent le *leitmotiv* des opérateurs économiques, elles permettent de pérenniser une exploitation et de maintenir un certain niveau de qualité notamment. L'objet est bien de mettre en évidence que le taux de marge est représentatif du pouvoir de marché d'un opérateur économique[299].
Il existe différentes stratégies prix, qui dépendent de l'objectif poursuivi par l'opérateur[300], en jouant sur la qualité du produit[301], ou sur le taux de marge. Il y a également les stratégies d'alignement, les plus courantes, consistant à aligner le prix des produits sur les prix proposés par les concurrents directs ;

---

[295] CJUE, 14 septembre 2017, aff. C-177/16, Autortiesību un komunicēšanās konsultāciju aģentūra / Latvijas Autoru apvienība c/ Konkurences padome, point 38 : « *[...] selon la jurisprudence de la Cour, une méthode fondée sur une comparaison des prix appliqués dans l'État membre concerné à ceux appliqués dans d'autres États membres doit être considérée comme valable. En effet, il ressort de cette jurisprudence que, lorsqu'une entreprise en position dominante impose des tarifs pour les services qu'elle rend, qui sont sensiblement plus élevés que ceux pratiqués dans les autres États membres, et lorsque la comparaison des niveaux des tarifs a été effectuée sur une base homogène, cette différence doit être considérée comme l'indice d'un abus de position dominante (arrêts du 13 juillet 1989, Tournier, 395/87, EU:C:1989:319, point 38, ainsi que du 13 juillet 1989, Lucazeau e.a., 110/88, 241/88 et 242/88, EU:C:1989:326, point 25).* ».

[296] SIMON (H.), JACQUET (F.), BRAULT (F.), *La stratégie prix*, *op. cit.*, p. 2.

[297] SIMON (H.), JACQUET (F.), BRAULT (F.), *La stratégie prix*, *ibid.*, p. 2.

[298] Bien entendu, les échanges sont relativement complexes et les variables à prendre en compte sont multiples. Il s'agit ici non de trancher la question des marges, mais de mettre l'accent sur le fait que l'indépendance et la liberté dont jouit un opérateur économique dans la fixation des prix de ses produits ou services sont un indice pertinent de pouvoir de marché ; à confronter à d'autres variables, certes, mais cela n'est pas l'objet de notre étude. Pour un approfondissement de ce point, voir not. : DE BODT (G.), *La maîtrise des coûts et des marges dans l'entreprise. Direct costing, profit planning*, 4e éd., Dunod, Paris, 1978, particulièrement p. 68 et s.

[299] Il faut noter que la question n'est pas celle des différences de prix, qui relèvent des pratiques discriminatoires si elles ne sont pas justifiées, mais bien celle de la corrélation entre le niveau de prix et la réalité des coûts supportés par l'entreprise.

[300] Voir not. : MENIN-URIEN (G), *Vente et négociation pour non-spécialistes*, Dunod, Paris, 2014, p. 173 et s.

[301] C'est la stratégie d'écrémage. MENIN-URIEN (G), *Vente et négociation pour non-spécialistes*, *op. cit.*, p. 173.

ou encore les stratégies *low cost*[302]. De toutes ces stratégies prix, on constate que la détermination du prix dépend de l'état de la concurrence sur un marché et de la stratégie poursuivie par l'opérateur. Dans ces différentes stratégies, ce sont les marges qui sont souvent instrumentalisées, bien qu'elles demeurent, en tout état de cause, corrélées aux coûts de production. Mais plus l'opérateur économique dispose d'un fort pouvoir de marché, plus il peut s'affranchir des bornes délimitées par les coûts de production.

107. La libre fixation des prix en concurrence imparfaite[303] : le pouvoir de marché « stiglerien »[304]. Il est assez traditionnel de constater que « [...] *du point de vue économique, la marque du pouvoir de marché est de pouvoir fixer unilatéralement son prix au-dessus du niveau concurrentiel sans tenir compte des réactions des concurrents ou des consommateurs.* »[305].

Plus la concurrence est faible, plus le pouvoir de marché augmente. En effet, lorsqu'un opérateur est seul sur un marché à proposer un bien ou un produit, on comprend aisément qu'il puisse fixer librement ses prix, de façon supérieure aux coûts de production, sans avoir à craindre que le demandeur (consommateur) fasse jouer la concurrence[306]. Il en va de même pour la production, rien n'incite l'opérateur économique en position de monopole à déterminer sa production en fonction de la demande, puisque même s'il ne

---

302 Il existe aussi la stratégie du *freemium*, qui a pour objet de « *proposer, sans limitation de durée, une version "dégradée" de son offre totalement gratuite* », MENIN-URIEN (G), *Vente et négociation pour non-spécialistes*, *op. cit.*, p. 176.

303 Situation analysée par tout un courant d'économiste, contradicteur de l'École autrichienne : « *Sur le plan de l'analyse théorique de ces imperfections, figure évidemment l'héritage glorieux des économistes de la concurrence imparfaite, du XIXe et début du XXe siècle, parmi lesquels on peut citer des ingénieurs économistes français tels que Antoine Augustin Cournot et Jules Dupuit, des mathématiciens comme Joseph Bertrand et Frank Ramsey, et des économistes anglais et allemands tels que Edward Chamberlin, Francis Edgeworth, Harold Hotelling, Joan Robinson et Heinrich von Stackelberg. Mais c'est surtout sur le plan des travaux empiriques que l'Économie Industrielle de la première génération a prospéré, au travers du triptyque "Structure – Comportements – Performance" (SCP) que l'École de Harvard, sous la férule de Edward Mason [1939], puis de Joe Bain [1956] et de bien d'autres, avait développé.* », ENCAOUA (D.), « Pouvoir de marché, stratégie et régulation : Les contributions de Jean Tirole, Prix Nobel d'Économie 2014 », *Rev. éco. pol.*, 2015/1, VOL. 125, P. 1 A 76.

304 DEFFAINS (B.), PELLEFIGUE (J.), « Vraiment pertinent ? Une analyse économique des marchés pertinents », *RTD com.*, n° 3, 7 novembre 2018.

En anglais : « market power in predatory princing », voir not. : PARK (S.), « Market Power Revisited », *Research in Law and Economics*, 2012, Vol. 25, pp. 1-13.

305 MARTY (F.), « Le prix des services juridiques entre défaillance de réglementation et défaillance de marché ? », *op. cit.*

Adam Smith affirmait d'ailleurs que « *restreindre la concurrence est toujours contre (les intérêts du peuple) et ne peut servir qu'à permettre aux vendeurs, en augmentant leur profit au-delà de ce qu'ils devraient être naturellement, à lever pour leur propre bénéfice, une taxe absurde sur le reste de la collectivité* », SMITH (A.), cité *in* VIDONNE (P.), *Essai sur la formation de la pensée économique : nature, rente et travail*, Grenoble, 1982, p. 235.

306 Sous réserve de la contestabilité du marché, qui sera étudiée par la suite.

satisfait pas toute la demande, il est le seul à la satisfaire et l'on peut présumer qu'il n'aura aucun mal à écouler sa production. En effet, il faut entendre le pouvoir de marché comme « *le pouvoir d'action stratégique des entreprises sur le marché, leur capacité de changer les conditions ou les résultats économiques des marchés de biens et de services.* »[307], et ce pouvoir d'action stratégique est particulièrement identifiable dans les modalités de fixation des prix et de leur corrélation avec le niveau des coûts de production et de transactions[308].

108. Le développement des tarifications algorithmiques. Avec l'avènement de l'ère numérique, de nouveaux moyens de détermination des prix se développent. Les algorithmes permettent une actualisation constante des prix, en fonction de la demande et de la concurrence, c'est-à-dire des prix proposés pour ce même produit sur les autres plateformes numériques. L'utilisation d'algorithmes constitue un atout non négligeable dans la détermination des prix puisqu'ils permettent d'ajuster en temps réels ces prix, à l'état de l'offre et de la demande. Néanmoins, ils peuvent être porteurs d'effets inattendus et contreproductifs, « *Les algorithmes peuvent en effet faciliter les collusions — lorsque les mêmes algorithmes sont utilisés par des entreprises concurrentes pour harmoniser leur prix à la hausse par exemple — tout en masquant les responsables, ce qui pose aussi la question de l'imputabilité des pratiques.* »[309]. Le développement de ces techniques est donc à surveiller de près, tout autant que les alternatives qui semblent émerger avec la technologie blockchain.

109. Le pouvoir de marché « bainien » : un pouvoir d'éviction[310]. Il existe une complémentarité entre le pouvoir de marché stiglerien et le pouvoir de

---

[307] CHEVALLIER (J.), « Le pouvoir de monopole et le droit administratif français », *op. cit.* L'auteur ajoute qu'« *il ne s'agit donc plus de retenir un critère purement quantitatif ou juridique basé sur le contrôle total du marché, mais de mesurer l'influence qu'une entreprise possède sur le marché et de définir les techniques par lesquelles cette influence s'exerce.* ».

[308] « *ce qui explique et caractérise la puissance de l'unité de production est, avant tout, le degré d'information dont elle dispose, mais aussi son aptitude à restructurer l'environnement ainsi que l'importance de son pouvoir de marchandage.* », LEBRATY (J.), « Profit », *Encyclopedia Universalis*, 5e éd., Corpus 18, Paris, 2002, p. 945.

[309] BAUDU (I.), « Faut-il réguler la tarification algorithmique ? », *RLC*, n° 74, 1er juillet 2018.

[310] Voir pour un exemple (celui de Microsoft) : PARK (S.), « Market Power Revisited », *Research in Law and Economics*, 2012, Vol. 25, pp. 1-13, où l'auteur analyse le « power market in tying » de cette entreprise ; SCHREPEL (T.), *L'innovation prédatrice en droit de la concurrence*, Competition Law, Bruylant, 2018.

marché bainien[311]. Le second met néanmoins l'accent sur la capacité d'une entreprise à évincer ses concurrents. Il s'agit dans cette approche du pouvoir de marché, de caractériser les comportements d'une entreprise ayant pour objet d'évincer ses concurrents, voire d'établir des barrières à l'entrée du marché. En effet, de tels comportements résultent bien de la détention d'un pouvoir de marché.

110. Finalement, le pouvoir de marché se matérialise dans la possibilité qu'ont les opérateurs économiques de jouer sur le niveau concurrentiel d'un marché, que cette possibilité soit exercée dans la détermination des prix, dans les pratiques de ventes, ou tout autre comportement. Un tel pouvoir de marché, lorsqu'il permet un comportement indépendant sur le marché[312], peut être utilisé à des fins exclusives, et en ce cas aboutir à un monopole de fait lorsque cela aboutit à une rente. C'est l'indépendance de comportement que permet le pouvoir de marché qui est central. En effet, « *la domination d'une entreprise s'apprécie à l'aune de son indépendance de comportement sur le marché et de la possibilité de tenir en échec une concurrence effective* »[313]. Or, c'est cette indépendance de comportement qui permet la constitution d'une rente de situation, élément caractéristique du monopole de fait comme cela sera proposé par la suite.

---

[311] « *Il importe de souligner que ces deux types de pouvoir de marché correspondent à des notions économiques bien distinctes, qui ne sont pas substituables l'une à l'autre même si elles sont évidemment liées (puisque l'exercice d'un pouvoir de marché bainien permet d'évincer ses concurrents pour acquérir in fine un pouvoir de marché stiglerien). En toute rigueur, les abus d'exploitation sont rendus possibles par l'existence d'un pouvoir de marché stiglerien alors que les abus d'éviction sont liés à l'existence d'un pouvoir de marché bainien.* », DEFFAINS (B.), PELLEFIGUE (J.), « Vraiment pertinent ? Une analyse économique des marchés pertinents », *RTD com.*, n° 3, 7 novembre 2018.

[312] Sur la notion de comportement indépendant, voir not. : PRIETO (C.), BOSCO (D.), *Droit européen de la concurrence. Ententes et abus de position dominante*, *op. cit.*, n° 1124 et s.

[313] PRIETO (C.), BOSCO (D.), *Droit européen de la concurrence. Ententes et abus de position dominante*, *op. cit.*, n° 1124.

Conclusion du Chapitre I

111. Le libre jeu de la concurrence doit conduire, en théorie, à la plus large satisfaction des individus par l'efficacité productive et allocative du marché. Il était nécessaire de comprendre le sous-bassement de l'efficacité du marché, et notamment la théorie de la concurrence pure et parfaite, pour mieux appréhender les situations de défaillance et les mécanismes que l'on pourra opposer aux situations de monopole. L'efficacité du marché repose sur l'interdépendance de comportement des opérateurs et l'impossibilité pour l'un d'exercer indépendamment son pouvoir de marché sans risquer d'être exclu du marché. Néanmoins, la tendance à la concentration tout autant que l'existence de monopoles naturels viennent relativiser cette vision classique de la concurrence, chère aux tenants d'un libéralisme radical qui en déduisait que l'intervention de l'État devait se limiter au strict minimum. Ces phénomènes mettent en effet l'accent sur les risques liés à la détention d'un pouvoir de marché : l'inefficacité productive et allocative du marché. Cette défaillance de marché où l'entreprise peut se permettre de ne plus jouer le jeu de la concurrence, de se comporter indépendamment sur le marché afin d'accaparer un surplus de valeur. Cette situation où son intérêt particulier prime les autres et appelle donc l'intervention de l'État.

112. C'est bien le pouvoir de marché qui est au cœur de l'analyse des situations monopolistiques. Ce constat a très tôt conduit les pouvoirs publics, de chaque côté de l'Atlantique, à mettre en place un encadrement de la concentration du pouvoir économique, afin d'éviter qu'un trop fort pouvoir de marché ne s'impose à tous les autres et que la concurrence ne soit détruite. Le contrôle de l'évolution structurelle du marché doit permettre de vérifier que la concurrence ne sera pas remise en cause et continuera à jouer son rôle de catalyseur. Ce contrôle doit permettre d'éviter que les situations monopolistiques ne deviennent incontrôlables.

113. La correspondance entre les situations monopolistiques et le monopole de fait tient à ce que les premières permettent de disposer d'un pouvoir de marché, et que celui-ci est l'instrument du monopole de fait. Pourtant les deux situations ne sont pas synonymes, et il n'y a pas d'automaticité entre l'existence d'une situation monopolistique et le monopole de fait. Ce n'est qu'à la condition que le pouvoir de marché soit instrumentalisé en dépit d'intérêts contraires et aux dépens de la concurrence et de l'intérêt général que l'on découvre le monopole de fait. C'est le cas par exemple lorsque ce pouvoir de marché est utilisé pour manipuler la formation des prix. En effet, « *le prix est [...] si intimement lié à la valeur du bien et au pouvoir de négociation des* *coéchangistes qu'il peut devenir l'élément essentiel d'appréciation [...] du rapport de force existant sur le marché* »[314]. Les opérateurs économiques concurrents sont impuissants à exercer une quelconque pression concurrentielle sur l'opérateur monopolistique, la machine concurrentielle se grippe. L'entreprise jouit d'une indépendance de comportement lui permettant de constituer un monopole de fait. Il convient donc, avec cette approche économique, de considérer que le monopole de fait est cette situation où un opérateur économique n'est plus contraint de jouer le jeu de la concurrence pour faire du profit. Sa puissance économique lui permet d'adopter des comportements indépendants. Fort de sa position sur un marché, l'opérateur économique en profite pour se reposer sur ses acquis, ne cherche plus à maximiser son profit par des mécanismes concurrentiels, mais à accaparer une valeur que le jeu concurrentiel permettrait normalement d'éroder, aux bénéfices, notamment, des consommateurs.

314 DESMET (P.), ZOLLINGER (M.), *Le prix, De l'analyse conceptuelle aux méthodes de fixation*, Economica, coll. Gestion, 1997, p. 8.

Chapitre II.

L'ORIGINE POLITIQUE DU MONOPOLE DE FAIT

114. Dès 1942, de Gaulle précisait que « *Nul monopole ne pourra abuser des hommes ni dresser aucune barrière dans l'intérêt général* »[315]. La lecture du Programme du Conseil national de la Résistance[316] consacre cette idée et éclaire, autrement, le monopole de fait. Adopté le 15 mars 1944, ce programme met en avant la volonté d'instaurer une démocratie économique et sociale, et afin d'y arriver, toute une série de propositions est avancée. Pour parvenir à cet objectif, une place particulière est attribuée à la lutte à mener contre les féodalités économiques, prémisse de la notion de monopole de fait.

115. Le terme de féodalité économique opère subtilement la synthèse entre les activités économiques et la société. Il crée le lien entre la sphère marchande et la société civile, il met en lumière les inextricables rapports qu'elles entretiennent. Il donne une dimension plus transversale au monopole de fait. À travers l'évolution du système corporatif, système féodal d'organisation économique, il est possible de cerner l'essence du monopole de fait : l'inégalité de pouvoir, non pas entre les seuls opérateurs économiques, mais entre un opérateur économique et, plus largement, ses parties prenantes[317]. Le souvenir des corporations, auquel s'ajoute la vive inquiétude à l'égard des situations monopolistiques, permet d'expliquer la condamnation des féodalités économiques dans le Programme du CNR, et *a fortiori*, la condamnation des monopoles de fait par les constituants. L'expression de *monopole de fait* traduit, en termes contemporains, toute la rémanence des féodalités économiques (Section I). Dans le Programme du CNR, c'est à l'État

---

[315] DE GAULLE (C.), Discours et messages, 1940-1946, Discours du 11 novembre 1942, Plon 1970, p. 239. De Gaulle précisait que « *La France sait aussi ce que lui coûte un régime social et moral sclérosé dans lequel la patrie se vit successivement négligée par des masses exploitées, puis trahie par des coalitions de trusts et de gens en place. Elle entend construire chez elle un édifice social et moral dans lequel chaque individu pourra vivre dans la dignité et dans la sécurité, où nul monopole ne pourra abuser des hommes ni dresser aucune barrière devant l'intérêt général.* ».

Voir également dans cet ouvrage le discours du 4 février 1943 (p. 280), où de Gaulle réaffirmait la nécessité d'« *Un régime démocratique et social tel qu'aucun monopole et aucune coalition ne puissent peser sur l'État, ni régir le sort des individus, où, par conséquent, les principales sources de la richesse commune soient ou bien administrées ou, tout au moins, contrôlées par la nation, où chaque Français ait, à tout moment, la possibilité de travailler suivant ses aptitudes, dans une condition susceptible d'assurer une existence digne à lui-même et à sa famille, où les libres groupements de travailleurs et de techniciens soient associés organiquement à la marche des entreprises [...].* ».

[316] Le Programme du Conseil national de la Résistance souvent abrégé en Programme du CNR, est intitulé dans sa première édition « Les Jours Heureux par le C.N.R. ».

[317] Notion qui sera développée dans la seconde partie.

que revient la mission de lutter contre ces féodalités. Un État fort, qui, en matière économique est à la fois guide et gardien, un État bienveillant ; et qui ne saurait, en toute confiance, laisser des pouvoirs privés s'arroger ce rôle. L'État planifie et contrôle, il s'affirme comme garant d'une démocratie économique et sociale. La puissance publique doit évincer les puissances privées de la direction de l'économie et s'y substituer pour assurer l'adéquation des activités économiques avec la réalisation de l'intérêt général (Section II).

Section I.
LA FILIATION DU MONOPOLE DE FAIT AVEC LES FEODALITES ECONOMIQUES

116. Le Programme du Conseil national de la résistance est une synthèse, un compromis entre les partis politiques qui, du fait de la guerre, ont mis de côté leurs dissensions afin de rédiger un Programme commun pour l'avenir de la France. La participation de tous les courants politiques à la rédaction de ce Programme lui confère une aura politique forte. L'accent est mis sur la lutte à mener contre les féodalités qui ne correspondent pas aux valeurs portées par l'État moderne : une République sociale[318], prônant certaines valeurs et certains principes, notamment l'égalité et la liberté. L'instauration d'une démocratie économique et sociale passe alors nécessairement par la stigmatisation et la lutte contre les féodalités. Elles doivent être combattues car elles portent en elles la trace d'un Ancien temps que l'on veut révolu. On stigmatise l'Ancien régime « *où les lois de la rente valaient de manière absolue.* »[319]. En effet, « *cette vérité [...] qu'il fallait détruire les forces qui confisquaient la liberté, était à l'époque si évidente que personne ne songeait à s'élever contre ces codifications figurant dans le programme du conseil national de la Résistance* »[320]. Ce que l'on cherche, c'est à éviter l'abus de propriété, on souhaite condamner les grands propriétaires des moyens de production. Sur le terrain juridique, cela revient à contraindre également la

---

[318] L'article 1er de la Constitution du 27 octobre 1946 énonçait : « La France est une République indivisible, laïque, démocratique et sociale. ».

[319] NEGRI (A.), « La démocratie contre la rente », *Multitudes*, 2008/1, n° 32, p. 128. L'auteur continue en ces termes : « *Les réactionnaires à la Burke ou à la Hegel considéraient ces lois comme naturelles et en faisaient l'éloge ; les révolutionnaires disciples de Rousseau, les réformistes des Lumières et les fondateurs des droits de l'homme les avaient au contraire en horreur. Les libéraux anglais et les philosophes kantiens pensaient que la liberté ne pouvait être fondée ni se développer à partir de l'exploitation de la richesse provenant d'un héritage, et qu'une richesse "digne" devait se fonder sur le travail.* ».

[320] COPEAU (P.), discours à l'Assemblée nationale constituante, 2e séance du 7 mars 1946, p. 611.

liberté d'entreprendre[321], et de manière plus générale, à condamner toute utilisation purement vexatoire d'un droit[322]. Pour ce faire, le Programme du CNR réaffirme la nécessité d'évincer « *les grandes féodalités économiques et financières de la direction de l'économie* » et d'assurer « *la subordination des intérêts particuliers à l'intérêt général* ». En effet, certaines puissances privées constituées au sein des États influencent et dirigent, en fait, l'économie, faisant passer leurs intérêts particuliers avant l'intérêt général.

117. Ainsi, un premier parallèle est à opérer entre la notion de monopole de fait et celle de féodalité. Il s'agira, par une approche historique, de mettre en évidence ce qui, dans la période féodale, a conduit à l'expression contemporaine de féodalités économiques. Cette approche est un préalable indispensable pour la compréhension de l'essence juridique du monopole de fait, celle de relation inégale de pouvoir (§I). Puis, il s'agira de démontrer que les changements de paradigmes, notamment économique et politique, et les nouvelles formes de relations sociales qui se développent aux XIXe et XXe siècles recèlent de nouvelles formes de féodalités, stigmatisées[323] par cette expression nouvelle de monopole de fait (§II).

§ I. LES FEODALITES ECONOMIQUES

118. Le Moyen-Âge revêt certains aspects particuliers qu'il est nécessaire d'appréhender pour comprendre ce que recouvre la notion de féodalité, et par suite, ce que l'on a voulu combattre avec la consécration de la notion de monopole de fait. C'est qu'« *il est parfois utile de se saisir du passé pour*

---

[321] Notons d'ailleurs que parmi les théories sur l'abus de droit, est généralement pris en exemple l'abus de droit de propriété, mais également l'abus du droit de contracter, notamment dans le cadre de contrat d'embauche où le patron refusait d'employer des salariés syndiqués. Pour plus de précisions voir not. : CAMPION (L.), *La théorie de l'abus des droits : de l'exercice antisocial des droits subjectifs*, LGDJ, Paris, 1925, p. 96 et s.

[322] D'où l'affirmation en droit civil de la nécessité de la cause.

[323] En effet, le terme de féodalité faisait office « *d'épouvantail* » selon les mots de GANSHOF (F.-L.), *Qu'est-ce que la féodalité ?*, 3e éd., coll. Approches, Tallandier, 1982, p. 11.

comprendre le temps présent »[324]. La notion de féodalité est discutée[325]. Le terme même de féodalité n'apparaît qu'au XVIe siècle et servait à décrire « *la forme d'organisation politique et sociale médiévale, caractérisée par l'existence de fiefs et seigneuries* »[326]. C'est bien cette existence de fief et de seigneuries qui expliquent la particularité des rapports sociaux de l'époque[327]. En effet, les individus n'étaient pas égaux. Les institutions féodales reposaient et s'articulaient, en grande partie, autour de la propriété terrienne, organisaient des relations hiérarchiques. L'expression bien connue, « *Nulle terre sans seigneur* », illustre le fait que les rapports sociaux féodaux étaient déterminés par la qualité des hommes : propriétaire ou non[328].

119. Les rapports sociaux, tels que ceux fondés sur la propriété terrienne, expliquent en partie ce que l'on entend aujourd'hui par les *féodalités économiques*[329] (A). L'évolution de la société féodale sera imprégnée de cette idée forte selon laquelle tout pouvoir est lié à la propriété, et tout pouvoir est propriété de celui qui l'exerce, ce dont témoigne le phénomène corporatif (B).

---

324 LEFEBVRE (J.), « L'hypothèse du néo-féodalisme. Présentation », *in L'hypothèse du néo-féodalisme. Le droit à une nouvelle croisée des chemins*, coll. CEPRISCA, PUF, Fougères, 2006, p. 7.

325 CAHEN (C.), « Réflexions sur l'usage du mot "féodalité" », *Le féodalisme*, Recherches internationales à la lumière du marxisme, Mai-Juin 1963, n° 37, p. 203.
Voir not. sur la féodalité : GANSHOF (F.-L.), *Qu'est-ce que la féodalité ?*, *op. cit.*, p. 11-12, l'auteur précise que de manière générale, on peut considérer que la féodalité est « *un type de société dont les caractères déterminants sont : un développement poussé très loin des liens de dépendance d'homme à homme [...] ; un morcellement extrême de propriété ; une hiérarchie des droits sur la terre nés de ce morcellement, [...] ; un morcellement du pouvoir public [...].* ».
Voir également sur la féodalité : FOURQUIN (G.), *Seigneuries et féodalité au Moyen Âge*, 1e éd., PUF, Paris, 1970.

326 Le nouveau petit Robert de la langue française, t.1, 1993.
Sur le terme de féodalité, voir également : LEMARIGNIER (J.-F.), *La France médiévale, Institutions et société*, Armand Colin, coll. U, 2e éd., 2004, p. 100 : [...] *le mot féodalité a deux sens : l'un plus restreint, l'autre plus large. Le premier se limite aux institutions qui, autour de la vassalité et du fief, caractérisent l'organisation juridique de l'époque féodale. [...] Le second sens, celui qu'a préféré Marc Bloch dans son livre sur la société féodale est plus historique, plus sociologique ; il étend la féodalité à tout un ensemble d'institutions, de structures, de mentalités qui caractérisent l''époque* [...] ».

327 Voir not. : SCZANIECKI (M.), *Essai sur les fiefs-rentes*, Sirey, Paris, 1946.
Voir également : ODIER (P.), *Esquisse du droit féodal*, éd. Auguste Durand, 1862 où l'auteur relevait que « *Vu la notion extrême du fief, qui n'était autre que celle de la souveraineté, et de la souveraineté par droit de propriété, il est certain que les vilains, ou hommes de poëste, n'avaient rien de ce que nous appelons aujourd'hui* liberté. », p. 13.

328 Voir not. pour un descriptif du pouvoir exercé par les châtelains sur le ressort du château, ou d'autres seigneurs sur leur domaine foncier : SAINT-BONNET (F.), SASSIER (Y.), *Histoire des institutions avant 1789*, LGDJ, coll. Domat droit public, 5e éd., 2015, p. 129 et s.

329 Il ne s'agit pas en effet de faire un état de l'art en matière de féodalités, mais bien de comprendre ce qui, dans les féodalités, a été combattu et rejeté avec le développement de l'État moderne.

A. Le système féodal

120. Les trois phases de la féodalité et l'avènement des rapports de *domination personnelle*. La féodalité est entendue « *comme un système d'instruments de domination personnelle adapté au gouvernement de grands royaumes [...]* »[330]. Il est possible de distinguer trois phases du Moyen-Âge, chacune étant représentative des forces à l'œuvre et des rapports de domination existant entre les individus. La première période, dite « *féodalité primitive* »[331] correspond à l'époque où un facteur militaire l'emporte. La société est alors fondée sur des rapports féodo-vassaliques. Autrement dit, les relations sociales à cette époque sont fondées « *sur le double lien personnel et réel que constituent la vassalité et le fief* »[332]. La deuxième phase, dite « *haute féodalité* »[333] correspond à cette époque où « *l'influence politique de la noblesse est à son maximum* »[334] et où les rapports féodo-vassaliques déclinent rapidement. L'affirmation du pouvoir royal va de pair avec l'affirmation des privilèges de la noblesse. Enfin, la dernière phase, dite « *féodalité tardive* »[335] est cette phase où « *la noblesse concentre ses forces sur le maintien et l'exploitation de sa position socio-économique de seigneur foncier* »[336], parfois en opposition avec le développement de l'État central. Cette rapide présentation des différentes périodes de la féodalité met l'accent sur ce qui fonde les rapports sociaux à l'époque médiévale (la propriété terrienne) et souligne la place particulière de la noblesse dans le système féodal, notamment quant à ses privilèges.

---

330 HINTZ (O.), *Féodalité, Capitalisme et État moderne*, Essais d'histoire sociale comparée choisis et présentés par Hinnerk Bruhns, Éditions de la maison des sciences de l'Homme, Paris, 1991, p. 92. L'auteur continue en ces termes : « *Dans ces conditions, le roi est le plus à même d'exercer cette domination personnelle grâce au pouvoir qui lui vient de sa maison et de ses domaines. Ceci produit la matérialisation (*Verdinglichung*) de la souveraineté, et non son objectivation (*Versachlichung*) comme dans l'État moderne. La matérialisation correspond à l'État patrimonial traditionnaliste, tandis que l'objectivation renvoie à l'État institutionnel rationaliste* ».

331 HINTZ (O.), *Féodalité, Capitalisme et État moderne*, *op. cit.*, p. 99.

332 GUILLOT (O.), RIGAUDIERE (A.), SASSIER (Y.), *Pouvoirs et institutions dans la France médiévale*, t. 2, Des temps féodaux aux temps de l'État, Armand Colin, Paris, 2008, p. 5.

333 HINTZ (O.), *Féodalité, Capitalisme et État moderne*, *op. cit.*, p. 99.

334 HINTZ (O.), *Féodalité, Capitalisme et État moderne*, *ibid.*, p. 99.

335 HINTZ (O.), *Féodalité, Capitalisme et État moderne*, *id.*, p. 99.

336 HINTZ (O.), *Féodalité, Capitalisme et État moderne*, *id.*, p. 99. Elle concentre ses forces, mais cela ne sera pas suffisant à maintenir le système féodal : « [...] *s'il y eut une cause et un symptôme du déclin du mode de production féodal, on les trouve sans doute dans l'affaissement des revenus en argent de l'aristocratie féodale ; car ces revenus étaient constitués, jusqu'à la fin, par le surproduit des paysans extorqués par la contrainte, et leur diminution signifiait que la domination aristocratique de type ancien s'effondrait* », DOBB (M.), SWEEZY (P.-M.), *Du féodalisme au capitalisme : problèmes de la transition*, Petite collection Maspéro, F. Maspero, Paris, 1977, p. 33.

121. L'élément terrien dans les rapports sociaux de l'époque féodale. À l'époque médiévale et notamment à ses débuts, la société reposait en grande partie sur l'agriculture[337]. En effet, l'exploitation de la terre était l'activité principale et l'une des seules sources de production des moyens d'existence. Cela était d'autant plus vrai que les villes ne s'étaient encore que très peu développées, ne permettant pas l'essor du commerce et de la production artisanale. L'on peut affirmer que la société médiévale était une société agraire. Les rapports sociaux existants reposaient sur « *la prépondérance de l'élément personnel sur l'élément institutionnel dans l'exercice du pouvoir* »[338]. En effet, rares étaient les situations où ne s'exprimait pas un rapport de domination entre les individus, largement fondé sur la détention de terres. Le lien féodal est caractéristique de la féodalité[339]. Chaque terre avait son propre seigneur[340]. La formation des fiefs est en partie liée aux invasions normandes des IXe et Xe siècles. Contraints par cette situation, les habitants des villages ont demandé leur protection aux seigneurs possédant châteaux et soldats. Contre cette protection, les villageois reconnaissaient l'autorité de ces seigneurs. De manière synthétique, la reconnaissance du pouvoir seigneurial, en contrepartie de sa protection, a conduit les villageois a accepté de payer un impôt, de donner une partie des récoltes et surtout a conduit à l'instauration de la corvée, travail imposé, non rémunéré, une sorte d'impôt payé en nature. Le seigneur pouvait également concéder l'exploitation de ses terres : soit sous forme de tenure, c'est-à-dire sous forme de concession à des vilains[341] ; soit sous forme de réserve, c'est-à-dire sous forme de concession à des serfs[342]. Dans les deux cas, le paysan qui exploitait la terre devait reverser au seigneur une partie de ses récoltes, ce que l'on désigne communément sous le terme de

---

337 Pour une analyse de la société féodale, voir not. : DUBY (G.), *Qu'est-ce que la société féodale ?*, coll. Mille & une page, Flammarion, Paris, 2011, p. 655 et s. L'auteur relevait qu'« *Un premier fait, bien assuré : dans la civilisation de ce temps, la campagne est tout. [...] L'Occident du IXe siècle est peuplé dans son ensemble par une paysannerie stabilisée, enracinée.* ».

338 HINTZ (O.), *Féodalité, Capitalisme et État moderne*, *op. cit.*, p. 91. Nous soulignons.

339 Sur ce point : LEMARIGNIER (J.-F.), *La France médiévale, Institutions et société*, Armand Colin, coll. U, 2e éd., 2004, p. 102.

340 Les alleux étaient, selon la définition donnée dans le Trésor de la langue française informatisé, des « *propriétés acquises par l'héritage et libres de toute obligation ou redevance* ». Le propriétaire de l'alleu était supposé maître en son domaine bien qu'il ne soit pas seigneur à proprement parler, mais là encore il faut noter que « *tous les propriétaires d'alleux avaient dû finir par courber la tête sous les violences et l'arbitraire qui accompagnèrent la décadence des derniers Carlovingiens.* », ODIER (P.), *Esquisse du droit féodal*, *op. cit.*, p. 17.

341 Paysans libres. Notons qu'existaient différents types de tenures.

342 « *Personne attachée à une terre, dont les biens et le travail appartiennent au propriétaire de cette terre (seigneur, roi, communauté religieuse) envers qui elle a des obligations* », Trésor de la Langue Française informatisé, *Serf.

servage[343]. Le servage permettait aux seigneurs de récupérer le surplus de production agricole de la paysannerie[344]. Les banalités, comme le four, le moulin, le pressoir ou autres, propriété exclusive du seigneur, étaient mis à disposition des paysans, sous réserve du paiement d'une redevance ou d'une partie de la récolte. Tous les moyens (les terres notamment) étaient aux mains des seigneurs quand les paysans ne disposaient que de leur force de travail.

122. Le système féodal, un système rentier au bénéfice des propriétaires terriens. À l'époque féodale, le propriétaire terrien autorisait la paysannerie à exploiter ses terres, sous réserve d'une rétribution du surplus des récoltes. Ainsi, dans un système agraire de production, les classes dominantes, celles qui détenaient le pouvoir du fait de leur propriété terrienne, en exploitant la paysannerie, se créaient une rente de travail. Parce qu'ils étaient propriétaires, les seigneurs pouvaient ne pas travailler la terre et disposaient tout de même de leur moyen d'existence. Cette « *rente en travail n'était pas l'élément unique dans les rapports féodaux de production, bien que le caractère coercitif de ces rapports saute aux yeux dans l'organisation du travail forcé sur le domaine* »[345]. C'est en tout état de cause, et c'est ce qui sera proposé par la suite, cette rente en travail, caractéristique de la féodalité, que l'on retrouve en filigrane dans la notion de monopole de fait. Ce système, inégal, a fini par être rejeté et combattu lorsque les pressions de la noblesse sur la paysannerie se sont faites de plus en plus pressantes.

123. La première condamnation des féodalités par la Révolution. Il faudra attendre la Révolution, pour qu'une première réforme agraire voie le jour[346]. De manière générale, les réformes agraires ont pour objectif de redistribuer les terres, notamment au profit des paysans, afin d'assurer une certaine égalité. Parallèlement, le 4 août 1798, la corvée seigneuriale est abolie et il faudra attendre encore pour l'abolition de la corvée royale[347]. L'époque féodale ne saurait être résumée à une époque où les rapports sociaux prennent exclusivement racine dans la propriété terrienne, mais c'est bien cet aspect qui

343 Il ne s'agit pas d'être exhaustif, mais de faire une esquisse de la féodalité afin de comprendre la filiation existante entre celle-ci et la notion de monopole de fait.

344 DOBB (M.), SWEEZY (P.-M.), *Du féodalisme au capitalisme*, *op. cit.* : « *Pendant la première période du servage européen, alors que l'aristocratie foncière féodale apparaissait sous sa forme classique, il existait une grande variété de types d'assujettissements des paysans en fonction des différentes formes d'évolution. On trouvait ainsi d'anciens esclaves lotis avec ou sans obligations serviles ; des paysans libres soumis à des voisins puissants ou menaçants ; des hommes libres qui se mirent sous la protection d'un saint [...] et ainsi de suite* ».

345 DOBB (M.), SWEEZY (P.-M.), *Du féodalisme au capitalisme*, *ibid.*, p. 21.

346 PERROUX (F.), *Les réformes agraires en Europe : année scolaire 1934-1936*. Livre premier. Cours de doctorat professé à la faculté de droit de Lyon, Domat-Montchrestien, 1935.

347 Notons que la corvée royale se développe tardivement, au XVIIIe siècle, et a pour objectif l'entretien et le développement des voies et routes ainsi que des ouvrages d'arts publics tels que les ponts. C'est avec l'ordonnance du 27 juin 1787, que Louis XVI l'abolit.

est révélateur de la substance des féodalités économiques condamnées en 1946. Bien que Marx utilisât *« le terme "féodalisme" [...] pour décrire un ordre social principalement caractérisé par la domination qu'exerçait une aristocratie terrienne sur le reste de la société dont la paysannerie formait l'essentiel »*[348], le développement des villes donne à voir de nouvelles formes de rapports féodaux. En effet, on a vu de nouveaux rapports sociaux se créer en dehors de toute considération de propriété foncière, mais y ressemblant fortement dans leurs manifestations. Le développement des villes, et concomitamment celui du commerce et de l'artisanat, a conduit à l'instauration d'institutions très fortes, dominant les nouvelles activités de production : les corporations.

B. Le phénomène corporatif

124. Le développement des villes et l'essor des corporations[349]. Le système corporatif n'est pas fondé sur la propriété foncière, mais il est représentatif du système féodal, de l'« *ordre féodal* »[350] et de sa profonde hiérarchisation, car il s'agit d'un système où quelques individus encadrent l'activité des autres, de manière unilatérale, selon une certaine forme d'autorité. Les corporations[351] se sont développées au Moyen-Âge, dans les villes[352], avec le développement

---

[348] DOBB (M.), SWEEZY (P.-M.), *Du féodalisme au capitalisme*, *op. cit.*, p. 41-42.

[349] Sur ce point, voir not. : MURAT (A.), *Le corporatisme*, Les publications techniques, coll. Les doctrines sociales, Paris, 1944 ; LEMARIGNIER (J.-F.), *La France médiévale, Institutions et société*, Armand Colin, coll. U, 2e éd., 2004, p. 305 et s.

[350] Voir not. : SAINT-BONNET (F.), SASSIER (Y.), *Histoire des institutions avant 1789*, LGDJ, coll. Domat droit public, 5e éd., 2015, p. 158 : ordre féodal « *entendu comme système hiérarchique et corps de règles ordonnant, au sein du monde aristocratique, l'ensemble des terres et de leurs détenteurs.* ».

[351] Le terme de corporation ne correspond pas à un type d'organisation particulier, mais recouvre plutôt une multitude d'organisations particulières, véritables corps intermédiaires et organisés. Sous ce terme unique on retrouve quantité d'institutions différentes telles que « *confrérie, charité, fraternité, ghilde, hanse, métier, collège, communauté, corps de communauté, corps de métier, maîtrise, jurande, sans compter les noms régionaux ou locaux* », COORNAERT (E.), *Les corporations en France avant 1789*, coll. La suite des temps, Gallimard, Paris, 1941, p. 24.

Il est également possible de distinguer les « *corporations d'associations* » lorsque l'accès est contrôlé par les pairs, des « *corporations d'État* » lorsque l'accès reposait sur une inscription soumise à l'échevin, COORNAERT (E.), *op. cit.*, p. 14.

[352] MURAT (A.), *Le corporatisme*, *op. cit.*, p. 5 : » *Celles-ci (les communes) apparaîtront bientôt comme une synthèse de communautés hétérogènes, mais vivantes et capables de se fondre en une unité à la fois agissante et forte. L'ère de l'économie artisanale est arrivée. L'artisanat vivra et se développera dans les corps de métiers. [...] Entre les corps de métiers, ou même entre artisans d'une même profession, la concurrence paraissait devoir être limitée. L'économie artisanale est toute proche de l'économie domaniale : l'insécurité, le risque extérieur à l'économie dominent encore la vie matérielle ; comment pourrait-on y ajouter celui qui naît de la concurrence.* ».

de l'artisanat. On constate que « *l'exploitation féodale de l'artisan était parallèle à celle du paysan ; car les seigneurs de ces villes écumaient aussi le produit du surtravail des artisans par des loyers, des droits de marché, des banalités du four et du moulin, des péages et impôts divers* »[353]. Les rapports sociaux existant dans le monde rural sont transposés aux villes. Bien que ces dernières « *n'étaient encore au XIIe siècle que des villages fortifiés où habitait la population qui cultivait les campagnes environnantes et un petit nombre d'artisans exerçant des industries très primitives : boulangers, bouchers, forgerons* »[354], elles ont permis l'essor de l'artisanat. Et face aux difficultés rencontrées par les artisans pour développer leurs activités, ceux-ci se sont associés, donnant naissance aux corporations. Cela permettait aux ouvriers, aux artisans, aux travailleurs des villes, de s'associer et d'avoir un poids face à « *la noblesse pillarde (elle-même) associée* »[355]. Les corporations s'étaient alors développées en réaction aux rapports sociaux féodaux pour garantir l'essor du commerce et de l'industrie, pour garantir leur indépendance vis-à-vis de la noblesse[356].

125. La diversité d'organisation des corporations et la reconnaissance des talents personnels. C'est une fois que « *le système féodal fut bien établi et qu'il en résulta une sécurité relative* »[357], que les corporations prirent de l'ampleur. Toutes les corporations n'avaient pas le même mode de fonctionnement et ainsi, en fonction du métier, les modalités d'intégration d'une corporation pouvaient varier. Par exemple, pour exercer un métier juré[358], « *il fallait être admis par le corps des maîtres ou par les jurés* »[359] ce

---

[353] DOBB (M.), SWEEZY (P.-M.), *Du féodalisme au capitalisme*, *op. cit.*, p. 29. Les auteurs précisent ensuite que « *Cette exploitation était directe dans le cas des villes non affranchies et n'était pas entièrement absente dans les bourgs et les communes indépendants qui devaient souvent payer en argent le rachat des droits et des péages et étaient astreints à de lourdes taxations qui pesaient davantage sur les artisans que sur la classe dirigeante des marchands* ».

[354] HUBERT-VALLEROUX (P.), *Les corporations d'arts et métiers et les syndicats professionnels en France et à l'étranger*, Paris, Librairie Guillaumin et Cie, 1885, p. 2.

[355] HUBERT-VALLEROUX (P.), *op. cit.*, p. 18.

[356] En effet, et bien que les nobles ne puissent exercer, à l'époque, une activité du commerce et de l'industrie (sous peine de déroger), la peur de voir la noblesse confisquer le surplus de ces activités, comme ce qui a pu avoir lieu s'agissant de l'exploitation terrienne, conduit les artisans et commerçants à se regrouper pour la défense de leurs intérêts.

[357] HUBERT-VALLEROUX (P.), *op. cit.*, p. 2.

[358] Selon GOURDON (P.), *L'exclusivité*, Bibliothèque de droit privé, t. 455, LGDJ, Paris, 2006, p. 2-3 : « *Les métiers-jurés peuvent être considérés comme les premiers bénéficiaires d'une exclusivité octroyée par l'autorité publique. Drapiers, épiciers, merciers, pelletier, orfèvres et bonnetiers bénéficiaient ainsi d'une véritable protection, puisque leur exclusivité leur donnait droit de perquisition chez les particuliers pour déloger d'éventuels compagnons travaillant à leur compte au lieu de servir un maître du jures.* ».

[359] COORNAERT (E.), *op.cit.*, p. 30.

qui peut s'assimiler à une sorte de « *monopole personnel* »,[360] mais qui renvoie en fait à la nécessité d'une reconnaissance des qualités de l'artisan avant son intégration. Pour un métier réglé en revanche, « *quiconque le voulait pouvait, sans doute, s'établir, mais à la condition de se faire admettre, et inscrire, par les échevins de la ville* »[361], il existait donc une sorte de déclaration à faire auprès des autorités locales, fussent-elles ecclésiastiques. L'accès à une profession, sous l'empire de la pratique corporative, était certes conditionné, mais dans un but qualitatif essentiellement. La reconnaissance par les pairs du talent de l'artisan était nécessaire avant de laisser celui-ci exercer.

126. Les corporations et le contrôle de l'exercice des activités économiques : un contrôle au départ justifié. Le corollaire de cette sélection des artisans par les corporations était que « *non seulement les métiers jurés, mais bien des métiers réglés assuraient à leurs seuls membres habitant une ville ou un terroir déterminé le droit exclusif de fabriquer les produits de leur "spécialité"* »[362]. Ce qui instaure en fait un monopole territorial pour l'exercice d'une activité. Cette modalité n'est pas répréhensible pour elle-même dès l'instant où la concurrence n'était pas vraiment de mise du fait de la taille modeste des villes. Dès l'origine donc, les corporations contrôlaient l'accès à la profession, mais dans un souci de qualité tout d'abord[363], et le monopole octroyé permettait une poursuite paisible de l'activité pour le travailleur ayant fait ses preuves. Les corporations organisaient des monopoles, mais ce n'était pas le but recherché, il ne s'agissait que d'un moyen d'organisation des professions permettant d'assurer un niveau de qualité satisfaisant.

127. La subversion des corporations : du contrôle justifié de l'exercice des activités économiques à la restriction de l'accès à ces activités. Le système corporatif s'est peu à peu éloigné de l'objectif originel d'association des artisans pour la défense de leurs intérêts communs, de cette idée de corps intermédiaires[364]. Nées d'un objectif louable, construites sur de bonnes intentions, elles se sont peu à peu trouvées avec « *un caractère tout*

---

[360] COORNAERT (E.), *ibid.*, p. 30. L'auteur distingue le monopole « personnel » du monopole « territorial ».

[361] COORNAERT (E.), *id.*, p. 30. Notons qu'un échevin désigne un magistrat élu par les bourgeois ou l'ensemble des habitants, pour s'occuper des affaires communales.

[362] COORNAERT (E.), *id.*, p. 30.

[363] Il s'agissait selon la formule d' » *Exciter les artisans à se rendre parfaits en leur art et servir fidèlement le public* », LE BRET, De la souveraineté du roy, IV, p. 15.

[364] MURAT (A.), *Le corporatisme*, *op. cit.*, p. 10 : « *Cette défense des intérêts professionnels était assez voisine de celle des intérêts d'une classe, les corporations étant essentiellement des associations de maîtres. Lorsque la corporation aura limité le nombre de maîtres et qu'elle attribuera arbitrairement la maîtrise, elle sera condamnée.* », nous soulignons.

opposé »[365]. Imprégnées de l'esprit féodal où la tendance était que « *toute fonction devenait bientôt héréditaire et la propriété d'une famille* »[366], les corporations ont montré un autre visage, négatif[367] ; les artisans « *ne se sont point contentés de travailler librement, [mais] ont voulu pouvoir seuls travailler* »[368]. Les corporations venaient, en pratique, limiter l'accès au travail et c'est bien cet aspect restrictif et exclusif qui caractérise leur féodalité plus que l'octroi d'un monopole territorial.

128. Les vicissitudes corporatives ont été dénoncées relativement tôt, ce dont témoigne une ordonnance de 1356 de Charles V qui déclarait que « *ces règlements (corporatifs) sont faits plutôt pour le profit des personnes du métier que pour le bien commun* »[369]. Des textes ont également été édictés afin de libérer l'activité accaparée par les corporations. Par exemple, l'ordonnance de 1351 qui veut « *que toutes manières de gens quelconques qui savent le métier le puissent faire, chacun ayant autant d'apprentis qu'il lui conviendra* »[370]. Mais il faudra attendre la Révolution et la loi des 4, 6, 7, 8, 11 août 1789 pour voir l'abolition du régime féodal. Très vite, « *les partisans des réformes sont débordés par les tenants d'une liberté complète* »[371]. L'abolition des corporations (maîtrises et jurandes) résulte d'une proposition du baron D'Allarde à l'Assemblée constituante. D'Allarde se fonde sur les arguments de Turgot[372] notamment ; son projet soumis le 15 février emporte la condamnation des corps de métier par le décret des 2 et 17 mars 1791[373]. Ce

---

365 HUBERT-VALLEROUX (P.), *op. cit.*, p. VII.
366 HUBERT-VALLEROUX (P.), *ibid.*, p. 14.
367 HUBERT-VALLEROUX (P.), *id.*, p. 14 : « *les maîtres artisans poussés par le penchant universel en vinrent à regarder comme une propriété de famille ce droit exclusif de travailler, qui ne leur avait été conféré qu'à raison de leur habileté prouvée et à l'exclusion de ceux qui n'étaient point capables* ». L'auteur donne ensuite l'exemple de la boucherie de Paris. Il s'agit d'une des plus anciennes corporations de la ville, « *au XIVe siècle, alors que la population de Paris atteignait déjà au moins 300,000 âmes, le droit exclusif de vendre et débiter de la viande était aux mains de vingt familles, et ce nombre diminua encore* ».
368 HUBERT-VALLEROUX (P.), *id.*, p. VIII.
369 Cité in, HUBERT-VALLEROUX (P.), *id.*, p. 78.
370 Cité in, HUBERT-VALLEROUX (P.), *id.*, p. 78.
371 COORNAERT (E.), *op. cit.*, p. 167.
372 Il faut noter que Turgot fut l'un des précurseurs de la remise en cause du système corporatif. Opérant une synthèse entre les réflexions des physiocrates et le colbertisme centralisateur, il souhaite assurer aux individus la liberté tout en gardant le souci d'une production nationale uniformisée. Pour un aperçu des idées et initiatives de Turgot, voir not. : FRANCISCO (V.), « Intervention et laisser-faire chez Turgot (Le rôle de l'État selon le droit naturel) », *Cahiers d'économie Politique/Papers in Political Economy*, 2008/1, n° 54, p. 149-169.
373 Le Chapelier précisait en ces termes l'objet du décret : « *Il n'y a plus de corporations dans l'État ; il n'y a plus que l'intérêt particulier de chaque individu et l'intérêt général. Il n'est permis à personne d'inspirer aux citoyens un intérêt intermédiaire, de les séparer de la chose publique par un esprit de corporation.* », Le moniteur universel, Juin 1791.
Voir pour une approche historique de ce décret et sa contextualisation : ROSANVALLON (P.), « Corporations et corps intermédiaires », *Le Débat*, 1989/5, n° 57, p. 172-175.

changement traduit le fait que « *l'État n'est plus seulement compris comme le sommet régulateur et organisateur d'une hiérarchie articulée de corps intermédiaires. Il est érigé en instance de production du social et devient l'agent principal d'unification d'une société d'individus atomisés.* »[374].

129. Le système corporatif a donc été mis à mal puis aboli[375]. Après plus de sept siècles d'existence, ce système « *a finalement dû céder le pas au principe de l'égalité juridique des citoyens et au capitalisme* »[376]. Pourtant, les féodalités ne se sont pas éteintes avec le système corporatif[377]. La Révolution industrielle à venir allait démontrer le caractère permanent de celles-ci. La notion de féodalité est historiquement liée aux systèmes de production. Or, l'abolition des corporations, bien que condamnant une organisation spécifique des métiers et donc de la production, n'a fait qu'ouvrir plus largement le champ au mode de production capitaliste au sein duquel se sont également développés des rapports féodaux. Cette transition et cette permanence expliquent la référence aux féodalités économiques dans le Programme du CNR ; que l'on retrouve, traduit dans le Préambule de la Constitution du 27 octobre 1946, sous le terme de monopole de fait.

§ II. LES FEODALITES ECONOMIQUES MODERNES

130. Se développent, dans le système capitaliste, des féodalités nouvelles, tout aussi préjudiciables à la démocratie économique et sociale que les féodalités classiques. Il s'agit en fait de démontrer que le monopole de fait est indifférent aux systèmes politiques et économiques qui favorisent son émergence (A). Il s'agit également de démontrer que le monopole de fait a su se nourrir de l'individualisme exacerbé qu'a permis l'avènement de l'individu dans le droit de nos sociétés modernes, ce qui permettra dans la suite des développements de mieux comprendre le traitement réservé au monopole de fait (B).

---

[374] ROSANVALLON (P.), *L'État en France, de 1789 à nos jours*, *op. cit.*, p. 96.

[375] « *En affirmant la liberté du commerce et de l'industrie par la loi des 2-17 mars 1791, le législateur n'entendait pas seulement déclarer un principe : il voulait détruire quelque chose. Les groupements obligatoires étaient supprimés. Les groupements libres devaient être interdits trois mois plus tard. Un ordre social, fort d'un long passé, était anéanti par la toute puissance de la loi. Rien n'était créé pour remplacer cet ordre, mais c'était volontairement. On se fiait au bienfait de la liberté. La propriété individuelle libre et sacrée, la convention librement formée et tenant lieu de loi, ce sont les deux bases qui vont permettre la création d'un ordre nouveau.* », RIPERT (G.), *Aspects juridiques du capitalisme moderne*, *op. cit.*, p. 9-10.

[376] HINTZ (O.), *Féodalité, Capitalisme et État moderne*, *op. cit.*, p. 98 et s.

[377] Voir en ce sens : BONNARD-PLANCKE (L.), « Corps intermédiaires, syndicats et néo-féodalisme », *in L'hypothèse du néo-féodalisme, Le droit à une nouvelle croisée des chemins*, LEFEBVRE (J.) dir., PUF, Paris, 2006.

A. La transition marchande

131. L'essor du système capitaliste. La réflexion marxiste trouve une utilité dans l'analyse juridique du monopole de fait car elle met l'accent sur le fait que se perpétuent des rapports de domination au sein même du système de production capitaliste. L'exploitation capitaliste des biens et entreprises tend à recréer le même schéma de relations sociales qu'à l'époque féodale. Comme le notait Alexis de Tocqueville, « *il y a un grand nombre de lois et d'habitudes politiques de l'Ancien régime qui disparaissaient ainsi tout à coup en 1789 et qui se remontrent quelques années après, comme certains fleuves s'enfoncent dans la terre pour reparaître un peu plus loin, faisant voir les mêmes eaux à de nouveaux rivages* »[378]. Le capitalisme est traditionnellement entendu comme un mode de production particulier fondé sur la détention d'un capital et la volonté de maximisation de celui-ci. On retrouve dans ce nouveau mode de production des féodalités : *« la démocratie ne se trouve plus seulement devant (et contre) la rente absolue, terrienne (foncière et immobilière) : elle doit surtout affronter la rente financière, le capital que l'argent mobilise de manière globale comme instrument fondamental de la gouvernance des multitudes.* »[379].

132. La transformation des rapports de pouvoir, l'économie de marché et les féodalités modernes. En matière de féodalités, *rien ne se perd, rien ne se crée, tout se transforme*[380]. D'un point de vue économique, l'époque féodale disposait d'un « *système de production* »[381] ayant pour caractéristique l'existence d'une classe dominante qui accaparait le surproduit du travail paysan ou de l'artisanat. Paradoxalement pourtant, « *les freins qu'opposait le féodalisme à la production marchande simple disparurent* »[382] et la fin du système féodal a induit une transition vers une « *production pour le marché »*[383] et le recul d'une *« production pour l'usage* »[384], terreau fertile à l'économie de marché. Cette économie se distingue des modes de production féodaux, s'opère un passage à un système contractuel et non plus autoritaire. Cela transparaît dans les relations de travail et le développement du salariat.

---

[378] DE TOCQUEVILLE (A.), *L'Ancien régime et la Révolution*, Folio Histoire, Gallimard 1967, p. 47.

[379] NEGRI (A.), « La démocratie contre la rente », *op. cit.*, p. 130.

[380] Selon la célèbre formule de LAVOISIER. Cette maxime qu'on lui attribue reflète la loi de conservation de la matière, nous la transposons ici aux féodalités, et donc au monopole de fait.

[381] Le terme de système de production est utilisé avec prudence, on ne peut réellement concevoir qu'à l'époque féodale corresponde un mode de production particulier ; c'est la qualité des individus qui faisait le mode de production et pas l'inverse.

[382] DOBB (M.), SWEEZY (P.-M.), *Du féodalisme au capitalisme*, *op. cit.*, p. 35.

[383] DOBB (M.), SWEEZY (P.-M.), *Du féodalisme au capitalisme*, *ibid.*, p. 57.

[384] DOBB (M.), SWEEZY (P.-M.), *Du féodalisme au capitalisme*, *id.*, p. 57.

Sont séparés[385] le travail de direction et le travail d'exécution. Les individus sont alors, ou entrepreneur, ou travailleur. Dans ce type de rapport, on retrouve, en fait, les mêmes caractéristiques des féodalités économiques[386]. Derrière le consensualisme contractuel se dissimulent des rapports de pouvoirs inégaux.
Ce ne sont plus les maîtres qui abusent de leur pouvoir et conditionnent l'exercice d'une activité, mais l'entrepreneur, propriétaire des moyens de production, qui prend l'avantage sur les travailleurs. Ceux-ci dépendent des entrepreneurs, du travail qu'ils proposent, parce qu'ils n'ont plus comme source de revenus que leur force de travail. Ainsi, entre l'entrepreneur et le travailleur se reforme un rapport de domination étroitement lié à l'état de nécessité dans lequel se trouve le travailleur et à l'inégalité de pouvoir dans la relation contractuelle. Si les rapports sociaux caractéristiques de l'époque féodale se fondaient sur la qualité inégale des individus, on les retrouve dans l'économie de marché. C'est ce qui a conduit l'État « *à mettre en œuvre une législation sociale [...], qui a adouci la recherche brutale et exclusive du profit et qui a conduit à "institutionnaliser" l'organisation des entreprises* »[387].
La transition marchande a été traduite en droit par l'essor d'une législation propre aux relations contractuelles[388]. Or l'approche juridique du contrat, marquée du sceau de l'égalité formelle, pose un voile sur la réalité des rapports économiques. Les constituants de 1946 l'ont vu, et la permanence des féodalités a été traduite dans la constitution par l'expression de monopole de fait ; terme plus neutre, dégagé de toute assimilation à la seule époque féodale, transcendant tous les systèmes de production et levant le voile sur les rapports de pouvoir.

133. Des féodalités contemporaines en formation : la question de l'économie collaborative. L'économie collaborative désigne cette nouvelle forme d'échange qui repose, en principe, sur une collaboration entre les individus, rendue possible, notamment, par l'intermédiation des plateformes numériques. Néanmoins, et cela a été largement souligné, les contours de cette

[385] Le lien existant étant alors le contrat de travail.
[386] À l'époque féodale c'est la qualité de l'individu qui entraine un certain mode de production ; ici c'est l'inverse, c'est le mode de production qui détermine la qualité d'un individu.
[387] HINTZ (O.), *Féodalité, Capitalisme et État moderne*, *op. cit.*, p. 248.
[388] Et même l'action publique ne semble plus échapper à ce « tout contractuel ». Voir en ce sens : RICHER (L.), « La contractualisation comme technique de gestion des affaires publiques », *AJDA*, n° 19, 19 mai 2003, p. 973 ; CHEVALLIER (J.), « Contractualisation(s) et action publique », *RFDA*, n° 2, 9 mai 2018, p. 209.

économie restent à définir et la tâche est difficile[389]. Il semble assez paradoxal d'imaginer l'existence de féodalités économiques, reposant sur un rapport de pouvoir déséquilibré, dans une économie collaborative, censée reposer sur un échange équilibré et la collaboration entre individus. Pourtant, l'intermédiation des plateformes numériques n'est pas faite dans un pur esprit de don, mais bien dans une logique marchande, et cela est particulièrement prégnant dans le champ de l'économie de partage, « *champ très vaste puisqu'il concerne à la fois les échanges entre particuliers, offline ou online, de biens matériels (don d'objets par exemple via Recupe.net, achat et revente comme sur Leboncoin, location, prêt, troc, achats groupés, etc.), liés à la mobilité (autopartage, covoiturage, colivraison) ou à d'autres domaines (logement, services à la personne, cours, garde d'enfant, etc.)* »[390]. Il ne s'agit pas ici de traiter de tous les champs de l'économie collaborative, mais de mettre en exergue, la possibilité de développement de féodalités contemporaines dans cette nouvelle forme d'économie.

134. Sera pris l'exemple d'Uber[391], dont l'activité a suscité les critiques et qui, sous couvert de nouveauté et se réclamant de l'économie collaborative, a en fait développé un commerce extrêmement traditionnel. En effet, le principe de la plateforme est de proposer des services de transports, en mettant en relation des individus, les uns à la recherche de transports, les autres en proposant : en substance, cela crée du lien entre les individus et peut être assimilé à une véritable désintermédiation de l'économie[392]. Mais si l'on a pu penser que cela permettait aux individus de s'émanciper des carcans de l'économie marchande, cela conduit surtout, sous couvert de désintermédiation de l'économie traditionnelle, à ce que les plateformes numériques se positionnent en intermédiaire incontournable, et ponctionne allègrement chaque

389 BOREL (S.), MASSE (D.), DEMAILLY (D.), « L'économie collaborative, entre utopie et big business », *Esprit*, 2015/7, juillet, p. 9-18 : « *D'une part, parce qu'elle concerne de multiples secteurs d'activités (transports, logements, services, production...) ; elle est ainsi difficile à appréhender sans considérer les spécificités propres à chaque secteur. D'autre part, elle s'inscrit en partie dans le prolongement d'anciennes pratiques qui n'ont rien de nouveau (les gens n'ont pas attendu blablacar pour faire du covoiturage) et qui ne se revendiquent pas ou peu de ce mouvement* ».

390 BOREL (S.), MASSE (D.), DEMAILLY (D.), « L'économie collaborative, entre utopie et big business », *op. cit.*

391 Dans ces deux domaines d'activité que sont le transport de personne et la livraison en matière de restauration.
Il était également possible l'exemple d'Air BnB qui repose sur le même business model.

392 La désintermédiation sous-entend que le producteur est directement en relation avec le consommateur, ce qui signifie que le premier peut augmenter ses marges et/ou baisser ses prix. La désintermédiation permet aux parties directes à l'échange de bénéficier de conditions d'échange optimales.

transaction[393]. C'est précisément ce dernier point qui est à questionner : la réintermédiation de l'économie par des plateformes numériques qui se rendent indispensables (et il faut y voir une forme de situation monopolistique) relève-t-elle vraiment de l'économie collaborative ? On peut en douter et l'on peut même y voir des féodalités contemporaines dans certains cas, si l'on considère que le revers de la médaille consiste bien, pour les plateformes numériques, à mettre en œuvre un service pour lesquels les coûts d'exploitation, sont, à tout niveau, minimisés à l'extrême : la société Uber n'est pas propriétaire des véhicules, elle n'entretient pas de relation salariale avec les chauffeurs et ne paient pas de charges à ce titre[394]. Pourtant, elle impose des obligations aux chauffeurs ou aux livreurs, et se réserve le droit de les remercier s'ils ne répondent pas aux exigences fixées par elle. Le rapport de pouvoir semble bien déséquilibré entre les parties à l'échange et l'intermédiaire[395]. Ce dernier ponctionne, d'un côté, une taxe sur le prix payé par l'utilisateur, confronté à des clauses commerciales plus qu'opaques[396] ; et de l'autre côté, se défausse de toute obligation vis-à-vis du fournisseur effectif de service.

135. L'économie collaborative, comme toute forme d'échange marchand, est alors à surveiller pour éviter la constitution de féodalités tout à fait contemporaine et intimement liée au numérique. Le développement des plateformes numériques et leur positionnement en tant qu'intermédiaires indispensables doivent questionner (l'exemple d'Uber est flagrant, mais on aurait aussi bien pu prendre celui d'Amazon ou E-bay, d'Air B&B, etc.). C'est le monopole de fait 2.0 qu'il s'agit d'éviter.

---

393 La taxe prélevée par ces plateformes numériques, devenues incontournables dans certains domaines d'activité correspond, parce qu'elle est souvent excessive, à ce que nous désignerons sous le terme de rente de situation et que nous proposerons comme caractéristique du monopole de fait.

394 Et de manière générale, « *force est de constater que ces promesses (de l'économie collaborative en matière de valeurs sociales notamment) ne sont pas tenues pour bon nombre de pratiques collaboratives, et que les médias se concentrent de moins en moins sur les promesses et de plus en plus sur les risques associés à des plateformes telles que Airbnb : risques pour l'emploi ou les systèmes fiscaux, concurrence déloyale avec les secteurs économiques et les entreprises "traditionnelles", risques de monopolisation, etc.* », BOREL (S.), MASSE (D.), DEMAILLY (D.), « L'économie collaborative, entre utopie et big business », *op. cit.*

395 Dont le statut est à préciser et occupe les juridictions tant nationales qu'européennes. Voir en ce sens : CJUE, 20 décembre 2017, aff. C-434/15, Asociacion Profesional Elite Taxi c/ Uber Systems Spain SL et les commentaires afférents : BONNEVILLE (P.), BROUSSY (E.), CASSAGNABERE (H.), GÄNSER (C.), Chronique de jurisprudence de la CJUE, *AJDA*, n° 6, 19 février 2018, p. 329 ; GRARD (L.), « Chronique Droit européen des transports – Uber. Véhicule de tourisme avec chauffeur (VTC) : une prestation de transport extérieure aux règles générales du marché unique », *RTD Eur.*, n° 1, 26 avril 2018, p. 147 ; HATZOPOULOS (V.), « La première prise de position de la Cour en matière d'économie collaborative », *RTD Eur.*, n° 2, 26 juillet 2018, p. 273.

396 BAZOT (A.), « Plateformes "économie collaborative" : des clauses litigieuses à déloger ! », *Juris tourisme*, n° 211, 15 septembre 2018, p. 14.

B. L'individualisation des droits

136. La Révolution : premier acte contre les féodalités économiques, mais terreau des féodalités modernes. Si, à la Révolution, les privilèges sont abolis, un îlot de pouvoir subsiste dans la consécration du droit de propriété. Malgré la « *transition des anciennes formes communautaires de l'économie médiévale à la forme sociale plus individualiste de la période moderne* »[397], une source majeure de pouvoir se pérennise : le droit de propriété individuelle. Droit utile aux individus pour s'opposer à l'arbitraire de la puissance publique, cela n'en reste pas moins une source de pouvoir pour l'individu qui peut l'opposer aux autres. Et, couplé à la transition marchande, l'avènement des droits et libertés individuelles conduit à une hyperindividualisation du droit[398]. Contre les féodalités économiques, contre le système corporatif corrompu, la Révolution a affirmé l'individu et le respect de ses droits[399]. La méfiance à l'égard des corporations explique le temps mis à admettre la libre association comme droit fondamental. Rien ne devait s'immiscer entre les individus et l'État. Le droit sert à garantir les droits et libertés des premiers contre la puissance du second. Mais c'est oublier les pouvoirs privés qui se développent et jouent de cette individualisation pour mieux diviser le pouvoir qui pourrait leur être opposé. Les pouvoirs privés et la puissance publique se rejoignent

---

397 HINTZ (O.), *Féodalité, Capitalisme et État moderne*, *op. cit.*, p. 249.

398 Selon Alain Supiot, « *Alors que tout le droit social s'était construit sur une mise en doute méthodique du consentement du faible à la volonté du fort (le contrat), ce consentement redevient, avec la déconstruction du droit social, la condition nécessaire et suffisante de l'obligation juridique.* », SUPIOT (A.), *L'esprit de Philadelphie. La justice sociale face au marché total*, Seuil, Paris, 2010, p. 48.

Voir également, MANOÏLESCO (M.), *Le siècle du corporatisme. Doctrine du corporatisme intégral et pur*, Félix Alcan, Paris, 1938, p. 60.

399 En effet la consécration constitutionnelle du droit de propriété, « *relie (ce droit) à la fondation de la société, beaucoup plus qu'à la personne qui est titulaire du droit de propriété. La propriété est donc l'élément structurant de la société, l'un des ciments de l'ordre social, placée au même niveau que ces droits essentiels de la personne que sont la liberté et la sûreté.* », DRAGO (G.), « Droit de propriété et liberté d'entreprendre dans la jurisprudence du Conseil constitutionnel : une relecture », *Cahiers de la recherche sur les droits fondamentaux*, n° 9, 2011, p. 31-39. Mais paradoxalement, l'exercice de ce droit conduit à pouvoir faire primer des intérêts sur d'autres.

sur ce point : l'existence de corps intermédiaires les concurrence[400] et la méfiance est de rigueur à leur égard.
Plus encore, ce mouvement fait que l'État est évincé des relations individuelles. L'individu se trouve alors face aux autres, et sous ce voile juridique d'égalité évoqué, se retrouve démuni face à la réalité des pouvoirs privés. Malgré un sous-bassement profondément collectif, pour ne pas dire solidaire, l'œuvre de la Révolution conduira à différer l'intégration juridique de la dimension collective de la société. Quel paradoxe de constater que « *Toutes les sociétés historiques ont été corporatistes, sauf les sociétés démocratiques du dix-neuvième siècle. La Révolution française a brisé les cadres corporatifs en réduisant la société à la poussière des individus.* »[401]. On retrouve en substance toute la critique portée par Duguit à l'encontre du droit subjectif[402] et la (re)consécration, en 1946, d'une véritable solidarité collective (au sens d'interdépendance collective).

137. Les *nouveaux aspects du corporatisme*[403] : un renouveau des corps intermédiaires contre le monopole de fait. Le corporatisme a été envisagé sous deux aspects, selon une distinction entre le corporatisme d'État, fer de lance du fascisme[404], et le corporatisme d'association, véritable garant de l'existence de corps intermédiaires représentant d'intérêt(s) collectif(s) dans l'organisation du travail et de la production. Le fait que « *les dirigeants des grandes organisations métallurgiques men(ai)ent contre le corporatisme une ardente campagne* »[405] le démontre car « *quand une société cartellisée rejette le corporatisme, ce n'est point la concurrence qu'elle préfère à la*

[400] Voir en ce sens : BARBIER (J.-L.), « Intérêt général et organisation interprofessionnelle », *in Variations autour de l'idéologie de l'intérêt général, vol.* 1, PUF, 1978, p. 191 et s. L'auteur énonçait que : » *les organisations professionnelles font concurrence, dans leur secteur de compétence, à l'appareil administratif. Parce qu'elles disposent, en général, d'un pouvoir économique d'intervention elles portent atteinte à l'autorité de l'État. Celui-ci ne peut plus définir de façon unilatérale et souveraine les normes applicables dans le domaine considéré en se prévalant de la mise en œuvre de l'intérêt général ; il se heurte à un écran intermédiaire, à un organe représentatif de l'ensemble des professionnels qui ne se laisse plus impressionner par le discours étatique.* », p. 193.
On pressent ici ce que la reconnaissance d'intérêts collectifs peut avoir de délicat en droit.
[401] MANOÏLESCO (M.), *Le siècle du corporatisme*, *op. cit.*, p. 11.
[402] DUGUIT (L.), *Le droit social, le droit individuel et la transformation de l'État*, Conférences faites à l'École des Hautes Études Sociales, Félix Alcan, Paris, 1908, p. 11 : « *En un mot elle (la règle sociale) ne donne à aucune personne, ni à la collectivité, ni à l'individu, des droits subjectifs, c'est-à-dire le pouvoir d'imposer comme telle sa personnalité, personnalité collective ou individuelle. Elle fait seulement à tout individu, dans le milieu social, une certaine situation étroitement dépendante de celle des autres, et qui l'astreint à une certaine attitude active ou passive. Elle implique pour tous un certain état dérivant d'elle et que nous pourrions qualifier de situation objective pour l'opposer au droit subjectif que je nie.* ».
[403] Selon le titre de l'ouvrage de PIROU (G.), *Nouveaux aspects du corporatisme*, Librairie du recueil Sirey, Paris, 1935.
[404] Voir not. : PIROU (G.), *Nouveaux aspects du corporatisme*, *op. cit.*
[405] PIROU (G.), *Nouveaux aspects du corporatisme*, *op. cit.*, p. 45.

réglementation ; c'est le monopole privé et libre qu'elle estime meilleur que le monopole organisé et contrôlé. Et il va sans dire que c'est là une attitude tout à fait naturelle quand on défend certains intérêts particuliers. »[406].
La définition du corporatisme moderne n'est pas évidente[407], le système corporatif, mis à mal par la Révolution, peine à trouver place dans un droit profondément centré sur l'individu. C'est en ce sens que s'est développé le corporatisme comme véritable doctrine d'organisation des relations sociales, alternative au libéralisme du marché et au socialisme d'État. En fait, « *Pour le corporatisme, la société est un fait historique et psychique intimement lié à la structure même de l'individu. L'homme n'est pas concevable sans la société, dont il est le produit, tout en y figurant comme facteur participant et relativement autonome. Les liens entre l'individu et la société sont inextricables et les influences y sont réciproques* »[408]. Cette citation permet d'évincer tout débat sur la nature des droits, individuels ou sociaux, subjectifs ou non. Elle donne à l'analyse juridique un terrain neutre d'approche des relations sociales, dans leur aspect individuel, mais aussi collectif[409]. La réalité sociale démontre tous les jours sa dimension collective, et à ce titre, le droit ne peut se suffire des droits individuels, qui peuvent être instrumentalisés contre le collectif. De ce point de vue, il est remarquable de constater que la découverte du bloc de constitutionnalité, et particulièrement du Préambule de 1946, repose précisément sur la consécration constitutionnelle de la liberté d'association[410], véritable reconnaissance de la collectivité.

138. Cette relativisation des droits subjectifs est nette après-guerre. En effet, « *Les Français se sont notamment reprochés à eux-mêmes un individualisme excessif* »[411], auquel ils ont remédié avec la Constitution de la IVe République et notamment son Préambule énonçant les droits économiques et *sociaux*. Car

---

[406] PIROU (G.), *Nouveaux aspects du corporatisme*, *op. cit.*, p. 47. L'auteur continue en ces termes : « *Il faut seulement se garder de donner à cette défense un revêtement doctrinal que nous serions naïfs de prendre au sérieux.* ».

[407] Selon les mots de MANOÏLESCO (M.), *Le siècle du corporatisme*, *op. cit.*, p. 10 : « *le corporatisme contemporain n'est pas et ne peut pas être celui du Moyen-Âge ; [...] il n'est pas un instrument hypocrite de consolidation de l'état social présent avec toutes ses iniquités ; [...] il constitue le seul moyen d'intégration de toutes les forces spirituelles, morales et matérielles de la nation, et enfin [...] il ne signifie pas la mobilisation des égoïsmes de groupes contre l'intérêt national, mais, au contraire, la soumission de tout ce qui est particulier, à l'idée de nation, qui est une idée-fin.* ».

[408] MANOÏLESCO (M.), *Le siècle du corporatisme*, *ibid.*, p. 73-74.

[409] En effet, « *à prendre l'individu comme source unique de son propre droit, on en arrive logiquement à le considérer comme source absolue de tout droit, à nier le droit social, ou du moins, à ne savoir comment le retrouver et à risquer les constructions les plus hasardeuses pour lui restituer une base, témoin l'hypothèse du contrat social de Rousseau* », HAURIOU (M.), *Principes de droit public*, *op. cit.*, p. 542.

[410] Cons. const., déc. n° 71-44 DC du 16 juillet 1971, Loi complétant les dispositions des articles 5 et 7 de la loi du 1er juillet 1901 relative au contrat d'association.

[411] WALINE (M.), *L'individualisme et le droit*, Dalloz, 2007, p. 5.

l'individualisme né de la Révolution, s'il a servi à rompre les liens féodaux et à leur subroger une égalité de droit, n'a pas pour autant suffi à enrayer la constitution de privilèges et à instaurer une égalité effective entre les individus. Cette individualisation, comme a pu le relever Tocqueville, a isolé un peu plus les individus. Et le droit, malgré l'égalité formelle qu'il a établie, a laissé les individus désarmés face à la réalité du pouvoir, qu'il soit public ou privé. C'est à cela que souhaite remédier le Préambule de la Constitution de 1946 en consacrant la possibilité d'association et en condamnant les monopoles de fait.

Section II.
LA SOLUTION PAR L'ÉTAT : UNE SOLUTION EVIDENTE EN 1946

139. Les rapports entre l'État et le marché sont marqués par une sorte d'opposition dans les discours économiques et politiques[412] qui considèrent ces institutions en concurrence dans l'organisation des relations des individus. Pourtant, le droit tend à les envisager de façon subsidiaire et complémentaire, malgré le développement des notions de marchand et non marchand[413]. Le droit ne peut présumer de la légitimité de chacun. La doctrine juridique ne saurait ainsi se satisfaire de cette grande opposition entre État et Marché sans méconnaître une certaine vérité : le marché et l'État s'appellent et se confondent, en une véritable « *synergie* »[414].

---

[412] DARDOT (P.), LAVAL (C.), « Du public au commun », *Revue du MAUSS*, 2010/1, n° 35, p. 111. « *La posture classique d'un certain "anti-libéralisme" consiste à dénoncer dans l'offensive néolibérale une* marchandisation du monde *et à lui opposer la défense des services* publics *nationaux pour les uns et des biens* publics *mondiaux pour les autres. Autant dire que la lutte politique se maintient sur un terrain bien connu où s'affrontent le Marché et l'État* ».

[413] DARDOT (P.), LAVAL (C.), « Du public au commun », *op. cit.*, p. 111, les auteurs relèvent que ces notions résultent « *d'une opposition qui s'est constituée précisément pour faire du marché la règle et de l'État l'exception* ».

[414] NOREL (P.), « État et marché : éléments pour l'histoire d'une synergie », *in Le marché et l'État à l'heure de la mondialisation*, Thirion (N.) dir., Actes du 1er colloque David-Constant de la Faculté de droit de l'Université de Liège, Larcier, 2007, p. 229 et s.
Voir également : MARIS (B.), « Les conditions économiques de l'intervention de l'État », *Humanisme et entreprise*, n° 151, février 1985 : « [...] *l'État n'est ni contre, dans, sur ou sous le marché [...] ; il joue, comme le marché, un rôle de normalisation de la société civile ; comme le marché, il occupe l'espace. État et marché ont une logique très proche, même si la notion de contrainte fonde le premier, la notion de contrat le second.* ».
Sur le rapport entre la contrainte et les libertés économiques, voir : MALAURIE (P.), « Réglementations et libertés économiques : la quadrature du cercle ? », *in Le marché et l'État à l'heure de la mondialisation*, THIRION (N.) dir., Actes du 1er colloque David-Constant de la Faculté de droit de l'Université de Liège, Larcier, 2007, p. 125 et s.

Un fort courant de pensée du XIXe siècle soutenait la thèse suivante : « *il n'est pas possible d'assurer effectivement un fonctionnement correct de la démocratie politique dans le cadre d'une société fondée sur la propriété privée et l'économie de marché* »[415]. De ce fait, l'État aurait un grand rôle économique à jouer, mais lequel ? Doit-il, comme cela a été le cas pour l'Union soviétique, mettre en place un système fondé sur la propriété publique et la collectivisation des moyens de production[416] ? N'y a-t-il pas un intermédiaire possible entre le « laisser faire, laisser passer » et la planification centralisée et collectiviste[417] ? Existe-t-il une échelle de l'État[418] ? La question peut être posée autrement : comment l'État peut-il assurer l'existence d'une société libre[419], une situation de minimum de contraintes pour les individus ? C'est toute la problématique politique qui se posait en 1946.

140. Après-guerre, ces réflexions politiques relatives au rôle économique de l'État se cristallisent sur la question du monopole de fait. Il s'agit, pour ne pas tendre vers l'instauration d'un marché dirigé par les seules puissances privées détentrices des moyens de production, de leur opposer la puissance publique et de leur subroger la bienveillance de l'État : l'État providence était alors la référence. Plus encore, l'État doit se doter des moyens d'assurer la défense de certains secteurs stratégiques, à des fins d'indépendance nationale. On retrouve, en 1946, une véritable dualité des finalités économiques de l'État, pourtant inextricablement liées et qui se retrouvent dans la condamnation des monopoles de fait (§I). Le rôle de l'État depuis 1946 a néanmoins largement évolué. Cette évolution oscille entre centralisation et interventionnisme jusqu'à prendre la forme, de nos jours, d'une action économique plus diffuse. Le droit s'adapte, ce dont témoigne l'avènement de la notion d'ordre public économique, qui délimite et justifie les contraintes opposables au champ économique (§II).

---

[415] ALLAIS (M.), « Les conditions économiques d'une société libre », *Revue des Travaux de l'Académie des sciences morales et politiques et comptes rendus de ses séances*, A. 112, 4e série, année 1959, p. 38.

[416] Et l'on y voit ici le spectre de l'étatisation.

[417] Ce débat ne sera pas tranché ici et ne sera pas envisagé le collectivisme tel qu'il a été mis en œuvre par l'Union des républiques socialistes soviétiques. Notons seulement qu'un tel système conduit plutôt à une restriction de la liberté des individus, notamment de leur liberté d'entreprendre.

[418] ALBERTINI (P.), « Les échelles de l'État : permanences et changements (rapport de synthèse) », *in L'État interventionniste. Le rôle de la puissance publique dans l'économie*, BOTTINI (F.) dir., L'Harmattan, 2012, p. 173.

[419] ALLAIS (M.), « Les conditions économiques d'une société libre », *op. cit.*, p. 39, où il donne la définition suivante du minimum de contrainte : « *la condition nécessaire et suffisante pour que l'on se trouve dans une situation de minimum de contrainte est que pour tout déplacement virtuel compatible avec les liaisons, la somme totale des variations des satisfactions de tous les membres de la société considérée soit négative* ».

§ I. LA DUALITE DES FINALITES ECONOMIQUES DE L'ÉTAT

141. En 1946, et plus particulièrement dans le Programme du CNR, on affirme la place centrale de l'État dans la direction de l'économie. Ce rôle actif de l'État doit permettre de faire prévaloir l'intérêt général sur les intérêts particuliers[420] naturellement privilégiés par les opérateurs économiques. C'est la prise de conscience de l'existence d'une sorte de dirigisme privé s'exerçant en dépit de la collectivité[421], stigmatisé par l'expression de monopole de fait, qui préoccupe l'idéologie résistante et qui amène à lui opposer la puissance publique. Le monopole de fait menace l'État d'une prééminence d'intérêts particuliers dans certains domaines. Cela peut rendre impossible la satisfaction de l'intérêt général, et/ou parfois, heurter directement les intérêts propres de l'État. Ce double aspect permet de mettre en relief que, face aux monopoles de fait, la solution proposée, qui semble devoir passer nécessairement par l'État, repose en fait sur des motivations diverses et renvoie à la dualité interne des buts de l'État : « *l'État est une institution protectrice à l'intérieur et une institution militaire à l'extérieur* »[422]. Ainsi, dans un premier temps, pour assurer la défense et la protection de l'intérêt général, le Programme du CNR (ré)affirme la démocratie dans toutes ses composantes (A). L'accent est également mis, plus particulièrement, sur la nécessaire défense des domaines stratégiques de l'État. Ce n'est plus l'intérêt général, mais l'indépendance nationale qui est au cœur de la réflexion (B).

A. La réalisation d'une démocratie économique et sociale

142. Un contexte politique binaire dans les années 40 et la volonté française de réaffirmer son attachement à la démocratie et à la lutte contre les monopoles. La Seconde Guerre mondiale éclate en Europe sur fond de fascisme. Or, les régimes fascistes sont en opposition totale avec les régimes démocratiques et l'État libéral, garant des libertés individuelles. Face à ce constat, la principale préoccupation en 1946 était de réaffirmer les valeurs démocratiques, y compris en matière économique. Et ce, notamment parce qu'en plus des écueils politiques, le capitalisme contemporain est « *entièrement hostile aux entreprises publiques ainsi qu'aux modalités*

---

420 Toujours selon le postulat de bienveillance.
421 Voir en ce sens : MARCHAL (J.), *Cours d'économie politique*, Paris, 1952.
422 FLEINER-GERSTER (T.), *Théorie générale de l'État*, Graduate Institute Publications, 2014, Quatrième partie, Chapitre 2, §34, 10.

publiques de développement et de gestion des services collectifs [...] (car) leur fonctionnement et leur développement prendraient en compte les besoins populaires et tendraient à être gérés démocratiquement. »[423]. La démocratie est donc au cœur de la réflexion en 1946. Il s'agit de remettre au centre de toutes les réflexions l'intérêt général et l'égalité entre les individus.

143. Dans ce contexte, le Conseil National de la Résistance se fixa comme objectif d'établir un programme politique pour la France. L'idée était d'intégrer à ce programme des propositions susceptibles de rassembler le plus grand nombre de participants, « *syndicalistes, mouvements de résistance, anciens partis plus ou moins entrés en résistance* »[424] ; en somme, une sorte de « *programme commun* »[425]. Chaque courant politique avait droit de cité, l'objectif étant de retracer « *l'esprit national résistant de l'époque* »[426]. Cet esprit résistant a affirmé de nombreuses idées[427] ; et particulièrement, on a affirmé la volonté d'instaurer une véritable démocratie économique et sociale. C'est dans ce contexte qu'émerge la notion de monopole de fait.
La réalisation d'une démocratie économique et sociale passe par le fait « *de consolider et de perfectionner la législation du travail ou même plus largement, la législation sociale [...] afin d'éviter l'exploitation des faibles par les forts* »[428]. C'est la figure du *Welfare state* que l'on retrouve, dans toute la dimension sociale qu'il revêt. L'exploitation ouvrière ayant eu cours durant le XIXe siècle n'est pas soutenable dans un État démocratique et social. Les rapports de domination sont exclus et il s'agit alors de rééquilibrer les rapports de force en donnant les moyens à la masse salariale de faire entendre sa voix. C'est ainsi qu'en 1946 se développe tous les rudiments juridiques du social : droit du travail et droit de la sécurité sociale en tête. Cela passe aussi par le fait de « *modifier les structures économiques, de réaliser certaines réformes de structure qui doivent faciliter la réalisation de la démocratie économique* »[429]. En avril 1943, Charles de Gaulle s'exprime en ces mots à

---

[423] DELAUNAY (J.-C.), « Mondialisation productive, mondialisation financière, problèmes du dollar », *in* Marché(s), société(s), histoire et devenir de l'humanité, Actes du colloque de la Fondation Gabriel Péri, 13 et 14 novembre 2008, coll. Actes, Fondation Gabriel Péri, 2010, p. 75.
[424] HESSEL (S.), *Le Programme du Conseil National de la Résistance*, 15 mars 1944, coll. Textes essentiels, L'esprit du Temps, Le Bouscat, 2012, p. 13.
[425] Est reprise ici l'expression utilisée par Claire ANDRIEU dans son ouvrage : *Le programme commun de la Résistance, Des idées dans la guerre*, l'Érudit, Paris, 1984. L'auteure précise qu'il s'agit d'un programme commun en ce sens que « *le texte du C.N.R. n'a pas été signé par les gauches seules, mais aussi par des représentants des partis de droit comme l'Alliance démocratique et la Fédération républicaine. C'est là l'originalité du C.N.R., resté pour le moment sans autre exemple dans l'histoire de France* », p. 19.
[426] HESSEL (S.), *Le Programme du Conseil National de la Résistance*, *op. cit.*, p. 14.
[427] Indépendance de la presse, éducation, culture…
[428] PELLOUX (R.), « Le préambule de la Constitution du 27 octobre 1946 », *op. cit.*, p. 371.
[429] PELLOUX (R.), « Le préambule de la Constitution du 27 octobre 1946 », *op.cit.* p. 372.

propos du régime à reconstruire : « *Un régime économique et social tel qu'aucun monopole et aucune coalition ne puissent peser sur l'Etat ni régir le sort des individus, où, par conséquent, les principales sources de la richesse commune soient ou bien administrées, ou tout au moins contrôlées par la nation* »[430]. C'est la substance même de la pensée résistante. Les points à retenir sont bien ceux selon lesquels l'État doit *administrer les monopoles* (et l'on entrevoit ici la nationalisation) ou *la nation les contrôler.* À savoir que de Gaulle, lorsqu'il convoque la Nation, fait référence à la participation des individus et des travailleurs, il s'attache à les revaloriser dans le système productif. La participation des travailleurs apparaît comme une véritable condition de la démocratie économique et sociale. Les constituants, en 1946, ont conscience que le modèle productif capitaliste ne permet pas d'instaurer une justice sociale, de réduire les inégalités (voire les creuse).

144. L'éviction des féodalités économiques de la direction de l'économie. Dans la deuxième partie du Programme du CNR, relatif aux mesures à appliquer dès la libération du territoire, le premier objectif énoncé afin de réaliser l'instauration d'une démocratie économique et sociale et « *l'éviction des grandes féodalités économiques et financières de la direction de l'économie* »[431]. Et la suite du Programme du CNR prévoit une « *organisation rationnelle de l'économie assurant la subordination des intérêts particuliers à l'intérêt général et affranchie de la dictature professionnelle instaurée à l'image des Etats fascistes* »[432]. Afin de mieux comprendre ce que recouvre cette assertion, il est nécessaire de revenir sur le premier projet de programme commun discuté au CNR en juillet 1943[433] ; celui-ci énonçait un « Projet de Charte économique et sociale » précisant que « *la liberté de la production et des échanges par l'expansion sans contrôle de la technique, par le heurt des intérêts individuels, est génératrice d'injustices et de misères : elle conduit à l'anarchie économique* ».

Pour autant, et c'est ce que rappelle le Programme définitif du CNR, la subordination des intérêts particuliers à l'intérêt général n'est pas la subordination de l'économie à la politique, à l'image de ce que l'on retrouvait à l'époque dans les États fascistes[434]. Cette interprétation est encore une fois confortée par la lecture du premier projet de programme commun, qui énonçait que « *la suppression brutale de cette anarchie (économique), par la dictature politique, constitue le danger des temps modernes. Afin de préserver*

---

[430] DE GAULLE (C.), *Discours et messages*, *op. cit.*, p. 280.

[431] Extrait du Programme du CNR reproduit dans l'ouvrage de ANDRIEU (C.), *Le programme commun de la Résistance*, *op. cit.*, p. 168 et suivantes.

[432] Extrait du Programme du CNR reproduit dans l'ouvrage de ANDRIEU (C.), *Le programme commun de la Résistance*, *ibid.*, p. 168 et suivantes.

[433] Extrait du Programme du CNR reproduit dans l'ouvrage de ANDRIEU (C.), *Le programme commun de la Résistance*, *id.*, p. 141 et suivantes.

[434] Le CNR se défend ici de toute volonté d'étatisation de l'économie.

les institutions démocratiques, la nation devra s'astreindre à une stricte discipline économique, condition essentielle des libertés humaines fondamentales »[435]. Ainsi, et bien qu'il soit nécessaire de subordonner les intérêts particuliers à l'intérêt général, cela ne saurait pour autant justifier une mainmise de l'État sur le secteur économique. L'État doit servir d'indicateur, de guide, afin que la poursuite des intérêts économiques participe de la réalisation de l'intérêt général. C'est pourquoi le Programme du CNR prévoyait la mise en place d'une planification économique pour s'assurer que le développement de l'économie soit en accord avec les besoins de la Nation.

145. L'appropriation des grands moyens de production par l'État providence. Dans la suite logique de cette nécessaire orientation de l'économie par l'État, on retrouve affirmé « *le retour à la nation des grands moyens de production monopolisés, fruits du travail commun, des sources d'énergie, des richesses du sous-sol, des compagnies d'assurances et des grandes banques* »[436]. Cette affirmation sera énoncée dans les mêmes termes dès le deuxième projet de programme commun[437]. Sont exprimées deux idées : celle de socialisation et celle du retour à la nation. Et même si l'on s'efforce de ne pas mettre en œuvre une étatisation de l'économie, force est de constater que c'est par l'État que ces idées seront réalisées.

Le Programme du CNR prévoit également « *le développement et le soutien des coopératives de production, d'achats et de ventes, agricoles et artisanales* »[438]. Autrement dit, le Programme promeut une autre organisation de l'économie, une autre organisation de la production au moins dans les domaines agricole et artisanal, fondée sur la notion de coopération plutôt que sur celle de compétition, propre au capitalisme. Et dans la même idée, est affirmé « *le droit d'accès, dans le cadre de l'entreprise, aux fonctions de direction et d'administration, pour les ouvriers possédant les qualifications nécessaires, et la participation des travailleurs à la direction de l'économie* », ceci pour leur assurer voix au chapitre.

146. Du CNR au Préambule de la Constitution de 1946. Tous ces éléments se retrouveront en substance dans le Préambule de la Constitution du 27 octobre

---

[435] Extrait du Programme du CNR reproduit dans l'ouvrage de ANDRIEU (C.), *Le programme commun de la Résistance*, *op. cit.*, p. 168 et s.

[436] Extrait du Programme du CNR reproduit dans l'ouvrage de ANDRIEU (C.), *Le programme commun de la Résistance*, *ibid.*, p. 168 et s.

[437] Seul le premier projet de juillet 1943 différait quelque peu en énonçant : « *seront socialisés les monopoles et les entreprises dont la gestion ne peut être laissée sans danger aux grands intérêts privés : électricité, assurances, houillères, production pour la Défense nationale, transports, etc.* », Extrait du Programme du CNR reproduit dans l'ouvrage de ANDRIEU (C.), *Le programme commun de la Résistance*, *id.*, p. 168 et s.

[438] Extrait du Programme du CNR reproduit dans l'ouvrage de ANDRIEU (C.), *Le programme commun de la Résistance*, *id.*, p. 168 et s.

1946, et plus particulièrement au neuvième alinéa[439]. Vu sous cet angle, cet alinéa apparaît comme un condensé de la pensée politique du Programme du CNR comme de la doctrine relative à l'État providence et au postulat de bienveillance de l'État.

B. La défense de secteurs économiques stratégiques

147. Un autre aspect, très prégnant en 1946, tient à la maîtrise par l'État de certains domaines stratégiques : l'indépendance nationale est un objectif à part entière au sortir de la guerre. Ainsi, en certains domaines, les monopoles de fait constituaient une menace particulière, plus seulement à l'encontre de la nation (et de l'intérêt général), mais à l'encontre de l'État, et de sa préservation sur la scène internationale.

148. Les intérêts propres de l'État. L'État a un rôle économique ambivalent, partagé entre la réalisation d'une démocratie économique et la défense de ses propres intérêts. On a en ce sens pu parler d'« *État schizo* »[440]. En effet, les mobiles de son action économique se mêlent et s'imbriquent autour de l'intérêt général, des services publics, mais aussi des domaines stratégiques, notamment du point de vue de l'indépendance nationale, sans que l'un prenne le pas sur les autres ou qu'existe une opposition dirimante.
Les intérêts propres de l'État rejoignent en partie la raison d'État. Celle-ci, longtemps entendue comme « *fille de l'adage Necessitas non habet legem, [...] repose sur un principe de volonté hostile à l'encadrement du Pouvoir par des règles de droit.* »[441]. Pourtant cette vision est réductrice et selon d'autres courants de pensée, « *la raison d'État définit les moyens politiques que l'État met en œuvre pour assurer son maintien et sa croissance, non plus dans le strict intérêt des princes et des gouvernants, mais dans celui de la société qui dépend de lui.* »[442]. Il s'agit en quelque sorte avec l'affirmation de la raison d'État, de l'affirmation de l'exercice du pouvoir d'État dans un but

[439] Notons toutefois que la participation des travailleurs à l'économie est affirmée au huitième alinéa.
[440] LOMBARD (M.), *L'État schizo*, J.-C. Lattes, Paris, 2007.
[441] MOUTON (S.), « *La face Cachée du pouvoir de droit : la raison d'État ?* », *in Études en l'Honneur du Professeur Jean-Arnaud MAZERES*, LexisNexis, 2009, p. 578.
[442] MOUTON (S.), « *La face Cachée du pouvoir de droit : la raison d'État ?* », *op. cit.*, p. 579.

d'autoconservation. Discours que l'on retrouve dans l'intelligence économique de l'État[443], qui doit correspondre aux valeurs publiques[444].

149. Traditionnellement, font partie des domaines stratégiques, les moyens de transport, de communication, d'énergie, notamment en ce qu'ils participent du bien-être social et de la vie en société, facilitant les échanges et améliorant les conditions de vie, permettant d'aplanir les disparités de situations entre les individus[445]. Du point de vue pris dans ces développements, ces secteurs sont surtout très utiles à l'indépendance nationale dont le Président de la République est le garant[446]. En font également partie le pouvoir de battre monnaie et le domaine financier, car l'État doit maîtriser les ressources nécessaires à son fonctionnement et son développement économiques, point mis en avant lors des nationalisations de 1982. Certaines activités industrielles font également partie des secteurs stratégiques. Les secteurs stratégiques sont intimement liés à l'indépendance de la Nation car s'ils venaient à être dirigés par une Nation étrangère, cela pourrait conduire à remettre en cause la capacité de l'État à subvenir à ses besoins et ceux de sa population. La définition et les mécanismes de défense des secteurs stratégiques varient selon les pays[447].

150. Approche contemporaine de la défense des intérêts de l'État par le contrôle des investissements étrangers. De manière générale, les investissements étrangers sont les bienvenus en France puisqu'ils participent de la croissance économique. Néanmoins, dès 2005, un décret[448] est venu

---

443 Voir not. : Rapport du Commissariat général au plan, *Intelligence économique et stratégie des entreprises*, Henri MARTRE (prés.), février 1994, rapport qui mettait en évidence la nécessité pour l'État de développer et de capitaliser ses connaissances des domaines économiques et des différents secteurs d'activité afin de pouvoir décider et anticiper les différentes évolutions et de ne pas être pris au dépourvu face aux stratégies mises en œuvre par les entreprises.
Sur l'intelligence économique : DELBECQUE (E.), PARDINI (G.), *Les politiques d'intelligence économique*, coll. Que sais-je ?, PUF, 2008, p. 38 et s. ; DELBECQUE (E.), FAYOL (J.-R.), *Intelligence économique*, 2e éd., Vuibert, 2018.

444 BOURNOIS (F.), BORDEAU (N.), « L'intelligence économique créatrice de valeurs publiques : une revue de la littérature », *in Intelligence économique et lobbying au crible des valeurs publiques*, RIVAL (M.), BOURNOIS (F.), CHANUT (V.) (coord.), Eska, Paris, 2014, plus particulièrement Chapitre 2, p. 31.
CHANUT (V.), « L'intelligence économique au crible des valeurs publiques : vers une connaissance engagée ? ou comment rapprocher le savant et le politique », *in Intelligence économique et lobbying au crible des valeurs publiques*, RIVAL (M.), BOURNOIS (F.), CHANUT (V.) (coord.), Eska, Paris, 2014, p. 276 : « *(d)ans tous les cas, la référence aux valeurs publiques exprime la charge hautement normative que charrie l'action publique* ».

445 Ceci par l'application de tarifs dits sociaux par exemple.

446 Article 5, Constitution du 4 octobre 1958.

447 Voir pour une illustration des différents secteurs stratégiques et pour le cadre international relatif aux investissements : DUPEYRAT (P.), *Guide des investissements étrangers dans les secteurs stratégiques*, Ellipses, Paris, 2011, notamment les chapitres 10 et 11.

448 Décret n° 2005-1739 du 30 décembre 2005 réglementant les relations financières avec l'étranger et portant application de l'article L. 151-3 du code monétaire et financier.

préciser les secteurs dits sensibles pour lesquels les investissements étrangers doivent faire l'objet d'une autorisation préalable conformément à l'article L. 151-3 du Code monétaire et financier. Le décret de 2005 énonce une liste exhaustive de onze secteurs[449] sensibles parmi lesquels notamment : les jeux d'argent ou la défense nationale. Ce décret sera complété par le décret Montebourg[450], également appelé décret Alstom, pris en 2014 et qui ajoute à cette première liste une douzième catégorie d'activités concernées par l'obtention d'une autorisation préalable à tout investissement étranger. Cette catégorie reflète particulièrement les domaines sensibles, stratégiques pour l'État, dans le sens de ces développements. Avec ce décret, « *On relève trois innovations significatives, portant pour l'une d'elles sur les cas de déclenchement de la procédure d'autorisation préalable et pour les deux autres, sur les prérogatives du ministre lors de l'instruction du dossier.* »[451]. La catégorie supplémentaire concerne les *« Autres activités portant sur des matériels, des produits ou des prestations de services, y compris celles relatives à la sécurité et au bon fonctionnement des installations et équipements, essentielles à la garantie des intérêts du pays en matière d'ordre public, de sécurité publique ou de défense nationale* »[452]. Ces activités concernent l'approvisionnement en énergie, en eau, l'exploitation des réseaux et services de transport, de communications électroniques, certaines installations ou certains ouvrages d'importance vitale pour la défense et enfin la protection de la santé publique. Il est intéressant de relever que ces secteurs recouvrent pour la plupart des activités qualifiables de monopole naturel, facilitant la constitution de monopole de fait. Dans ces domaines, la constitution d'un monopole de fait est intenable car l'on touche à des secteurs directement utiles à la réalisation de l'intérêt général. C'est en ce sens que le décret prévoit une autorisation pour les investissements étrangers dans ces secteurs, afin de contrôler les prises de participation et d'éviter qu'une entreprise cruciale passe sous pavillon étranger et relègue les intérêts nationaux au second plan, après l'intérêt purement financier de l'investisseur. Le projet de loi PACTE[453] a pour ambition d'étendre ce décret de 2014 à

---

[449] Codifiés à l'article R. 153-2 du Code monétaire et financier.

[450] Décret n° 2014-479 du 14 mai 2014 relatif aux investissements étrangers soumis à autorisation préalable. Il est à noter que le gouvernement d'Édouard Philippe a également annoncé un élargissement du décret Montebourg.

[451] D'AVOUT (L.), BOLLEE (S.), *Droit du commerce international, août 2013 – juillet* 2014, *D.*, 2014, p. 1967.

[452] Décret n° 2014-479 du 14 mai 2014 relatif aux investissements étrangers soumis à autorisation préalable, art. 1.

[453] Projet de loi relatif au plan d'action pour la croissance et la transformation des entreprises, présenté en Conseil des ministres le 18 juin 2018, adopté le 22 mai 2019.

d'autres secteurs d'activités stratégiques, aux activités d'avenir[454] ; et la loi, elle-même, refonde les secteurs soumis à la délivrance d'autorisation préalable pour la prise de participation étrangère.

151. On voit bien que les stratégies d'investissement des entreprises sont encadrées[455] afin d'éviter qu'elles ne dessaisissent l'État de ses secteurs stratégiques : c'est le patriotisme économique et la défense des intérêts nationaux[456]. C'est encore l'État stratège ou l'intelligence économique[457]. En tout état de cause, ils semblent que ces secteurs stratégiques soient à protéger absolument de la constitution de monopole de fait, car il en résulterait une atteinte directe à la nation et à son indépendance.

§ II. DU ROLE ACTIF DE L'ÉTAT A L'AVENEMENT JURIDIQUE DE L'ORDRE PUBLIC ECONOMIQUE

152. En 1946, la doctrine dominante est à l'interventionnisme étatique, dont le penseur le plus éminemment est Keynes. Les théories relatives à l'État providence privilégient un rôle direct et actif de l'État dans l'économie, à tout le moins lors des moments de crise. Il s'agit pour l'État de contraindre

---

[454] Éventualité émise par le Premier ministre Édouard Philippe lors de son discours à l'usine L'Oréal, Lassigny, le vendredi 16 février 2018, et concernant notamment les technologies de l'intelligence artificielle, le spatial et le stockage de données par exemple.
Mise à jour : la loi adoptée modifie l'article L151-3 du Code monétaire et financier comme suit :
« *I. – Sont soumis à autorisation préalable du ministre chargé de l'économie les investissements étrangers dans une activité en France qui, même à titre occasionnel, participe à l'exercice de l'autorité publique ou relève de l'un des domaines suivants :*
a) Activités de nature à porter atteinte à l'ordre public, à la sécurité publique ou aux intérêts de la défense nationale ;
b) Activités de recherche, de production ou de commercialisation d'armes, de munitions, de poudres et substances explosives.
Un décret en Conseil d'Etat définit la nature des activités ci-dessus et des investissements soumis à autorisation. [...] ».

[455] Et l'on pourrait évoquer, du point de vue du droit international, le rôle particulier des traités bilatéraux d'investissements, sur ce point voir : BONOMO (S.), *Les traités bilatéraux relatifs aux investissements, entre protection des investissements étrangers et sauvegarde de la souveraineté de l'État*, Presses Universitaires d'Aix-Marseille, 2012.

[456] Pour une approche au niveau européen voir not. : LAMBERT (J.), MARTIN (P. A.), *Les investissements extracommunautaires et le contrôle des intérêts stratégiques européens*, Rapport d'information n° 1602, Commission des affaires européennes de l'Assemblée nationale, 4 décembre 2013. Cette étude tendait à mettre en avant l'absence de mécanismes propres à assurer le contrôle des investissements stratégiques en Europe, alors même que les États-Unis et la Chine en sont pourvus.

[457] Sur cette notion, voir not. l'ouvrage précité : DELBECQUE (E.), FAYOL (J.-R.), *Intelligence économique*, *op. cit.*

l'économie et d'absorber certaines entreprises afin que celles-ci participent de la puissance de la France et de la réalisation de l'intérêt général (A). Cette utilisation de la pensée keynésienne pour affirmer la puissance de l'État, a fait florès après-guerre, mais a vite été remise en cause sous les poussées du libéralisme économique. Cela a conduit à une transformation des moyens de l'État pour pallier les défaillances de marché. On constate alors, si ce n'est un recul de l'État, une sorte de neutralisation de son action directe au profit d'autorités administratives chargées d'assurer l'ordre public économique, notion centrale du droit public économique (B).

A. Un rôle économique actif : l'avènement de l'État providence

153. Le rôle économique de l'État revêt de multiples aspects. En fonction des périodes, les buts poursuivis varient, et le rôle économique de l'État oscille, notamment entre le dirigisme et l'interventionnisme[458]. Ce sont bien ces deux attitudes que l'on retrouve dans le traitement réservé aux monopoles de fait en 1946, les constituants avaient en effet bien compris qu'il est « *impossible de construire des sociétés économiquement développées et justes socialement sans un combat structuré contre le pouvoir économique.* »[459].

154. L'essor de l'État providence et la diversité des théories relatives à l'État interventionniste[460]. Seul l'État semble capable de régulariser les défaillances du marché, car seul l'État peut assurer la justice sociale. On retrouve en 1946 la substance du keynésianisme[461]. À l'époque, plusieurs courants économiques se sont d'ores et déjà dressés à l'encontre de l'idéologie libérale et des solutions qu'elle propose pour relancer l'économie[462]. La crise

---

[458] Pour une analyse plus approfondie des différentes notions relatives à l'action économique de l'État, voir not. : LHOMME (J.), *Capitalisme et économie dirigée*, *op. cit.*, p. 42 et s.

[459] FILHO (C. S.), *Histoire critique des monopoles. Une perspective juridique et économique*, LGDJ, coll. Droit & Économie, 2010, p. 10.

[460] Pour une approche synthétique de la doctrine en la matière, voir not. : PAVIA (M.-L.), « Un essai de définition de "l'interventionnisme" », *in L'interventionnisme économique de la puissance publique, Mélanges PEQUIGNOT*, t. 2, Centre d'études et de recherches administratives, Montpellier, 1984, p. 549 et s.

[461] Soit la théorie générale proposée par Keynes en 1936 et de manière plus générale, le courant d'idée qui l'entoure. Pour une présentation, voir : BEAUD (M.), DOSTALER (G.), *La pensée économique depuis Keynes*, Éditions du Seuil, coll. Point, 1993, particulièrement p. 72 et s.

[462] Voir not. : BEAUD (M.), DOSTALER (G.), *La pensée économique depuis Keynes*, Éditions du Seuil, coll. Point, 1993, particulièrement p. 32 et s. Les auteurs précisent : « *la crise accentue le malaise dans la théorie économique en attisant le débat qui oppose ceux qui croient qu'une économie de marché dispose de mécanismes nécessaires pour s'ajuster automatiquement aux chocs exogènes, et tous ceux, issus de courants de pensée très diversifiées, qui croient au contraire que le capitalisme libéral est atteint de graves maladies [...]* ».

de 1929, paroxysme des crises ayant « *gangrén(é) les économies capitalistes pendant tout le dix-neuvième siècle* »[463] et la grande dépression qui l'ont suivi, la « *grande transformation* »[464] du début du siècle, ont en effet relativisé des thèses pourtant aussi établies que celle de Marshall sur la croissance, et ont questionné l'efficacité du marché. La pensée de Keynes, qui condamne l'utilitarisme et réfute la théorie de la main invisible, s'impose. Faut-il rappeler que le New deal américain s'inspire précisément de ses réflexions ? Le rôle de l'État est ainsi remis au centre des réflexions et avancé comme solution pour le redressement de la nation.

Certains auteurs ont mis en évidence trois modèles de fondation de l'intervention de l'État[465]. Le premier modèle l'entend comme un despotisme éclairé, le deuxième comme un pacte social et le troisième comme le socialisme. De manière générale, l'intervention de l'État dans l'économie a pu être appréhendée selon quatre théories[466] : la théorie de l'État soumis au marché ; celle de l'État au-dessus du Marché, soit le libéralisme interventionniste ; celle de l'État contre le marché (le libéralisme anti-interventionniste et la théorie des choix publics) ; et enfin, la théorie de l'autonomie relative de l'État. La diversité des approches démontre toute la difficulté à comprendre et déterminer l'intervention de la puissance publique, la difficulté à trouver les fondements et les justifications de celles-ci ; à la déterminer par rapport aux différents systèmes économiques et aux différentes périodes historiques. Il a pu être proposé que l'intervention de l'État serait à la fois conjoncturelle et séculaire. C'est-à-dire que « *l'État aurait "séculairement" un certain nombre de missions (en gros : les infrastructures et le maintien de l'ordre). S'y ajouteraient "conjoncturellement" des missions économiques appelées par des circonstances "atypiques" : guerre, crise, développement accéléré...* »[467]. On retrouve la dualité des intérêts de l'État dans cette approche, cette ambivalence entre les missions économiques propres à l'intérêt général et les missions économiques propres au rayonnement international du pays.

---

463 BEAUD (M.), DOSTALER (G.), *La pensée économique depuis Keynes*, Éditions du Seuil, coll. Point, 1993, particulièrement p. 32.

464 Selon les termes de Karl Polanyi.

465 MACHEFERT (T.), « Les racines philosophiques de l'interventionnisme étatique », *in* BOTTINI (F.) dir., *L'État interventionniste, Le rôle de la puissance publique dans l'économie*, L'Harmattan, 2012, p. 27 et s.

466 MARIS (B.), « Les conditions économiques de l'intervention de l'État », *op. cit.*

467 LIPIETZ (A.), « Caractères séculaires et conjoncturels de l'intervention économique de l'État », intervention au colloque Estado y economica, Universidad de Antioquia (Medellin), Septembre 1986, CEPREMAP, Paris. Précisons que l'auteur plaide contre cette distinction qu'il ne trouve « guère pertinente ».
Cette intervention dresse un panorama de la théorie de l'État dans la tradition marxiste.

Toute la difficulté à saisir l'essence de l'interventionnisme étatique tient à la prégnance des idées économiques et politiques, on le situe entre libéralisme et marxisme[468], ou entre capitalisme et socialisme[469].
Dans toute la diversité des approches de l'intervention de l'État dans l'économie, il faut relever qu'une certaine mesure est toujours observée. C'est-à-dire une intervention raisonnée, répondant à une défaillance de marché particulière ou un écueil singulier, devant répondre à un intérêt particulier, local ou de service public[470].

155. La mise en œuvre de l'action économique de l'État : la planification. Contre le capitalisme puissant, que l'on qualifia volontiers d'amoral, se développa une nouvelle économie dirigée[471]. À la recherche de la rationalisation économique et sociale, le dirigisme économique n'est pas tout à fait de la police, « *c'est autre chose. La mesure légale n'est pas destinée à protéger l'organisation politique, familiale, sociale ; elle est prise pour une bonne marche de l'économie. La loi n'est restrictive de la volonté que parce qu'elle est constructive de l'ordre.* »[472]. L'économie dirigée prit corps au XXe siècle à travers la planification[473]. Par rapport à l'économie dirigée telle qu'elle a pu être mise en œuvre par Colbert, par rapport à la timidité des plans établis sous le régime de Vichy, le général de Gaulle amorce une planification prenant également en compte le besoin social[474]. Commence alors l'ère de la planification, qui n'est pas seulement de l'administration de l'économie, mais qui propose de véritables objectifs économiques, et poursuit l'intérêt général.

---

[468] CARREZ (G.), CHABAN-DELMAS (J.-J.), *Pour une intervention publique libérale, L'État dans une économie de liberté*, Economica, coll. Urgences, Paris, 1983, p. 1.
[469] LAUFENBURGER (H.), *L'intervention de l'État en matière économique*, *op. cit.*, p. 3.
[470] LAZARD (M.), « De l'intervention de l'État en matière économique et de l'équilibre des forces sociales », *op. cit.*, p. 18.
[471] Sur les rapports conflictuels entre capitalisme et économie dirigée, voir par exemple : LHOMME (J.), *Capitalisme et économie dirigée, op. cit.*
[472] RIPERT (G.), *Aspects juridiques du capitalisme moderne, op. cit.*, p. 215.
[473] Voir pour une étude des écueils de la planification, BETTELHEIM (C.), *Problèmes théoriques et pratiques de la planification*, 3e éd., François Maspéro, 1977.
L'idée de planification en France voit le jour sous le régime de Vichy. Par la loi du 23 février 1941, le régime de Vichy créé la délégation générale à l'Équipement national (DGEN) chargée d'élaborer une politique générale de reconstruction. Le premier plan est présenté en 1942, aucune nationalisation n'est prévue, l'État ayant un rôle plus passif, en complément de l'initiative privée. Son rôle est alors de stimuler et d'orienter l'investissement privé
Pour un approfondissement des contrats de plan, voir not. : DORMOY (D.), MARCHIARO (R.), « Les nouvelles orientations du contrôle de l'État sur les entreprises publiques », *in L'interventionnisme économique de la puissance publique, Mélanges Georges Péquignot*, t. 1, CERAM, Montpellier, mai 1984, p. 203 et s.
[474] Pour Colbert c'était surtout la grandeur de la nation qui était visée. Le besoin social est quelque peu différent, « *Le besoin est social en ce sens que son objet particulier et sa forme sont déterminés par la société, par le degré de développement technique et de civilisation auquel une société donnée est arrivée.* », BETTLEHEIM (C.), *Problèmes théoriques et pratiques de la planification*, *op. cit.*, p. 28.

Or, « *pour diriger l'économie, il faut, de toute évidence, un organe directeur, une administration spéciale prévue à cet effet* »[475]. Ce sera le rôle du Commissariat général au plan. Ce commissariat est créé par décret le 3 janvier 1946, « *sous l'autorité de Jean Monnet, pour tracer les perspectives concertées du développement économique de la France.* »[476]. L'œuvre de planification passe par la détermination de politiques industrielles[477] et constitue « *un instrument de la rationalité économique et une traduction chiffrée de la volonté générale de développement.* »[478]. Cette politique économique planifiée repose, en France, sur un secteur public très étendu, qui entraine l'industrie, jusque dans les années 80[479]. On constate d'ailleurs un regain d'intérêt à l'égard de la planification, dans le sens où, précisément, il s'agit de faire des plans, donc de réfléchir à l'orientation à donner au pays.

156. La remise en cause de la planification. Cependant, « *plusieurs mutations structurelles ont conduit à un changement profond de la posture de l'État à l'égard des activités économiques* »[480]. Ces mutations font que l'État n'administra plus directement de nombreux secteurs économiques. Le dépérissement de la planification ne signe pourtant pas la fin de l'intervention de l'État, car en cette matière il semble que « *tout change, mais rien ne change* »[481]. Le rôle économique de l'État connaît, au cours de la seconde moitié du XXe siècle, un reflux. Reflux intimement lié à l'avènement de l'idéologie libérale, voire du libéralisme radical. Mais se développe, en droit, la notion d'ordre public économique qui subsume l'idée suivante (première dans la lutte contre le monopole de fait) : la lutte contre les excès du libéralisme économique est nécessaire et passe par la rationalisation de la concurrence.

---

475 PIETTRE (A.), *Économie dirigée d'hier et d'aujourd'hui*, *op. cit.*, p. 40.

476 BRACONNIER (S.), *Droit public de l'économie*, *op. cit.*, p. 7.

477 Pour une approche comparée – France/ Japon/ Allemagne/ Grande-Bretagne/ États-Unis – de différentes politiques industrielles, voir not. : DAVIE (A.), *Les politiques industrielles : libéralisme ou intervention de l'État ?*, Hatier, série Initiation, Paris, janvier 1987.

478 DURAND (C.) dir., *De l'économie planifiée à l'économie de marché : l'intervention de l'État dans l'industrie, comparaisons internationales*, Publisud, Paris, 1990, p. 15.

479 Pour une approche de la nature et de la réforme de la planification dans les années 80, voir not. : MIAILLE (M.), « De la nature du plan, A propos de la réforme de la planification », *in L'interventionnisme économique de la puissance publique, Mélanges Péquignot*, t. 1, CERAM, Montpellier, mai 1984, p. 489 et s.

480 Conseil d'État, Étude annuelle 2013, *Le droit souple*, p. 35. Les deux grandes mutations sont « *l'abandon des mécanismes de l'économie administrée (contrôle des prix, encadrement du crédit, contrôle des changes), (et) le désengagement de l'État de la plupart des activités industrielles et commerciales par les privatisations et l'ouverture à la concurrence des secteurs en réseaux* ».

481 BOTTINI (F.), « Tout change, mais rien ne change », *in L'État interventionniste. Le rôle de la puissance publique dans l'économie*, BOTTINI (F.) dir., L'Harmattan, 2012, p. 11.

B. L'avènement de l'ordre public économique

157. Le développement de l'ordre public économique. L'ordre public économique est à l'origine une notion doctrinale[482] qui a, ensuite, été entérinée par le juge. Il semble que la notion d'ordre public économique se soit développée, à l'instar de l'ordre concurrentiel[483], en opposition avec les théories économiques selon lesquelles le marché est efficient[484]. Et c'est bien à ce titre que ces notions ont à voir avec le monopole de fait. En effet, c'est considérant la tendance naturelle à la concentration et l'existence de situations monopolistiques, et surtout de leurs effets délétères, que l'on prend conscience de l'obligation d'encadrer de telles situations, pour permettre au marché d'être véritablement efficient, d'être démocratique. La concurrence en est le moyen principal, même si d'autres considérations s'agrègent dans l'ordre public économique.

158. L'ordre public économique ou la conciliation des intérêts. En affirmant la nécessité d'un ordre public économique, est affirmée incidemment la nécessité de prendre en compte, au-delà des intérêts concurrentiels, d'autres types d'intérêts, notamment sociaux et de services publics. Il s'agit en fait de réaffirmer que la société n'est pas seulement une société de marché et que les modes d'interaction entre individus ne se limitent pas à de simples échanges économiques[485]. Il s'agit de replacer l'économie à un second plan et de

---

[482] Que l'on retrouve en premier lieu en droit privé : RIPERT (G.), « L'ordre économique et la liberté contractuelle », Mélanges GENY, 1934, t. 2, p. 352 ; FARJAT (G.), *L'ordre public économique*, *op. cit.* ; SAVATIER (R.), « L'ordre public économique », *D.*, 1965, chronique p. 37. Et plus récemment en droit public : MARCOU (G.), « L'ordre public économique aujourd'hui. Un essai de redéfinition », *in Annales de la régulation*, REVET (T.), VIDAL (L.) dir., IRJS éditions, 2009, p. 79 ; VAUTROT-SCHWARZ (C.), « L'ordre public économique », *in L'ordre public*, DUBREUIL (C.-A.) dir., Cujas, 2012, p. 187 et s.

[483] « *il semble que la concurrence fonctionne comme un ordre, c'est-à-dire constitue par elle-même et pour elle-même une forme d'organisation. L'ordre est concurrentiel en ce qu'il implique une rationalité, un paradigme (il faut se méfier des paradigmes qui, devenus croyances, se transforment en religion) et une logique fondée sur les préceptes de la concurrence.* », BOY (L.), « L'ordre concurrentiel : essai de définition d'un concept », », *op. cit.*, p. 23.

[484] Or, « *le sophisme sur lequel repose la science économique consiste dans l'affirmation [...] que le seul moyen de pourvoir à la satisfaction des besoins matériels est [...] d'identifier l'économie substantielle [la nécessité sociale de produire et distribuer les moyens matériels de satisfaire les besoins] à l'économie formelle, autrement dit au marché, et de poser en conséquence que le marché est la seule forme économique concevable* », CAILLE (A.), « Présentation », (dossier : Avec Karl Polanyi, contre la société du tout-marchand), *Revue du Mauss*, 2007/1, n° 29, p. 7.

[485] Il existe d'ailleurs une littérature abondante sur l'économie du don, voir par exemple : GODBOUT (J. T.), CAILLE (A.), *L'esprit du don*, La découverte, Paris, 1992.

remettre la société au premier, car « *Lorsque les éléments essentiels à la vie humaine, voire la vie elle-même, se transforment en marchandises fictives, alors la société devient une "société de marché". L'économie n'est plus encastrée dans la vie sociale. C'est la société qui se trouve encastrée dans sa propre économie. Dès lors, tous les problèmes sociaux deviennent des problèmes économiques* »[486]. Or, cela conduit à n'envisager que des solutions économiques, alors même que les problèmes ne relèvent pas de la seule sphère marchande. Pour sortir de ce schéma exclusivement économiquement s'est développée la notion d'ordre public économique, et l'on pressent à quel point cette notion correspond à la volonté des constituants de 1946 d'instaurer une démocratie économique. L'ordre public économique c'est, en filigrane, l'affirmation du droit dans la sphère économique. C'est la dénonciation des rapports de domination traditionnels, des excès de liberté (féodalisme[487]) pour leur substituer des rapports d'égalité ; cette condition étant *sine qua none* pour garantir une démocratie à la fois économique et sociale. Parce que « *c'est une législation de compromis ; l'Ordre public économique est une notion politiquement neutre* »[488]. On passe du discours politique au discours juridique.

159. La corrélation entre l'ordre public économique et la concurrence. L'ordre public économique dépend du bon fonctionnement du marché. Ce bon fonctionnement, selon la pensée économique dominante, tient à l'existence d'une concurrence libre et non faussée, à défaut de pouvoir atteindre une concurrence pure et parfaite. C'est-à-dire une situation de concurrence où aucun opérateur économique n'est en mesure d'influencer le jeu économique dans son seul intérêt et au détriment de celui des autres, une situation où chacun est libre d'entreprendre et n'est soumis à aucune restriction arbitraire ou abusive. Mais plus encore que la concurrence libre et non faussée, c'est bien la loyauté des relations économiques qui importe[489] et qui permet d'assurer un ordre public économique. Assurer un tel ordre c'est ainsi veiller à ce que ne se constituent pas des structures de marché anticoncurrentielles

---

486 RIEM (F.), « Retour sur l'ordre concurrentiel », *RIDE*, 2013/4 (t. XXVII), p. 440.

487 Max Weber distingue trois types idéaux de gouvernements politiques et d'autorité : la domination charismatique (familiale et religieuse) ; la domination traditionnelle (patriarcat et féodalisme) ; et enfin la domination légale (État moderne, bureaucratie).

488 FARJAT (G.), *L'ordre public économique*, *op. cit.*, p. 93 et s. L'auteur questionne : « *La notion actuelle d'Ordre public économique apparaît neutre quant à sa signification sociale. Les nombreuses manifestations de la contrainte à fin économique, plaquées sur un vieux fonds libéral, sont-elles cependant l'indice d'une évolution ultérieure ?* ».

489 Sur la relation entre liberté et loyauté en matière concurrentielle, voir not. : DE MELLO (X.), « Loyauté ou liberté de la concurrence ? », *Petites aff.* n° 83 et 84, 1994 : « *Les règles de la concurrence doivent être distinguées selon que leur objet est la loyauté de la concurrence ou la liberté de la concurrence.*
Il ne faut pas confondre la liberté avec la loyauté, même si la violation de celle-là constitue, en même temps, une violation de celle-ci. ».

(monopoles, oligopoles, cartels, ententes…) et n'aient pas lieu des comportements anticoncurrentiels (abus de position dominante ou de dépendances économiques, pratiques restrictives de concurrence). Ainsi, la poursuite de l'ordre public économique peut justifier des restrictions aux libertés économiques ; il est « *spécialement invoqué pour justifier des limites à la liberté contractuelle, à la liberté d'entreprendre* »[490]. Il assure, là où le rôle actif de l'État est parfois contesté, la conciliation des intérêts et la loyauté.

160. L'ordre public économique est désormais une justification forte et un pilier indispensable de la régulation. Particulièrement parce que la régulation s'exerce dans les secteurs de réseaux, en grande partie, et concerne donc la concurrence dans les grands services publics. La conciliation des intérêts est bien de mise. L'avènement de l'ordre public économique semble dessaisir l'État de son rôle économique au profit d'autorités administratives indépendantes. En effet, étant lui aussi un acteur économique, il doit être soumis aux règles concurrentielles[491], il ne peut être acteur et arbitre sans risquer la partialité. C'est bien en ce sens que l'ordre public économique est mis en œuvre par des autorités administratives indépendantes. Elles adoptent une approche exclusivement concurrentielle et ne prennent pas en compte les intérêts stratégiques de l'État, et particulièrement celui de l'indépendance nationale. C'est donc à l'État de les préserver par des législations spéciales, au premier titre desquelles l'encadrement des investissements étrangers et la prise de participation au capital des entreprises publiques. Les stratégies actionnariales de l'État lui permettent également de conserver une autorité dans les secteurs stratégiques, bien que cet aspect soit à distinguer de la tutelle et de l'intérêt patrimonial. Ce dernier demeure le plus important pour l'État actionnaire[492].

161. L'ordre public économique : une reconnaissance jurisprudentielle relativement récente. La notion d'ordre public économique a été consacrée

---

[490] PEZ (T.), « L'ordre public économique », *Nouv. Cah. Cons. Const.* n° 49, (dossier : L'entreprise), octobre 2015, p. 44-57.

[491] Conseil d'État, Sect., 3 novembre 1997, n° 169907, Million et Marais.

[492] CARTIER-BRESSON (A.), *L'État actionnaire*, *op. cit.*, n° 157 et s. L'auteure met l'accent sur la distinction entre tutelle et actionnariat : » *En théorie, l'actionnariat et la tutelle constituent deux modes distincts de relation entre l'État et les entreprises. Le premier renvoie en principe à des techniques de droit privé, alors que la seconde désigne un ensemble de prérogatives de puissance publique. Un actionnaire est censé rechercher la meilleure valorisation de son patrimoine, alors que les autorités de tutelle veillent à l'accomplissement de finalités d'intérêt général par les organismes qu'elles contrôlent.* ».

Notons que l'Agence des participations de l'État a fait l'objet de critiques assez vives, notamment concernant l'existence de conflits d'intérêts. Voir not. : Cour des comptes, Le processus de privatisation des aéroports de Toulouse, Lyon et Nice, Communication à la commission des finances, de l'économie générale et du contrôle budgétaire de l'Assemblée nationale, 13 novembre 2018 [https://www.ccomptes.fr/fr/publications/le-processus-de-privatisation-des-aeroports-de-toulouse-lyon-et-nice].

récemment en jurisprudence. Ce n'est que depuis 2011 que le Conseil constitutionnel tend à intégrer cette notion d'ordre public économique et de bon fonctionnement du marché dans ses décisions. On retrouve tout de même quelques prémisses à cette consécration. Assez tôt, le Conseil constitutionnel a en effet affirmé que certaines limitations pouvaient être apportées à la liberté d'entreprendre lorsque ces limitations découlent d'exigences constitutionnelles ou sont justifiées par l'intérêt général[493].

En 2011[494], le Conseil constitutionnel a eu à se prononcer sur la conformité à la Constitution de l'article L. 442-6 du code de commerce qui prévoit que tout producteur, commerçant, industriel ou toute personne immatriculée au répertoire des métiers, engage sa responsabilité s'il se livre à des pratiques restrictives de concurrence. Dans sa décision, le Conseil affirme qu'« *eu égard aux objectifs de préservation de l'ordre public économique qu'il s'est assignés, le législateur a opéré une conciliation entre le principe de la liberté d'entreprendre et l'intérêt général tiré de la nécessité de maintenir un équilibre dans les relations commerciales ; que l'atteinte portée à la liberté d'entreprendre par les dispositions contestées n'est pas disproportionnée au regard de l'objectif poursuivi* »[495]. Il est significatif que le Conseil reconnaisse que le maintien de l'équilibre dans les relations commerciales participe de l'intérêt général. L'ordre public économique ne peut être assuré s'il existe des déséquilibres significatifs dans les relations commerciales. Le Conseil confirme ainsi que les pratiques restrictives, que l'on assimile au petit droit de la concurrence[496], participent pourtant pleinement de l'ordre public

---

[493] Voir par ex. : Cons. const., 10 juin 1998, n° 98-401 DC ; Cons. const., 16 janvier 2001, n° 2000-439 DC ; Cons. const., 18 octobre 2010, n° 2010-55 QPC ; Cons. const., 21 janvier 2011, n° 2010-89 QPC ; Cons. const., 24 juin 2011, n° 2011-139 QPC.

[494] Cons. const., 13 mai 2011, n° 2011-126 QPC, Société Système U Centrale Nationale et a., cons. 5.

[495] Cons. const., 13 mai 2011, n° 2011-126 QPC, Société Système U Centrale Nationale et a., cons. 5.

[496] Sur la distinction entre petit et grand droit de la concurrence, voir not. : DELAUNAY (B.), *Droit public de la concurrence*, 2e éd., Manuel, LGDJ Lextenso, 2018, n° 132 et s.

économique, du fonctionnement concurrentiel du marché et *in fine* de l'intérêt général. D'autres décisions viendront confirmer cette approche[497].

162. La notion d'ordre public économique demeure pourtant floue[498]. Les défenseurs de l'ordre public économique refusent de la résumer à l'ordre concurrentiel et intègrent à l'ordre public économique des considérations autres, particulièrement de service public[499]. Sans trancher le débat, le point à relever pour ces développements c'est que l'avènement de cette notion confirme que la liberté d'entreprendre n'est ni générale, ni absolue et que cette liberté peut être soumise à des restrictions, et ce, de manière très classique car, « *L'ordre public, économique ou non, celui du juge comme celui de la police, a toujours la même fonction : contraindre des volontés particulières, limiter la liberté* »[500], car celles-ci doivent céder devant les considérations d'intérêt général qui fondent l'ordre public économique.

163. Finalement, contre les féodalités économiques, et donc contre le monopole de fait, c'est d'abord le rôle actif de l'État qui est convoqué et cela donnera lieu, comme nous le verrons, aux nationalisations. Dans la dualité de ses missions, l'État doit s'opposer au monopole de fait, et plus encore, avoir un rôle moteur dans l'économie. Néanmoins, la *sécularisation économique* de l'État, rendue en partie nécessaire par l'influence européenne, a conduit à ce qu'il se replie sur la défense de secteurs stratégiques, et qu'il laisse le maintien de l'ordre public économique à des autorités administratives indépendantes, qui agissent certes en son nom, mais sont caractérisées par la neutralité et l'impartialité. On trouve un premier infléchissement de l'affirmation, qui

---

[497] Cons. const., 12 octobre 2012, n° 2012-280 QPC, Société Groupe Canal Plus et a. : les dispositions relatives au contrôle des concentrations « *ont pour objet d'assurer un fonctionnement concurrentiel du marché* » et que les atteintes ainsi portées par ces dispositions à la liberté d'entreprendre sont justifiées par « *les objectifs de préservation de l'ordre public économique* » ; Cons. const., 1er octobre 2013, n° 2013-3 LP, Loi du pays relative à la concurrence en Nouvelle-Calédonie : le Conseil constate que « *le congrès de la Nouvelle-Calédonie a entendu soumettre les opérations de concentration en Nouvelle-Calédonie à un contrôle dans tous les secteurs d'activité afin d'assurer un fonctionnement concurrentiel du marché* »[497] et de poursuivre avec force que « *eu égard aux particularités économiques de la Nouvelle-Calédonie et aux insuffisances de la concurrence sur de nombreux marchés, l'atteinte à la liberté d'entreprendre [...] est justifiée par les objectifs de préservation de l'ordre public économique que le législateur s'est assignés et proportionnée à cette fin* ».

[498] Un débat subsiste notamment sur le fait de savoir si l'ordre public économique se résume à l'ordre concurrentiel. Sur ce point, voir not. : PEZ (T.), « L'ordre public économique », *Nouv. cah. Cons. const.*, n° 49, octobre 2015, p. 44 et s. Pour un autre point de vue : MARCOU (G.), « L'ordre public économique aujourd'hui. Un essai de redéfinition », *in Annales de la régulation,* vol. 2, REVET (T.), VIDAL (L.) dir., IRJS éd., 2009, p. 79.

[499] PEZ (T.), » L'ordre public économique », *op. cit.*

[500] PEZ (T.), » L'ordre public économique », *op. cit.*

pourrait sembler naturelle à la lecture du neuvième alinéa, et selon laquelle c'est la puissance étatique, seule, qui doit s'opposer au monopole de fait[501].

[501] Cela ouvre ainsi largement le champ de réflexion juridique autour de l'expression de « *propriété de la collectivité* », opposée au monopole de fait dans le neuvième alinéa du Préambule de 1946. Cette disposition ne semble pas être seulement une appropriation publique, du fait de l'État, mais bien une appropriation collective, sur laquelle il s'agira de revenir dans la deuxième partie de ces développements.

Conclusion du Chapitre II

164. Sur un plan politique, le monopole de fait trouve son origine dans l'expression de *féodalités économiques*. Terme conforme à l'idée selon laquelle le pouvoir économique, même celui résultant d'organisation collective, peut s'exercer de manière unilatérale et autoritaire, sans justification ni légitimité. Sous le terme de féodalités économiques, on se souvient, à grands traits, de ces organisations de métiers qui, par le contrôle et l'encadrement des activités économiques, ont pu aboutir à restreindre les libertés économiques des individus, et notamment la libre initiative, pourtant essentielles à l'effectivité d'une démocratie économique. Les féodalités économiques sont antinomiques de la libre entreprise. Cela ressort avec acuité de l'étude du système corporatif où l'exclusivité dont bénéficiaient les membres des corporations ne reposait sur aucune justification fondée en droit. Ce type de système, d'organisation économique, est incompatible avec le développement démocratique du marché. Cette impossibilité n'est cependant pas inhérente au seul système féodal. L'incompatibilité peut résulter de tout système économique à partir du moment où se constitue une véritable puissance économique.

165. Sur ce point, l'individualisation du droit révèle une certaine ambivalence. L'individualisation, dont le premier acte se retrouve dans la consécration des droits de l'homme à la Révolution, s'est érigée contre le système corporatif, contre ces collectivités d'intérêts qui finirent par s'octroyer des privilèges au détriment des individus. Forts de la reconnaissance de leurs droits et libertés, on aurait pu penser que des féodalités économiques ne pourraient plus se renouveler et se reconstruire aux dépens des individus. Mais la transition marchande, ainsi que la révolution industrielle, ont conduit à l'avènement de nouvelles puissances économiques, véritables féodalités modernes, reposant précisément sur les droits individuels affirmés contre les féodalités. Paradoxe qui démontre la permanence des monopoles de fait et leur indifférence aux systèmes politiques et économiques desquels ils émergent.

166. C'est alors naturellement, et sous l'expression de *monopole de fait* que les constituants, en 1946, stigmatisent les féodalités économiques. Contre ces grandes féodalités économiques, le rôle de l'État s'affirme ; à la puissance privée s'oppose la puissance publique. L'État entretient, depuis longtemps, un lien étroit avec l'économie. L'économie nationale doit être au service du pouvoir d'État, ce sera toute l'œuvre de Colbert au XVIIe. Mais les mutations économiques du XVIIe siècle à nos jours, et l'avènement de la démocratie économique et sociale après-guerre, donnèrent à voir de nouveaux fondements à l'encadrement de l'économie par l'État. Il ne s'agit plus seulement d'associer les entreprises à la grandeur de la Nation, mais de s'assurer que leurs activités correspondent à la réalisation d'une démocratie économique et sociale. Ce n'est plus seulement au rayonnement international de l'État que l'on associe les entreprises, mais à l'intérêt général. C'était bien tout l'objet de la planification, ce que l'on verrait plus nettement si le discours politique n'avait pas pris tout l'espace et que la planification n'avait pas été, sans nuances, assimilée à de l'administration économique.

167. Durant le XXe siècle, cet aspect s'est en quelque sorte transformé. Partant d'un rôle actif, d'une intervention directe de l'État (et plus généralement des collectivités publiques) dans l'économie, on aboutit à partir des années 70-80, sous l'influence des discours économiques ultralibéraux, à une délégitimation de l'interventionnisme étatique. La démocratie économique et sociale est reléguée au second plan, on réaffirme l'idée d'autosuffisance du marché et l'on place la concurrence au premier rang. Mais après diverses crises, le discours ultralibéral est remis en cause, notamment par l'École de Harvard. Les guerres intestines de la pensée économique obligent le juriste à trouver ses propres concepts pour déterminer les conditions de l'interventionnisme étatique. C'est alors qu'en droit se sont développés l'ordre public économique et l'ordre concurrentiel. C'est alors que s'est également largement développée la régulation ; mise en œuvre par des autorités administratives, qui agissent au nom de l'État, et sont tenues par les intérêts de la Nation et par l'intérêt général. Le fait qu'elles opèrent dans les secteurs de réseaux conduit à ce qu'elles protègent également les services publics.

CONCLUSION DU TITRE I

168. Les origines économiques et politiques du monopole de fait sont complémentaires et permettent de comprendre l'idée de cette notion. Cette idée selon laquelle le monopole de fait constitue une situation anticoncurrentielle et antidémocratique car elle émane d'un déséquilibre de pouvoir dans des rapports sociaux multiples. Cette idée selon laquelle il existe de véritables puissances privées dont les risques pour la démocratie économique et sociale sont prégnants et ne peuvent être tolérés.

169. La réalité du pouvoir économique privé et des risques que sa concentration fait peser sur le développement d'une concurrence libre et non faussée, une concurrence loyale, a conduit à un encadrement des opérateurs économiques, notamment dans leurs stratégies de concentrations. Cet encadrement constitue un moyen préventif de constitution anarchique d'un pouvoir de marché. Il permet aux pouvoirs publics de s'assurer qu'une telle concentration s'opère selon des modalités propres à garantir l'effectivité de la concurrence, c'est-à-dire qu'elle ne s'opère pas aux dépens d'une concurrence libre et non faussée, seule conforme à une démocratie économique. C'est parce que les situations monopolistiques permettent à l'opérateur d'adopter un comportement indépendant sur le marché, propre à aboutir à un monopole de fait, qu'elles ont fait l'objet d'une attention particulière en droit et ont justifié l'essor du droit de la concurrence et de la régulation.

170. Cette approche est confortée par l'origine politique du monopole de fait. C'est en effet la même idée que l'on retrouve dans le Programme du CNR qui fustige les féodalités économiques, ces pouvoirs privés qui se dressent contre l'intérêt général. Ce Programme invite les pouvoirs publics à se saisir de la question des *trusts* et cartels et à consacrer la nécessité du caractère démocratique du marché, dans le marché, mais de manière plus fondamentale dans la société. Actée par les constituants, cette nécessité constitue la véritable justification du neuvième alinéa du Préambule de la Constitution de 1946. L'époque étant alors à l'interventionnisme public, l'État devait jouer un rôle actif dans la direction de l'économie et dans la sanction des monopoles de fait. L'époque plus contemporaine voit l'avènement du libéralisme, et la transformation du mode d'action de l'État : ce n'est plus du rôle actif de l'État qu'est attendue la sauvegarde de la démocratie économique et sociale, mais bien de l'ordre public économique.

Titre II.
Identification du monopole de fait

171. L'identification du monopole de fait est difficile et doit se faire par étape. Elle est rendue difficile parce que les débats des assemblées constituantes ne font pas totalement état des origines de la notion et intègrent la question du monopole de fait à une réflexion plus globale sur le droit de propriété. Les discussions relatives au monopole de fait ont occupé les débats, tant à la première, qu'à la seconde assemblée constituante, mais les discussions ne sont pas entrées sur le terrain de la définition tant il y avait unanimité de pensée à propos du monopole de fait. Il peut être, à ce titre, déconcertant d'y trouver un rapport avec le droit de propriété, mais à bien y réfléchir, il s'agit d'un droit qui, dans ses effets, matérialise juridiquement un pouvoir. En cela on retrouve bien les origines du monopole de fait. La correspondance avec les puissances privées économiques se révèle et la filiation avec les féodalités économiques se confirme.

La condamnation du monopole de fait résulte du constat des abus perpétrés par les grands propriétaires des moyens de production. Les termes peuvent paraître surannés, voire politiques, c'est pourtant cet état de fait qui explique la condamnation unanime du monopole de fait. Contre cette propriété privée, asphyxiante, on oppose la propriété de la collectivité. Mais cette dimension fondamentale est occultée par les approches juridictionnelles, qui, adhérant à une approche concurrentielle, assimilent le monopole de fait à la situation monopolistique, et tronquent l'analyse du monopole de fait. Car, si la situation monopolistique peut être un indice de monopole de fait, elle ne saurait le présumer, c'est l'enseignement de son origine économique. Comme tout indice, la situation monopolistique n'est pourtant pas à négliger, mais son appréhension en droit connaît de nombreuses difficultés qu'il s'agit de préciser (Chapitre I). La difficulté à identifier le monopole de fait peut être surmontée par la proposition d'éléments caractéristiques. Éléments qui résultent de cette idée selon laquelle le monopole de fait constitue un privilège pour l'entreprise qui le détient, un abus pour ceux qui le subissent. C'est ainsi ce privilège qu'il faut nommer et préciser pour observer positivement le monopole de fait. En étudiant diverses situations représentatives, on observe une caractéristique commune : l'existence d'une rente de situation. Une rente illégitime. Elle est le dénominateur commun à toute situation de monopole de fait. C'est par cette résultante, et non par les leviers utilisés (les indices), que l'on peut identifier sûrement le monopole de fait (Chapitre II).

Chapitre I.
Les indices de monopole de fait

172. Les débats des assemblées constituantes de 1945 et 1946 donnent de précieux renseignements quant à ce qu'il faut retenir du monopole de fait. Sa condamnation faisait l'unanimité ; et comme le relevait Durkheim, « *un sentiment collectif, qui éclate dans une assemblée, n'exprime pas simplement ce qu'il y avait de commun entre tous les sentiments individuels. [...] Si tous les cœurs vibrent à l'unisson, ce n'est pas par suite d'une concordance spontanée et préétablie ; c'est qu'une même force les meut dans le même sens. Chacun est entraîné par tous.* »[502]. En 1946, les constituants dressaient, à l'unisson, une limite au marché et à l'entreprise[503].

173. Les discours, et le premier projet de Constitution particulièrement, mettent en lumière le lien existant entre la volonté de renouveler le droit de propriété, de réaffirmer sa fonction sociale, et la nécessité de condamner le monopole de fait. Il s'agissait, en substance, de prôner et d'agir en faveur d'une conciliation des droits pour assurer l'égalité des droits. Il s'agissait, en utilisant des termes assez forts, de diluer l'hégémonie de la propriété dans la conception du droit français ; d'actualiser, à l'aune des évolutions sociétales, les valeurs de la République. C'est partant du constat selon lequel l'exercice du droit de propriété constitue un véritable pouvoir, peut être utilisé abusivement et ne plus correspondre à sa fonction sociale, que les constituants ont souhaité affirmer la *propriété de la collectivité* sur les monopoles de fait. Étaient évidemment visés ces grands pouvoirs économiques privés, *propriétaires* des moyens de production. Cette complémentarité entre l'affirmation d'une fonction sociale des droits, ayant divisé la doctrine, et la condamnation du monopole de fait est explicite dans le projet d'Avril, elle se retrouve en demi-teinte dans le Préambule définitif, elle est absente en jurisprudence (Section I).

174. Si l'on ne se réfère plus aujourd'hui aux propriétaires des moyens de production, on utilise plus aisément le terme d'entreprise et de situation monopolistique pour désigner les détenteurs d'un fort pouvoir de marché dont on peut craindre les effets. La difficile identification du monopole de fait résulte en partie de la difficulté à appréhender juridiquement ces notions. En effet, le droit peine à s'approprier certaines notions telles que celles

---

[502] DURKHEIM (E.), *Les règles de la méthode sociologique*, Paris, PUF, 1993, p. 11.

[503] Et, selon Sandel, « *Un débat afférent aux limites morales du marché nous donnerait la possibilité de décider collectivement où celui-ci sert le bien public et où il n'en participe pas ; et il dynamiserait de surcroît notre politique en portant des conceptions rivales de la vie bonne sur la place publique. Car comment de telles discussions pourraient-elles progresser sinon ?* », SANDEL (M.), *Ce que l'argent ne saurait acheter*, Editions du Seuil, coll. Economie, 2016, p. 49.

d'entreprise et de marché pertinent, le niveau d'expertise économique nécessaire à l'appréciation concurrentielle d'un marché excède le niveau d'expertise des juridictions. Il est néanmoins nécessaire de préciser ces notions, car « *il est indispensable qu'il y ait une adéquation entre l'économie et le droit.* »[504]. L'appréciation de la situation monopolistique permet de déceler l'existence d'un fort pouvoir de marché, l'appartenance d'une société à une entité économique plus vaste et unitaire, également. Il ne faut pas négliger la puissance du groupe lorsque l'on cherche le monopole de fait (Section II).

Section I.
LA SYMBOLIQUE JURIDIQUE DU MONOPOLE DE FAIT

175. L'œuvre du constituant de 1946 démontre à quel point « *le conflit est [...] le véritable moteur du droit.* »[505]. En ces temps de conflit (Grande dépression des années 30 couplée à la Seconde Guerre mondiale), le constituant a pris soin de condamner le monopole de fait. C'est une avancée considérable. Par là, il stigmatise les féodalités. Que l'on utilise l'un ou l'autre terme, leur point commun tient au fait que « *leur usage courant discrédite à peu de frais des comportements, des situations* »[506]. Il résulte de l'analyse des débats du constituant que certaines entreprises utilisent abusivement leur pouvoir, même lorsque ce pouvoir est détenu légitimement. Il aura fallu deux assemblées constituantes afin de parvenir à un texte constitutionnel consensuel pour la IVe République. La lecture des débats permet de cerner plus précisément la notion de monopole de fait. Le neuvième alinéa laisse transparaître le fait que les droits, et typiquement le droit de propriété, sont source de pouvoir et qu'à ce titre, leur exercice doit correspondre à la fonction sociale qui a justifié leur consécration juridique. Dit autrement, l'exercice d'un droit ne doit pas conduire à faire primer un intérêt particulier sur l'intérêt général. En 1946, en matière économique c'est bien la propriété des moyens de production qui est remise en cause lorsqu'elle aboutit à des situations antinomiques avec les exigences démocratiques et sociales, c'est ce qui est aux fondements de la condamnation du monopole de fait (§I). Cette évidence du monopole de fait, de ce qu'il est et de ce qu'il représente en 1946, a conduit à le condamner en une formule lapidaire. Mais cette évidence se perd, et la formule pour le juriste en devient presque obscure, alors même que le neuvième alinéa comble une

---

[504] PAILLUSSEAU (J.), « Le droit des activités économiques à l'aube du XXIe siècle », *D.*, 2003, p. 260.
[505] OST (F.), *À quoi sert le droit ? Usages, fonctions, finalités*, Bruylant, coll. Penser le droit, 2017, p. 31.
[506] LEFEBVRE (J.), « L'hypothèse du néo-féodalisme. Présentation », *op. cit.*, p. 7.

lacune[507]. Le juge n'a pourtant pas saisi les occasions qui s'offraient à lui de le définir. Les approches juridictionnelles ne reflètent pas la réalité que l'on a voulu condamner en 1946, plus encore elles semblent se refuser à toute interprétation (§II).

§ I. LES ENSEIGNEMENTS DES DEBATS DES ASSEMBLEES CONSTITUANTES

176. Le Préambule de la Constitution de 1946 ajoute aux grands principes de la Déclaration des droits de l'homme de 1789, de nouveaux principes alors particulièrement nécessaires. Parmi ceux-ci, la propriété de la collectivité sur le monopole de fait est centrale (A). Et cette disposition se dresse en miroir de la propriété privée. En cela, les débats donnent un premier éclairage juridique du monopole de fait : sa condamnation laisse transparaître la volonté des constituants d'alors de lutter contre les abus de ce droit. On y décèle la réaffirmation de la fonction sociale de ce droit (B).

A. La condamnation du monopole de fait : un principe nécessaire à tous les temps

177. La valeur constitutionnelle du Préambule de la constitution de 1946 : une valeur à rappeler. La question de la valeur juridique du Préambule de la Constitution de 1946 est d'autant plus cruciale que le neuvième alinéa oblige le législateur[508]. Or, la force de cette injonction est tributaire de la valeur accordée au texte dans lequel elle s'insère. On constate qu'« *Étrangères ou*

---

507 Sur la lacune, voir not. : PERELMAN (C.) dir., *Le problème des lacunes en droit*, Bruylant, 1968 ; CARBONNIER (J.), *L'hypothèse du non-droit*, Archives de philosophie du droit, 1963 ; CARBONNIER (J.), *Flexible droit : pour une sociologie du droit sans rigueur*, 10e éd., LGDJ, 2014.
FORIERS (P.), « Les lacunes du droit », *in* PERELMAN (C.) dir., *Le problème des lacunes en droit*, Bruylant, 1968, p. 10 : « *[...] dans les lacunes au contraire il y a – si nous osons dire – une norme trop peu en ce sens qu'il n'y a pas de règle là où il en faudrait une, ou que la règle qui existe n'apporte pas de solution acceptable* ». Or, le neuvième alinéa comble précisément une lacune préexistante, tenant au silence des Constitutions antérieures sur les rapports économiques. Le neuvième alinéa pose une règle générale et c'est tout l'objet de cette étude que de redécouvrir cette règle générale.

508 En effet, le neuvième alinéa énonce que le monopole de fait *doit* devenir la propriété de la collectivité, et comme cela a été relevé, « *le texte ôte au législateur futur tout pouvoir discrétionnaire* », RIVERO (J.), VEDEL (G.), « Les principes économiques et sociaux de la Constitution : Le préambule », *op. cit.*, p. 128.
Même si l'obligation, on l'accorde est difficile à mettre en œuvre. Nous l'avons relevé en introduction.

françaises, de très nombreuses Constitutions recèlent, [...] la proclamation de principes supérieurs, s'analysant en injonctions, défenses ou recommandations, et destinés à orienter l'œuvre législative selon un schème politique directeur »[509]. Or, si l'on s'accorde sur le fait que les Préambules servent à exposer les motifs et objectifs poursuivis par le constituant, servent à expliciter les évolutions politiques, économiques et sociales d'une Nation, la valeur à donner à ces motifs et objectifs a été longtemps discutée. Il faudra ainsi attendre la décision bien connue de 1971[510] dite Liberté d'association, fondant le bloc de constitutionnalité, pour affirmer que le Préambule de la Constitution du 27 octobre 1946 dispose d'une valeur constitutionnelle. Il semble que le Conseil constitutionnel ait choisi de faire des principes économiques et sociaux « *un complément des principes de 1789* »[511], ce qui ne fera pas l'unanimité dans la doctrine[512].

178. La filiation entre la condamnation du monopole de fait et la rationalisation du droit de propriété. Dans le premier projet de Constitution, le monopole de fait était intégré à l'article 36 du Préambule. Cet article énonçait que « *Le droit de propriété ne saurait être exercé contrairement à l'utilité sociale ou de manière à porter préjudice à la sûreté, à la liberté, à l'existence ou à la propriété d'autrui. Tout bien, toute entreprise dont l'exploitation a ou acquiert les caractères d'un service public national ou d'un monopole de fait doit devenir la propriété de la collectivité.* ». La signification de cet article est évidente : les monopoles de fait sont apparentées à un usage abusif du droit de propriété, s'exerçant nécessairement de façon contraire à l'utilité sociale ou de manière à porter préjudice à la sûreté, à la liberté, ou encore à la propriété d'autrui. Il s'agit donc d'affirmer que de telles situations ne peuvent être justifiées par l'existence d'un droit de propriété. C'est bien ce que rappelle le rapporteur lorsqu'il énonce que « *Ce principe selon lequel le droit de propriété doit s'effacer devant les exigences de l'intérêt général*[513] *commande aujourd'hui une autre application rendue*

---

[509] MIGNON (M.), « La valeur juridique du Préambule de la Constitution selon la Doctrine et la Jurisprudence », *op. cit.*, p. 127.

[510] Cons. const., déc. n° 71-44 DC du 16 juillet 1971, Loi complétant les dispositions des articles 5 et 7 de la loi du 1er juillet 1901 relative au contrat d'association.

[511] THERON (J.-P.), « À propos de la liberté d'entreprendre », *in L'interventionnisme économique de la puissance publique, Mélanges Péquignot*, t. 2, Centre d'études et de recherches administratives, Montpellier, 1984, p. 676.

[512] Voir not. : FAVOREU (L.), « Les décisions du Conseil constitutionnel dans l'affaire des nationalisations », *RDP*, n° 2, 1982, p. 404 ; VEDEL (G.), « La place de la Déclaration de 1789 dans le "bloc de constitutionnalité" », *in La déclaration des droits et l'homme et du citoyen et la jurisprudence*, Paris, 1989, p. 34 et s. Et plus particulièrement les développements p. 56 et s. Pour une approche plus générale sur la conciliation de normes constitutionnelles : DRAGO (G.), « La conciliation entre principes constitutionnels », *D.*, 1991, p. 265.

[513] Et plus précisément, la privation du droit de propriété est conditionnée à l'existence d'une cause d'utilité publique.

nécessaire par l'évolution de l'économie moderne et qui a fait apparaitre d'énormes entreprises ayant le caractère de monopoles de fait »[514]. Cette déclaration met clairement en évidence la nécessité de rappeler les opérateurs économiques à des considérations d'intérêt général. Le droit de propriété est central dans les débats de 1946[515].

Ce premier projet n'est pas accepté. Et C'est probablement ce qui explique qu'après le refus du premier projet constitutionnel, le deuxième n'affirme plus aussi explicitement la fonction sociale des droits et son corollaire : la nécessaire limitation des droits lorsque leur exercice ne répond plus à leur fonction sociale mais à un intérêt particulier qui prime l'intérêt général.

179. Le deuxième projet de Constitution et ses enseignements. La seconde assemblée constituante ne conservera pas le format voulu en première instance. La correspondance entre la propriété de la collectivité sur le monopole de fait, qui a irrigué dès le début les débats[516], se dilue.

À la Déclaration des droits est subrogé un *simple* Préambule, dont on a considéré qu'il n'avait qu'une « *portée purement morale et métaphysique* »[517]. Le monopole de fait sera consacré dans un alinéa selon lequel « *Tout bien, toute entreprise, dont l'exploitation a ou acquiert les caractères d'un service public national ou d'un monopole de fait, doit devenir la propriété de la collectivité* » : déconnecté donc du droit de propriété.

Mais il est possible de retrouver cette filiation entre le monopole de fait et le droit de propriété en considérant sa place dans le Préambule, et de lui donner une dimension plus neutre. Le neuvième alinéa fait directement suite à l'affirmation selon laquelle les travailleurs peuvent et doivent participer

---

514 ZAKSAS (G.), discours à l'Assemblée nationale constituante, JO 7 mars 1946, p. 606. Il ajoute : « *De véritables puissances économiques sont ainsi nées qui, dangereuses pour la nation portent atteinte aux droits et libertés de chaque individu. Il n'est pas possible de garantir pleinement ces droits et libertés sans proclamer en même temps le retour à la collectivité des biens et entreprises ayant le caractère d'un service public ou d'un monopole de fait* ».

515 En effet « *Les rapports de propriété constituent le problème à partir duquel les insurgences du pouvoir constituant se définissent. Au contraire, le pouvoir constitué considère les rapports de propriété comme sacrés et immuables* », NEGRI (A.), « La démocratie contre la rente », *op. cit.*, p. 130.

516 Et notamment ceux des assemblées consultatives provisoires (qui ont, il faut le rappeler, procédé aux premières nationalisations). La première Assemblée consultative provisoire fut instaurée par l'ordonnance du 3 novembre 1943 du Comité français de libération nationale, siégeait à Alger et était présidée par le Général de Gaulle. Puis, la seconde Assemblée consultative provisoire fut instaurée par l'ordonnance du 11 octobre 1944 du Gouvernement provisoire de la République française, siégeait à Paris et était présidée par le Général de Gaulle. Ces Assemblées assurèrent le pouvoir, en parallèle à l'État français « capitulard », et ce jusqu'au double référendum initié par le Gouvernement provisoire — proposant une Assemblée nationale constituante aux pouvoirs limités. Les élections législatives auront lieu le même jour, le 21 octobre 1945 et donneront naissance à l'Assemblée nationale constituante de 1945.

517 MIGNON (M.), « La valeur juridique du Préambule de la Constitution selon la Doctrine et la Jurisprudence », *op. cit.*, p. 128.

collectivement à la détermination de leurs conditions de travail[518]. L'accent est alors mis non plus sur la propriété des moyens de production mais sur la gestion des entreprises, qui doit correspondre à une certaine idée de justice sociale. Affirmer en suivant que le monopole de fait doit devenir la propriété de collectivité permet de comprendre que le point important dans les débats, au-delà de la propriété des moyens de production, est bien celui de l'utilisation de ces moyens. La propriété des moyens de production ne doit pas permettre aux puissances économiques privées de faire primer leur intérêt particulier, l'accent est donc à mettre sur la gestion des entreprises.

B. La condamnation du monopole de fait, la fonction sociale des droits et la loyauté

180. Dans le contexte particulier de transition du système féodal, l'affirmation de la propriété privée a permis d'instaurer une certaine égalité entre les individus, de leur donner un moyen de leur conservation comme le pense Locke[519]. En effet, « *La détention du sol est un* fait *que la force seule fait respecter, jusqu'à ce que la société prenne en main et consacre la cause du détenteur ; alors, sous l'empire de cette garantie sociale, le* fait *devient un droit ; ce droit, c'est la propriété.* »[520]. Ainsi, le droit de propriété privée revêt une fonction sociale, cette fonction est ce qui justifie qu'on le considère comme un véritable droit fondamental qui participe d'une égalité en droit entre tous les individus et acte la fin du système féodal, c'est ce qui justifie que le droit de propriété est considéré comme un droit absolu, c'est-à-dire « *sans restriction aucune ; sans limite* »[521].

---

[518] Huitième alinéa du Préambule de la Constitution du 27 octobre 1946 : « *Tout travailleur participe, par l'intermédiaire de ses délégués, à la détermination collective des conditions de travail ainsi qu'à la gestion des entreprises.* ».

[519] Voir notamment : LE JALLE (É.), « Le propriété comme "relation morale" », *in* BACHOFEN (B.) dir., *Le libéralisme au miroir du droit, L'État, la personne, la propriété*, ENS Éditions, 2008, p. 77 et s.

[520] LEFEBVRE DE LABOULAYE (E.), *Histoire du droit de propriété*, ouvrage couronné par l'Académie des Inscriptions et Belles lettres, le 10 août 1838, cité *in* Pierre-Joseph Proudhon, *Théorie de la propriété*, *op. cit.*, p. 68. L'auteur continue : « *Le droit de propriété est une création sociale : les lois ne protègent pas seulement la propriété ; ce sont elles qui la font naître, qui la déterminent, qui lui donnent le rang et l'étendue qu'elle occupe dans les droits du citoyen* ».

[521] CORNU (G.), *Vocabulaire juridique*, 12e éd., Association Henri Capitant, PUF, janvier 2018, p. 5.

Ce droit permet d'affirmer le pouvoir des individus face aux pouvoirs des institutions féodales, c'est l'affirmation d'un besoin collectif, conformément à l'approche qu'en avait le Professeur Duguit[522].

181. Les possibles abus liés à l'exercice du droit de propriété : le cas des grands propriétaires de moyens de production. Le constat en 1946, c'est que le droit de propriété tend à se détacher de sa fonction sociale[523]. On remet au goût du jour, en quelque sorte, la distinction entre possessoire et pétitoire, chère à Proudhon[524]. C'est que le droit de propriété a « *cessé de correspondre aux exigences de l'état actuel de la vie économique et sociale, et [...] doi [t], à ce titre, subir de profondes transformations* »[525]. Pourtant, tous les parlementaires ne partageaient pas cette nécessaire actualisation. En effet, le député Robert Bruyneel considérait que la déclaration proposée venait restreindre la propriété, droit pourtant inviolable et sacré depuis 1789 ; et l'argument tiré de l'intérêt général ne saurait pour lui justifier une telle privation. Selon lui, « *la lutte contre les trusts menace de dégénérer en étatisation de l'artisanat* »[526], il n'envisage que l'atteinte portée par la personne publique au droit de propriété sans considération du fait que la propriété d'un bien ou d'une entreprise puisse être exercée en contradiction avec les droits et libertés des individus, qu'un droit puisse être exercé en opposition avec sa fonction sociale. Il lui sera répondu de manière cinglante par le député Raoul Callas, que « *ce sont généralement ceux qui se font le plus souvent les porte-parole des trusts, ceux dont la mainmise sur l'économie nationale étouffe et détruit la petite et la moyenne propriété, insuffisamment armée pour soutenir la concurrence de la grosse industrie et des maisons de*

---

522 BOCCON-GIBOD (T.), « Duguit, et après ? Droit, propriété et rapports sociaux », *RIDE*, 2014/3 (t. XXVIII), p. 288. L'auteur précise que : « *Le centre de sa réflexion réside dans l'idée que la propriété ne consiste pas dans un droit individuel, mais dans des besoins collectifs. Il ne s'agit pas d'une apologie du collectivisme : Duguit entend simplement dévoiler la dimension intrinsèquement collective de la propriété, laquelle n'est pas, selon lui, un droit individuel "inviolable et sacré" (dans les termes de la Déclaration de 1789), mais au contraire une "fonction sociale"* ».

523 Constat déjà effectué par la fameuse jurisprudence de la Cour de cassation, 3 août 1915, Clément Bayard.

524 PROUDHON (P.-J.), *Théorie de la propriété*, 2e éd., Librairie internationale, Paris, 1866, p. 95-96 : « *Remarquez que cette définition du Législateur gallo-romain est d'autant plus étonnante, je dirai presque scandaleuse, qu'il a parfaitement distingué la propriété, sciemment par lui déclarée abusive, de la possession qui ne l'est pas. Cette distinction a été si bien faite qu'elle a produit deux points de vue différents sur lesquels roule tout le droit civil, et qu'on appelle en termes d'école possessoire et pétitoire. Le possessoire est tout ce qui est relatif à la possession non abusive ; le pétitoire, tout ce qui est relatif à la propriété, au domaine abusif et absolu.* ».

525 GUILLET (P.-E.), député du groupe socialiste, discours à l'Assemblée nationale constituante, 2e séance du 7 mars 1946, p. 619.

526 BRUYNEEL (R.), député du Parti républicain de la liberté, discours à l'Assemblée nationale constituante, 2e séance du 7 mars 1946, réponse au rapport fait par M. le député Gilbert Zaksas. p. 610.

commerce à succursales multiples, ce sont ces expropriateurs qui crient eux-mêmes à l'expropriation »[527].

182. Le monopole de fait, tel que consacré par les constituants, invite donc évidemment à repenser l'exercice du droit de propriété, mais plus largement de tous les droits. Il force à constater qu'un droit puisse être exercé en contradiction de sa fonction sociale, et qu'une relation juridique peut souffrir d'abus[528]. Et ce malgré l'adage *neminem loedit qui suo jure utitur* : le droit confère l'irresponsabilité[529]. Le droit de propriété doit être pensé comme l'expression d'un pouvoir et non comme le seul lien des individus aux choses.

183. De la fonction sociale des droits à une exigence de loyauté et de solidarité. Par le prisme du droit de propriété, les constituants affirment que les droits individuels ne peuvent être l'objet d'une instrumentalisation qui aboutirait, en fait, à remettre en cause leur fonction sociale. On retrouve en substance une exigence de loyauté des membres d'une collectivité, parce que précisément, une collectivité repose sur des individus interdépendants[530] et solidaires[531]. Cette exigence de loyauté a, depuis, été largement appliquée à

---

[527] Raoul CALLAS, député du groupe communiste, discours à l'Assemblée nationale constituante, 2e séance du 7 mars 1946, p. 617.

[528] Et cet aspect transcende les diverses disciplines juridiques, pour un exemple en droit privé, voir not. : MORACCHINI-ZEINDENBERG (S.), *L'abus dans les relations de droit privé*, Presses universitaires d'Aix-Marseille, 2004.

[529] PLANIOL (M.), RIPERT (G.), *Traité élémentaire de droit civil*, 4e éd., t. 2, LGDJ, Paris 1948, n° 336 et s. Les auteurs relèvent que « *Après avoir déclaré qu'il y a abus de droit quand le titulaire agit de mauvaise foi, on a voulu aller plus loin et décider qu'il y a également abus quand il n'agit pas conformément à la mission sociale qu'il est censé avoir reçue. Les droits devraient être exercés dans* un certain esprit *et* pour une fin légitime. *De même qu'en droit public, un acte administratif est vicié par un* détournement de pouvoir *si l'autorité qui le fait se sert des pouvoirs à elle conférés dans un intérêt privé, en droit civil le titulaire d'un droit ne pourrait le* détourner de sa destination sociale. ».
Les auteurs réfutent cette position qui selon eux « *tend à détruire la force des droits privés* ».

[530] Selon la pensée de Duguit, DUGUIT (L.), *Le droit social, le droit individuel et la transformation de l'État*, Conférences faites à l'École des Hautes Études Sociales, Félix Alcan, Paris, 1908.

[531] BOURGEOIS (L.), *Solidarité*, Armand Colin, Paris, 1896, p. 102 : « *C'est cette idée de la dette de l'homme envers les autres hommes qui, donnant en réalité et en morale le fondement du devoir social, donne en même temps à la liberté au droit individuel, son véritable caractère, et par là même ses limites et ses garanties.* ».

différentes branches du droit[532], ce qui a pu faire dire que la loyauté est morcelée[533]. On le retrouve surtout, en droit des contrats[534] qui impose un véritable « *devoir de loyauté* »[535]. Dans toutes relations juridiques, on retrouve cette exigence, garante en quelque sorte de l'équilibre des relations, quand bien même existerait une disparité de pouvoir.

184. La loyauté, que l'on peut retrouver sous les termes de sincérité[536], de fidélité[537], ou encore de juste, est une notion ancienne, assurément juridique[538],

---

[532] Voir not. : Dossier : La loyauté, *Justice & Cassation. Revue annuelle des avocats au Conseil d'État et à la Cour de cassation*, Dalloz, 2014 où les différents auteurs analysent la loyauté par branche du droit.

NELIDOFF (P.), « La loyauté en histoire du droit », *in Mélanges en l'honneur du Professeur Claire Neirinck*, LexisNexis, Paris, 2015,. p. 7-8 : « *On voit d'ailleurs que la loyauté se retrouve au cœur de nombre de problématiques juridiques anciennes (droit de la guerre, droit contractuel avec les manœuvres déloyales ou parmi les fondements de l'exigence de bonne foi en droit français des contrats, en droit processuel également avec le principe du contradictoire, la loyauté de la preuve et des débats judiciaires) ou plus récentes (droit des sociétés, droit social, droit de l'Union européenne, droit comparé, droit de l'environnement, droit du numérique...).* ».

Voir par ex. : DOMINO (X.), BRETONNEAU (A.), « De la loyauté dans le procès administratif », *AJDA*, 2013, p. 1276 ; GODON (L.), « Retour à une conception extensive du devoir de loyauté du dirigeant social », Rev. sociétés, 2019, p. 249.

[533] PETIT (F.), « Avant-propos », *in Droit et loyauté,* PETIT (F.) dir., Dalloz, coll. Thèmes & commentaires, 2015.

[534] Tant pour les contrats publics, pour lesquels le principe de loyauté a été consacré par la jurisprudence Béziers, que pour les contrats privés.

[535] Voir not. : BARBIER (H.), « Un point sur le devoir de loyauté : existence, contenu et rayonnement », *RTD Civ.,* n° 1, 16 avril 2019, p. 100 ; MAZEAUD (D.), « Loyauté, solidarité, fraternité : la nouvelle devise contractuelle ? », *in Mélanges F. Terré,* PUF, 1999, p. 603 ; PICOD (Y.), *Le devoir de loyauté dans l'exécution du contrat,* LGDJ, 1998.

[536] *La sincérité en droit,* LE BOT (O.) dir., Larcier, 2011.

[537] NELIDOFF (P.), « La loyauté en histoire du droit », *in Mélanges en l'honneur du Professeur Claire Neirinck*, LexisNexis, Paris, 2015,. p. 9.

[538] Pour une approche philosophique, voir not. : LAURAND (V.), « La loyauté : un éclairage philosophique », *in Les figures de la loyauté en droit public,* NIQUEGE (S.) dir., Mare & Martin, 2017, pp. 29-38. L'auteur conclut en ces termes : « *Il ne suffit pas à l'individu de se conformer à la loi, il lui faut à ce point la vivre qu'il l'exprime naturellement dans les choix les plus cruciaux — au fond, il faut moins se conformer à la loi que la laisser conformer toutes les dispositions individuelles (ce que Cicéron appellerait les* personae*) en un tout cohérent et harmonieux, c'est-à-dire laisser la loi s'exprimer en soi en toutes circonstances. C'est une telle disposition qu'illustre la loyauté.* ».

que l'on retrouve déjà en droit romain[539]. Elle fait indubitablement référence à la notion de confiance et à l'équitable. La loyauté convoque, aussi, la notion de la bonne foi[540]. La loyauté est une sorte de « *principe générale du droit* »[541], une « *notion standard* »[542], un « *principe implicite* »[543] qui irrigue aussi « *les notions de transparence, de non dissimulation, de respect de la parole donnée* »[544]. C'est, condensée, toute cette pensée solidariste que l'on retrouve dans la condamnation du monopole de fait.

§ II. La timidite des approches juridictionnelles du monopole de fait

185. L'existence de situations de monopole de fait a pu être examinée par le juge, notamment devant le Conseil constitutionnel lors des opérations de privatisation[545], pour éviter le transfert au secteur privé de certaines

---

[539] Voir not. : NELIDOFF (P.), « La loyauté en histoire du droit », *in Mélanges en l'honneur du Professeur Claire Neirinck*, LexisNexis, Paris, 2015,. p. 6 ; VERGNE (A.), « Observations liminaires, historiques et terminologiques sur la loyauté et le droit », *in La loyauté en droit public, FERRARI (S.), HOURSON (S.)* dir., Institut universitaire Varenne, coll. Colloques & Essais, 2018, p. 12 : « […] *si le terme "loyauté" découle bien de l'adjectif "loyal", tous deux apparus au cours du Moyen Âge, l'idée correspondante était exprimée auparavant, dans la Rome antique, parfois par le mot latin* "probitas", *mais surtout, dans son rapport au droit, par celui de* "fides". *Plus tard, vers la fin du XI*e *siècle, quand le mot "loyal" fit son apparition, il dérivait de l'adjectif* "legalis" – *qui signifiait simplement "légal" –, lui-même procédant du substantif* "lex", *la loi.* ».

[540] LOMBARD (M.), *Recherches sur le rôle de la bonne et la mauvaise foi en droit administratif français,* Thèse, Strasbourg, 1978, spécialement le chapitre préliminaire pour une première approche de la bonne foi (p. 19 et s.), et p. 38 et s. pour la définition retenue (articulée autour de deux notions : la croyance erronée ou conscience de l'irrégularité commise et absence de tromperie).

[541] NELIDOFF (P.), « La loyauté en histoire du droit », *in Mélanges en l'honneur du Professeur Claire Neirinck*, LexisNexis, Paris, 2015,. p. 13.

[542] PETIT (F.), « Avant-propos », *in Droit et loyauté,* PETIT (F.) dir., Dalloz, coll. Thèmes & commentaires, 2015 ; GAUTIER (P.-Y.), « Loyauté : nouveau standard du Droit, ou bien leurre ? », *in* Dossier : La loyauté, *Justice & Cassation. Revue annuelle des avocats au Conseil d'État et à la Cour de cassation*, Dalloz, 2014, p. 55 et s.

[543] GUYOMAR (M.), « La loyauté en droit administratif », *in* Dossier : La loyauté, *Justice & Cassation. Revue annuelle des avocats au Conseil d'État et à la Cour de cassation*, Dalloz, 2014, p. 59.

[544] NELIDOFF (P.), « La loyauté en histoire du droit », *in Mélanges en l'honneur du Professeur Claire Neirinck*, LexisNexis, Paris, 2015,. p. 13.

[545] Sur les privatisations, voir not. pour une contextualisation et un rappel des différents types et procédures de privatisation ainsi qu'une approche comparée : DENIS-JUDICIS (X.), PETIT (J.-P.), *Les privatisations*, Montchrestien, coll. Clefs économie, 1998.
Voir également : THIRION (N.), *Les privatisations d'entreprises publiques dans une économie sociale de marché* : aspects juridiques, Bruylant, LGDJ, 2002.

entreprises, et lors des opérations de nationalisation. Néanmoins, l'approche qui a alors été retenue du monopole de fait est elliptique et circonstanciée ; le juge constitutionnel a observé une grande réserve dans ses décisions. Dans leurs raisonnements respectifs, les juges ont cherché la situation monopolistique, plus que le monopole de fait. À ce titre, l'analyse n'est pas tout à fait fidèle aux origines du monopole de fait et ne correspond pas à l'approche économique des imperfections de marché. L'approche du Conseil constitutionnel est particulièrement critiquable sur ce point (A). Les approches du Conseil d'État (B) ne permettent pas, non plus, de véritablement donner corps à la notion de monopole de fait.

A. L'approche du Conseil constitutionnel

186. Si le Conseil constitutionnel a eu à se prononcer sur la notion de monopole de fait, c'est que, selon l'interprétation classique du neuvième alinéa du Préambule de la Constitution de 1946, la propriété de la collectivité sur le monopole de fait a été entendue comme établissant un principe de nationalisation[546]. De prime abord, il semble qu'en situation de monopole de fait, les biens ou entreprises concernés doivent être nationalisés et, ainsi *a contrario*, la privatisation de monopole de fait est impossible. Toute la substance des décisions aurait alors dû reposer sur ce que l'on entend par monopole de fait. C'est, en effet, en fonction de ce qu'est le monopole de fait, de sa définition, qu'il faudrait apprécier la conformité de la loi (qu'elle soit de nationalisation ou de privatisation) au texte constitutionnel.

---

[546] Le « principe de nationalisation » a été évoqué en introduction. Cette assimilation, réductrice, entre le neuvième alinéa et la nationalisation est traitée dans la deuxième partie.

187. **La décision nationalisation du 16 janvier 1982 : un silence assourdissant vis-à-vis du monopole de fait.** Dans la décision du 16 janvier 1982[547], était en cause le projet de loi de nationalisation tel qu'adopté par le Parlement le 18 décembre 1981. Tout son raisonnement tiendra à préciser le régime juridique de la nationalisation, et notamment sa conciliation avec le droit de propriété et la liberté d'entreprendre. Mais rien n'est vraiment précisé quant au monopole de fait.

Tout d'abord, le Conseil rappelle que « *postérieurement à 1789 et jusqu'à nos jours, les finalités et les conditions d'exercice du droit de propriété ont subi une évolution caractérisée à la fois par une notable extension de son champ d'application à des domaines individuels nouveaux et par des limitations exigées par l'intérêt général* »[548]. Par cette formule, le juge reprend en substance le raisonnement phare des constituants en 1946, énoncé lors du premier projet de Constitution, et selon lequel il est nécessaire de limiter le droit de propriété et d'affirmer de manière corollaire, la condamnation du monopole de fait[549]. Ce rappel laissait ainsi penser que cette décision allait conduire à une véritable définition du monopole de fait. Néanmoins, il continue en précisant que malgré cela, le droit de propriété conserve pleine valeur constitutionnelle[550]. Cette approche laisse perplexe car après avoir rappelé un élément central du Préambule de 1946, il semble le délaisser au

---

[547] Cons. const., déc. n° 81-132 DC du 16 janvier 1982, Loi de nationalisation.
Voir not. les commentaires doctrinaux de cette décision : FAVOREU (L.), « Les décisions du Conseil constitutionnel dans l'affaire des nationalisations », *op. cit.* ; RIVERO (J.), « Ni lu, ni compris ? », *AJDA*, 1982, s. n. ; HAMON (L.), « [Note sous déc. n° 81-132 DC] », *D.*, 1983, vol. 1, p. 169-176 ; DE VILLIERS (M.), « Du principe des nationalisations. Contrôle minimal de constitutionnalité et erreur manifeste », *Revue administrative*, 1982, n° 206, Mars-Avril, p. 153 ; CHARTIER (F.), « Les nationalisations. Problèmes juridiques en France et dans le Monde », *La Gazette du Palais*, 1981, p. 448-452 ; PAUL (L.), « De la constitutionnalité des nationalisations », *La Gazette du Palais*, 1981, p. 440-441 ; LOÏC (P.) ; FAVOREU (L.), « Nationalisations », *Les grandes décisions du Conseil constitutionnel. Dalloz*, 2009, p. 356-387 ; voir également : GAÏA (P.), GHEVONTIAN (R.), MELIN-SOUCRAMANIEN (F.), OLIVA (É.), ROUX (A.), *Les grandes décisions du Conseil constitutionnel*, (ouvrage créé par Louis Favoreu et Loïc Philip), 18e éd., Dalloz, 2016, n° 32, p. 442.
Voir également l'opposition entre Savy et Mestre sur le fond de la décision et notamment sur la consécration de la liberté d'entreprendre et de la valeur constitutionnelle du droit de propriété : SAVY (R.), « La constitution des juges », *D.*, 1983, vol. 1, p. 105 ; MESTRE (J.-L.), « Le Conseil constitutionnel, la liberté d'entreprendre et la propriété », *D.*, 1984, p. 1.

[548] Cons. const., déc. n° 81-132 DC du 16 janvier 1982, Loi de nationalisation, considérant n° 16.

[549] Le premier projet mentionnait dans un seul et même article le droit de propriété et la condamnation des monopoles de fait.

[550] « *les principes mêmes énoncés par la Déclaration des droits de l'homme ont pleine valeur constitutionnelle tant en ce qui concerne le caractère fondamental du droit de propriété dont la conservation constitue l'un des buts de la société politique et qui est mis au même rang que la liberté, la sûreté et la résistance à l'oppression ; qu'en ce qui concerne les garanties données aux titulaires de ce droit et les prérogatives de la puissance publique* », Cons. const., déc. n° 81-132 DC du 16 janvier 1982, Loi de nationalisation.

profit des dispositions de 1789[551]. En désaccord avec l'esprit du texte constitutionnel et particulièrement de la pensée des constituants de 1946 qui souhaitaient actualiser les droits de l'homme et énoncer des principes complémentaires à ceux de 1789.

188. Ensuite, le Conseil poursuit et précise qu'a également pleine valeur constitutionnelle « *la liberté qui [...] consiste à pouvoir faire tout ce qui ne nuit pas à autrui, (qui) ne saurait elle-même être préservée si des restrictions arbitraires ou abusives étaient apportées à la liberté d'entreprendre* »[552]. À la suite de la valeur constitutionnelle du droit de propriété, qu'il réaffirme contre le Préambule de 1946, il prend l'occasion de consacrer la liberté d'entreprendre, en se fondant, toujours, sur les dispositions de 1789. Son raisonnement est alors axé sur le régime des nationalisations, non plus sur son principe, et sur le fait de savoir si la nationalisation ne porte pas atteinte à ces droits et libertés. Ce faisant, « *il applique ces dispositions à des situations que la Déclaration de 1789 n'avait absolument pas prévues* »[553]. Est laissée de côté la question du neuvième alinéa du Préambule de 1946, relégué, en quelque sorte, à une place subsidiaire dans l'analyse de la constitutionnalité de la loi de nationalisation[554].

189. Il est quelque peu déconcertant de constater que le neuvième alinéa n'a pas vraiment été mobilisé pour apprécier de la conformité de la loi au texte constitutionnel. Le Conseil constitutionnel se borne à l'appréciation d'une erreur manifeste d'appréciation de la part du législateur quant à la

---

551 Ce point est notamment développé par FROMONT (M.), « Le droit de propriété et la Constitution en Allemagne et en France », *in L'interventionnisme économique de la puissance publique, Mélanges Péquignot*, t. 1, CERAM, Montpellier, Mai 1984, p. 267 et s. L'auteur relève en effet que : « *Le Conseil semble d'ailleurs invoquer un autre argument pour justifier sa position. Le Préambule de 1946 ne fait que confirmer et compléter la Déclaration de 1789, ce qui impliquerait qu'il ne puisse pas le corriger. Une interprétation aussi littérale du mot "compléter" (combler les lacunes et non pas enrichir) conduit à accorder la prééminence à la Déclaration de 1789 sur le Préambule de 1946, en d'autres termes à un texte du XVIII*e *siècle sur un texte du XX*e *siècle !* ».

552 Cons. const., déc. n° 81-132 DC du 16 janvier 1982, Loi de nationalisation, considérant n° 16.

553 François LUCHAIRE, *in* FAVOREU (L.), *Nationalisations et Constitution,* Economica, coll. Droit public positif, 1982, p. 66 et s.

554 Sur ce point, voir not. le commentaire de François LUCHAIRE, *in* FAVOREU (L.), *Nationalisations et Constitution,* Economica, coll. Droit public positif, 1982, p. 66 et s.
Voir également le commentaire de Gustavo ZAGREBELSKY, *in* FAVOREU (L.), *Nationalisations et Constitution,* Economica, coll. Droit public positif, 1982, p. 88 : « *Le Conseil ne nie pas l'évolution incontestable subie par le droit de propriété [...]. Les principes politiques, économiques et sociaux particulièrement nécessaires à notre temps, dont parle la Constitution de 1946, rappelés eux aussi par la Constitution en vigueur, peuvent compléter dans une direction sociale les principes de la révolution libérale, mais ils ne peuvent pas les contredire.* ».

reconnaissance d'une nécessité publique[555] commandant la mise en œuvre de nationalisation. Ce n'est ainsi pas sur le fondement du neuvième alinéa qu'a été validée la loi de nationalisation déférée au Conseil constitutionnel mais bien sur le fondement de la nécessité publique[556], dont l'opportunité oblige à une certaine réserve. Pourtant, l'existence d'un monopole de fait aurait pu être considérée comme le fondement de la nécessité publique[557].

190. Les décisions de 1986 : une approche du monopole de fait reposant sur une analyse critiquable du marché qui sera pourtant réutilisée de façon constante. Le changement de majorité issue des élections législatives de mars 1986 conduit à la cohabitation. Les premières mesures du Président Mitterrand, et notamment celles relatives aux nationalisations sont remises en cause. La loi n° 86-793 du 2 juillet 1986 autorise le Gouvernement à prendre diverses mesures d'ordre économique et social, et notamment des mesures de privatisations. Cela fournit alors une nouvelle occasion au Conseil constitutionnel de se prononcer sur le monopole de fait. Si cette notion n'a pas été au cœur du raisonnement sur la nationalisation, elle devrait être au cœur de l'analyse des mesures de privatisation d'entreprise. En effet, une lecture *a contrario* du neuvième alinéa devrait conduire à avancer un principe d'interdiction de privatisation des monopoles de fait.

191. Dans sa décision des 25 et 26 juin 1986[558], le Conseil constitutionnel avait à se prononcer sur l'ensemble de la loi. Mais le Conseil constitutionnel s'obstine à ne pas définir le monopole de fait, il se borne à préciser que « *la notion de monopole de fait visée dans le neuvième alinéa du Préambule doit s'entendre compte tenu de l'ensemble du marché à l'intérieur duquel s'exercent les activités des entreprises ainsi que de la concurrence qu'elles affrontent dans ce marché de la part de l'ensemble des autres entreprises* »[559]. Suivant cette précision, le Conseil constitutionnel rejette la qualification de monopole de fait aux entreprises listées en annexe de la loi. Or, si le

---

[555] Il rappelle que selon les travaux préparatoires de la loi, les nationalisations « *procéderaient [...] de la nécessité publique au sens de l'article 17 de la Déclaration de 1789* », Cons. const., déc. n° 81-132 DC du 16 janvier 1982, Loi de nationalisation, considérant n° 19, nous soulignons.

[556] Ce point sera traité plus précisément dans la deuxième partie, notamment dans les développements relatifs aux nationalisations.

[557] C'est d'ailleurs ce que les requérants soulevaient à l'appui de leur demande, voir not. le commentaire de Roland DRAGO, *in* FAVOREU (L.), *Nationalisations et Constitution*, Economica, coll. Droit public positif, 1982, p. 60.

[558] Cons. const., déc. n° 86-207 DC des 25 et 26 juin 1986, Loi autorisant le gouvernement à prendre diverses mesures d'ordre économique et social.
Voir : GAÏA (P.), GHEVONTIAN (R.), MELIN-SOUCRAMANIEN (F.), OLIVA (É.), ROUX (A.), *Les grandes décisions du Conseil constitutionnel*, (ouvrage créé par Louis Favoreu et Loïc Philip), 18e éd., Dalloz, 2016, n° 18, p. 243.

[559] Cons. const., déc. n° 86-207 DC des 25 et 26 juin 1986, Loi autorisant le gouvernement à prendre diverses mesures d'ordre économique et social, cons. n° 55.

raisonnement adopté par le Conseil constitutionnel a le mérite de la simplicité et de la « *continuité* »[560], on peut regretter qu'il n'ait saisi cette occasion pour définir pleinement la notion de monopole de fait. Le Conseil constitutionnel adopte une approche concurrentielle du monopole de fait : pas de monopole de fait s'il y a concurrence effective[561]. Il cherche à établir l'existence d'une situation monopolistique, mais son raisonnement est loin de mettre en œuvre une « *analyse réaliste* »[562].

192. Le Conseil constitutionnel semble confondre situation monopolistique et monopole de fait. Or, la situation monopolistique n'est qu'un indice de monopole de fait, car elle confère un fort pouvoir de marché. À ce titre, il n'est pas inutile de la mettre en lumière ; mais encore faut-il que l'analyse concurrentielle soit pertinente. Or, si le marché pertinent n'est pas correctement identifié, alors toute appréhension d'une situation monopolistique est vaine. Et c'est bien là tout le problème[563]. Plus critiquable, le Conseil énonce ensuite que l'« *on ne saurait prendre en compte les positions privilégiées que telle ou telle entreprise détient momentanément ou à l'égard d'une production qui ne représente qu'une partie de ses activités* »[564]. Or c'est une énonciation dénuée de toute logique en ce que « *l'analyse économique d'un marché pertinent est en effet totalement indépendante du point de savoir si telle ou telle production ne représente qu'une partie ou la totalité des activités d'une entreprise donnée* »[565]. On constate donc que le Conseil constitutionnel prend pour synonyme le monopole de fait et la situation monopolistique ; ne permettant pas une définition autonome du monopole de fait et recourant à une analyse concurrentielle que l'on pourrait qualifier de légère. Là encore, la question de l'opportunité semble avoir cantonné le juge à une forme de réserve. Il précise seulement que les privatisations doivent permettre la préservation de

---

560 RIVERO (J.), « Les conditions de conformité à la Constitution de la première loi de privatisation », *AJDA*, n° 10, 1986, p. 584.

561 « *il faut et il suffit qu'une activité soit juridiquement ouverte à la concurrence pour écarter le neuvième alinéa du Préambule de la Constitution de 1946* », CARTIER-BRESSON (A.), « Marché, concurrence, État actionnaire. Dits, non-dits et clairs-obscurs constitutionnels », *op. cit.*

562 RIVERO (J.), « Les conditions de conformité… », *op.cit.*, p. 583.

563 « *si le mot de "marché" figure bien dans cette décision du Conseil constitutionnel, la façon dont ce dernier appréhende ce concept reste cependant rudimentaire, puisqu'il ne le caractérise ni en termes géographiques, ni en termes de produits ou services Il est seulement précisé qu'il faut tenir compte de "l'ensemble du marché", ce qui n'ajoute rien voire perturbe le sens de la phrase au point de laisser perplexe* », LOMBARD (M.), « Les limites constitutionnelles… », *op. cit.*

564 Cons. const., déc. n° 86-207 DC des 25 et 26 juin 1986, Loi autorisant le gouvernement à prendre diverses mesures d'ordre économique et social, cons. n° 55.

565 LOMBARD (M.), « Les limites constitutionnelles… », *op. cit.*

l'indépendance nationale[566] et se borne à vérifier l'absence d'erreur manifeste d'appréciation.
Cette approche critiquable du monopole de fait sera pourtant confirmée et soutenue à nouveau quand, dans sa décision du 18 septembre 1986[567], le Conseil affirme que « *le neuvième alinéa du Préambule de la Constitution de 1946 fait obstacle à ce qu'une loi confère un monopole à l'échelon national à une entreprise privée* ». Il semblerait alors que la notion de monopole de fait renvoie à un monopole de dimension nationale. Or, cela ne ressort pas de la lettre du neuvième alinéa, qui vise, certes, les services publics nationaux, mais même pour eux, on peut douter que le constituant ait visé un service public de dimension nationale, au sens géographique du terme.

193. La décision du 30 novembre 2006 : pas de nouveauté quant à la définition du monopole de fait. Dans la décision du 30 novembre 2006[568], était en cause la privatisation, notamment, de l'entreprise Gaz de France. Les requérants soulevaient l'impossible privatisation de GDF dans la mesure où celle-ci revêtait les caractères d'un monopole de fait, notamment en matière de distribution et de transport du gaz.
Le Conseil constitutionnel reprend en premier lieu le raisonnement qu'il a tenu dans sa décision de 1986. Appréciation critiquable comme cela vient d'être précisé, il assimile le monopole de fait à la situation monopolistique. Le Conseil précise ensuite que « *les activités de transport de gaz naturel ont été exclues de la nationalisation et ouvertes à tout opérateur* »[569] ; il ajoute que « *les activités de distribution ont été confiées non seulement à Gaz de France, mais aussi à des distributeurs non nationalisés par la loi du 8 avril 1946 ; que, depuis la loi du 13 juillet 2005 susvisée, ces activités sont ouvertes, en dehors des zones de desserte historique de ces opérateurs, à la concurrence de l'ensemble des entreprises agréées* »[570]. Le Conseil constitutionnel s'attache donc aux conditions d'exercice de cette activité, de manière

---

566 Aussi, la loi du 6 août 1986 a-t-elle inséré dans son article 10, plusieurs dispositions destinées à protéger les intérêts nationaux. La limitation de l'accès des capitaux étrangers par le plafonnement de la quotité des titres cessibles aux étrangers à 20% du montant total du capital ayant disparu en 1996, deux procédures sont à mentionner : d'une part, l'agrément de certaines participations excédant 5% du capital par le ministre chargé de l'économie au moment de l'offre initiale des titres sur le marché financier, d'autre part, l'institution de l'action spécifique qui permet aux pouvoirs publics l'exercice de certains moyens de contrôle sur les décisions susceptibles d'engager durablement l'avenir de l'entreprise.

567 Conseil constitutionnel, décision n° 86-217 DC, 18 septembre 1986, Loi relative à la liberté de communication.

568 Cons. const., déc. n° 2006-543 DC du 30 novembre 2006, Loi relative au secteur de l'énergie.

569 Cons. const., déc. n° 2006-543 DC du 30 novembre 2006, Loi relative au secteur de l'énergie, cons. n° 22.

570 Cons. const., déc. n° 2006-543 DC du 30 novembre 2006, Loi relative au secteur de l'énergie, cons. n° 23.

générale, mais pas directement à l'exploitation de l'activité par l'entreprise en cause pour déterminer si celle-ci est en situation de monopole de fait. Il refuse de considérer l'existence d'une situation monopolistique. Or, ce n'est pas parce que les textes législatifs ouvrent un secteur à la concurrence que celle-ci s'exerce effectivement, c'est précisément cela qui justifie et appelle la régulation des secteurs de réseaux. Les juges ont donc, encore une fois, une approche elliptique de la situation monopolistique, et ne font aucune distinction entre celle-ci et le monopole de fait. Alors que selon ce qui a été dit précédemment, la situation monopolistique est un indice de monopole de fait, mais ne saurait le présumer. Le monopole de fait est à caractériser en lui-même, ce que ne font pas les juges en l'espèce.

194. Enfin, et c'est là l'aspect le plus critiquable de cette décision, il semble que le Conseil constitutionnel opère un lien malhabile et crée une confusion entre l'existence d'un monopole de droit et d'un monopole de fait. En effet, il énonce que « *les monopoles d'importation et d'exportation du gaz naturel ont été supprimés par la loi du 3 janvier 2003 susvisée ; [...] que la loi déférée met fin, à compter du 1er juillet 2007, à tout monopole de fourniture de gaz, y compris pour les clients domestiques* »[571]. Ainsi, la fin du monopole de droit octroyé à la société en cause, implique nécessairement pour le Conseil constitutionnel la fin du monopole de fait. Or, cette assimilation ne relève d'aucune logique établie puisqu'un monopole de fait peut très bien exister en dehors de tout monopole de droit, même si en pratique, les monopoles légaux, cela a été vu, peuvent être source de monopoles de fait.

195. Une continuité de jurisprudence dans le contrôle de constitutionnalité de la loi Pacte prévoyant la privatisation d'Aéroport de Paris (ADP) et de la Française des jeux (FDJ). Dans sa décision du 16 mai 2019[572], le Conseil constitutionnel, suivant l'avis du Conseil d'État[573], refuse de considérer

---

[571] Cons. const., déc. n° 2006-543 DC du 30 novembre 2006, Loi relative au secteur de l'énergie, cons. n° 24.

[572] Conseil constitutionnel, décision n° 2019-781 DC, 16 mai 2019, Loi relative à la croissance et la transformation des entreprises, spéc. N° 43 et s.

[573] Conseil d'État, avis n° 394.599 et 395.021, point 77 et s. :

Pour ADP : « *Il relève en effet que si la société ADP est chargée, à titre exclusif, d'exploiter une dizaine d'aéroports civils, ceux-ci sont tous situés dans la région d'Ile-de-France. Il estime donc qu'ADP, nonobstant l'importance des aéroports qu'elle exploite, n'exerce pas une activité présentant le caractère d'un service public national ou d'un monopole de fait, au sens et pour l'application du neuvième alinéa du Préambule de 1946.* ».

Pour la Française des jeux : « *Il estime par ailleurs que la Française des jeux, qui ne dispose pas d'une position prépondérante sur le marché des jeux de hasard en France, sur lequel interviennent de nombreux opérateurs (PMU, casinos, opérateurs de jeux en ligne), et exerce une partie de ses activités sur des marchés concurrentiels (paris sportifs en ligne en France, activités réalisées à l'étranger via ses filiales), ne peut être regardée comme se trouvant en situation effective de monopole de fait.* ».

qu'ADP ou la FDJ ne constituent des monopoles de fait[574]. S'il intègre à son analyse concurrentielle quelques éléments nouveaux et bienvenus (notamment la substituabilité), leur mise en œuvre ne peut, encore une fois, que laisser perplexe. Le déclenchement d'un référendum d'initiative partagée (alors que l'initiative est bien parlementaire, mais c'est un autre sujet…), et la décision à laquelle il a donné lieu[575] ne permettent pas de penser que le Conseil envisage un changement d'approche du monopole de fait. Il faut tout de même remarquer une certaine inflexion tenant à ce qu'il considère le service public national non plus d'un seul point de vue géographique mais avec l'idée qu'il s'agirait d'une activité intéressant l'économie nationale[576].

196. **Des décisions décevantes vis-à-vis de l'analyse du monopole de fait démontrant l'incompétence du Conseil constitutionnel en matière d'analyse économique.** Finalement, l'analyse des décisions qui semblent *a priori* fondamentales pour l'étude du monopole de fait, laisse perplexe. Le raisonnement du juge est en retrait de ce qui a pu être énoncé par le Programme du CNR[577]. On peut penser que le raisonnement pusillanime du Conseil constitutionnel résulte de sa farouche volonté de ne pas entrer sur le terrain politique. Comme le rappelle Rivero, « *le Conseil se refuse à exercer un contrôle politique sur les textes qui lui sont soumis* »[578] et en effet, dans les décisions analysées ici, le Conseil se cantonne à l'appréciation d'une erreur manifeste d'appréciation.

Le juge constitutionnel n'a pas joué son rôle naturel d'interprète de la Constitution et a, de fait, limité à l'excès la notion de monopole de fait, ce que

---

[574] Notons d'ailleurs que pour ADP, le Conseil d'État avait eu à se prononcer sur le décret de privatisation de 1993, voir en ce sens : LOMBARD (M.), « Portée du 9e alinéa du préambule de 1946 », *RDA*, 2004, comm. n° 62.

[575] Conseil constitutionnel, décision n° 2019-1 RIP du 9 mai 2019, Proposition de loi visant à affirmer le caractère de service public national de l'exploitation des aérodromes de Paris.

[576] Point notamment soulevé par le Professeur Sophie Nicinski lors de son intervention au colloque « La privatisation d'Aéroports de Paris », organisé par l'Institut des Études juridiques de l'Urbanisme, de la Construction et de l'environnement (IEJUC), Université Toulouse 1 Capitole, 18 octobre 2019.

[577] Il était également possible de citer la décision du Cons. const., n° 2010-601 DC, 4 février 2010, Loi relative à l'entreprise publique La Poste et aux activités postales, où le Conseil refuse de considérer que la transformation d'un établissement public en société anonyme soit synonyme de transfert du secteur public au secteur privé, ce qui est bien entendu compréhensible mais surprenant dans la mesure où l'État n'est plus le seul actionnaire et que des intérêts privés s'immiscent alors dans la direction/gestion de la société. Or, il ressort des développements précédents que la condamnation des monopoles de fait résulte de cette volonté de faire primer l'intérêt général dans la direction de l'économie sur les intérêts privés. Peut-être le Conseil aurait-il dû préciser que la transformation en société anonyme de l'établissement La Poste, n'évinçait pas l'État de la direction et que l'intérêt général sera toujours représenté. Mais on voit ce que cela pouvait avoir de délicat puisque cela ne peut s'apprécier que dans la réalité de gestion de l'entreprise, et le fait que des représentants de l'État siège au Conseil d'administration ne fait pas tout.

[578] RIVERO (J.), « Les conditions de conformité… », *op. cit.*, p. 583.

certains auteurs ont largement critiqué[579]. Cette réserve du Conseil constitutionnel ne semble pas connaître de variation. Il semble même que le Conseil s'applique à limiter la portée du neuvième alinéa du Préambule de la Constitution de 1946. En effet, dans une décision de 2015[580], il précise que le neuvième alinéa n'est pas invocable à l'appui d'une question prioritaire de constitutionnalité. Cette approche nie au neuvième alinéa sa centralité dans la protection des droits et libertés des individus. Comme cela ressort de ses origines politiques, le monopole de fait est précisément condamné car il porte atteinte à différents droits et libertés des individus ; ainsi l'exclure du champ des dispositions invocables à l'appui d'une QPC est presque incompréhensible[581].
Pour une définition plus réaliste du monopole de fait, et pour une analyse vraiment concurrentielle des marchés dans lesquels sont envisagés des transferts du secteur public au secteur privé, on ne peut que recommander l'instauration d'avis émanant d'autorité de concurrence ou d'autorités de régulation.

B. L'approche du Conseil d'État

197. Dans une première catégorie de décisions, la situation de monopole de fait est généralement soulevée par les requérants pour soutenir une atteinte à la concurrence[582]. On se place souvent dans le cadre de droits exclusifs accordés à un opérateur économique et contestés par des opérateurs

---

[579] Voir not., CLAMOUR (G.), « La "concurrence" dans la jurisprudence du Conseil constitutionnel », *op. cit.* ; LOMBARD (M.), « Les limites constitutionnelles… », *op. cit.* D'autres auteurs énoncent tout simplement que par le raisonnement du Conseil « *c'est reconnaître implicitement que l'alinéa 9 du Préambule ne comporte ni une obligation ni une limite pour le législateur. En somme, ce texte n'a aucun effet juridique.* », FAVOREU (L.), *Nationalisations et Constitution,* Economica, coll. Droit public positif, 1982, p. 52.

[580] Décision Cons. const., n° 2015-459 QPC du 26 mars 2015, M. Frédéric P. [droit de présentation des greffiers des tribunaux de commerce].

[581] Car lorsque le constituant condamne le monopole de fait par la propriété de la collectivité, il a corrélativement fait primer les droits et libertés de chacun, face aux abus des entreprises qui poursuivent exclusivement leur intérêt.

[582] Conseil d'État, n° 92772, 28 novembre 1975, ministre des Transports c/ Dallet et Syndicat des transports, était en cause une décision préfectorale relative au transport scolaire ; Conseil d'État, n° 40574, 28 octobre 1985, ministre des Finances c/ Époux Penhouet, était soulevée devant le Conseil d'État l'existence d'un « monopole de fait sur une clientèle protégée et garantie ». Les juges refusent la qualification de monopole de fait en ce qu'« *il ne résulte d'aucun des documents relatifs à l'adjudication et à la vente du local concerné que la société d'équipement propriétaire aurait garanti à l'acquéreur un droit d'exclusivité portant sur la clientèle* ». Le Conseil assimile encore une fois le monopole de fait et l'existence de droit exclusif ; Conseil d'État, n° 170344, 12 juin 1998, Association française des producteurs de films et de programmes audiovisuels ; Conseil d'État, 6 octobre 2008, n° 310146, Compagnie des architectes en chef des monuments historiques,

concurrents, ou dans celui d'une réglementation octroyant, de fait, un monopole à un opérateur, notamment pour des raisons de service public. Pour autant, le Conseil d'État même s'il admet en filigrane le caractère anticoncurrentiel d'un monopole de fait dans ces décisions, ne donne pas d'éléments de définition d'une telle situation. Et comme le Conseil constitutionnel, il semble qu'il assimile le monopole de fait à une situation monopolistique, sans expliciter la subtile distinction entre ces deux situations tenant au fait que la deuxième constitue un indice de monopole de fait car elle confère un fort pouvoir de marché mais qu'elle ne peut présumer le monopole de fait si son élément caractéristique, la rente de situation que nous proposons par la suite, n'est pas vérifié.
De manière générale, il est assez rare que le Conseil d'État examine la conformité des actes contestés devant lui à l'aune du monopole de fait si n'est pas en cause un transfert d'entreprise du secteur public au secteur privé. Ce moyen, souvent évoqué par les requérants, notamment lorsque sont en cause des droits exclusifs[583] ou certaines attributions spéciales[584], est quasi automatiquement rejeté en dehors des décisions relatives à la mise en œuvre des privatisations.

198. Une deuxième catégorie de décision du Conseil d'État aurait dû contenir une définition du monopole de fait : celles relatives aux privatisations. Dans cette deuxième catégorie de décisions, relatives à la mise en œuvre des privatisations[585], le neuvième alinéa est opposé aux opérations de transfert du secteur public au secteur privé de certaines entreprises. Le Conseil d'État doit alors se prononcer directement sur l'existence ou non d'un monopole de fait.

199. En 1995[586], était en cause un décret ayant pour objet d'autoriser l'État et la Caisse des dépôts et consignations à transférer au secteur privé une partie du capital de la société Crédit de France. Le décret est notamment attaqué sur le fondement du deuxième alinéa de l'article 20 de la loi du 6 août 1986 relative aux modalités d'application des privatisations décidées par la loi du 2 juillet 1986 qui précise : « *Les opérations de transfert mentionnées au présent article ne peuvent concerner des entreprises dont l'exploitation présente le caractère d'un service public national ou d'un monopole de fait* ». Les juges ont alors dû se prononcer sur l'existence d'un service public national et/ou

---

[583] Voir par exemple : Conseil d'État, 1er février 2012, n° 353945, Commune des angles.
[584] Voir par exemple sur le monopole de représentation des avocats au Conseil ou à la Cour : Conseil d'État, 2 octobre 2017, n° 412324.
[585] Si les nationalisations sont autorisées par la loi, les lois de privatisation renvoient à des décrets d'application, notamment pour la liste des entreprises concernées, cela explique que la juridiction administrative ait eu à se prononcer sur les privatisations.
[586] Conseil d'État, 30 juin 1995, n° 150716, Union des syndicats CGT de la Caisse des dépôts et consignations.

d'un monopole de fait. Mais le Conseil ne fait pas de distinction claire entre l'un et l'autre, et traite simultanément des deux cas en un considérant. On pense que le rejet de qualification de monopole de fait tient dans le début du considérant qui précise que l'activité du Crédit local de France « *s'exerce, dans des conditions de droit commun, en concurrence avec l'ensemble du système bancaire ; que, notamment, les prêts sont consentis aux conditions du marché, ne sont pas assortis de bonifications d'intérêt et sont financés à partir de ressources collectées sur le marché financier* ». L'activité est supposée concurrentielle, on en déduit qu'il n'y a pas de monopole de fait. On retrouve, encore, cette assimilation entre monopole de fait et situation monopolistique, qui fait que lorsqu'un secteur est considéré comme concurrentiel on refuse toute existence d'un monopole de fait.

200. En 2004[587], le Conseil d'État considère que le moyen tiré de ce que le décret attaqué serait contraire au neuvième alinéa est inopérant. Le décret en cause était relatif au transfert au secteur privé des participations majoritaires détenues par l'État au capital de la Compagnie nationale Air France. Le Conseil rappelle que « *la Compagnie nationale Air France figure sur la liste annexée à la loi du 19 juillet 1993 [de privatisation] ; que c'est sur le fondement de cette autorisation donnée sans limitation de durée par la loi que le décret du 3 octobre 2003 décide le transfert du secteur public au secteur privé de la participation majoritaire détenue par l'Etat dans la société Air France* ». Ainsi, le Conseil d'État relève justement que le décret est conforme à la loi de privatisation de 1993, ce constat entraîne la mise en œuvre de la théorie de la loi-écran. Ainsi, parce que le décret attaqué est conforme à la loi, le moyen tiré de son inconstitutionnalité est irrecevable.

201. En 2006[588], le Conseil d'État se prononce (enfin) de manière plus précise sur ce que recouvre le monopole de fait. Dans cette décision est en cause la privatisation de certaines autoroutes. Parmi les moyens soulevés, on retrouve l'impossibilité de transférer au secteur privé des entreprises ayant le caractère de monopole de fait. En effet, le Conseil d'État ne peut se réfugier derrière la théorie de la loi-écran, car la loi reprend directement la disposition constitutionnelle. Les juges optent cependant pour une approche très restrictive du monopole de fait, reprenant la position du juge constitutionnel[589]. En effet, ils considèrent « *que l'exploitation d'une entreprise ne peut avoir les caractères d'un service public national ou d'un*

---

[587] Conseil d'État, 11 février 2004, n° 261288, Demas et autres.

[588] Conseil d'État, 27 septembre 2006, n° 290716, Bayrou et autres ; GLASER (E.), *RFDA*, 2006, p. 1147.

[589] Et la position qu'il tenait dans ses avis : Conseil d'État, ass. gén., avis n° 372.147, 25 et 29 août 2005 et Conseil d'État, ass. gén., avis n° 372.040, 11 mai 2006. Voir : GAUDEMET (Y.), STIRN (B.), DAL FARRA (T.), ROLIN (F.), *Les grands avis du Conseil d'État*, 3e éd., Dalloz, 2008, p. 553 et s.

monopole de fait au sens de ces textes que si elle est exercée à l'échelon national ». On ne comprend pas bien ce raisonnement. Certes, le neuvième alinéa vise bien les services publics *nationaux* mais en aucun cas l'adjectif national n'est adjoint au monopole de fait. Cette assimilation semble tout à fait restrictive. En plus d'assimiler le monopole de fait à la situation monopolistique, il faudrait que cette situation de monopole s'exerce à l'échelon national. Le raisonnement est bien loin du monopole de fait.

202. Dans une décision de 2013[590], l'expression de monopole de fait est présente seulement parce que le neuvième alinéa est cité ; est en cause l'existence d'un service public national. Il n'y a donc aucun enseignement à tirer de cette décision.

203. L'élargissement de la compétence du Conseil d'État à l'endroit des décisions des autorités de régulation : un espoir pour une approche pragmatique du monopole de fait. Il est à relever enfin que le Conseil d'État a dorénavant à connaître de certaines décisions des autorités sectorielles de régulation[591] et l'on peut ainsi espérer qu'il intègre à son raisonnement une approche plus pratique des situations monopolistiques, notamment par une approche renouvelée du marché à prendre en compte[592] ou par le prisme de l'infrastructure essentielle[593]. L'évolution de la jurisprudence est donc à suivre en ce qui concerne l'appréciation de ces décisions par le Conseil d'État. Une analyse plus fine des situations monopolistiques constituerait une première avancée en faveur d'une approche du monopole de fait, plus conforme à l'esprit du texte constitutionnel. Mais l'avis rendu par le Conseil d'État à propos de la loi PACTE ne laisse pas présager de changement imminent, les juges utilisant même une forme tautologique de raisonnement lorsqu'il considère que la situation de la Française des jeux ne constitue pas une

---

[590] Conseil d'État, 13 mars 2013, n° 338645, M. Molline.

[591] Voir not. les décisions suivantes : Conseil d'État, 13 juillet 2007, n° 295761, SARL Riviera ; Conseil d'État, 13 juillet 2007, n° 294165, Société Editions Tissot ; Conseil d'État, 11 octobre 2012, n° 357193, Société Casino Guichard-Perrachon ; Conseil d'État, 21 mars 2016, n° 368082, Société Fairvesta International GMBH et autres ; Conseil d'État, 21 mars 2016, n° 390023, Société NC Numéricable ; Conseil d'État, 13 juillet 2016, n° 388150, Société GDF Suez ; Conseil d'État, 13 décembre 2017, n° 401799, Société Bouygues Télécom.

[592] Conseil d'État, 4 juin 2012, n° 351976, Société BT France.

[593] Conseil d'État, 11 juin 2014, n° 363920, Société TDF et autre.

« *situation effective de monopole de fait* »[594]. Existerait-il des monopoles de fait ineffectifs ? Il est permis d'en douter.

Section II.
LA DETENTION D'UN POUVOIR DE MARCHE SIGNIFICATIF

204. Le monopole de fait se développe et se maintient par la détention d'un fort pouvoir de marché. Mais pour cerner ce dernier, la question qui se pose en premier lieu est celle du marché à prendre en compte. La multiplication des échanges économiques et leur internationalisation viennent brouiller les limites entre les différents marchés. Lorsque l'on raisonnait en termes de métier, il était *a priori* simple de considérer différents marchés, en fonction des produits ; mais le développement des activités économiques et la prise en charge de multiples activités par un même opérateur rendent l'approche du marché pertinent, pour l'analyse concurrentielle, très difficile, et il semble que toute définition de marché pertinent soit impossible (§I). Les situations monopolistiques sont également difficiles à appréhender du point de vue de l'entité économique à considérer. La question est délicate, car le droit ne connaît que la notion de sociétés[595], seules à disposer d'une personnalité morale. Pourtant, certaines entreprises excèdent la structure sociétaire. Il s'agit alors de revenir sur le droit des sociétés et d'envisager en particulier les ensembles sociétaires que constituent les groupes de sociétés et les entreprises transnationales, plus représentatifs de la réalité économique. En effet, l'appartenance à un groupe permet de bénéficier du pouvoir de marché du

---

[594] Conseil d'État, ass. gén., avis, n° 394.599 et 395.021, 14 juin 2018, sur un projet de loi relatif à la croissance et la transformation des entreprises (PACTE), p. 30 : « *la Française des jeux, qui ne dispose pas d'une position prépondérante sur le marché des jeux de hasard en France, sur lequel interviennent de nombreux opérateurs (PMU, casinos, opérateurs de jeux en ligne), et exerce une partie de ses activités sur des marchés concurrentiels (paris sportifs en ligne en France, activités réalisées à l'étranger via ses filiales), ne peut être regardée comme se trouvant en situation effective de monopole de fait.* ».

À l'égard de la privatisation du capital d'Aéroport de Paris, les juges reviennent à une logique d'étendue géographique de l'activité pour refuser de qualifier un monopole de fait, comme en 2006 dans sa décision Bayrou. Voir p. 27 de l'avis : « *Il relève en effet que si la société ADP est chargée, à titre exclusif, d'exploiter une dizaine d'aéroports civils, ceux-ci sont tous situés dans la région d'Île-de-France. Il estime donc qu'ADP, nonobstant l'importance des aéroports qu'elle exploite, n'exerce pas une activité présentant le caractère d'un service public national ou d'un monopole de fait, au sens et pour l'application du neuvième alinéa du Préambule de 1946.* ».

Sur cet avis, voir not. : ANTOINE (A.), LAHOUAZI (M.), « Privatisation *vs* nationalisation : faut-il choisir son camp ? », *AJDA*, n° 31, 24 septembre 2018, p. 1758.

[595] Voir en ce sens : ROBE (J.-Ph.)., *L'entreprise et le droit*, Paris, PUF, 1999, particulièrement le Chapitre I sur la structure microjuridique de l'entreprise ; DESPAX (M.), *L'Entreprise et le droit*, t. 1, LGDJ, Bibliothèque de droit privé, 1957, l'auteur, en reprenant certaines propositions d'économistes, proposait de considérer l'entreprise comme « *cellule économique* », p. 251 et s.

groupe. L'existence de groupes de sociétés doit donc être considérée afin d'avoir une analyse plus fine de l'état réel de la concurrence sur un marché et de la contestabilité de ce dernier. Cette analyse fine de la réalité du marché, qui seule permet de déterminer l'étendue véritable d'un monopole, est un préalable nécessaire. En effet, si la situation monopolistique n'est pas correctement déterminée, il est bien difficile d'évaluer si elle porte effectivement atteinte à la concurrence, et *a fortiori*, si elle dissimule un monopole de fait (§II).

§ I. LA SITUATION MONOPOLISTIQUE : SOURCE DE POUVOIR DE MARCHE

205. Afin d'apprécier le niveau de concurrence sur un marché, la délimitation du marché à prendre en compte dans l'analyse concurrentielle est délicate mais absolument nécessaire. En effet, « *la définition des marchés pertinents n'est pas une fin en soi, mais une étape, un cadre d'analyse construit à des fins précises et qui doit être opérationnel* »[596]. Le marché à prendre en compte pour une juste appréciation du niveau de concurrence repose, traditionnellement, sur la délimitation d'un marché pertinent. Notion relativement floue, divers éléments permettent de délimiter le marché pertinent. Une fois délimité, il est possible de déceler l'existence de situations monopolistiques et, ainsi, de matérialiser le pouvoir de marché d'une entreprise (A). Mais pour véritablement déceler une situation monopolistique, mieux vaut étudier le niveau de contestabilité du marché. Celui-ci donne une indication plus précise sur le niveau d'indépendance de comportements des entreprises actives sur un marché, or c'est bien cette indépendance de comportement qu'il faut évaluer pour pouvoir déceler un monopole de fait. Différents outils sont mobilisables pour apprécier le niveau d'indépendance de comportement (B).

A. L'approche discutable des situations monopolistiques par le marché pertinent

206. La délimitation du marché pertinent par la comparaison des produits disponibles. Le marché pertinent peut être, et est souvent, déterminé en fonction du bien ou service offert, il s'agit alors de caractériser le marché en

---

[596] BOURDEAU-BOROWSKI (N.), *Essai sur la notion de marché pertinent, Vol I : Le contenu de la notion de marché pertinent*, Thèse pour le doctorat, soutenue le 14 décembre 2007, p. 181.

fonction des produits. C'est-à-dire que le marché est substantiellement défini, par rapport à l'objet de l'échange. Si cela semble avoir le mérite de la facilité, il n'en est rien, car la différenciation des produits (biens ou services) complexifie l'opération. La délimitation d'un marché de produit passe alors nécessairement par la définition du produit lui-même (bien ou service). Définition qui doit être à la fois générale et précise pour ne pas diluer la pertinence du marché considéré. En effet, si la définition retenue est trop générale, cela conduit à inclure dans l'analyse de la concurrence certaines entreprises qui ne devraient pas en faire partie. *A contrario*, une définition trop précise conduit à exclure de l'analyse certaines entreprises devant être considérées. Toute la difficulté réside dans le fait que diverses sociétés peuvent produire le même type de bien ou service. Toute la question est celle de la substituabilité des produits. En effet, selon la Commission européenne[597] : « *un marché de produits en cause comprend tous les produits et/ou services que le consommateur considère comme interchangeable ou substituables en raison de leurs caractéristiques, de leur prix et de l'usage auquel ils sont destinés* ».

207. L'appréciation de la substituabilité des produits par le test des élasticités croisées. La notion centrale dans la détermination d'un marché pertinent de produit est celle de substituabilité[598]. La notion de substituabilité permet de déterminer la limite à partir de laquelle les biens ou services cessent d'être identiques et ne peuvent, dès lors, plus être considérés comme en concurrence.

Dans un premier temps, la substituabilité des produits a été mesurée selon le test des élasticités croisées. Il s'agit « *de mesurer la tendance des acheteurs à déplacer leur demande d'un bien A vers un bien B quand le prix de A augmente* »[599]. C'est le prix des produits qui est central dans ce test. Lorsque cette tendance à déplacer son choix de consommation sur le bien B est vérifiée lorsque le prix de A augmente, alors on considère que les deux produits sont substituables. Cependant, cette approche du marché de produit en fonction du test des élasticités croisées semble peu opérationnelle dans la mesure où le prix n'est pas le seul facteur pouvant entraîner une tendance des acheteurs à se déplacer d'un bien A à un bien B. En effet, les stratégies marketing et communication mises en place par les entreprises créent un biais non

---

597 Communication Commission européenne, 7 décembre 1997, relative à la définition du marché en cause aux fins du droit communautaire de la concurrence, JOCE 7 déc. 1997, n° C 372, § 8.

598 Voir en ce sens : GABSZEWICZ (J.), *La différenciation des produits*, La Découverte, coll. Repères, Paris, 2006.

599 BOURDEAU-BOROWSKI (N.), *Essai sur la notion de marché pertinent*, *op. cit.*, p. 183.

négligeable dans ce test[600]. Selon le test des élasticités croisées, la substituabilité n'est pas vraiment objective, elle n'est pas fondée sur les qualités intrinsèques d'un bien ou d'un service mais sur l'analyse du comportement des consommateurs ou sur l'estimation, les prévisions de comportements. Sous cet angle, la substituabilité dépend de la subjectivité des comportements individuels et n'est ainsi pas représentative de la substituabilité objective des produits. À ce test des élasticités croisées, s'est substitué le test du monopoleur hypothétique, plus réaliste, bien que plus controversé, pour analyser la concurrence sur un marché. Ce test ne considère plus vraiment l'offre de produits mais la demande de produits[601].

208. La substituabilité et le test du monopoleur hypothétique. Selon le Conseil de la concurrence, sont substituables « *les produits et services dont on peut raisonnablement penser que les demandeurs les regardent comme des moyens entre lesquels ils peuvent arbitrer* »[602]. Après une longue évolution[603] s'est imposé le « *test du monopoleur hypothétique* »[604] qui permet justement de déterminer le comportement des consommateurs. Ce test consiste en fait à s'interroger sur les conséquences d'une *« augmentation faible mais significative et durable du prix d'un produit ou d'un service donné, en supposant que les prix de tous les autres produits ou services restent*

[600] Voir par exemple l'affaire Du Pont de Nemours où le recours ou non au test des élasticités croisées conduisaient à des appréciations totalement différentes du marché pertinent et donc à des analyses différentes de la situation concurrentielle de l'entreprise en cause, BOURDEAU-BOROWSKI (N.), *Essai sur la notion de marché pertinent*, *op. cit.*, p. 185.
[601] Sur le test du monopoleur hypothétique, voir not. : CHARPIN (A.), « L'indispensable test du monopoleur hypothétique », *RLC*, n° 47, 1er février 2016.
[602] Avis n° 97-A — 19 du 24 septembre 1997 relatif à une demande d'avis présentée par l'autorité de régulation des Télécommunications en application de l'article L-36-7 (7°) du Code des Postes et Télécommunications.
[603] Il n'est pas question ici de retracer tout l'historique de la notion de marché pertinent, pour plus de précisions à ce sujet voir : BOURDEAU-BOROWSKI (N.), *Essai sur la notion de marché pertinent*, *op. cit.*, notamment la première sur le contenu de la notion de marché pertinent ; BIDAUD (L.), *La délimitation du marché pertinent en droit français de la concurrence*, Litec, Paris, 2001, notamment la deuxième partie sur l'exécution de la délimitation du marché pertinent ; TORRE-SCHAUB (M.), *Essai sur la construction juridique de la catégorie de marché*, Bibliothèque de droit privé, t. 163, LGDJ, Paris, 2002.
[604] Également appelé test SSNIPP « *small but significant and non-transitory increase in price* ». Voir sur ce test : Lignes directrices de la Commission sur l'analyse du marché et l'évaluation de la puissance sur le marché en application du cadre réglementaire communautaire pour les réseaux et les services de communications électroniques (2002/C 165/03).

inchangés »[605]. Le test se fait donc par étapes successives et repose sur l'observation de la possibilité d'augmenter les prix d'un bien de manière significative et durable. On retrouve avec ce test la notion d'indépendance de comportement, élément central dans les situations monopolistiques. C'est bien lorsque cette indépendance de comportement s'exprime, notamment par les prix, que peut être créé un monopole de fait.

209. Pourtant, cette approche ne permet pas de réellement apprécier le pouvoir de marché d'une entreprise. Des écrits récents mettent d'ailleurs en évidence que ce test permet seulement de mettre en évidence le « *pouvoir de marché stiglerien* » et non le pouvoir de marché « *bainien* »[606] ; qu'à ce titre, il ne permet pas vraiment de rendre compte du pouvoir de marché d'une entreprise. Ce test, qui repose sur de l'anticipation des comportements, comporte de nombreux biais qui remettent en cause sa pertinence. Les meilleurs économistes ont d'ailleurs relégué au second plan la question du marché pertinent et de sa délimitation alors même que cette notion connaît un succès grandissant en droit de la concurrence[607].

210. La place de l'image de marque : un élément subjectif invitant à relativiser la définition du marché pertinent par la substituabilité des produits. La notoriété d'un produit, son image, est également un élément

605 Lignes directrices de la Commission, *op. cit.*, n° 40.
Le test est mis en œuvre de la façon suivante : « *On part d'abord du bien étudié, qui correspond au plus petit marché possible, et on cherche à répondre à la question suivante : une entreprise imaginaire qui aurait un monopole sur la vente de ce bien peut-elle augmenter légèrement mais significativement et de manière durable le prix du bien profitablement ? Si la réponse est oui, le bien vendu par le monopole imaginaire forme un marché pertinent et le test s'arrête là. Si la réponse est non, il convient d'élargir le nombre de produits vendus par le monopole hypothétique en incluant le produit de substitution le plus proche* », CHARPIN (A.), « L'indispensable test du monopoleur hypothétique », *op. cit.*

606 DEFFAINS (B.), PELLEFIGUE (J.), « Vraiment pertinent ? Une analyse économique des marchés pertinents », *RTD com.*, n° 3, 7 novembre 2018 : « *D'une part, le pouvoir de marché "stiglerien" correspond à la capacité d'une entreprise à augmenter les prix au-dessus du niveau concurrentiel, (ou du moins du niveau que l'on observerait dans une situation de concurrence "normale" ou workable competition). Cette première forme de pouvoir est généralement mesurée par l'indice de Lerner. D'autre part, le pouvoir de marché "bainien" correspond à la capacité d'évincer ses concurrents ou à les empêcher d'entrer sur le marché et qui est naturellement plus difficile à définir et à mesurer à l'aide d'un indice numérique que le pouvoir de marché stiglerien.* ».
Notons que l'indice de Lerner correspond à la différence entre le prix du produit et le coût marginal. Pour un exemple, dans le système bancaire, de l'analyse du povoir de marché : LAPTEACRU (I.), NYS (E.), « L'impact de la concurrence sur l'efficience des banques », *Revue économique*, 2011/2, vol. 62, p. 313 et s.
Voir également : SUN (B.), JING (W.), ZHAO (X.), HE (Y.), « Research on market power and market structure. A direct measure of market power of internet platform enterprises », *International Journal of Crowd science*, vol. 1, n° 3, 2017, pp. 210-222.

607 DEFFAINS (B.), PELLEFIGUE (J.), « Vraiment pertinent ? Une analyse économique des marchés pertinents », *op. cit.*

essentiel à prendre en compte dans la délimitation du marché pertinent car cela influence le niveau de substituabilité des produits. Cela semble logique dans la mesure où la stratégie commerciale consiste à présenter tels produit ou service comme uniques et à se différencier des produits ou services concurrents ; annihilant du point de vue du consommateur toute substituabilité[608].

211. Finalement, on constate à quel point la délimitation d'un marché pertinent est délicate. La notion de marché pertinent répond à la nécessité d'une analyse réaliste du marché[609], cela permet, en théorie, de déceler l'existence d'un pouvoir de marché significatif. Mais les critiques qui lui sont adressées ne peuvent qu'inviter à penser autrement le marché pour déceler le pouvoir de marché. C'est tout l'objectif que l'on retrouve dans la notion de marché contestable. Plus encore, pour cerner l'étendue du pouvoir de marché d'une entreprise, c'est bien l'indépendance de ses comportements qu'il faut mettre en exergue.

B. L'approche réaliste des situations monopolistiques par la mesure de l'indépendance des comportements

212. Le pouvoir de marché et la contestabilité du marché. Le pouvoir de marché, lorsque l'on est face à un monopole, *lato sensu*, est assez facilement supposé. Le défaut de concurrence confère *ipso facto* un pouvoir de marché (une indépendance de comportement) aux opérateurs économiques installés car ils sont libres de fixer leur prix. Mais la situation monopolistique n'est pas toujours anticoncurrentielle, et les entreprises n'abusent pas toujours de leur position pour augmenter artificiellement leur prix. En effet, si la concurrence n'est pas effective, elle peut être, en tout état de cause, potentielle. On parle alors de marché contestable. Cette notion, notamment soutenue par Baumol, Panzar et Willig (1982) renverse l'approche classique de la concurrence.
Cette façon d'appréhender le marché est plus en accord avec la réalité, mais elle a ses limites[610]. En effet, la structure du marché importe peu en elle-même tant que les comportements ne sont pas anticoncurrentiels. C'est bien en cela

---

[608] On peut supposer que les clients voulant un Iphone ne veulent pas d'un autre smartphone. Dans cet esprit, le Conseil de la concurrence a admis que « *les clients qui veulent Trivial poursuit ne veulent rien d'autre* », décision 89-D-39 du 21 novembre 1989 pratiques de la société Kenner Parker Tonka vis-à-vis des grossistes en jouets, BOCCRF 13 décembre 1989.
[609] Après ces développements, les critiques précédemment émises à l'encontre des décisions du Conseil constitutionnel et du Conseil d'État ne font que se confirmer.
[610] Ses thuriféraires sont de l'École autrichienne, ses détracteurs de l'École de Harvard (cette dernière ayant renouvelé l'approche du pouvoir de marché).

que la situation monopolistique est un indice de monopole de fait mais ne peut le présumer. Un marché peut être structurellement monopolistique sans que cela produise des effets sur le niveau des prix, cela parce qu'il existe en réalité une concurrence potentielle qui incite l'entreprise en situation de monopole à se comporter comme si elle ne l'était pas afin de conserver sa position sur le marché. Le marché contestable renvoie à deux aspects — l'absence de barrière à l'entrée et l'absence de coûts irrécupérables à la sortie (*sunk cost*). Le marché est contestable lorsque les prix et profits ne sont pas excessifs, que n'est pas pratiqué un système de prix prédateurs, ou des subventions croisées.

213. La notion de marché contestable est particulièrement utilisée dans le contrôle des concentrations. Selon l'ordre juridique analysé, on constate que différents termes sont utilisés afin de rendre compte de l'état de concurrence sur un marché. Ainsi, en droit français, si l'on reprend l'article 4 de la loi du 19 juillet 1977[611], celui-ci précisait qu'une concentration peut être soumise à contrôle lorsque celle-ci est « *de nature à porter atteinte à une concurrence suffisante sur un marché* ». En droit européen, l'article 2 du règlement CE sur les concentrations[612] précise que lors de l'appréciation des opérations de concentration, la Commission doit tenir compte « *de la nécessité de préserver et de développer une concurrence effective dans le marché commun au vu notamment de la structure de tous les marchés en cause et de la concurrence réelle ou potentielle d'entreprises situées à l'intérieur ou à l'extérieur de la Communauté* ». Plusieurs termes sont utilisés pour désigner le niveau de concurrence acceptable dans l'appréciation d'une opération de concentration : la concurrence suffisante, effective, potentielle ou réelle. Comme le note Antoine Pirovano, cette « *terminologie n'est pas innocente* », elle permet de lier des considérations concurrentielles à des considérations politiques en laissant une marge de manœuvre aux gouvernements dans leur politique industrielle et commerciale.

214. Une diversité d'outil d'appréciation du pouvoir de marché pour une diversité de comportements indépendants. Il existe une diversité d'outils économiques pour apprécier le pouvoir de marché d'une entreprise. La plupart de ces outils ont pour objectif d'apprécier le pouvoir de marché par le prisme de la latitude d'un opérateur à déterminer ses prix. Sans entrer dans le détail de ces outils[613], leur existence interroge la prééminence donnée à l'utilisation de certaines méthodes controversées telle que le test du monopoleur hypothétique. Le pouvoir de marché se révèle dans la capacité des entreprises à fixer des prix supérieurs aux coûts de production, mais il se révèle tout autant

---

611 Loi n° 77-806 du 19 juillet 1977 relative au contrôle de la concentration économique et à la répression des ententes illicites et des abus de position dominante.

612 Règlement (CE) n° 139/2004 du Conseil du 20 janvier 2004 relatif au contrôle des concentrations entre entreprises.

613 OCDE, *Définition du marché pertinent*, 2012, doc. ref. DAF/COMP(2013)/REV1.

dans la capacité de l'entreprise à pratiquer des prix d'éviction car ceux-ci rendent impossible toute contestabilité du marché[614].

215. Un exemple de comportement indépendant : la pratique des prix d'éviction. Pour ne donner qu'un exemple, aux États-Unis, est mis en place le *Brooke group test*[615], ce test a pour objectif de répondre à la question de savoir si l'entreprise en cause pratique des prix prédateurs. C'est-à-dire le fait pour une entreprise de fixer ses prix en deçà des coûts effectifs de production, quitte à sacrifier sa rentabilité le temps que la concurrence soit détruite.
Les pratiques tarifaires[616] peuvent constituer des pratiques d'éviction[617]. Les prix seront dits d'éviction « *s'ils sont à même, d'une part, de rendre plus difficile, voire impossible, l'accès au marché des concurrents de l'entreprise en position dominante et, d'autre part, de rendre plus difficile, voire impossible, pour les cocontractants de cette entreprise, le choix entre plusieurs sources d'approvisionnement ou partenaires commerciaux* »[618]. De nombreux domaines sont concernés par ces pratiques, qu'il s'agisse du domaine des communications électroniques, du domaine pharmaceutique ou encore de la presse[619]. Les prix d'éviction constituent une véritable barrière à l'entrée d'un marché, cela renforce donc le pouvoir de marché de l'entreprise qui les pratique.

---

[614] SHEPERD (W. G.), « Entry barriers, contestability, and predatory pricing », *Revue d'économie industrielle*, 1988, n° 46, pp. 1-20.

[615] En référence à l'affaire Brooke group (Brooke group Ltd. *v. Brown & Williamson Tobacco Corp., 509 U.S. 209 (1993)), voir not. :* PARK (S.), « Market Power Revisited », *Research in Law and Economics*, 2012, Vol. 25, pp. 1-13 : « *In the U.S. case law, the reasoning of the Supreme Court in Brooke Group has become a well-established legal test for the predatory pricing, in which a plaintiff should be required to prove the following two elements: (1) thealleged predatory prices are below an appropriate measure of the defendant'scosts and (2) the defendant had a reasonable prospect, or, under Section 2 ofthe Sherman Act, a dangerous probability, of recouping its investments in below-cost prices* ».

[616] Pour un aperçu de ces pratiques, voir not. CHAGNY (M.), « Les nouvelles formes d'abus de position dominante en matière tarifaire », *AJDA*, 2016, p. 228 et s.

[617] CJUE, 29 mars 2012, aff. C-209/10, Post Danmark A/S c/ Konkurrencerådet : sont considérées comme telles « *les pratiques qui causent un préjudice immédiat aux consommateurs, mais également celles qui leur causent un préjudice en portant atteinte au jeu de la concurrence [...]. C'est dans ce dernier sens qu'il convient de comprendre les termes "pratique d'éviction abusive" qui figurent dans les questions préjudicielles* ».
Voir également pour une définition des pratiques d'éviction abusive causant un préjudice immédiat aux consommateurs : CJCE, 16 septembre 2008, aff. C—468/ 06 à C-478/06, Sot. Lélos kai Sia e. a., et CJUE, 14 octobre 2010, aff. C—280/ 08, Deutsche Telekom c/ Commission. Pour les pratiques d'éviction abusive portant atteinte à la concurrence, voir not. : CJUE, 17 février 2011, aff. C-52/09, TeliaSonera Sverige, point 24.

[618] Conclusions de l'Avocat général J. KOKOTT, 21 mai 2015, aff. C—23/ 14, point 31.

[619] Voir not., DJAVADI (L.), FOURGOUX (J.-L.), « Panorama sur l'abus de position dominante », *AJ Contrats d'affaires, Concurrence, Distribution*, 2016, p. 220 et les nombreuses affaires citées.

La pratique de prix abusivement bas est interdite en droit français[620].

216. Le test du concurrent aussi efficace pour révéler la pratique des prix d'éviction. C'est parce que « *l'existence d'une position dominante implique que [la] pression concurrentielle n'est pas suffisamment efficace et, partant, que l'entreprise en cause détient un pouvoir de marché substantiel et durable* »[621] que se sont développés des moyens pratiques d'évaluation de la pression concurrentielle. Dès 1991[622], on trouve dans la jurisprudence européenne des pistes d'analyse des coûts et des prix permettant de déterminer l'existence de prix d'éviction ; la Cour précise en effet que « *Des prix inférieurs à la moyenne des coûts variables (c'est-à-dire de ceux qui varient en fonction des quantités produites) par lesquels une entreprise dominante cherche à éliminer un concurrent doivent être considérés comme abusifs* »[623]. Cette analyse comparative des prix pratiqués et des coûts supportés s'est affinée et a conduit à ce qu'il faut désormais appeler le *test du concurrent aussi efficace*.

La mise en œuvre du test du concurrent aussi efficace, « *sans avoir un caractère obligatoire [...] peut être utilisé dans certaines circonstances où il semble utile de mesurer la gravité de l'abus* »[624]. Il s'agit, avec ce test, de mettre en avant l'existence ou non de prix d'éviction de la concurrence. Il s'agit en fait de comparer les prix de vente proposés par un opérateur économique aux coûts de production du bien ou service proposé. Afin d'apprécier si les prix pratiqués par un opérateur économique sont abusivement bas, la Commission européenne préconise de les mettre en perspective avec deux types de coûts : le coût évitable moyen (CEM) et le coût

---

620 Art. L. 420-5, Code de commerce : « *Sont prohibées les offres de prix ou pratiques de prix de vente aux consommateurs abusivement bas par rapport aux coûts de production, de transformation et de commercialisation, dès lors que ces offres ou pratiques ont pour objet ou peuvent avoir pour effet d'éliminer d'un marché ou d'empêcher d'accéder à un marché une entreprise ou l'un de ses produits* ».
Notons qu'existent tout de même des exceptions, notamment les périodes de soldes encadrées par les articles L. 303-10 du Code de commerce et D. 310-15-2 du Code de commerce.
Notons enfin, que c'est une matière qui évolue encore, voir en ce sens : l'ordonnance n° 2019-359 du 24 avril 2019 portant refonte du titre IV du livre IV du code de commerce relatif à la transparence, aux pratiques restrictives de concurrence et aux autres pratiques prohibées.

621 Communication de la Commission, 24 février 2009, 2009/C 45/02, Orientations sur les priorités retenues par la Commission pour l'application de l'article 82 du traité CE aux pratiques d'éviction abusives des entreprises dominantes.

622 CJCE, 3 juillet 1991, aff. C—62/ 86, Akzo c/ Commission des Communautés européennes.

623 CJCE, 3 juillet 1991, aff. C—62/ 86, Akzo c/ Commission des Communautés européennes, point 71.

624 COUSIN (M.), BOILLOT (T.), REY (P.), « Politique(s) tarifaire(s) des entreprises en position dominante depuis l'arrêt Post Danmark II, vues croisées économiste et juriste », *Contrats Concurrence Consommation*, n° 6, juin 2016, dossier 14.

marginal moyen à long terme (CMMLT)[625]. Si ces coûts ne sont pas couverts par les prix proposés alors on peut en conclure « *qu'un concurrent aussi efficace ne peut satisfaire les consommateurs visés sans subir de pertes [ou] qu'un concurrent aussi efficace pourrait être évincé du marché* »[626], et donc qu'il s'agit de prix d'éviction constitutifs d'un abus de position dominante et pouvant conduire à la constitution d'un monopole de fait.

217. Illustration jurisprudentielle de la mise en œuvre du concurrent aussi efficace. Dans l'affaire Post Danmark[627], la Cour a eu à se prononcer sur la conformité de « *rabais fidélisant* »[628]. En l'espèce, Post Danmark, opérateur historique dans le domaine postal, avait mis en œuvre des tarifs préférentiels, des rabais, au bénéfice de certaines entreprises distributrices de courriers non adressés, ce qui était contesté par une entreprise concurrente qui alléguait qu'il s'agissait de prix mis en œuvre pour l'évincer. Cette affaire illustre la difficulté de mise en œuvre du test du concurrent aussi efficace. On constate que la Cour de justice semble plus prudente que la Commission européenne quant au recours systématique à ce test et affirme la nécessité de démontrer la volonté d'éviction de la concurrence[629]. Ce qui n'a pas toujours été le cas dans la mesure où, à l'origine, l'appréciation de l'abus de position dominante était analysée en fonction de la structure du marché et de manière incidente, du point de vue des comportements des opérateurs[630].

218. Dans un deuxième volet Post Danmark[631], la Cour précise que lorsqu'est en cause une position dominante alors le test du concurrent aussi efficace semble peu pertinent dans la mesure où « *la structure du marché rend pratiquement*

---

[625] Communication n° 2009/C 45/02 portant orientations sur les priorités retenues par la Commission pour l'application de l'article 82 du traité CE aux pratiques d'éviction abusives des entreprises dominantes, point 26.

[626] Communication n° 2009/C 45/02, *op. cit.*

[627] CJUE, 29 mars 2012, aff. C6209/10, Post Danmark A/S c/ Konkurrencerådet.

[628] Pour une décision plus récente, voir not. : CJUE, grande chambre, 6 septembre 2017, aff. C—413/ 14, Intel et les conclusions de l'avocat général Nils Wahl qui rappelle que : « *L'objectif d'une efficacité accrue a pour corollaire logique qu'une importance essentielle est accordée aux effets anticoncurrentiels d'une pratique donnée.* ». Nous soulignons.

[629] CJUE, 29 mars 2012, aff. C6209/10, Post Danmark A/S c/ Konkurrencerådet, point 29. Après avoir constaté que les prix pratiqués étaient en effet très bas et auraient pu conduire à l'éviction de la concurrence, la Cour rappelle que : « *il n'a pas pu être établi que Post Danmark avait intentionnellement cherché à évincer ce concurrent* ». Nous soulignons.

[630] CJCE, 13 février 1979, aff. 85-76, Hofmann-La Roche ; voir aussi TPICE, 7 octobre 1999, aff. T-228/97, Irish sugar.

[631] CJUE, 6 octobre 2015, aff. C-23/14, Post Danmark A/S c/ Konkurrencerådet. Voir not. les conclusions de l'avocat général : Concl. av. gén. J. KOKOTT, 21 mai 2015, aff. C—23/ 14, point 59.
Et voir également : BOSCO (D.), « La Cour de justice revient sur l'analyse concurrentielle des remises proposées par les entreprises dominantes », *Revue Contrats Concurrence Consommation*, n° 11, novembre 2015, comm. 260.

impossible l'apparition d'un concurrent aussi efficace »[632]. Il semble finalement que ce test ne soit pas toujours pertinent. Surtout lorsque la structure concurrentielle est proche d'une structure monopolistique (oligopole/position dominante), ce qui laisse peu de place à des concurrents aussi efficaces. L'approche de la concurrence par les effets, où le bien-être du consommateur est en première ligne[633], oblige ainsi à multiplier les outils pour apprécier effectivement les abus de position dominante.

§ II. L'ENTREPRISE : UNE UNITE PERTINENTE POUR APPRECIER LA REALITE DU POUVOIR DE MARCHE

219. Pour appréhender au mieux le marché, il est nécessaire d'utiliser des concepts reflétant au plus près la réalité de celui-ci. Or, l'un des écueils repose sur le fait que la notion d'entreprise n'est pas encore pleinement utilisée. Si elle tend à s'imposer, notamment en droit de la concurrence (A), il semble que la notion de groupe de sociétés demeure la plus utilisée et que la réforme de l'entreprise, notamment annoncée dans la loi Pacte[634], ne soit encore que lointaine (B).

A. De la société à l'entreprise : un changement de paradigme nécessaire

220. Pour approcher le monopole de fait il faut embrasser la notion d'entreprise. Cette approche s'inscrit dans un mouvement juridique vaste, qui décloisonne rend possible le droit du marché[635]. Penser l'entreprise c'est considérer les entités économiques par le prisme de leurs activités économiques, en plus de leur structure sociétaire. Plus encore, « *la notion d'entreprise semble beaucoup plus accueillante que celle de professionnel et bien sûr que celle de commerçant.* »[636] ; il s'agit d'une notion plus fonctionnelle pour approcher la réalité d'un marché.

221. L'entreprise : une entité définie par son activité économique. La définition de l'entreprise est liée à l'exercice d'une activité économique. Mais

[632] CJUE, 6 octobre 2015, aff. C-23/14, Post Danmark A/S c/ Konkurrencerådet, point 59.
[633] Sur ce point, voir not. : PRIETO (C.), « Abus de position dominante », *JCl. Europe Traité*, Synthèse 150, mis à jour 29 octobre 2018.
[634] DELVOLVE (O.), « La loi *PACTE* et l'entreprise », *RFDA*, n° 4, 25 septembre 2019, p. 589.
[635] Sur ce droit, voir not. ARCELIN (L.), « La conquête du droit du marché par la notion d'entreprise », *RTD com.*, n° 3, 7 novembre 2018, p. 575.
[636] ARCELIN (L.), « La conquête du droit du marché par la notion d'entreprise », *op. cit.*

il faut bien constater que cette dernière ne fait pas l'objet de définition précise. Si, pour le juriste, le flou entourant une notion fait craindre pour la sécurité juridique, l'approximation recèle quelques vertus, au premier titre desquels, la souplesse. Et c'est bien suivant cette volonté de conserver une certaine souplesse que la définition de l'entreprise et de l'activité économique est restée vague[637]. Ces notions ne sont pourtant pas neuves, dès 1991 la Cour de justice les utilisait, elle précisait alors que : « *la notion d'entreprise comprend toute entité exerçant une activité économique, indépendamment du statut juridique de cette entité et de son mode de financement »*[638]. On constate l'imprécision de la définition, et, avec d'autres que peu d'activités y échappent[639]. Cela permet pourtant d'inclure dans le champ d'analyse de la concurrence toute activité indépendamment de la structure sociétaire ou du type d'activité, cela permet de dépasser la dichotomie (artificielle) entre marchand et non marchand, entre public et privé, et d'adhérer à une approche réaliste du marché où c'est bien le caractère économique qui prime. En effet, « *toute activité dès lors qu'elle est exercée sur un marché et qu'elle est rémunérée, se pare du manteau économique.* »[640]. C'est bien l'existence d'une contrepartie économique[641] qui caractérise l'activité économique et en ce sens, la notion d'entreprise est plus pertinente que celle de société pour esquisser juridiquement la réalité du marché, la réalité des acteurs.

222. La notion d'entreprise en réseau. Une approche originale de l'entreprise a été proposée et vise à la considérer comme un réseau. En effet, « *après la notion d'entreprise, définie par l'activité économique qu'elle développe et les intérêts qui tendent vers l'accomplissement de cette activité, après la notion de groupe de sociétés, fondée sur des liens de capital mais aussi sur un rapport de domination, surgit le "réseau", notion juridique aussi floue que les précédentes notions, mais qui développe bien ses propres intérêts, sa propre existence et même ses propres obligations.* »[642]. L'entreprise en réseau

---

[637] ARCELIN (L.), « La conquête du droit du marché par la notion d'entreprise », *op. cit.*

[638] CJCE, 23 avril 1991, aff. C 41/90.

Sur les affaires Höfner et Poucet (fondatrices pour les notions d'entreprise et d'activité économique), voir not. : POILLOT-PERUZZETTO (S.), « Champ d'application matériel de droit de la concurrence. Définition de l'activité éconoique », *RTD com.*, n° 4, 15 décembre 1998, p. 984.

[639] BUTSTRAEN (L.), « Conventions réglementées. Le régime des conventions réglementées est applicable aux syndicats professionnels ayant une activité économique », *JA*, n° 275, 15 mars 2003, p. 8 : « *la définition de l'activité économique est si large que peu d'activités échappent à son domaine, à l'exception toutefois des structures à caractère charitable, caritatif, culturel ou cultuel, dans la mesure où elles ne perçoivent que des cotisations de leurs membres, des subventions ou des dons* ».

[640] ARCELIN (L.), « La conquête du droit du marché par la notion d'entreprise », *op. cit.*

[641] Et peu importe la forme de cette contrepartie, ce qui permet d'englober dans les activités économiques les activités des plateformes numériques : ARCELIN (L.), « La conquête du droit du marché par la notion d'entreprise », *op. cit.*

[642] KRIMMER (I.), « Réseaux de distribution et ordre concurrentiel », *in L'ordre concurrentiel, Mélanges Pirovano*, éd. Frison-Roche, Paris, 2003, p. 588.

se distingue encore du groupe de sociétés. Ce dernier repose généralement sur l'existence de lien de subordination et de contrôle ; l'entreprise en réseau repose sur une logique de coopération et d'échange en matière informationnelle. Il s'agit d'appréhender cette « *unité opérationnelle véritable (qui) devient le projet particulier mis en œuvre par un réseau, plutôt que l'entreprise individuelle ou le groupement formel d'entreprises.* »[643].

B. Du groupe de sociétés à l'entreprise

223. Le contrôle de société : reflet de la réalité du groupe (et donc d'une entreprise) ? Le droit positif ne connaît que les notions de société et de filiales[644]. Le lien entre sociétés ne se retrouve que dans la notion de contrôle. Le Code de commerce expose le droit applicable aux sociétés commerciales[645], et qualifie les différents types de relations sans pour autant considérer que de telles relations peuvent aboutir à la constitution d'une entité économique unitaire[646], d'une entreprise donc, dont le pouvoir de marché est décuplé. Le Code de commerce précise la notion de contrôle de société[647]. Il s'agit de donner un cadre d'analyse aux relations entre sociétés afin de déterminer l'entité responsable en cas de contentieux, ou la répartition des charges en cas de liquidation de sociétés. Seront ainsi considérées comme des filiales les sociétés dont plus de la moitié du capital est détenue par une société[648]. Il existe même une présomption capitalistique selon laquelle lorsqu'une société détient la majorité du capital d'une autre société alors elle est réputée la contrôler[649]. Lorsqu'une société ne détient qu'une fraction du capital d'une seconde société (entre 10 et 50%) alors le Code ne retient pas la qualification de filiale mais précise seulement que la première société détient

---

643 CASTELLS (M.), *La société en réseaux. L'ère de l'information*, *op. cit.*, p. 223 (notamment l'étude du modèle de Cisco).

644 Le groupe n'est envisagé que dans le cadre des procédures d'insolvabilité, Code de commerce, art. L. 694-1 et s.

645 Code de commerce, Livre II : Des sociétés commerciales et des groupements d'intérêt économique (art. L. 210-1 et s.).

646 Pour une approche en droit comparé de la notion de groupe de société, voir not. : BRÜLS (C.) dir., *Les multinationales, Statut et réglementations*, coll. Droit des sociétés, Larcier, 2013, particulièrement la deuxième partie de l'ouvrage.
Pour une approche sociologique du groupe de sociétés, voir not. : CATEL DUET (A.), « Être ou ne pas être : le groupe de société comme firme unifiée ou comme ensemble de sociétés ? Une approche sociologique », *Droit et société*, 2007/3, n° 67, p. 615.

647 Code de commerce, Livre II, Titre III, notamment Chapitre III : Des filiales, des participations et des sociétés contrôlées.

648 Art. L. 233-1, Code de commerce.

649 Cette présomption capitalistique est toutefois réfragable. Voir not. : CJUE, 11 juill. 2013, aff. C—440/ 11 P, Stichting Administratiekantoor Portielje et Gosselin Group NV ; CJUE, aff. C—440/ 11 P, 11 juillet 2003, Commission c/ Gosselin Group :

une participation dans la seconde[650]. Enfin, le Code de commerce précise qu'une société peut être contrôlée par une autre en fonction de différents critères relatifs à l'exercice des droits de vote dans les assemblées[651]. Ce genre de relations entre entreprises entraîne certaines obligations, notamment comptables[652]. Le groupe est une réalité économique[653]. Il a pu être relevé que « *Réalité économique fuyante, fluctuante, diversifiée, les groupes de sociétés ressemblent à des hydres dont le droit ne semble pouvoir saisir qu'une tête à la fois* »[654]. Et cela semble vrai, le droit positif repose essentiellement sur l'approche capitalistique pour caractériser le contrôle et donc le groupe, alors même que d'autres rapports que des rapports propriétaires[655] peuvent tout aussi bien être révélateurs de l'existence d'un groupe.

224. Le financement entre sociétés : autre reflet de la réalité du groupe ? Il est un phénomène révélateur de l'existence d'un groupe : le financement entre entreprises. Il s'agit d'un moyen de financement qui fait exception au monopole bancaire[656]. Selon cette exception, les crédits peuvent être octroyés par une entreprise sous certaines conditions[657], et notamment à la condition qu'existent des liens économiques le justifiant entre les entités parties. Il semblerait que l'on retrouve en substance la notion de groupe, qui illustre bien l'existence de relations entre entités juridiquement autonomes mais dont les activités économiques s'articulent et participent finalement d'une seule et même activité de groupe. Mais, le Code monétaire et financier ne vise pas directement l'existence de groupe et lui préfère l'expression de « *liens économiques* ». On retrouve plus précisément la notion de groupe à l'article L. 511-7 du Code monétaire et financier. Celui-ci précise que « *Les interdictions définies à l'article L. 51165 ne font pas obstacle à ce qu'une*

---

[650] Art. L. 233-2, Code de commerce. Notons qu'une participation n'étant pas majoritaire peut suffire à constituer un véritable contrôle effectif si aucune autre participation ne permet d'éviter la domination par la société mère.

[651] Art. L. 233-3, Code de commerce :

[652] Par la présentation de comptes consolidés.

[653] Voir not. : CATEL DUET (A.), « Être ou ne pas être… », *op. cit.*, p. 615 et s. L'auteure précise que « *Le fait que les groupes de sociétés constituent un phénomène familier de la vie des affaires montre que, malgré l'absence d'unité juridique, ils parviennent à constituer des unités économiques cohérentes et stables. […] Le groupe aurait ainsi la capacité à être ou ne pas être, à exister de façon discontinue. Vis-à-vis du droit, les groupes ont donc clairement tendance à instrumentaliser les frontières juridiques des entreprises qui en sont membres.* ».

[654] MOREAU (M.-A.), « La mobilité des salariés dans les groupes de dimension communautaire : quelques réflexions à partir d'une analyse comparée », Travail et Emploi, n° 53, 1992, p. 58.

[655] CATEL DUET (A.), « Être ou ne pas être… », *op. cit.*, p. 615 et s.

[656] Le monopole bancaire sur le crédit résulte de l'article L. 511-5, Code monétaire et financier. Sur ce monopole, voir not. : BONNEAU (T.), *Droit bancaire*, 11e éd., Montchrestien, 2015, n° 265 et s. ; LASSERRE CAPDEVILLE (J.), STORCK (M.), ROUTIER (R.), MIGNOT (M.), KOVAR (J.-Ph.) et ERESEO (N.), *Droit bancaire*, coll. « Précis », Dalloz, 2017, n° 1002 et s.

[657] L'exception pour les entreprises est précisée à l'article L. 511-6, Code monétaire et financier.

entreprise, quelle que soit sa nature, puisse : [...] Procéder à des opérations de trésorerie avec des sociétés ayant avec elle, directement ou indirectement, des liens de capital conférant à l'une des entreprises liées un pouvoir de contrôle effectif sur les autres ». La possibilité de prêt à titre habituel entre sociétés d'un même groupe est ainsi autorisée. Néanmoins, des incertitudes demeurent quant à l'étendue de cette autorisation[658]. D'autant plus que le Code monétaire et financier fait référence au pouvoir de contrôle effectif sans pour autant le définir et laisse le champ libre à l'appréciation du juge.

225. L'entreprise transnationale : une forme d'entreprise contemporaine. Aujourd'hui, l'économie est globale, la mondialisation est amorcée[659]. Autrement dit, l'économie s'émancipe des frontières nationales. Les entreprises, auparavant dûment rattachées à un territoire national, et qui exerçaient leur activité majoritairement sur ce territoire, développent et étendent leur influence. Notons en passant qu'il existe plusieurs stratégies d'internationalisation[660]. La transnationalité d'une entreprise peut être mesurée. La CNUCED utilise l'indice de transnationalité pour déterminer le « *degré de transnationalité des multinationales* »[661]. Il s'agit de déterminer dans quelle proportion l'entreprise exerce son activité à l'étranger. Cet indice de transnationalité correspond à une moyenne. Cette moyenne est établie en fonction de différents pourcentages : le pourcentage des actifs étrangers dans les actifs totaux, le pourcentage des ventes à l'étranger dans les ventes totales, et enfin, le pourcentage d'employés à l'étranger dans l'emploi total de la firme.

226. Le recours à des notions juridiques plus pertinentes, telles que celle d'entreprise, dans l'analyse du pouvoir de marché est un préalable nécessaire pour approcher au mieux le monopole de fait.

---

658 Voir en ce sens : LASSERRE CAPDEVILLE (J.), « Le crédit intragroupe : une exception au monopole bancaire aux contours controversés », *AJ Contrats*, n° 10, octobre 2017, p. 418, les doutes portent à la fois sur les opérations concernées et les bénéficiaires.

659 Pour une approche sémantique de la mondialisation, voir not. : OST (F.), VAN DE KERCHOVE (M.), *De la pyramide au réseau ? Pour une théorie dialectique du droit*, *op. cit.*, p. 158 et s.

660 CASTELLS (M.), *La société en réseaux. L'ère de l'information*, *op. cit.*, p. 222. L'auteur rappelle la pensée de Ken'ichi Imai sur la transformation des entreprises. Il précise : « *La troisième approche, caractéristique du stade économique et technologique le plus avancé, repose sur des réseaux transnationaux. Lorsqu'elles adoptent cette dernière stratégie, les firmes s'adressent à divers marchés intérieurs et organisent un échange d'informations entre les différents marchés. Plutôt que de dominer les marchés de l'extérieur, elles tentent ainsi d'intégrer leurs parts de marché et leurs informations sur les marchés par-delà les frontières.* ».

Voir également : NOREL (P.), *L'histoire économique globale*, Seuil, coll. Economie humaine, 2009.

661 ANDREFF (W.), *Les multinationales globales*, Repères, La Découverte, Paris, 2003, p. 9.

Conclusion du Chapitre I

227. Des indices de monopole de fait ont tout d'abord été recherchés dans les débats des assemblées constituantes et dans la jurisprudence. Les débats mettent clairement en exergue le lien entre les abus perpétrés par les grands propriétaires des moyens de production et la condamnation du monopole de fait. Ce qu'il faut retenir de l'analyse, et cela conforte les origines économique et politique du monopole de fait précédemment évoquées, c'est que l'expression de monopole de fait stigmatise l'excès de pouvoir économique. Le neuvième alinéa condamne l'abus de pouvoir économique. En d'autres termes, et de façon positive, le constituant de 1946 affirme la fonction sociale de certains droits et oblige les individus à faire preuve de loyauté dans leurs relations. Cette exigence de loyauté, sans être formulée, innerve toute la réflexion sur le monopole de fait. Pourtant, les approches juridictionnelles n'ont pas exploré ce lien avec l'excès de pouvoir, l'abus de droit, ou la loyauté. Elles se cantonnent à une approche du monopole de fait sous l'angle de la seule existence d'une situation monopolistique. En plus de fausser la compréhension du monopole de fait, la définition retenue de la situation monopolistique par le Conseil constitutionnel est, à plusieurs égards, critiquable. Elle l'est principalement sur le refus de considérer les positions monopolistiques qui ne s'exerceraient pas à l'échelon national. Cette position traduit une confusion entre les notions de services publics nationaux et de monopole de fait. En fait, les approches juridictionnelles traditionnelles, hors autorités de régulation, ne recourent pas à une analyse concurrentielle complète, l'analyse du marché n'est pas réaliste et ne permet pas de déceler l'étendue véritable du pouvoir de marché détenu par une entreprise.

228. Ce malaise semble tenir à la difficile appréhension de la situation monopolistique, ce véritable indice de monopole de fait puisque source de pouvoir de marché. Les outils juridiques d'identification d'une situation monopolistique sont délicats à mettre en œuvre et requièrent la précision de notions connexes, telles que celle de marché pertinent ou d'entreprise. C'est à une approche transversale de l'économie et de la concurrence qu'il faut se livrer pour déceler la réalité des situations monopolistiques. De manière générale, constituent un indice de monopole de fait les cas où un opérateur économique détient un pouvoir de marché substantiel. Mais la seule détention d'un pouvoir de marché, si elle constitue un indice relativement fiable, ne suffit pas à caractériser l'existence d'un monopole de fait. Il est nécessaire, pour identifier positivement le monopole de fait, de mettre en lumière sa véritable caractéristique : la rente de situation.

Chapitre II.
LA CARACTERISATION DU MONOPOLE DE FAIT

229. Le monopole de fait renvoie à une diversité de situations. Seule une approche dynamique permet de le systématiser. À travers une analyse à la fois sectorielle et comportementale, il s'agit de dévoiler les leviers de monopole de fait, les mouvements de force et rapports de pouvoir qui sont instrumentalisés. Le monopole de fait transparaît, alors, comme cette situation pouvant résulter d'un environnement juridique (un monopole de droit) ou économique particulier. C'est une situation où l'entreprise qui dispose d'un pouvoir de marché (résultat d'une situation monopolistique mais pas nécessairement), l'utilise abusivement dans son intérêt exclusif, et porte de ce fait atteinte à des intérêts connexes. C'est une situation où les entreprises ne sont plus soumises à la pression concurrentielle et peuvent alors utiliser leur pouvoir de marché pour accaparer de la valeur que le libre jeu de la concurrence et l'existence d'un véritable ordre concurrentiel n'auraient pas permis de constituer. L'approche dynamique du monopole de fait donne un aperçu de sa diversité et permet de le caractériser comme correspondant à une véritable exploitation abusive dont les opérateurs économiques tirent un certain bénéfice (Section I).

230. Cette diversité, bien qu'elle constitue une difficulté à l'identification du monopole de fait, donne à réfléchir à une caractéristique commune, qui permet d'autonomiser la notion. Des exemples étudiés, il ressort que le monopole de fait aboutit à la constitution d'un bénéfice. Mais ce n'est pas un bénéfice dans le sens noble du terme, il s'agit d'une rente de situation, que nous proposons de définir. Comme toute notion nouvelle, elle est difficile à percevoir. La rente de situation est le privilège du monopole de fait. Du point de vue juridique le privilège renvoie à un droit, à une sûreté, c'est-à-dire à une situation juridiquement constatée, légale et légitime, selon laquelle une personne bénéficie d'un avantage par rapport à d'autres. Le droit connaît en effet des privilèges tels que celui des créanciers, ou diplomates, ou encore celui du Trésor ou de la Banque de France[662] ; le privilège du monopole de fait, lui, n'est pas juridiquement fondé et résulte de l'instrumentalisation abusive d'un avantage. Il est alors nécessaire de mettre en lumière la substance de la rente de situation, ce privilège du monopole de fait (Section II).

[662] Voir en ce sens : CORNU (G.), *Vocabulaire juridique*, 12e éd., Association Henri Capitant, PUF, janvier 2018, p. 810.

Section I.
LA DIVERSITE DES LEVIERS DE MONOPOLES DE FAIT

231. L'objectif principal d'une entreprise est, positivement, la maximisation de ses profits, négativement, la minimisation des coûts. C'est ce qui ressort d'une lecture littérale de l'article 1832 du Code civil selon lequel : « *La société est instituée par deux ou plusieurs personnes qui conviennent par un contrat d'affecter à une entreprise commune des biens ou leur industrie en vue de partager le bénéfice ou de profiter de l'économie qui pourra en résulter.* ». Cette approche peut sembler restrictive de l'objet d'une société. Néanmoins, cette maximisation du profit est ce qui caractérise l'existence de monopole de fait lorsque cet objectif prend le pas sur toute autre considération extérieure, et aboutit à constituer une véritable rente de situation que rien d'autre ne justifie que la puissance de l'opérateur économique qui en bénéficie.
Il est difficile de dresser une liste exhaustive de tous les monopoles de fait car les leviers de sa constitution sont divers. Ces leviers permettent aux entreprises d'accaparer des bénéfices qui n'existeraient pas s'ils n'abusaient pas de leur pouvoir de marché. Plus précisément, l'attention sera portée sur divers leviers de monopole de fait. L'exclusivité tout d'abord (§I), l'asymétrie d'information ensuite, levier particulièrement utile dans le domaine bancaire et financier (§II), les données dans le domaine (§III), et enfin la transnationalité d'une entreprise, qui lui permet de faire du dumping fiscal (§IV).

§ I. L'EXCLUSIVITE

232. En droit public des affaires, les droits d'exclusivité permettent à celui qui les détient d'être, dans une certaine mesure, le seul exploitant d'un bien ou d'une entreprise. Il bénéficie d'une forme de situation monopolistique, garantie en partie par la puissance publique. Les droits exclusifs se substituent dans leurs effets à une situation monopolistique. Si cette exclusivité peut être justifiée par des considérations de service public, et relève, en tout état de cause, d'une décision d'opportunité de la part des pouvoirs publics, la proportionnalité doit être garantie, à différents niveaux, afin d'éviter la constitution de rente de situation, caractéristique du monopole de fait (A). L'exclusivité peut également résulter de considérations liées à la protection de l'innovation, et l'on retrouve les droits de propriété intellectuelle. Cette protection doit néanmoins faire l'objet d'une appréciation approfondie dans la mesure où elle peut conduire à la constitution d'un monopole de fait (B).

A. Les droits exclusifs octroyés par la puissance publique

233. Certains actes de la puissance publique, qu'ils soient contractuels ou unilatéraux, ont pour corollaire de conférer à leurs bénéficiaires un avantage particulièrement intéressant en matière concurrentielle : l'exclusivité. Ces avantages se regroupent sous l'expression de droits exclusifs. Ce type de droit « *se définit en combinant un critère juridique et un critère économique : il est issu de l'acte d'une autorité publique réservant à un opérateur économique le droit de réaliser certaines activités ou de distribuer certains biens ou services* »[663]. L'exclusivité, même octroyée par la puissance publique, ouvre parfois la voie à la constitution de monopole de fait. Seront pris les exemples des concessions autoroutières (1) et le cas particulier de la boucle locale dans le secteur des communications électroniques (2).

1. Les concessions autoroutières

234. Un exemple de monopole de fait est donné par les sociétés concessionnaires d'autoroutes. Le statut des autoroutes a été fixé par la loi du 18 avril 1955[664]. Selon cette loi, « *l'usage des autoroutes est en principe gratuit* »[665], néanmoins, il est possible pour l'État de concéder « *soit la construction et l'exploitation d'une autoroute, soit l'exploitation d'une autoroute, ainsi que la construction et l'exploitation de ses installations annexes* »[666] et dans ce cas, il est possible d'accorder le droit au concessionnaire de percevoir des péages. Très vite, l'État a fait le choix de l'externalisation. À l'origine, les sociétés concessionnaires étaient principalement à capitaux publics mais depuis le début des années 2000, les gouvernements successifs ont amorcé le désengagement de l'État dans ces sociétés. Dès les années 2000, les sociétés concessionnaires ont donc été privatisées[667]. Tout d'abord partiellement, puis dès 2006, par trois décrets, l'État a procédé à la privatisation totale des sociétés concessionnaires, dont la Société des autoroutes du Nord et de l'Est de la

---

[663] NICINSKI (S.), « Les droits exclusifs », *RFDA*, n° 3, 12 juillet 2018, p. 479.
[664] Loi n° 55-435 du 18 avril 1955 portant statut des autoroutes.
[665] Loi n° 55-435 du 18 avril 1955 portant statut des autoroutes, art. 4, al. 1.
[666] Loi n° 55-435 du 18 avril 1955 portant statut des autoroutes, art. 4, al. 2.
[667] Pour un récapitulatif des sociétés actives dans le domaine autoroutier, voir not. : ARAFER, Rapport annuel, Les marchés et contrats passés par les sociétés concessionnaires d'autoroutes, Exercice 2017, 1. Présentation générale, p. 12.

France[668] (SANEF), la société Autoroutes Paris-Rhin-Rhône[669] (APRR) et la société Autoroutes du sud de la France[670] (ASF). Ces privatisations ont fait l'objet d'un recours devant le Conseil d'État qui les a validées.

235. La dénonciation de la rentabilité exceptionnelle et injustifiée de l'activité. À partir de 2014, et l'avis[671] de l'Autorité de la concurrence, la rentabilité des concessions d'autoroute est sur la sellette. La lecture de l'avis est éclairante, les membres du collège y dénoncent la rente de situation dont bénéficient les sociétés concessionnaires. Celle-ci résulte principalement de la combinaison de deux facteurs, à savoir : l'augmentation constante des tarifs de péage et la maturité des installations.

Cette rentabilité exceptionnelle est bien l'indicateur d'un monopole de fait. En effet, et quand bien même une rentabilité élevée n'est pas condamnable en elle-même, elle doit être justifiée par une prise de risque importante[672] ou par des caractéristiques particulières du produit[673]. Or, l'Autorité considère que le risque supporté par les sociétés concessionnaires est faible. D'une part, le système fiscal selon lequel les sociétés concessionnaires peuvent déduire, de façon illimitée, les intérêts des emprunts contractés de leur impôt conduit à amoindrir le risque lié à la dette ; d'autre part, les autres risques relatifs à l'exploitation d'une autoroute sont assez peu menaçants, qu'il s'agisse d'une baisse du trafic ou d'une forte augmentation des charges. En effet, l'Autorité de la concurrence relève dans son avis que concernant le risque lié au trafic celui-ci est faible dans la mesure où « *le trafic, globalement, a toujours progressé depuis des décennies, même si c'est plus faiblement aujourd'hui*

---

[668] Décret n° 2006-98 du 2 février 2006 autorisant le transfert au secteur privé de la participation majoritaire détenue conjointement par l'Etat et Autoroutes de France au capital de la société SANEF ; voir également, Avis de la Commission des participations et des transferts n° 2006 — AC-2 du 31 janvier 2006 relatif au transfert au secteur privé du contrôle de la société SANEF.

[669] Décret n° 2006-167 du 16 février 2006 autorisant le transfert au secteur privé de la participation majoritaire détenue conjointement par l'Etat et Autoroutes de France au capital de la société Autoroutes Paris-Rhin-Rhône ; voir également, Avis de la Commission des participations et des transferts n° 2006 — AC-1 du 31 janvier 2006 relatif au transfert au secteur privé du contrôle de la société APRR.

[670] Décret n° 2006-267 du 8 mars 2006 autorisant le transfert au secteur privé de la participation majoritaire détenue conjointement par l'Etat et Autoroutes de France au capital de la société Autoroutes du Sud de la France ; voir également, Avis de la Commission des participations et des transferts n° 2006 — AC-3 du 6 mars 2006 relatif au transfert au secteur privé du contrôle de la société Autoroutes du Sud de la France (ASF).

[671] Autorité de la concurrence, avis n° 14-A-13 du 17 septembre 2014 sur le secteur des autoroutes après la privatisation des sociétés concessionnaires.

[672] Le lien entre rentabilité et prise de risque peut être illustré par l'exemple des paris sportifs. La rentabilité du pari est fonction de la côte applicable, or plus le pari est risqué (mise sur un outsider par exemple) plus le gain sera important car la côte sera très haute. Inversement, un pari peu risqué (mise sur un favori) entraînera un gain moindre car la côte n'était pas très haute.

[673] On retrouve ici les développements relatifs à la détermination des prix et au taux de marge appliqué aux produits.

que par le passé » ; et concernant le risque lié aux charges, « *Ce risque n'en est pas un puisque les charges des SCA, assises sur des réseaux parvenus à maturité, sont, pour l'essentiel, des charges fixes qui apparaissent par ailleurs parfaitement maîtrisées, soutenables et prévisibles sur le long terme* ».

236. Ces sociétés connaissent donc une « *une rentabilité exceptionnelle déconnectée des coûts comme du risque de leur activité, rentabilité largement assise sur la progression dynamique du tarif des péages* »[674]. Car c'est bien, en premier lieu, les tarifs des péages, en constante évolution, qui permettent aux sociétés concessionnaires de prospérer. Pourtant, dans le cadre d'une concession la question des tarifs est réglée par voie contractuelle, et ainsi, la rente de situation semble impossible car l'opérateur privé ne détermine pas lui-même les prix (ce qui est le cas d'une entreprise monopolistique). En effet, selon la réglementation applicable[675], les prix des péages varient selon un pourcentage donné de l'inflation[676], mais comme le relève justement l'Autorité, le cas de l'inflation négative n'a pas été pris en compte et n'a pas fait l'objet de baisse des tarifs. Ainsi, les sociétés concessionnaires voient les tarifs des péages en constante évolution (au gré de l'inflation) et sans possibilités de retour en arrière. Or les péages représentent la grande majorité des ressources financières des sociétés et l'on comprend, dans ces conditions, que les sociétés soient réticentes à toute modification des tarifs des péages.

237. La rentabilité exceptionnelle, qui excède le bénéfice raisonnable[677], cache ainsi l'existence d'un monopole de fait. C'est bien pour cela que l'État avait souhaité, en 2015, geler la hausse des tarifs. Néanmoins, les sociétés concessionnaires avaient alors engagé un recours pour dénoncer une violation contractuelle. Cette situation avait donné lieu à la signature d'un accord le 9 avril 2015, longtemps gardé secret et révélé en 2017 par la presse[678], selon lequel le gouvernement acceptait d'allonger la durée des concessions et

---

[674] Avis n° 14-A-13 du 17 septembre 2014 sur le secteur des autoroutes après la privatisation des sociétés concessionnaires, §387. L'Autorité relève également que : « *Au final, si l'exploitation d'une concession autoroutière présente un risque, comme toute activité économique, celui-ci n'apparaît pas de nature à justifier une rentabilité nette atteignant jusqu'à 24 % comme c'est le cas actuellement pour l'ensemble des SCA "historiques". Par conséquent, en les privatisant en 2006, l'État a vendu une rente qui, compte tenu du modèle financier des concessions autoroutières et sauf crise majeure entraînant un effondrement du trafic, sera croissante jusqu'à la fin des concessions* ».

[675] Décret n° 95-81 du 24 janvier 1995 relatif aux péages autoroutiers.

[676] Pourcentage lui-même fonction de l'existence ou non d'un contrat de plan signé avec les sociétés concessionnaires.

[677] Voir par exemple : LAFAILLE (F.), « Qu'est-ce qu'une rémunération excessive ? Travail, Morale, Fiscal », *D.*, n° 11, 22 mars 2018, p. 553.

[678] Voir not. : https://blog.francetvinfo.fr/oeil-20h/2017/09/11/laccord-secret-entre-letat-et-les-societes-dautoroutes.html.

autorisait, en plus, les sociétés concessionnaires, à imposer des hausses additionnelles de tarifs.

238. L'expertise de l'Arafer. Le suivi dorénavant mis en œuvre par l'Arafer[679] permet d'avoir une analyse sérieuse des tarifs des péages autoroutiers et de leurs justifications proposées par les concessionnaires. Elle doit pour cela détenir les informations pertinentes et s'attelle à les obtenir[680]. En attendant un rapport détaillé de l'autorité relative aux contrats de concession, d'autres avis sont à relever. Un avis de juillet 2018[681] fait ainsi une application classique de la théorie du fait du prince à la justification avancée dans le projet d'avenant selon laquelle l'augmentation de la redevance domaniale constitue une modification du contrat devant être compensée par une hausse du tarif des péages. Selon l'autorité, les conditions de la théorie du fait du prince[682] ne sont pas réunies en l'espèce, notamment du fait de la prévisibilité de l'augmentation de la redevance[683] ; confirmant une approche restrictive de cette théorie[684]. Cet avis de l'Arafer donne bon espoir quant à une meilleure

[679] L'article 13 de la loi n° 2015-990 du 6 août 2015 pour la croissance, l'activité et l'égalité des chances économiques institue une procédure de consultation préalable obligatoire d'une autorité indépendante sur les projets de modification des tarifs des péages, codifié à l'article L. 122-8 du Code de la voirie routière : « *L'Autorité de régulation des activités ferroviaires et routières est consultée sur les projets de modification de la convention de délégation, du cahier des charges annexé ou de tout autre contrat lorsqu'ils ont une incidence sur les tarifs de péage ou sur la durée de la convention de délégation. Elle est aussi consultée sur tout nouveau projet de délégation. Elle vérifie notamment le respect de l'article L. 122-4. Elle se prononce dans un délai de trois mois à compter de sa saisine.* ».

[680] Voir en ce sens : ARAFER, décision n° 2018-012, 19 février 2018, relative à la transmission d'informations par les concessionnaires d'autoroutes et par les sociétés visées à l'article L. 122-32 du code de la voirie routière.

[681] Avis n° 2018-054 du 9 juillet 2018 relatif au projet de septième avenant à la convention de concession passée entre l'Etat et la société concessionnaire française pour la construction et l'exploitation du tunnel routier sous le Mont-Blanc (ATMB) en vue de la construction, de l'entretien et de l'exploitation de l'autoroute B41 entre Gaillard et Le Fayet et de l'autoroute A42 entre Annemasse et Châtillon-de-Michaille approuvée par décret du 2 décembre 1977 et au cahier des charges annexé à cette convention.

[682] Notion doctrinale dont on trouve les prémisses dans l'arrêt du Conseil d'État, 8 mars 1901, Prevet c. ministre de la Guerre, Sirey, 1902, t. 3.

[683] L'Autorité adhère ici à la jurisprudence du Conseil d'État refusant l'application du principe de l'espérance légitime quant à la stabilité de la redevance domaniale – CE, 16 décembre 2013, Société ESCOTA, n° 369304.

[684] Approche notamment portée par la doctrine, voir en ce sens : RAPP (L.), « Stabilité du contrat public et mutabilité de son objet », *Revue Contrats et Marchés publics*, n° 7, juillet 2008, étude 7.

gestion des contrats de concession autoroutière[685] même si l'on regrette que les avis qu'elle pourra prononcer sur les contrats de concession n'aient qu'une valeur consultative.

239. Dans son rapport annuel pour l'exercice 2017[686], l'Arafer prend acte des risques relevés par l'Autorité de la concurrence[687]. L'Arafer relève que « *le processus d'attribution des marchés des sociétés concessionnaires présente un risque concurrentiel car une part significative de ces sociétés appartient à des groupes qui exercent par ailleurs des activités de travaux publics.* »[688]. Ce point n'est pas directement mis en cause, car il ne ressort pas de l'analyse de l'Autorité une atteinte à la concurrence. Le point sur lequel l'Autorité s'attarde tient plutôt à la publication, par les sociétés concessionnaires, de leur estimation des prix des travaux ou services qu'elles souhaitent externaliser. Or, cette publication a conduit à un relèvement des offres. Ainsi, « la publication de l'estimation inciterait donc les entreprises de TP à s'aligner sur l'estimation et moins à soumettre des offres basses dans le but de remporter le marché. Cette publication constituerait ainsi un frein à une concurrence efficace entre les entreprises qui candidatent. »[689]. L'Autorité ne se prononce pas pour autant de manière péremptoire et n'explique pas nécessairement cette hausse des offres, elle relève seulement que la publication des estimations a été suivie d'une hausse des offres. Ce mouvement, couplé au fait que les sociétés concessionnaires attribuent majoritairement les marchés à des sociétés qui leur sont liées doit appeler toute la vigilance du régulateur pour éviter des situations de connivence pouvant aboutir à un monopole de fait.

240. L'actualité des barrages hydro-électriques français. L'annonce par le gouvernement Philippe de la « privatisation » du secteur hydro-électrique français appelle une vigilance particulière quant au contenu des mises en concurrence et des contrats qui seront établis, tout autant que des conditions d'octroi des autorisations, afin de ne pas aboutir à des monopoles de fait, tel que l'on a pu les déceler dans le secteur des autoroutes. En effet, le Code de

---

685 Ce qui est louable dans la mesure où le rachat de ces concessions a pu être qualifié d'« impasse financière », voir : ALLIEZ (Q.), « Le rachat des concessions autoroutières : une impasse financière », *Revue Contrats et marchés publics*, 2017, étude n° 4.
Par ailleurs, l'Arafer s'est prononcée dans un avis n° 2018-10 du 19 février 2018 à propos du projet de décret modifiant le régime des redevances d'utilisation du réseau ferré national et œuvre en ce sens à une harmonisation des règles et une transparence accrue ; participant d'une meilleure gestion par les personnes publiques des tarifs de redevance domaniale dans les secteurs de réseaux.

686 ARAFER, Rapport annuel, Les marchés et contrats passés par les sociétés concessionnaires d'autoroutes, Exercice 2017.

687 Autorité de la concurrence, avis n° 14-A-13, 17 septembre 2014.

688 ARAFER, Rapport annuel, Les marchés et contrats passés par les sociétés concessionnaires d'autoroutes, Exercice 2017, p. 49.

689 ARAFER, Rapport annuel, Les marchés et contrats passés par les sociétés concessionnaires d'autoroutes, Exercice 2017, p. 69.

l'énergie précise que « *Sous réserve des dispositions de l'article L. 511-4, nul ne peut disposer de l'énergie des marées, des lacs et des cours d'eau, quel que soit leur classement, sans une concession ou une autorisation de l'Etat.* »[690], or, les infrastructures existantes en matière de barrage hydro-électrique sont également arrivées à maturité en matière de financement. Cette caractéristique commune avec les autoroutes doit donc appeler un traitement particulier. Ce sera à prendre en compte dans l'octroi de droits d'exploitation ainsi que dans la rédaction des contrats de concession.

2. La boucle locale dans le secteur des communications électroniques

241. Historiquement, l'infrastructure des communications électroniques repose sur un réseau fixe constitué de trois grands attributs : *« la boucle locale, les commutateurs et un réseau interurbain ou longue distance »*[691]. On constate que la construction du réseau fixe de communications électroniques a été prise en charge par les opérateurs historiques[692] ; ceux-ci étant alors propriétaires de leur réseau, véritable avantage concurrentiel en lien avec l'existence d'un monopole naturel. En France, la place prépondérante de l'opérateur historique France Télécom (aujourd'hui Orange) dans l'infrastructure de communications électroniques donne une illustration tout à la fois historique et actuelle de monopole de fait.

242. La particularité de la boucle locale du réseau de communications électroniques. La boucle locale est la portion finale du réseau de communications électroniques, celle qui raccorde l'utilisateur final, l'usager, au réseau principal. Il s'agit d'une paire de câbles en cuivre[693]. La propriété, par définition exclusive, de cette boucle locale à l'échelle nationale par l'opérateur historique lui confère *de facto* une position privilégiée sur le marché ; cela lui permet de proposer des offres aux utilisateurs finaux en maîtrisant le réseau de bout en bout et de pouvoir en même temps en exclure

---

690 Art. L. 511-1, Code de l'énergie.

691 OCDE, Les infrastructures à l'horizon 2030, Paris, 2008, p. 61.

692 Expression consacrée pour désigner les opérateurs économiques ayant érigé le réseau et l'ayant exploité de façon monopolistique jusqu'à la libéralisation de ce secteur d'activité (notamment pour les pays de l'Union européenne). Exemples d'opérateurs historiques : Orange, British telecom, Verizon…

693 « *La boucle locale est le nom donné à la partie d'un réseau de télécommunications situé entre la prise téléphonique de l'abonné final et le central local. Plus précisément, le terminal de l'abonné peut être un poste téléphonique, un modem ou une installation complexe (PABX) d'une grande entreprise. De l'autre côté, la boucle locale s'arrête au "répartiteur", armoire qui concentre l'ensemble des lignes d'usagers avant de les renvoyer vers le commutateur téléphonique lui-même. Le support physique à ces raccordements d'abonnés est dans le cas général une paire de cuivre torsadée.* », Document de l'ARCEP, Grands dossiers, « Le dégroupage de la boucle locale », dernière mise à jour le 30 novembre 2017.

les concurrents potentiels. Le monopole de fait dans le secteur des communications électroniques est à l'origine intrinsèquement liée à la position monopolistique sur le marché des communications électroniques[694] et à la propriété exclusive de l'opérateur historique sur la boucle locale.

243. **Le dégroupage ou le libre accès à la boucle locale.** On a pu penser que les « paquets télécoms »[695], en venant ouvrir le réseau de communications électroniques à la concurrence, viendraient supprimer ce monopole de fait. Si l'effet sur les prix n'est pas à négliger, on constate néanmoins la persistance de certains comportements et de certaines pratiques abusives, caractéristiques de monopoles de fait. En effet, la libéralisation du réseau de communications électroniques a reposé en grande partie sur le dégroupage de la boucle locale, autrement dit sur l'accès à la boucle locale. Prenant acte de la position stratégique de l'opérateur historique et de l'impossibilité pour les concurrents d'entrer sur le marché sans ce dégroupage, les législations européennes et nationales ont œuvré en ce sens.

Le dégroupage de la boucle locale, concrètement, revient pour l'opérateur historique à mettre à disposition de ses concurrents une paire de cuivre qui sera indépendante de son propre réseau[696]. Cela permet aux opérateurs concurrents de proposer leurs propres offres et surtout des offres différenciées (téléphonie seule, ou téléphonie et internet…). Le dégroupage de la boucle locale a nourri le contentieux dans le secteur des communications électroniques, notamment en matière d'abus de position dominante. dans la

---

694 Rente de situation liée à la fixation arbitraire, car indépendante de considérations concurrentielles, du prix du service fourni.

695 Terme désignant l'ensemble des textes européens engageant la libéralisation du secteur et fournissant un cadre de réglementation du réseau. Le paquet télécom correspond à un ensemble de propositions de la Commission européenne : la directive (2009/140/CE) qui amende trois directives existantes : directive accès (2002/19/CE), directive autorisation (2002/20/CE), directive cadre (2002/21/CE) ; la directive (2009/136/CE) qui amende deux directives existantes : directive service universel (2002/22/CE), directive vie privée et communications électroniques (2002/58/CE).

696 Notons que l'on peut distinguer entre le dégroupage total de la boucle locale qui consiste en « *la mise à disposition de l'intégralité des bandes de fréquence de la paire de cuivre. L'utilisateur final n'est alors plus relié au réseau de France Télécom, mais à celui de l'opérateur nouvel entrant.* » et le dégroupage partiel de la boucle locale qui « *consiste en la mise à disposition de l'opérateur tiers de la bande de fréquence "haute" de la paire de cuivre, sur laquelle il peut alors construire, par exemple, un service ADSL. La bande de fréquence basse (celle utilisée traditionnellement pour le téléphone) reste gérée par France Télécom, qui continue de fournir le service téléphonique à son abonné, sans aucun changement induit par le dégroupage sur ce service.* », Document de l'ARCEP, Grands dossiers, « Le dégroupage de la boucle locale », dernière mise à jour le 30 novembre 2017.

mesure où l'opérateur historique a pu faire de la résistance[697]. Si le dégroupage devait permettre d'introduire de la concurrence dans ce secteur monopolisé, cela n'a pourtant pas permis la destruction complète du monopole de fait dont bénéficiait l'opérateur historique. En effet, de nombreuses pratiques[698], notamment tarifaires[699][700], ont été mises en œuvre par l'opérateur historique afin de conserver cet avantage et de pérenniser son monopole de fait.

244. Le développement de la fibre optique et la constitution d'une nouvelle boucle locale. Le déploiement de la fibre optique sur le territoire en vue de doter la France d'un réseau de communications électroniques plus performant doit également faire l'objet d'une attention particulière afin d'éviter que le nouveau réseau ne fasse l'objet d'un nouveau monopole de fait. En effet, le déploiement de la fibre optique conduit à établir une nouvelle boucle locale optique. Car, en pratique, c'est encore l'ancien opérateur historique qui se place en tête de file dans le développement de la fibre et particulièrement son

---

[697] « *Le refus de l'opérateur d'ouvrir ses installations au concurrent constitue un abus de position dominante si trois conditions sont réunies : – le détenteur du moyen essentiel est en position dominante sur un marché ; – la non-mise à disposition du moyen essentiel empêche l'arrivée de nouveaux entrants sur le marché ; – le détenteur du moyen essentiel intervient, en principe, sur un marché dérivé où il est en compétition avec les autres entreprises.* », BOY (L.), « L'abus de pouvoir de marché : contrôle de la domination ou protection de la concurrence ? », *op. cit.*, p. 39.

[698] De nombreux contentieux sont portés devant l'ARCEP quant à l'accès aux infrastructures de génie civil appartenant à Orange qui est, normalement, contraint d'en laisser l'accès libre à ses concurrents. Voir par exemple la mise en demeure de l'ARCEP du 26 juillet 2016 à l'encontre de la société Orange, l'invitant à se conformer à ses obligations de non-discrimination et de transparence dans l'accès à ses infrastructures pour le développement de la fibre optique.

[699] Et l'on pense ici particulièrement à la pratique du ciseau tarifaire (encore dénommé parfois compression de marge). Cette pratique qui consiste à jouer simultanément sur le prix d'accès à une infrastructure et sur le prix des services ou produits proposés. Bien que le prix d'accès à l'infrastructure soit acceptable pour les concurrents, la stratégie par laquelle l'opérateur historique tire les prix des produits et services vers le bas, conduit à ce qu'en fait, l'entrée sur le marché ne puisse se faire de façon convenable pour un nouvel entrant. Voir pour une approche comparée Europe / États-Unis : MARTY (F.), « Les stratégies de ciseau tarifaire : analyse économique et mise en perspective des pratiques décisionnelles », *RLC*, n° 27, 1er avril 2011.
Voir également : SAUTEL (O.), MUÑOZ (A.), « Le test de ciseau tarifaire en pratique : les défis de son implémentation », *RLC*, n° 63, 1er juillet 2017. :

[700] Voir par exemple le raisonnement de la Cour d'appel de Paris, 1er septembre 1998, *D.*, 1998, IR, p. 227 qui caractérise un abus de position dominante de la part de la société France Télécom qui a utilisé une liste d'abonnés au service public de la téléphonie pour du démarchage commercial. Elle a ainsi utilisé un avantage qu'elle détenait à raison de son caractère d'ancien monopole public, mais qui s'apparente à un abus de position dominante sur une facilité essentielle.

déploiement jusqu'au domicile. Or, si dans les zones très denses[701] et les zones moins denses, la réglementation en vigueur impose la mutualisation de cette boucle locale optique[702], en pratique, celui qui l'a financé offre des prix d'accès à ses concurrents qui les dissuadent de toute exploitation[703]. L'existence d'un point de mutualisation des différentes fibres locales soulève de nombreuses questions et peut conduire à l'institution d'un monopole de fait où l'opérateur d'immeuble fait, en quelque sorte, de la rétention sur la fibre optique installée par lui dans l'immeuble, notamment par des moyens détournés en restreignant l'accès, en amont, aux infrastructures de génie civil[704].

245. Finalement, les opérateurs historiques des secteurs de réseaux disposent, du seul fait d'être l'opérateur historique, d'avantages non négligeables par rapport aux opérateurs concurrents. Dans tous les secteurs, les pratiques sont strictement encadrées pour éviter les abus[705] mais ceux-ci se renouvellent

---

[701] Dont la liste est fixée par décision de l'ARCEP : Déc. n° 2013-1475 de l'ARCEP en date du 10 décembre 2013 modifiant la liste des communes des zones très denses définies par la déc. n° 2009-1106 en date du 22 décembre 2009 (publiée le 27 janvier 2014).

[702] C'est-à-dire, en pratique, l'installation de points de mutualisation libres d'accès pour les concurrents mais gérés par l'opérateur d'immeuble (responsable de la fibre entre le point de mutualisation de l'immeuble et les logements individuels de celui-ci et désignés par le propriétaire de l'immeuble ou le gestionnaire de l'immeuble). Mais les situations peuvent varier. Voir pour les différents cas possibles de déploiement de la fibre et d'accès à celle-ci : Recommandation de l'Autorité de régulation des communications électroniques et des postes relative aux modalités de l'accès aux lignes de communications électroniques à très haut débit en fibre optique, publication le 23 décembre 2009.
Sur le point de mutualisation, voir la déc. n° 2009-1106 de l'Autorité de régulation des communications électroniques et des postes en date du 22 décembre 2009 précisant, en application des art. L. 34-8 et L. 34-8-3 du code des postes et des communications électroniques, les modalités de l'accès aux lignes de communications électroniques à très haut débit en fibre optique et les cas dans lesquels le point de mutualisation peut se situer dans les limites de la propriété privée.

[703] Les opérateurs d'immeuble sont obligés de publier une offre d'accès passive à la boucle locale optique, conformément à l'article 4 de la déc. n° 2009-1106 précitée.

[704] Comme en témoignent les nombreuses mises en demeure de l'ARCEP à l'égard d'Orange pour qu'elle se conforme à ses obligations : voir not. déc. n° 2016-0972-RDFI de l'Autorité de régulation des communications électroniques et des postes en date du 20 juillet 2016 portant mise en demeure de la société Orange de se conformer à ses obligations, notamment de non-discrimination, en matière d'accès au génie civil pour le raccordement de clients d'affaires.
Voir également la déc. n° 2017-1488 de l'Autorité de régulation des communications électroniques et des postes en date du 14 décembre 2017 définissant les conditions économiques de l'accès aux infrastructures de génie civil de boucle locale d'Orange.

[705] Voir par exemple la déc. de l'Autorité de la concurrence, 21 mars 2017, n° 17-D-06, relative à des pratiques mises en œuvre dans le secteur de la fourniture de gaz naturel, d'électricité et de services énergétiques, comm. NICINSKI (S.), « Opérateur historique et pratique anticoncurrentielle », Actualité juridique de la concurrence et de la régulation, Idoux (P.), Nicinski (S.), Glaser (E.) dir., *AJDA*, n° 21, 19 juin 2017, p. 1207.

toujours et permettent à l'opérateur historique de bénéficier d'une rente de situation.

B. L'exclusivité d'exploitation conférée par les brevets

246. L'accent est mis dans ces développements sur la propriété industrielle[706], non sur la propriété littéraire et artistique[707]. L'article L. 611-1 du Code de la propriété intellectuelle prévoit que « *toute invention peut faire l'objet d'un titre de propriété industrielle*[708] *délivré par le directeur de l'Institut national de la propriété industrielle qui confère à son titulaire ou à ses ayants cause un droit exclusif d'exploitation* ». Avec les brevets, l'équilibre est difficile à trouver entre l'exclusivité qui récompense l'innovation et la diffusion de celle-ci en vue d'améliorer le progrès technique. C'est considérant cet aspect que parfois, l'octroi de brevets d'invention se double de l'obligation d'octroi de licence aux concurrents, ce qui crée de l'innovation par filiation. Néanmoins, une telle protection peut conduire, en pratique, à la constitution de rente[709].

247. La brevetabilité du vivant : un premier exemple de levier de monopole de fait. Ne sont pas brevetables les races animales, ni les variétés végétales issues de procès biologiques, tels que le croisement ou la sélection. Ces règles, conformes aux engagements internationaux[710], se retrouvent au niveau européen[711], et elles participent de la protection du patrimoine biologique commun[712]. La légitimité de ces exceptions à la brevetabilité est évidente.

---

706 Deuxième partie du Code de la propriété intellectuelle.

707 Première partie du Code la propriété intellectuelle.

708 L'article suivant, le L. 611-2 du Code de la propriété intellectuelle précise que constituent un titre de propriété industrielle protégeant les inventions : les brevets d'invention, les certificats d'utilité et les certificats complémentaires de protection rattachés à un brevet.

709 VIVANT (M.), « L'irrésistible ascension des propriétés intellectuelles ? », *Mélanges Christian Mouly*, Litec, 1998, p. 441. L'auteur précise que « *[...] il faut bien se rendre compte qu'à tout vouloir protéger, on passe d'une logique de l'innovation à une logique de la rente.* », p. 455.
Voir également VIVANT (M.), « Contre la logique de l'instant. Le droit et l'air du temps à travers l'exemple de la propriété intellectuelle », *Mélanges Jacques Béguin*, Litec, 2005, p. 769.

710 Voir l'annexe 1C des accords du GATT du 15 avril 1994, Accord sur les aspects des droits de propriété intellectuelle qui touchent au commerce (modifié le 23 janvier 2017, art. 27.

711 Convention sur la délivrance de brevets européens (CBE), 5 octobre 1973, telle que révisée par l'acte portant révision de l'article 63 de la CBE du 17 décembre 1991 et l'acte portant révision de la CBE du 29 novembre 2000. art. 53 : *« Les brevets européens ne sont pas délivrés pour : [...] b) les variétés végétales ou les races animales ainsi que les procédés essentiellement biologiques d'obtention de végétaux ou d'animaux, cette disposition ne s'appliquant pas aux procédés microbiologiques et aux produits obtenus par ces procédés ; [...] ».*

712 PRIEUR (M.), Droit de l'environnement, 7e éd., Dalloz, coll. Précis, Paris, 2016, p. 100.

Pourtant, la brevetabilité du vivant est entre deux feux[713]. Pour certains, elle est absolument nécessaire pour promouvoir l'investissement et le transfert de technologie et serait vectrice de sécurité juridique. D'autres expriment des craintes « *au sujet des conséquences de la protection par brevet des obtentions végétales pour l'accès aux semences, leur coût, leur réutilisation et leur échange par les agriculteurs, au sujet de la disparition des variétés traditionnelles et de la diminution de la diversité biologique.* »[714] ; tout autant que des craintes « *au sujet de l'octroi de brevets de portée excessive, qui ne satisfont pas pleinement aux critères de brevetabilité* »[715].

248. En effet, la brevetabilité de certaines obtentions végétales entraîne en cascade un fort pouvoir de marché sur la chaîne de valeur, production et commercialisation des semences notamment, et une possible atteinte à l'intérêt général. L'exemple emblématique est celui de ces fournisseurs de semence végétale, qui commercialisent des semences stériles (qui ne peuvent être réutilisées par l'agriculteur,) l'obligeant à se réapprovisionner en semences de façon régulière. Ce secteur des semenciers fait l'objet d'une concentration accrue[716]. Le rapprochement de Bayer et Monsanto a donc été au centre de l'attention. La justification donnée par la Commission à l'autorisation qu'elle a donnée à Bayer pour le rachat de Monsanto, tient à ce que la cession de certaines de ses activités par Bayer permet de garantir un certain niveau concurrentiel sur ce marché. Sous-entendu que les semences de Monsanto ne pourraient s'imposer. Mais la concurrence permet-elle vraiment d'assurer la protection de la diversité biologique ? La Commission n'y répond pas et rappelle que son rôle se cantonne, dans le contrôle des concentrations, à une approche strictement concurrentielle[717]. Pourtant, le type de semences que nous venons d'évoquer, ces semences stériles, permettent bien à l'entreprise de bénéficier d'une rente de situation en capturant sa clientèle[718].

---

713 Voir sur ce point : Organisation mondiale du commerce, Conseil des aspects des droits de propriété intellectuelle qui touchent au commerce, IP/C/W/369/REV.1, Note du secrétariat (06-1042), 9 mars 2006.

714 Organisation mondiale du commerce, Conseil des aspects des droits de propriété intellectuelle qui touchent au commerce, IP/C/W/369/REV.1, Note du secrétariat (06-1042), 9 mars 2006.

715 Organisation mondiale du commerce, Conseil des aspects des droits de propriété intellectuelle qui touchent au commerce, IP/C/W/369/REV.1, Note du secrétariat (06-1042), 9 mars 2006.

716 Que l'on cite l'acquisition récente de Monsanto par Bayer suffit à illustrer cela, d'autres projets de concentration sont actuellement examinés par la Commission européenne. Voir en ce sens : Commission européenne, Communiqué de Presse, « Concentrations : la Commission autorise, sous conditions, le rachat de Monsanto par Bayer », 21 mars 2018, IP/18/2282.

717 Communiqué de Presse, « Concentrations : la Commission autorise, sous conditions, le rachat de Monsanto par Bayer », 21 mars 2018, IP/18/2282.

718 C'est l'existence de cette pratique qui est problématique plus que la brevetabilité. La question de la diffusion d'une telle invention ne devrait même pas se poser tant cela entraînerait une dépendance des agriculteurs vis-à-vis des semenciers.

Et cette situation est en plus contraire à l'idée de patrimoine commun dont relève la brevetabilité du vivant.

249. Les brevets en matière technologique : l'exemple de la frénésie d'Amazon. Amazon dépose de nombreux brevets. L'un des brevets les plus emblématiques de la firme c'est le *1-click,* qui permettait, en substance, de faciliter l'achat en ligne pour les consommateurs en complétant automatiquement les champs nécessaires. L'entreprise avait déposé le brevet à la fin des années 1990 et pendant 20 ans, l'entreprise aura plus que bénéficié de ce brevet, sur le plan financier. Or, la question se pose réellement de savoir s'il s'agit d'une véritable invention technique et si ce procédé pouvait légitimement être protégé par un brevet.
La réforme des brevets introduite par la loi Pacte permet de réintroduire les notions d'inventivité et d'application industrielle dans l'octroi des brevets[719]. Avant cette réforme, l'accent était mis sur la nouveauté de l'invention. Or, il est évident maintenant que la nouveauté ne suffit pas à faire une véritable invention. Les demandes de brevet pourront ainsi, au niveau national, être rejetées par l'INPI à défaut de réelle inventivité ou d'application industrielle. Dans le domaine des technologies de la communication ce durcissement de l'octroi des brevets est bienvenu car il évitera qu'une simple nouveauté ne soit brevetée par une entreprise et lui permette une exploitation exclusive sans aucune justification liée à l'inventivité du procédé.

§ II. L'ASYMETRIE D'INFORMATION

250. À la suite de la crise du *subprime*[720], et la mise en évidence des dérives comportementales des opérateurs actifs dans les domaines bancaire et financier, la confiance qui leur était accordée fut largement remise en cause. Chargés normalement de financer l'économie, le comportement des opérateurs sur les marchés a conduit à la crise et au quasi-effondrement du système. C'est bien la poursuite de leur seul intérêt financier[721], à court terme, qui a conduit à recourir à des comportements délétères pour l'économie. L'octroi de crédits n'était plus conditionné par la vérification des capacités de remboursement, créant une véritable bulle financière.

---

[719] MEILLER (C.), « La loi PACTE et les brevets : fait-elle preuve d'inventivité ? », *Propriété industrielle*, n° 2, octobre 2019, étude 22.

[720] Pour un rappel précis de cette crise, voir not. : TACCOLA-LAPIERRE (S.), « La crise du subprime », *in Vulnérabilité et crises financières*, GILLES (P.) dir., L'Harmattan, coll. Région et développement, n° 26, 2008, p. 51 et s.

[721] Voir sur l'intérêt financier, CHAVAGNEUX (C.), PHILIPPONNAT (T.), *La capture, où l'on verra comment les intérêts financiers ont pris le pas sur l'intérêt général et comment mettre fin à cette situation*, La Découverte, Paris, 2014.

251. Les monopoles de fait dans le domaine bancaire et financier reposent sur ce fait que ces secteurs sont particulièrement sensibles à l'information. Le cours des différents instruments financiers est intimement lié à l'état de l'environnement économique et au niveau d'information disponible. Le cas des marchés financiers qui s'emballent parfois à la simple annonce d'une fusion d'entreprises le démontre. Il est alors possible pour les entreprises de jouer de l'asymétrie de l'information[722].
L'asymétrie d'information est la situation dans laquelle un agent détient une information lui permettant de biaiser le jeu de la concurrence, précisément parce que les autres ne la détiennent pas. L'asymétrie d'information est à la source des abus de marché (1). Et dans les domaines bancaire et financier, cela prend une dimension particulière au regard du caractère systémique de certains opérateurs. C'est bien ce caractère qui est l'origine de la théorie du *too big to fail*. Le risque systémique, qu'il s'agit de préciser, est lui-même accru du fait de l'opacité des marchés[723] (2).

1. L'abus de marché

252. L'information et l'abus de marché. L'abus de marché regroupe les infractions reposant sur l'utilisation illicite d'une information particulière. Selon le règlement (UE) n° 596/2014 du Parlement européen et du Conseil du 16 avril 2014, constituent des abus de marché les opérations d'initiés, la divulgation illicite d'informations privilégiées et les manipulations de marché. Ces comportements empêchent une transparence intégrale et adéquate du marché, qui est un préalable à toute rationalité des marchés. En effet, le règlement précise que « *Pour qu'un marché financier puisse être intégré, efficace et transparent, l'intégrité du marché est nécessaire.* »[724]. Cela passe essentiellement par la transparence relative à certaines informations. Dans tout

---

[722] LOMBARD (M.), *La régulation économique et financière face aux défis de l'information : de la régulation par l'information à la régulation de l'information, Actes des 7e journées européennes de la régulation à Strasbourg les 2 et 3 mars 2017*, Paris, L'Harmattan, collL Logiques juridiques, 2018.

[723] En effet, le risque systémique est accru « *par l'accroissement de l'incomplétude et de l'asymétrie informationnelles (i.e. l'opacité liée à la sophistication des produits financiers et bancaires inhérente aux marchés de la titrisation) laquelle accroît la difficulté, d'une part, de la mesure de diversification des risques, donc de l'optimalité des choix de portefeuille, d'autre part, de l'identification des porteurs de risques finaux.* », GILLES (P.), « Vulnérabilité et crises financières : enseignements pour une architecture financière internationale », *in Vulnérabilité et crises financières*, GILLES (P.) dir., L'Harmattan, coll. Région et développement, n° 26, 2008, p. 9.

[724] Règlement (UE) n° 596/2014 du Parlement européen et du Conseil du 16 avril 2014 sur les abus de marché (règlement relatif aux abus de marché), cons. 1.

abus de marché[725], c'est la nature de l'information qui est centrale, qu'elle soit utilisée, divulguée ou manipulée.

253. L'information privilégiée. L'information privilégiée est une notion qui renvoie à différents types d'information. Selon le règlement de 2014[726] et de manière synthétique, est une information privilégiée toute « *information à caractère précis qui n'a pas été rendue publique, qui concerne, directement ou indirectement, un ou plusieurs émetteurs, ou un ou plusieurs instruments financiers, et qui, si elle était rendue publique, serait susceptible d'influencer de façon sensible le cours des instruments financiers concernés ou le cours d'instruments financiers dérivés qui leur sont liés* »[727]. L'information privilégiée est celle qui devrait être de notoriété publique afin d'assurer l'intégrité des marchés financiers ; dit autrement, l'utilisation exclusive d'une information privilégiée constitue un comportement de nature à porter atteinte à l'intégrité des marchés et *a fortiori*, à la confiance en ceux-ci. Les législations nationales et européennes prévoient l'obligation de publier certaines informations particulièrement sensibles[728].

L'information privilégiée est celle dont un investisseur raisonnable[729] pense qu'elle serait sensible[730] au point d'avoir un effet possible[731] sur les marchés.

---

[725] Excepté la manipulation de marché qui revêt un aspect particulier et qui fait l'objet de développements en lien avec l'avènement de nouvelles pratiques liées au *trading* algorithmique.

[726] Règlement (UE) n° 596/2014, *op. cit.*, art. 7, §1. D'autres types d'information sont cités reprenant la même formulation relative à l'influence sensible de l'information sur les marchés.

[727] Formule que l'on retrouve dans les différents types énoncés à l'article 7 du règlement (UE), n° 596/2014.

Le règlement précise qu'une information « *est réputée à caractère précis si elle fait mention d'un ensemble de circonstances qui existe ou dont on peut raisonnablement penser qu'il existera ou d'un évènement qui s'est produit ou dont on peut raisonnablement penser qu'il se produira, si elle est suffisamment précise pour qu'on puisse en tirer une conclusion quant à l'effet possible de cet ensemble de circonstances ou de cet évènement sur le cours des instruments financiers [...]* », art. 7, §2.

[728] En donner une liste exhaustive ne sert pas le raisonnement.

[729] Règlement (UE) n° 596/2014, *op. cit.*, cons. 14.

[730] Règlement (UE) n° 596/2014, *op. cit.*, art. 7, §4 : « *on entend par information qui, si elle était rendue publique, serait susceptible d'influencer de façon sensible le cours des instruments financiers [...], une information qu'un investisseur raisonnable serait susceptible d'utiliser comme faisant partie des fondements de ses décisions d'investissement.* ».

[731] Voir en ce sens : DOMPE (M. N.), MENNESSON (N.), « Franchissements de seuils et abus de marché » : *RD bancaire et financier*, 2013, dossier 21 : « *tandis que la sensibilité de l'information se mesure à l'amplitude de la variation du cours et pourrait être quantifiée au moyen d'un pourcentage, "l'effet possible" sur le cours concerne le sens de cette variation (à la hausse ou à la baisse) et donc le signe (positif ou négatif) dont ce pourcentage serait affecté* », mais la Cour de justice de l'Union européenne rejette en partie cette position. Voir not. : CJUE, 11 mars 2015, n ° C -628/13, Jean-Bernard Lafonta c/ Autorité des marchés financiers.

L'information privilégiée constitue un avantage non négligeable : comme elle n'est pas rendue publique, elle peut être utilisée de façon anticoncurrentielle, on retrouve en filigrane le délit d'initié[732]. C'est bien la détention exclusive de l'information privilégiée qui permet de profiter d'un avantage indu. Les opérations d'initiés reposent sur la détention exclusive de ce type d'information[733], c'est-à-dire la détention d'une information inconnue du grand public[734].

254. De nouvelles manipulations de marché permises par la révolution numérique ? La révolution numérique n'a pas épargné la finance et a multiplié les possibilités de maximiser les profits par des procédés automatisés[735]. C'est l'avènement des *fintechs*[736]. L'expression de *trading* algorithmique renvoie au *trading*, c'est-à-dire à l'échange de titres sur les marchés financiers, « *dans lequel un algorithme informatique détermine automatiquement certains aspects d'un ordre, l'intervention humaine étant limitée ou nulle.* »[737]. La directive du 15 mai 2014 concernant les marchés financiers met en évidence le développement et les risques liés à un traitement algorithmique des ordres de marché[738]. Le *trading* haute fréquence fait l'objet d'une certaine attention car il permet une activité d'échange intense et ainsi peut conduire à brouiller l'information disponible sur les marchés, notamment par l'émission massive d'ordres d'achat immédiatement annulés. C'est en cela que la directive impose que « *Toute entreprise d'investissement qui met en*

---

732 CJUE, 23 décembre 2009, aff. C-45/08, Spector Photo Group c/ CBFA, point 52.

733 Il y a d'ailleurs dans certains cas une présomption de détention d'information privilégiée, notamment concernant les initiés dits du premier cercle (dirigeants, membres des organes d'administration, de direction, de gestion ou de surveillance). Voir en ce sens : AMF, commission des sanctions, 4 octobre 2007 ; AMF, commission des sanctions,. 23 octobre 2008 précisant que le dirigeant, en sa qualité de président-directeur général, membre des organes d'administration et de direction de l'émetteur, ne pouvait pas ne pas détenir les informations privilégiées en cause.
Sur les différents cercles, voir not. : RIFFAULT-TRECA (J.), « La répression des infractions d'initié en droit français, RSC, n° 1, 14 Mars 1997, p. 1 ; GIACOPELLI (M.), "Délit et manquements d'initiés", Répertoire de droit pénal et de procédure pénale, Dalloz, Mai 2015, actualisation octobre 2017, n° 10.

734 Sur ce point, voir not. : GIACOPELLI (M.), « Délit et manquements d'initiés », *op. cit.*, n° 22 et s.

735 Ce qui était déjà relevé par le règlement (UE) n° 596/2014, *op. cit.*, cons. 38.

736 Il s'agit de nouveaux outils financiers dont le développement est permis par le numérique. Voir not. : BONNEAU (T.), VERBIEST (T.), *Fintech et droit : quelle régulation pour les nouveaux entrants du secteur bancaire et financier ?*, RB éd., 2017.

737 Directive n° 2014/65/UE du Parlement européen et du Conseil du 15 mai 2014, concernant les marchés d'instruments financiers, cons. 59. La définition exacte est donnée à l'article 4, § I de la directive : constitue du *trading* algorithmique, « *la négociation d'instruments financiers dans laquelle un algorithme informatique détermine automatiquement les différents paramètres des ordres […]* ».

738 Directive n° 2014/65/UE du Parlement européen et du Conseil du 15 mai 2014, concernant les marchés d'instruments financiers, cons. 59 et s.

œuvre une technique de trading algorithmique à haute fréquence tient, dans une forme validée, un registre précis et chronologique de tous les ordres qu'elle passe, y compris les annulations d'ordres, les ordres exécutés et les cotations sur des plates-formes de négociations, et le met à la disposition de l'autorité compétente sur demande. »[739]. L'intégration accrue des techniques et moyens de communication électronique est à surveiller pour limiter les situations d'asymétrie d'information et la manipulation de l'information financière. Cette nouvelle technique constitue tout autant un avantage indu que l'utilisation d'une information privilégiée. En effet, en manipulant le marché par le *trading* haute fréquence, les investisseurs sont en mesure de modeler le cours des instruments financiers afin d'en tirer parti, sans s'exposer aux mêmes risques que les autres intervenants qui ne savent pas que le marché est manipulé.

2. La rente de situation et la théorie du too big to fail

255. La réaction des pouvoirs publics face à la crise de 2008 a largement été une posture de sauvegarde des opérateurs bancaires et financiers. En effet, partant du constat que certains opérateurs occupent une position systémique dans le secteur bancaire et financier, les pouvoirs publics n'ont eu d'autres choix que de venir en garantie[740] des banques afin que le secteur bancaire ne s'effondre dans son ensemble[741].

Cette situation est particulièrement liée à la dimension systémique des opérateurs. L'expression d'opérateur systémique a été utilisée pour mettre en évidence le fait que le système entier repose en partie sur eux, et céans sur leur bonne santé. S'est alors développée la théorie dite du *too big to fail*, révélatrice de l'existence de ces entreprises systémiques et actant la nécessité de l'action des pouvoirs publics en leur faveur[742]. Cette situation présente un inconvénient

---

[739] Directive n° 2014/65/UE du Parlement européen et du Conseil du 15 mai 2014, concernant les marchés d'instruments financiers, art. 17.

[740] Ce qui pose la question en droit européen de l'existence d'une aide d'État, pour une synthèse du rapport entre garantie et aide d'État, voir not. : [https://eur-lex.europa.eu/legal-content/FR/TXT/?uri=legissum:l26083].

[741] Cour des comptes, *L'intervention de l'État dans la crise du secteur financier*, Rapport public, décembre 2000. Le rapport précise que « *Dans les différents cas examinés par la Cour, la décision du Gouvernement de se porter au secours des établissements financiers en crise, qui a pu sembler naturelle à première vue, apparaît, à l'examen, avoir répondu à des considérations de différents ordres et qui ne s'imposaient pas toujours d'évidence.* », p. 19.

[742] Il a pu être considéré que la théorie du *too big to fail* s'était écroulée avec la faillite de la banque Lehman Brothers. Voir not. PIEDELIEVRE (S.), « La loi sur la séparation et la régulation des activités bancaires », *D.*, n° 31, 19 septembre 2013, p. 2110.

majeur : elle est vectrice d'aléa moral pour les entreprises concernées[743]. En effet, fort de leur position et de cette garantie, les opérateurs ont tendance à prendre encore plus de risque, à profiter de leur situation pour mettre en œuvre des stratégies qu'ils ne se seraient pas permises en autres circonstances. Là encore, cet avantage indu qui ne résulte que de la structure des marchés bancaire et financier aboutit à un monopole de fait.

256. Pour préserver la stabilité du système bancaire et financier, et dans la continuité des accords successifs signés à Bâle[744], le législateur instaure la séparation et la régulation des activités bancaires[745]. En effet, cette loi a introduit dans le Code monétaire et financier l'obligation de séparer, par des filiales dédiées, les « *activités utiles au financement de l'économie des activités spéculatives* »[746]. Rationalisant, par là même, les comportements des

---

[743] Cour des comptes, *L'intervention de l'État dans la crise du secteur financier*, Rapport public, décembre 2000, p. 20 : « *Le caractère absolu qu'on lui prête parfois (à la théorie du too big to fail) et non sans excès n'est pas sans effets pervers ; ainsi, certaines analyses mentionnent, parmi les causes de l'exposition excessive des banques aux risques, la conviction de leurs dirigeants qu'en cas de nécessité, le soutien de l'État ne leur fera pas défaut.* ».

[744] Les accords de Bâle résultent de l'initiative de la Banque des règlements internationaux. Les accords de Bâle I avaient pour objectif de mettre en place un encadrement visant à obliger les banques à détenir un minimum de fonds propres. Les accords de Bâle II approfondissent le travail et précisent les exigences de solidité financière en termes de ratio d'endettement et de contrôle prudentiel. Enfin, les accords de Bâle III mettent l'accent sur les ratios de liquidités.
Ces textes internationaux ont été intégrés par le droit de l'Union européenne, voir not. : Directive 2014/59/UE du Parlement européen et du Conseil du 15 mai 2014 établissant un cadre pour le redressement et la résolution des établissements de crédit et des entreprises d'investissement et modifiant la directive 82/891/CEE du Conseil ainsi que les directives du Parlement européen et du Conseil 2001/24/CE, 2002/47/CE, 2004/25/CE, 2005/56/CE, 2007/36/CE, 2011/35/UE, 2012/30/UE et 2013/36/UE et les règlements du Parlement européen et du Conseil (UE) n° 1093/2010 et (UE) n° 648/2012 qui précise d'emblée : « *La crise financière a révélé un manque criant, au niveau de l'Union, d'instruments permettant de faire face efficacement aux établissements de crédit et entreprises d'investissement (ci-après dénommés ensemble "établissements") peu solides ou défaillants. De tels instruments sont, en particulier, nécessaires pour éviter l'insolvabilité ou, en cas d'insolvabilité avérée, pour en minimiser les répercussions négatives en préservant les fonctions importantes, sur le plan systémique, de l'établissement concerné. Pendant la crise, ces défis ont pris une importance majeure, contraignant les États membres à utiliser l'argent des contribuables pour sauver des établissements. L'objectif d'un cadre crédible pour le redressement et la résolution est de rendre cette intervention aussi inutile que possible.* ».
Voir également le Règlement délégué (UE), n° 2016/1450 de la Commission du 23 mai 2016, complétant la directive 2014/59/UE du Parlement européen et du Conseil par des normes techniques de réglementation précisant les critères de la méthode permettant d'établir l'exigence minimale de fonds propres et d'engagements éligibles.

[745] Loi n° 2013-672 du 26 juillet 2013 de séparation et de régulation des activités bancaires.

[746] Intitulé du Titre I, Loi n° 2013-672 du 26 juillet 2013 de séparation et de régulation des activités bancaires.

acteurs bancaires sur les marchés bancaires et financiers, cette régulation des activités bancaires[747] vient restreindre les possibilités de monopole de fait.

§ III. LE TRAITEMENT DE DONNEES

257. Le *big data* : levier de monopole de fait pour les grands collecteurs de données que sont les GAFA. Le *big data* est une expression faisant référence à l'explosion du nombre de données disponibles sur internet, provenant de multiples sources. En effet, tout utilisateur, lorsqu'il navigue sur l'Internet, laisse des traces de sa connexion et peut, dans le cadre de ses activités sur le web, diffuser certaines de ses données personnelles. L'espace numérique est un espace de partage de contenus et d'expression. La masse de données résulte aussi des administrations, disposant d'informations particulièrement sensibles à propos de leurs administrés, qu'il s'agisse d'une information médicale, sociale ou encore financière. Or, « *Avec le numérique, [...] l'accès aux informations produites et recueillies par l'administration, ainsi que la possibilité de les réutiliser, prennent une dimension nouvelle, dont les enjeux sont à la fois stratégiques, démocratiques et économiques* »[748]. L'accès à ces données constitue un véritable moyen *marketing* pour les entreprises. Disposant d'informations toujours plus exhaustives et précises à propos des individus, les entreprises peuvent établir de véritables stratégies publicitaires. Le *big data* engendre l'économie de la publicité et ses impairs, mais c'est avant tout une économie de la donnée ce « *bien immatériel qui peut être utilisé, soit pour être vendu en l'état, soit pour être transformé (métadonnée), soit pour être adjoint à d'autres (big data), objets scientifiques et économiques nouveaux dont la valeur est considérable et dont elle est la matière première.* »[749]. La donnée est une matière première « *bien étrange* »[750].

258. Les GAFA : les entreprises puissantes dans le secteur numérique dont le monopole de fait repose sur un modèle d'affaire de la gratuité où la

---

[747] Sur cette régulation, voir not. : BONNEAU (T.), *Régulation bancaire et financière européenne et internationale*, 3e éd., Bruylant, coll. Droit de l'Union européenne, 2016 ; KOVAR (J.-P.), LASSERRE CAPDEVILLE (J.), *Droit de la régulation bancaire*, RD éd., 2012.

[748] TABEAU (T.), « Loi relative à la gratuité et aux modalités de la réutilisation des informations du secteur public », *REM*, n° 37, hiver 2015/2016, p. 16.

[749] Marie-Anne Frison-Roche, Rapport sur l'apport du droit de la compliance à la gouvernance d'internet, avril 2019, p. 27. Disponible à l'adresse suivante : [https://www.economie.gouv.fr/files/files/2019/Rapport_MAFR_Compliance_et_Gouvernance_du_numerique_juin_2019.pdf].

[750] CHIGNARD (S.), BENYAYER (L.-D.), *Datanomics, Les nouveaux business models des données*, Éditions fyp, 2015, p. 37 : « *Elle est disponible en quantité toujours croissante, difficile à protéger, facile à reproduire, ne s'épuise pas quand on la consomme et sa valeur réside davantage dans la circulation que dans la thésaurisation.* ».

donnée est centrale. L'acronyme GAFA, que l'on a pu remplacer par NATU[751], est aujourd'hui utilisé afin de désigner ces opérateurs économiques, les plateformes numériques[752], qui occupent de façon prépondérante le domaine numérique et bénéficie du plus large effet de réseau[753]. S'il désignait à l'origine Google, Amazon, Facebook et Apple, de nouvelles entreprises s'y ajoutent régulièrement et l'on peut notamment y adjoindre Netflix, Twitter, Microsoft, Linkedin, etc[754].
La particularité de ces opérateurs est qu'ils proposent gratuitement[755] des services aux utilisateurs finaux, qu'ils s'agissent de service de messagerie, de vente de produits, de vente de matériels informatiques, de vidéos à la demande, etc. L'intermédiation qu'ils proposent leur permet d'avoir accès à de très nombreuses informations parmi lesquelles, en premier lieu, les données personnelles des utilisateurs, mais aussi les données de navigation et autres informations. Or, la détention de telles informations constitue une véritable ressource financière pour les opérateurs économiques qui peuvent les monétiser en les traitant et en les revendant aux annonceurs. La gratuité des services proposés ne doit pas cacher cette véritable économie de la publicité[756].

259. La « gratuité » des services numériques : un voile à lever. La gratuité est une caractéristique de l'Internet dont seuls les utilisateurs finaux bénéficient[757] (dans l'accès au contenu, sans tenir compte de l'abonnement internet pour l'accès à l'infrastructure). Pourtant, « *L'absence de paiement ou, plus généralement, de récompenses ne suffit pas en soi à définir la gratuité qui est essentiellement une vertu indissociable d'une certaine disposition*

---

[751] Netflix, Airbnb, Tesla, Uber.

[752] Sur la définition de ces plateformes, outre la définition codifiée dans le Code de la consommation, art. L. 111-7 et s. Voir not. : ROCHFELD (J.), ZOLYNSKI (C.), « La "loyauté" des "plateformes". Quelles plateformes ? Quelle loyauté ? », *Dalloz IP/IT*, n° 11, 14 novembre 2016, p. 520.

[753] L'effet de réseau correspond au fait que l'utilité d'un bien ou d'un service augmente avec le nombre d'utilisateurs.

[754] La liste n'est pas exhaustive.

[755] Il a été relevé que « *L'inscription à cette onéreuse structure étant gratuite, sa rentabilité n'est en effet assurée qu'à trois conditions : 1/ que si de plus en plus d'internautes s'inscrivent [...] ; 2/ que si chacun d'entre eux communique avec de plus en plus "d'amis" déjà inscrits, ou aille les chercher dans son carnet d'adresses électroniques, personnel mais aussi professionnel : le grand mélange commence [...] ; 3/ que si chaque élément de cette longue chaîne, dont nous avions rêvé enfant, donne* volontairement *toujours plus d'informations sur lui-même lors de son inscription [...].* », RAY (J.-E.), « Facebook, le salarié et l'employeur », *Revue droit social*, n° 2, 10 février 2011, p. 128.

[756] Selon la formule consacrée, « Si c'est gratuit, c'est vous le produit. » qu'il faut tout de même relativiser car les initiatives de logiciels libres et de *creative commons* sont proposés gratuitement, que l'on pense à Wikipedia par exemple.

[757] Même si l'on constate aujourd'hui le développement de services payants.

d'esprit »[758]. Et les opérateurs ne proposent pas gratuitement des services dans un pur esprit de don. Au contraire, les services proposés étant gratuits, il est primordial pour les opérateurs de constituer un réseau significatif d'utilisateurs afin de s'assurer une ressource toujours plus importante en données. Car ce qui justifie cette gratuité, c'est bien la contrepartie qu'elle permet : la collecte des données et leur monétisation auprès d'autres opérateurs[759]. C'est le caractère biface du marché sur lequel interviennent les plateformes numériques qui leur permet de constituer des rentes de situation. Les publicitaires sont prêts à payer pour disposer d'informations relatives aux internautes, et ce afin de leur proposer des publicités dites ciblées c'est-à-dire correspondant à leur « *profil* »[760].

260. La collecte massive des données et leur traitement : levier de monopole de fait. Avant de les monétiser, il est nécessaire de collecter les données. Cela est relativement simple dans la mesure où, particulièrement sur les réseaux sociaux, les internautes diffusent eux-mêmes de nombreuses informations. Ils laissent de nombreuses tracent de leur navigation sans pour autant avoir conscience de leur réutilisation. Malgré une prise de conscience en cours, peu se soucient du sort des données de navigation qu'ils génèrent. « *Joseph Staline et Edgar Hoover en avaient rêvé, Facebook et Twitter peuvent le faire* »[761] : suivre au plus près les individus et récolter à leur sujet de nombreuses données. La collecte n'est pas la seule manipulation de données qui peut être problématique. On désigne alors sous le terme générique de traitement de données un ensemble de pratique de manipulation des données. Le règlement

---

758 ZAMAGNI (S.), « Gratuité et action économique », *Revue du MAUSS*, 2010/1, n° 35, p. 382. Sur la gratuité, voir par exemple : GUGLIELMI (G.), KOUBI (G.) dir., *La gratuité, une question de droit ?*, L'Harmattan, Paris, 2003 ; DE CALATAŸ (D.), Le pouvoir de la gratuité, L'échange, le don, la grâce, L'Harmattan, coll. L'esprit économique, Paris, 2011.

759 PERROT (A.), « L'économie digitale et ses enjeux : le point de vue de l'économiste », *AJCA*, n° 2, 16 février 2016, p. 74 : « *[...] il peut être optimal de donner gratuitement l'accès aux utilisateurs sur l'une des faces du marché : une fois présents sur la plate-forme, ces utilisateurs attireront l'autre côté, payant. [...] La gratuité, souvent révélatrice d'une stratégie prédatrice dans les marchés classiques, est donc aussi utilisée sur les plates-formes pour enclencher les effets de réseau.* ».

760 Il est à relever que le RGPD définit à l'article 2 le profilage comme : « *toute forme de traitement automatisé de données à caractère personnel consistant à utiliser ces données à caractère personnel pour évaluer certains aspects personnels [...]* ».
Voir également : ARCELIN (L.), « L'avis n° 18-A-03 du 6 mars 2018 portant sur l'exploitation des données dans le secteur de la publicité sur internet : un avis "point d'étape" », *RLC*, n° 74, 1er juillet 2018 : « *Le système de profilage à partir des données personnelles des individus permet d'orienter les choix de ceux-ci, voire même d'anticiper leurs désirs par le biais des publicités. C'est le règne des Dataïstes et en particulier des GAFA.* ».

761 RAY (J.-E.), « Facebook, le salarié et l'employeur », *op. cit.*, p. 128.

général relatif à la protection des données personnelles (RGPD)[762] précise ce qu'il faut entendre par traitement de données[763].

261. Les méthodes de collecte, l'exemple de Facebook. Cette course aux données peut être illustrée avec l'affaire Facebook, relative au *cookie Datr*. En effet, les CNIL européennes se sont saisies de la question. Le contentieux commence en Belgique où un véritable « *bras de fer autour du cookie "Datr"* »[764] a été engagé entre la Commission de la protection de la vie privée (CPVP)[765] et Facebook. Le *cookie Datr* est une technologie permettant de collecter les données de navigation des internautes dès qu'un « *bouton Facebook* » apparaît sur une page. Ainsi, la collecte des informations ne concerne pas seulement les utilisateurs de Facebook mais tout internaute qui consulte une page où se trouve présent le cookie Datr, et elles sont relativement nombreuses. Dans la continuité de l'action belge, et du côté français, la CNIL s'intéresse à cette situation. Dans un premier temps, une mission de contrôle[766] a été engagée. Il s'agit de contrôles sur place et sur pièces ainsi que des constatations en ligne afin de contrôler « *le respect par la société Facebook Inc. des dispositions de la loi n° 78-17 du 6 janvier 1978 modifiée en ce qui concerne les règles de confidentialité applicables aux services à destination des internautes français et ont également porté sur les données collectées au moyen du site facebook.com et des témoins de connexion [...] relevant de ce domaine* »[767]. Les résultats de ce contrôle ont

---

[762] Règlement (UE) 2016/679 du Parlement européen et du Conseil du 27 avril 2016 relatif à la protection des personnes physiques à l'égard du traitement des données à caractère personnel et à la libre circulation de ces données, et abrogeant la directive 95/46/CE (règlement général sur la protection des données).

[763] RGPD, art. 4, § 2, constitue un traitement, « *toute opération ou tout ensemble d'opérations effectuées ou non à l'aide de procédés automatisés et appliquées à des données ou des ensembles de données à caractère personnel, telles que la collecte, l'enregistrement, l'organisation, la structuration, la conservation, l'adaptation ou la modification, l'extraction, la consultation, l'utilisation, la communication par transmission, la diffusion ou toute autre forme de mise à disposition, le rapprochement ou l'interconnexion, la limitation, l'effacement ou la destruction [...]* ».

[764] BARRAUD (B.), « Données personnelles Facebook ne peut pas enregistrer les données de navigation des internautes sans leur consentement », *REM*, n° 37, hiver 2015-2016, p. 23.

[765] Il s'agit de l'équivalent belge de la Commission nationale de l'informatique et des libertés (CNIL).

[766] Déc. n° 2015-091C du 17 mars 2015.

[767] Déc. n° 2016-007 du 26 janvier 2016 mettant en demeure les sociétés Facebook inc. et Facebook Ireland. La CNIL précise également que « *la combinaison de l'ensemble des données des inscrits est dépourvue de base légale faute, soit de faire l'objet d'un encadrement contractuel adéquat, soit de respecter, dans la recherche de son intérêt légitime en tant que responsable de traitement, l'intérêt et les droits et libertés des personnes en mettant à leur disposition des moyens leur permettant de maîtriser la combinaison des données les concernant et d'exercer leurs droits de manière effective* ».

conduit la Présidente de la CNIL, le 26 janvier 2016[768], à mettre en demeure Facebook de respecter les dispositions de la loi informatique et libertés ; notamment les dispositions sur la nécessité d'une base légale à tout traitement de données à caractère personnel[769]. Bien que Facebook justifiât l'utilisation de ce cookie par des raisons de sécurité[770], cela n'a pas suffi à convaincre les régulateurs qui ont préféré retenir l'absence de consentement des internautes tracés comme élément dirimant à toute utilisation de ce cookie par l'entreprise. De tels comportements de la part des GAFA portent donc évidemment atteinte au droit au respect de la vie privée. Mais une telle situation est également constitutive d'un monopole de fait.

262. L'exploitation des données et la publicité. Des acteurs qualifiés de *data brokers* ont émergé et ont pour spécialité le traitement des données et leur revente à des fins publicitaires[771]. Ils traitent les données, souvent les rachètent, et les revendent une fois traitées aux annonceurs publicitaires. La publicité ainsi ciblée permet aux annonceurs de proposer les produits pertinents aux consommateurs en fonction de leurs besoins, de leurs envies, de leurs situations[772]. La publicité revêt une dimension stratégique pour les annonceurs et elle génère une véritable économie fondée sur le traitement des données des utilisateurs. Les annonceurs peuvent également réserver certains mots-clés auprès de moteurs de recherche, moyennant paiement, le moteur de recherche redirigera toutes les demandes correspondant à ces mots-clés sur le site de l'annonceur (particulier ou professionnel). C'est ce type de mécanisme que propose la régie publicitaire de Google, Adword créée en 2012.

---

[768] Déc. n° 2016-007 du 26 janvier 2016 mettant en demeure les sociétés Facebook inc. et Facebook Ireland.

[769] Article 7 de la loi n° 78-17 du 6 janvier 1978 modifiée : « *un traitement de données à caractère personnel doit avoir reçu le consentement de la personne concernée ou satisfaire à l'une des conditions suivantes : 1° Le respect d'une obligation légale incombant au responsable du traitement ; 2° La sauvegarde de la vie de la personne concernée ; 3° L'exécution d'une mission de service public dont est investi le responsable ou le destinataire du traitement ; 4° L'exécution, soit d'un contrat auquel la personne concernée est partie, soit de mesures précontractuelles prises à la demande de celle-ci ; 5° La réalisation de l'intérêt légitime poursuivi par le responsable du traitement ou par le destinataire, sous réserve de ne pas méconnaître l'intérêt ou les droits et libertés fondamentaux de la personne concernée* ».

[770] En effet, la justification donnée était qu'avec ce cookie, Facebook ne traçait que les données de navigation et était ainsi à même de déterminer si un utilisateur était bien une personne physique et pas un bot, un robot.

[771] Pour en citer quelques-uns : Acxiom avec Facebook ; ou encore Epsilon outre Atlantique ; ou Experian aux Royaume-Uni.

[772] La publicité devient à ce titre intrusive — en fonction du profil — et invasive — sur de plus en plus de supports. Il s'agit de capter à tout prix l'attention que ce soit par des publicités qui s'ouvrent lors de clic (clickbait) ou lancer en début de vidéo par exemple (videoautoplay).

263. L'autorité de la concurrence a rendu un avis en mars 2018 sur l'exploitation des données dans le secteur de la publicité en ligne[773]. L'Autorité relève bien qu'Internet a supplanté les autres médias en ce qui concerne la publicité. Cela est dû au fait que les entreprises du numérique disposent d'un pouvoir de marché conséquent du fait de « *leurs atouts considérables : effets de réseau, capacité à produire des innovations technologiques, audiences considérables et vastes ensembles d'inventaires et de données.* »[774]. C'est bien ce pouvoir de marché qui leur permet d'outrepasser le consentement des utilisateurs et de « *capter une part très significative de la valeur* »[775]. Ce pouvoir de marché leur permet de se comporter de manière indépendante par rapport aux utilisateurs.

264. La problématique centrale du consentement dans la collecte des données (et donc de l'information) : une collecte déloyale ? Toute la difficulté dans l'encadrement du traitement des données repose sur le fait que les utilisateurs n'expriment pas clairement leur consentement à la collecte de leurs données (personnelle et de toute nature) ni ne disposent d'informations précises sur le traitement qui en sera fait. Si l'entrée en vigueur du Règlement général sur la protection des données personnelles[776] permet une certaine amélioration en affirmant la nécessité d'une base légale à tout traitement de données et met à la charge des opérateurs la preuve du consentement de l'utilisateur, celle-ci est difficile à obtenir. En effet, le consentement est défini par le RGPD comme « *toute manifestation de volonté, libre, spécifique, éclairée et univoque par laquelle la personne concernée accepte, par une déclaration ou par un acte positif clair, que des données à caractère personnel la concernant fassent l'objet d'un traitement* »[777]. Cette approche donne « *des conditions que l'on ne connaît pas en droit des contrats* »[778]. De plus, il faut déterminer ce qu'est une déclaration ou un acte positif clair sur Internet. L'introduction au RGDP précise que cela peut être par exemple « *une déclaration écrite, y compris par voie électronique, ou [...] une déclaration orale* »[779], mais d'autres moyens sont également évoqués tels que le fait de cocher une case permettant d'opter pour certains paramètres techniques lors de la consultation d'un site, ou d'un autre comportement. La formulation est

---

[773] Autorité de la concurrence, avis n° 18-A-03, 6 mars 2018, portant sur l'exploitation des données dans le secteur de la publicité sur internet.
[774] Autorité de la concurrence, avis n° 18-A-03, *id.*, p. 4.
[775] Autorité de la concurrence, avis n° 18-A-03, *id.*, p. 4.
[776] Règlement (UE) 2016/679 du Parlement européen et du Conseil du 27 avril 2016 relatif à la protection des personnes physiques à l'égard du traitement des données à caractère personnel et à la libre circulation de ces données, et abrogeant la directive 95/46/CE (règlement général sur la protection des données).
[777] RGPD, art. 2, §11.
[778] FAUVARQUE-COSSON (B.), MAXWELL (W.), « Protection des données personnelles », *D.*, n° 19, 24 mai 2018, p. 1033.
[779] RGPD, cons. 32.

relativement évasive et illustre la difficulté à réaliser un acte positif clair lors de la consultation d'un site Internet. En effet, l'acte positif clair c'est le clic, mais l'on connaît les difficultés à reconnaître le consentement par le clic, et les illustrations en droit de la consommation sont nombreuses[780].
À défaut de définition bien précise du consentement au traitement des données personnelles (et plus largement de toute donnée), le RGPD énonce ce qui ne saurait être considéré comme tel, du « *silence, de(s) cases cochées par défaut ou (l)'inactivité.* »[781]. Il est précisé que cette demande de consentement, si elle est introduite par les opérateurs par voie électronique, ne doit pas être pour autant être intempestive et « *ne doit pas inutilement perturber l'utilisation du service pour lequel il est accordé* »[782]. Car c'est souvent le cas, la demande intempestive de consentement ralentit généralement la navigation sur les sites Internet ou bloque totalement la navigation à défaut d'acceptation[783]. Or, le consentement ne devrait pas être la condition *sine qua non* de l'utilisation des services[784].

265. La rente de situation peut naître de la difficulté pour les utilisateurs à exprimer clairement leur consentement ou non au traitement de leurs données. Face à cette impuissance[785], les opérateurs économiques continuent largement à opérer divers traitements de données à des fins publicitaires. Or, cet enrichissement, qui résulte du fort pouvoir de marché et constitue une rente de situation[786], constitue bien un monopole de fait. Néanmoins, le développement croissant de logiciel dit *add-block*[787], bloquant les publicités, démontre le rejet par certains utilisateurs d'être partie intégrante d'un *business model* de la gratuité reposant sur la monétisation de leurs données[788]. La question du consentement est centrale, mais elle est difficile à réceptionner en droit ; peut-être que l'accent serait à mettre sur les moyens dont peuvent/doivent disposer les utilisateurs pour exprimer leur consentement. La

---

780 C'était d'ailleurs la règle du « double-clic » qui était retenue afin de s'assurer du consentement du consommateur lors d'une vente en ligne. Le premier clic valide la commande, le deuxième la confirme définitivement, conformément aux exigences de l'article 1369-5 du Code civil (aujourd'hui abrogé).

781 RGPD, cons. 32.

782 RGPD, cons. 32.

783 En d'autres termes, l'utilisateur est obligé d'accepter la collecte des données pour naviguer sur le site.

784 Voir not. : FAUVARQUE-COSSON (B.), MAXWELL (W.), « Protection des données personnelles », *op. cit.*

785 Car le rapport est toujours déséquilibré malgré les avancées en termes de droit à l'oubli ou au déréférencement. Voir sur ces points la revue de jurisprudence européenne : FAUVARQUE-COSSON (B.), MAXWELL (W.), Protection des données personnelles, *op. cit.*

786 Monétiser un intrant gratuit constitue bien une rente de situation.

787 Il s'agit d'extensions que l'on installe sur son navigateur et qui permet de bloquer les publicités et autres *pop-up.*

788 Voir sur ces nouveaux modèles : CHIGNARD (S.), BENYAYER (L.-D.), *Datanomics, Les nouveaux business models des données*, Éditions fyp, 2015.

question est bien celle de l'équilibre des pouvoirs entre les entreprises et les utilisateurs.

266. Dans le domaine numérique, le pouvoir de marché dont disposent les GAFA est parfois utilisé pour subventionner leurs activités annexes, cela donne également lieu à de véritables monopoles de fait[789].

§ IV. LE DUMPING FISCAL

267. Dans le contexte de mondialisation, les entreprises transnationales disposent d'un pouvoir de marché qui s'exprime par cette capacité à pouvoir faire jouer les législations nationales entre elles et de pouvoir choisir leur lieu d'imposition en fonction du niveau des contraintes légales et réglementaires, c'est la concurrence normative[790]. Cette stratégie relève d'une volonté de maximisation des coûts fiscaux ou sociaux propres aux entreprises. Mais lorsque cette maximisation des coûts passe par le contournement des législations, elle peut être abusive, et elle l'est, en tout état de cause, lorsqu'elle n'est pas répercutée sur les prix. Cette maximisation est également abusive si l'on considère qu'elle conduit à déposséder les États de leur base d'imposition fiscale en matière de fiscalité directe des entreprises[791]. Cette situation constitue bien un déséquilibre de pouvoir, au profit des entreprises transnationales, qui leur permet de constituer une rente de situation. L'OCDE relevait dès 1998 que la concurrence fiscale entre États était dommageable[792].

---

[789] La décision de la Commission européenne condamnant Google à une amende de 2,4 milliards donne un exemple où la position privilégiée sur un segment d'activité peut être utilisée pour en subventionner d'autres.
Voir not. : Commission européenne, C(2017) 4444 final, du 27 Juin 2017 relating to proceedings under Article 102 of the Treaty on the Fuctionng of European Union and Article 54 of the Agreement on the Europea Economic Area (At.39740 Google Search (Shopping)).
Un autre exemple récent est donné par Amazon dont les activités liées à la location d'espace sur son cloud (l'entreprise Amazon Web Services est leader mondial avec plus de 30% de parts de marchés) tout autant que le développement de services tels que l'Internet des objets, l'analytique ou les bases de données permettent de subventionner ses activités de détails.

[790] Pour une approche européenne, voir not. : DEFROMONT (J.-A.), MENETRY (S.), « Concurrence normative en Europe : quelle attractivité pour les droits nationaux ? », *RIDE*, 2014/4, t. XXVIII, p. 499-515.
Voir également : USUNIER (L.), SEFTON-GREEN (R.), *La concurrence normative, Mythes et réalités*, Société de législation comparée, coll. De l'UMR de droit comparée de Paris, vol. 33, Paris, 2013.

[791] Pour une approche des différentes règles fiscales européennes et leur répartition entre les différentes bases fiscales imposables (travail, consommation, capital) ou en fonction du type de taxes (contributions sociales, taxes directes et indirectes) se référer au rapport annuel de la Commission européenne sur les données fiscales.

[792] OCDE, « La concurrence fiscale dommageable – un problème mondial », 1998.

268. La transnationalité d'une entreprise : une situation propre à mettre en œuvre une stratégie de dumping fiscal et donc une situation qui devient un levier de monopole de fait. La fiscalité des entreprises constitue une véritable problématique avec l'essor des entreprises transnationales. En France, l'impôt sur les sociétés résulte d'un décret de 1948[793] qui vient consolider les différents impôts existants et qui crée une grande subdivision entre d'une part l'imposition des personnes physiques, et d'autre part l'imposition des personnes morales — les sociétés[794]. La forme de la société n'influence pas directement l'imposition, ce qui importe c'est que la société poursuive une activité commerciale[795] et réalise des bénéfices en France. L'aspect territorial de l'impôt sur les sociétés est central. Il « *frappe les bénéfices industriels et commerciaux des entreprises situées en France, ainsi que les bénéfices industriels et commerciaux dont l'imposition est attribuée à la France par une convention internationale. [...] Les entreprises étrangères dont le siège social est situé à l'étranger sont soumises à l'impôt français sur les sociétés à raison des bénéfices qu'elles réalisent en France par l'intermédiaire d'un établissement stable.* »[796].

Toute la difficulté résulte de cette situation où une entreprise réalisant une partie de son activité sur un territoire, sans y être implantée physiquement, ne voit pas les bénéfices réalisés sur ce territoire, imposés selon les règles fiscales nationales. L'OCDE s'est saisie de cette question de l'érosion de la base d'imposition et du transfert de bénéfices[797]. Les discussions se précisent sans qu'un accord international se dessine encore[798]. Ce sont bien les pratiques fiscales dommageables rendues possibles par le caractère transnational de

---

[793] Décret n° 48-1986 du 9 décembre 1948 portant réforme fiscale, modifié par la loi n° 59-1472 du 28 décembre 1959 qui institue un impôt annuel unique sur les revenus des personnes physiques.

[794] La raison de l'imposition repose en partie sur l'existence d'une personnalité économique propre à la société — c'est-à-dire que les associés n'engagent pas leur patrimoine propre et que la société dispose ainsi d'une personnalité économique propre et distincte. Pour plus de précisions, voir not. : CRUVELIER (E.), Impôts directs, Répertoire de droit commercial, Avril 2017 (actualisation : février 2018).

[795] C'est en ce sens que les sociétés civiles, relevant normalement de l'impôt sur le revenu, peuvent être soumises à l'impôt sur les sociétés lorsqu'elles exercent une activité commerciale.

[796] CRUVELIER (E.), Impôts directs, *op. cit.*, n° 514-515.

[797] Initiative BEPS — Base erosion and profit shifting.

Voir également : OCDE (2016), Lutter efficacement contre les pratiques fiscales dommageables, en prenant en compte la transparence et la substance, Action 5 – Rapport final 2015, Projet OCDE/G20 sur l'érosion de la base d'imposition et le transfert de bénéfices, Éditions OCDE, Paris.

[798] Voir notamment OCDE (2018), Rapport intérimaire sur les défis fiscaux soulevés par la numérisation, publié le 16 mars 2018 ; voir également, dans la continuité, le document mis à disposition par l'OCDE dans le cadre d'une consultation publique à propos de la mise en place d'une approche unifiée de l'imposition dans le domaine numérique [https://www.oecd.org/tax/beps/public-consultation-document-secretariat-proposal-unified-approach-pillar-one.pdf]

l'entreprise qui permettent de constituer un monopole de fait, car cela leur permet de constituer une rente de situation.

269. De l'optimisation fiscale à l'évasion fiscale[799] : quel seuil pour déceler un monopole de fait ? L'internationalisation des échanges a conduit à l'institution d'entreprises de dimension transnationale, difficilement identifiables[800]. La multiplication des scandales financiers[801] en atteste, la question est d'une actualité brûlante. Depuis le début du XXIe siècle, plusieurs affaires ont ébranlé le monde financier : le scandale du Liechtenstein[802], les Luxleaks et les Panama papers pour ne citer que les plus retentissants. Dans ces affaires, des milliers de documents attestent de la mise en œuvre de stratégies fiscales agressives par les entreprises, aboutissant à une véritable évasion fiscale[803]. Si l'optimisation fiscale n'est pas condamnable en elle-même, elle l'est lorsqu'elle devient du *dumping* fiscal[804] et qu'elle s'opère au détriment des États, et a fortiori, des contribuables, mais aussi des consommateurs qui ne bénéficient pas de l'optimisation des coûts de l'entreprise. Avec ces affaires, « *Le revers de la médaille de l'optimisation est apparu sous une lumière crue : l'organisation d'évasion fiscale à grande échelle des pays où l'activité est réalisée vers des pays d'accueil consentant un traitement de faveur.* »[805]. Il ne s'agit pas avec ces stratégies d'optimiser le coût fiscal lié à l'exercice de l'activité sur un territoire mais bien de tout

---

799 Sur ce terme et son ambivalence, notamment liée au fait qu'elle peut résulter de comportement illicite mais également de comportement licite : ARBELET (L.), « L'ambivalence de l'évasion fiscale », *Dalloz actualité*, n° 26, 26 janvier 2017, l'auteur précise que : « *Pour lutter juridiquement contre l'évasion fiscale, il faut donc préciser en quoi elle est illégale. Ce qui n'est pas simple.* ».

800 Comme cela a été mis en évidence avec les développements relatifs au groupe de sociétés.

801 Il est possible de citer par exemple le scandale UBS en 2008, les Offshore Leaks en 2013, les China Leaks en janvier 2014, les Luxembourg Leaks en novembre 2014, et les Swiss Leaks, les listings HSBC en 2015.

802 Voir sur ce point : SAINT AMANS (P.), AGLIETTA (M.), « Lutter contre les paradis fiscaux », *in Qui capture l'État*, LORENZI (J.-H.) dir., PUF, coll. Descartes et cie, 2012, p. 92-93.

803 Voir en ce sens le projet BEPS de l'OCDE et les différents rapports disponibles [http://www.oecd.org/fr/fiscalite/beps/beps-rapports-finaux-2015.htm].
En droit français, c'est l'article 238-0 A du code général des impôts qui précise la notion d'États non coopératifs. Voir également : STIFANI (F.), BERTHET (K.), LETIENNE (P.), « La nouvelle transparence fiscale dans l'Union européenne : les ETNC à la lumière du projet BEPS », *Revue de l'Union européenne*, n° 601, 5 septembre 2016, p. 460.

804 L'expression anglo-saxonne est, à l'origine, un terme d'économie politique désignant la pratique de ces entreprises qui vendent leurs produits moins chers sur les marchés extérieurs que sur le marché intérieur afin de conquérir de nouveaux marchés. Par extension, le *dumping* peut être entendu comme toute pratique de contournement de législations considérées comme trop contraignantes par les entreprises ; autrement dit, le *dumping* concerne les pratiques de sélection des législations par les entreprises.

805 PRIETO (C.), « De Luxleaks au plan d'action de lutte contre l'évasion fiscale des multinationales », *RTD Eur.*, n° 1, 19 mai 2016, p. 3.

mettre en œuvre pour ne pas être imposable, et les montages fiscaux sont complexes[806]. Les Gafa excellent dans ces stratégies, et c'est bien à ce titre que l'OCDE se saisit de la question de l'imposition de l'économie digitale. Dans l'attente d'un accord international, et à défaut d'accord européen[807], la France a voté une loi[808], à l'entrée en vigueur rétroactive, instaurant une taxe de 3% du chiffre d'affaires à l'endroit de certains services numériques. La mise en œuvre s'annonce compliquée, certaines entreprises ont déjà annoncé leur stratégie d'évitement[809], mais il semble bien que l'initiative fasse des émules[810].

270. La part de responsabilité portée par les États dans le *dumping fiscal* des entreprises : la concurrence entre États pour attirer les capitaux. Le *dumping* fiscal n'est possible que si les législations nationales sont disparates. Or, le passage à l'ère du service et le recul des activités industrielles ont incité les États à promouvoir des règles fiscales attractives afin d'attirer les capitaux sur leur territoire et d'éviter la fuite des entreprises nationales[811] et de leurs capitaux vers des places financières plus clémentes. Cette position des États est liée au fait que les entreprises cherchent à optimiser leurs coûts fiscaux, et qu'elles n'hésitent pas pour cela à être mobiles et à aller chercher à l'étranger ce qu'elles ne trouvent pas là où elles sont implantées. Or, cela conduit à une perte de revenus pour les États[812] mais aussi à une situation

---

806 Plusieurs initiatives visent à associer certaines professions à la lutte contre l'évasion fiscale, notamment les avocats. Pour une première approche de ces diverses propositions, voir not. : ARBELET (L.), « Le conseil fiscal met l'Union européenne face à un dilemme », Dalloz actualité, n° 12, 12 décembre 2017 ; COUSTET (T.), « Lutte contre l'évasion fiscale : les avocats dans le viseur de l'UE », Dalloz actualité, n° 22, 22 décembre 2017 ; DARGENT (L.), « Évasion fiscale : vers une obligation de divulgation pour les avocats ? », Dalloz actualité, n° 5, 5 septembre 2017 ; Recommandation du Parlement européen du 13 décembre 2017 à l'intention du Conseil et de la Commission à la suite de l'enquête sur le blanchiment de capitaux, l'évasion fiscale et la fraude fiscale (2016/3044 (RSP)).

807 Faute d'unanimité sur le sujet, et notamment l'opposition de l'Irlande.

808 Loi n° 2019-759 du 24 juillet 2019 portant création d'une taxe sur les services numériques et modification de la trajectoire de baisse de l'impôt sur les sociétés.

809 Notamment Amazon, qui a annoncé qu'il répercuterait cette taxe sur les entreprises, et l'a fait, à compter du 1er octobre 2019, faisant peser la taxe sur ses utilisateurs.

810 L'Italie ou la République tchèque souhaitent emboiter le pas de la France, en attente d'un accord international.

811 La fiscalité constitue un véritable levier d'action pour les États. Voir en ce sens : SAINT AMANS (P.), AGLIETTA (M.), « Lutter contre les paradis fiscaux », *op. cit.*, p. 91 et s. : « *La fiscalité est au cœur de la construction des États et de leur souveraineté, dès les XIIIe et XIVe siècles, pendant la guerre de Cent Ans. Les États modernes et les embryons de représentations nationales se sont faits notamment à partir de la levée d'impôts.* ».

812 Le terme de « corporate income tax gap » est utilisé pour désigner l'écart entre le résultat attendu de l'imposition et le résultat effectif. Voir en ce sens les rapports du Tax gap projet group (groupe d'expert de la Commission européenne), notamment : The concept of tax gaps, Report II : Corporate Income Tax Gap, Estimation methodologies, Fiscalis Tax Gap Project Group (FPG/041), Bruxelles, Juillet 2018.

anticoncurrentielle. En effet, « *Il s'avère que la concurrence entre États pour attirer les multinationales peut constituer une concurrence dommageable pour toutes les autres entreprises, mais aussi pour les citoyens européens privés de recettes fiscales pour la solidarité nationale.* »[813].

271. Les traitements fiscaux préférentiels. L'OCDE définit le traitement fiscal préférentiel comme le fait que les autorités d'un État offrent « *une certaine forme de préférence fiscale comparativement aux principes généraux de la fiscalité du pays concerné. Cette préférence peut prendre des formes diverses, par exemple la réduction du taux ou de la base d'imposition ou encore des conditions préférentielles de paiement ou de restitution d'impôts. Même un faible niveau de préférence suffit pour classer un régime comme préférentiel.* »[814].

Plusieurs traitements fiscaux peuvent être justifiés par la poursuite de certains objectifs particuliers. Par exemple, en matière audiovisuelle, la Belgique a eu recours au mécanisme de *Tax shelter*[815] pour inciter les investisseurs à soutenir la production audiovisuelle belge. Selon ce mécanisme, les investisseurs dans la production audiovisuelle bénéficient d'une exonération de leurs bénéfices à concurrence de 150% des sommes réellement investies. Ce mécanisme, bien que constituant une aide d'État, a été validé par la Commission européenne[816] et prolongé jusqu'en 2020 car il s'agit d'aides « *destinées à promouvoir la culture et la conservation du patrimoine* »[817].

272. L'encadrement européen des traitements fiscaux préférentiels par le régime des aides d'État. Sanctionner les États pour aides d'État en matière fiscale, c'est ce que la Commission européenne[818] a fait à plusieurs reprises, incitant par-là même les États à ne pas proposer des avantages fiscaux trop conséquents qui pourraient rompre l'égalité entre les opérateurs économiques vis-à-vis de ces règles fiscales. Parmi les exemples tristement célèbres, il faut citer la condamnation de l'Irlande du fait de l'octroi d'allégements fiscaux

---

813 PRIETO (C.), « De Luxleaks au plan d'action de lutte contre l'évasion fiscale des multinationales », *op. cit.* Voir sur la concurrence fiscale dommageable : OCDE (1998), Concurrence fiscale dommageable : Un problème mondial, Éditions OCDE, Paris, https://doi.org/10.1787/9789264262942-fr.

814 OCDE (2016), Lutter efficacement contre les pratiques fiscales dommageables, en prenant en compte la transparence et la substance, Action 5 – Rapport final 2015, Projet OCDE/G20 sur l'érosion de la base d'imposition et le transfert de bénéfices, Éditions OCDE, Paris, p. 22.

815 Sur ce point, voir not. : WALRAVENS (E.), *Dumping fiscal, Enquête sur un chantage qui ruine nos États*, Les petits matins, Paris, 2014. L'ouvrage donne différents exemples concrets de *dumping* fiscal et est à ce titre très instructif.

816 Commission européenne, Modifications du *tax shelter* pour soutenir des œuvres audiovisuelles, C (2014) 9217 final, 28 novembre 2014, Bruxelles.

817 Article 107, §3, point d), TFUE.

818 Voir not. : PRIETO (C.), « De Luxleaks au plan d'action de lutte contre l'évasion fiscale des multinationales », *op. cit.*

indus à hauteur de 13 milliards d'euros pour Apple[819]. Le régime des aides d'États semble pouvoir enrayer les monopoles de fait résultant de traitements fiscaux préférentiels, il est un « *moteur efficace d'harmonisation fiscale* »[820].

273. L'encadrement fiscal : la place centrale des prix de transfert. Les entreprises concentrent généralement leurs bénéfices au sein d'une entité domiciliée dans un État leur ayant proposé un *ruling* fiscal attractif[821] sur l'imposition des résultats de l'entreprise. En pratique, l'entreprise rapatrie tous ses bénéfices, réalisés dans différents États au sein d'une même entité. Ces flux financiers s'opèrent généralement des sociétés filiales vers la société mère et permettent aux entreprises de n'être imposables que dans un seul État, mais elles ont en contrepartie l'existence de prix de transfert. Ces prix de transferts font l'objet de lignes directrices de l'OCDE[822] et sont repris par la jurisprudence européenne qui qualifie de prix de transfert « *les prix qui sont pris en compte pour des transactions commerciales exécutées entre différents composants d'un même groupe d'entreprises. Les entreprises multinationales sont encouragées financièrement à imputer le moins de bénéfices possible sur les territoires où ils sont plus lourdement imposés.* »[823]. Le risque de *dumping* fiscal naît de cette situation où « *les prix de transfert ne reflètent pas les mécanismes du marché et le principe de pleine concurrence, (et) cela peut avoir pour effet de fausser aussi bien le montant de l'impôt dû par des entreprises associées que les recettes fiscales du pays d'accueil.* »[824]. L'OCDE recommande alors avec son principe de pleine concurrence en matière fiscale, de traiter les entités d'un même groupe comme étant des

---

819 Décision de la Commission, 30 août 2016, concernant l'aide d'État SA.38373 (2014/C) (ex 2014/NN) (ex 2014/CP) octroyée par l'Irlande en faveur d'Apple, JOUE, n° L. 187/1, 19 juillet 2017.
Voir pour d'autres affaires : Décision de la Commission, 21 octobre 2015, concernant l'aide d'État SA.38375 (2014/C ex 2014/NN) mise à exécution par le Luxembourg en faveur de Fiat, C (2015) 7152 final, JOUE, n° L. 351/1, 22 décembre 2016.

820 JURY (F.), « Le régime des aides d'État : un moteur efficace de la politique fiscale européenne », *op. cit.*, p. 427.
Voir également pour une approche de la gouvernance fiscale européenne : SAOUDI (M.), « La gouvernance fiscale européenne », *Revue de l'Union européenne*, n° 620, 9 juillet 2018, p. 416.

821 Le *ruling* fiscal est une pratique par laquelle les entreprises s'adressent directement aux administrations fiscales et leur demande, *ex ante*, l'impôt qui leur sera demandé. L'impôt est alors déconnecté des bénéfices effectivement réalisés. Ces *ruling* intéressent particulièrement les entreprises transnationales dont les bénéfices des filiales peuvent être centralisés sans entraîner de surcoût.

822 Voir sur ces prix de transfert : OCDE (2017), Principes de l'OCDE applicables en matière de prix de transfert à l'intention des entreprises multinationales et des administrations fiscales 2017, Éditions OCDE, Paris, [https://doi.org/10.1787/tpg-2017-fr].

823 Décision (UE), 2017/502 de la Commission du 21 octobre 2015 concernant l'aide d'État SA.38374 (2014/C ex 2014/NN) mise à exécution par les Pays-Bas en faveur de Starbucks, JOUE, n° L. 83/38, 29 mars 2017, n° 63.

824 OCDE (2017), Principes de l'OCDE applicables en matière de prix de transfert, *op. cit.*.

entreprises distinctes. Cela permet de déterminer au plus juste la valeur des prix de transfert et d'éviter qu'ils ne soient manipulés[825] dans le cadre de stratégies fiscales agressives où l'on aboutit à des situations inouïes où certains États voient entrer sur leur territoire une masse de capitaux transférés à une entité *ad hoc*, type holding financière, qui n'exerce effectivement aucune activité économique sur le lieu d'imposition[826].

274. L'harmonisation fiscale comme seule solution viable ? L'harmonisation des règles fiscales est la seule solution viable pour éviter les comportements de *dumping* fiscal. Une telle harmonisation est néanmoins difficile dans la mesure où le domaine fiscal est une compétence régalienne par nature[827]. Si certaines avancées sont à relever[828], la possibilité d'une assiette commune d'imposition des entreprises reste le plus grand projet européen[829], toujours à l'étude[830]. En effet, l'harmonisation des législations fiscales européennes en matière de fiscalité directe des entreprises permettrait de rendre « *totalement obsolète le système des prix de transfert : les entreprises opérant en Europe n'auraient plus qu'un seul interlocuteur administration fiscale pour déclarer leurs revenus européens (principe du one-stop shop), celle-ci sera alors en charge de redistribuer ces derniers parmi les différents États membres selon une formule de répartition prédéfinie.* »[831]. On voit combien la mise en œuvre d'une assiette commune d'imposition est une question sensible et combien

---

[825] Bernard Castagnède, RFFP, n° 110 ; avril 2010, p. 11 : « *La fuite de matière imposable reposant, [...] sur la manipulation des prix de transfert intra-groupe, pourrait être en principe jugulée par la concertation des États sur le territoire desquels sont implantés les entités des groupes entre lesquelles s'opèrent les transactions* ».

[826] Relevé par par l'OCDE et repris par la Recommandation du Parlement européen du 13 décembre 2017 à l'intention du Conseil et de la Commission à la suite de l'enquête sur le blanchiment de capitaux, l'évasion fiscale et la fraude fiscale (2016/3044(RSP), point 32.

[827] En ce sens où la fiscalité participe nécessairement des capacités de développement et d'action des États puisqu'il s'agit d'abonder la trésorerie.

[828] En matière de TVA par exemple, pour un rapide historique de l'union fiscale voir not. : BEZZINA (A.-C.), « Transposition des directives et fiscalité des sociétés : ACCIS ou le jeu des contraires », *Revue de l'Union européenne*, n° 611, 7 septembre 2017, p. 502.

[829] Qui connaît à son échelle les mêmes problématiques de *dumping* fiscal, incompatible avec l'effectivité d'un marché unique. En effet, « *Les règles fiscales européennes actuelles ne prennent aucunement en compte la réalité de la dimension transfrontalière des activités menées par les entreprises opérant en Europe. Cet écueil a laissé la possibilité à certaines entreprises d'exploiter les décalages existants entre systèmes fiscaux, au sein même de l'Union européenne, afin de pratiquer une politique d'optimisation fiscale agressive, voire d'évasion fiscale.* », LAMASSOURE (A.), « Les GAFA, enfin sous pression fiscale ? », D., n° 12, 29 mars 2018, p. 664.

[830] Voir à ce titre la proposition par la Commission européenne d'une directive au Conseil européen portant sur une base d'imposition commune pour les entreprises (European commission, Proposal for a Council directive on a Common Corporate Tax Base, COM(2016) 685 final, 2016/0337 (CNS), 25 octobre 2016.

[831] LAMASSOURE (A.), « Les GAFA, enfin sous pression fiscale ? », *op. cit.*

l'unanimité nécessaire à l'adoption d'une directive en cette matière est difficile à atteindre[832].

275. Si l'on pense que le monopole de fait résulte nécessairement d'une situation monopolistique aux effets anticoncurrentiels, l'exemple des entreprises de dimension transnationale démontre bien que le monopole de fait consiste surtout en l'instrumentalisation d'un pouvoir de marché dans une situation de pouvoir déséquilibré. Le monopole de fait résulte d'un comportement indépendant qui permet de constituer une rente de situation.

Section II.
LA RENTE DE SITUATION COMME RESULTANTE COMMUNE

276. Des exemples de monopole de fait exposés, il est possible de proposer une résultante commune : la rente de situation. En effet, il est commun à toutes ces situations d'aboutir à une forme d'enrichissement injustifié de l'entreprise, laquelle, en redoublant d'ingéniosité, accapare exclusivement un surplus de profit, sans en faire bénéficier les parties qui pourraient y être intéressées, et particulièrement les consommateurs.
La rente de situation se distingue à la fois de l'acception juridique de la rente et de son acception économique. Les approches juridiques et économiques de la rente la décrivent comme résultante d'une situation légitime, comme conséquence logique d'une situation juridique ou économique dont une personne peut légitimement se prévaloir (§I). Après avoir précisé ces acceptions, la rente de situation y sera opposée. Celle-ci s'en distingue parce qu'elle résulte de l'utilisation abusive d'un pouvoir de marché, de comportements indépendants des opérateurs économiques en dehors de toute autre considération que leur intérêt particulier. En ce sens, la rente de situation ne constitue, en fait, qu'un privilège de monopole de fait (§II).

---

[832] La règle est en effet posée à l'article 113, TFUE : « *Le Conseil, statuant à l'unanimité conformément à une procédure législative spéciale, et après consultation du Parlement européen et du Comité économique et social, arrête les dispositions touchant à l'harmonisation des législations relatives aux taxes sur le chiffre d'affaires, aux droits d'accises et autres impôts indirects dans la mesure où cette harmonisation est nécessaire pour assurer l'établissement et le fonctionnement du marché intérieur et éviter les distorsions de concurrence.* », JOUE, 7 juin 2016, 2016/C, 202/94.

§ I. LES DIFFERENTES APPROCHES DE LA RENTE

277. La rente est une notion définie, tant en droit (A) qu'en économie (B). Le droit français envisage différents types de rentes dont l'analyse permet d'en esquisser les grandes caractéristiques. L'économie n'est pas en reste et la question de la rente y est ancienne et intimement liée à la propriété terrienne. Les deux approches reposent sur la même logique selon laquelle la situation rentière résulte d'une situation légale, d'un droit à un paiement, de la détention d'un avantage particulier, de la prise de risque ou de l'exercice d'un droit… En somme, la rente est entendue en ces domaines comme une rémunération à l'octroi de laquelle une personne a droit du fait d'une situation légitime[833].

A. La rente et le droit

278. Le terme de rente n'est pas étranger au domaine juridique[834]. Selon le vocabulaire juridique, la rente est un « *revenu périodique (généralement annuel), provenant d'une source autre que le travail (aliénation d'un bien, placement d'un capital, etc.) qui est le plus souvent calculé en argent, parfois en nature (rente en blé) ou établi d'après le cours de ces denrées et parfois susceptibles de révision et d'indexation* »[835]. L'analyse de la rente en droit précise cette approche. En effet, divers types de rentes ont été reconnus à travers l'histoire. Elles ont comme point commun d'avoir toujours été constituées comme la contrepartie d'une situation particulière où une personne a droit au paiement, au remboursement d'un capital financier selon une forme particulière de versement périodique.

279. Les rentes constituées. Très tôt, le terme de rente est apparu en droit, notamment avec les rentes constituées[836]. Ces rentes se développent dès le XVIIe siècle en France. À l'époque, la religion catholique interdisait à tout prêteur de percevoir des intérêts, autrement appelés usure[837]. Afin de pallier

---

833 Il ne s'agit pas ici de définir ce qu'est la légitimité en droit. Elle est à entendre ici comme résultant d'une situation légalement constatée, ou d'un avantage acquis de façon légitime, par les mérites par exemples. Elle est bien évidemment en lien avec les notions de juste et d'équitable.

834 Pour une synthèse des différents types de rente en droit, voir not. : DAGORNE-LABBE (Y.), Répertoire de droit civil, Rentes, Dalloz, Mars 2012.

835 CORNU (G.), *Vocabulaire juridique*, *op. cit.*, p. 896.

836 Autrement appelées constituts ou rentes à prix d'argent.

837 Terme ancien pour qualifier les intérêts, de nos jours, l'usure renvoie à des intérêts fixés à un taux abusif. Ce taux d'usure est défini dans le Code de la consommation, Partie législative, Livre III, Titre Ier, Chapitre III, Section 1, articles L. 313-3 et s.

cette interdiction se sont développées les rentes constituées, il s'agissait en fait de constituer des rentes perpétuelles en ce qu'elles existent jusqu'au remboursement d'un certain capital. Dans ce système, le prêteur perd le contrôle du capital car il dépend alors de la bonne volonté du bénéficiaire du prêt en capital dans le paiement de la rente. La rente pouvait alors être perpétuelle si le bénéficiaire du prêt décidait unilatéralement de diminuer le montant des remboursements, éloignant l'échéance du remboursement intégral du capital. Ce système a permis à la France de se financer, et notamment de financer les guerres qu'elle a pu mener. En effet, la monarchie en quête de finance se tournait vers les particuliers et leur proposait, en contrepartie de leur investissement, une rente « perpétuelle ». Ce système a néanmoins fait l'objet de vives critiques puisque le gouvernement remettait souvent en cause les taux de remboursement de l'emprunt. Colbert dénonçait ces rentes au motif qu'elles freinaient l'investissement. La rente était déjà un revenu ne provenant pas d'un travail au sens propre du terme.

280. Les rentes contemporaines. L'idée de rente va se développer par la suite et l'on trouve de nouvelles applications.

281. Le premier exemple venant à l'esprit est celui de la rente viagère. Celle-ci est fixée dans un contrat de rente viagère ; il s'agit d'un contrat permettant la constitution d'une rente à titre gratuit ou onéreux au profit d'une personne. De manière générale, la rente est perçue périodiquement (généralement mensuellement) par le vendeur d'un bien immobilier, et ce jusqu'à son décès, en lieu et place du paiement en capital normalement donné à la date de la vente du bien en cause. La rente viagère permet au vendeur de s'assurer un revenu périodique sur une longue durée[838] et de continuer à occuper le bien objet de la vente. La rente viagère constitue donc un mode de paiement particulier lors d'une vente immobilière. Il s'agit ainsi d'une contrepartie au transfert de propriété.

282. On utilise également le terme de rente pour qualifier les indemnités versées en cas d'accident du travail ou de maladie professionnelle entraînant une incapacité permanente de travail. Dans ces cas, le salarié a droit à une rente, versée périodiquement, en remplacement d'une indemnité en capital[839].

283. On retrouve également la rente comme alternative aux prestations compensatoires en cas de divorce. La prestation compensatoire consiste pour l'un des époux à verser à l'autre « *une prestation destinée à compenser, autant*

---

[838] Il n'est pas question ici de revenir sur les modalités de la rente viagère, simplement de donner des précisions quant à ce que recouvre le terme de rente en droit. Pour plus de précisions, voir Code civil, Livre III, Titre XII, Chapitre II – Du contrat de rente viagère, articles 1968 et s.

[839] Pour plus de précisions sur le régime des incapacités permanentes voir Code de la sécurité sociale, Partie législative, Livre 4, Titre 3, Chapitre 4, articles L. 434-1 et s.

qu'il est possible, la disparité que la rupture du mariage crée dans les conditions de vie respectives. Cette prestation a un caractère forfaitaire. Elle prend la forme d'un capital dont le montant est fixé par le juge »[840]. Cette prestation compensatoire peut, dans certains cas, prendre la forme d'une rente versée périodiquement[841].

284. Les caractéristiques communes aux rentes en droit. Ces exemples viennent confirmer que la rente s'assimile à un revenu déconnecté du travail. Plus précisément, lorsqu'une personne a droit à un paiement en capital, qu'il s'agisse du montant d'un prêt, du prix d'un bien immobilier, du montant des indemnités dues au salarié en incapacité permanente ou au montant des prestations compensatoires, celle-ci peut demander que le paiement prenne la forme d'une rente et non plus d'un paiement en capital. La rente est alors un revenu périodique versé jusqu'au remboursement du capital auquel un individu a droit. La rente, en droit, constitue donc un revenu mais un revenu particulier en ce qu'il n'est pas lié à un travail effectué par une personne, il faut entendre travail dans le sens de travail salarié[842]. Si la rente ne rémunère pas un travail à proprement parler, elle procède d'une situation où l'intéressé a droit à ce revenu, à cette rente, est légitime à en bénéficier. La rente en droit est un revenu légitime et c'est tout ce qui la distingue de la rente de situation.

---

840 Article 270, Code civil.

841 C'est ce qui est précisé dans le Code civil, Livre Ier, Titre VI, Chapitre III, Section 2, articles 270 et s.

842 Le travail de manière générale est une « *Activité humaine exigeant un effort soutenu, qui vise à la modification des éléments naturels, à la création et/ou à la production de nouvelles choses, de nouvelles idées* », Trésor de la langue française informatisé, *Travail, II, A, 1. Notons que dans la pensée de Karl Marx seul le travail est vecteur de valeur ; la valeur travail est la seule valeur viable et économiquement légitime.

B. La rente et l'économie

285. On peut recenser trois types de rentes différents dans la pensée économique[843]. On distingue ainsi les loyers[844], la rente foncière, et la rente résultant d'intrant[845] aux propriétés particulières.

286. Le propriétaire terrien et la rente foncière. Les premières réflexions relatives à la rente ont porté sur l'analyse de l'économie foncière, et de cette situation particulière où l'activité repose sur le triptyque : travailleur, entrepreneur et propriétaire foncier. La rente est intimement liée à cette conjoncture particulière où un propriétaire foncier fait fructifier son capital par d'autres personnes contre rémunération. La rente foncière est intimement liée au modèle féodal, et il a pu être souligné que « *survivance féodale, le rentier est cet agent économique particulier qui, à partir des privilèges que lui procurent son héritage et sa place dans le système politico-économique dominant, fructifie son avoir au moindre travail et au moindre investissement* »[846].

287. Selon Marx, « *la rente foncière est [...] la forme sous laquelle la propriété foncière se réalise économiquement, est mise en valeur* »[847]. La rente foncière c'est la somme, fixée par contrat, versée par le capitaliste fermier au propriétaire foncier « *qu'elle soit versée pour des terres cultivées, des terrains à bâtir, des mines, des pêcheries, des forêts, etc.* »[848]. Autrement dit, la rente foncière est un revenu perçu par le propriétaire foncier, pour l'exploitation de la terre qui lui appartient mais qu'il ne met pas en œuvre, qu'il n'exploite pas lui-même. Ainsi, la rente foncière peut être entendue comme la contrepartie du transfert de la jouissance de la terre ; mais le point important c'est que le propriétaire foncier perçoit un revenu sans engager le moindre travail ou effort. Plus encore, à la fin du contrat de fermage, toutes les améliorations apportées à la terre lui reviennent de plein droit et permettent d'augmenter le

---

[843] Nous nous référons ici aux propositions de BURGER-HELMCHEN (T.), FRANK (L.), « La création de rentes : une approche par les compétences et capacités dynamiques », *Innovations*, 2011/2, n°35, p. 99 : « *il existe au moins trois significations différentes du terme de rente dans la littérature : (i) L'usage commun dans lequel la rente est synonyme de loyer. [...] (ii) L'usage en économie "classique" selon laquelle la rente est un paiement qualitativement différencié des salaires qui rémunèrent le travail et des intérêts qui rémunèrent le capital financier. La rente quant à elle rémunère la terre. (iii) L'usage dans la théorie économique de la firme où la rente correspond à la rémunération d'un input aux propriétés particulières. La rente se distingue donc du profit d'un point de vue qualitatif quant à la nature de l'input qui génère cette rente.* ».

[844] Qui ne seront pas envisagés ici.

[845] Entendu largement comme élément entrant dans l'exploitation des biens et entreprises.

[846] BIROTA (F.) et al., « Mal-être et crise sociale », Les Temps Modernes, 2011/1, n° 662-663, p. 142.

[847] MARX (K.), *Le Capital*, *op. cit.*, p. 11.

[848] MARX (K.), *Le Capital*, *ibid.*, p. 11.

prix du fermage, en somme « *le propriétaire foncier ajoute à la rente foncière proprement dite l'intérêt pour le capital incorporé à la terre [...]. C'est ainsi que sa rente grossit [...]* »[849]. De façon schématique, la rente foncière est une rente acquise par le propriétaire foncier du seul fait qu'il est propriétaire et qu'il externalise l'exploitation de sa terre. Cette exploitation, en plus de lui rapporter un loyer, induit une amélioration de la terre et participe ainsi de la maximisation de sa rente. Il ne s'agit pas d'une rente « *au sens d'un revenu passif d'un patrimoine* »[850] mais d'une rente différentielle telle que décrite par Ricardo.

288. La rente différentielle. La rente a largement été analysée sous l'angle de l'activité agricole. En effet, les premiers courants de pensée économique, parmi lesquels les physiocrates, ont cherché à comprendre les mécanismes à l'œuvre dans la formation des prix des denrées. Le constat est le suivant : toutes les terres ne sont pas équivalentes et certaines sont plus fertiles que d'autres. Or, tout un chacun a plus intérêt à cultiver la terre la plus fertile. Néanmoins, une augmentation de la demande conduit à la mise en culture de terres de moins en moins fertiles. Suivant ces constatations, Ricardo tente d'expliquer la constitution de rente foncière.

289. Le prix de marché du bien produit sera fixé en fonction du coût de production exigé par la terre la moins fertile. Conséquemment, le propriétaire de la terre la plus fertile bénéficiera d'une rente. La rente existe car le propriétaire de la terre la plus fertile peut vendre son produit au prix demandé par les propriétaires des terres les moins fertiles. Or le prix demandé par ces derniers est forcément plus élevé car les coûts de production s'élèvent à mesure que la fertilité de la terre diminue. Il s'agit ainsi d'une « *rente de fertilité et une rente de situation* »[851]. On comprend bien que dans cette configuration, la rente n'est pas liée à un travail ni à un investissement particulier, elle résulte d'une situation de fait, cristallisée par les droits de propriété, et profitable aux propriétaires des terres les plus fertiles, sans qu'ils aient besoin de maximiser les facteurs de production.

---

[849] MARX (K.), Le Capital, *op. cit*, p. 12. Marx termine ce développement avec cette formule : « *Ainsi ces particuliers – fruges consumere nati (nés pour consommer les fruits de la terre) – mettent dans leur poche le résultat, auquel ils n'ont pas contribué, du développement social. Mais en même temps cette pratique est un des plus grands obstacles à la rationalisation de l'agriculture, étant donné que le fermier évite toutes les améliorations et dépenses dont il ne saurait escompter la récupération totale pendant la durée de son fermage.* ». Il précise encore : « *[...] de cette manière le propriétaire foncier non seulement perçoit un intérêt pour un capital étranger, qui ne lui a rien coûté, mais qu'en outre cette affaire lui rapporte gratuitement le capital d'autrui [...]* », p. 14.

[850] DARMOIS (G.), *Le partage de la rente pétrolière : État des lieux et bonnes pratiques*, Ed. Technip, Paris, 2013, p. 11.

[851] PERROUX (F.), *Œuvres complètes, VI Théorie et histoire de la pensée économique, Le problème du profit*, Presses universitaires de Grenoble, 1996, p. 158.

290. La rente est dite différentielle précisément car elle repose sur les différences intrinsèques des facteurs de production et que l'avantage inhérent à un facteur particulier (la fertilité de la terre) « *n'est point lié à des produits que le capital peut fabriquer, machines, charbons, etc., mais à des caractéristiques naturelles définies de certaines parties du sol.* »[852]. Ricardo ira plus loin et mettra en avant l'idée qu'il existe différents types de rentes différentielles. Les rentes différentielles de premier niveau, fondées sur les différences intrinsèques naturelles des facteurs de production (la fertilité de la terre par exemple) et des rentes différentielles de second niveau, fondées quant à elles sur les améliorations apportées aux facteurs de production. Ainsi, s'agissant de la terre, si deux terres ont des qualités intrinsèques égales, les améliorations apportées à l'une (drainage, engrais...) auront comme conséquence d'induire un profit supérieur par rapport à celui issu de la terre non améliorée.

291. La justification de la rente foncière. On constate que la rente foncière (de premier niveau), telle que définie, n'est issue ni d'innovation ni d'augmentation de la production, elle résulte de la formation des prix, de telle façon que le propriétaire de la terre la plus fertile bénéficie de la mise en culture des terres les moins fertiles. Le gain que représente la rente ne correspond pas à un travail ou effort particulier mais son existence repose par les différences intrinsèques de la terre, et son appropriation exclusive est justifiée par le droit de propriété. Marx illustre cela avec un autre exemple : « *Ceux des fabricants possédant des chutes d'eau excluent ceux qui n'en possèdent pas de l'utilisation de cette force naturelle, parce que le sol, et a fortiori le sol doté de force hydraulique, est limité* »[853]. L'accent est mis sur l'avantage que confère le droit de propriété lorsque les ressources sont rares.

292. L'exemple de la rente pétrolière : une ressource particulièrement sensible et un exemple de rente (d'État, mais rente tout de même). L'exemple de la rente pétrolière donne à voir le monopole de fait d'un État. La rente est exclusivement liée à la détention d'une ressource ; la ressource étant entendue comme suit : *« une ressource est rare, a une valeur dérivée de son emploi dans le processus de production de la firme, est inimitable et ne peut être substituée par un autre actif »*[854]. Le pétrole constitue donc, pour nombres d'entreprises, un intrant indispensable à la production, or l'exploitation pétrolière est largement organisée par les États. Dans le cas des

[852] MARX (K.), *Le Capital*, *op. cit.*, p. 36.
[853] MARX (K.), *Le Capital, ibid.*
[854] BURGER-HELMCHEN (T.), FRANK (L.), « La création de rentes : une approche par les compétences et capacités dynamiques », *op. cit.*

activités pétrolières, c'est l'État propriétaire qui est rentier[855]. Il développe sur son territoire une économie de rente[856] fondée sur *« la différence entre le prix de vente du pétrole brut et son coût de revient »*[857]. Certes, les coûts liés à l'exploration minière ainsi que les coûts d'équipements nécessaires à l'extraction sont exorbitants. Néanmoins, les systèmes mis en place par les États pour l'exploitation de leurs ressources, qu'ils s'agissent de concession ou de contrat de partage de production, font supporter le risque de l'exploration à l'exploitant[858]. Les États disposant de ressources se font même parfois rembourser les investissements qu'ils ont pu réaliser en amont de tout contrat. L'État propriétaire des ressources accepte donc de partager la rente avec les exploitants à la condition que ces derniers supportent intégralement les risques d'exploration et de production. Les États n'ont même pas à attendre que l'exploitant ait amorti ses frais[859].

Les propriétaires fonciers, et plus largement les propriétaires de ressources naturelles comme le pétrole, peuvent constituer une rente du seul fait de leurs droits de propriété. Mais ce dernier exemple se distingue de la rente foncière et repose sur le fait que le pétrole constitue un *input* particulier, une matière première indispensable à différentes activités de production.

293. La recherche de rente par les entreprises et la « *fabrication de l'inégalité* »[860]. Ce point a déjà été soulevé dans les développements précédents, lors de la critique émise à l'encontre de la pensée économique et de l'efficacité supposée du marché. Était relevé que la théorie économique, notamment parce qu'elle repose sur certains postulats que l'on peut discuter, établit une théorie de la concurrence permettant de comprendre les mécanismes de marché à l'origine de l'érosion des rentes. Néanmoins, nous avions alors émis quelques réserves tenant à bien distinguer l'efficacité du

[855] Les analyses relatives aux États rentiers ont pris une importance particulière dans le courant des années 1960-1970 du fait de l'entrée de nombreux nouveaux pays dans le cercle jusque-là restreint des pays producteurs. C'est en effet à cette période que l'Organisation des pays exportateurs de pétrole (OPEP) est créée, le 14 septembre 1960.

[856] Une économie nationale sera rentière si elle repose principalement sur l'exploitation de ressources/richesses naturelles et non de l'imposition de la population. L'analyse des États rentiers visait à explorer l'idée d'une corrélation entre ce type d'économie et la mise en place d'un régime politique autoritaire. Ce n'est pas ici la question.

[857] DARMOIS (G.), *Le partage de la rente pétrolière*, *op. cit.*, p. 10.

[858] Qui n'a droit à aucun dédommagement en cas d'exploration « sèche », c'est-à-dire infructueuse.

[859] Pour plus de précisions, voir l'ouvrage de DARMOIS (G.), *Le partage de la rente pétrolière*, *op. cit.*

[860] En référence à un chapitre de l'ouvrage suivant : STIGLITZ (J. E.), *Le prix de l'inégalité*, Les liens qui libèrent, 2012, chapitre 2, p. 67.

marché de la justice sociale[861]. C'est cette idée qu'il s'agit de réaffirmer ici pour bien comprendre ce que constitue la rente. La situation est relativement simple, pour une entreprise, et de manière générale, « *il y a deux moyens de s'enrichir : créer de la richesse ou en prendre aux autres* »[862]. Lorsque créer de la richesse, par un véritable travail de production, d'innovation, n'est plus possible, ou que, pour quelque raison que ce soit, la situation de l'entreprise est stationnaire, que les profits ne lui suffisent pas[863], qu'il n'est plus possible de maximiser son profit, alors l'enrichissement de l'un passe par l'appauvrissement des autres. C'est à ce moment précis que l'on parle de rente. Et dans le cadre de cette étude, c'est le terme de rente de situation qui sera utilisé. Terme que nous en allons préciser.

§ II. La rente de situation

294. Si la rente est un capital, entendu dans son sens le plus large du terme[864], à l'octroi duquel une personne *a droit* du fait de sa situation légitime, alors la rente de situation serait à définir comme tout capital à l'octroi duquel une personne *prend le droit* du fait de sa situation. Le caractère abusif des procédés utilisés pour accaparer ce surplus de profit, c'est-à-dire l'utilisation abusive du pouvoir de marché que peut détenir une entreprise conduit à considérer la rente de situation comme abusive (A). Pourtant, une telle rente ne résulte pas toujours de procédés abusifs, mais il n'en demeure pas moins que, en toute circonstance, la rente de situation est illégitime (B).

A. Une rente abusive

295. L'approche du monopole de fait par l'étude des débats des assemblées constituantes a permis d'opérer un lien entre la volonté d'encadrement du droit de propriété et de ses abus et la condamnation des monopoles de fait. Il

---

[861] Et l'on peut affirmer que « *Le marché économique concret ne réalise jamais l'équation du prix au coût, à laquelle aboutirait théoriquement le jeu naturel des forces économiques dans un état de libre concurrence absolu.* », PERROUX (F.), *Œuvres complètes, VI Théorie et histoire de la pensée économique, Le problème du profit*, Presses universitaires de Grenoble, 1996, p. 159.

[862] STIGLITZ (J. E.), *Le prix de l'inégalité*, Les liens qui libèrent, 2012, p. 71.

[863] « *Il est malheureusement courant que même d'authentiques créateurs de richesse ne se contentent pas de ce que leur rapporte leur aptitude à innover ou leur esprit d'entreprise. Voulant s'enrichir encore plus, certains finissent par recourir à des pratiques abusives, comme le prix de monopole ou d'autres formes d'extraction de rente.* », STIGLITZ (J. E.), *Le prix de l'inégalité*, Les liens qui libèrent, 2012, p. 72.

[864] Voir par exemple les différents types cités par CORNU (G.), *Vocabulaire juridique*, *op. cit.*, p. 149.

semblerait alors que le monopole de fait s'inscrive dans cette idée de limitation des abus de droit (de propriété), mais l'on voudrait proposer une acception plus large de l'abus, comme abus de droit ou détournement de pouvoir[865], qui sont caractéristiques du monopole de fait. En effet, « *de deux choses l'une : soit je commets un acte licite, parce que j'use de mon droit ; soit je commets un acte illicite, parce que "je dépasse mon droit", étant entendu que dans ce dernier cas, "j'agis sans droit" : de là sa célèbre formule "le droit cesse où l'abus commence", parce que je fais à la vérité autre chose qu'exercer mon droit lorsque je fais autre chose que ce qu'il me permet* »[866].

296. La filiation naturelle du monopole de fait avec la théorie de l'abus de droit. Selon le *Vocabulaire juridique*, l'abus peut être défini d'une part comme « *l'usage excessif d'une prérogative juridique ; action consistant pour le titulaire d'un droit, d'un pouvoir, d'une fonction, à sortir, dans l'exercice qu'il en fait, des normes qui en gouvernent l'usage licite* ». Et d'autre part, l'abus peut être défini comme une « *exploitation outrancière d'une situation de fait ; (une) mise à profit d'une position de force souvent au détriment d'intérêts plus vulnérables* », en somme, un abus de domination[867]. Le droit français[868] connaît de l'abus de droit, mais semble se refuser à sa consécration face à la difficulté à le cerner et le définir ; timidité qui tranche avec la consécration de cette théorie à l'article 17 de la Convention européenne des

---

[865] Une distinction a pu être proposée entre ces deux notions reposant notamment sur la fonction initiale de laquelle s'écarte l'abus : une fonction propre ou une fonction externe : « *Tantôt, en effet, l'activité ou le comportement à apprécier le sera par référence à un intérêt collectif extérieur à l'individu ou au groupe d'individus agissant ; tantôt au contraire il le sera par rapport à un intérêt collectif dans lequel l'individu est lui-même intégré.* », BOY (L.), *L'intérêt collectif en droit français (Réflexions sur la collectivisation du droit)*, *op. cit.*, p. 232.

[866] DEROUSSIN (D.) (préface), *in Essais de téléologie juridique I, De l'esprit des droits et de leur relativité : Théorie dite de l'abus des droits*, Louis JOSSERAND, Dalloz, 2e éd., 2006, p. XIII.

[867] Voir not. pour un exposé complet de l'abus de domination, CHONE (A.-S.), *Les abus de domination, Essai en droit des contrats et en droit de la concurrence*, Economica, Recherches Juridiques, 2010.

Pour une approche en droit administratif, voir not. : DUBOUIS (L.), *La théorie de l'abus de droit et la jurisprudence administrative*, LGDJ, 1962, p. 453 : « *Invoquer l'abus de droit, c'est, en droit public comme en droit privé, justifier les limitations apportées à un droit ou à une fonction, afin d'assurer la défense d'un intérêt jugé digne de protection. C'est, du même coup, justifier la hardiesse du contrôle exercé par le juge, qui sanctionne l'attitude apparemment irréprochable du titulaire du droit.* ».

Pour une approche en droit comparé, voir not. : VOYAME (J.), COTTIER (B.), ROCHA (B.), « L'abus de droit en droit comparé », *in L'abus de droit et les concepts équivalents : principe et applications actuelles*, Actes du dix-neuvième Colloque de droit européen, Conseil de l'Europe, Strasbourg, 1990, p. 23 et s.

droits de l'homme[869]. Pourtant le peu de décisions qui se fondent sur cet article[870] pose la question de savoir si l'article 17 de la Convention est vraiment effectif[871].

297. Le lien est parfois flou entre l'abus de droit et l'acte illicite. Selon Saleilles, « *Dans sa matérialité en effet, l'acte abusif demeure licite, seule la dimension antisociale de l'intention qui anime son auteur lui imprim(e) son caractère d'acte* anormal »[872]. Mais comme le démontre Josserand, cette approche par l'intention de nuire n'est pas pertinente. Selon ce dernier, « *d'intentionnel qu'il était autrefois, le critère (de l'abus de droit) est devenu social, et la théorie y a beaucoup gagné en puissance et en étendue* »[873]. L'abus de droit est donc caractérisé à l'origine par un critère subjectif (mauvaise intention de l'auteur de l'acte) puis a été dégagé le critère objectif selon lequel il y a un abus de droit lorsqu'il y a « *détournement de la destination économique et sociale du droit exercé* »[874]. Car « *les droits subjectifs sont des intérêts juridiquement protégés, mais ils ne sont protégés que parce qu'il est socialement utile qu'ils le soient.* »[875]. Il s'agit, dans une

---

[869] En effet, cet article énonce sans détour que : « *Aucune des dispositions de la présente Convention ne peut être interprétée comme impliquant pour un État, un groupement ou un individu, un droit quelconque de se livrer à une activité ou d'accomplir un acte visant à la destruction des droits ou libertés reconnus dans la présente Convention ou à des limitations plus amples de ces droits et libertés que celles prévues à ladite Convention* ».
Pour une analyse de la mise en œuvre de la théorie de l'abus de droit par la Cour européenne des droits de l'homme, voir not. : SPIELMANN (A.), SPIELMANN (D.), « La notion de l'abus de droit à la lumière de la convention européenne de sauvegarde des droits de l'homme et des libertés fondamentales », *in L'abus de droit et les concepts équivalents : principe et applications actuelles,* Actes du dix-neuvième Colloque de droit européen, Conseil de l'Europe, Strasbourg, 1990, p. 58 et s. ; ANDRIANTSIMBAZOVINA (J.), « L'abus de droit dans la jurisprudence de la Cour européenne des droits de l'homme », *D.*, n° 32, 24 septembre 2015, p. 1854.
[870] Notamment relevé par ANDRIANTSIMBAZOVINA (J.), « L'abus de droit dans la jurisprudence de la Cour européenne des droits de l'homme », *op. cit.*
[871] Voir en ce sens : VAN DROOGHENBROECK (S.), « L'article 17 de la Convention européenne des droits de l'homme est-il indispensable ? », RTDH, 2001, p. 541.
[872] DEROUSSIN (D.) (préface), *in Essais de téléologie juridique*, *op. cit.*, p. XVII.
[873] JOSSERAND (L.), *Essais de téléologie juridique I, De l'esprit des droits et de leur relativité : Théorie dite de l'abus des droits*, Dalloz, 2e éd., 2006, p. 8.
[874] CAMPION (L.), *De l'exercice antisocial des droits subjectifs : La théorie de l'abus des droits*, LGDJ, Paris, 1925, p. 4.
[875] CAMPION (L.), *De l'exercice antisocial des droits subjectifs*, *op. cit.*, p. 4.
Voir dans le même sens : RIPERT (G.), *Le régime démocratique et le droit civil moderne*, *op. cit.*, p. 224 et s. L'auteur relevait que « *Cette discussion philosophique sur la nature des droits laisserait la démocratie indifférente, si elle n'était pas riche de conséquences.* ».

conception solidariste[876], de limiter l'exercice des droits lorsqu'ils aboutissent en fait à porter atteinte à d'autres intérêts collectifs. Il faut noter que lorsque l'on parle d'abus de droit, la distinction entre droit et liberté n'est pas opérante[877].

298. Le doyen Cornu avait proposé de retenir un critère objectif raisonnable et souple de la théorie. Selon lui, « *L'exercice d'un droit est abusif lorsqu'il inflige à des intérêts légitimes un sacrifice manifestement disproportionné avec la satisfaction dérisoire qu'il procure à son titulaire* »[878]. Cette proposition fait fi des autres critères énoncés par la doctrine, et notamment celui de l'intention de nuire et le manque d'intérêt défendu par Saleilles. Elle se rapproche néanmoins d'une approche plus large visant à fonder l'abus de droit sur le « *détournement du droit de son but économique et social* »[879]. C'est finalement la question de la finalité du droit qui importe dans l'appréciation de l'abus de droit, « *En d'autres termes, les actes appelés abusifs ne sont que des actes accomplis en dehors des limites déterminées par les juges d'après la conscience collective de la société, des bonnes mœurs, à un moment précis*

---

876 Comme le relevait Laurence BOY : « *Sous l'influence des idées socialistes non affranchies d'idéalisme d'ailleurs, les juristes solidaristes du début du siècle ont dégagé une nouvelle morale juridique. Le droit n'y apparaît plus fondé sur la seule notion de liberté individuelle mais sur celle de solidarité entre les hommes.* », 876. BOY (L.), *L'intérêt collectif en droit français*, *op. cit.*, p. 224.

877 Ce point a d'ailleurs fait discorde entre Josserand et Roubier. Roubier en effet distingue les droits de la liberté, voir not. : ROUBIER (P.), *Droits subjectifs et situations juridiques*, Dalloz, 2005.

Néanmoins, « […] *l'exercice d'une liberté, comme celle du commerce, est a priori licite : la liberté en question est un fait justificatif des dommages causés aux tiers, aux concurrents pour reprendre le même exemple. Mais l'usage excessif d'une liberté, au-delà de ce que ferait un bon père de famille (un bon commerçant pour la liberté du commerce et de l'industrie ; un bon journaliste pour la liberté d'expression), est un détournement fautif, autrement dit un abus. Aussi, la distinction des droits et libertés est absolument inutile […] »*, LE TOURNEAU (P.) dir., *Droit de la responsabilité et des contrats, régimes d'indemnisation*, 10e éd., Dalloz, 2014.

878 CORNU (G.), *Droit civil*, 13e éd., Montchrestien, 2007, n° 151.

879 DOBROVICI (C.) *De l'abus de droit*, Giard et Brière, Paris, 1909, p. 147. Critère proposé par le Professeur Charmont.

Certains ont vu dans ce détournement, non un abus de droit mais un défaut de droit, voir en ce sens : LAPARRE (E.), *La théorie de l'abus du droit et la théorie du détournement de pouvoir*, Imprimerie Bonnet, Toulouse, 1913, p. 42 : « *Lorsqu'il est exercé dans un sens contraire ou étranger à la fin prévue par le législateur, un droit perd sa valeur juridique ; dans de telles situations, il y a défaut de droit et non abus de droit.* ».

de l'évolution du droit »[880]. Et, *in fine*, l'exercice anti-juridique[881] d'un droit se constate par la lésion d'intérêts infligée à d'autres individus.

299. Toute l'utilité de la théorie de l'abus des droits réside dans la possibilité d'engager la responsabilité de la personne ayant abusé de son droit, de manière générale[882]. En effet, cette théorie est étroitement liée au droit de la responsabilité civile et à la règle selon laquelle « *celui qui exerce un droit dans le but de nuire à autrui, voire en dehors de sa finalité sociale, engage sa responsabilité civile* »[883]. Et ce, parce que l'utilisation abusive d'un droit conduit souvent (pour ne pas dire nécessairement) à la réalisation d'un dommage, à la réalisation d'un préjudice pour les tiers[884]. C'est partant de ce constat que de nombreuses formules latines opèrent le lien entre le droit et la bonté et l'équité[885] (on retrouve, encore, la loyauté) et que le Professeur Duguit refusait l'idée même de droits subjectifs. Il s'agit de trouver le juste milieu, et c'est là tout l'intérêt de la théorie de l'abus de droit[886].

---

880 DOBROVICI (C.), *op. cit.*, p. 158. L'auteur poursuit en ces termes : « *Personne ne soutiendrait que le droit ait en lui-même sa raison d'être et son but, car il se compose d'un ensemble de règles destinées à permettre aux hommes de vivre en société, et alors, tout acte qui aurait pour résultat de rompre les liens sociaux, serait un acte antijuridique (un acte accompli sans droit) et devrait être effacé.* ».

881 Cf note précédente.

882 De façon classique et définie par un critère subjectif (mauvaise intention), la théorie de l'abus de droit est présentée comme faisant partie intégrante de la faute quasi-délictuelle ; néanmoins, son élargissement du fait de l'utilisation d'un critère objectif (détournement de l'utilité sociale) permet d'en faire une véritable théorie autonome.
C'est bien cet aspect de la responsabilité qui fait débat autour de la question de l'abus de droit, en effet : « *Concevrait-on que l'exercice d'une faculté légale put devenir générateur de responsabilité ?* », DOBROVICI (C.), *op. cit.*, p. 5.

883 DEROUSSIN (D.) (préface), *in Essais de téléologie juridique*, *op. cit.*, p. XVII.

884 Et l'on pense ici notamment aux troubles de voisinages résultant de l'abus d'un droit de propriété.

885 Pour une analyse plus fine, voir not. CAMPION (L.), *De l'exercice antisocial des droits subjectifs*, *op. cit.*, p. 7 et s.
Sur le lien avec l'équité : « *[...] c'est au juge, s'inspirant de l'importance relative des intérêts en présence, des habitudes sociales, qu'il appartient de tracer dans chaque espèce la ligne idéale à laquelle s'arrête un droit. Il pourra ainsi chercher un idéal juridique fondé sur l'affirmation des principes de raison, des recherches d'équité ou de justice, des lois sociologiques, et non sur des principes de pure technique. La justice légale ou purement formelle ne peut pas incarner l'idée absolue qu'on voulait se faire jadis de la justice, que si elle s'identifie avec l'équité.* », DOBROVICI (C.), *op. cit.*, p. 11.

886 En effet, « (e)*ntre la conception individualiste des droits reconnus aux hommes aux fins de résister au pouvoir souverain et la conception solidariste des droits conférés par la collectivité pour permettre aux êtres juridiques de participer et de collaborer à la vie sociale, entre l'idée du droit donnée fondamentale de la nature et l'idée du droit-devoir, du droit-fonction, la théorie de l'exercice antisocial servira de trait d'union.* », CAMPION (L.), *De l'exercice antisocial des droits subjectifs*, *ibid.*, p. 319.

300. La corrélation entre l'abus de droit et le détournement de pouvoir. Le droit public ne connaît pas de l'abus de droit mais du détournement de pouvoir. La théorie du détournement de pouvoir part du constat selon lequel « *L'Etat doit se comporter comme si un contrat avait précisé son rôle, qui est de réaliser les desseins et le but de la société. Tout son pouvoir lui vient de son devoir* »[887]. Les deux thèses de l'abus de droit et du détournement de pouvoir *« ont toujours parus rapprochées par un même souci de moralité qui les domine [...] l'abus du droit répond à la considération du bon commerce juridique et le détournement de pouvoir à celle de bonne administration »*[888]. On retrouve en substance la question de la finalité du droit, du pouvoir. Ceux-ci doivent être exercés conformément à leur destination sociale.

On constate tout ce que peut avoir d'abusif l'abus de droit du fait d'un particulier ou le détournement de pouvoir du fait de la puissance publique. Mais les mêmes craintes sont à avoir vis-à-vis des puissances économiques. Les opérateurs économiques disposent, dans le cadre de situation monopolistique notamment, d'un certain pouvoir de marché. Or ce pouvoir de marché, cette puissance privée, peut être utilisé arbitrairement, à l'instar de la puissance publique. On trouve ainsi une forme de détournement de puissance économique privée pour aboutir à la constitution d'une rente de situation.

301. L'arbitraire permis par la propriété et le pouvoir de marché. Cela ressort de ses origines féodales, c'est bien par l'entremise du droit de propriété qu'un monopole de fait peut se constituer parce que la propriété permet précisément de s'approprier une rente sans opposition possible. Ce sont bien les droits de propriété qui permettent d'accaparer le profit créé par une entreprise, et il suffit pour s'en convaincre de considérer toute la polémique suscitée par l'augmentation exponentielle de versement de dividendes aux actionnaires ou aux dirigeants (*stock-options*) alors que les salariés, non-propriétaires[889], ne voient pas leur salaire augmenter.

L'un des points cardinaux à souligner dans la rente de situation c'est qu'elle résulte d'un pouvoir exercé unilatéralement et arbitrairement, selon les propres considérations de l'entreprise et à l'exclusion de tout intérêt concurrent ou connexe. C'est le comportement indépendant. On semble retrouver dans le monopole de fait une sorte de pouvoir de décision unilatérale que le droit ne reconnaît normalement qu'à la puissance publique, qui œuvre pour l'intérêt général et qui, lorsqu'elle s'en éloigne, peut être sanctionnée sur le fondement du détournement de pouvoir[890].

---

887 LAPARRE (E.), *La théorie de l'abus du droit et la théorie du détournement de pouvoir*, *op. cit.*, p. 57.
888 LAPARRE (E.), *La théorie de l'abus du droit et la théorie du détournement de pouvoir*, *op. cit.*, p. 78.
889 Bien que se développe l'actionnariat salarié.
890 Voire de l'incompétence.

Il est certain que les entreprises disposent d'un pouvoir de décision unilatérale dans leur fonctionnement interne. En effet, le juge administratif reconnaît implicitement ce pouvoir de décision unilatérale aux entreprises. Pouvoir qui pourrait relever de la juridiction administrative car il « *change de nature lorsqu'il s'exerce à l'égard d'individus qui, contrairement à ce qu'il en est au sein d'une quelconque personne morale de droit privé, ne peuvent se soustraire à l'emprise de la personne en cause dans leur domaine d'activité.* »[891]. Ainsi un pouvoir de décision privé, émanant d'une personne morale de droit privé, peut être considéré comme un acte administratif, mais seulement lorsque l'entreprise est chargée d'une mission de service public et qu'on lui a confié des prérogatives de puissance publique[892]. Pourtant, certaines décisions ne répondant pas à ces critères en revêtent pourtant les mêmes habits d'unilatéralité et d'autorité à l'égard des tiers, sans être tenues par aucune considération d'intérêt général et pouvant alors lui porter atteinte.

302. C'est précisément cela le substrat du monopole de fait : qu'une entreprise ne soit effectivement tenue par d'autres considérations que la sienne, exclusivement orientée vers la maximisation du profit[893], qu'elle accapare et accumule. On retrouve dans cette approche la chrématistique, qu'abhorrait Aristote[894], et d'autres après lui[895].

La condamnation du monopole de fait résulte de la prise de conscience de la capacité de l'entreprise à poursuivre son intérêt particulier, cette volonté d'accumulation, rendue possible du fait d'un fort pouvoir de marché qui lui

---

891 SEILLER (B.), Acte administratif : identification, Répertoire de contentieux administratif, Dalloz, octobre 2015 (actualisation : mai 2018).

892 Quand l'acte peut être qualifié de décision administrative.

893 Il est à ce titre révélateur que le Code de commerce assouplisse les règles relatives aux ententes et aux abus de positions dominantes lorsqu'elles conduisent à réaliser un progrès économique. En effet, selon l'article L. 420-4 du Code de commerce, « *ne sont pas soumises aux dispositions des articles L 420-1 et L 420-2 les pratiques [...] dont les auteurs peuvent justifier qu'elles ont pour effet d'assurer un progrès économique, y compris par la création ou le maintien d'emplois, et qu'elles réservent aux utilisateurs une partie équitable du profit qui en résulte, sans donner aux entreprises intéressées la possibilité d'éliminer la concurrence pour une partie substantielle des produits en cause. Ces pratiques [...] ne doivent imposer des restrictions à la concurrence que dans la mesure où elles sont indispensables pour atteindre cet objectif de progrès* ». Cela signifie que si une pratique anticoncurrentielle est constatée, l'auteur de cette pratique pourra s'exonérer de toute responsabilité s'il démontre que la mise en œuvre de cette pratique participe d'un progrès économique. L'idée de bénéfice commun peut justifier certaines situations *a priori* condamnables. Or cette idée de bénéfice commun est antinomique avec la rente de situation qui est accaparée exclusivement.

894 Voir not. : La politique

895 Voir not. : ORLEAN (A.), *L'empire de la valeur, Refonder l'économie*, Editions du Seuil, coll. Economie, 2011, p. 168, qui cite Keynes : « *L'amour de l'argent comme objet de possession, qu'il faut distinguer de l'amour de l'argent pour se procurer les plaisirs et réalités de la vie, sera reconnu pour ce qu'il est : un état morbide plutôt répugnant, l'une de ces inclinaisons à demi-criminelles et à demi pathologiques dont on confie le soin en frissonnant aux spécialistes des maladies mentales.* ».

permet de se comporter de manière totalement indépendante. Comportement qui aboutit, par l'existence de droits de propriété (ou assimilés), à pouvoir accaparer un surplus de profit. Or c'est en contradiction frontale avec l'idée selon laquelle « *Il importe [...] de conférer aux hommes une sphère de libre activité dans laquelle ils puiseront des facultés que nous sommes disposés à appeler "situations juridiques subjectives" (pour éviter toute confusion entre les deux sens du mot "droit"). En retour il faut admettre également, comme une nécessité absolue, d'exiger la conformité de ces facultés et de leur exercice avec l'intérêt général.* »[896] ; à défaut c'est bien un monopole de fait qui risque de se constituer. On retrouve dans l'expression de monopole de fait et dans sa condamnation, toute la réflexion relative à l'abus de droit[897].

Si les procédés utilisés pour constituer une rente de situation sont au cœur de la réflexion sur le monopole de fait, c'est bien la rente qui est caractéristique, et non l'abus. En effet, la rente de situation peut ne pas résulter de procédés abusifs, au sens concurrentiel du terme, elle n'en demeure pas moins illégitime.

B. Une rente illégitime

303. C'est en elle-même, parce qu'elle est source d'inégalité sociale, et moins parce qu'elle résulte de l'exercice abusif d'un pouvoir de marché que la rente de situation doit être condamnée. En effet, de tels procédés ne sauraient aboutir en droit qu'à considérer la rente de situation que comme une rente abusive. Mais plus encore, la rente de situation semble constituer un véritable privilège, accaparé par un opérateur économique. Or, les privilèges ont été, de longue date, abolis en droit, car illégitimes, et ceux qui subsistent font l'objet d'une justification reposant, notamment, sur des considérations d'ordre ou de service public.

304. Le privilège en droit français. Le privilège est l'apanage de la féodalité, et de sa noblesse, que la Révolution française a eu pour objet de détruire. Les privilèges sont désormais rares en droit. Cette notion de privilège persiste dans

---

[896] CAMPION (L.), *De l'exercice antisocial des droits subjectifs, op. cit.*, p. 327.

[897] Et peut-être peut-on y voir ici un fondement constitutionnel à la théorie de l'abus de droit.

le Code civil français, comme sous-catégorie de sûreté[898]. Il s'agit, avec les hypothèques, des seules « *causes légitimes de préférence* »[899] en matière de créance[900]. En ce domaine, le privilège désigne ce « *droit que la qualité de la créance donne à un créancier d'être préféré aux autres créanciers, même hypothécaires.* »[901]. On distingue les privilèges mobiliers[902] des privilèges immobiliers[903]. Le point important, c'est bien la notion de *cause légitime*. Le privilège doit être légitime, et en matière de sûreté, le Code civil énumère les privilèges. Ils sont légalement fondés[904]. C'est bien ce qui fait défaut à la rente de situation, elle n'est pas légalement fondée puisqu'elle est *de fait*.

305. La rente de situation, un privilège indu. Est indue ce « *Qui n'est pas dû ; qui n'est pas conforme à la loi ; qui n'est pas justifié, fondé* »[905]. La rente de situation résulte d'une conjoncture particulière d'évènements, il s'agit d'une situation de fait qui est « *par définition irrégulière : elle existe en dehors des règles ordinaires* »[906]. En se constituant une rente de situation, les opérateurs économiques se créent si ce n'est une rémunération, à tout le moins un niveau de rémunération, auquel ils ne pourraient pas prétendre s'ils n'avaient pas abusé de leur pouvoir de marché et s'ils n'avaient pas abusé de leurs droits de propriété. La rente de situation est indue, illégitime, parce qu'elle correspond aux résultats tirés de l'utilisation ou de la détention d'un avantage acquis ou

---

[898] Code civil, art. 2329 : « Les sûretés sur les meubles sont : 1° Les privilèges mobiliers ; 2° Le gage de meubles corporels ; 3° Le nantissement de meubles incorporels ; 4° La propriété retenue ou cédée à titre de garantie. ».
Notons également le privilège du Trésor encadré par le Code général des impôts, art. 1920 : « *Le privilège du Trésor en matière de contributions directes et taxes assimilées s'exerce avant tout autre sur les meubles et effets mobiliers appartenant aux redevables en quelque lieu qu'ils se trouvent. Ce privilège s'exerce, lorsqu'il n'existe pas d'hypothèques conventionnelles, sur tout le matériel servant à l'exploitation d'un établissement commercial, même lorsque ce matériel est réputé immeuble par application des dispositions du premier alinéa de l'article 524 du code civil. [...]* ».
Existe également le privilège de pluviôse en matière de travaux publics (Code du travail, art. 3253-22).
[899] Code civil, art. 2323.
[900] Les salariés bénéficient également de privilèges quant au paiement de leurs rémunérations en cas de procédure de sauvegarde, redressement ou liquidation de l'entreprise où ils travaillent. Voir en ce sens : Code du travail, art. L. 3253-2 et s., Code de commerce, art. L. 625-7 et s.
[901] Code civil, art. 2324.
[902] Code civil, art. 2330 et s,
[903] Code civil, art. 2374 et s.
[904] La question de leur pertinence peut tout de même être débattue mais ne sera pas approfondie ici.
[905] Trésor de la langue française informatisé, *Indu, B.
[906] DUCLOS (J.), *L'opposabilité : essai d'une théorie générale*, LGDJ, Paris, 1984, p. 41.

utilisé de manière abusive[907]. Ce faisant, il lèse les intérêts des parties prenantes[908].

306. La rente de situation peut être saisie en partie par la théorie de l'enrichissement injustifié. Il existe en droit civil, et particulièrement en droit des obligations, les quasi-contrats. L'enrichissement injustifié est rendu possible par la reconnaissance de l'existence de quasi-contrat, notion qui a été découverte par la jurisprudence[909]. Cette notion, codifiée par la réforme du droit des obligations[910], fait directement suite à la notion d'enrichissement sans cause, elle constitue son « *nouveau visage* »[911]. L'article 1303 du Code civil énonce qu'« *En dehors des cas de gestion d'affaires et de paiement de l'indu, celui qui bénéficie d'un enrichissement injustifié au détriment d'autrui doit, à celui qui s'en trouve appauvri, une indemnité égale à la moindre des deux valeurs de l'enrichissement et de l'appauvrissement.* ». Dès l'origine, cette catégorie juridique a eu pour objet de restaurer une certaine équité dans des situations qui ne sont pas contractuelles mais qui demandent pourtant, du fait d'abus, la possibilité de mettre en cause une responsabilité.
L'existence de quasi-contrats, sources d'obligation, questionne la sécurité juridique. En effet, « *Il est déjà assez difficile de savoir ce qui constitue un acte illicite ; mais l'idée que l'on puisse se trouver obligé malgré soi sans avoir jamais franchi cette ligne, et sans savoir à l'avance dans quelles circonstances cela pourrait arriver, devrait, lorsque l'on réfléchit à cette proposition, provoquer l'effroi devant l'arbitraire qu'elle autorise.* »[912]. Afin d'éviter tout arbitraire, l'action de *in rem verso*, qui sous-tend l'effectivité des quasi-contrats, est alors à manier avec prudence et doit respecter certains principes.

307. Il s'agit avec cette idée d'enrichissement injustifié de prendre en considération les situations dans lesquelles un individu s'enrichit au détriment d'un autre, et ce, sans que cela ne résulte d'un contrat ou d'un comportement

---

907 Ce qui a été esquissé à travers les différents exemples de monopole de fait précédemment vus.
908 Point central, sur lequel nous reviendrons dans la deuxième partie.
909 Avec à l'origine : Cour de cassation, req. 15 juin 1892, Patureau c/ Boudier, voir : CAPITANT (H.), TERRE (F.), LEQUETTE (Y.), CHENEDE (F.), *Les grands arrêts de la jurisprudence civile*, 12e éd., t. 2, Dalloz, 2008, n° 239.
910 Ord. n° 2016-131 du 10 février 2016 portant réforme du droit des contrats, du régime général et de la preuve des obligations.
911 YILDIRIM (G.), « L'enrichissement injustifié, nouveau visage de l'enrichissement sans cause », AJ *Fam.*, 2016, p. 472.
912 DESCHEEMAEKER (E.), « Quasi-contrats et enrichissement injustifié en droit français », *RTD Civ.*, n° 1, 8 avril 2013.

illicite[913] ; cette situation particulière a été assimilée à un cas de quasi-contrat. Il ne s'agit pas ici de déterminer de quelle catégorie juridique relève l'enrichissement injustifié, ni sa relation avec l'action de *in rem verso*[914], mais de mettre en évidence cette correspondance entre la rente de situation et l'enrichissement injustifié.

Selon le Code civil, « *L'enrichissement est injustifié lorsqu'il ne procède ni de l'accomplissement d'une obligation par l'appauvri ni de son intention libérale* »[915]. Ce qu'il importe de comprendre c'est que l'enrichissement injustifié est source d'obligation. Il oblige celui qui s'enrichit au détriment d'un autre à lui reverser la part de l'enrichissement qui lui revient. De manière générale, « *En tant que principe de droit positif reconnu comme source d'obligations — et non une maxime d'équité sous-tendant quelques règles spécifiques — c'est essentiellement à Grotius (Hugo de Groot, 1583-1645) que l'on doit la reconnaissance de l'enrichissement injustifié comme troisième province du droit des obligations aux côtés des deux catégories identifiées par les Romains, à savoir les contrats et les actes illicites civils (délits/quasi-délits)* »[916]. Il s'agit ainsi d'une situation particulière, d'une situation de fait, qui heurte à ce point les principes juridiques, au premier titre desquels celui

---

913 L'article 1303-3 du Code civil énonce que « *L'appauvri n'a pas d'action sur ce fondement lorsqu'une autre action lui est ouverte ou se heurte à un obstacle de droit, te que la prescription.* », l'action de *in rem verso* est donc, en théorie, une action subsidiaire. Néanmoins ce point fait l'objet de nombreuses discussions, voir not. : HAUSER (J.), « Définir la subsidiarité, condition de l'action *de in rem verso* : contribution du concubinage ! », RTD Civ., n° 1, 2011, p. 107 ; DE RAVEL D'ESCLAPON (T.), « Enrichissement sans cause : caractère subsidiaire de l'action de in rem verso », *Dalloz actualité*, 26 mai 2017.

914 Voir sur ce point la distinction opérée par CARBONNIER (J.), *Droit civil*, éd. définitive, Paris, 2004, n° 1213-1223 qui, au sein de la catégorie qu'il dénomme « avantage reçu d'autrui », sépare les « quasi-contrats » de l'« enrichissement sans cause » ; voir également l'article de DESCHEEMAEKER (E.), « Quasi-contrats et enrichissement injustifié en droit français », *op. cit.*, p. 1. L'auteur précise que : « *Pendant plusieurs décennies, la Cour de cassation, s'étant détachée de la gestion d'affaires et ayant ainsi renoncé au visa des articles 1372 à 1375 du code, se contentait de viser en tête de ses décisions l'« action de in rem verso » (considérée ainsi comme une institution de droit positif français existant en dehors de tout texte) ainsi que « le principe d'équité qui interdit de s'enrichir aux dépens d'autrui » (suggérant par là-même que l'équité constituait une source de droit opérant en parallèle au droit strict).* ».

915 Code civil, art. 1303-1.

916 DESCHEEMAEKER (E.), « Quasi-contrats et enrichissement injustifié en droit français », *op. cit.*, p. 1.

de l'équité[917], qu'il semble impossible de ne pas considérer l'existence d'une responsabilité[918] et de ne pas mettre à la charge de celui qui s'enrichit l'obligation de redistribuer son gain illégitime.
La particularité de l'enrichissement injustifié semble correspondre aux conséquences d'une rente de situation et l'on pourrait imaginer que cette voie de recours soit utilisée contre les situations de monopole de fait[919].

308. La rente de situation : un bénéfice déraisonnable, un surprofit illégitime. De l'enrichissement injustifié au bénéfice déraisonnable[920], il n'y a qu'un pas, la question de la valeur y est sous-jacente[921]. Selon le *Vocabulaire juridique*, le terme de *raisonnable* sous-entend « *conforme à la raison ; qui répond plus encore qu'aux exigences de la rationalité (de la logique), à celles d'autres aspirations (usages, bon sens) sans exclure la considération des contingences (l'opportunité, le possible) ; par extension, en pratique, modéré, mesuré, qui se tient dans une juste moyenne* »[922]. La notion de bénéfice

---

917 Voir not. sur cette notion : SIRKS (B.), MAUSEN (Y.), *Æquitas, équité, equity*, Actes de colloque, Montpellier, 2015 ; FOULETIER (M.), *Recherches sur l'équité en droit public français*, LGDJ, coll. Bibliothèque de droit public, t. 229, LGDJ, 2003 où l'auteure met en avant « *combien l'égalité porte en elle une nécessité d'interprétation en équité, par cela même qu'elle n'est pas l'uniformité, mais bien la recherche d'une justice dans le rapport entre plusieurs situations de faits.* », p. 203 ou encore le fait que « *l'égalité formelle ne sera jamais juste si elle ne se mâtine pas un tant soit peu d'équité* », p. 205 ; DESSENS (A.), *Essai sur la notion d'équité*, imprimerie Boisseau, Toulouse, 1934, où l'auteur relève que « *Dans les définitions aussi générales et aussi vagues d'une notion d'application concrète si fréquente, un point cependant paraît à peu près certain : l'Equité et la Justice se touchent.* », p. 6.

918 En effet, « *l'harmonie entre les hommes est assurée, en droit privé, par des institutions telles que la famille, la propriété, les contrats, les successions, etc. Toutes ces institutions, aujourd'hui régies par des textes assez précis, ne concernent pourtant que les rapports de personnes liées les unes aux autres par des liens familiaux ou contractuels. Le droit de la responsabilité délictuelle et quasi-délictuelle, au contraire, avec une partie du droit de la sécurité sociale, a pour mission d'assurer l'harmonie entre les personnes que rien d'autre que le lien social ne relie.* », MAZEAUD (H. et L.), TUNC (A.), *Traité théorique et pratique de la responsabilité civile délictuelle et contractuelle*, t. I, 6e éd., Montchrestien, Paris, 1965, p. 487.

919 Nous envisagerons par la suite l'action de groupe, qui semble également constituer une voie de recours viable contre le monopole de fait sous réserve de certains aménagements.

920 Par opposition au « bénéfice raisonnable » qui a pu être utilisé notamment relativement à l'appréciation des aides d'État. Voir not. : GUINARD (D.), « La notion de bénéfice raisonnable dans le contentieux des aides d'État : entre précisions techniques et imprécisions conceptuelles », *RLC*, n° 47, 1er février 2016 ; voir également VIALLA (F.), HOUDART (L.), « Loi santé : les apports non médiatisés de la décision du Conseil constitutionnel », JCP G, n° 6, 8 février 2016, 163.

921 Or la valeur est loin d'être une donnée objective, le marché n'est pas toujours efficace et la concurrence n'aboutit pas toujours à la formation d'un prix juste. Voir not. : ORLEAN (A.), *L'empire de la valeur, Refonder l'économie*, Editions du Seuil, coll. Economie, 2011, p. 118-119.

922 CORNU (G.), *Vocabulaire juridique*, *op. cit.*, p. 847 et s.
À noter que la raison est elle-même définie comme le « *discernement de ce qui est juste et de ce qui est possible, aptitude à choisir, dans ce qui est réalisable, ce qui est bon* ». Un renvoi est opéré à la notion d'équité.

raisonnable apparaît alors comme un bénéfice standard attendu selon un type médian d'exploitation d'un bien ou d'une entreprise. Dès que l'on s'écarte de ce standard, le bénéfice peut devenir déraisonnable.

309. Si l'on suivait la pensée économique classique, on serait tenté de penser que le profit n'existe pas, ou, plus précisément, qu'il est réduit à sa plus stricte dimension par le jeu de la concurrence, du fait de l'efficacité du marché[923]. Mais il suffit de regarder l'économie contemporaine pour remarquer que des profits, il y en a, et non des moindres. Or ces surprofits sont de longue date stigmatisés[924]. Il est en effet unanimement admis que le profit doit récompenser un travail, ou un risque. Et c'est bien lorsque le profit ne correspond plus à cela qu'il devient illégitime. La question de la rente a fait l'objet de nombreuses analyses, notablement recensé par François Perroux[925]. La rente de situation, telle qu'elle est ici conçue, constitue donc un profit illégitime, « *un revenu de déséquilibre* »[926], que rien ne justifie et ne permet que la seule puissance de son détenteur. C'est bien cela, le monopole de fait ; c'est une entreprise qui conquiert une rente de situation. Or, le droit ne peut tolérer de telles situations.

310. L'impossibilité d'un droit acquis à la rente de situation. La rente de situation est ainsi une rente illégitime, or selon les dictionnaires d'usage, la rente de situation correspond à un « *avantage, privilège dont le bénéficiaire profite depuis longtemps et qu'il finit par considérer comme un droit acquis* »[927]. Mais cela peut-il être réceptionné en droit ? On en doute. Le droit n'attribue pas de privilèges ou d'avantages sans contrepartie suffisante, sans justification légitime et sans proportionnalité.

---

[923] En fait deux conceptions politiques s'opposent : « *La thèse libérale avance que les services rendus par l'entrepreneur sont égaux et parfois supérieurs à la rémunération qu'il touche. Avec des conclusions plus ou moins catégoriques, et des argumentations variées, toutes les théories socialistes représentent que l'entrepreneur perçoit un revenu supérieur à la valeur dont son activité suscite l'apparition sur le marché.* », PERROUX (F.), *Œuvres complètes, VI Théorie et histoire de la pensée économique, Le problème du profit*, Presses universitaires de Grenoble, 1996, p. 8-9.

[924] Voir sur ce point, PERROUX (F.), *Œuvres complètes, VI Théorie et histoire de la pensée économique, Le problème du profit*, Presses universitaires de Grenoble, 1996, p. 18 et s. L'auteur part de Platon qui « *analysant les causes du décri où se trouve la profession de marchand, voit la principale dans l'appétit des "profits sans mesure".* ».

[925] PERROUX (F.), *Œuvres complètes, VI Théorie et histoire de la pensée économique, Le problème du profit*, Presses universitaires de Grenoble, 1996, p. 196-197 : « *Car si les deux premières composantes du profit (salaire et intérêt) apparaissaient d'une légitimité à peu près incontestée, à la grande majorité des théoriciens, il n'en allait pas de même de la rente. Sous sa forme primitive, elle est un revenu sans coût, sous sa forme dernière, le surplus d'un coût ; et, par conséquent, dans les deux cas, elle apparaît comme un* quid *sans prestation correspondante (coût pécuniaire ou coût d'effort).* ».

[926] PERROUX (F.), *Œuvres complètes, VI Théorie et histoire de la pensée économique, Le problème du profit*, Presses universitaires de Grenoble, 1996, p. 159 et s.

[927] Trésor de la langue française informatisé, *Rente, A, 1.

La définition des droits acquis a subi de profondes modifications. À l'origine, « *la doctrine classique du droit naturel [...] oppose les droits acquis (ius quasita) aux droits innés (jura connata) ; le droit inné résultant de la nature de l'homme est originaire, universel et absolu ; en revanche, le droit acquis naît seulement de l'intervention d'une activité particulière de l'homme ; on peut y renoncer, le modifier, l'accroître ou le diminuer* »[928]. Cette première approche des droits acquis n'a pourtant pas résisté à l'épreuve du temps et de nos jours les droits acquis renvoient à « *une situation immuable* »[929]. Ce sont « *des droits au maintien d'une situation acquise, c'est-à-dire d'une situation qui est créée par un acte administratif ou par un fait* »[930], sous-entendu que la personne qui les revendique peut se prévaloir de certaines justifications. Le droit acquis rejoint ce qui a été dit sur la rente, il s'agit d'un droit (et plus d'une rémunération) que détient légitimement une personne du fait de certaines circonstances. Or, la rente de situation ne résulte pas de circonstances légitimes.

311. Le refus de la logique des droits acquis pour des situations rompant l'égalité entre individus. La notion de droit acquis est intimement liée à la sécurité juridique « *entendue comme la nécessité pour les autorités administratives d'assurer la stabilité des situations juridiques individuelles dans le temps, d'une part, ainsi que de veiller à la clarté et la prévisibilité des normes d'autre part* »[931] ; l'idée des droits acquis permet de protéger les individus contre une privation arbitraire d'un de leur droit ou contre une remise en cause d'une situation dont il bénéficie. Mais il ne s'agit pas avec les droits acquis de conforter une quelconque confiance légitime d'un individu dans ce à quoi il pense avoir droit. La confiance légitime est en effet la « *face subjective du principe de sécurité juridique* »[932] que le Conseil constitutionnel

---

928 YANNAKOPOULOS (C.), *La notion de droits acquis en droit administratif français*, Bibliothèque de droit public, t. 168, LGDJ, Paris, 1997, p. 3. L'auteur précise en note de bas de page que « *Au sein de cette réflexion philosophique, qui constitue le précurseur de l'esprit des grandes révolutions, le mot "droit acquis" ne désigne pas une situation stable, voire immuable. Ces attributs relèvent des droits innés dont la liste comporte la liberté, l'égalité, en somme les droits de l'homme et du citoyen de la Révolution française. Le qualificatif "acquis" désigne simplement une origine, un mode de création : les dits droits émanent d'une activité humaine et non pas de la nature.* ».

929 YANNAKOPOULOS (C.), *La notion de droits acquis en droit administratif français*, *op. cit.*, p. 3. Voir toute l'introduction pour un historique de la notion de droits acquis.

930 YANNAKOPOULOS (C.), *La notion de droits acquis en droit administratif français*, *op. cit.*, p. 21.

931 BOISSARD (S.), « Comment garantir la stabilité des situations juridiques individuelles sans priver l'autorité administrative de tous moyens d'action et sans transiger sur le respect du principe de légalité ? Le difficile dilemme du juge », *Nouv. Cah. Cons. const.*, n° 11, Dossier : Le principe de sécurité juridique, décembre 2001.

932 VALENBOIS (A.-L.), « La constitutionnalisation de l'exigence de sécurité juridique en droit français », *Nouv. Cah. Cons. const.*, n° 17, mars 2005.

a refusé de consacrer[933]. Notons d'ailleurs que la confiance légitime, si elle peut parfois jouer dans l'analyse *in concreto*, est indiciblement liée à la bonne foi des individus. Il ne peut y avoir confiance légitime sans bonne foi des personnes concernées ; or, on peut présumer qu'un individu accaparant exclusivement une rente de situation ne peut, sans faire preuve de mauvaise foi, affirmer qu'il s'agit d'un droit légitime.
La rente de situation est donc considérée, par le détenteur du monopole, comme un droit acquis mais il ne peut en être ainsi en droit[934]. Tout intérêt ne peut valoir droit sans condition[935].

312. L'inopposabilité de la rente de situation. Selon le *Vocabulaire juridique*, l'opposabilité est « *(l') aptitude d'un droit, d'un acte (conventionnel, jugement etc.), d'une situation de droit ou de fait à faire sentir ses effets à l'égard des tiers (...) non en soumettant ces tiers aux obligations directement nées de ces éléments [...], mais en les forçant à reconnaître l'existence des faits, droits et actes dits opposables, à les respecter comme des éléments de l'ordre juridique et à en subir les effets, sous réserve de leur opposition lorsque la loi leur en ouvre le droit* »[936]. Mais la rente de situation ne saurait être reconnue comme élément de l'ordre juridique alors même que la plupart des rentes de situation sont dissimulées par de complexes montages juridiques et contractuels. Or, selon certains[937], l'un des critères fondamentaux de l'opposabilité est la publicité. En effet, on ne saurait opposer aux tiers des actes ou des situations juridiques dont ils n'ont pas connaissance. Notons que José Duclos énonce qu'existe une supposition de connaissance, qui repose « *sur une possibilité et même une forte probabilité d'information* »[938]. Mais bien souvent l'existence d'une rente de situation est gardée secrète afin d'éviter toute revendication extérieure à son sujet. En fait, et pour reprendre

---

933 Voir pour des exemples où le juge refuse de reconnaître une valeur constitutionnelle à la confiance légitime : les décisions n° 96-385 DC du 30 décembre 1996, Loi de finances pour 1997 ; n° 97-391 DC du 7 novembre 1997, Loi portant mesures urgentes à caractère fiscal et financier.

934 Ce qui a pu être expressément énoncé par la Cour de cassation. Voir en ce sens : Cour de cassation, chambre commerciale, 12 février 1969, n° 61 : « *[...] que l'enseignement théorique et pratique du dessin industriel mis au point par Peuble dans son école, même s'il a constitué en sa faveur un monopole de fait depuis la fondation de celle-ci, ne pouvait constituer un monopole de droit et faire obstacle à la création d'un autre établissement dispensant le même enseignement [...]* ».

935 Voir not. : ROUBIER (P.), « Les prérogatives juridiques », *Archives de philosophie du droit*, 1960, p. 128 ; GERVAIS (A.), « Quelques réflexions à propos de la distinction des "droits" et des "intérêts" », *in Mélanges en l'honneur de Paul Roubier*, Paris, 1961, t. I, p. 241. ; WALINE (M.), note sous l'arrêt Conseil d'État, 29 octobre 1965, Dame Béry, *RDP*, 1966, p. 151 et s.

936 CORNU (G.), *Vocabulaire juridique*, *op. cit.*, p. 713.

937 DUCLOS (J.), *L'opposabilité*, *op. cit.*, 1984, p. 299 et s.

938 DUCLOS (J.), *L'opposabilité, op. cit.*, p. 284. L'auteur distingue alors entre la « connaissance naturelle » résultant de signe extérieur, de la « connaissance organisée » résultant de la publicité.

des termes propres au domaine de la responsabilité : la rente de situation constitue un « *élément objectif et factuel, (à concevoir) indépendamment de la perception que peut en avoir la victime, consistant dans une atteinte portée à l'intégrité d'une chose, d'une personne, d'une activité, d'une situation* »[939].

313. La rente de situation apparaît bien comme une notion pouvant caractériser le monopole de fait. La jonction des termes de rente et de situation mais l'accent, tout d'abord, sur le fait que la rente de situation résulte de l'exercice abusif d'un pouvoir de marché, par lequel un opérateur économique met en œuvre des comportements indépendants, et cela met ensuite l'accent sur le fait que ce comportement aboutit à accaparer un surplus de profit, à confisquer une partie de la valeur.

---

[939] BLANCO (F.), CHENU (D.), « La distinction du dommage et du préjudice », *in Droits privé et public de la responsabilité extracontractuelle. Étude comparée*, ALBERT-MORETTI (N.), LEDUC (F.), SABARD (O.) dir., Perspective(s), Lexis Nexis, Paris, 2017, p. 83.

CONCLUSION DU CHAPITRE II

314. Il était nécessaire d'appréhender le monopole de fait de manière dynamique, de donner des exemples de monopole de fait, dans des domaines divers et en mettant tout à la fois l'accent sur les moyens mobilisés et sur le résultat des comportements adoptés par les entreprises. À travers ces exemples, on retrouve l'expression néfaste d'un pouvoir de marché par les opérateurs économiques. Néfaste pour la concurrence, mais de manière plus transversale pour différents intérêts, et notamment celui des individus et des États, aux dépens desquels s'exerce le pouvoir de marché. Cette approche était essentielle pour illustrer cette réalité selon laquelle le pouvoir de marché résulte de diverses sources et s'exprime de multiples manières. Cette réalité selon laquelle la détention d'un avantage par un opérateur économique peut être utilisée abusivement et conduire à accaparer un surplus de profit, sans réelle justification. C'est-à-dire, à son bénéfice exclusif et sans autre considération que celle de la maximisation de son profit. Cette approche dynamique démontre la diversité des monopoles de fait, la diversité des abus de pouvoir de marché, au-delà des abus de position dominante. Et dans toute cette diversité, une résultante commune émerge.

315. Ce qu'il s'agissait alors de préciser c'est cette résultante commune, ce dénominateur commun, ce privilège constitué par le monopole de fait et qui correspond à l'appropriation arbitraire d'un surplus de profit. Tous les développements précédents avaient pour objectif d'illustrer ce constat selon lequel l'exercice d'un pouvoir de marché peut être abusif, mais il était nécessaire d'en préciser le résultat pour caractériser et autonomiser la notion de monopole de fait.
Le privilège du monopole de fait c'est la rente de situation ; cette rente diamétralement opposée à la rente juridique en ce qu'elle n'est ni justifiée, ni raisonnable. Cette rente, qui est confisquée par le monopole de fait, en dehors de toute règle et mesure. Cette rente de situation rendue possible par la détention d'un fort pouvoir de marché, qui ne permet plus à la concurrence d'éroder les rentes, qui défient les mécanismes de marché. Le terme de confiscation est choisi ; il renvoie à l'unilatéralité du monopole de fait, et met ainsi l'accent sur la dépossession subie par ceux au détriment desquels le monopole de fait se constitue.

CONCLUSION DU TITRE II

316. Malgré la prégnance des approches politiques et économiques, l'identification juridique du monopole de fait est possible. L'analyse des débats des assemblées constituantes confirme la filiation existante entre ces différentes approches qui se nouent et se rejoignent autour du pouvoir. Ces origines donnent les prémisses de l'idée juridique du monopole de fait. Cette idée, c'est bien celle de la condamnation de certaines situations de pouvoir jugées abusives et incompatibles avec l'instauration d'une démocratie économique et sociale, quand bien même elles résulteraient de l'exercice d'un droit de propriété. Cette idée que le monopole de fait matérialise une situation déloyale. C'est bien l'abus de pouvoir qui ressort des origines du monopole de fait, qu'il émane d'opérateurs économiques ou de collectivités organisées. Pourtant, ces prémisses n'ont pas fait l'objet d'une grande postérité dans l'appréhension du monopole de fait.

Les différentes approches juridictionnelles du monopole de fait sèment également le trouble sur la notion en l'assimilant à la situation monopolistique. Ce point est en lui-même critiquable, et l'est d'autant plus que l'appréciation de l'existence d'une situation monopolistique ne correspond pas à une analyse réaliste du marché, particulièrement l'appréciation donnée par le Conseil constitutionnel dans sa décision de 1986. Les autres approches juridictionnelles ne permettent pas non plus de préciser les critères d'identification juridique du monopole de fait, et l'on y retrouve le même malaise à manier de manière complémentaire, et non de façon synonyme, les deux notions.

317. La situation monopolistique, parce qu'elle confère un fort pouvoir de marché, constitue un indice de monopole de fait. Mais la détermination d'une situation monopolistique constitue, déjà, une difficulté. Qu'il s'agisse de la détermination du marché pertinent à prendre en compte ou de l'entreprise concernée, la technique juridique est mise à mal. Il s'agit donc de mettre en exergue ces difficultés, d'énoncer les problématiques propres à l'identification d'une situation monopolistique afin de mieux l'appréhender juridiquement. C'est une nécessité dans la mesure où la situation monopolistique entraîne un fort pouvoir de marché et doit à ce titre pouvoir être identifiée puisqu'elle peut être source de monopole de fait.

318. Au-delà des indices, le monopole de fait doit pouvoir être identifié et cela demande l'établissement d'une caractéristique propre. Le neuvième alinéa renvoie à un processus, il condamne l'exploitation d'un bien ou d'une entreprise qui revêt les caractères d'un monopole de fait.

319. Le type d'exploitation concernée est donc un point à éclairer. Cette exploitation c'est bien celle où le pouvoir de marché est utilisé abusivement par une entreprise. La diversité des domaines, la pluralité de moyens, de leviers dont disposent les opérateurs pour abuser de leur pouvoir de marché ne doit pourtant pas laisser penser qu'une systématisation est impossible. Cette systématisation est rendue possible par la mise en évidence de la caractéristique commune à toutes ces situations, par la découverte du dénominateur commun à tout monopole de fait : la rente de situation.

320. La rente de situation est précisée par rapport à la rente telle qu'elle est entendue en économie ou en droit. Par un raisonnement *a contrario* la rente de situation se définit comme un privilège hors droit, un enrichissement que rien ne justifie et qui résulte de l'abus d'un pouvoir de marché. Un enrichissement auquel ne devraient pas pouvoir prétendre les opérateurs économiques s'ils s'étaient soumis aux règles concurrentielles, de façon loyale, et qu'ils n'avaient pas cherché à faire primer leur intérêt particulier, à l'exclusion de tous les autres.

CONCLUSION DE LA PARTIE I

321. Comprendre l'idée du monopole de fait était un préalable nécessaire à son étude. Cela parce que ce terme est imprégné d'idéologies politiques et de théories économiques. En une expression, le monopole de fait stigmatise une diversité de situations antinomiques avec la réalisation d'une démocratie économique et sociale. Cet aspect, intuitif, a longtemps empêché de considérer le monopole de fait comme une véritable notion juridique, ou comme notion méritant pleinement une analyse. Il était alors primordial de préciser les origines de la notion : les situations monopolistiques et les féodalités économiques. Deux situations où la question du pouvoir est centrale et problématique.

322. Sous l'angle économique, le monopole de fait se dessine dans les situations monopolistiques car celles-ci confèrent un fort pouvoir de marché qui permet une indépendance de comportement. L'opérateur économique se place hors de portée de la concurrence et son comportement n'est ainsi plus régulé par le jeu naturel du marché. Cette indépendance de comportement, lorsqu'elle est effective et utilisée à des fins exclusives, permet la constitution de rente et conduit bien à la constitution d'un monopole de fait. Sous l'angle politique, l'accent est mis sur le fait que les puissances économiques, lorsqu'elles se comportent de manière indépendante, portent en fait atteinte à certains droits et libertés des individus. Si l'élément central demeure la puissance détenue par un opérateur économique, dans l'approche politique, les conséquences que l'on retient portent bien plus sur les droits et libertés des individus que sur le niveau concurrentiel du marché. Ces deux aspects, loin de s'opposer, sont en fait très complémentaires. Il était néanmoins nécessaire de formaliser ces origines l'une après l'autre pour mieux comprendre tous les aspects du monopole de fait afin de mieux approcher juridiquement la notion

323. L'identification du monopole de fait n'est pourtant pas évidente. Un premier écueil résulte de son assimilation à la situation monopolistique, précisément parce que la situation monopolistique confère un fort pouvoir de marché à l'opérateur économique qui la détient. Néanmoins, le monopole de fait n'est caractérisé qu'au moment où ce pouvoir de marché, où cette puissance, donne effectivement lieu à des comportements indépendants. La situation monopolistique constitue ainsi, et seulement, un indice de monopole de fait. Une telle situation monopolistique est pourtant difficile à identifier. Il était donc nécessaire de mettre en exergue les obstacles les plus grands que le droit a à dépasser pour se doter d'instruments plus pertinents dans l'appréhension des situations monopolistiques et donc dans la découverte d'indice de monopole de fait.

324. Malgré l'existence d'indice, caractériser l'existence d'un monopole de fait appelle évidemment l'établissement d'une caractéristique propre. Gardant à l'esprit l'idée du monopole de fait, le recours à une approche dynamique des situations qu'il peut recouvrir conduit sans appel à le définir comme une situation où une entreprise se comporte effectivement de manière indépendante sur un marché, utilise sa puissance de marché pour maximiser ses profits et accaparer un surplus de valeur. C'est alors évident : l'exploitation revêtant les caractéristiques d'un monopole de fait est celle qui correspond à une maximisation abusive du profit. Et le surplus qui en résulte, confisqué par l'entreprise en monopole de fait, c'est la rente de situation.

325. La rente de situation est définie par opposition à la rente telle qu'elle a pu être définie par l'économie ou le droit. La rente de situation, qui résulte de l'exercice indépendant d'un pouvoir de marché, c'est cet enrichissement, ce surplus de valeur qu'accapare l'entreprise sans autre considération que son intérêt propre. En en dépit de toute raison et mesure.

326. Ce qui importe dans le monopole de fait, c'est tout autant son résultat, la rente de situation, que le moyen utilisé pour y aboutir, l'exercice abusif d'un pouvoir de marché. Partant, il est possible d'engager la réflexion sur le droit applicable au monopole de fait.

Partie II.
LE DROIT DU MONOPOLE DE FAIT

327. Le monopole de fait doit devenir la *propriété de la collectivité*, l'expression est révélatrice. Parmi les principes particulièrement nécessaires à notre temps figure celui de l'*appropriation collective* des monopoles de fait ; résultat d'une connaissance commune de la menace qu'ils constituent et de valeurs partagées, en faveur d'une démocratie économique et sociale, qu'on lui oppose[940]. Les constituants, dans le neuvième alinéa, n'ont pas fait de référence directe à l'État, ni en termes de *propriété publique* ni en termes de rôle à tenir. Et ce, alors même que la vigilance de l'État est convoquée par ailleurs dans le Préambule[941]. Pourtant, la traduction juridique faite de *la propriété de la collectivité* a été celle de la *propriété publique*, par la nationalisation. Cette acception est logique dans un droit qui repose sur la *summa divisio* public/privé, intérêt général/intérêt individuel. Elle n'en est pas moins réductrice de l'objectif poursuivi par les constituants puisque seul l'État semble, dans ces conditions, pouvoir incarner la collectivité. Or, pour embrasser pleinement le monopole de fait et le régime qui lui est applicable, il faut dépasser ce cadre binaire et lui préférer une analyse portant sur la collectivité concernée par le monopole de fait. Celle aux dépens de laquelle est accaparée une rente de situation, celle qui subit un comportement déloyal de l'entreprise puissante. Sous cet angle, la propriété de la collectivité sera pensée comme une appropriation collective, à appréhender à l'aune des parties prenantes au monopole de fait (Titre I).

328. Ce premier infléchissement de la propriété de la collectivité vers l'appropriation collective permet une approche plus englobante de l'arsenal juridique mobilisable à l'encontre du monopole de fait. Au-delà de la sanction, c'est bien l'encadrement de l'activité des entreprises puissantes qu'il faut penser pour prévenir la constitution de monopole de fait. Il faut permettre aux parties prenantes de s'y opposer, et de faire valoir leurs intérêts. Il faut assurer l'équilibre des pouvoirs, la loyauté des relations économiques, au-delà des seules relations strictement contractuelles. Certaines procédures contemporaines semblent aller en ce sens, d'autres mécanismes font partie de la *soft law* et reposent sur un savant mélange d'incitation et de contrôle de

---

[940] Les termes sont ici empruntés : « […] *il n'y a pas de groupe humain ou social envisageable sans connaissance commune de certains faits et évènements et partage d'un minimum d'objectifs et de valeurs vers le respect ou la réalisation desquels tendent la constitution et l'organisation du groupe* », DERIEUX (E.), « Information et citoyenneté : l'information, instrument de la citoyenneté », *in De la citoyenneté*, KOUBI (G.) dir., Paris, Litec, 1995, p. 147.

[941] Selon le seizième alinéa du Préambule de la Constitution de 1946 : « *[…] L'organisation de l'enseignement public gratuit et laïque à tous les degrés est un devoir de l'État.* »

l'activité des entreprises, dans un objectif de responsabilisation. La rationalisation des comportements économiques et l'effort continu de transparence constituent également des alternatives viables de prévention du monopole de fait (Titre II).

Titre I.
La sanction du monopole de fait

329. L'appropriation collective a tout d'abord été entendue comme l'application d'un régime de propriété publique au bien ou à l'entreprise présentant les caractères d'un monopole de fait. C'est la sanction par la nationalisation. En effet, la propriété publique d'un bien ou d'une entreprise implique leur exploitation dans un but d'intérêt général, conformément à une conception éminente de la propriété publique[942]. Pourtant le recours aux nationalisations n'est plus tout à fait d'actualité. L'influence européenne et la libéralisation des secteurs de réseaux ont conduit à un recul de l'interventionnisme direct de la puissance publique. L'action publique économique ne s'exprime plus seulement par la propriété publique, elle n'est plus aussi directe et interventionniste qu'après-guerre. Ce mouvement invite à repenser l'appropriation collective et à en cerner de nouveaux contours, où l'État n'est plus le seul prisme d'étude. C'est en identifiant les différents intérêts en présence, et plus précisément les parties prenantes des entreprises qu'il sera possible de préciser le régime de l'appropriation collective (Chapitre I).

330. L'appropriation collective constitue une sanction pour les monopoles de fait existant et ceux à venir[943]. Une mise en œuvre particulière de l'appropriation collective se révèle avec l'essor de la régulation et l'avènement du droit du marché[944]. En effet, ce dernier sanctionne les comportements anticoncurrentiels mais surtout, dans les secteurs de réseaux, parce que ces derniers reposent sur une infrastructure essentielle (et correspondent ainsi à un monopole naturel), il oblige à la séparation des activités de gestion et

---

[942] Bioy (X.), « La propriété éminente de l'État », *RFDA*, n° 5, 15 septembre 2006.

[943] Le neuvième alinéa précise bien que doit devenir la propriété de la collectivité « tout bien, toute entreprise, dont l'exploitation a ou acquiert les caractères […] d'un monopole de fait » (nous soulignons).

[944] Entendu comme « *le droit qui organise les espaces économiques, non seulement l'espace de l'entreprise, mais aussi l'espace des relations commerciales (par exemple les réseaux de distribution), mais encore l'espace de confrontation des offres et des demandes par la surveillance des marchés à travers le droit de la concurrence, voire la construction juridique des secteurs par le droit de la régulation. Dans le droit économique, le droit de la concurrence devient central. Le centre s'est déplacé du droit des sociétés au droit du marché.* », Frison-Roche (M.-A.), Bonfils (S.), *Les grandes questions du droit économique*, PUF, Paris, 2005, p. 20. Seront utilisées indifféremment les notions de droit économique et de régulation, l'objet n'est pas ici de définir et distinguer ces notions mais bien de mettre en avant tous les mécanismes juridiques propres à l'économie qui permettent de contraindre le monopole de fait en restreignant et en encadrant le pouvoir de marché.
Pour une étude belge, substantielle, de l'évolution du droit économique, voir not. : Yernault (D.), *L'État et la propriété, Le droit public économique par son histoire (1830-2012)*, Bruylant, Bruxelles, 2013.

d'exploitation de l'infrastructure. Cette séparation des activités, qui permet en fait d'assurer un accès non discriminatoire à l'infrastructure, permet de démonopoliser les opérateurs historiques et de limiter la constitution de monopole de fait dans ces secteurs sensibles que sont les secteurs de réseaux. Parallèlement, le droit commercial notamment avec la consécration récente de l'action de groupe, redonne du pouvoir aux consommateurs. Ces derniers ne sont plus isolés face aux entreprises puissantes, ils s'organisent en une collectivité homogène. Cela leur permet de demander la sanction de certains abus et constitue ainsi un rempart à la constitution de monopole de fait. La démonopolisation des monopoles de fait passe bien par un encadrement spécifique des secteurs de réseaux ainsi que par la revalorisation du pouvoir des parties prenantes (Chapitre II).

Chapitre I.
L'APPROPRIATION COLLECTIVE DU MONOPOLE DE FAIT

331. Le monopole de fait *doit devenir la propriété de la collectivité*. On retrouve avec cette expression, une confusion relevée par le Professeur Carbonnier[945] et reprise par la doctrine entre la « *propriété jouissance* » et le « *pouvoir puissance* »[946]. Une confusion, en somme, entre la *proprietas* et la *potestas* : « *purement personnelle et privée la première concernait les utilités que le propriétaire peut retirer de son bien tandis que la seconde visait les facultés sociétales que confère l'appropriation du bien en cause* »[947]. Cette confusion explique la formule utilisée par les constituants en 1946 et la référence à la *propriété* de la collectivité. Autre confusion, en économie politique, où l'expression de propriété collective renvoie à la propriété publique, de l'État, sur les moyens de production. Afin de comprendre ce que recouvre la propriété collective, il faut se défaire de ces confusions, il faut s'émanciper des approches politiques ou sociologiques qui se sont « *égaré(e)s dans des débats [...] qui ont puissamment contribué à confondre propriété et pouvoir, en matière d'entreprise notamment* »[948]. La propriété de la collectivité peut être entendue en termes de propriété et de propriété publique, mais l'appropriation collective, expression plus neutre qu'il s'agit de préciser, dépasse cette approche propriétaire.

332. La première (et seule) acception que l'on a eue de l'*appropriation collective*, en droit, c'est la propriété publique, et l'on a considéré que le seul régime applicable au monopole de fait était la nationalisation. Cela résulte du fait que la propriété publique est tenue par des considérations d'intérêt général et constitue un régime protecteur. L'appropriation collective ne se résume pourtant pas à la propriété publique, elle s'oppose plutôt à la propriété individuelle et à ce fait qu'elle permet de faire primer les intérêts privés sur l'intérêt général dans la gestion des entreprises. L'appropriation collective a

---

945 CARBONNIER (J.), *Droit civil*, PUF, 1957, p. 131 : « *Le droit subjectif est un pouvoir, mais un pouvoir garanti par l'Etat, parce qu'il est conforme au droit objectif. Il existe des pouvoirs qui ne sont pas des droits subjectifs, parce qu'ils ne sont pas conformes au droit objectif : des pouvoirs de fait, des maîtrises purement matérielles.* ».

946 CHAMPAUD (C.), « Propriété, pouvoir et entreprise », *op. cit.*, p. 49.

947 CHAMPAUD (C.), « Propriété, pouvoir et entreprise », *ibid.*, p. 49.

948 CHAMPAUD (C.), « Propriété, pouvoir et entreprise », *id.*, p. 50. L'auteur précise qu'« *(e)n plaçant les débats sur la nature de la propriété sur le seul plan des controverses sociopolitiques, sur une toile de fond rousseauiste et marxisante (la propriété privée c'est le vol), les sociologues ont privé, les juristes, de bases sociologiques sérieuses et objectives pour leur propre réflexion sur les origines du concept de propriété* ».

donc bien plus à voir avec la gouvernance des entreprises qu'avec leur régime de propriété (Section I). L'appropriation collective est à entendre au-delà du droit de propriété, sous l'angle des intérêts légitimes, de l'intérêt collectif[949] des parties prenantes à l'exploitation d'un bien ou d'une entreprise. Il s'agit de déterminer les parties prenantes qui doivent être prises en considération dans la gestion des entreprises. Une typologie en sera ainsi proposée, qui met l'accent sur l'intérêt de chacune des parties prenantes (Section II).

Section I. L'APPROPRIATION COLLECTIVE PAR LA PROPRIETE PUBLIQUE

333. Si en termes politiques, l'appropriation collective renvoie à « *la socialisation de la propriété privée* »[950], en termes juridiques cela renvoie au « *transfert à la Nation de certains biens de production* »[951]. Il s'agissait avec le neuvième alinéa d'affirmer tout à la fois la condamnation du monopole de fait, sous toutes ses formes, et de le soumettre à la *propriété de la collectivité*. Et c'est bien en ce que, « *la nationalisation vise à remettre en cause non le droit de propriété, mais l'attributaire de ce droit* »[952], qu'on y a recouru pour assurer la propriété de la collectivité. Mais, en 1946, « *la collectivité propriétaire, c'est l'Etat qui l'incarne : les biens nationalisés passent dans son domaine [...] ; c'est moins vers l'idée de la communauté d'entreprise*

---

[949] Sur cette notion d'intérêt collectif, voir not., BOY (L.), *L'intérêt collectif en droit français*, *op. cit.*

[950] BEAUD (O.), « Nationalisation et souveraineté : la nationalisation comme acte de puissance publique », *Petites aff.*, n° 141, 24 novembre 1995, p. 11.
Dans le même sens, voir l'article de Bernard CHENOT, « Philosophie des nationalisations françaises », Revue Française d'administration publique, n° 15, juillet-septembre 1980 : « *Dans le nouvel État socialiste, elle (la nationalisation) devient l'instrument d'une répartition rationnelle, équitable des produits de l'activité économique et la condition d'une égalité sociale sans laquelle l'égalité politique et juridique de 1789 reste un leurre.* ».
Voir également pour une version actualisée de l'article : BEAUD (O.), « Nationalisations et souveraineté de l'État », *Histoire@Politique*, 2014/3, n° 24, p. 72-87.

[951] LAVERGNE (B.), « La forme coopérative des nationalisations », *op. cit.*, p. 63.
La nationalisation est alors « *le théâtre d'un affrontement entre la propriété privée, que l'État est censé garantir comme tout autre droit subjectif, et la souveraineté de l'État, qui lui permet d'exproprier les propriétaires pour des raisons de nécessité publique* », BEAUD (O.), « Nationalisation et souveraineté… », *ibid.*, p. 11.
Notons tout de même que « *le transfert de propriété peut être effectué moralement au profit de la nation mais juridiquement, au plan national c'est l'Etat seul qui en bénéficie. Cette ambiguïté [...] porte le germe d'un clivage qui devait nécessairement réapparaître tôt ou tard au grand jour : celui qui sépare autogestion et "gestion démocratique"* », STOFFAES (C.), VICTORRI (J.), *Nationalisations*, Flammarion, 1977, p. 14.

[952] BEAUD (O.), « Nationalisation et souveraineté… », *ibid.*, p. 11.

qu'il s'oriente que vers la solution étatiste »[953]. Or, la réalisation de l'appropriation collective dépend en fait de l'acception que l'on a de la collectivité.

334. En 1946, le temps est à l'interventionnisme étatique et, logiquement, à la nationalisation ; le rappel du secteur privé au secteur public est une des solutions choisies pour assurer la reconstruction du pays. La propriété publique, notamment dans le cadre des nationalisations, se substitue dans ses effets à l'appropriation collective, mais elle n'épuise pas pour autant les modalités d'appropriation collective (il existe par ailleurs d'autres moyens d'appropriation publique[954]) et n'y correspond pas toujours (§I). Il est alors nécessaire de dépasser cette seule acception pour redonner sa véritable dimension à l'appropriation collective. Il faut revenir sur l'opposition entre propriété collective et propriété individuelle. La propriété collective doit en fait permettre l'association des parties prenantes à la gestion des biens et entreprises. Les développements récents relatifs aux biens communs en donnent une première illustration (§II).

§ I. L'APPROPRIATION PUBLIQUE : REGIME EXCLUSIF DU MONOPOLE DE FAIT ?

335. La nationalisation correspond à une transformation des monopoles privés en monopoles publics ; *« cette transformation est commandée par l'antagonisme qui existe entre les intérêts des détenteurs d'un monopole capitaliste et les intérêts de l'ensemble de la société.* »[955]. Le recours à la propriété publique semblait, dans ces conditions, naturel. La propriété publique permettrait en effet de combiner à la fois l'orientation de l'économie

---

[953] RIVERO (J.), VEDEL (G.), « Les principes économiques et sociaux de la Constitution… », *op. cit.*, p. 128-129.

[954] En effet, « *la nationalisation est d'abord un procédé d'appropriation publique. Mais (le) mouvement d'extension du secteur public nous rappelle qu'il ne s'agit pas du seul procédé possible* », DEBENE (M.), « Nationalisation et industrie », *AJDA*, 20 avril 1982, n° 4, p. 215. Parmi les autres moyens d'appropriation publique, on retrouve l'expropriation pour cause d'utilité publique. Il y a certaines différences : « *La première tient à l'extension de la notion d'intérêt général (conception anti-capitaliste) qui préside à l'idée de nationalisation. C'est la finalité de la nationalisation qui la distinguerait radicalement de l'expropriation. Une seconde différence procède du fait que, pour le transfert et l'indemnisation des biens nationalisés, le législateur ou l'administration sont privilégiés par rapport au juge. Enfin — dernière différence — l'objet transféré dans les nationalisations modernes déborde de loin l'objet habituel de l'expropriation classique.* », BEAUD (O.), *« Nationalisation et souveraineté… »*, *op. cit.*, p. 11.

[955] MILHAUD (E.), « Les régies et leur évolution », *Les annales de la régie directe. Revue internationale*, t. X, n° 103-114, 1917-1918, p. 6. L'auteur précise : *« par sa politique de renchérissement systématique, de jugulation de ses fournisseurs, de restriction artificielle de la production et de la consommation, le trust se dresse contre l'ensemble de la société.* ».

et la socialisation des entreprises[956]. C'est d'ailleurs à ces seules conditions qu'elle n'est pas une étatisation[957] : la nature publique de la propriété n'emporte vraiment appropriation collective que si elle entraîne une gestion au moins multipartite des entreprises, à laquelle sont associés les travailleurs.

336. Parfois théorisées[958], les nationalisations font l'objet d'une définition juridique et sont soumises à un régime juridique contraignant[959], conciliant à la fois le droit de propriété et la liberté d'entreprendre avec la nécessité publique. Mais l'aspect central dans les nationalisations, c'est la consécration de la gestion tripartite des entreprises, associant particulièrement l'État et les salariés à la gestion des entreprises concernées. C'est cet aspect des nationalisations qui permet de la considérer comme propre à assurer l'appropriation collective. Bien que la nationalisation corresponde à l'appropriation collective et puisse être considérée comme un régime applicable au monopole de fait (A) ; ce régime est néanmoins globalement désuet du fait de la mondialisation des échanges et du caractère transnational de la majorité des entreprises qui pourraient entrer dans le cadre d'application du monopole de fait. Le passage à des stratégies actionnariales, que l'on a parfois considéré comme une adaptation de l'État aux nouveaux paradigmes économiques, ne semble pas correspondre aux exigences de l'appropriation collective, notamment en ce qui concerne les modalités de gestion des

---

[956] STOFFAES (C.), VICTORRI (J.), *Nationalisations*, Flammarion, 1977, p. 7 : « *Le projet de nationalisation est caractéristique de deux attitudes bien françaises : le colbertisme organisateur et défiant vis-à-vis de l'initiative privée s'y conjugue avec le marxisme soucieux de réduire ces bastions du pouvoir de classe que seraient les grandes entreprises.* ».

[957] Ce que relevait Jean RIVERO, « *le vague même de cette formule (la propriété de la collectivité), retenue par le Préambule de la Constitution, est significatif. Il permet de marquer la différence [...] entre nationalisation et étatisation : c'est la "collectivité", et non pas nécessairement l'État, qui prend en charge l'entreprise. Ici, la collectivité intéressée s'analyse en trois éléments : les travailleurs de l'entreprise, les usagers, et l'Etat, représentant de l'intérêt général. Ces trois éléments sont représentés à la direction de l'entreprise : c'est la formule de la gestion tripartite, qui inspire la plupart des solutions du droit positif.* », RIVERO (J.), *Le régime des nationalisations*, *op. cit.*, n° 16-17.
Notons également avec Christian Stoffaes et Jacques Victorri que « *Léon Jouhaux, secrétaire général, insiste déjà (en 1919) sur la distinction entre nationalisation et étatisation en précisant que d'un point de vue syndical, il n'est pas acceptable que l'État soit à la fois propriétaire et gestionnaire. Il convient de réaliser une autonomie complète financière, administrative et de gestion. Cette conception constitue un double dépassement des conceptions étatiste et libertaire (la mine aux mineurs). Elle souligne la nécessité d'une dissociation de la propriété et de la gestion : l'État est propriétaire mais la gestion et bipartite (producteurs et consommateurs). Les minoritaires (communistes et anarchistes) s'opposent aux nationalisations.* », STOFFAES (C.), VICTORRI (J.), *Nationalisations*, *op. cit.*, p. 12.

[958] Voir par exemple : KATZAROV (K.), *Théorie de la nationalisation*, coll. Travaux et recherches de l'Institut de droit comparé de l'Université de Paris, vol. XVII, Ed. de la Baconnière, Neuchâtel, 1960 ; CHENOT (B.), *Organisation économique de l'État*, Paris, 1951.

[959] RIVERO (J.), *Le régime des nationalisations*, *op. cit.*, Titre Ier, particulièrement Chapitre III – Le transfert de Propriété et Chapitre IV — De la condition faite aux exploitants dépossédés.

entreprises (B). Certains mouvements récents, et l'on pense ici à la privatisation d'Aéroport de Paris ou de la Française des jeux, démontrent que le modèle concessif tend à devenir un nouvel outil d'interventionnisme économique, mais pas nécessairement d'appropriation collective. Le modèle concessif devrait permettre à l'État de conserver un certain pouvoir sur l'entreprise, mais les modalités annoncées dans la loi Pacte, ne permettent pas d'assurer que ne se reproduira pas le cas des concessions autoroutières, et que, malgré tous les avantages que l'on prête au modèle concessif, ne se constituera pas un monopole de fait (C).

A. La nationalisation ou la sanction du monopole de fait par la propriété publique

337. La propriété de la collectivité prévue par le neuvième alinéa a pris la forme de la nationalisation. Il s'agit d'un moyen d'appropriation collective reposant sur l'intervention de l'État[960] qui impose une propriété publique du monopole de fait, c'est le début de l'âge d'or du secteur public[961]. Certains ont remarqué que « *Le mot même (de nationalisation) ressemble désormais à une incantation magique [...] pour éliminer les gêneurs et les questions embarrassantes.* »[962]. D'autres ont parlé à propos de cette période de nationalisation de « *new deal français* »[963] ou de « *colbertisme high-tech* »[964]. Les nationalisations étaient justifiées par la nécessité économique, elles étaient le moyen pour l'État d'orienter l'industrie et la production, par la maîtrise de grands groupes industriels[965], mais surtout, et c'est ce qui nous

[960] Pour une distinction de la nationalisation d'autres modes de transferts de propriété : RIVERO (J.), *Le régime des nationalisations, ibid.*, n° 5 et s. L'auteur distingue la nationalisation de la police administrative, de la création directe d'une entreprise, de la réquisition, de la mise sous séquestre et de l'économie mixte.

[961] CHEVALLIER (J.), « Le pouvoir de monopole et le droit administratif français », *op. cit.* : « *La nationalisation des monopoles privés constitue un facteur appréciable d'extension du secteur public, par rapport à l'application des critères libéraux traditionnels fondés sur la carence de l'initiative privée ou sur la notion de services essentiels pour la Nation.* ».

[962] STOFFAES (C.), VICTORRI (J.), *Nationalisations, op. cit.*, p. 7-8.

[963] NORD (P.), *Le new deal français*, Perrin, Paris, 2016, trad. Michel Bessières.

[964] Expression utilisée par COHEN (E.), HENRY (C.), *Service public, Secteur public, Les rapports du Conseil d'analyse économique*, La documentation française, décembre 1997.

[965] Voir en ce sens : BARREAU (J.) dir., *L'Etat entrepreneur : nationalisations, gestion du secteur public concurrentiel, construction européenne (1982-1993)*, coll. Logiques économiques, L'Harmattan, 1990.

intéresse, ces nationalisations revêtaient une dimension sociale[966]. Conformément à l'esprit de l'époque, où la démocratisation de la direction de l'économie est centrale et la République sociale affirmée, le transfert du capital se double du transfert de la direction des entreprises nationalisées à un conseil intégrant les travailleurs. C'est ce dernier point qui reflète l'appropriation collective, c'est cet élément précis qui seul permet de considérer que les nationalisations correspondent à une appropriation collective.

1. Une approche tronquée des entreprises nationalisées ne permettant pas de déterminer leur caractère de monopole de fait

338. L'étendue des nationalisations au début du XXe siècle. Le contexte est difficile et les nationalisations de la première moitié du XXe siècle s'inscrivent dans différentes logiques, au premier titre desquelles la reconstruction intérieure et l'indépendance nationale[967]. Les entreprises nationalisées à cette époque sont d'une « *rare diversité* »[968] ; sont concernées tant des entreprises

[966] Pour une approche critique de la dimension sociale des nationalisations par rapport à la dimension économique : ASSELAIN (J.-C.), « La dimension sociale des nationalisations de 1982 », *Rev. éco.*, vol. 34, n° 3, 1983, p. 536-576.
Voir également les dispositions de la Loi n° 83-675 du 26 juillet 1983 relative à la démocratisation du secteur public concernant la composition des conseils d'administration ou de surveillance obligeant à une représentation des différentes parties prenantes que sont l'État et les salariés.

[967] Relevons encore une fois que même si les nationalisations ont été engagées avant l'adoption de la Constitution du 27 octobre 1946, elles relevaient toute de la logique du Programme du Conseil national de la Résistance et il n'y a pas lieu de les distinguer.

[968] STOFFAES (C.), VICTORRI (J.), *Nationalisations*, *op. cit.*, p. 33. Voir not. les tableaux proposés par les auteurs p. 35-36.

du secteur industriel[969] que du secteur tertiaire[970]. La plupart sont nationalisées intégralement, d'autres, plus rares, font l'objet d'une prise de participation majoritaire au capital. La justification de ces nationalisations d'après-guerre est bien celle de la lutte contre les féodalités économiques, et l'on retrouve pleinement, dans ces nationalisations, la condamnation du monopole de fait par l'appropriation collective, notamment parce qu'est posée la question de la gestion des entreprises, on souhaite démocratiser l'entreprise[971].

339. L'étendue des nationalisations en 1982. L'une des volontés premières des nationalisations de 1982, au même titre que celles réalisées après-guerre, est de mettre en œuvre une « *véritable politique industrielle* »[972]. Les nationalisations sont ainsi présentées comme la « *nécessité publique de mettre en œuvre une politique volontariste* »[973] et comme l'occasion pour l'État de « *s'affirmer comme l'un des acteurs essentiels du changement* »[974]. La nationalisation est un outil non pas une finalité, la nationalisation donne à l'État les moyens de « *trouver un cadre de gestion nouveau* »[975] et les opérations de nationalisation « *apparaissent alors avoir servi un objectif de renforcement de l'industrie française.* »[976]. À cette période, l'État recourt à différents mécanismes afin d'élargir le secteur public et s'assurer le contrôle

[969] Sans être exhaustive, s'agissant du secteur industriel, de nombreuses entreprises sont nationalisées dans le secteur des mines et de l'énergie : le Bureau de recherche géologique et minière (BRGM), les mines de Potasse d'Alsace (MDPA), charbonnages de France, Électricité de France, Société nationale Elf Aquitaine, la Compagnie française des Pétroles, le Commissariat à l'énergie atomique ou encore la Compagnie nationale du Rhône sont nationalisées. Dans l'industrie, les secteurs de la chimie (Entreprise minière et chimique ; Office national Industriel de l'Azote ; APC ; Charbonnages de France-Chimie), de l'informatique ; de l'automobile (Renault) ; des armements ; de l'aéronautique et du tabac sont également concernés

[970] Ce sont, d'une part, les secteurs des transports et communications qui sont concernés, avec la nationalisation de la Société nationale des chemins de fer (SNCF), de la Régie autonome des transports parisiens (RATP), la compagnie générale maritime, Air France, Air Inter, Aéroport de Paris ; ainsi que les Postes, les Télécommunications et Télédiffusion de France (TDF). Ce sont, d'autre part, les secteurs des banques et assurances qui sont concernés, avec la nationalisation de la Banque nationale de Paris (BNP), de la Société générale, du Crédit lyonnais, de la Caisse nationale des marchés de l'État, de la Banque française du commerce extérieur, de la Caisse centrale de coopération économique, de la Caisse des dépôts et consignations et de l'institut de développement industriel. Sont enfin concernées certaines entreprises des médias et moyens d'information : des chaînes de télévision (TF1, A2, FR3), la Société française de production, Radio France, Radio Monte-Carlo, Europe 1, Agence Havas, Agence France Presse.

[971] Point qui est développé par la suite.

[972] L'exposé des motifs du gouvernement, *AJDA*, 20 avril 1982, n° 4, p 180.

[973] L'exposé des motifs du gouvernement, *AJDA*, 20 avril 1982, n° 4, p 180.

[974] L'exposé des motifs du gouvernement, *AJDA*, 20 avril 1982, n° 4, p 180.

[975] DEBENE (M.), « Nationalisation et industrie », *op. cit.*, p. 215.

[976] SAVARY (J.), « Les mutations françaises de 1982 : une mutation des structures industrielles », *in L'interventionnisme économique de la puissance publique, Mélanges PEQUIGNOT*, t. 2, Centre d'études et de recherches administratives, Montpellier, 1984, p. 631.

de certaines entreprises stratégiques[977]. On retrouve, en partie, les justifications des nationalisations d'après-guerre, mais elles ne peuvent pourtant être placées sur le même plan.

340. Plusieurs entreprises sont nationalisées par la loi du 11 février 1982[978] et sont venues étendre le secteur public. Celui-ci était alors « *constitué essentiellement de Charbonnages de France, Électricité et Gaz de France, Entreprise Minière et Chimique, Renault, Elf Aquitaine, SNIAS, SNECMA, CEA et BRGM* »[979]. Onze grands groupes sont nationalisés intégralement ; en effet, la loi de nationalisation vise cinq sociétés industrielles à l'article 1er : la Compagnie générale d'électricité ; la Compagnie de Saint-Gobain ; Pechiney-Ugine-Kuhlmann ; Rhône-Poulenc SA et Thomson Brandt, « *leaders dans leurs secteurs, et très multinationalisés* »[980]. Sont également nationalisées deux entreprises spécialisées dans l'armement (Matra et Dassault), les groupes sidérurgiques Usinor et Sacilor et des entreprises appartenant à des sociétés étrangères[981]. Il ressort de l'exposé des motifs du gouvernement que la nationalisation de ces sociétés industrielles est justifiée par « *le caractère stratégique de ces groupements pour l'économie nationale* »[982]. Sont également ramenées dans le secteur public pas moins de 38 banques[983]. Les nationalisations de 1982 correspondent à une volonté d'approfondir le travail entrepris par les nationalisations du secteur bancaire et assurantiel après-guerre. En effet, et selon l'exposé des motifs du gouvernement, « *en laissant coexister un secteur bancaire public et un important secteur bancaire entièrement privé disposant d'un poids suffisant pour peser sur les comportements de la profession, (le législateur) a permis que les établissements nationalisés, [...] se soient constamment appliqués à ne pas se différencier, dans leurs façons d'agir, de leurs concurrents privés* »[984]. L'objectif poursuivi est en fait celui de la rationalisation des comportements dans le domaine bancaire. Ce qui semble paradoxal, c'est ce manque de bonne conduite de la part des banques déjà nationalisées après-guerre. En effet, celui-

---

[977] À côté de la loi de nationalisation du 11 février 1982, l'État a également modifié ses participations dans certaines entreprises par le biais des banques nationalisées, ou encore a pris une participation majoritaire au capital de certaines entreprises. Pour rappel : SAVARY (J.), « Les mutations françaises de 1982 : une mutation des structures industrielles », *ibid.*, p. 632.

[978] Loi n° 82-155 du 11 février 1982 de nationalisation, art. 1er.

[979] SAVARY (J.), « Les mutations françaises de 1982 : une mutation des structures industrielles », *op. cit.*, p. 632.

[980] SAVARY (J.), « Les mutations françaises de 1982 : une mutation des structures industrielles », *op. cit.*, p. 632.

[981] CII Honeywell Bull, Roussel-Uclaf, ITT.

[982] L'exposé des motifs du gouvernement, *AJDA*, 20 avril 1982, n° 4, p 180.

[983] Loi n° 82-155 du 11 février 1982 de nationalisation, art. 12.
Voir également les tableaux récapitulatifs relatifs aux nationalisations dans le secteur bancaire proposés par BLANC (J.), BRULE (C.), *Les nationalisations françaises en 1982*, *op. cit.*, p. 24.

[984] L'exposé des motifs du gouvernement, *AJDA*, 20 avril 1982, n° 4, p 181.

ci résulte en grande partie du manque « *d'orientations spécifiques et explicites de la part de leur actionnaire* »[985], c'est-à-dire l'État. Or, la nationalisation permet justement à l'État d'avoir la main mise sur les entreprises nationalisées. Le même objectif de rationalisation, de responsabilisation, est poursuivi par la nationalisation de deux compagnies financières : la Compagnie financière de Paris et des Pays-Bas et la Compagnie de Suez. Ces deux compagnies financières sont nationalisées du fait de leur « *poids dans l'économie nationale* »[986].

341. Les caractéristiques[987] des entreprises nationalisées. Sur les caractéristiques des entreprises visées, un rapport de 1982[988], dont on a pu dire qu'il présentait une « *analyse détaillée* »[989] des sociétés visées par la loi, devait permettre d'évaluer le caractère de monopole de fait des entreprises. Mais l'approche retenue dans le rapport[990] repose sur une appréciation des parts de marché de l'entreprise. Seule la structure du marché est prise en compte. Or l'on a vu le manque de pertinence d'une telle analyse pour caractériser une situation monopolistique, et *a fortiori*, un monopole de fait[991]. Autant dire que le caractère de monopole de fait n'a pu valablement être établi en 1982 pour justifier les nationalisations. Sans analyse réaliste du pouvoir de marché, il est impossible de caractériser un monopole de fait.

985 L'exposé des motifs du gouvernement, *AJDA*, 20 avril 1982, n° 4, p 181.

986 L'exposé des motifs du gouvernement, *AJDA*, 20 avril 1982, n° 4, p 181.

987 Pour Rivero, et s'agissant du monopole de fait : « *il s'agit d'entreprises dont le monopole tient soit à leur objet (cas des chemins de fers, par exemple, pour lesquels un régime de concurrence est pratiquement inconcevable en France), soit à leur puissance économique et au degré de concentration qu'elles ont atteint (cas des "trusts"). Par contre, il est impossible de définir* a priori *"les caractères d'un service public national"* », RIVERO (J.). *Le régime des nationalisations*, *op. cit.*, n° 60.

988 Rapport n° 700 de M. Michel Charzat, fait au nom de la commission speciale, déposé le 22 janvier 1982.

989 Voir la consultation des Professeurs LOUSSOUARN, DRAGO et DELVOLVE, *in* FAVOREU (L.), *Nationalisations et Constitution,* Economica, coll. Droit public positif, 1982, p 128.

990 Une reproduction du rapport concernant l'analyse des sociétés industrielles est disponible dans FAVOREU (L.), *Nationalisations et Constitution,* Economica, coll. Droit public positif, 1982, p 128 et s.

991 Car la structure du marché ne permet pas d'apprécier la réalité du pouvoir de marché détenu par un opérateur.

2. *Les éléments d'appropriation collective propres à la nationalisation*

342. La démocratisation de l'entreprise et la dimension sociale des nationalisations : élément véritable d'appropriation collective[992]. Les nationalisations résultent, après-guerre, d'une sorte de « *passion démocratique et égalitaire* »[993]. Le bilan social des nationalisations mérite bien, à ce titre, une place particulière. Et c'est ce bilan social qui reflète toute l'appropriation collective que la nationalisation permet, et l'on ne parle pas ici de la propriété publique mais bien de la gestion revisitée des entreprises nationalisées.

On constate que la dimension sociale des nationalisations, si elle n'a pas été « *l'objet d'une décision consciente prise en pleine clarté politique* »[994] constitue néanmoins une réalité qu'il s'agit d'affirmer. Certes, l'un des objectifs des nationalisations était de constituer un secteur public à même de garantir aux pouvoirs publics une certaine influence dans la direction de l'économie, mais c'est plus insidieusement la démocratisation de l'économie qui était visée par le constituant avec le neuvième alinéa du Préambule. C'est en ce sens que les nationalisations d'avant et d'après-guerre, en plus du transfert de propriété ont conduit à un transfert de la direction des entreprises à leurs différentes parties prenantes — État, producteurs, salariés — c'est ce point, crucial, qui a véritablement servi de « *moteur au progrès social* »[995].

Le transfert de gestion à l'ensemble des parties prenantes est bien l'élément qui sanctionne l'entreprise en monopole de fait. On sanctionne la gestion qui avait cours en imposant un nouveau modèle de gestion, démocratisé et associant les parties prenantes de l'entreprise.

343. La légitimité des nationalisations comme appropriation collective. Le terme de nationalisation fait directement référence à la Nation ; et il a été relevé très justement que « *(l)e choix du mot de "nation" n'est [...] pas neutre car les constituants ont voulu pointer ici la dimension populaire : le bénéficiaire de la nationalisation, c'est l'ensemble de la Nation, donc les*

---

992 Pour un bilan économique des nationalisations voir not. : *Le secteur public dans l'industrie avant et après les nationalisations*, ministère de la Recherche et de l'Industrie, Service du traitement de l'information et des stratégies industrielles (STISI), n° 25, Documentation française, Paris, 1982.

993 LAVERGNE (B.), « La forme coopérative des nationalisations », *op. cit.*, p. 63.
Construite en réaction notamment au fait que « *le régime capitaliste est devenu monstrueux à partir du moment où l'émulation entre producteurs a cessé de limiter leurs profits. Cela a été la raison décisive de la nécessaire intervention des Pouvoirs publics dans le domaine économique* ».

994 STOFFAES (C.), VICTORRI (J.), *Nationalisations*, *op. cit.*, p. 111.

995 STOFFAES (C.), VICTORRI (J.), *Nationalisations*, *op. cit.*, p. 112.

citoyens et pas seulement l'État comme appareil bureaucratique. »[996]. C'est à ce titre que la nationalisation a naturellement été retenue comme moyen de socialiser des biens ou entreprises monopolisés, que la propriété publique[997] a été opposée au monopole de fait. En effet, ce n'est pas tant la personne titulaire du droit de propriété qui importe que l'usage qu'elle fait du bien. Et finalement, « *(l)'État ne devient pas propriétaire pour devenir propriétaire, pas plus qu'il ne modifie la destination d'un bien appartenant à autrui sans une solide justification ; cette éminence de la propriété s'exerce en vue d'une affectation à l'intérêt général dont l'État demeure seul juge sous le contrôle des juridictions administratives et constitutionnelle.* »[998]. C'est parce que l'État agit à des fins d'intérêt général qu'il peut s'approprier certains biens ou entreprises, afin de poursuivre la réalisation de l'intérêt général[999] ; « *L'Etat ne capte que pour affecter. L'intérêt général demeure aux yeux du juge constitutionnel la condition de la constitutionnalité de l'atteinte à la propriété.* »[1000]. Pourtant, d'autres formes ont pu être envisagées à l'époque, en lieu et place des nationalisations. On pense notamment à une forme coopérative de nationalisation, et plus précisément une coopération entre personnes publiques dans la mise en œuvre des nationalisations.

Cette forme de nationalisations a notablement été mise en lumière par Bernard Lavergne[1001]. Il définit la forme coopérative comme « *une société par actions, à capital et personnel variables, dont la caractéristique est d'avoir pour membres, en majorité des personnes du droit public — Etat, département, commune ou province — et en minorité des groupements formés de clients privés ou de clients professionnels. C'est donc une société par actions dont les membres ne sont pas simplement des particuliers.* »[1002]. Plus précisément, elle répondrait à six caractéristiques : création autorisée par les pouvoirs publics ; épuisement des droits de l'État et autres actionnaires par la nomination de délégués représentants au conseil d'administration ; les bénéfices sont soit distribués à ses clients, soit gardés pour elle-même, et le

---

[996] BEAUD (O.), « Nationalisations et souveraineté de l'État », *Histoire@Politique*, 2014/3, n° 24, p. 72-87.

[997] Il ne s'agit pas ici de questionner la propriété publique directement mais seulement quant à sa correspondance à l'appropriation collective. Pour des travaux fondamentaux sur le droit de propriété des personnes publiques, voir not. : YOLKA (P.), *La propriété publique : éléments pour une théorie*, Paris, LGDJ, coll. Bibliothèque de droit public, t. 191, 1997 ; MOYSAN (H.), *Le droit de propriété des personnes publiques*, Paris, LGDJ, coll. Bibliothèque de droit public, t. 219, 2001.

[998] BIOY (X.), « La propriété éminente de l'État », *op.cit.*, p. 963.

[999] Il faut tout de même noter que le bilan social des nationalisations, notamment après les années 1980, n'est pas forcément meilleur que celui du secteur privé, voir not. : FAVARD (E.), « Les entreprises publiques ne porteront pas l'uniforme social », *Revue française d'administration publique*, n° 20, octobre-décembre 1981, p. 723 et s.

[1000] BIOY (X.), « La propriété éminente de l'État », *op.cit.*, p. 963.

[1001] LAVERGNE (B.), « La forme coopérative des nationalisations », *op. cit.*, p. 69 et s.

[1002] LAVERGNE (B.), « La forme coopérative des nationalisations », *ibid.*, p. 70.

personnel doit pouvoir désigner des représentants au conseil d'administration ; la limitation des intérêts versés au capital social ; et enfin, être au service du public[1003]. Selon l'auteur, l'expérience démontre que la régie d'État, la nationalisation, n'a pas la même fécondité que l'entreprise privée ; seule la forme coopérative de société permet cela, « *parce qu'elle garde toute l'ossature technique des sociétés par actions capitalistes, tout en modifiant profondément le mécanisme de répartition du profit, (et parce qu'elle) est arrivée à garder le même rendement que celui que possédaient autrefois les entreprises capitalistes.* »[1004]. On retrouve avec cette proposition de forme coopérative des nationalisations, et de façon centrale, l'objectif de démocratisation de la vie économique que la mise en œuvre des nationalisations n'a pas toujours atteint.

3. *Les limites et écueils de la nationalisation en cas de monopole de fait*

344. La nationalisation : un outil désuet. La nationalisation constitue un outil historique d'action de la puissance publique[1005] et est marquée du sceau de l'interventionnisme[1006]. Le recours à cette technique peut être critiqué en ce qu'on y recourt sans vraiment rechercher s'il s'agit du moyen le plus adéquat pour atteindre l'objectif poursuivi, et qui plus est, on y recourt pour des

---

1003 LAVERGNE (B.), « La forme coopérative des nationalisations », *id.*, p. 70 et s.

1004 LAVERGNE (B.), « La forme coopérative des nationalisations », *id.*, p. 72. L'auteur espérait que ce « *type industriel supplantera(it) peu à peu les régies d'Etat* ».

Bernard Lavergne développera sa réflexion relative à la forme coopérative, voir not. : LAVERGNE (B.), *Le socialisme à visage humain, L'ordre coopératif*, PUF, 1971, où l'auteur présentait la forme coopérative comme une « extrême nouveauté » (p. 28), selon l'auteur, « *Le socialisme coopératif est l'ordre dans lequel la propriété éminente des principaux moyens de production économique appartient de plein droit à la collectivité des consommateurs et où la gestion de ces moyens de production est assumée par les délégués directs et indirects des consommateurs, et des producteurs associés, ainsi que de l'État. Bref, l'ordre coopératif est celui dans lequel les consommateurs, but et fin de toute production jouissent de l'influence prépondérante.* », p. 30.

1005 Pour une approche historique : BEAUD (O.), « Nationalisations et souveraineté de l'État », *op. cit.*

1006 En effet, la nationalisation est entendue du point de vue du libéralisme politique comme une intervention directe de l'État dans certains secteurs économiques. Or selon Michel FOUCAULT on a aujourd'hui un changement dans l'appréhension de l'action publique, si le libéralisme classique avait pour ambition de « *faire le partage entre les actions qu'il fallait faire et les actions qu'il ne fallait pas faire, entre les domaines où l'on pouvait intervenir et les domaines où on ne pouvait pas intervenir. C'était le partage des agenda/non agenda. Position naïve aux yeux des néolibéraux, dont le problème n'est pas de savoir s'il y a des choses auxquelles on ne peut pas toucher et d'autres auxquelles on a le droit de toucher. Le problème c'est de savoir comment on y touche. C'est le problème de la manière de faire, c'est le problème, si vous voulez, du style gouvernemental* », FOUCAULT (M.), *Naissance de la biopolitique*, Cours au Collège de France, 1978 – 1979, Hautes études, Gallimard, Seuil, Paris, 2004, p. 139.

situations relativement différentes[1007]. En effet, il ne s'agit que d'observer les nationalisations de 1936, d'après-guerre et de 1982 pour voir que l'on recourt à un outil unique dans des situations substantiellement distinctes[1008]. Il est assez classique de relever aujourd'hui le recul des nationalisations comme outil d'appropriation publique[1009].

345. Les nationalisations à l'épreuve de la mondialisation. Dépassé par les mutations économiques récentes, le régime des nationalisations ne semble plus à même de permettre à la Nation ce contrôle de l'économie, de faire primer l'intérêt général sur les intérêts particuliers[1010]. L'appropriation publique, par la nationalisation, a été reléguée au second plan et cela tient notamment à l'internationalisation des échanges. En effet,, la nationalisation est opérée « *par le transfert à l'Etat en toute propriété des actions représentant (le) capital* »[1011]. Or, force est de constater que « *si l'État devient propriétaire du capital social d'une société, il prend indirectement le contrôle de ses participations* »[1012], et donc de ses filiales ; donnant lieu à une sorte de nationalisation indirecte. Dans le contexte actuel (et déjà en 1982) de mondialisation des échanges et de transnationalisation des entreprises (et des groupes), la nationalisation peut alors avoir pour effet de nationaliser indirectement des sociétés étrangères, détenues ou contrôlées par la société nationalisée. Cette application extraterritoriale du droit ne va pas sans poser de sérieux problèmes, notamment du point de vue du droit du commerce international[1013].

[1007] De manière générale il existe une tendance naturelle à reproduire les techniques passées, Paul Valéry a notamment relevé qu'« *Obéissant à une sorte de loi de moindre action, répugnant à créer, à répondre par l'invention à l'originalité de la situation, la pensée hésitante tend à se rapprocher de l'automatisme ; elle sollicite les précédents et se livre à l'esprit historique qui l'induit à* se souvenir d'abord, *même quand il s'agit de disposer pour un cas tout à fait nouveau* » VALERY (P.), *Regards sur le monde actuel*, Folios, Essais.

[1008] Ce point était déjà relevé et ressort de l'étude de RIVERO (J.), *Le régime des nationalisations*, *op. cit.*

[1009] En effet, était relevée dès les années 1980, « *la relative indifférence, parfois teintée de résignation ou de scepticisme, de l'opinion face à une mutation pourtant décisive des structures économiques de notre pays. Personne ne semble plus croire aux vertus magiques des nationalisations (notamment en matière d'emploi), mais personne n'y voit non plus le signe d'un enfoncement inéluctable dans la bureaucratie et le collectivisme. La question s'est banalisée, aseptisée, dédramatisée.* », ROSANVALLON (P.), « L'idée de nationalisation dans la culture politique française », *Le Débat*, 1981/10, n° 17, p. 5.

[1010] Il faut le rappeler : « *La spécificité fondamentale des administrations publiques par rapport aux entreprises ne se trouve pas au niveau des méthodes de gestion mais au niveau des finalités.* », BARILARIE (A.), « Peut-on réformer l'État avec les méthodes du secteur privé ? », *Regards croisés sur l'économie*, 2007/2, n° 2, p. 225-232.

[1011] Loi n° 82-155 du 11 février 1982 de nationalisation, article 2.

[1012] DEBENE (M.), « Nationalisation et industrie », *op. cit.*, p. 215.

[1013] C'était déjà une problématique soulevée en 1982.

Plus encore, la nationalisation pouvait encore être entendue comme solution au monopole de fait dans une société largement industrialisée. Cela car « *la propriété était au centre de la dynamique du capitalisme industriel, (mais) c'est la capacité d'exercice d'une souveraineté mondiale qui nourrit le capitalisme de rente actuel* »[1014], ce dont témoignent les stratégies (vues précédemment) des grandes entreprises du numérique ou du secteur bancaire et financier. La nationalisation ne semble ainsi pas des plus pertinentes face aux entreprises puissantes du numérique.

346. La juste et préalable indemnisation : une remise en cause de la sanction ? Comme le rappelle le Conseil constitutionnel, le neuvième alinéa ne fait pas obstacles à ce que d'autres droits et libertés soient garantis dans le cadre d'une opération de nationalisation[1015]. En effet, le Préambule de la Constitution de 1946 énonce des principes particulièrement nécessaires à notre temps, en complément de la Déclaration des droits de l'homme et du citoyen. Il faut donc opérer une conciliation entre les textes.
La conciliation est nécessaire car il existe un conflit entre les droits et libertés en présence. L'article 2 de la DDHC dispose que « *le but de toute association politique est la conservation des droits naturels et imprescriptibles de l'Homme. Ces droits sont la liberté, la propriété, la sûreté, et la résistance à l'oppression* ». Cet article est à lire en parallèle avec l'article 17 selon lequel, « *la propriété étant un droit inviolable et sacré, nul ne peut en être privé, si ce n'est lorsque la nécessité publique, légalement constatée, l'exige évidemment, et sous la condition d'une juste et préalable indemnité* ». Ainsi, la nationalisation étant la privation du droit de propriété (transfert du secteur privé au secteur public), elle doit nécessairement être aménagée afin de ne pas porter une atteinte disproportionnée au droit de propriété, c'est la raison pour laquelle la nationalisation donne lieu à une juste et préalable indemnité. C'est en effet une condition *sine qua non* de la validité des opérations de nationalisation.

347. Cette condition semble néanmoins être contradictoire avec le caractère de sanction attachée à l'appropriation collective. Pourtant, cet élément n'est pas important dans la mesure où la sanction se place bien plutôt sur la transformation des modalités de gestion de l'entreprise nationalisée que sur le transfert du secteur privé au secteur public. Il s'agit de sanctionner, avec

---

[1014] HENNI (A.), *Le capitalisme de rente, De la société du travail industriel à la société des rentiers*, L'Harmattan, Paris, 2012.

[1015] Cons. const., Déc. n° 81-132 DC du 16 janvier 1982, cons. 17 : « *Considérant que l'alinéa 9 du préambule de la Constitution de 1946 dispose : Tout bien, toute entreprise dont l'exploitation a ou acquiert les caractères d'un service public national ou d'un monopole de fait doit devenir la propriété de la collectivité ; que cette disposition n'a ni pour objet ni pour effet de rendre inapplicables aux opérations de nationalisation les principes susrappelés de la Déclaration de 1789* ».

l'appropriation collective, un type particulier d'exploitation où les intérêts privés priment l'intérêt général.

B. L'actionnariat public : moyen nouveau d'appropriation collective du monopole de fait ?

348. « *Il est vrai que la dénationalisation de l'économie compromet la capacité de l'État national à mener une politique économique* »[1016], pourtant, la dénationalisation ne correspond pas à un désengagement de l'État mais plutôt à une transformation de son action dans le domaine économique. C'est cette évolution que marque l'expression d'« *État actionnaire* »[1017]. L'État prend des participations au capital de certaines entreprises, et parallèlement, vu la difficulté croissante à nationaliser, vu l'influence du discours libéral, le législateur a doté le pays d'une législation spéciale permettant à l'État de conserver un droit de regard sur les prises de participation étrangères au capital d'entreprise exerçant dans certains secteurs stratégiques. Nous pensons ici, bien évidemment, à la réglementation sur les investissements étrangers déjà évoquée précédemment.

349. La distinction entre la nationalisation et l'actionnariat public. On a pu qualifier les prises de participation de l'État au capital de certaines entreprises, de nationalisations rampantes, sous-entendu qu'il ne s'agissait en fait que d'une étatisation. Le spectre de l'étatisation semble planer sur toutes les interventions plus ou moins directes de l'État dans l'économie. L'actionnariat public résulte d'un changement de stratégie étatique. Le déclin de l'intérêt envers les nationalisations et l'impulsion européenne de libéralisation ont conduit à des privatisations d'envergure. Pour autant, ces privatisations ne sont pas synonymes d'un retrait de l'État de la vie économique[1018]. L'État s'est transformé et a fait siennes les techniques de la société anonyme[1019]. L'appropriation des techniques du droit des sociétés était nécessaire car, comme certains l'ont justement relevé : « *Aucun autre mode de contrôle de l'État, [...] ne saurait autant que celui-ci se plier aux exigences de la vie des sociétés commerciales, aucun ne saurait mieux laisser la liberté dont il est indispensable qu'elles jouissent pour pouvoir prospérer, tout en conservant*

[1016] BECK (U.), Pouvoir et contre-pouvoir à l'ère de la mondialisation, *op. cit.*, p. 107.

[1017] Pour une analyse approfondie de l'État actionnaire, voir not. : CARTIER-BRESSON (A.), *L'État actionnaire*, *op. cit.* ; MARCHAND (J.), Recherche sur le régime des actions et participations financières publiques, LGDJ, coll. Bibliothèque de droit public, t. 279, 2014.

[1018] Notons que les privatisations ont entraîné pour l'État un gain considérable.

[1019] CARTIER-BRESSON (A.), *L'État actionnaire*, *op. cit.*, Première Partie.

autant que nécessaire les droits de la puissance publique »[1020]. Mais afin de conserver un certain contrôle, un certain poids, au sein d'entreprises stratégiques pour l'économie nationale[1021], certains aménagements par rapport au droit commun se sont développés, des « *mécanismes exorbitants* »[1022], au premier titre desquels l'établissement de *golden share*. Ces actions[1023] spécifiques, dites, de préférence[1024], permettent de mettre au point un actionnariat quasiment sur mesure et témoignent que « *le droit public s'infiltre par le biais d'une valeur mobilière qui se trouve totalement dénaturée* »[1025] et qui « *confie(nt) à son titulaire des pouvoirs sans commune mesure avec sa participation au capital* »[1026].

350. Les prérogatives de l'État actionnaire[1027] et la corrélation avec les requis de l'appropriation collective. Lorsque l'entreprise est à participation publique, alors l'État dispose de prérogatives afin d'affermir son pouvoir au sein de l'entreprise[1028]. La principale prérogative est liée à la représentation de

---

1020 PADER (R.), *La théorie de l'État actionnaire*, *op. cit.*, p. 11.

1021 Pour un panorama des participations de l'État, voir not. le rapport d'activité 2015-2016 de l'Agence des participations de l'État ; les données statistiques de l'INSEE Références, Tableaux de l'économie française (TEF), Édition 2016, [https://www.insee.fr/fr/statistiques/1906721?sommaire=1906743].

1022 CARTIER-BRESSON (A.), *L'État actionnaire*, *op. cit.*, n° 45 et s. Parmi les mécanismes exorbitants, l'auteure relève l'existence d'une minorité de blocage, les pactes d'actionnaires, le rôle du commissaire du gouvernement et enfin l'action spécifique (*golden share*).

1023 Sur la définition des actions, voir not. Fiches d'orientation, Dalloz, Action de société, avril 2018. Il est possible de distinguer entre différents types d'actions, et notamment entre les actions simples et les actions de préférence. Cela signifie que certaines actions bénéficient soit de droits particuliers en termes de droits politiques, soit de droits particuliers en termes de droits financiers.

1024 ARAKELIAN (R.), « Action de préférence », *Répertoire de droit des sociétés*, juillet 2015. Voir plus particulièrement le point 8 pour une bibliographie exhaustive à propos de l'action de préférence. L'auteur relève que : « *les actionnaires minoritaires qui ont des objectifs strictement financiers et qui ne souhaitent pas s'impliquer dans la gestion de la société, pourront aménager leurs droits financiers prioritaires dans les statuts et ce, grâce aux actions de préférence, pour bénéficier d'un dividende prioritaire ou d'une répartition préférentielle du prix en cas de cession de la société.* ».

1025 CARTIER-BRESSON (A.), *L'État actionnaire*, *op. cit.*, n° 49.

1026 CARTIER-BRESSON (A.), *L'État actionnaire*, *op. cit.*, n° 49.

1027 Pour une analyse approfondie des prérogatives de l'État du fait de ses participations dans les entreprises, voir not. : IDOUX (P.), « Les spécificités de l'actionnariat public », *op cit.*
Sur l'État actionnaire, voir not. : CARTIER-BRESSON (A.), *L'État actionnaire*, *op. cit.*

1028 Cette présence a pu être largement critiquée et il a pu être préconisé de limiter la présence des représentants de l'État pour préserver la performance de l'entreprise, et de cantonner les rôles de ces représentants à la défense des intérêts propres de l'État. Voir par exemple : PADER (R.), *La théorie de l'État actionnaire*, *op. cit.*, p. 19 : « *Il suffit de limiter le rôle des agents de l'État à la défense de ses intérêts propres ; de ne pas leur donner l'influence prépondérante dans la conduite économique de l'entreprise* ». Mais cette proposition ancienne nie toute dimension transversale aux participations publiques visant à garder un certain contrôle sur/de l'économie.

l'État dans les organes de gouvernance[1029]. Certaines règles sont établies quant à cette représentation, et se sont développés les droits de vote double[1030] pour assurer, malgré une participation minimale, une présence accrue de l'État dans les organes de gouvernance. Notons que selon certains textes, et indépendamment du fait que l'État participe au capital de la société, l'État peut également détenir un droit de regard sur les investissements étrangers dans certaines entreprises[1031].

351. Si le changement de stratégie étatique est indéniable, il en va de même quant au soubassement de ce changement stratégique. Tout comme l'objectif des nationalisations était, en partie, d'avoir la main mise sur certaines entreprises stratégiques et ainsi de pouvoir influer sur la conduite de celles-ci, l'objectif de la participation publique est le même : conserver une marge de contrôle dans certaines entreprises. Or, par la mise en place d'un actionnariat public, la puissance publique s'assure un certain pouvoir dans la gouvernance des entreprises à participation publique. Autrement dit, l'actionnariat permet, à l'instar des nationalisations, de conserver un pouvoir de contrôle et d'orientation dans la gestion de l'entreprise. Être actionnaire permet de prendre part au processus décisionnel au sein de l'entreprise afin de faire entendre ses intérêts. Pourtant, les stratégies actionnariales dorénavant mises en œuvre par l'État[1032] ne poursuivent pas la représentation de l'intérêt général mais bien un intérêt financier, un intérêt patrimonial[1033]. L'objectif est de stabiliser le capital des sociétés, l'État peut nommer des administrateurs qui porteront la voix de l'État dans les Conseils d'administration, mais c'est aux dirigeants, à l'organe de direction à proprement parler, que revient le rôle d'opérer une synthèse des intérêts en présence[1034].

[1029] Selon les modalités énoncées par l'ord. n° 2014-948 du 20 août 2014 relative à la gouvernance et aux opérations sur le capital des sociétés à participation publique, Titre II — Gouvernance.

[1030] Autrement appelés *golden share*. La jurisprudence communautaire admet de tels droits dans les secteurs du gaz et de l'électricité (énergie) mais pas dans le secteur bancaire. Voir en ce sens : Trib UE, 29 novembre 2012, Groupement des cartes bancaires c. Commission européenne.

En tout état de cause, l'existence de *golden share* est conditionnée, conformément aux décisions CJCE, 4 juin 2002, aff. C—367/98, C-483/99 et C-503/99. Sur ces décisions, voir not. : FRISON-ROCHE (M.-A.), « Les conditions communautaires de validité des *golden shares* dans les entreprises publiques privatisées (arrêts CJCE, 4 juin 2002), *D.*, 2002, p. 2242

[1031] Voir par exemple le décret n° 2014-479 du 14 mai 2014 relatif aux investissements étrangers soumis à autorisation préalable.

[1032] Par le biais de l'Agence des participations de l'État créée par le décret n° 2004-963 du 9 septembre 2004 portant création du service à compétence nationale Agence des participations de l'Etat.

[1033] CARTIER-BRESSON (A.), *L'État actionnaire*, *op. cit.*, la fonction d'actionnaire prend le pas sur la fonction de tutelle. Voir particulièrement, Partie II, Titre premier.

[1034] Sur la distinction entre administration et direction d'une société, voir la section suivante.

Le Conseil constitutionnel a eu l'occasion de se prononcer sur la corrélation existante, ou non, entre la nationalisation et l'actionnariat public[1035]. La réponse est claire, les caractères spécifiques de l'actionnariat public[1036] ne peuvent être mis sur le même plan que ceux de la nationalisation bien qu'ils semblent parfois se recouper[1037].

352. L'oubli de la gestion multipartite des entreprises. Les nationalisations, essentiellement celles de la première moitié du XXe siècle, avaient pour objectif direct d'assurer une gestion au moins tripartite des entreprises nationalisées, une gestion collective. C'est-à-dire que les Conseils d'administration ou de surveillance devaient être composés de représentants à la fois de l'État mais aussi des salariés, à côté des entrepreneurs. Cette volonté issue de l'affirmation de la démocratie économique ne se retrouve pas dans sa pleine acception avec le passage à l'État actionnaire[1038]. Certes, l'État poursuit l'intérêt général et à ce titre, représente l'ensemble de la Nation ; néanmoins, la gestion multipartite de l'entreprise semble permettre une meilleure conciliation des intérêts qu'une gestion bipartite entre les entrepreneurs et l'État. D'autant plus que l'État poursuit une stratégie actionnariale propre et agit tout à la fois comme un acteur économique classique et comme puissance publique voulant protéger ses secteurs stratégiques. La question de la gestion des entreprises, qui est l'élément central dans l'idée de l'appropriation collective est diluée avec la transition à l'actionnariat public.

[1035] Cons. const., déc. n° 83-167 DC, 19 janvier 1984, loi relative à l'activité et au contrôle des établissements de crédit : Il a ainsi précisé que ces deux opérations n'ont pas la même essence et « *que la nationalisation, au sens de l'article 34 de la Constitution, implique que le transfert de propriété d'une entreprise résulte d'une décision de la puissance publique à laquelle le ou les propriétaires sont obligés de se plier ; que la prise de participations dans le capital d'entreprises ne saurait, en raison du caractère contractuel de l'opération, constituer une nationalisation* […] ».

[1036] Sur ce point : IDOUX (P.), « Les spécificités de l'actionnariat public », *RFDA*, 2012, p. 1101.

[1037] Notamment quant aux justifications avancées pour justifier le contrôle par la personne publique, telle que faire primer l'intérêt général sur des intérêts particuliers ou la nécessité publique. Voir en ce sens : IDOUX (P.), « Les spécificités de l'actionnariat public », *op. cit.*

[1038] À relativiser quelque peu, les lois n° 86-793, 2 juillet 1986 autorisant le Gouvernement à prendre diverses mesures d'ordre économique et social, et n° 86-912 du 6 août 1986 relative aux modalités d'application, prévoyaient aussi « *tout un ensemble de dispositions destinées à favoriser d'une part l'actionnariat salarié (rabais, délais de paiement,…) et d'autre part l'actionnariat des petits porteurs (priorité, distribution d'actions gratuites en cas de conservation du portefeuille…).* », ENCAOUA (D.), SANTINI (J.-J.), « Les privatisations en France : éléments d'analyse et bilan », *op. cit.*, p. 21-52.

353. L'approche par la propriété cache la problématique du pouvoir[1039] inhérente à la question du monopole de fait. C'est bien en ce sens que le neuvième alinéa sanctionne le monopole de fait par l'appropriation collective, par la propriété de la *collectivité*, qui ne s'épuise pas dans la propriété publique et qui, plus précisément, correspond à une gestion collective des entreprises[1040].

C. Le modèle concessif : un outil mal exploité pour endiguer le monopole de fait

354. Le cas des concessions autoroutières a déjà été évoqué dans la première partie pour mettre en lumière que l'octroi de droits exclusifs, notamment dans le modèle concessif, peut conduire à la constitution d'une rente de situation, et donc constitue un monopole de fait. Pourtant, il semble que ni le législateur ni l'État, n'aient tout à fait pris conscience de ces écueils. Même s'« *Il devient évident à travers la loi Pacte que le législateur a cessé de considérer qu'il était utile que l'État possède une entreprise pour en contrôler tout ou partie de l'activité* »[1041], la réflexion sur le contrôle des entreprises reste à approfondir pour ne pas favoriser la constitution de monopole de fait.

355. Un mot pour évoquer le cas d'Aéroport de Paris. La polémique politique est connue, la loi Pacte est votée mais a été introduit, juste avant sa promulgation, un référendum d'initiative partagée[1042]. La privatisation ne fait pas l'unanimité auprès des parlementaires. Plusieurs choses : le groupe Aéroport de Paris gère bien une infrastructure essentielle, l'infrastructure aéroportuaire. Ainsi, cette activité relève de ce qui a pu être dit concernant les infrastructures essentielles (correspondance avec le monopole naturel) et appelle les mêmes réserves, pour éviter que ne se constitue un monopole de

---

1039 « *On peut [...] s'accorder avec l'idée que la propriété n'est pas en elle-même un bien, ni un droit patrimonial mais se réduit à une prérogative du sujet sur un bien. [...] On ne prendra donc pas ici le terme de propriété au sens qu'il acquiert au pluriel ("les propriétés"), c'est-à-dire la chose elle-même, mais au sens du pouvoir qui s'établit sur elle en fonction de la personne* », BIOY (X.), « La propriété éminente de l'État », *RFDA* 2006, p. 963.

1040 Certains ont d'ailleurs pu se demander « *si la formule adoptée est celle qui répondait le mieux à l'intention de ses auteurs ; ce qu'ils entendaient exclure c'est que les entreprises privées visées par eux pussent être gérées à l'encontre des intérêts de la collectivité. Or, "propriété de la collectivité" n'implique pas nécessairement gestion par la collectivité ; la concession de service public en est un exemple ; au fond, l'amendement de M. Grimaud, d'après lequel "les entreprises doivent cesser d'être au service d'intérêts privés" disait, mieux que la formule actuelle, ce que l'Assemblée voulait dire.* », RIVERO (J.), VEDEL (G.), « Les principes économiques et sociaux de la Constitution : Le préambule », *op. cit.*, p. 129.

1041 IDOUX (P.), « Le droit public de l'économie vu à travers la loi PACTE », Droit administratif, n° 10, octobre 2019, étude 13.

1042 Ayant pour objectif de conférer à ADP le caractère de service public national.

fait. Le lien avec le domaine autoroutier est flagrant. Il est d'autant plus prégnant que la gestion des aéroports prendra, à terme, la forme d'une concession, avec l'octroi de droits exclusifs, soit exactement le même schéma juridique que pour la gestion des autoroutes (dont il faut rappeler la rentabilité exceptionnelle), et risque ainsi d'aboutir à un monopole de fait. Car même si par nature les droits exclusifs ne constituent pas un monopole de fait, ils en constituent un levier non négligeable. Pourtant, le Conseil d'État[1043] et le Conseil constitutionnel[1044], dans la droite ligne de leur jurisprudence antérieure, ont refusé de reconnaître à ADP (tout comme à la Française des jeux) le caractère de service public national ou de monopole de fait[1045].

356. On constate ainsi que les débats se cristallisent sur le terme de privatisation, et que nombreux sont ceux qui mettent en avant le risque lié à des prises de participation étrangère, mais cette question relève de la réglementation des investissements étrangers, qui si elle n'est pas à déconsidérer, ne doit pas évincer la question, plus centrale, de la gestion de l'infrastructure pour éviter que ne se constitue un monopole de fait. Il est en effet bien plus important de s'intéresser aux modalités de gestion et aux prérogatives que va conserver l'État dans l'encadrement de l'activité que de s'en tenir à critiquer l'ouverture du capital. Au risque de se répéter, lorsque l'on envisage le monopole de fait, la forme de l'entreprise, son caractère public ou privé n'est que de peu d'importance. Ce sont bien les modalités de gestion de l'activité qui sont à millimétrer et la capacité de l'État à contraindre l'opérateur gérant l'infrastructure essentielle. Dans cette optique, et parmi les points les plus sensibles, il faut relever le fait que la responsabilité sans faute de l'État pourra être engagée lors de changement réglementaire[1046]. Cela devrait, bien plus, faire bondir les défenseurs des secteurs stratégiques, que la privatisation du capital d'une entreprise, qui certes était à capital majoritairement public mais avait déjà embrassé la forme sociétaire dès 2005[1047]. Les questions

---

1043 CE, avis, ass. gén., 14 juin 2018, n°s 394599 et 39.021.

1044 Conseil constitutionnel, décision n° 2019-781 DC, 16 mai 2019, Loi relative à la croissance et la transformation des entreprises ; Conseil constitutionnel, décision n° 2019-1 RIP, 9 mai 2019, Proposition de loi visant à affirmer le caractère de service public national de l'exploitation des aérodromes de Paris.

1045 NICINSKI (S.), « Les privatisations dans la loi PACTE », *AJDA*, n° 22, 24 juin 2019, p. 1261.

1046 Voir not. : LIGNERES (P.), « Conseil constitutionnel – Référendum sur la privatisation d'ADP, Le rendez-vous manqué de la résolution juridique du débat », *Droit administratif*, n° 10, octobre 2019, repère 9 : « *La loi dispose en effet qu'un cahier des charges précisera les modalités selon lesquelles ADP peut rechercher la responsabilité sans faute de l'État notamment quand celui-ci prend des décisions qui bouleversent "dans la durée les conditions économiques dans lesquelles l'exploitant opère ses activités de service public". Si de telles dispositions sont de nature à rassurer les investisseurs et donc à maximiser le prix de la cession des actions d'ADP, les juristes ont-ils quant à eux véritablement analysé la portée d'un tel pouvoir de police qui s'accompagne d'un droit à indemnisation ainsi sanctuarisé par la loi ?* ».

1047 BRISSON (F.), « L'incidence de la loi du 20 avril 2005 sur le régime des infrastructures aéroportuaires », *AJDA*, n° 33, 3 octobre 2005, p. 1835.

d'indemnisation ne sont en effet pas à prendre à la légère puisqu'elles constituent, en fait, des freins à l'action de l'État, l'indemnisation peut dessaisir l'État de ses prérogatives ouvrant la voie à des rentes de situation qui ne pourraient plus être sanctionnées, car conditionnées à l'octroi d'indemnités.

§ II. L'APPROPRIATION COLLECTIVE PAR LA GOUVERNANCE DES ENTREPRISES

357. Dans les années 40[1048], « *des transferts de propriété ont d'abord été envisagés dans un cadre communal et dans une optique libertaire, au profit de coopératives, d'associations ouvrières ou des consommateurs* »[1049] ; mais cette approche de la démocratisation de l'économie, à l'échelle locale, n'a pas été retenue et c'est la puissance publique, à l'échelle nationale, qui s'en est chargée. Du fait de l'assimilation entre la propriété de la collectivité et la nationalisation, il y a eu un glissement vers une approche propriétaire consacrant l'opposition de la propriété *publique*, et non *collective*, à la propriété privée[1050]. Or, il faut dépasser cette approche classique afin d'embrasser pleinement l'appropriation collective.

L'appropriation collective est à concevoir en opposition à la propriété individuelle qui est par nature exclusive. C'est bien là l'origine politique de la condamnation du monopole de fait. Contre l'exclusivité de la propriété privée, contre les abus de pouvoir que ce droit permet, les constituants ont affirmé la propriété de la collectivité (A). Cette propriété collective répond à une volonté d'équilibre des pouvoirs, elle renvoie à un mode de gestion multipartite des biens et des entreprises. On retrouve dans la théorie des biens communs, une forme de renouvellement de l'appropriation collective. L'appropriation collective est à penser par le prisme de la gouvernance des entreprises (B).

1048 Et même depuis le début du XXe siècle si l'on considère la nationalisation des chemins de fer en 1911.

1049 STOFFAES (C.), VICTORRI (J.), *Nationalisations*, *op. cit.*, p. 11.

1050 Notons que l'avènement de la propriété individuelle change le mode d'action de l'État : « *l'État intervenait traditionnellement dans la vie économique en créant manufactures ou régies mais sans exproprier. La propriété individuelle n'était-elle pas la grande conquête de la Révolution française ? En démantelant les biens de l'Eglise, celle-ci avait aboli une des dernières formes de propriété collective.* », STOFFAES (C.), VICTORRI (J.), *Nationalisations*, *ibid.*, p. 11.

A. La propriété collective : antithèse de la propriété privée

358. Le sens de l'expression *propriété collective* peut sembler évident mais d'un point de vue juridique il n'en va pas ainsi. De prime abord, le propre de la propriété est d'être individuelle[1051]. La propriété individuelle est un « *mécanisme fondamental du droit* »[1052], qui « *forme comme la synthèse de tous les droits individuels* »[1053] et qui supplante toute autre forme propriétaire. Pourtant, « *En réalité, la propriété collective apparaît* avec *la propriété individuelle.* »[1054]. La propriété est l'élément central du Code civil et est la pierre angulaire des rapports entre les individus. La propriété correspond à la fois aux droits et aux biens objet de ces droits. Elle revêt ainsi deux aspects, l'un objectif, l'autre subjectif[1055]. Ce double aspect est ancien, les Romains distinguaient déjà entre la *proprietas* et le *dominium*[1056], pourtant de nos jours, cette distinction tend à disparaitre. Le droit de propriété est un droit des individus sur les choses, on ne le perçoit plus comme un véritable pouvoir sur les choses.

[1051] Ce dont témoignent les débats relatifs à l'établissement de régimes de propriétés multiples, on pense ici notamment à la copropriété.

[1052] ZENATI-CASTAING (F.), « La propriété, mécanisme fondamental du droit », *RTD Civ.*, 2006, p. 445.

[1053] DUGUIT (L.), *Le droit social, le droit individuel et la transformation de l'État*, Conférences faites à l'École des Hautes Études Sociales, Félix Alcan, Paris, 1908, p. 4.

[1054] BOURJOL (M.), *Les biens communaux : voyage au centre de la propriété collective*, *op. cit.*, p. 17. L'auteur ajoute que « *Juridiquement, ces deux types de propriété s'opposent : l'intégration de la communauté agricole dans l'économie de marché sera effectivement le facteur déterminant de sa désintégration, au profit de la propriété individuelle des personnes physiques ou morales. La terre, devenue "marchandise", peut être aliénée, louée à des tiers, c'est-à-dire, faire l'objet d'un "commerce juridique". Politiquement et économiquement, l'opposition n'est pas cependant entre "propriété collective" et "propriété individuelle", mais entre "propriété collective" et "propriété parcellaire" d'une part et grande propriété foncière d'autre part.* ».

[1055] ZENATI-CASTAING (F.), « La propriété, mécanisme fondamental du droit », *op. cit.*

[1056] ZENATI-CASTAING (F.), « La propriété, mécanisme fondamental du droit », *op. cit.* : « *la proprietas désignait ce que nous entendons aujourd'hui par nue-propriété, à cette différence près, différence importante, que la proprietas n'a jamais été un droit à Rome.* ».
Pour une approche de la pensée de Saint Thomas d'Aquin relative au *dominium*, voir not. : BARBIER (M.), « Pouvoir et propriété chez Thomas d'Aquin : la notion de *dominium* », *op. cit.*
Pour une approche de la pensée de Locke sur *l'imperium* et le *dominium*, voir not. : SPITZ (J.-F.), « *Imperium* et *dominium* chez Locke », *Revue française de théorie juridique*, n° 22, novembre 1995, p. 27.
Pour une approche civiliste de l'évolution de ces notions, voir not. : ARNAUD (A.-J.), « *Imperium* et *dominium* : Domat, Pothier et la codification », *Revue française de théorie juridique*, n° 22, novembre 1995, p. 55.

359. La propriété privée et l'individualisme possessif. De nombreuses réflexions ont eu pour objet de comprendre le lien entre l'individualisme possessif et les logiques d'appropriation. On considère traditionnellement que c'est Macpherson, dans son ouvrage de 1962, *The political theory of Possessive individualism*, qui donne à cette notion une « *fortune extraordinaire* »[1057]. L'individualisme possessif appuie différents discours. Par exemple, il peut être utilisé afin de résumer les « *traits négatifs du temps présents dont il importe de faire la critique (empire absolu des valeurs utilitaristes, logique du profit et de la marchandisation, etc.)* »[1058] ou bien, il peut être utilisé pour « *fonder la théorie sociale et politique* »[1059].
Certains ont pu considérer que l'individualisme possessif était au cœur du droit subjectif et était intimement lié à l'État libéral. Le droit subjectif peut-être entendu comme « appartenance-maîtrise, *l'appartenance causant et déterminant la maîtrise.* »[1060]. L'État de droit, moderne, a accentué et réaffirmé les droits subjectifs des individus, il leur a garanti certains droits et libertés fondamentales. Au premier titre de ces droits se trouve la propriété. La propriété a servi à instaurer une société égalitaire, c'est la revendication de la possibilité pour tous d'être propriétaire qui a conduit à l'abolition définitive du modèle féodal et a permis de garantir aux individus une protection contre l'arbitraire de la puissance publique. Mais cela a conduit à un certain paradoxe car « *(l)es acteurs d'emblée égaux veulent régler de façon autonome leur vie commune* »[1061]. L'individualisme a ainsi remplacé l'égalité : valeur traditionnellement fondamentale de la démocratie[1062]. La démocratie survit à ce changement de paradigme, à cette transition de l'égalité aux libertés

[1057] BALIBAR (E.), *La proposition de l'égaliberté*, Actuel Marx Confrontation, PUF, 2010, p. 91.
[1058] BALIBAR (E.), *La proposition de l'égaliberté*, *op. cit.*, p. 92.
[1059] BALIBAR (E.), *La proposition de l'égaliberté*, *ibid.*, p. 92.
[1060] DABIN (J.), *Le droit subjectif*, Dalloz, Paris, 1952. Dans son ouvrage l'auteur rappelle que « *Pour accéder au plan spécifique du droit subjectif et pour s'y maintenir, il faut concevoir autrement que Ihering le lien de l'intérêt qui unit la chose, objet du droit, à celui que l'on nomme l'"intéressé" : sous l'angle non plus d'un lien ou d'un intérêt de* jouissance, *mais d'un lien ou d'un intérêt d'*appartenance. *Il y a droit subjectif là où il y a appartenance. Le droit n'est pas un intérêt, même juridiquement protégé ; il est l'appartenance d'un intérêt ou, plus exactement, d'une chose qui touche le sujet et l'intéresse, non en tant qu'il jouit ou est appelé à en jouir, mais en tant que cette chose lui appartient en propre.* », p. 82. Cette *appartenance* c'est ce que nous appelons l'intérêt légitime.
[1061] HABERMAS (J.), « Sur le rapport de la théorie et de la pratique », *Les Études philosophiques*, 2008/4, n° 87, p. 489. L'auteur poursuit en ces termes : « *Kant et Rousseau conçoivent l'autonomie comme la faculté de lier la volonté propre à des lois qui peuvent être adoptées par tous en considération de ce qu'il y a d'également bon pour chacun. Avec cet universalisme égalitaire, la philosophie puise "de la seule raison" des idées d'une grande force explosive* ».
[1062] Voir en ce sens : TOUZEIL-DIVINA (M.), *Dictionnaire de droit public interne*, Lexis nexis, 2017, p. 126, VI. Voir également les développements de l'introduction relatifs à la démocratie et à la liberté et l'égalité.

individuelles, à ce passage de la collectivité à l'individualité. Pourtant, ce changement rend difficile la réception juridique de la propriété collective.

360. La fonction sociale des droits[1063]. Mais n'en est-on pas aujourd'hui à la « *post-modernité* »[1064] ? À la « *néo-modernité* »[1065] ? Et cela ne doit-il pas induire une nouvelle vision des droits, à faire prévaloir leur fonction sociale sur leur caractère subjectif, à remettre l'intérêt au centre de l'analyse juridique[1066] ? Si à l'origine, la propriété a permis de bâtir l'individu, de le reconnaître dans son individualité au sein de la société[1067], ne peut-elle pas aujourd'hui être relativisée ? Car la propriété est à la fois « *un droit individuel d'exclure les autres* »[1068] et « *un droit individuel de ne pas être exclu par les*

1063 Déjà abordée précédemment, la fonction sociale des droits est bien au cœur de la réflexion du constituant autour du neuvième alinéa. Pour une approche synthétique de la fonction sociale des droits, voir not. : PIROVANO (A.), « La fonction sociale des droits : Réflexions sur le destin des théories de Josserand (à propos d'un arrêt de la 3e Chambre civile de la Cour de cassation, du 12 oct. 1971) », *Dalloz*, 1972, p. 67. L'auteur précisait que « *La théorie de l'abus de droit, tout comme celle d'enrichissement sans cause, est un mécanisme correcteur, une soupape de sûreté qui permet au juge d'assouplir le jeu des relations juridiques.* ».

1064 CHEVALLIER (J.), *L'État post-moderne*, coll. Série politique, 4e éd., LGDJ, Lextenso, 2014. L'auteur s'interroge sur « *la portée des transformations que connaissent, à des degrés divers, tous les États et qui mettent en cause les principes sur lesquels la forme étatique a été construite. Ces transformations sont indissociables de mutations plus profondes. Tout se passe en effet comme si les sociétés contemporaines connaissaient, en ce début du XXIe siècle, une transformation profonde de leurs principes d'organisation : transformations qui atteignent aussi tous les niveaux de l'édifice social, et partant l'ensemble des institutions (économiques, culturelles, politiques...).* », p. 9.

1065 Selon l'expression utilisée par Guylain Clamour : CLAMOUR (G), *Intérêt général et concurrence, Essai sur la pérennité du droit public en économie de marché,* Nouvelle bibliothèque de thèse, vol. 51, Dalloz, 2006, not. n° 39.

1066 Proposition qui permet en fait de considérer les intérêts en présence. Sur le *continuum* existant entre les notions d'intérêt et de droit subjectif voir : OST (F.), *Droit et intérêt, vol. 2, entre droit et non-droit : l'intérêt,* Facultés universitaires de Saint-Louis, Bruxelles, 1990. L'auteur énonce que : « [...] *s'il est exact qu'à tout intérêt ne correspond pas nécessairement un droit subjectif, en revanche, il est non moins certain que la reconnaissance de tout droit subjectif suppose, "à sa base", la présence d'un intérêt. Tout se passe donc comme si, au sein de l'immense domaine des intérêts, se dessinait un ensemble plus restreint d'intérêts "consacrés", "élevés à la dignité", comme disent les juristes, de droits subjectifs.* », p. 36.

1067 C'est à ce titre que lors de la Révolution s'est posée la question de la distinction entre propriété et souveraineté, voir en ce sens : HALPERIN (J.-L), « Propriété et souveraineté de 1789 à 1804 », *Revue française de théorie juridique*, n° 22, novembre 1995, p. 67.
C'est aussi la pensée de Duguit. Voir not. : DUGUIT (L.), *Le droit social, le droit individuel et la transformation de l'État*, Conférences faites à l'École des Hautes Études Sociales, Félix Alcan, Paris, 1908, p. 5 : « *Ce concept de droit subjectif que d'aucuns nous présentent comme une vérité absolue, n'a été qu'un moment dans l'histoire éternellement changeante des institutions et des idées, un moment important, je le veux bien, mais rien de plus. Mettons que venue à son heure elle a joué dans le monde un rôle important et rendu d'immenses services. Mais aujourd'hui son règne est fini. J'estime que ceux qui veulent encore fonder un système politique et civil sur cette conception caduque préparent une législation sans valeur pratique et édifient en dehors des faits une technique juridique qui n'est qu'une scolastique creuse.* ».

1068 BALIBAR (E.), *La proposition de l'égaliberté*, *op. cit.*, p. 96.

autres »[1069]. Or, selon l'acception que l'on donne à la propriété, à l'individualisme possessif, on ne tirera pas les mêmes conséquences et les mêmes régimes applicables. Dans un État démocratique[1070], qui promeut l'égalité en droit, la propriété entendue dans un sens large ne peut correspondre qu'à la deuxième hypothèse : il s'agit d'un droit individuel à ne pas être exclu par les autres. C'est pour cela que face à un monopole de fait, où la propriété et les droits qui y sont attachés permettent d'exclure les autres de la gestion de l'entreprise et permettent d'accaparer une rente de situation qui devrait pourtant bénéficier à tous, on oppose la *propriété de la collectivité*. L'appropriation collective, à l'opposé de la propriété privée soutenant l'individualisme possessif, est une notion rappelant les individus au respect d'une organisation sociale démocratique.

361. La *propriété de la collectivité* visée par les constituants en 1946 viserait alors une redistribution du pouvoir sur le bien ou l'entreprise ayant les caractères d'un monopole de fait, on retrouve bien l'idée de la gestion multipartite inhérente à la nationalisation, l'idée de la démocratisation de l'entreprise ; une socialisation de l'entreprise. Selon les dictionnaires d'usage[1071], socialiser serait le fait de « *rendre social ; transférer de l'individuel au collectif* » ou comme le fait de s'« *adapter à la vie en société, aux rapports sociaux* » ; enfin, d'un point de vue sociopolitique, le fait de socialiser revient à « *dégager de la propriété privée au profit de la propriété collective* ».

362. La question du pouvoir invite à raisonner en termes de gouvernance et non de propriété, c'est la gestion de l'entreprise qui est problématique en cas de monopole de fait, c'est l'exploitation abusive qui est stigmatisée[1072]. L'appropriation collective doit permettre une juste et équitable exploitation des entreprises par rapport à une communauté d'intérêts[1073].

1069 BALIBAR (E.), *La proposition de l'égaliberté*, *ibid.*, p. 96.

1070 Sur le lien entre propriété et démocratie, notamment dans la pensée de Montesquieu, voir not. : SPECTOR (C.), « Variations de la propriété. Montesquieu contre l'individualisme possessif », *in* BACHOFEN (B.) dir., *Le libéralisme au miroir du droit, L'État, la personne, la propriété*, ENS Éditions, 2008, p. 95.

1071 Trésor de la langue française informatisé, *Socialiser.

1072 Comme cela a été mis en évidence dans les développements de la première partie.

1073 Voir par exemple : ARNAUD (A.-J.), *Dictionnaire encyclopédique de théorie et de sociologie du droit*, LGDJ, Story Scientia, 1988, p. 194 : « *Dans le champ juridique, l'intérêt est une disposition stable ou durable à la satisfaction d'un bien matériel ou idéal qui est, ou tend à être, reconnu et / ou protégé par l'ordre juridique.* ».

B. L'appropriation collective : une question de gouvernance

363. On constate un certain engouement autour des questions de gouvernance. Le développement de certaines théories économiques, notamment celle d'Elinor Ostrom relative au bien commun, remet au centre de la réflexion la question de la gestion des entreprises. On retrouve, en substance, toute l'idée de l'appropriation collective (1). La gouvernance est l'affaire de l'organe dirigeant des sociétés, organe tenu par l'objet social d'une part, mais qui doit, dorénavant, prendre en compte dans la gestion les « *enjeux sociaux et environnementaux de ses activités* » (2).

1. Le renouveau de l'appropriation collective

364. La question de la propriété collective a souvent été posée mais « *l'institution ne s'est jamais imposée.* »[1074]. L'entreprise, malgré quelques infléchissements[1075], semble résister à toute forme d'appropriation collective. Néanmoins, l'avènement de la réflexion autour des biens communs, particulièrement grâce aux travaux d'Élinor Ostrom[1076], Nobel d'économie en 2009, invite à repenser l'entreprise, et à l'entendre comme objet d'intérêt collectif[1077]. L'entreprise est évidemment une unité économique, mais ce n'est pas pour cela que l'on doit l'autoriser à ne jouer que selon les règles du marché. Au-delà de la compétitivité que l'on a voulu placer comme but absolu de l'entreprise, la réflexion est aujourd'hui celle de son intégration au sein de la société. À ce titre, ce n'est pas la forme de la société qui importe mais bien les règles de son fonctionnement et les modalités d'exercice du pouvoir en son

---

[1074] CHAIGNEAU (A.), « L'entreprise à la croisée des doctrines du "bien commun" », *in Repenser les biens communs*, PARANCE (B.), DE SAINT VICTOR (J.) dir., CNRS Éditions, Paris, 2014, p. 156. L'auteure précise que « *Au XIXe siècle, la critique de la propriété privée par les socialistes utopiques (saint Simon, Charles Fourrier) relayée par celle des communistes (Étienne Cabet, Auguste Blanqui) et des anarchistes comme Joseph Proudhon ont nourri une réflexion sur des formes alternatives de maîtrise des biens économiques en défendant la propriété collective sous diverses formes : mutualiste, coopérative, ou en main commune, etc. Mais l'institution ne s'est jamais imposée. Considérée comme une aporie du droit moderne, elle est restée marginalisée.* ».

[1075] On pense ici aux théories relatives à la *corporate governance* qui « *énoncent les règles permettant de contrôler et de délimiter le pouvoir des dirigeants de société de façon à créer des incitations positives. En pratique, elles ont renforcé le contrôle des dirigeants par les actionnaires et les pouvoirs de ces derniers sur les exécutants, insiders, (mandataires et salariés) soumis à leurs décisions.* », CHAIGNEAU (A.), « L'entreprise à la croisée des doctrines du "bien commun" », *op. cit.*, p. 161.

[1076] OSTROM (E.), *Gouvernance des biens communs. Pour une nouvelle approche des ressources naturelles*, De Boeck, Bruxelles, 2010.

[1077] Rapport de NOTAT (N.), SENARD (J.-D.), *L'entreprise, objet d'intérêt collectif*, 9 mars 2018, Dalloz actualité, 13 mars 2018.

sein. L'appropriation collective renvoie à une gestion collective des entreprises.

365. La gouvernance des biens communs. Partant du constat selon lequel « *ni l'État ni le marché ne réussissent uniformément à permettre aux individus une utilisation productive à long terme des systèmes de ressources naturelles* »[1078], Ostrom tente de découvrir de quelle manière un bien commun doit être gouverné afin d'assurer à tous la jouissance à laquelle ils peuvent prétendre[1079]. L'attention est portée sur les biens communs limités, les ressources communes limitées et vise à déceler, à travers de nombreux exemples et critiques de théories connexes, la meilleure manière dont ces ressources limitées peuvent être gérées par une communauté afin qu'elles lui bénéficient dans sa globalité et sur le long terme. On retrouve une forme de dissociation entre propriété et usage. La réflexion d'Ostrom se place en antithèse de celle de Garett Hardin[1080] sur la tragédie des communs. Selon lui en effet, et de façon schématique, lorsqu'une ressource est limitée, en laisser le libre accès à tous conduit inexorablement à la disparition de celle-ci. Ce qui conduit à la disparition de la ressource, ce serait son utilisation excessive par chaque individu de la communauté, au détriment de la communauté elle-même. En fait, il semblerait pour certains que « *la propriété commune présente le défaut de ne pas conduire à la juste mesure des coûts associés à l'utilisation de la ressource* »[1081]. Contre cette affirmation, Ostrom rappelle qu'une gestion commune peut permettre de conserver le bien commun. Il s'agit de dissocier la propriété de la gestion, d'affirmer que les propriétaires

---

1078 OSTROM (E.), *Gouvernance des biens communs*, *op. cit.*, p. 15.

1079 Naît une réflexion concernant une voie alternative à la propriété privée et à la propriété publique, propre notamment à l'analyse économique du droit. Voir par exemple : NAPOLITANO (G.), « Les biens publics et les "tragédies de l'intérêt commun" », *Revue de droit administratif*, n° 1, Janvier 2007, p. 5.

1080 HARDIN (G.), *La tragédie des communs*, PUF, Paris, 2018 (trad. Laurent Bury).
Comme le relève Ostrom, « *Hardin ne fut pas le premier à prendre conscience de la tragédie des biens communs* », elle fait alors référence à Aristote ou à Hobbes, qui ont ceci en commun qu'ils considèrent que l'homme prendra toujours plus soin de ses propres biens que de ceux qui sont communs, collectifs. Cela conduisant en pratique à la destruction des biens communs, OSTROM (E.), *Gouvernance des biens communs, op. cit.*, p. 15.
Cette réflexion repose en effet sur le problème du passager clandestin : « *Dès qu'une personne ne peut être exclue des bénéfices fournis par d'autres, chacun est incité à ne pas prendre part à l'effort commun et à "resquiller" en profitant des efforts des autres. La tentation de resquiller peut toutefois dominer le processus décisionnel, ce qui se solde, pour tous, par une situation que personne ne souhaite.* », OSTROM (E.), *Gouvernance des biens communs, op. cit.*, p. 19.

1081 ALCOUFFE (A.), » Approches économiques de l'appropriation », *in Actes du colloque Qu'en est-il de la propriété ? L'appropriation en débat, Revue de l'institut des Études juridiques de l'Urbanisme et de la Construction*, n° 61/2006, p. 59.

peuvent voir leurs prérogatives limitées ou encadrées dans l'objectif d'une utilisation commune du bien[1082].

366. Sans entrer plus en détail dans ces réflexions, notons seulement qu'elles « *suggèrent qu'une répartition équilibrée des prérogatives doit être pensée à partir de la formalisation, la juridicisation des utilités que chacun tire des biens. La forme juridique donnée à un ensemble, une communauté (de* stakeholders*) importe moins que la juste détermination de la part et la place de chacun dans l'organisation collective à travers les pouvoirs qui lui sont conférés sur les biens.* »[1083]. Sous cet angle, les enseignements à tirer de la théorie des biens communs trouvent bien à être transposés à l'entreprise puisqu'ils suggèrent de laisser de côté, définitivement, l'approche propriétaire de ces biens ou entreprises[1084] pour lui préférer une logique de l'accès[1085]. Plus encore, avec la théorie des communs, on constate qu'une nouvelle approche de la propriété est possible, où l'accent n'est pas à mettre sur le bien lui-même mais sur la qualité des utilisateurs, et donc des parties prenantes[1086].

2. *Le rôle de l'organe dirigeant dans la gouvernance*

367. La direction de l'entreprise et la réalisation de l'objet social. L'organe de direction d'une société constitue un organe particulier : c'est l'organe de représentation de la société. Il donne les orientations stratégiques à l'entreprise dans le respect de son objet social. Il faut partir du principe que « *toute société dotée de la personnalité morale adopte mécaniquement un système de*

[1082] Que la propriété privée semble *a priori* exclure.

[1083] CHAIGNEAU (A.), « L'entreprise à la croisée des doctrines du "bien commun" », *op. cit.*, p. 167.

[1084] En effet, on pourrait proposer une fragmentation des droits de propriété, « *La dissociation de différents pouvoirs sur un bien et leur attribution à plusieurs titulaires s'avèrent déjà possibles en l'état du droit par la technique du démembrement du droit de propriété, renforcée par la réaffirmation jurisprudentielle d'une liberté dans la création de droits réels sur la chose d'autrui. Mais, si cette technique permet une fragmentation du droit pour satisfaire des intérêts divers et autonomes, elle s'avère insuffisante pour faire émerger et protéger un intérêt collectif à part entière associant le propriétaire à des tiers.* », CHAIGNEAU (A.), « Des droits individuels sur des biens d'intérêt collectif, à la recherche du commun », *RIDE*, 2014/3, t. XXVIII, p. 335-350.

[1085] Notamment mis en avant par CRETOIS (P.), « La propriété repensée par l'accès », *RIDE*, 2014/3, t. XXVIII, p. 319-334.

[1086] *« en désignant par "communs" des systèmes de règles collectives (et non plus seulement les ressources elles-mêmes ou leurs supposées caractéristiques intrinsèques), en les rattachant à une délibération collective permanente et en mettant en avant les règles d'entrée/sortie, Ostrom souligne le caractère socialement et politiquement construit de l'idée d'exclusion/non-exclusion et, par suite, de tout système de propriété.* », DOUAI (A.), « De la dimension politique de la propriété et des institutions : apports et limites de l'approche d'E. Ostrom », *RIDE*, 2014/3, t. XXVIII, p. 301-317.

représentation »[1087]. Dans cette optique, le dirigeant agit au nom et pour le compte de la société : c'est la théorie classique du mandat[1088]. Pourtant, il s'agit d'un mandat spécial, car « *C'est précisément parce que la société est un contrat spécial que le dirigeant est un mandataire "spécial"* »[1089]. Tout l'objet de la réglementation est alors de garantir que l'organe dirigeant poursuivra bien la réalisation de l'objet social ; autrement dit, qu'il n'y aura pas de détournement de pouvoir.

368. Cette notion de mandataire social reflète l'idée selon laquelle le gérant poursuit la réalisation de l'intérêt social de la société. À cette fin, le gérant peut effectuer différents types d'actes. En premier lieu, les actes conservatoires destinés « *à éviter [...] la perte d'un bien (extinction d'un droit, dégradation d'un bâtiment)* »[1090] ; il s'agit donc des actes de gestion courante, permettant à la société d'exercer son activité dans des conditions raisonnables. En deuxième lieu, le gérant peut effectuer des actes d'administration. L'acte d'administration est défini comme l'« *opération de gestion normale, acte ordinaire d'exploitation d'un bien ou d'une masse de biens englobant l'expédition des affaires courantes et la mise en valeur naturelle d'un patrimoine [...] qui peut varier selon la nature du bien administré [...] et comprend des actes d'aliénation [...] ou d'acquisition* »[1091]. Il s'agit donc pour le gérant d'effectuer tous les actes nécessaires à la pérennisation de la société et à l'exercice de l'activité (achats de matière première par exemple). Enfin, le gérant peut effectuer des actes de disposition. Un acte de disposition est « *une opération grave qui entame ou engage un patrimoine, pour le présent ou l'avenir, dans ses capitaux ou sa substance, et dont la vente d'immeuble constitue l'archétype* »[1092].

369. La particularité de gestion des sociétés anonymes. La société anonyme ne présente pas les mêmes caractéristiques de l'organe dirigeant. Au sein d'une société anonyme, le pouvoir n'est pas exercé individuellement mais collectivement. La pluralité d'organes de direction semble faire éclater les sources de pouvoir[1093]. Traditionnellement en France, le droit des sociétés s'est longtemps attaché à la structure moniste. C'est-à-dire que les pouvoirs

---

[1087] ASENCIO (S.), « Le dirigeant de société, un mandataire "spécial" d'intérêt commun », *Rev. soc.*, 2000, p. 683, n° 10.
[1088] Le mandat étant le mécanisme de représentation parfait dans le système conventionnel.
[1089] ASENCIO (S.), « Le dirigeant de société, un mandataire "spécial" d'intérêt commun », *op. cit.*, n° 8.
[1090] CORNU (G.), *Vocabulaire juridique*, *op. cit.*, p. 246.
[1091] CORNU (G.), *Vocabulaire juridique*, *id.*, p. 35.
[1092] CORNU (G.), *Vocabulaire juridique*, *ibid.*, p. 358.
[1093] Il existe dorénavant trois modes de direction de la société anonyme : la direction avec Conseil d'administration (et Président) ; la direction dissociée entre le Conseil d'administration et un directeur général ; et enfin, la direction assurée de manière complémentaire par le Directoire et le Conseil de surveillance.

de direction de la société étaient concentrés en la personne du Président directeur général (PDG) qui cumulait alors les missions de président du Conseil d'administration[1094] de la société ainsi que les fonctions de représentation incombant au directeur général. Cependant, afin de rationaliser la direction générale des sociétés et d'assurer l'équilibre des pouvoirs, la loi NRE vient dissocier les fonctions de directeur général et de président du conseil d'administration[1095] : on parle alors de direction dissociée.

370. Parmi les pouvoirs du Conseil d'administration[1096], il en est un qui lui permet d'avoir un droit de regard sur les activités de l'organe dirigeant : le pouvoir d'évocation. Le pouvoir d'évocation consiste en fait pour le Conseil d'administration à se saisir de toute question relative à la société et d'en discuter. Aucune restriction n'existe quant à ce pouvoir d'évocation (sauf les attributions exclusives des assemblées d'actionnaires). Cela permet de décloisonner les différents organes de la société et de permettre la communication entre les différentes parties prenantes. Enfin, le Conseil d'administration dispose d'un pouvoir de contrôle. Le contrôle s'exerce vis-à-vis de la direction de la société. Pourtant, il ne s'agit pas de contrôler la direction, puisque le Conseil d'administration, par définition, n'est pas chargé de la direction de l'entreprise. Le pouvoir de contrôle consiste à vérifier que la direction suit bien les recommandations données par le Conseil d'administration. Ce pouvoir de contrôle permet d'assurer et de pérenniser le rôle du Conseil d'administration. À défaut de ce pouvoir, son action pourrait rester lettre morte pour la direction. Le conseil d'administration « *a un véritable pouvoir de gestion* »[1097].

371. Ces quelques développements sur la direction des sociétés permettent de mettre en lumière l'idée que l'organe dirigeant est lié par l'objet social de l'entreprise. Il arbitre entre les différents intérêts qui se manifestent dans la gestion de l'entreprise et dans l'exploitation. L'organe dirigeant des sociétés

---

[1094] Trois pouvoirs du conseil d'administration : l'orientation, l'évocation et le contrôle. C'est-à-dire que le Conseil d'administration peut conseiller, donner son avis quant à la gestion de la société. Il dessine les grandes lignes de l'activité de l'entreprise.

[1095] Voir les articles L. 225-35 du Code de commerce (sur les attributions du conseil d'administration) et l'article L. 225-51 du Code de commerce (sur les attributions du président du conseil d'administration).

[1096] Pour les sociétés cotées, le Conseil d'administration « *a traditionnellement pour mission générale d'intervenir occasionnellement dans la gestion, ce qui souligne la primauté et l'universalité des compétences du conseil qui ne trouvent de limites que dans le respect des attributions de l'assemblée générale des actionnaires et le respect de l'intérêt social.* », MAGNIER (V.), « Gouvernance des sociétés cotées », *Répertoire de droit des sociétés*, Dalloz (actualisation 2014).

[1097] HALLOUIN (J.-C.), « Administration », *Jurisclasseur Sociétés Traité*, Fasc. 133-20, mai 2013, n° 2.

est donc celui qui, dans la réalisation de l'objet social de la société, doit assurer une juste prise en compte de l'intérêt des parties prenantes[1098].

372. La loi PACTE[1099] : une gouvernance d'entreprise renouvelée. « *Véritable loi fourre-tout* »[1100], la loi PACTE adoptée le 22 mai 2019, contient quelques éléments confirmant ce mouvement selon lequel l'entreprise ne peut plus se comporter sans considération « *des enjeux sociaux et environnementaux de son activité* », on veut changer sa « *raison d'être* »[1101]. C'est en effet la nouvelle rédaction de l'article 1833 du Code civil. Petite révolution de l'entreprise où son seul objet social ne suffit plus à caractériser ses buts, et où le droit lui impose d'intégrer dans sa gestion des considérations extérieures. Dit autrement, la loi PACTE force l'entreprise à faire siens les enjeux sociaux et environnementaux directement concernés par son activité. Ainsi, elle ne poursuivrait plus seulement l'intérêt commun des associés. Mais cette réécriture du Code civil était-elle bien nécessaire ?[1102] Pour ce qui nous intéresse, la réécriture introduit une dichotomie[1103] entre d'une part la constitution (dans l'intérêt commun des associés) et d'autre part, la gestion (dans l'intérêt social de l'entreprise). Cette réécriture met ainsi l'accent sur la gouvernance et semble vouloir rappeler l'entreprise à ses responsabilités. L'entreprise ne constituerait ainsi plus une boite noire, hermétique à toutes autres considérations que celles de son objet social[1104]. Il semble donc que ce texte soit à saluer, mais il ne faut pas pour autant oublier les difficultés pratiques que les termes employés peuvent engendrer[1105]. On retrouve en substance une certaine formalisation de la responsabilité sociale des entreprises, qui constitue, à bien des titres, un outil de prévention du monopole de fait, qui fait l'objet de développements ultérieurs. Néanmoins,

---

[1098] Et lorsque l'intérêt propre du dirigeant prend le pas sur l'objet social qu'il doit poursuivre alors il peut être puni. En ce sens, les abus des dirigeants tels que les abus de biens sociaux sont réprimés, il en va de même dans les sociétés anonymes quant à la rémunération des dirigeants. Dorénavant, elle doit faire l'objet d'une validation par l'assemblée générale. Ce point est analysé dans le dernier chapitre.

[1099] Plan d'action pour la croissance et la transformation des entreprises.

[1100] LECOURT (A.), « Innover, se transformer, grandir, créer des emplois, repenser l'entreprise et sa gouvernance… un programme ambitieux », *RTD com.*, n° 2, 9 août 2019, p. 385.

[1101] URBAIN-PARLEANI (I.), « La raison d'être des sociétés dans le projet de loi PACTE du 19 juin 2018 », *Rev. sociétés*, n° 11, 10 novembre 2018, p. 623.

[1102] Voir not. : COURET (A.), « La réforme de l'entreprise passe-t-elle nécessairement par une réécriture du Code civil ? », *Rev. sociétés*, n° 11, 10 novembre 2018, p. 639.

[1103] COURET (A.), « La réforme de l'entreprise… », *op. cit.*, p. 639.

[1104] Exclusivement économiques.

[1105] SCHMIDT (D.), « La société et l'entreprise », *D.*, n° 41, 30 novembre 2017, p. 2380.

cette évolution ne revêt pour l'instant, aucune force contraignante[1106] même si cela ouvre la voie du contentieux, sous réserve de la démonstration par les requérants de leur intérêt à agir[1107].

373. L'appropriation collective des monopoles de fait. Il ne s'agit pas de considérer l'entreprise comme bien commun mais plutôt, en partant de la considération qu'il s'agit d'un objet d'intérêt collectif, à l'instar des biens communs, de mettre en lumière la nécessité d'une gestion de ces entreprises, respectueuse de la communauté d'intérêts qu'elles fédèrent. C'est bien cette idée qui sous-tend l'appropriation collective prévue par le neuvième alinéa contre le monopole de fait. Conscients des abus auxquels peut aboutir la propriété privée, notamment du fait de l'exclusivité qu'un tel droit permet, les constituants lui ont opposé la propriété de la collectivité. Il fallait y voir en substance le retour des biens ou entreprises concernés à la jouissance de la collectivité, quand bien même la propriété de l'entreprise resterait privée ou que la forme de la société serait inchangée. Car ni le régime de propriété ni la forme de société ne peuvent constituer un outil pérenne d'appropriation collective ; l'un et l'autre n'étant pas forcément synonyme d'un changement dans le mode de gouvernance de l'entreprise[1108]. En effet, ce n'est pas parce qu'une entreprise est publique ou que la forme sociétaire change que cela implique nécessairement une modification des pratiques décisionnelles en vue de l'association, ou au moins de la prise en compte, des intérêts connexes.

Section II. L'APPROPRIATION COLLECTIVE PAR LES PARTIES PRENANTES

374. Si l'approche propriétaire permettait de comprendre l'idée du monopole de fait, parce qu'elle invite à raisonner en termes de pouvoir, elle ne doit pas être le seul biais de sa compréhension car elle induit en erreur quant au régime à lui appliquer. Ce qui est fondamental dans le monopole de fait, c'est que certaines entreprises constituent de véritables puissances privées dont le pouvoir s'exerce aux dépens de l'intérêt général. Il est alors nécessaire, comme la Nation peine à refléter la collectivité dans toutes ses

---

[1106] BERLIOZ (P.), « Droit souple ou droit dur, un (non) choix lourd de conséquences », *Rev. sociétés*, n° 11, 10 novembre 2018, p. 644 : « *Ainsi, aucune obligation de ne pas porter atteinte aux intérêts sociaux et environnementaux impliqués par ses activités n'est faite à la société, uniquement celle d'agir en mesurant les conséquences de ses actes. Autrement dit, le texte impose à la société prudence et diligence...* ».

[1107] Peut-être par le voie de l'action de groupe, point étudié ultérieurement.

[1108] Dans le cadre des nationalisations, le passage de la propriété privée à la propriété publique se doublait d'une gestion bipartite ou tripartite des entreprises, mais cette dimension sociale a été relativement limitée et le bilan est mitigé. Voir les développements du paragraphe précédent.

composantes[1109], et vu la difficulté à scinder l'intérêt général[1110], de considérer l'existence d'intérêts collectifs, non hiérarchisés, voire catégoriels lorsqu'ils concernent une profession particulière, afin de donner des éléments de compréhension de ce que peut recouvrir l'appropriation collective du monopole de fait, cette démocratisation de l'entreprise qui ne peut se réaliser que par l'équilibre des pouvoirs en présence.

375. Pour approcher l'intérêt, d'un point de vue juridique, il faut se défaire de ce prisme binaire : droit privé/intérêt particulier, ou droit public/intérêt général[1111]. C'est l'intérêt collectif de chaque type de parties prenantes à un monopole de fait qu'il s'agit de déterminer. On définit l'intérêt collectif comme « *l'intérêt qui concerne un ensemble de personnes juridiques mais qui, qualitativement est distinct de la somme arithmétique de leurs propres intérêts particuliers, car s'il les concerne indirectement, mais nécessairement toutes, le groupe n'est pas directement touché en toutes.* »[1112]. On retrouve en substance la définition que l'on pourrait avoir de l'intérêt général, néanmoins, la notion d'intérêt collectif met l'accent sur cette réalité selon laquelle les individus ne sont pas seulement citoyens, ils sont aussi salariés et/ou

---

[1109] Malgré les offensives du pluralisme juridique, porté par les anthropologues, qui « *prête attention aux sous-groupes sociaux, à l'interaction entre l'ordre des communautés locales et l'ordre normatif plus général, aux diverses modalités de gestion des conflits qui éclatent respectivement à l'intérieur du groupe restreint et entre groupes opposés ; il oppose le droit officiel et le droit non officiellement reconnu ; il conteste énergiquement l'identification de l'État avec le droit.* », SACCO (R.), *Anthropologie juridique, Apport à une macro-histoire du droit*, Dalloz, coll. L'esprit du droit, 2008, p. 61.

[1110] De nombreux auteurs ont essayé de le définir, voir not. : LINOTTE (D.), *Recherches sur la notion d'intérêt général en droit administratif français*, Thèse dactylographiée, Bordeaux, 1975 ; CHEVALLIER (J.), « Réflexion sur l'idéologie de l'intérêt général », *in Variations autour de l'idéologie de l'intérêt général, vol. 1*, PUF, 1978, l'auteur relevait que « *Le concept d'intérêt général implique d'abord la possibilité de surmonter les antagonismes sociaux et de dégager un intérêt commun à l'ensemble des participants* », p. 12-13.
Sur la concurrence entre l'intérêt général et l'intérêt collectif dans la jurisprudence civile (plus précisément sur le fait que la notion d'intérêt général évince toute possibilité de considérer un intérêt collectif), voir not. : GUINCHARD (S.), « Grandeur et décadence de la notion d'intérêt général : la nouvelle recevabilité des actions civiles en cas d'infraction à la législation économique », *in Mélanges Jean Vincent*, Dalloz, 1981, p. 137.
Sur le lien entre la notion d'intérêt général et la compétence administrative : TRUCHET (D.), *Les fonctions de la notion d'intérêt général dans la jurisprudence du Conseil d'État*, LGDJ, 1977.
Pour une approche comparée de l'intérêt général et de l'utilité sociale, voir not. : EUILLET (A.), « L'utilité sociale, une notion dérivée de celle d'intérêt général », *RDS*, n° 2, 14 juin 2002, p. 207.

[1111] FRAYSSINET (M.-H.), *La notion d'intérêt en droit administratif*, Thèse dactylographiée, Toulouse, 2000, p. 4.

[1112] BOY (L.), *L'intérêt collectif en droit français, op. cit.*, p. XVI. L'auteur précise pour illustrer cette définition que « *Le producteur qui met, par exemple, en vente un bien en ayant recours à des procédés de publicité mensongère, lèse l'intérêt collectif des consommateurs bien que tous n'aient pas acheté le produit. On voit là que ceux qui n'ont pas directement subi de préjudice ont, malgré tout, intérêt à la disparition de la publicité mensongère.* ».

consommateurs, usagers, et tant d'autres qualités ; et leurs intérêts peuvent être lésés à différents titres par une entreprise en monopole de fait.
Le monopole de fait peut heurter différents intérêts collectifs. Il ne s'agit plus de considérer l'entreprise comme *shareholder*, seulement tournée vers ses actionnaires, mais comme véritable *stakeholder*, respectueuse de ses parties prenantes[1113]. En effet, pour une marche démocratique de l'économie, il est nécessaire que les « *normes s'efforcent de pratiquer une justice redistributive en défendant les intérêts de chaque partie prenante, en ce compris les associés, les dirigeants, et, un cran au-dessous, les salariés, et encore en-dessous, d'autres tiers intéressés à divers titres dans la marche des affaires sociales – qu'il faut appeler* "stakeholder" »[1114]. C'est donc à une analyse des différentes parties prenantes des entreprises qu'il faut se livrer.

376. La théorie des parties prenantes a été éminemment portée par Freeman[1115], et « *la notion prend ses sources dans une organisation particulière : l'entreprise multinationale ; et dans un contexte : l'économie mondialisée des années 1980-1990* »[1116]. Les parties prenantes prennent corps face à la puissance des entreprises, on peut distinguer les parties prenantes directes (§I)

[1113] Sur ces notions voir not. : REBERIOUX (A.), « Governance d'entreprise et théorie de la firme. Quelle(s) alternative(s) à la valeur actionnariale ? », *Revue d'économie industrielle*, vol. 104, 4e trimestre 2003, p. 85-110. L'auteur se questionne sur « *la manière dont la théorie de la firme pourrait appuyer une conception non strictement patrimoniale de la gouvernance, où l'exercice du pouvoir n'est pas lié de manière exclusive à la propriété.* ».

[1114] LE CANNU (P.), « L'éthique du droit des sociétés », *in L'éthique du droit des affaires*, D'ONORIO (J.-B) dir., Téqui, 2008, p. 65.

[1115] Voir not. à ce sujet : FREEMAN, HARRISON, WICKS, PARMAR et de COLLE, *Stakeholder theory : the state of the art*, Cambridge University Press, 2010.
Voir également : HARRISON, WICKS, « Stakeholder Theory, Value, and Firm Performance », *Business Ethics Quaterly*, Janvier 2013, vol. 23, p. 97-124.

[1116] BONNAFOUS-BOUCHER (M.), DAHL RENDTORFF (J.), *La théorie des parties prenantes*, Repères, La découverte, Paris, 2013, p. 5.
Voir également : BONNAFOUS-BOUCHER (M.), PESQUEUX (Y.) dir., *Décider avec les parties prenantes, Approches d'une nouvelle théorie de la société civile*, La découverte, coll. Recherches, Paris, 2006. Les auteurs précisent que : « *La notion de "parties prenantes" peut donc être considérée comme un des opérateurs de passage, une des propositions pour élargir le cadre. Elle fait partie des concepts, des outils pratiques vecteurs de la réalisation de notre possibilité initiale — une possible appréhension des activités de l'entreprise socialement responsable.* », p. 177.

des parties prenantes indirectes[1117] (§II). Mais il semble aussi que l'on puisse considérer des parties prenantes externes (§III).

§ I. LES PARTIES PRENANTES DIRECTES

377. Les parties prenantes directes sont celles qui ont un intérêt direct à l'exploitation d'un bien ou d'une entreprise. C'est-à-dire qu'elles sont directement concernées par l'exploitation, car il s'agit de personnes prenant part à l'exploitation, partie intégrante d'une entreprise. Celles qui participent et contribuent à l'exploitation et permettent la bonne réalisation de l'objet social de la société. Il s'agit alors de concilier l'exploitation de l'entreprise, conformément à son objet social[1118], et avec une juste prise en compte des intérêts de toutes les parties prenantes directes[1119]. Deux groupes d'intérêts se dessinent au sein d'une entreprise : celui des actionnaires et celui des salariés. C'est entre ces parties prenantes que doit se partager le pouvoir, cet

[1117] Cette approche par les parties prenantes directes et indirectes, voire internes et externes semble la plus pertinente. Même si « *le fait d'établir une classification des parties prenantes reste néanmoins secondaire et s'il fallait préférer une classification plutôt qu'une autre, il serait bienvenu de choisir une classification simple et rationnelle qui distingue les parties prenantes internes et externes. Ainsi, les parties prenantes internes que l'on pourrait appeler "acteurs directs", sont en relation immédiate avec l'entreprise puisqu'elles interviennent au quotidien pour la faire fonctionner. Quant aux parties prenantes externes ou bien "acteurs indirects", elles n'interviennent que dans les cas où l'activité de l'entreprise le nécessite.* », LOPEZ (L.), *L'action en justice des parties prenantes dans le cadre de la Responsabilité Sociale de l'Entreprise,* Droit et Sciences politiques, Connaissances et Savoirs, 2017, p. 24-25.

[1118] C'est en quelque sorte ce que l'on retrouve à travers la proposition d'une raison d'être de l'entreprise. Voir not. : BARFETY (J.-B.), « Chaque entreprise a une raison d'être », *Revue de droit du travail*, n° 4, 30 avril 2018, p. 268.

[1119] Un courant récent porte la notion de partie constituante pour désigner les actionnaires et les salariés, voir not. : CLERC (C.), « Sur la réforme de l'entreprise : l'objet social, objet de réforme sociale », *op. cit.*, p. 107, selon l'auteur : « *Leur position spécifique d'investisseurs justifie d'une place à part dans l'architecture du pouvoir : toute décision de l'entreprise affecte potentiellement la valeur de leur investissement, ce qui n'est pas vrai des autres parties prenantes. Le droit, dans la généralité des prévisions qui sont les siennes, doit s'assurer d'une forme de préservation de leurs intérêts. Cette forme ne peut pas être la même que celle qui s'applique aux autres parties prenantes, qui ne sont que ponctuellement et potentiellement affectées par l'activité de l'entreprise, et non systématiquement.* ».

Voir également : MARDINE (G.), PAVAGEAU (P.), « Que peut-on attendre en droit du travail d'une modification de "l'objet social de l'entreprise" ? », *Revue de droit du travail*, n° 2, 28 février 2018, p. 101.

« *instrument central de la gouvernance des sociétés* »[1120] afin d'assurer la démocratie dans l'entreprise[1121].

378. Chacune de ces parties prenantes dispose d'une légitimité dans la revendication de ses intérêts mais surtout dans le droit d'être informé des stratégies mises en œuvre et poursuivies par l'entreprise[1122]. Les actionnaires participent au financement de l'entreprise et disposent d'un intérêt patrimonial leur permettant, en théorie, d'exercer leur pouvoir dans la gestion de l'entreprise (A) ; enfin, les salariés ont vu leurs intérêts protégés par le Préambule de la Constitution de 1946[1123] qui a consacré la possibilité pour eux de se syndiquer et a affirmé leur droit à participer à la détermination de leurs conditions de travail (B).

A. L'actionnaire

379. Les actionnaires et la finance d'entreprise. Les actionnaires constituent une partie prenante singulière. L'actionnariat s'est développé car dans la poursuite de son activité, toute entreprise est amenée à investir dans certains projets, à se développer et à trouver à cet égard des financements. Néanmoins, la demande de financement n'est pas évidente dans la mesure où le risque d'investissement est un risque difficile à évaluer. L'évaluation des risques est complexe car « *Même s'il existe des méthodes pour évaluer (approximativement) le risque, ce dernier ne peut être éliminé car investir*

[1120] ROUSSEAU (S.), « Rapport général », *in Le pouvoir dans les sociétés, Journées chiliennes,* Travaux de l'Association Henri Capitant, Bruylant, LB2V, Bruxelles, Paris, 2012, p. 25.

[1121] Sur ce point voir not. le dossier : *De la démocratie en entreprise, Dialogue social et représentation des salariés*, Presses universitaires de Grenoble, Politiques de communication, 2014/1, n° 2. Voir particulièrement : OLIVESI (S.) « Présentation du dossier. De la démocratie en entreprise. Dialogue social et représentation des salariés », *Presses universitaires de Grenoble*, Politiques de communication, 2014/1, n° 2, p. 5.

[1122] Les deux pendants que l'on retrouve dans la réflexion relative à la responsabilité sociale de l'entreprise, voir en ce sens : VALLAEYS (F.), *Pour une vraie responsabilité sociale, Clarifications, propositions*, PUF, Paris, 2013, p. 28-29 où l'auteur précise que : « *C'est une chose que de publier des "bilans de responsabilité sociétale" en direction de divers publics, c'en est une autre que de s'associer avec d'autres groupes pour prendre des décisions et mener des actions collégialement définies, en situation de coresponsabilité. Dans le premier cas, je garde mon pouvoir discrétionnaire, même si je m'engage et promets ; dans le second, je renonce à ce pouvoir unilatéral pour une démarche de gouvernance, de coparticipation.* ».

[1123] En effet, le sixième alinéa du Préambule de la Constitution de 1946 énonce que : « *Tout homme peut défendre ses droits et ses intérêts par l'action syndicale et adhérer au syndicat de son choix.* » ; le huitième alinéa énonce quant à lui : « *Tout travailleur participe, par l'intermédiaire de ses délégués, à la détermination collective des conditions de travail ainsi qu'à la gestion des entreprises.* ».

c'est toujours faire un pari sur le futur »[1124]. La question du financement est alors centrale : comment financer un projet dont les rendements futurs ne sont pas certains ? L'endettement semble être une solution peu pertinente car elle sous-entend la mise en place d'un remboursement, par échéance, qu'il peut être difficile d'honorer si les bénéfices attendus de l'investissement ne se réalisent pas. Ainsi, l'augmentation des fonds propres par l'émission d'action notamment[1125] est alors une solution plus adéquate. L'actionnaire accepte le risque, sa rémunération sera fonction des bénéfices, et en cas de perte, il participera aux pertes. Le financement par fonds propres en recourant à l'actionnariat permet à l'entreprise d'investir sans être enchâssée dans des échéances. Tout l'intérêt de l'actionnariat réside dans le fait que « *la rémunération de l'actionnaire est incertaine et résiduelle* »[1126].

380. L'actionnaire et la propriété de l'entreprise. L'actionnaire n'est pas dépourvu de tout pouvoir. Pour compenser le risque qu'il prend, la détention d'action lui confère certaines prérogatives. On distingue généralement différents types de prérogatives. Il y a tout d'abord la prérogative pécuniaire. Il s'agit de la rémunération de l'actionnaire. Celui-ci peut prétendre à un intéressement aux bénéfices. Cet intéressement prend la forme de dividendes ou de bons. Il y a ensuite les prérogatives patrimoniales. Ces prérogatives consistent en la vente, la cession ou le nantissement des actions, dont les actionnaires sont propriétaires. Enfin, l'actionnaire dispose de prérogatives politiques au sein de l'entreprise. Ces prérogatives politiques s'expriment via l'assemblée générale des actionnaires et prennent la forme de droits de vote.

381. Actionnaires et droits politiques. Traditionnellement et « *(s)ous réserve d'un certain nombre de tempéraments [...], on peut s'en tenir à l'idée que contrôler la société, c'est être majoritaire et se trouver en mesure de détenir une majorité de droits de vote au sein d'une assemblée* »[1127]. Cette vision traditionnelle du pouvoir dans les sociétés est l'héritière des réflexions relatives aux droits de propriété dans l'entreprise. C'est la propriété des droits de vote qui entraîne la détention d'un pouvoir de décision. Or, les droits de vote sont le corollaire de l'investissement réalisé par l'associé au sein de l'entreprise. Il existe donc « *un lien très sain car le pouvoir détenu doit être la rançon du risque couru : c'est parce qu'il a engagé des fonds dans*

1124 ALBOUY (M.), « L'actionnaire comme apporteur de ressources financières », *Revue française de gestion*, 2002/5, n° 141, p. 21.

1125 Notons que différents types d'actions existent : les émissions en numéraire des sociétés cotées, les émissions d'actions (paiement du dividende en titres, exercice de bons de souscription, levée d'options), les émissions à caractère actions (obligations convertibles et remboursables en actions), les émissions réalisées à l'occasion des admissions à la cote.

1126 ALBOUY (M.), « L'actionnaire comme apporteur de ressources financières », *op. cit.*, p. 20.

1127 LUCAS (F.-X.), « L'acquisition du pouvoir dans les sociétés en France », *in Le pouvoir dans les sociétés, Journées chiliennes,* Travaux de l'Association Henri Capitant, Bruylant, LB2V, Bruxelles, Paris, 2012, p. 132.

l'aventure sociale que l'associé doit être en mesure de participer à l'exercice du pouvoir »[1128]. La théorie économique, et plus particulièrement la théorie de l'agence[1129], a tenté d'expliquer le système de fonctionnement des entreprises, notamment quant à la conduite de ses activités et à la prise de décision. Bien que la théorie ne se fonde pas nécessairement sur le *droit de* propriété pour justifier de la primauté des actionnaires, le raisonnement tenu en se fondant sur la notion de propriété et de contrôle, conforte l'actionnaire comme « propriétaire présumé » de l'entreprise. La théorie de l'agence est la suivante : au sein d'une entreprise coexistent deux types de personnes, le principal et l'agent. Le principal est le propriétaire, l'agent est le gestionnaire. La théorie de l'agence, développée en économie, a largement participé à légitimer la toute-puissance de l'actionnaire. Celui-ci est le « *principal absolu* »[1130]. Finalement, et bien que certains « *donnent une* définition *de la propriété qui* coïncide *avec les droits spécifiques des actionnaires* »[1131], il semble bien trop téméraire d'affirmer que les actionnaires sont propriétaires de l'entreprise, ne serait-ce que parce qu'ils ne peuvent en disposer totalement.

382. La place des actionnaires dans les entreprises a fait l'objet d'autres études et théories parmi lesquelles celles sur la *corporate governance*. De manière générale, *« La théorie de la corporate governance milite en faveur de l'accroissement des pouvoirs des assemblées d'actionnaires.* »[1132]. Il s'agit de faire des assemblées d'actionnaires un véritable moyen pour eux de participer à la gestion de l'entreprise, de participer à sa gouvernance[1133], et d'être en quelque sorte sur le même pied d'égalité que les organes dirigeants de la société.

383. Actionnaires, droits financiers et représentation d'intérêt. Il peut être difficile d'appréhender l'ensemble des actionnaires comme n'étant qu'une seule et même partie prenante dans la mesure où il existe différents types de

---

1128 LUCAS (F.-X.), « L'acquisition du pouvoir dans les sociétés en France », *op. cit.*

1129 Sous-branche de la théorie des organisations.

1130 FAVEREAU (O.), « Synthèse des travaux », *in L'entreprise, formes de la propriété et responsabilités sociales*, Cours, Colloques, Conférences, Collège des Bernardins, Lethielleux, 2012, p. 44.

1131 GOESSERIES (A.), « La propriété peut-elle justifier la primauté actionnariale ? », *in L'entreprise, formes de la propriété et responsabilités sociales*, Cours, Colloques, Conférences, Collège des Bernardins, Lethielleux, 2012, p. 447.

1132 MAGNIER (V.), « Gouvernance des sociétés cotées », *Répertoire de droit des sociétés*, Dalloz (actualisation 2014). Voir également : THIRION (N.), « L'émergence de nouveaux pouvoirs privés normatifs : l'exemple du gouvernement d'entreprise », *in Le marché et l'État à l'heure de la mondialisation*, Thirion (N.) dir., Actes du 1er colloque David-Constant de la Faculté de droit de l'Université de Liège, Larcier, 2007, p. 139 et s.

1133 Sur le lien entre actionnariat et gouvernance, voir not. : DE BEAUFORT (V.), « L'engagement actionnarial en France, vecteur de gouvernance pérenne ? », *Rev. sociétés*, n° 6, 7 juin 2019, p. 375.

titres financiers détenus par les actionnaires[1134], parmi lesquelles les valeurs mobilières[1135], et plus particulièrement les actions[1136], et que le pouvoir de l'actionnaire en est tributaire. Le pouvoir détenu par l'actionnaire dépendra du type d'actions qu'il détient.
La diversité des actions permet à chaque actionnaire, en tant que partie prenante, d'aménager son droit vis-à-vis de l'entreprise en fonction de l'intérêt qu'il souhaite en retirer. De manière générale, les modalités de l'actionnariat et plus largement de l'exercice du pouvoir dans les sociétés tendent à prendre en compte toutes les parties prenantes et à concilier les différents intérêts en présence. Il est donc difficile de constituer une rente de situation au détriment des dividendes qui pourraient être espérés par les actionnaires car ceux-ci disposent d'outils afin de faire entendre leur voix et de faire valoir leurs intérêts, qu'ils soient politiques ou financiers.
Néanmoins, on constate que les stratégies actionnariales peuvent être néfastes lorsqu'elles ne poursuivent qu'un intérêt financier à court terme et ne participent pas d'une vision globale de l'entreprise. La recherche exclusive par les actionnaires d'un rendement élevé, à court terme, s'inscrit parfois en contradiction de l'intérêt de l'entreprise, et ne peut être considérée comme un intérêt légitime. On peut même évoquer un monopole de fait des actionnaires lorsque leur intérêt propre supplante celui des autres parties prenantes et s'exerce même en contradiction d'une bonne gestion de l'entreprise. C'est en ce sens que la loi Florange[1137] pose un cadre législatif favorable aux investisseurs de long terme, c'est-à-dire confère un droit de vote préférentiel aux actionnaires de l'entreprise détenant des participations depuis plus de deux ans[1138].

384. On constate bien que les actionnaires, ces parties prenantes directes à l'entreprise, peuvent chercher à réaliser exclusivement leur intérêt, un intérêt financier propre, aux dépens de choix rationnels d'exploitation. La question des dividendes cristallise les tensions autour de l'exercice du pouvoir dans les sociétés. Elle démontre également que si les parties prenantes directes ont un intérêt légitime à faire valoir dans la gestion de l'entreprise, cet intérêt peut prendre le pas sur toute autre considération, voire aller à l'encontre d'une bonne gestion financière de la société. Avec le développement de l'actionnariat, la question de la propriété de l'entreprise se pose à nouveau. Ce ne sont plus seulement les dirigeants qui sont propriétaires des moyens de

---

[1134] Selon la terminologie retenue par le Code monétaire et financier, art. L. 211-1.
[1135] Selon la terminologie retenue par le Code de commerce, art. L. 228-1.
[1136] Code de commerce, art. L. 228-7.
[1137] Loi n° 2014-384 du 29 mars 2014 visant à reconquérir l'économie réelle.
[1138] Codifié à l'art. L. 225-123 du code de commerce : « *Un droit de vote double de celui conféré aux autres actions, eu égard à la quotité de capital social qu'elles représentent, peut être attribué, par les statuts à toutes les actions entièrement libérées pour lesquelles il sera justifié d'une inscription nominative, depuis deux ans au moins, au nom du même actionnaire. [...]* ».

production, mais aussi les actionnaires. Cette situation reconduit toute la problématique soulevée en 1946 par la propriété privée des moyens de production et les abus auxquels la propriété de l'entreprise peut conduire. Se repose la question de la conciliation des intérêts présents dans l'entreprise. Or, en tant que propriétaires, les actionnaires bénéficient d'une représentation au sein des organes dirigeants de l'entreprise et disposent d'un véritable pouvoir. Le cas des salariés est plus difficile à manier, car bien que participant directement à l'entreprise, on ne peut les considérer comme propriétaires, la représentation de leurs intérêts a donc été plus difficile à obtenir. C'est bien tout l'objet des luttes sociales du XXe siècle, qui irriguent toute la pensée politique contenue dans le Préambule de la Constitution du 27 octobre 1946.

B. Les salariés

385. L'intérêt collectif des travailleurs : les parties prenantes historiques de l'entreprise. « *Le travail était au centre du projet révolutionnaire* »[1139], comme il fût au centre du projet constitutionnel en 1946. Les droits économiques et sociaux devaient permettre aux travailleurs de recouvrer une force de négociation face aux grands propriétaires des moyens de production. L'évolution a été longue jusqu'à ce que l'on reconnaisse aux salariés la possibilité de faire valoir leur(s) intérêt(s). Les travailleurs étaient considérés comme un simple facteur de production, au même titre que les matières premières par exemple, et n'étaient ainsi pas associés à la gestion de l'entreprise. Plus encore, les conditions de travail étaient utilisées par l'entreprise à des fins de maximisation du profit, au détriment de toute éthique, qu'il s'agisse du travail des enfants, du temps de travail et de manière générale des conditions de travail. Les luttes sociales des XVIIe et XIXe siècles ont abouti, dès la moitié du XIXe à l'adoption de grandes lois sociales[1140] et dès le début XXe, à l'affirmation de la possibilité d'intenter une action dans l'intérêt collectif. Cette action « *a le privilège de l'âge* »[1141], en effet, dès 1920 le

---

[1139] BOUVERESSE (J.), « La IIIe République eut-elle une politique économique et sociale ? », *op. cit.*, p. 94.

[1140] FRANCOUAL (P.), *L'entreprise sociale — Essai de renouvellement des théories de l'entreprise à la croisée du droit des groupements et du droit du travail*, Thèse dactylographiée, Toulouse, décembre 2017. L'auteur précise que : « *L'adoption des premières lois sociales dans la seconde moitié du XIXème siècle peut être lue en termes de dynamique historique comme une lente montée en puissance de la prise en compte de l'inégalité des parties à la relation de travail.* », n° 40.

C'est la loi Waldeck-Rousseau du 21 mars 1884 qui reconnaît le droit syndical.

On peut également citer la de 1896 sur les accidents du travail, celle de 1930 sur les assurances sociales, celle de 1936 sur les congés payés et la semaine de 40h et les conventions collectives.

[1141] WOLMARK (C.), « L'action dans l'intérêt collectif – Développements récents », *Revue Droit social*, n° 7-8, 17 juillet 2017, p. 631.

législateur entérine l'approche jurisprudentielle de l'action dans l'intérêt collectif[1142]. Cette action est aujourd'hui codifiée à l'article L. 2132-3 du Code du travail[1143] et permet la représentation de l'intérêt collectif des salariés par des organismes professionnels, des syndicats[1144].

386. La participation des travailleurs comme garantie du respect de leur intérêt collectif : le principe de participation dans le Préambule de 1946. Selon le huitième alinéa du Préambule de 1946 : « *Tout travailleur participe, par l'intermédiaire de ses délégués, à la détermination collective des conditions de travail ainsi qu'à la gestion des entreprises.* ». On retrouve les différents intérêts que poursuit le travailleur : le sien propre en tant qu'individu, strictement individuel ; et son intérêt en tant que travailleur au sein d'une entreprise particulière, son intérêt à ce que l'entreprise prospère. Les salariés constituent ainsi une partie prenante directe à l'entreprise, ce qui leur permet de faire valoir leur intérêt, leur donne le droit de participer, ou à défaut de participation directe, d'être représentés. Et la participation s'opère par l'intermédiaire de syndicats ; « *Le droit syndical est, fondamentalement, un droit des travailleurs subordonnés qui s'inscrit dans l'histoire du mouvement ouvrier. Conquête des syndicats, sa reconnaissance est le fruit d'une lutte née de la révolution industrielle et de l'avènement du capitalisme libéral* »[1145]. Ce droit a été proclamé comme principe particulièrement nécessaire à notre temps par le Préambule de la Constitution de 1946, et jouit d'une assise constitutionnelle non entamée. C'est qu'en effet le droit syndical

[1142] Pour une approche historique et jurisprudentielle récente : WOLMARK (C.), « L'action dans l'intérêt collectif – Développements récents », *op. cit.*, p. 631. L'auteur précise que : « *Depuis près d'un siècle, ce texte a constitué la scène sur laquelle ont été joués et rejoués les conflits entre trois catégories d'intérêts : individuel, général, collectif. À la racine de l'action se trouve la nécessaire reconnaissance d'un intérêt collectif qui, sans empiéter sur l'intérêt général, n'est pas simplement la somme des intérêts individuels des membres du syndicat ou de la profession.* ».

[1143] Code du travail, art. L. 2133-3 : « *Les syndicats professionnels ont le droit d'agir en justice. Ils peuvent, devant toutes les juridictions, exercer tous les droits réservés à la partie civile concernant les faits portant un préjudice direct ou indirect à l'intérêt collectif de la profession qu'ils représentent.* ».

[1144] Code du travail, art. L. 2131-1 : « *Les syndicats professionnels ont exclusivement pour objet l'étude et la défense des droits ainsi que des intérêts matériels et moraux, tant collectifs qu'individuels, des personnes mentionnées dans leurs statuts.* ».

La jurisprudence a précisé l'étendue de la possibilité d'agir en justice pour les syndicats professionnels : CE, 24 mai 2017, n° 392661 : « *tout syndicat professionnel peut utilement, en vue de justifier d'un intérêt lui donnant qualité pour demander l'annulation d'une décision administrative, se prévaloir de l'intérêt collectif que la loi lui donne pour objet de défendre, dans l'ensemble du champ professionnel et géographique qu'il se donne pour objet statutaire de représenter, sans que cet intérêt collectif ne soit limité à celui de ses adhérents.* ».

[1145] GREVY (M.), Syndicats professionnels : constitution et fonctionnement, Répertoire de droit du travail, Mars 2012 (actualisation : janvier 2016). Encyclopédie riche d'information quant à l'Histoire des syndicats.

« a le prestige d'un droit de l'Homme, la magie d'une liberté, la vertu d'une idée-force. »[1146].

387. Le neuvième alinéa fait directement suite à cette disposition, et l'on ne peut que ressentir la filiation existante, la complémentarité entre elles. En affirmant d'une part que les salariés doivent prendre part à la gestion des entreprises, et d'autre part que toute exploitation ayant les caractères d'un monopole de fait doit devenir la propriété de la collectivité, les constituants ont à la fois consacré la participation des travailleurs à la gestion de l'entreprise et ont affirmé, comme son corollaire, le fait que la gestion de l'entreprise doit revenir à la collectivité concernée. C'est-à-dire aux salariés, mais de manière plus générale, aux parties prenantes.
La participation des travailleurs est tout d'abord passée par la création des comités d'entreprises, comités[1147] qui devaient permettre une représentation des travailleurs au sein des organes de direction des sociétés, office qui ne variera que peu dans le Code du travail[1148]. Mais cette représentation ne permettait pas une véritable participation, ce qui a conduit le législateur, en 2013 (!)[1149], à imposer dans certaines entreprises (restreintes) la présence de ces représentants en les dotant (enfin) de voix délibérative. La réforme issue de l'ordonnance du 22 septembre 2017[1150] leur substitue un Comité social et économique[1151] qui conserve les mêmes attributions.

388. La participation des travailleurs aux politiques publiques les concernant. C'est de manière générale sous le terme de *dialogue social* que l'on regroupe les réflexions relatives à la représentation des salariés et de leurs intérêts auprès des pouvoirs publics. Le dialogue social a longtemps été porté

[1146] VERDIER (J.-M.), *Syndicats et droit syndical*, vol. I, Liberté, structures, action, *in Droit du travail*, t. 5, 2e éd., Dalloz, 1987, p. XI.
[1147] Pour un historique, voir not. Sénat, Rapport sur le projet de loi, adopté par l'Assemblée nationale, modifiant certaines dispositions de l'ordonnance n° 45-280 du 22 février 1945 instituant des comités d'entreprises, 6 décembre 1965, p. 9 et s. [https://www.senat.fr/rap/1965-1966/i1965_1966_0080.pdf].
[1148] Jusqu'au 1er janvier 2018, Code du travail, art. L. 2323-1 : « Le comité d'entreprise a pour objet d'assurer une expression collective des salariés permettant la prise en compte permanente de leurs intérêts dans les décisions relatives à la gestion et à l'évolution économique et financière de l'entreprise, à l'organisation du travail, à la formation professionnelle et aux techniques de production. ».
[1149] Loi n° 2013-504 du 14 juin 2013 relative à la sécurisation de l'emploi.
Voir not. : AUZERO (G.), « La représentation obligatoire des salariés dans les conseils d'administration et de surveillance », *Revue droit social*, n° 9, 2 septembre 2013, p. 740.
[1150] Ordonnance n° 2017-1386 du 22 septembre 2017 relative à la nouvelle organisation du dialogue social et économique dans l'entreprise et favorisant l'exercice et la valorisation des responsabilités syndicales.
[1151] Code du travail, art. L. 2311-1 et s.

par les grandes organisations syndicales, mais la loi du 20 août 2008[1152] est venue mettre fin au principe irréfragable de représentativité[1153] de ces syndicats, et redéfinit le lien de représentation. La loi oblige les représentants à recueillir un minimum de suffrages lors des élections professionnelles pour pouvoir être considérés comme représentants. Cette évolution remet l'accent sur la démocratie sociale, donc sur les élections, et néglige la question du pouvoir[1154], « *évolution notable* »[1155] donc, mais qui « *laisse dans l'ombre certains problèmes auxquels la réforme de la représentativité n'apporte pas de solution.* »[1156]. La question du dialogue social n'est pourtant toujours pas réglée et les évolutions, parfois très récentes[1157], ne font pas toujours l'unanimité, particulièrement lorsqu'il s'agit du dialogue social appliqué à la fonction publique[1158].

389. Une autre forme d'expression collective des travailleurs : l'actionnariat salarié. L'actionnariat salarié, terme curieux s'il en est[1159], s'est développé très tôt[1160], et a connu un renouveau avec l'adoption de la loi du 30 décembre 2006[1161], étendu par la loi Pacte[1162]. La participation[1163] n'est

---

1152 Loi n° 2008-789 du 20 août 2008 portant rénovation de la démocratie sociale et réforme du temps de travail.

1153 Sur ce principe : BEROUD (S.), YON (K.), « Représenter les salariés dans l'entreprise après la loi du 20 août 2008. Sur les limites de la "démocratie sociale" », *Presses universitaires de Grenoble*, Politiques de communication, 2014/1, n° 2, p. 51.

1154 BEROUD (S.), YON (K.), « Représenter les salariés… », *op. cit.*

1155 BEROUD (S.), YON (K.), « Représenter les salariés… », *ibid.*

1156 BEROUD (S.), YON (K.), « Représenter les salariés… », *id.*

1157 En ce sens : Loi n° 2018-217 du 29 mars 2018 ratifiant diverses ordonnances prises sur le fondement de la loi n° 2017-1340 du 15 septembre 2017 d'habilitation à prendre par ordonnances les mesures pour le renforcement du dialogue social.

1158 Voir not. : DE MONTECLER (M.-C.), « "Contrat social" : le dialogue de sourds », *AJDA*, n° 27, 30 juillet 2018, p. 1522.

1159 « *La coexistence des deux termes qui forment cette dénomination laisse entendre qu'il s'agit d'un compromis pour tenter de rendre compatibles deux mondes qui pourraient bien se trouver dans un rapport d'altérité, si ce n'est d'antagonisme.* », SAINTOURENS (B.), « La stimulation de l'actionnariat salarié », *Rev. sociétés*, n° 10, 8 octobre 2019, p. 594.

1160 Pour une approche historique, voir not. : TUFFERY-ANDRIEU (J.-M.) « Propos liminaire ou contribution historique à l'étude de l'actionnariat salarié », *Revue Droit social*, n° 6, 5 juin 2014, p. 493.

1161 Loi n° 2006-1770 du 30 décembre 2006 pour le développement de la participation et de l'actionnariat salarié et portant diverses dispositions d'ordre économique et social.

1162 Sur ce point, voir not. : SAINTOURENS (B.), « La stimulation de l'actionnariat salarié », *Rev. sociétés*, n° 10, 8 octobre 2019, p. 594.

1163 Participation qui était au cœur des débats en 1946 et qui était chère au général de Gaulle, voir not. : MALECKI (C.), « Le nouveau souffle de l'actionnariat salarié dans la loi n° 2006-1770 du 30 décembre 2006 pour le développement de la participation et de l'actionnariat salarié », *D.*, n° 8, 22 février 2007, p. 524 ; VANDENBUSSCHE (R.), SIRINELLI (J.-F.), SADOUN (M.) dir., *La politique sociale du général de Gaulle,* Centre d'histoire de la région du Nord et de l'Europe du nord-ouest, coll. Histoire et littératures régionales, 1990, spéc. La contribution de Lucette Le Van-Lemesle, « La participation dans l'entreprise : de la théorie à la pratique », p. 187 et s.

plus cantonnée à la détermination des conditions de travail mais elle concerne, dorénavant, l'intéressement des salariés aux résultats de l'entreprise. Pourtant, cette transition méconnaît la valeur du travail, car « *Le salaire correspond au prix de marché de la force de travail ; (alors que) la plus-value est la fraction de travail non payée au travailleur, système d'exploitation qui permet au capitaliste d'obtenir du profit et d'accumuler ainsi du capital additionnel* »[1164]. La participation des travailleurs, érigée contre le monopole de fait en 1946, s'exprimait par la détermination collective des conditions de travail, par la mise en place d'outils d'expression collective, c'est ce qui a permis, en partie, de réconcilier les diverses parties prenantes à l'entreprise. Mais cette logique ne se retrouve pas dans l'actionnariat salarié, le salarié n'est plus seulement représenté en tant que tel, mais par le prisme de l'actionnariat[1165]. La multiplication des formes d'expression collective des salariés rend difficile une approche globale du véritable pouvoir des salariés dans l'entreprise.

390. La préservation des emplois : la loi Florange. L'intérêt des salariés est également l'objet de la loi Florange[1166]. Partant du constat selon lequel la cessation d'activité d'une entreprise donne souvent lieu à des licenciements collectifs, les pouvoirs publics ont souhaité favoriser la préservation des emplois. Cette loi a pour objectif d'éviter la fermeture de site industriel rentable qui ne résulterait que d'une stratégie d'entreprise plus globale et porterait atteinte à l'intérêt des salariés. Elle concerne donc les entreprises rentables et exclut alors celles faisant l'objet de procédures collectives.
Cette loi renforce à la fois l'information des salariés et du comité d'entreprise[1167], leur permettant d'être informés le plus tôt possible de la

---

1164 LE VAN-LEMESLE (L.), « La participation dans l'entreprise : de la théorie à la pratique », *in* VANDENBUSSCHE (R.), SIRINELLI (J.-F.), SADOUN (M.) dir., *La politique sociale du général de Gaulle,* Centre d'histoire de la région du Nord et de l'Europe du nord-ouest, coll. Histoire et littératures régionales, 1990, p. 187.

1165 Sur ce point, voir not. : GENIAUT (B.), « Le droit de vote des salariés actionnaires comme mode d'expression collective : vision d'un travailliste », *Revue droit social*, n° 6, 5 juin 2014, p. 512.
Et plus encore, cette situation questionne l'égalité de traitement des salariés, voir not. : NICOLAS (E.), « Le salarié, consommateur d'actions cotées de son entreprise », *Revue Droit social*, n° 6, 5 juin 2014, p. 528.

1166 Dénommée ainsi en référence à la fermeture du site de Florange par la société Arcelor Mittal ayant entraîné un vaste programme de licenciement collectif.
Loi n° 2014-384 du 29 mars 2014 visant à reconquérir l'économie réelle. Voir également son décret d'application : décret n° 2015-1378 du 30 octobre 2015 relatif à l'obligation de rechercher un repreneur en cas de projet de fermeture d'un établissement.
Cette loi fait suite et complète les dispositions de la loi n° 2013-504 du 14 juin 2013 relative à la sécurisation de l'emploi qui renforçait notamment, les attributions des comités d'entreprise, ainsi que la participation des salariés.

1167 Ce dernier doit émettre un avis, favorable ou défavorable, quant aux offres de rachat proposées.

volonté de fermeture d'un site, et oblige l'entrepreneur à motiver la décision qu'il oppose aux offres de rachat qui lui sont proposées. Ce cadre législatif permet de préserver les emplois. Il ne s'agit pas tant d'apprécier l'opportunité de la fermeture d'un site rentable que de favoriser sa reprise par un autre entrepreneur afin de favoriser la préservation des emplois.

391. Bien que le Conseil constitutionnel ait en partie censuré la loi[1168], la censure portait bien plus sur certains mécanismes, tels que la sanction du refus d'une offre sérieuse, en tant qu'elle portait atteinte à la liberté d'entreprendre, que sur le fond de la loi. Le Conseil relève bien que « *le législateur a entendu maintenir l'activité et préserver l'emploi en favorisant la reprise des établissements dont la fermeture est envisagée lorsqu'elle aurait pour conséquence un projet de licenciement collectif ; qu'il a ainsi poursuivi un objectif qui tend à mettre en œuvre l'exigence résultant de la première phrase du cinquième alinéa du Préambule de la Constitution de 1946* »[1169].
On constate que la loi Florange permet aux parties prenantes à une entreprise que sont les salariés de faire valoir leur intérêt dans la gestion de l'entreprise, et notamment lorsque la fermeture de celle-ci donne lieu à un projet de licenciement collectif.
Si les parties prenantes directes peuvent voir un de leurs intérêts lésés par une situation de monopole de fait, on constate qu'elles disposent néanmoins de voies d'action et de représentation de leurs intérêts au sein de l'entreprise. La culture réactualisée de négociation collective et de représentation des salariés ne fait que renforcer les capacités des parties prenantes à faire valoir leur intérêt dans la gestion des entreprises.

392. Les problématiques sont encore pleinement d'actualité et témoignent de la délicate articulation des pouvoirs et de leur difficile exercice dans les entreprises. La gestion de l'entreprise, pour être démocratique, doit permettre la conciliation des intérêts des différentes parties prenantes directes. La situation est quelque peu plus complexe s'agissant des parties prenantes indirectes, qui constituent des tiers à l'entreprise et dont la représentation est difficilement concevable alors même que leurs intérêts peuvent être lésés par l'entreprise qui peut constituer un monopole de fait à leurs dépens.

[1168] Cons. const., n° 2014-692 DC, 27 mars 2014, Loi visant à reconquérir l'économie réelle.
[1169] Cons. const., n° 2014-692 DC, 27 mars 2014, Loi visant à reconquérir l'économie réelle, cons. 8.

§ II. Les consommateurs : partie prenante indirecte

393. À côté des parties prenantes directes à l'exploitation d'un bien ou d'une entreprise, il existe des parties prenantes indirectes. Il s'agit de personnes qui ne participent pas directement à l'exploitation d'un bien ou d'une entreprise, mais il s'agit de personnes dont les intérêts sont lésés lorsque l'entreprise devient monopole de fait. Considérer les parties prenantes, c'est considérer l'entreprise comme un objet d'intérêt collectif[1170]. La chose est « *périlleuse* »[1171], pourtant l'idée fait son retour[1172], et était déjà centrale en 1946. L'archétype de la partie prenante indirecte c'est le consommateur.
Le consommateur constitue l'une des parties prenantes les plus évidentes d'une entreprise, et c'est, après la masse salariale, les premiers à subir les excès des monopoles de fait. En effet, il a été vu que le principal levier d'extraction de valeur dont dispose une entreprise c'est le prix. Or, c'est bien, le consommateur qui est directement intéressé par le niveau des prix et qui subit, sur ce point les comportements des entreprises. De manière générale, le consommateur est en droit d'attendre que l'entreprise lui propose des prix de produit approchant les coûts de production, en somme un prix équitable.

394. La définition du consommateur. Depuis la loi Hamon[1173], le consommateur est défini comme « *une personne physique qui agit à des fins qui n'entrent pas dans le cadre de son activité professionnelle* »[1174]. Les consommateurs sont ainsi définis, notamment par la jurisprudence, par rapport

---

[1170] Le rapport de NOTAT (N.), SENARD (J.-D.), *L'entreprise, objet d'intérêt collectif*, 9 mars 2018, Dalloz actualité, 13 mars 2018 précise d'emblée que : « *Le rôle premier de l'entreprise n'est pas la poursuite de l'intérêt général, mais des attentes croissantes à l'égard des entreprises sont régulièrement exprimées, avec l'essor des défis environnementaux et sociaux. Le concept de "parties prenantes" — c'est-à-dire les personnes et les groupes qui subissent un risque du fait de l'activité de l'entreprise — est fréquemment évoqué pour susciter une prise de conscience par l'entreprise des impacts de son activité.* ».

[1171] DE RAVEL D'ESCLAPON (T.), « Rapport NOTAT-SENARD : l'entreprise, "objet d'intérêt collectif" », Dalloz actualité, 13 mars 2018. L'auteur précise que : « *En s'intéressant à la place de l'entreprise dans la société contemporaine, en évoquant, selon les mots cités des célèbres Berle et Means, que l'entreprise "a cessé d'être un mécanisme économique privé pour devenir une institution" (rapport, p. 28), les deux auteurs de ce rapport plongent directement au cœur de controverses passionnantes du monde de l'entreprise et du droit des sociétés ; des controverses tout à la fois anciennes et résolument contemporaines, offrant un versant aussi pratique que théorique.* ».

[1172] Voir not. : SCHMIDT (D.), « La société et l'entreprise », *D.*, n° 41, 30 novembre 2017, p. 2380.
Pour une analyse jurisprudentielle de la mise en œuvre de la notion d'intérêt collectif, voir not. : HECQUARD-THERON (M.), « De l'intérêt collectif », *AJDA*, n° 2, 20 février 1986, p. 66 et s.

[1173] Loi n° 2014-344 du 17 mars 2014 relative à la consommation, art. 3.

[1174] Voir par exemple : Cour de cassation, chambre civile, 1re, 1er juin 2016, n° 15-13.236.

à leur relation à un professionnel, la distinction entre les deux tient notamment à la différence de connaissance et d'information quant au service ou produit consommé. Vaste, cette définition laisse une marge d'appréciation au juge quant à sa mise en œuvre. Au niveau européen, la Cour de justice de l'Union européenne[1175] a rappelé récemment ce qu'il fallait entendre de la notion de consommateur et notamment le fait qu'elle se définit par opposition à la notion d'opérateurs économiques. La Cour a eu l'occasion de rappeler que le niveau d'expertise d'un individu et le fait qu'il représente des droits et intérêts tiers ne peuvent lui faire perdre cette qualité sans rendre ineffective la protection du consommateur.

395. La particularité du droit de la consommation. Si la protection du consommateur semble assurée par le droit de la consommation[1176], une difficulté naît du fait que ce droit est parfois confronté à d'autres droits. La conciliation qui a pu être faite par certaines juridictions[1177] a pu laisser « *saillir un raisonnement fondé sur l'envers de l'adage* specialia generalibus derogant, *consistant à dire qu'en l'absence de droit spécial, le droit commun*

[1175] CJUE, 25 janvier 2018, aff. C-498/16, Maximilian Schrems c/ Facebook Ireland limited, *JCP E*, n° 5, 1er Février 2018, act. 90.
Voir not. les points 39 et 40 de la décision et les renvois à des décisions antérieures : « *la notion de "consommateur" se définit par opposition à celle d'"opérateur économique" (voir, en ce sens, arrêts du 3 juillet 1997, Benincasa, C-269/95, EU:C:1997:337, point 16, et du 20 janvier 2005, Gruber, C-464/01, EU:C:2005:32, point 36) et qu'elle est indépendante des connaissances et des informations dont la personne concernée dispose réellement (arrêt du 3 septembre 2015, Costea, C-110/14, EU:C:2015:538, point 21), ni l'expertise que cette personne peut acquérir dans le domaine duquel relèvent lesdits services ni son engagement aux fins de la représentation des droits et des intérêts des usagers de ces services ne lui ôtent la qualité de "consommateur", au sens de l'article 15 du règlement no 44/2001.*
40. En effet, une interprétation de la notion de "consommateur" qui exclurait de telles activités reviendrait à empêcher une défense effective des droits que les consommateurs détiennent à l'égard de leurs cocontractants professionnels [...] ».

[1176] Pour une approche des moyens de la personne publique pour la protection du consommateur, voir not. : CALAIS-AULOY (J.), « Les modes d'intervention de la puissance publique pour la défense des consommateurs », *in L'interventionnisme économique de la puissance publique*, *Mélanges Péquignot*, t. 1, CERAM, Montpellier, mai 1984, p. 71 et s. L'auteur précise que : « *Ces derniers (les consommateurs) semblent être les rois de cette société de consommation qui caractérise les pays développés ; en fait, ils tendent à devenir des objets manipulés par les spécialistes du marketing. La puissance publique cherche à corriger cette situation. Ses motivations sont complexes. Raisons morales : protéger le faible contre le fort. Raisons économiques : permettre un fonctionnement équilibré du marché. Raisons électorales : satisfaire le groupe de pression que constitue aujourd'hui les consommateurs.* ».

[1177] Pour une décision récente voir not. : Cour de cassation, Civ. 3e, 26 octobre 2017, n° 16-13.591, *D.*, 2017, p. 2204, note Hugo Barbier, *RTD Civ.*, n° 1, 31 mars 2018, p. 96.

s'applique. »[1178]. Pourtant, c'est bien la spécialité accrue du droit de la consommation qui fait qu'en quelque sorte il s'impose face à d'autres droits spéciaux ayant le même objet, et face au droit commun, plus général[1179]. Cette singularité du droit de la consommation devient un véritable outil dans les mains des consommateurs pour rappeler les entreprises à leurs obligations contractuelles et pour faire valoir leur intérêt à une bonne gestion de l'entreprise, notamment quant à la détermination des prix et du taux de marge.

396. L'intérêt légitime des consommateurs. Les consommateurs ont un intérêt évident à ce que les opérateurs économiques se comportent de façon loyale dans leurs actes de commerce. Les rapports entre consommateurs et professionnels sont régis par le droit de la consommation qui assure aux consommateurs des voies de recours effectifs contre les abus perpétrés par certains professionnels en dépit de toute loyauté contractuelle. Partant du constat de la position de faiblesse du consommateur, notamment du fait de son isolement par rapport à des firmes parfois transnationales, le droit a mis en place un régime propre à assurer au consommateur la défense et le respect de ses intérêts, parmi lesquels celui de pouvoir bénéficier du plus juste prix dans ses actes de consommation. On accepte généralement de considérer le consommateur comme directement intéressé, concerné, par les stratégies des entreprises. La théorie économique traditionnelle s'accorde sur ce point : une entreprise, en cherchant à réduire ses coûts de production, fait bénéficier le consommateur du meilleur prix de marché. L'optimisation des coûts doit bénéficier au consommateur, elle ne doit pas consister en une maximisation exclusive du profit. Pourtant, l'étude des marges de prix appliquées au produit est un exemple courant de rente de situation. L'exploitation du bien ou de l'entreprise, en cas de monopole de fait, est organisée de telle manière que les réductions de coûts de production sont appropriées exclusivement par

---

1178 BARBIER (H.), « Le droit de la consommation peut-il être un droit commun ? », *RTD Civ.*, n° 1, 31 mars 2018, p. 96. L'auteur explique que : « *Pour justifier l'application du droit de la consommation, les juges énoncent que le délai de prescription prévu par l'article L. 218-2 du code de la consommation est "de portée générale", et s'applique "en l'absence de dispositions particulières" (le code de la construction et de l'habitation ne contient aucune disposition sur la prescription en matière de vente en l'état futur d'achèvement).* ».

1179 BARBIER (H.), « Le droit de la consommation peut-il être un droit commun ? », *op. cit.* : « *De ce statut de simple droit spécial si l'on peut dire, il résulte en réalité une place paradoxalement renforcée du droit de la consommation, beaucoup plus rebelle à l'éviction issue de l'adage* specialia generalibus derogant, *que lui promettait sa pompeuse promotion, aux allures de placard doré, en droit commun. Le droit de la consommation n'est plus alors applicable seulement en l'absence de droit spécial, mais aussi en concurrence d'un autre droit spécial qui aurait légiféré sur la même question.* ».

Voir également : STEENNOT (R.), « Libre marché et réglementations contraignantes : le cas de la protection du consommateur en Europe », *in Le marché et l'État à l'heure de la mondialisation*, Thirion (N.) dir., Actes du 1er colloque David-Constant de la Faculté de droit de l'Université de Liège, Larcier, 2007, p. 159 et s.

l'entreprise, via le gonflement de ses marges, et sans bénéficier au consommateur.

397. Les changements induits par la révolution numérique. Certains ont pu parler de « *despote-consommateur* »[1180] pour souligner, avec l'avènement du numérique, le passage d'une consommation subie à une véritable exigence de consommation, répondant à des intérêts divers. Le passage d'un consommateur spectateur à un consommateur acteur. Plus encore, certains ont vu l'émergence d'un non-consommateur[1181] soulignant le changement de comportement et la mise en œuvre d'actes de consommation raisonnés et choisis. Pourtant, l'économie numérique, si elle permet en effet aux consommateurs de comparer différents produits, ne réduit pas fondamentalement l'asymétrie d'information entre les professionnels et les consommateurs. La profusion d'information a même parfois des effets contreproductifs lorsque le consommateur n'est plus en mesure de trier les informations disponibles.

§ III. Les parties prenantes externes : les citoyens

398. L'expression de partie prenante externe semble constituer un véritable oxymore. Comment peut-on être à la fois partie prenante et partie externe à une entreprise ? Pourtant, il s'agit bien d'affirmer que les activités d'une entreprise ne concernent pas seulement les parties prenantes directes et indirectes que nous venons d'évoquer, elles concernent aussi les citoyens.

399. Tout citoyen peut être partie prenante à une entreprise à partir du moment où cette entreprise émet, notamment, des externalités environnementales négatives. En effet, tout citoyen a un intérêt évident à la préservation de l'environnement[1182], celui de sa propre préservation. En droit français, c'est la

---

1180 ROBERT (Y.-P.), *Le despote-consommateur, Réflexions sur un monde de communications*, Plon, Paris, 2017. L'auteur précise de façon caricaturale que le despote-consommateur serait mu par cinq règles, cinq « i » : « *l'impatience, l'intransigeance, l'insatisfaction, l'infidélité et l'immodestie* », p. 32.

1181 SANSALONI (R.), *Le non-consommateur, Comment le consommateur reprend le pouvoir*, Dunod, Paris, 2006. L'auteur précise le recours à cette expression : qui « *sonne aussi comme une antienne théorique, celle qui exprime la nécessité méthodologique d'intégrer les multiples facettes d'un individu que l'on ne saurait réduire à un simple paramètre dans une équation économétrique ou un vulgaire Homo œconomicus uniquement porté par une fonction d'utilité (d'ophémilité, dirait W. Pareto, grand théoricien de ce bien étrange Homo œconomicus)* », p. 10.

1182 Voir not., CHANIAL (P.), « La nature donne-t-elle pour de bon ? L'éthique de la Terre vue du don », *Revue du MAUSS*, 2013/2, n° 42, pp 83-96.

Charte de l'environnement[1183] qui vient énoncer les grands principes applicables et les droits et devoirs de chacun. Prenant acte du fait « *Que les ressources et les équilibres naturels ont conditionné l'émergence de l'humanité ; Que l'avenir et l'existence même de l'humanité sont indissociables de son milieu naturel ; Que l'environnement est le patrimoine commun des êtres humains* »[1184], la Charte établit un cadre juridique protecteur que l'on peut appréhender à travers trois grands principes[1185] : le principe de précaution[1186] (parfois controversé[1187]), le principe de prévention[1188] et le principe du pollueur-payeur. Le renforcement de la préservation de l'environnement et de la biodiversité au niveau constitutionnel est également proposé par le projet de loi constitutionnelle pour une démocratie plus représentative, responsable et efficace[1189].

400. Lorsque les entreprises ne prennent pas en considération les exigences environnementales, elles se soustraient à toute responsabilité et se défaussent d'obligations qui devraient leur incomber. Cela conduit à ce qu'elles constituent une rente de situation que l'on pourrait qualifier de négative. En ne prenant pas en charge le coût des pollutions environnementales qu'elles

---

1183 Introduite dans le bloc de constitutionnalité par la loi constitutionnelle du 1er mars 2005, n° 2005-205, relative à la Charte de l'environnement.

1184 Loi constitutionnelle n° 2005-205 du 1er mars 2005 relative à la Charte de l'environnement.

1185 Il est à noter que l'article L. 110-1 du Code de l'environnement fait également référence à d'autres principes comme le libre accès aux informations détenues par les personnes publiques et le principe de participation.

Notons également que certains appellent de leurs vœux la consécration du principe de non-régression.

1186 Charte de l'environnement, art. 5.

Voir not. sur ce principe et son lien avec la prévention : TRUCHET (D.), « Douze remarques simples sur le principe de précaution », *JCP G*, n° 12, 20 mars 2002, p. 533-534.

Pour un rappel historique voir : VAN LANG (A.), « Principe de précaution : exorciser les fantasmagories », *AJDA*, n° 9, 16 mars 2015, p. 510 ; pour une approche comparée de la mise en œuvre du principe de précaution par les Cours constitutionnelles européennes, voir : CHIU (V.), « Les cours constitutionnelles européennes et le principe de précaution », *RFDA*, n° 6, 11 janvier 2018, p. 1055.

1187 VAN LANG (A.), « Principe de précaution : exorciser les fantasmagories », *op. cit.* : « *[...] le risque de dommage doit être grave et irréversible (le droit international employant la conjonction "ou") et l'incertitude porte sur la réalisation du dommage (ce qui dénote un choix en faveur d'une conception minimaliste de la précaution, proche de la prévention, alors que le principe de précaution désigne une incertitude planant sur l'existence même du risque susceptible d'entraîner un dommage).* ».

1188 Implicitement reconnu par la Charte de l'environnement, art. 3 : « *Toute personne doit, dans les conditions définies par la loi, prévenir les atteintes qu'elle est susceptible de porter à l'environnement ou, à défaut, en limiter les conséquences.* ».

1189 Projet de loi constitutionnelle pour une démocratie plus représentative, responsable et efficace (n° 911). La présentation générale et les commentaires d'articles établis par la Commission des lois constitutionnelles, de la législation et de l'administration générale de la République a par ailleurs adopté les amendements proposant de consacrer la préservation de l'environnement et de la biodiversité à l'article 1er de la Constitution. L'évolution est à suivre.

engendrent, les entreprises évitent des dépenses. Les actions en réparation pour préjudice écologique[1190] ont d'ailleurs pour principal objectif une réparation en nature pour permettre à la collectivité de ne pas subir ce préjudice écologique dont l'entreprise est à l'origine. Il s'agit de contraindre l'entreprise à prendre à sa charge un coût qui lui incombe naturellement et qu'elle devrait prendre à charge. Ce n'est qu'en cas d'impossibilité de réparation en nature que des dommages et intérêts sont octroyés.

401. Tout le développement de la responsabilité sociale de l'entreprise, dont la loi PACTE démontre toute l'actualité et la prise en compte, confirme bien que tout individu peut avoir un intérêt lésé par une entreprise, notamment lorsque celle-ci n'internalise pas les coûts sociaux et environnementaux que ses activités font peser sur la société[1191]. Or, lorsqu'une entreprise n'internalise pas certains coûts, c'est bien une rente de situation qui est constituée, une rente négative.

[1190] Article 2226-1, Code civil.

[1191] Ce point fait d'ailleurs l'objet d'inquiétude car l'on craint que tout un chacun ait désormais un intérêt à agir contre une entreprise, mais si l'intérêt est légitime, quel problème cela peut-il poser ? Ce point sera notamment étudié à travers l'action de groupe, tout autant qu'à travers les missions poursuivies par les associations, et particulièrement les associations de consommateurs.

CONCLUSION DU CHAPITRE I

402. La nationalisation correspond à l'appropriation collective en ce qu'elle induit une gestion multipartite de la gestion des entreprises. La mise en œuvre des nationalisations en 1946 visait bien cette démocratisation des entreprises et leur dimension sociale était à cette époque très prégnante. L'équilibre des pouvoirs devait être garanti pour éviter le monopole de fait. Néanmoins, cette dimension sociale a par la suite été reléguée à un second plan, ce dont témoignent les justifications avancées aux nationalisations des années 80.
Cet outil a rapidement perdu de sa pertinence avec le développement de la pensée libérale et le développement de l'économie mondialisée, conduisant l'État à restreindre son secteur public et à développer de nouvelles stratégies, dont l'actionnariat. Mais ce dernier s'éloigne de l'appropriation collective, et de la dimension sociale qu'elle charrie. L'appropriation collective pose la question, au-delà de la propriété des moyens de production, de la nécessaire gestion démocratique des entreprises. Elle met l'accent sur le fait que ces moyens doivent être utilisés conformément à des considérations d'intérêt général. L'actionnariat public s'éloigne de cette conception.

403. La désuétude des nationalisations invite à repenser l'appropriation collective. Cette dernière interroge la conciliation des intérêts présents dans l'entreprise. Et de manière plus contemporaine, elle questionne également la conciliation des activités de l'entreprise avec des intérêts connexes. Il fallait alors préciser ces différentes collectivités d'intérêt et le recours à la notion de partie prenante le permet. Elle invite à explorer la diversité des intérêts concernés par l'exploitation d'un bien ou d'une entreprise et donne à penser les différentes considérations par lesquelles doit être tenue l'entreprise pour ne pas aboutir à un monopole de fait. Les parties prenantes directes sont historiquement connues. La question des travailleurs est d'ailleurs centrale dès 1946. On découvre aujourd'hui de nouvelles parties prenantes, résultat qui émerge de la prise en considération de l'entreprise comme objet d'intérêt collectif, qui fait partie intégrante de la société. La démocratisation de l'entreprise demande la prise en compte de ses nouvelles parties prenantes dans l'équilibre des pouvoirs. En effet, l'entreprise qui, dans ses activités, poursuit et réalise son intérêt particulier, aux dépens de l'intérêt de ses parties prenantes, peut constituer une rente de situation et aboutir à un monopole de fait.

Chapitre II.
LA DEMONOPOLISATION DU MONOPOLE DE FAIT

404. Le neuvième alinéa « *ne visait pas à instaurer l'appropriation étatique des moyens de production mais à lutter contre une concentration excessive du pouvoir économique* »[1192], cet instrument privilégié du monopole de fait. C'est bien en ce sens que le droit du marché semble constituer un moyen efficace d'endiguement du monopole de fait. En effet, il encadre l'exercice du pouvoir de marché des entreprises, il a pour objectif la concurrence libre et non faussée et la loyauté des relations économiques. Et quant au fait de savoir si le droit du marché constitue un « *progrès économique ou (un) progrès social* »[1193], la réponse ne peut être qu'en synthèse. En garantissant une concurrence libre et non faussée, en détricotant le pouvoir de marché, et en réinstaurant une certaine loyauté, il participe d'une concurrence effective et participe de la démocratisation de l'entreprise.

Dans ce droit du marché, la régulation s'occupe des stratégies concurrentielles des entreprises[1194] et évite, dans le contexte de libéralisation des secteurs de réseaux, l'explosion de pouvoirs privés économiques sources de monopole de fait[1195]. En encadrant l'acquisition et l'exercice du pouvoir de marché, en garantissant l'ordre concurrentiel[1196], à tout le moins l'équilibre concurrentiel[1197], la régulation contraint incidemment les monopoles de fait. Elle affirme en toutes circonstances le droit au respect des libertés

---

[1192] HUBERT (P.), CASTAN (A.), « Droit constitutionnel et liberté de la concurrence », *op. cit.*

[1193] Sur ce point, voir not. : PIROVANO (A.), « Progrès économique ou progrès social (ou les contradictions du droit de la concurrence) », *D. Sirey*, 1980, 20e cahier, chronique XXII, p. 145. L'auteur relève particulièrement la contradiction entre le progrès économique et l'intérêt public.

[1194] Notablement traitées par GLAIS (M.), *Économie industrielle : les stratégies concurrentielles des firmes*, éd. Litec, 1992, p. 355.

[1195] Voir en ce sens : SUPIOT (A.), *L'esprit de Philadelphie*, *op. cit.*, où l'auteur rappelle que « *C'est la perspective inverse qui préside à l'actuel processus de globalisation : à l'objectif de justice sociale a été substitué celui de la libre circulation des capitaux et des marchandises, et la hiérarchie des moyens et des fins a été renversée. [...] Au lieu d'indexer l'économie sur les besoins des hommes, et la finance sur les besoins de l'économie, on indexe l'économie sur les exigences de la finance et on traite les hommes comme du "capital humain" au service de l'économie.* », p. 24-25.

L'auteur précise également que « *Le problème n'est pas de "réguler" les marchés, comme on régule son chauffage central. Le problème est de les réglementer, ce qui oblige à revenir sur le terrain politique et juridique afin d'y établir l'ordre des fins et des moyens entre les besoins des hommes et l'organisation économique et financière.* ».

[1196] Voir sur cette notion : *L'ordre concurrentiel*, *Mélanges Pirovano*, éd. Frison-Roche, Paris, 2003.

[1197] Sur l'équilibre concurrentiel, voir not. : AUGUET (Y.), « L'équilibre, finalité du droit de la concurrence », *in Mélanges Yves Serra, Études sur le droit de la concurrence et quelques thèmes fondamentaux*, Dalloz, 2006.

économiques, ces libertés particulières, filles du droit de propriété[1198]. Ce sont bien les secteurs de réseaux, parce qu'ils constituent des monopoles naturels, qui sont l'objet privilégié de la régulation[1199]. Dans les activités anciennement sous monopoles publics, la séparation des activités de gestion et d'exploitation de l'infrastructure est ce qui permet de concilier les libertés économiques en présence et ce qui sert la démonopolisation des opérateurs historiques. La concurrence effective s'oppose au monopole de fait (Section I).

Des outils contentieux relativement neufs sont également à envisager dans la sanction du monopole de fait, qui viennent renforcer le maillage juridique autour du monopole de fait. L'avènement de l'action de groupe, procédure contentieuse privilégiée des consommateurs, permet ainsi à ces parties prenantes, en renforçant leur pouvoir, de s'opposer aux entreprises qui, impunément, s'affranchissent de toute loyauté envers leurs consommateurs afin de constituer une rente de situation (Section II).

Section I. La separation des activites de gestion et d'exploitation en cas de monopoles naturels

405. Dans la continuité du libéralisme révolutionnaire[1200], il s'agit d'assurer, à l'encontre du monopole de fait, une concurrence effective et suffisante. À l'instar de la célèbre formule de Montesquieu en matière politique, il faut, en matière économique, que, « *par la disposition des choses, le pouvoir arrête le pouvoir* »[1201]. Et c'est tout l'objet de la régulation économique, qui prend son plein essor avec la libéralisation des secteurs de réseaux[1202]. En effet, l'introduction de la concurrence dans des domaines qualifiés de monopole

---

[1198] Voir not. : DRAGO (G.), « Droit de propriété et liberté d'entreprendre dans la jurisprudence du Conseil constitutionnel : une relecture », *op. cit.*. L'auteur rappelle que « *Le droit de propriété est ainsi la matrice des droits économiques. Historiquement, le droit de propriété précède les autres droits économiques, tout simplement parce qu'ils en découlent, parce qu'ils sont la déclinaison de ce droit "matrice" qu'est le droit de propriété, tel qu'il a été défini par la Déclaration des droits de l'homme et du citoyen de 1789.* ».
L'introduction de la QPC ne fait que renforcer ces libertés comme libertés fondamentales.

[1199] Sur le lien existant entre la régulation et les secteurs de réseaux, voir not. : LAFFONT (J.-J.), « Pourquoi réguler ? », *in Les stratégies d'entreprises dans les nouvelles régulations*, CHEVALIER (J.-M.), EKELAND (I.), FRISON-ROCHE (M.-A.), KALIKA (M.), dir., PUF, coll. Droit, éthique, société, 2002, p. 17 et s. L'auteur relevait que les secteurs de réseaux constituent des monopoles naturels.

[1200] « *Le libéralisme révolutionnaire s'inscrit donc comme une tierce solution, entre la violence anarchique des âges anciens et l'autoritarisme des âges récents.* », LHOMME (J.), *Capitalisme et économie dirigée*, *op. cit.*, p. 11.

[1201] MONTESQUIEU, *De l'esprit des lois*, Livre XI, Chapitre IV, Lavigne, Paris, 1845.

[1202] Pour une approche sectorielle, voir not. : THIRION (N.) dir., *Libéralisations, privatisations, régulations, Aspects juridiques et économiques des régulations sectorielles*, Larcier, coll. Droit, économie, international, Bruxelles, 2007.

naturel comme l'énergie, le transport et les communications électroniques, ont fait craindre le développement de situations anticoncurrentielles[1203]. En effet, anciennement sous monopoles publics, la libéralisation laissait planer un doute sur la transformation de ces secteurs en grands monopoles privés. Cela parce que les opérateurs historiques, propriétaires de l'infrastructure essentielle, étaient naturellement incités, à utiliser de cette position pour refuser l'accès à ses concurrents ; utilisant ainsi son pouvoir de marché à des fins d'éviction de la concurrence, ouvrant la voie au monopole de fait.

406. La régulation s'est alors développée comme un moyen public alternatif, dissocié de l'action économique directe de l'État, permettant d'assurer un fonctionnement harmonieux de ces secteurs et d'éviter la constitution de grands monopoles privés. La régulation[1204] a ainsi pour objet de maintenir ou de restaurer la concurrence sur un marché et c'est notamment lorsque « *le lien est rompu entre la poursuite des intérêts privés des consommateurs et des producteurs, et la satisfaction de l'intérêt général* »[1205] qu'elle intervient. Pour ce faire, de nombreuses Autorités administratives indépendantes ont été créées[1206], chargées de régulation sectorielle et d'une mission *ex ante*, d'organisation des marchés.

La régulation repose sur la théorie des infrastructures essentielles et accompagne la fin des monopoles publics, c'est l'avènement de l'« *entreprise régulée* »[1207]. La séparation des activités de gestion et d'exploitation des réseaux constitue l'essence de la régulation des monopoles naturels, et la gestion des infrastructures essentielles doit permettre d'éviter la constitution de monopole de fait (§I). Elle permet la démonopolisation des opérateurs historiques en instaurant une gestion neutre de l'infrastructure. Cette gestion neutre de l'infrastructure empêche la constitution de rente de situation. Pourtant, des difficultés se dressent, et pour les mettre en exergue, sera pris l'exemple de la gestion de l'infrastructure ferroviaire (§II).

1203 Notons que ces secteurs avaient échappé aux privatisations de 1986.
Pour une approche historique et comparée de la régulation des secteurs de réseaux, voir not. : MATHEU (M.), « La régulation des services publics en réseaux, ou la lente émergence d'une innovation majeure », Entreprises et histoire, 2002/3, n° 30, p. 115-135.

1204 Sur la notion de régulation : CALANDRI (L.), *Recherche sur la notion de régulation en droit administratif français*, Bibliothèque de droit public, t. 259, LGDJ, Paris, 2008.

1205 LEVEQUE (F.), *Économie de la réglementation*, Repères, Nouvelle Édition, La Découverte, Paris, 2004, p. 8.

1206 Pour un exposé rapide de ce qu'est un régulateur, voir not. : LASSERRE (B.), « Qu'est-ce qu'un régulateur ? », *in Les stratégies d'entreprises dans les nouvelles régulations*, Chevalier (J.-M.), Ekeland (I.), Frison-Roche (M.-A.), Kalika (M.) dir., PUF, coll. Droit, éthique, société, 2002, p. 43 et s.

1207 Sur cette notion, voir not. : BOITEAU (C.), « L'entreprise régulée », *RFDA*, n° 3, 12 juillet 2018, p. 469.

§ I. L'INFRASTRUCTURE ESSENTIELLE : SOURCE DE MONOPOLE DE FAIT

407. Les secteurs de réseaux, en tant qu'ils reposent sur l'existence d'une infrastructure essentielle, constituent l'archétype des monopoles naturels. À ce titre, ils offrent des possibilités accrues de constitution d'un monopole de fait. C'est pour cela que l'encadrement de l'accès à ces infrastructures s'est développé lors de leur libéralisation, justifiant l'essor des autorités de régulation sectorielles, car la concurrence ne se décrète pas (A). La séparation des activités de gestion et d'exploitation s'est alors imposée comme l'un des outils les plus adéquats pour assurer une certaine transparence dans ces secteurs. Une telle séparation permet, en outre, un contrôle ciblé des autorités de régulation qui s'assurent que le gestionnaire d'infrastructure assure lui-même un égal accès des entreprises à l'infrastructure. C'est l'un des mécanismes emblématiques de la régulation des monopoles naturels ; un mécanisme qui prévient le monopole de fait dans la mesure où il évite les comportements de favoritisme ou de népotisme concurrentiel (B).

A. La libéralisation des secteurs de réseaux : la crainte des effets du passage des monopoles publics aux monopoles privés

408. La libéralisation des secteurs de réseaux. Sous l'influence européenne, les secteurs de réseaux ont été libéralisés[1208], ouverts à la concurrence, et finalement, privatisés en grande partie. La libéralisation n'est pas la

[1208] Il y a eu différents « paquets » européens de libéralisation. Pour des précisions relatives aux différentes étapes suivies par l'Union européenne pour aboutir à la libéralisation de ces secteurs, voir not. les sites Internet des autorités de régulation concernées qui en proposent un historique. Le paquet ferroviaire : directive n° 2001/12/CE du Parlement européen et du Conseil du 26 février 2001 modifiant la directive 91/440/CEE du Conseil relative au développement de chemins de fer communautaires, et la directive n° 2001/13/CE du Parlement européen et du Conseil du 26 février 2001 modifiant la directive 95/18/CE du Conseil concernant les licences des entreprises ferroviaires.

privatisation[1209]. La libéralisation renverrait plutôt à la transformation des établissements publics en sociétés dans une optique d'ouverture à la concurrence, alors que la privatisation renverrait plutôt à la privatisation du capital[1210], bien qu'en pratique ces deux opérations sont souvent concomitantes.
Les secteurs de réseaux constituent des monopoles naturels. En tant que tels, ils peuvent être un support adéquat pour la constitution d'un monopole de fait, dont le levier est l'éviction pure et simple de la concurrence. En effet, la maîtrise de l'infrastructure assure à son détenteur la main mise sur son exploitation parce qu'il gère, en fait, l'accès à l'infrastructure. Ainsi, l'ouverture à la concurrence ne devait pas se doubler de la constitution de situations anticoncurrentielles, d'un passage de monopoles publics à des monopoles privés, c'est tout l'objet de la régulation sectorielle[1211]. Cette dernière a accompagné l'ouverture à la concurrence des secteurs de réseaux en assurant un accès non discriminatoire à l'infrastructure, indispensable à l'exploitation d'une activité sur celle-ci. C'est bien la question de l'accès à l'infrastructure qui est essentielle en cas de monopole naturel.

409. L'écueil de l'asymétrie d'information dans la mise œuvre de la régulation. L'asymétrie d'information constitue une véritable difficulté, et a fait l'objet de nombreuses études et approches, notamment en économie[1212]. Parce qu'elle rend en partie impossibles les politiques de concurrence et de régulation, elle constitue un véritable obstacle à la réalisation d'une concurrence libre et non faussée, l'asymétrie d'information peut être instrumentalisée de manière déloyale. Il s'agit, au même titre que

---

[1209] Voir not. : AMMANNATI (L.), « Le marché et l'État à l'heure de la mondialisation. Les privatisations », *in Le marché et l'État à l'heure de la mondialisation*, Thirion (N.) dir., Actes du 1er colloque David-Constant de la Faculté de droit de l'Université de Liège, Larcier, 2007, p. 103 et s.
Sur le lien entre privatisation et libéralisation, il faut relever que : « *le recours exclusif aux privatisations (n'est) au mieux qu'une condition nécessaire mais nullement suffisante, d'une régulation par les seules forces du marché.* », ENCAOUA (D.), SANTINI (J.-J.), « Les privatisations en France : éléments d'analyse et bilan », *op. cit.*

[1210] NICINSKI (S.), « La transformation des établissements publics industriels et commerciaux en sociétés », *RFDA*, 2008, p. 35.

[1211] Notons à ce titre que ce discours souffre une certaine hypocrisie, voir not. STIGLITZ (J. E.), *Le prix de l'inégalité*, Les liens qui libèrent, 2012, p. 251 : « *Ironie : les champions de la privatisation (la remise d'anciennes entreprises publiques au secteur privé) et de la libéralisation (le démantèlement des réglementations) ont longtemps prétendu que ces politiques étaient nécessaires pour freiner la recherche de rente. Ils soulignent la corruption dans le secteur public, mais admettent rarement qu'en face de chaque corrompu il y a un corrupteur, et que ce corrupteur, en général, appartient au secteur privé.* ».

[1212] Les travaux, notamment, de Jean-Jacques Laffont et Jean Tirole, ont largement porté sur cette asymétrie d'information et la mise en place de mécanismes permettant de la réduire et d'assurer une régulation optimale. Il s'agit d'éviter la capture du régulateur.

l'imperfection de marché[1213] et les externalités, d'une défaillance de marché. Cette asymétrie d'information entre les opérateurs historiques, libéralisés, et les autorités s'explique, car, précisément, pour chaque secteur n'existait qu'un seul opérateur historique, verticalement intégré et disposant donc de toute l'information disponible, en interne. Cette asymétrie d'information fait que l'une des premières missions des autorités de régulation sectorielles a été de « *mettre en place des audits sur les coûts et l'organisation interne des opérateurs en place, et (d') instaurer des procédures permettant la révélation des informations* »[1214]. En effet, sans réelle connaissance du marché, il semble impossible de mettre en place les politiques proconcurrentielles les plus pertinentes car l'on ne cerne pas les niches utilisées par les opérateurs historiques pour constituer une rente.

410. Les autorités de régulation sectorielle assurent des missions proconcurrentielles où l'incitation tient une large place. À l'inverse de l'Autorité de la concurrence dont l'action se situe *ex post* et vient sanctionner les comportements anticoncurrentiels, les actions des autorités de régulation sont dites *ex ante* et s'inscrivent pleinement dans ce que l'on qualifie de droit souple. Leur rôle ne vise pas tant à tendre vers une structure de marché concurrentielle[1215] qu'à assurer une concurrence effective sur le marché. Rôle délicat dans la mesure où la concurrence effective repose sur un équilibre fragile où parfois, il faut protéger la concurrence en elle-même en faisant respecter la concurrence (quitte à porter atteinte à l'efficacité économique), et d'autres fois les concurrents (car la disparition d'une entreprise, si elle résulte du libre jeu de la concurrence, peut, à long terme, porter des effets négatifs sur l'efficacité économique)[1216]. autant dire que la régulation sectorielle constitue un véritable exercice de funambule. Parmi les outils privilégiés des autorités de régulation figure l'incitation. Cette possibilité, qui n'appartient qu'à elles (et non à l'Autorité de la concurrence dont le rôle est de sanctionner), prend la forme de certains programmes ou politiques à destination des entreprises actives sur le secteur qu'elles régulent afin qu'elles adoptent des comportements conformes aux règles concurrentielles, des comportements que l'on pourrait qualifier de loyaux mais qui vont aussi dans le sens de certaines autres politiques.

411. La concurrence n'est qu'un moyen au service de l'efficacité économique, mais l'efficacité économique n'est pas le seul objectif des

---

1213 Notamment le monopole naturel.

1214 PERROT (A.), « Les frontières entre régulation sectorielle et politique de la concurrence », *Revue française d'économie*, 2002, vol. XVI, pp. 81-112.

1215 On a vu que la structure de marché n'est finalement pas seule pertinente dans l'analyse de la concurrence.

1216 PERROT (A.), « Les frontières entre régulation sectorielle et politique de la concurrence », *Revue française d'économie*, 2002, vol. XVI, pp. 81-112.

autorités de régulation. En fonction des secteurs, différents types d'incitation pourront être relevés[1217]. Pour ne prendre que deux exemples emblématiques : dans le secteur de l'énergie, au-delà de l'efficacité du marché, le régulateur sectoriel (la Commission de régulation de l'énergie) incite également les entreprises à intégrer des politiques environnementales dans leur stratégie de développement ; dans le secteur des télécommunications, les incitations porteront sur le développement de moyens de communication plus performant et particulièrement le développement du réseau fibre optique. Cette mission d'incitation figure expressément dans la loi pour une République numérique de 2016[1218]. Mais ces attributions des autorités de régulation ne concernent plus vraiment le monopole de fait et sont juste évoquées ici.

412. La libéralisation des secteurs de réseaux conduit ainsi à ce que les autorités de régulation sectorielle développent des outils propres à assurer l'efficacité économique des secteurs dont elles sont chargées. Ceci parce que le passage de monopoles publics, fonctionnant selon un modèle hiérarchique, connaît un bouleversement avec la transition à un fonctionnement marchand et donc transactionnel. Toute la difficulté à assurer une concurrence effective dans les secteurs de réseaux tient à ce que les opérateurs historiques, nécessairement favorisés par cette condition, doivent être contraints de jouer, dorénavant, selon les règles de concurrence. Or, cela revêt une dimension particulière dans les secteurs de réseaux car le fait que l'activité repose sur l'exploitation d'une infrastructure essentielle dont les opérateurs historiques avaient, si ce n'est la propriété, du moins l'exclusivité de gestion, les incitait à favoriser leur propre activité d'exploitation, aux dépens de leur concurrent. Cela conduisait à établir à leur bénéfice une véritable rente de situation. Tout un pan de la régulation porte ainsi sur l'articulation entre la gestion de l'infrastructure et son exploitation par les entreprises.

[1217] Voir not. : PEZ (T.), « Les attributions des autorités de régulation économiques », *RFDA*, n° 1, 18 mars 2017, p. 42.

[1218] Loi n° 2016-1321 du 7 octobre 2016 pour une République numérique.

B. La solution par la séparation des activités de gestion et d'exploitation de l'infrastructure

413. La séparation des activités dans les secteurs de réseaux[1219]. On constate que la régulation des secteurs de réseaux repose en grande partie sur la séparation des activités de gestion de l'infrastructure (non concurrentielle) de celles d'exploitation (concurrentielle)[1220]. Cela passe ainsi par la *dé-intégration* des opérateurs historiques jusqu'alors totalement intégrés. Plusieurs formes de séparation des activités existent.
Il existe une échelle dans la mise en œuvre de la séparation structurelle des activités. Selon l'OCDE, « *Différents types de séparation ont été mis en œuvre, depuis les formes atténuées, comme la séparation comptable, la séparation fonctionnelle et la séparation des structures d'entreprise, jusqu'aux formes les plus rigoureuses, telles que la séparation de la propriété, la détention conjointe et la séparation de la propriété et du contrôle* »[1221]. La séparation des activités doit permettre d'éviter que l'opérateur historique, verticalement intégré, n'utilise sa position sur l'infrastructure pour limiter la concurrence. En effet, généralement chargé d'assurer un service public, de manière universelle, l'opérateur historique disposait sinon de la propriété, de certaines prérogatives sur l'infrastructure essentielle. La nécessité de la séparation des activités, afin de promouvoir la concurrence et l'innovation, concerne bien évidemment les secteurs de réseaux en ce qu'ils constituent des monopoles naturels et des services publics, mais concerne également certaines activités particulièrement sensibles en matière économique, au premier titre desquelles les activités bancaire et financière.

414. Un point important de la séparation des activités, c'est la conciliation entre les activités de service public et les activités concurrentielles. La gestion de l'infrastructure doit répondre à ces deux objectifs et nécessite pour cela une

[1219] Il faut noter également que le secteur bancaire a également fait l'objet d'une séparation des activités entre les activités de crédit, cœur de métier des banques, et les activités spéculatives. En ce domaine, la séparation des activités vise en premier lieu un objectif de transparence. La séparation des activités résulte de la loi n° 2013-672 du 26 juillet 2013 de séparation et de régulation des activités bancaires, codifiée à l'art. L. 511-47 du Code monétaire et financier. Notons, toujours dans le même sens, que le secteur des télécommunications a fait l'objet du même mouvement, évoqué précédemment : le dégroupage.

[1220] Pour une approche de la séparation des activités dans différents secteurs, voir not. : CATTAN (J.), « La question de la séparation des entreprises de réseaux verticalement intégrées : un facteur de divergence au cœur de la régulation sectorielle », *RJEP*, n° 692, décembre 2011, 3.

[1221] OCDE (2001), Rapport au Conseil sur la séparation structurelle. Voir également pour des éléments d'analyse actualisés par pays quant à la séparation structurelle dans les secteurs de réseau : OCDE (2016), Séparation structurelle dans les secteurs réglementés : Rapport sur la mise en œuvre de la Recommandation de l'OCDE.

approche neutre. En ce sens, la dissociation structurelle entre les activités de gestion et d'exploitation oblige les gestionnaires à la neutralité, notamment en matière de prix d'accès à l'infrastructure[1222], quand bien même le gestionnaire de l'infrastructure serait également exploitant et serait tenté, à ce titre, de favoriser ses propres activités d'exploitation, en dépit d'une bonne gestion du service public. C'est ce que relevait en substance l'OCDE lorsqu'elle reconnaissait que « *suivant la structure du secteur, une entreprise réglementée qui opère à la fois dans une activité non concurrentielle et une activité concurrentielle complémentaire peut aussi être incitée à restreindre la concurrence dans l'activité complémentaire ; [...] ces restrictions de la concurrence sont généralement préjudiciables à l'efficience et aux consommateurs* »[1223]. En matière de régulation, comme en toute autre matière, on ne peut être juge et partie sans poser la question de l'impartialité et de la neutralité.

415. L'opérateur crucial dans l'exploitation de certains biens ou entreprises. L'affirmation de la séparation des activités de gestion et d'exploitation ne concerne pas que les secteurs de réseaux. En effet, dans son rapport de 2016, l'OCDE s'intéresse aux secteurs de réseaux comme secteurs établis mais elle s'intéresse également à de nouveaux secteurs d'application[1224] pour la séparation des activités. Ces nouveaux secteurs sont les services postaux, les ports, les eaux et assainissement, le secteur bancaire, les services d'autobus, les systèmes de paiement, les agences d'évaluation du crédit et d'autres secteurs[1225]. Ce qu'il importe de relever c'est que certains secteurs d'activités[1226] comportent un risque plus grand de défaillance de marché, du fait de l'existence d'une facilité essentielle, et que leur gestion nécessite un traitement particulier, et donc l'existence d'un opérateur de

---

1222 Voir not. sur les prix d'accès à l'infrastructure et l'importance de leur encadrement ainsi que leurs effets : JULLIEN (B.), ROCHET (J.-C.), « La régulation en pratique », *Rev. éco. pol.*, 2005/3, vol. 115, p. 273-283.

1223 OCDE (2001), Recommandation du Conseil de l'OCDE concernant la séparation structurelle dans les secteurs réglementés.

1224 OCDE (2016), Séparation structurelle dans les secteurs réglementés : Rapport sur la mise en œuvre de la Recommandation de l'OCDE, Chapitre 3.

1225 Les déchets, les aéroports, le ciment : voir OCDE (2016), Séparation structurelle dans les secteurs réglementés : Rapport sur la mise en œuvre de la Recommandation de l'OCDE.

1226 Que l'on a retrouvé tout au long de ces développements : les secteurs de réseaux bien sûr, mais aussi les secteurs bancaires et financiers présentant un risque systémique.

gestion neutre[1227] : l'opérateur crucial[1228]. Cet opérateur est « *celui dont l'existence est absolument nécessaire au bon fonctionnement du système, par exemple parce qu'il est le gestionnaire de réseaux de transports (voir Ferroviaire), ou parce qu'il s'agit de la chambre de compensation de la place financière.* »[1229]. C'est l'opérateur qui permet au système de fonctionner en lui assurant une certaine neutralité, on retrouve en substance l'idée de commissaire-priseur, ce tiers de marché fournissant une information neutre sur le marché et dont l'action est étroitement surveillée par un régulateur. L'opérateur crucial est celui à qui l'on fait porter certaines responsabilités dans un secteur d'activité ou sur une zone déterminée parce qu'il revêt certaines caractéristiques (de taille par exemple) qui font qu'il est le plus à même de réaliser les objectifs qu'on lui assigne.

416. Le recours aux incitations et la surveillance du gestionnaire d'infrastructure pour assurer une gestion proconcurrentielle de l'infrastructure. Dès 2001, l'OCDE affirmait qu'« *il existe une variété de politiques susceptibles d'être poursuivies qui cherchent à renforcer la concurrence et la qualité de la réglementation en s'attaquant aux incitations et/ou à la capacité des entreprises réglementées à contrôler l'accès.* »[1230]. La séparation structurelle des activités vise à contrer la tendance de l'entreprise

[1227] L'importance de ces gestionnaires d'infrastructure est également relevée en droit de l'Union européenne et notamment dans les différents paquets de libéralisation. Voir par exemple, la directive (UE) 2016/2370 du Parlement européen et du Conseil du 14 décembre 2016 modifiant la directive 2012/34/UE en ce qui concerne l'ouverture du marché des services nationaux de transport de voyageurs par chemin de fer et la gouvernance de l'infrastructure ferroviaire qui énonce que « *la présente directive introduit de nouvelles exigences visant à garantir l'indépendance du gestionnaire de l'infrastructure. Les États membres devraient être libres de choisir entre différents modèles d'organisation, depuis la séparation structurelle complète jusqu'à l'intégration verticale, pour autant que des mesures de sauvegarde appropriées soient prévues afin d'assurer l'impartialité du gestionnaire de l'infrastructure en ce qui concerne les fonctions essentielles, la gestion de trafic et la planification de l'entretien. Les États membres devraient veiller à ce que, dans les limites des cadres établis pour la tarification et pour la répartition des capacités, le gestionnaire de l'infrastructure jouisse d'une indépendance organisationnelle et décisionnelle en ce qui concerne les fonctions essentielles.* ».

[1228] Notion proposée par FRISON-ROCHE (M.-A.), « Proposition pour une notion : l'opérateur crucial », *D.*, n° 27, 20 juillet 2006, p. 1895 ; voir également FRISON-ROCHE (M.-A.), « Réguler les "entreprises cruciales" », *D.*, n° 27, 24 juillet 2014, p. 1556.

[1229] FRISON-ROCHE (M.-A.), *Dictionnaire bilingue du droit de la régulation et de la compliance*, (disponible sur le site : mafr.fr). Il serait intéressant de confronter cette notion d'opérateur crucial à la théorie des infrastructures essentielles et d'essayer de déterminer les secteurs où un tel opérateur s'impose naturellement comme garantie de neutralité.

[1230] OCDE (2001), Recommandation du Conseil de l'OCDE concernant la séparation structurelle dans les secteurs réglementés, adoptée par le Conseil le 26 avril 2001. Voir également le dernier rapport : OCDE (2016), Séparation structurelle dans les secteurs réglementés.

réglementée à phagocyter les marchés complémentaires du fait de sa position sur l'infrastructure.

§ II. EXEMPLES ACTUELS ET PROSPECTIFS DE SEPARATION DES ACTIVITES DE GESTION ET D'EXPLOITATION

417. La séparation des activités dans le cadre d'un monopole naturel a été mise en œuvre dans divers secteurs de réseaux. Le cas du secteur ferroviaire illustre les différentes possibilités de séparation et témoigne de la difficulté à assurer l'accès à une infrastructure essentielle (A). Malgré la difficulté, nous croyons que la séparation des activités, en cas d'infrastructure essentielle, constitue un des outils les plus efficaces pour éviter les comportements déloyaux, source de monopole de fait. Ainsi, l'on pourrait envisager d'appliquer une telle séparation aux grandes entreprises du numérique ; séparation qui permettrait l'accès de tous aux bases de données (B).

A. Le secteur ferroviaire : une séparation toujours en question

418. La réforme ferroviaire semble ne jamais finir, et témoigne de la difficulté à mettre en place une séparation des activités dans le cadre d'un monopole naturel. Issue en partie de l'influence européenne, elle tient également à d'autres motivations, plus conjoncturelles[1231]. Avec la réforme de 2014[1232], l'opérateur historique, SNCF a été scindé[1233] en plusieurs entités, dont, pour ce qui nous intéresse, deux établissements publics industriels et commerciaux : SNCF Réseau[1234], gestionnaire d'infrastructure, et SNCF

[1231] Voir not. : PASSALACQUA (A.), « La réforme ferroviaire française de 1997 : une histoire à rebondissements pour un scénario original », *Revue d'histoire des chemins de fer*, n° 45, 2014.

[1232] Loi n° 2014-872 du 4 août 2014 portant réforme ferroviaire.* La réforme du secteur ferroviaire était rendue nécessaire du fait du manque d'autonomie de Réseau ferré de France, manque d'autonomie qui ne lui permettait pas de gérer convenablement l'accès à l'infrastructure ferroviaire. Voir not. : Cour des comptes, Rapport public thématique, SNCF Réseau, Des réformes à approfondir, décembre 2018, https://www.ccomptes.fr/system/files/2018-11/20181204-rapport-SNCF-Reseau.pdf.

[1233] Il est à noter que cela intervient également suite à une décision de la CJUE jugeant que la SNCF manquait d'indépendance dans la gestion de l'infrastructure (CJUE, 18 avril 2013, aff. C-625/ 10, Commission c/ République française).

[1234] Qui remplace l'EPIC Réseau ferré de France (RFF) créé par la loi n° 97-135 du 13 février 1997 portant création de l'établissement public « Réseau ferré de France » en vue du renouveau du transport ferroviaire.

Mobilités, exploitant[1235], l'EPIC de tête — SNCF — chapeautant le tout. C'est donc une séparation comptable des activités qui a cours dans le secteur ferroviaire.

419. Dès les premières réformes ferroviaires, c'est une séparation comptable et non structurelle qui est mise en œuvre. Cette séparation comptable n'a pas empêché les comportements anticoncurrentiels, leviers de monopole de fait. C'est ce qui est illustré notamment par la validation par la Cour d'appel de Paris[1236] d'une décision de l'Autorité de la concurrence[1237] condamnant le comportement de la SNCF sur le fondement de l'abus de position dominante. La Cour précise que la SNCF ne pouvait pas utiliser les informations détenues en tant que gestionnaire d'infrastructure pour les transmettre à une de ses filiales commerciales, ni retarder la publication du document de référence du réseau listant les cours et les modalités d'accès sans constituer une barrière à l'entrée. L'établissement d'un document de référence du réseau[1238] est en effet une obligation permettant à tout opérateur économique de connaître à la fois la consistance et la capacité du réseau, information capitale pour l'établissement d'offres de services.

420. Une séparation comptable qui ne permet pas toujours une véritable indépendance, pourtant seule garante de libre accès à l'infrastructure. Face à l'échec financier de SNCF Réseau[1239], la loi du 27 juin 2018[1240] pour un nouveau pacte ferroviaire, réforme, encore une fois, le gestionnaire d'infrastructure qui devient, à compter du 1er janvier 2020, une société anonyme. La séparation demeure comptable, et l'objectif de cette réforme n'est pas d'approfondir la séparation, à propos de laquelle la Cour des comptes relevait d'ailleurs une amélioration à la suite de la réforme de 2014, mais plutôt de permettre à SNCF Réseau de mieux prendre en charge sa mission de gestion de la circulation des trains sur le réseau.

421. Le domaine ferroviaire illustre la difficulté à mettre en œuvre une gestion neutre de l'infrastructure lorsqu'elle repose sur une séparation comptable des activités de l'opérateur historique. Ce n'est que depuis une décision de

---

[1235] Notons que SNCF mobilités fait l'objet également d'une séparation comptable entre les activités faisant l'objet d'un monopole ou non.

[1236] Cour d'appel de Paris, Pôle 5, ch. 7, 6 novembre, 2014, n° 2013/01128, SNCF.

[1237] Autorité de la concurrence, déc. n° 12-D-25, 18 décembre 2012.
Pour plus de précision voir : DECOCQ (G.), « De la difficulté de prouver un prix d'éviction », *Contrats Concurrence Consommation*, n° 1, janvier 2015, com. 14.

[1238] Art. L. 2122-5, Code des transports.

[1239] Cour des comptes, Rapport public thématique, SNCF Réseau, Des réformes à approfondir, décembre 2018 : « *Néanmoins, la réforme de 2014, si elle a permis de réaliser enfin l'unification du gestionnaire d'infrastructure, n'a porté remède ni à la dérive de l'endettement, ni à la faible capacité de SNCF Réseau d'améliorer sa performance économique et industrielle.* », p. 12.

[1240] Loi n° 2018-515 du 27 juin 2018 pour un nouveau pacte ferroviaire.

l'Arafer du 27 septembre 2017[1241] que les règles de séparation comptable applicables aux entreprises ferroviaires sont établies avec précision et cohérence. L'Arafer constitue une autorité permettant l'harmonisation des règles et le suivi du développement du secteur, elle contrôle les règles de séparation comptable des activités.

Elle ne gère pas directement l'infrastructure mais s'assure que le gestionnaire se conforme à certaines règles et certains principes d'accès[1242]. Le gestionnaire de l'infrastructure constitue ainsi un opérateur crucial puisqu'il centralise les informations relatives au réseau ferroviaire et son activité a des répercussions directes sur la vitalité concurrentielle des segments de marché libéralisés[1243]. En ce sens, il constitue un opérateur particulier pour l'Autorité, un interlocuteur privilégié mais dont l'activité est particulièrement surveillée par l'Autorité. L'article L. 2133-2 du Code des transports précise notamment la compétence de l'Arafer dans les tarifs des redevances d'infrastructures établis par les gestionnaires d'infrastructure[1244].

422. L'exemple analogue du secteur de l'énergie. Dans le domaine de l'énergie, la contrainte exercée par la Commission de régulation de l'énergie (CRE) sur le gestionnaire de réseaux est plus forte. Cela se traduit par la réglementation des prix des prestations de services fournies par les gestionnaires de réseaux publics de transport et distribution, et particulièrement l'obligation qui leur est faite de fournir certains services connexes à leur mission gratuitement. Ce mécanisme a été contesté par un exploitant au titre de la liberté du commerce et de l'industrie, cela l'empêchait de proposer lui-même ce service (payant). Mais le Conseil d'État prend acte de la particularité des gestionnaires d'infrastructure et énonce que la réglementation litigieuse : « *ne confère pas un droit exclusif à ces derniers mais se borne à encadrer la tarification de prestations dont elle constate, sous le contrôle du juge, d'une part, qu'elles sont annexes aux missions de service public confiées aux entreprises ayant la qualité de gestionnaire de réseau,*

1241 Déc. n° 2017-101 du 27 septembre 2017 applicable aux règles de séparation comptable applicables aux entreprises ferroviaires.

1242 Voir sur le pouvoir de l'Arafer : DELPECH (X.), « Le pouvoir de règlement des différends de l'ARAFER conforté », Dalloz actualité, 13 mars 2018.

1243 Dont les derniers bastions sont sur la voie de la concurrence, voir la directive (UE) 2016/2370 Du Parlement européen et du Conseil du 14 décembre 2016 modifiant la directive 2012/34/UE en ce qui concerne l'ouverture du marché des services nationaux de transport de voyageurs par chemin de fer et la gouvernance de l'infrastructure ferroviaire.

1244 Art. L. 2133-2, Code des transports : l'Arafer « *est informée par tout gestionnaire d'infrastructure de son intention de négocier des redevances d'infrastructure avec un candidat. Les tarifs négociés sont transmis à l'autorité, qui peut s'y opposer s'ils méconnaissent (certaines) dispositions [...]. »*. Les tarifs ne doivent pas entraver le développement de la concurrence (Art. L. 2131-3, Code des transports) et de manière générale, l'accès doit être octroyé par le gestionnaire d'infrastructure de façon équitable et non discriminatoire, conformément au document de référence du réseau (Art. L. 2131-4, Code des transports).

d'autre part, qu'elles ne sont pas susceptibles d'être proposées par des entreprises n'ayant pas cette qualité. »[1245]. La gestion d'infrastructure relèverait ainsi du service public, et cela engendre des obligations connexes que les opérateurs sur le segment concurrentiel ne peuvent remettre en cause en invoquant leur propre liberté.

423. La régulation dans les secteurs de réseaux permet, finalement, d'éviter le passage de monopoles publics à des monopoles privés et assure la démonopolisation des opérateurs historiques pour assurer une libéralisation effective et une concurrence libre et non faussée dans des secteurs caractérisés par le fait qu'ils constituent des monopoles naturels. L'objectif de la régulation dans ces secteurs est d'éviter que les opérateurs historiques ne puissent constituer une rente de situation issue de la gestion de l'infrastructure. La régulation vise à prévenir l'utilisation abusive de leur pouvoir de marché par les opérateurs historiques et passe par la séparation des activités de gestion et d'exploitation de l'infrastructure. Cette séparation doit faire l'objet d'un contrôle régulier pour déceler tout conflit d'intérêts. La séparation des activités est absolument nécessaire pour lutter contre les rentes de situation dans les secteurs de réseaux, elle permet de lutter contre l'utilisation de la position monopolistique sur l'infrastructure à des fins de limitation des activités d'exploitation des opérateurs concurrents. La séparation des activités permet d'éviter que la puissance de l'opérateur historique, et les prérogatives qu'ils seraient tentés d'exercer sur l'accès à l'infrastructure ne s'exercent effectivement créant à son bénéfice une rente de situation.

B. Les plateformes numériques : approche en termes d'infrastructure essentielle

424. Les plateformes ont fait l'objet de développements précédemment, pour mettre en lumière que la manipulation des données qu'elles collectent peut constituer un monopole de fait. Dans la continuité de cette approche, l'accent sera désormais mis sur le fait que ces plateformes peuvent être approchées par le prisme de l'infrastructure essentielle. Une telle approche permet notamment d'envisager des pistes d'encadrement du pouvoir de marché des grandes plateformes existantes et, si ce n'est de restreindre directement leur pouvoir de marché, d'assurer aux concurrents potentiels les mêmes avantages concurrentiels en ce qui concerne les données.

[1245] Conseil d'État, 28 septembre 2018, n° 411454, veille MAUPIN (E.), « Gestionnaires de réseaux d'électricité et liberté du commerce et de l'industrie », *AJDA*, n° 33, 8 octobre 2018, p. 1875.

425. On constate que le Code de commerce définit les opérateurs de plateformes[1246] sans pour autant définir, en elles-mêmes, les plateformes. Les opérateurs de plateformes, comme cela a été relevé plus tôt, se positionnent en véritables intermédiaires de l'économie[1247]. Faisant le lien entre deux parties à un échange, on a considéré que les opérateurs intervenaient sur un marché biface[1248]. Leur activité repose sur l'exploitation d'une plateforme, incontournable, et c'est ce point qui fait que les opérateurs de plateformes disposent d'un fort pouvoir de marché. C'est que les plateformes constituent un « *point d'entrée incontournable pour accéder au marché* »[1249], les services d'intermédiation sont ainsi au cœur des réflexions européennes[1250].

426. Les plateformes numériques constituent des barrières à la constitution de base de données. L'encadrement de ces plateformes, et la régulation des opérateurs dominants, constituent un véritable « *serpent de mer* [1251]», et il semble que les approcher par le prisme de l'infrastructure essentielle (sans pour autant transposer directement la théorie) pourrait constituer un moyen de leur régulation. Les plateformes numériques ne constituent pas un simple site

---

1246 Code de commerce, art. L. 111-7.

1247 Voir not. : LENOIR (N.), « Le droit de la concurrence confrontée à l'économie du *Big data* », *AJCA*, n° 2, 16 février 2016, p. 66, et notamment le rappel des affaires Booking et Expedia et des pratiques mises en œuvre.

1248 C'est d'ailleurs cet aspect qui est mis en avant dans la définition de ces plateformes telle que proposée par le Conseil national du numérique : « Stricto sensu, *les plateformes sont des espaces numériques de mise en contact entre offre et demande sur un marché spécifique. De manière plus large, la plateforme peut désigner un écosystème complet de services d'accès intégrés pour les utilisateurs regroupant à la fois un moteur de recherche, un store ou une place d'API ("Application Programming Interface") elle-même parfois qualifiée de plateforme, ainsi que l'accès à des réseaux sociaux.* », CCNum, *Neutralité des plateformes, Réunir les conditions d'un environnement numérique ouvert et soutenable*, Rapport, mai 2014 (https://cnnumerique.fr/files/2017-09/CNNum_Rapport_Neutralite_des_plateformes.pdf).

1249 MARTY (F.), « La concentration des pouvoirs économiques privés : une perspective d'économie institutionnelle du droit », *RIDE*, 2019/1, p. 35.

1250 Règlement (UE) 2019/1150 du Parlement européen et du Conseil du 20 juin 2019 promouvant l'équité et la transparence pour les entreprises utilisatrices d'intermédiation en ligne : « Les services d'intermédiation en ligne peuvent être déterminants pour le succès commercial des entreprises qui y font appel pour entrer en contact avec les consommateurs. Pour tirer pleinement parti de l'économie des plateformes en ligne, il importe donc que les entreprises puissent se fier aux services d'intermédiation en ligne avec lesquels elles nouent une relation commerciale. Cela a son importance, principalement parce que l'intermédiation croissante des transactions par le biais de services d'intermédiation en ligne, conséquence d'importants effets de réseau indirects fondés sur les données, conduit à une dépendance accrue de ces entreprises utilisatrices, en particulier des micro-, petites et moyennes entreprises (ci-après dénommées "PME"), à l'égard de ces services pour entrer en contact avec les consommateurs. ».

1251 CHANTEPIE (P.), SOUFRON (J.-B.), « La régulation des géants du Net : horizon ou mirage ? », *Nectart*, 2016/2, n° 3, p. 144 et s.

internet, il s'agit de véritables « *intermédiaires des transactions* »[1252], rendus incontournables par la mécanique des effets de réseau, effets de réseau parfois démultipliés si l'on considère l'interaction de certains services en ligne[1253]. Plus précisément, aux effets de réseau classiques s'ajoutent des « *effets de réseau indirects* »[1254], parce que, vu le caractère biface du marché, l'attractivité augmente pour les utilisateurs lorsque l'autre côté du marché est lui-même constitué d'un grand nombre d'utilisateurs. Et tout cela sur fond de rendements croissants, évidemment, tout ce qu'il faut pour constituer une véritable barrière à l'entrée du marché. Ajoutez à cela les *switching costs*[1255], et l'évidence de barrières à l'entrée inhérentes aux plateformes est indéniable.

427. Au-delà du fait que les plateformes numériques optent pour des stratégies de verrouillage du marché sur lequel elles interviennent (celui de moteur de recherche, dans divers domaines d'activités), l'élément le plus important c'est que les opérateurs de plateforme se constituent une base de données qu'ils instrumentalisent et monétisent, et c'est bien là que se crée une rente de situation constitutive de monopole de fait. Le fait que les opérateurs de plateforme installés depuis le plus longtemps bénéficient de données massives à l'égard de leurs utilisateurs constitue un avantage concurrentiel indéniable[1256]. En effet, les plateformes constituent de véritables *hub* de la donnée, elles sont source de *big data*, c'est sur ce point que nous voudrions insister. Car la donnée est bien l'élément central dans le pouvoir de marché dont disposent les géants du numérique. En collectant massivement les

---

[1252] PERROT (A.), « L'économie digitale et ses enjeux : le point de vue de l'économiste », *AJCA*, n° 2, 16 février 2016, p. 74.

[1253] Notamment si l'on prend le cas de Facebook, voir sur ce point : CHONE-GRIMALDI (A.-S.), « Contrôle des concentrations : amende pour délivrance de fausses informations », *L'essentiel Droit de la distribution et de la concurrence*, juillet 2017, n° 110, p. 5 : « *Le croisement des comptes génère de forts effets de réseau [...]. Ces effets de réseau renforcent d'autant les barrières à l'entrée sur un marché déjà largement entravé par la présence des géants américains. On peut également craindre l'accroissement des données personnelles récoltées, sachant que celles-ci ne sont pas identiques sur les deux réseaux (Facebook fonctionne grâce à un compte utilisateur, WhatsApp grâce au numéro de téléphone).* ».

[1254] PERROT (A.), « L'économie digitale et ses enjeux : le point de vue de l'économiste », *AJCA*, n° 2, 16 février 2016, p. 74.

[1255] Le coût de changements d'opérateurs, qui découragent souvent les utilisateurs de faire jouer la concurrence, voir not. : PERROT (A.), « L'économie digitale et ses enjeux : le point de vue de l'économiste », *AJCA*, n° 2, 16 février 2016, p. 74 ; MARTY (F.), « La concentration des pouvoirs économiques privés : une perspective d'économie institutionnelle du droit », *RIDE*, 2019/1, p. 35.

[1256] Voir toujours : PERROT (A.), « L'économie digitale et ses enjeux : le point de vue de l'économiste », *AJCA*, n° 2, 16 février 2016, p. 74 : « *Les moteurs de recherche généralistes (comme Google) ou spécialisés (comme les sites de réservation hôtelière) amassent sur leurs utilisateurs des données innombrables qui leur permettent de mieux les cibler et de s'adapter aux préférences individuelles en matière de consommation, de déplacements, de centres d'intérêt. L'entrée sur un marché où les concurrents en place disposent de ce type d'avantage concurrentiel est évidemment plus difficile pour les nouveaux arrivants.* ».

données par les plateformes, les opérateurs de plateformes se constituent une position privilégiée pour investir d'autres marchés.

428. La séparation des activités en matière numérique : une solution concurrentielle qui ne règle pas la question de la donnée Le dégroupage des plateformes numériques est une solution qui a été envisagée relativement tôt. Par exemple, dès 2014, le Parlement européen relevait que « *le marché de la recherche en ligne est tout particulièrement important pour assurer des conditions concurrentielles au sein du marché unique numérique, étant donné le potentiel de transformation des moteurs de recherche en filtres et leur possibilité de commercialiser des informations obtenues en vue d'une exploitation secondaire* »[1257] et demandait à ce titre à la Commission « *d'envisager de présenter des propositions visant à séparer les moteurs de recherche des autres services commerciaux comme l'un des éventuels moyens à long terme permettant de réaliser les objectifs précités* »[1258]. Pour autant, cette résolution est demeurée lettre morte et la possibilité d'une telle séparation, à mesure que se consolident les opérateurs de plateformes sont de plus en plus illusoires.

429. Pourtant, les condamnations sont nombreuses à l'encontre des moteurs de recherche, au premier titre desquels Google[1259], sur le fondement de l'abus de position dominante[1260]. Mais si la multiplication des condamnations des moteurs de recherche, tant en droit national qu'européen, est à saluer (car on sanctionne des leviers de monopole de fait), on peut douter de la pertinence, à long terme de cette stratégie. En effet, les montants des amendes prononcées peuvent sembler, de prime abord, dissuasifs, mais, précisément, la multiplication des sanctions semble par ailleurs démontrer que pour les opérateurs, de tels montants ne les découragent pas de continuer à user de pratiques frauduleuses, toujours renouvelées. Dit autrement, les moteurs de recherche ont plus intérêt (d'un point de vue financier) à violer les règles de concurrence et à s'acquitter d'une amende, que de se plier aux règles concurrentielles. Alors de deux choses l'une, soit le montant des amendes est largement augmenté, soit, une solution telle que la séparation des activités est avancée pour limiter les pratiques anticoncurrentielles.

430. Mais plus que la plateforme, c'est la base de données qu'il faut considérer comme une infrastructure essentielle[1261], et plus précisément une

---

[1257] Résolution du Parlement européen, 27 novembre 2014, sur le renforcement des droits des consommateurs au sein du marché unique numérique (2014/2973 (RSP)).
[1258] Résolution du Parlement européen, 27 novembre 2014, sur le renforcement des droits des consommateurs au sein du marché unique numérique (2014/2973 (RSP)).
[1259] Mais aussi Uber ou Airbnb.
[1260] Sur cette affaire, voir not. : https://europa.eu/rapid/press-release_IP-19-1770_fr.htm.
[1261] Voir not. : COLANGELO (G.), MAGGIOLINO (M.), « Big data as misleading facilities », *European Competition Journal*, vol. 13, août-décembre 2017, 2-3, p. 249.

infrastructure immatérielle[1262]. La plateforme est ce qui confère son caractère d'infrastructure essentielle aux bases de données car leur existence fait que la base n'est pas réplicable[1263].

431. La régulation des données, ou faire en sorte que les opérateurs de plateformes numériques soient « *les gardiens de celles-ci et non maîtres ou propriétaires* »[1264]. L'accès à des bases de données élargies constitue un véritable enjeu de concurrence. C'est en ce sens, et aussi parce que l'*open data* constitue un nouvel outil de politique publique[1265], que s'est engagé, dans plusieurs pays[1266], un mouvement d'ouverture de l'accès aux données du secteur public[1267]. Le secteur public détenait en effet un monopole sur la production de certaines informations, et l'ouverture de l'accès à ces informations s'est ainsi imposée, sous l'influence européenne, comme vecteur de concurrence, entre le secteur privé et le secteur public[1268]. L'*open data*, poursuit essentiellement des finalités non juridiques[1269], parmi lesquelles l'accès des citoyens aux documents administratifs, mais elle s'inscrit indéniablement dans une démarche concurrentielle.

Une analogie est possible pour la donnée collectée[1270] par le secteur privé : le monopole sur certaines bases de données collectées constitue un avantage concurrentiel non négligeable dans la mesure où, le *big data* couplée aux

---

1262 De telles infrastructures ayant déjà pu être reconnues comme infrastructure essentielle (CJCE, 2004, IMS Health).

1263 Sur le lien entre base de données et infrastructure essentielle, et notamment des exemples d'application, voir not. : LUC (I.), « Quand les bases de données ne sont pas qualifiées de facilités essentielles… Autorité de la concurrence 8 juillet 2014 », *AJCA*, n° 8, 17 novembre 2014, p. 332.

1264 Pour reprendre l'expression de Marie-Anne Frison-Roche, Rapport sur l'apport du droit de la compliance à la gouvernance d'internet, avril 2019. Disponible à l'adresse suivante : [https://www.economie.gouv.fr/files/files/2019/Rapport_MAFR_Compliance_et_Gouvernance_du_numerique_juin_2019.pdf]

1265 « *L'open data n'a pas seulement pour but de renforcer le projet politique d'une société démocratique. Il est avant tout le vecteur de croissance économique.* », ANTOINE (A.), « Les expériences étrangères d'ouverture de l'accès aux données publiques », *AJDA*, n° 2, 25 janvier 2016, p. 81.

1266 ANTOINE (A.), « Les expériences étrangères d'ouverture de l'accès aux données publiques », *AJDA*, n° 2, 25 janvier 2016, p. 81.

1267 Pour l'évolution de ce mouvement en France, voir not. : YOLKA (P.), « *Open data :* "L'ouverture c'est l'aventure" », *AJDA*, n° 2, 25 janvier 2016, p. 79.

1268 « *S'adressant presque exclusivement aux industriels de l'information qui rencontraient des difficultés pour exploiter les données publiques, les productions de la Commission peuvent se comprendre comme des tentatives de régulation de la concurrence entre secteur public et secteur privé sur ces marchés naissants où les autorités publiques occupaient, en raison du monopole de la production des données, une place centrale.* », TERESI (L.), « L'*open data* et le droit de l'Union européenne », AJDA, n° 2, 25 janvier 2016, p. 87.

1269 TERESI (L.), « L'*open data* et le droit de l'Union européenne », AJDA, n° 2, 25 janvier 2016, p. 87.

1270 La donnée produite par le secteur privé est ici hors du champ de la réflexion.

machines learning, est à la source d'une grande partie de la valeur issue des activités du numérique. S'il semble bien difficile, voire malvenu, d'obliger les entreprises à divulguer leurs algorithmes, résultat d'une création, les considérer comme gardiens des données récoltées et gestionnaires de l'accès à leurs bases de données est moins problématique, sous la supervision d'un régulateur[1271]. Et cela constituerait une véritable avancée dans la mise en œuvre d'un encadrement *ex ante*, et non plus seulement *ex post* des plateformes numériques. Il faut tout de même noter qu'une telle solution pose inévitablement la question de la conciliation de la concurrence et de la protection des données personnelles[1272]. Mais, contre cette première réaction, il faut surtout garder à l'esprit que les données que l'on vise ici, et qui constituent la grande majorité du *big data*, ne sont pas des données personnelles. C'est bien en ce sens que l'Europe, à travers le Marché unique numérique, souhaite « *exploiter tout le potentiel d'une économie européenne fondée sur les données non personnelles* »[1273].

Penser tout un système de compliance n'est pas l'objet de ces lignes[1274], il s'agissait surtout d'attirer l'attention sur le fait qu'une approche concurrentielle du monopole de fait peut conduire à préconiser des solutions extraconcurrentielles, *ex ante*. Et qu'à ce titre, le traitement du monopole de fait ne se limite pas à une approche en termes de sanction, il faut aussi penser la prévention.

1271 Toujours selon les recommandations émises par Marie-Anne Frison-Roche dans son rapport précité.

1272 LENOIR (N.), « Le droit de la concurrence confrontée à l'économie du *Big data* », *AJCA*, n° 2, 16 février 2016, p. 66.

1273 Voir sur le marché unique numérique : CASTETS-RENARD (C.), NDIOR (V.), RASS-MASSON (L.), « Le marché unique numérique : quelles réalités matérielles et conceptuelles ? », *D.*, n° 17, 9 mai 2019, p. 956.

1274 Sur cette notion, voir not. les articles suivants : FRISON-ROCHE (M.-A.), « Le droit de la compliance au-delà du droit de la régulation », *D.*, n° 28, 26 juillet 2018, p. 1561 ; FRISON-ROCHE (M.-A.), « Le droit de la compliance », *D.*, n° 32, 29 septembre 2016, p. 1871 ; IDOUX (P.), « Après la régulation, la *compliance* ? », *in* Actualité du droit de la concurrence et de la régulation, Idoux (P.), Nicinski (S.), Glaser (E.) dir., *AJDA*, n° 33, 9 octobre 2017, p. 1872.
Et les ouvrages : GAUDEMET (A.) dir., *La compliance : un monde nouveau ? Aspects d'une mutation du droit*, Panthéon Assas, 2016.
FRISON-ROCHE (M.-A.) dir., *Régulation, supervision, compliance*, Dalloz, 2017, où la compliance est notamment présentée comme le prolongement du droit de la régulation, FRISON-ROCHE (M.-A.), « Du droit de la régulation au droit de la compliance », p. 7.

Section II.
L'AFFIRMATION DU POUVOIR DES PARTIES PRENANTES : L'ACTION DE GROUPE

432. L'action de groupe constitue un moyen à disposition des consommateurs pour demander la sanction du comportement d'une entreprise qui les a lésés, il semble ainsi qu'elle pourrait permettre de sanctionner un monopole de fait constitué à leurs dépens. En effet, l'action de groupe, introduite par la loi de modernisation de la justice du XXIe siècle[1275], est possible lorsque « *plusieurs personnes placées dans une situation similaire subissent un dommage causé par une même personne, ayant pour cause commune un manquement de même nature à ses obligations légales ou contractuelles* »[1276], elle constitue une voie de recours en vue de la réparation des préjudices de masse[1277], ce qui « *assure une forme de démocratie économique* »[1278] par le recours au mécanisme de la responsabilité civile[1279], responsabilité qui a d'ailleurs valeur constitutionnelle[1280].
Ce qu'il faut bien comprendre pour cerner en quoi l'action de groupe constitue un outil de démonopolisation des monopoles de fait, c'est que cette action permet aux consommateurs, isolés par rapport à une grande entreprise, de recouvrer une forme de pouvoir à son encontre. Cette action de groupe est symptomatique de la transition du *public enforcement* au *private enforcement* en droit de la concurrence[1281]. Et c'est l'approche substantielle[1282] de la procédure qui révèle sa pertinence, pour les consommateurs, à l'encontre du monopole de fait.

[1275] Loi n° 2016-1547 du 18 novembre 2016 de modernisation de la justice du XXIe siècle.
[1276] Loi n° 2016-1547, art. 62.
[1277] Sur cette notion de préjudice de masse voir not. : BORGHETTI (J.-S.), « Le préjudice de masse », *in Le préjudice : entre tradition et modernité*, Journées franco-japonaises, Association Henri Capitant, t. I/2013, Bruylant, 2015, p. 153.
[1278] MAINGUY (D.), *L'action de groupe en droit français après la loi Hamon du 17 mars 2014*, coll. Guide pratique, Lextenso, 2014, p. 24.
[1279] Code civil, art. 1240.
[1280] Cons. const., déc. n° 82-144 DC, 22 octobre 1982, Loi relative au développement des institutions représentatives du personnel.
[1281] C'est-à-dire le passage d'une action publique répressive, mise en œuvre par les autorités de concurrence, à une action privée intentée par les victimes de ces pratiques à l'encontre des pratiques anticoncurrentielles. Voir sur ces notions : PRIETO (C.), « Les enseignements de l'expérience américaine en matière de *private enforcement* », *Concurrences*, n° 4, 2008.
[1282] Il a été relevé que l'on parle plus aisément de procéduralisation du droit que de substantialisation de la procédure, voir not. : MENETRY (S.), « L'action en justice entre intérêts privés et intérêt général », *in Le droit économique entre intérêts privés et intérêt général. Hommage à Laurence Boy*, PUAM, 2016, p. 91 et les références citées.

433. Lorsque l'on parle de l'action de groupe, on pense immédiatement au *class actions* existantes outre Atlantique, ce qui a pu faire espérer une « *class action à la française* »[1283]. L'introduction en droit français de l'action de groupe a fait l'objet de sérieuses réflexions[1284]. Si l'utilité d'introduire une action de groupe a été maintes fois relevée, de nombreux projets et tentatives ont pourtant échoué. Tout l'enjeu résidait dans la nécessité de repenser le système afin d'éviter que ne se réalisent les mêmes difficultés qu'aux États-Unis[1285]. Dès 2010, un rapport du Sénat[1286] a donné des pistes de réflexions et des éléments de réponse pour la mise en place d'une action de groupe en droit français. Ce rapport relève que « *(d) eux préoccupations légitimes se font [...] face : d'une part la crainte des dérives de l'action de groupe et de leur impact négatif sur l'économie, d'autre part la volonté d'apporter au consommateur victime la réparation à laquelle il a droit et dont il est de fait privé.* »[1287]. Et c'est bien ce dernier argument qui emporte l'adhésion[1288]. Et bien que la réception en droit français d'une action en justice née dans un système de *common law* ne se fasse pas sans heurts[1289], la multiplication des scandales[1290],

---

1283 GUINCHARD (S.), « Une class action à la française ? », *Dalloz*, 2005, p. 2180.

1284 Voir not. le rapport de la commission de réforme de l'accès au droit et à la justice, BOUCHET, CHARVET et FRAGONARD, mai 2001 ; le rapport CHATEL, 2003 ; le rapport de G. CERRUTTI et M. GUILLAUME, 2005 ; le rapport Ph. BELAVAL, 2009.
CASSIA (P.), « Vers une action collective en droit administratif ? », *RFDA*, 2009, p. 657 ; LE BOT (O.), « L'introduction d'une action de groupe en droit administratif », *in L'accès au juge, recherches sur l'effectivité du droit*, DONIER (V.), LAPEROU-SCHENEIDER (B.) dir., Bruylant, 2013.

1285 Notamment la multiplication des recours, parfois sans fondement sérieux ainsi que la défaillance de certaines entreprises à la suite de telles actions. Ce qui a d'ailleurs été relevé par le Conseil de la concurrence, avis du 21 septembre 2006 relatif à l'introduction de l'action de groupe en matière de pratiques anticoncurrentielles ; et par la doctrine : « *il existe un réel risque que ces actions très lucratives menacent la viabilité des entreprises mises en cause, ce qui réduit d'autant la concurrence sur un marché et, par suite, favorise de nouvelles pratiques anticoncurrentielles.* », ANTOINE (A.), CALMETTE (J.-F.), « La sanction administrative des pratiques anticoncurrentielles à la suite de l'affaire du cartel de l'acier », *RFDA*, n° 6, 3 février 2011, p. 1157.

1286 BETEILLE (L.), YUNG (R.), Rap. Sénat n° 499, 2009-2010.
D'autres tentatives, antérieures, sont à relever, pour un historique, voir not. : MOLFESSIS (N.), « L'exorbitance de l'action de groupe à la française », *D.*, n° 16, 1er mai 2014, p. 947.

1287 BETEILLE (L.), YUNG (R.), Rap. Sénat n° 499, 2009-2010, p. 12.

1288 Ce qui ressort de la décision Cons. const., déc. n° 2014-690 DC, 13 mars 2014, Loi relative à la consommation, cons. 15 où le juge constitutionnel précise que l'article 16 de la Déclaration des droits de l'homme et du citoyen de 1789 garantit « *le droit des personnes intéressées à exercer un recours juridictionnel effectif ainsi que le respect des droits de la défense qui implique en particulier l'existence d'une procédure juste et équitable garantissant l'équilibre des droits des parties* ».

1289 Voir par exemple : BOY (L.), « Réflexions sur l'action en justice », *RTD civ.*, 1978, p. 512.

1290 Voir pour une introduction à ces affaires : DE PERMON (G.), « Le contentieux à forte charge symbolique : le cas de la responsabilité sociale des entreprises », *in Lobbying et procès orchestrés*, DE BEAUFORT (V.), MASSON (A.) dir., coll. Droit, Management et Stratégies, Larcier, Bruxelles, 2011, p. 51 et s.

notamment les scandales sanitaires[1291] mais aussi ceux résultant des comportements des plateformes numériques[1292], justifie l'introduction en droit français d'une action où les consommateurs ont la possibilité de faire jouer la responsabilité de l'entreprise qui s'est enrichie à leurs dépens, par déloyauté. C'est une action de groupe exorbitante[1293] qui a été mise en place.

434. L'action de groupe, à l'instar du droit de la concurrence[1294], dissuade l'entreprise de recourir à des procédés déloyaux pour se constituer une rente de situation (§I). Elle vient en complément et s'articule à d'autres procédures créant un maillage contentieux difficile à contourner par les entreprises qui ne peuvent plus, par déloyauté vis-à-vis de leurs consommateurs et plus largement de leurs parties prenantes, se créer une rente de situation (§II).

§ I. L'ACTION DE GROUPE CONTRE LA DELOYAUTE DE L'ENTREPRISE

435. L'action de groupe est ouverte dans différents domaines, au sein de textes disparates[1295], mais le lien n'est pas explicitement fait avec la responsabilité sociale des entreprises. Pourtant, il semblerait que ce lien gagne à être fait pour que l'action de groupe puisse permettre aux parties prenantes d'une entreprise de lui demander réparation en cas de monopole de fait. L'élargissement de la notion de consommateur pourrait à ce titre être utile pour que le droit du marché s'ouvre à la notion de partie prenante. En tout état de cause, l'action de groupe permet un véritable renforcement du pouvoir des consommateurs, qui peuvent s'opposer collectivement aux entreprises puissantes (A). Certaines difficultés contentieuses sont néanmoins à souligner car l'action de groupe ne doit pas faire doublon avec d'autres procédures (B).

1291 Scandales qui se sont multipliés ces dernières décennies, voir pour un rappel : LE GAL-FONTES (C.), « Lanceurs d'alerte en santé », *in Lanceurs d'alerte : innovation juridique ou symptôme social*, SORDINO (M.-C.) dir., Presses Universitaires de Montpellier, 2016, p. 55 et s.

1292 On pense ici au révélation, notamment, de Wikileaks. Voir not. sur les rapports entre l'ONG et le géant Google : FOREST (D.), « Dialogue aux enfers entre Google et Wikileaks », *Dalloz IP/IT*, n° 1, 17 janvier 2019, p. 64.

1293 MOLFESSIS (N.), « L'exorbitance de l'action de groupe à la française », *D.*, n° 16, 1er mai 2014, p. 947.

1294 « *On associe volontiers les pratiques anticoncurrentielles à des comportements déloyaux émanant le plus souvent d'opérateurs économiques puissants, fins connaisseurs des lois du marché et qui, par exemple, s'entendent sur les prix de manière occulte, au détriment* in fine *du consommateur. Corrélativement, il paraît censé d'affecter au corpus de règles qui encadrent ces pratiques, une finalité de moralisation du marché à laquelle s'emploierait la loyauté. C'est même là, pensons-nous, l'opinion communément admise.* », BLOUD-REY (C.), « Loyauté et pratiques anticoncurrentielles, antinomie ? », *Petites aff.*, n° 234, 24 novembre 2011, p. 20.

1295 L'article 60 de la loi n° 2016-1547 du 18 novembre 2016 de modernisation de la justice du XXIe siècle en donne la liste.

A. Une action renforçant le pouvoir du consommateur

436. L'action de groupe et les consommateurs. L'action de groupe est à l'origine liée à la volonté de protéger plus efficacement les consommateurs. Comme l'a énoncé le Conseil de la concurrence dès 2006, ces actions peuvent « *réduire l'asymétrie entre la capacité d'agir des entreprises souvent constituées de grands groupes et celle des consommateurs, par nature isolés, qui subissent des préjudices au plan individuel minimes mais qui, globalement, représentent des sommes considérables.* »[1296].

Cette approche concurrentielle, axée sur les dommages causés individuellement aux consommateurs constitue un pan non négligeable de l'action de groupe et s'inscrit pleinement dans la logique du droit de la concurrence[1297]. Pourtant, l'action de groupe pourrait ne pas être cantonnée à réparer les seuls dommages causés aux consommateurs. Introduite en 2014[1298], on constate d'ailleurs un certain élargissement[1299]. Cette « *curiosité juridique et procédurale* »[1300] est désormais applicable à différents recours[1301] et dans différents domaines tels que la lutte contre les discriminations[1302], l'environnement[1303], la santé[1304] ou encore la protection des données personnelles[1305].

437. Afin d'éviter les recours abusifs, certains filtres ont été mis en place. En France, les actions de groupe ne peuvent être intentées que par des associations agréées[1306]. Cela constitue un premier filtre car les associations ont alors le rôle de constituer un dossier afin de vérifier la faisabilité d'une

---

[1296] Conseil de la concurrence, avis du 21 septembre 2006 relatif à l'introduction de l'action de groupe en matière de pratiques anticoncurrentielles, point 26.

[1297] Les actions de groupe résultant de pratiques anticoncurrentielles l'illustrent.

[1298] Par la loi n° 2014-344 du 17 mars 2014 relative à la consommation.

[1299] MAINGUY (D.), « L'élargissement des actions de groupe », *RLDC*, n° 136/6180, Avril 2016, p. 26.

[1300] HAERI (K.), JAVAUX (B.), « L'action de groupe à la française, une curiosité », *JCP G*, n° 13, 31 mars 2014, p. 375.

[1301] Loi n° 2016-1547, art. 60.

[1302] Loi n° 2016-1547, art. 86.

[1303] Loi n° 2016-1547, art. 89. Sur l'évolution du droit d'accès à la justice en matière environnementale, voir par exemple les actes du colloque annuel de la Société française pour le droit de l'environnement 2015 : *Le doit d'accès à la justice en matière environnementale*, BETAILLE (J.) dir., Actes de colloques, n° 26, Presses de l'Université Toulouse 1 Capitole, 2016. Voir également sur le lien entre la QPC et l'environnement : BILLET (P.), BRAUD (X.), GOSSEMENT (A.), « QPC et environnement », *Constitutions*, n° 1, 19 juillet 2018, p. 29.

[1304] Loi n° 2016-1547, art. 90.

[1305] Loi n° 2016-1547, art. 91.

[1306] Ce qui les différencie de l'action en représentation conjointe qui nécessitait un mandat de la part d'au moins deux des victimes concernées.

action de groupe, elles « *jugeront en effet seules et discrétionnairement de l'opportunité de lancer une action de groupe* »[1307]. L'agrément peut être obtenu sur demande de l'association et après acceptation par le ministère compétent. L'octroi de l'agrément est conditionné. La loi de 2012 relative à la simplification du droit[1308] et un décret de 2017[1309] portant en partie application de la loi relative aux droits des citoyens dans leurs relations avec les administrations précisent que trois critères sont à remplir pour obtenir l'agrément. L'association doit être constituée à des fins d'intérêt général, fonctionner selon un mode démocratique et répondre à l'exigence de transparence financière. La procédure contentieuse tient en deux phases, deux séquences[1310] : la première consiste à apprécier la responsabilité de l'opérateur économique mis en cause et la seconde à la mise en œuvre de l'indemnisation. Cette action de groupe semble donc, sous certains aspects, être redondante avec le droit de la concurrence ou le droit pénal.

438. La question centrale de la charge de la preuve dans les actions de groupe. Un arrêt récent de la Cour d'appel de Paris[1311] suscite la critique. En effet, dans cette décision, la Cour rejette l'exception de nullité soulevée par la société incriminée. La société estimait que les cas individuels présentés au soutien de l'action de groupe, condition obligatoire, n'étaient pas assez étayés et ne répondaient pas aux conditions de l'action. Mais la Cour a considéré que l'appréciation de ces cas individuels relève de l'analyse au fond. Ce faisant, on a pu dire que la Cour semble dénaturer la procédure et opérer un renversement de la charge de la preuve[1312]. Les procédures civiles établies sont

---

1307 ROSSIGNOL (P.-Y.), *Comment faire face à l'action de groupe*, coll. Les essentiels, L'argus, 2011, p. 13.

1308 Loi n° 2012-387 du 22 mars 2012 relative à la simplification du droit et à l'allègement des démarches administratives, art. 123.

1309 Décret n° 2017-908 du 6 mai 2017, art. 15, qui précise l'article 25-1 de la loi du 12/04/2000 relative aux droits des citoyens dans leurs relations avec les administrations : « *En vue d'obtenir de l'Etat ou de l'un de ses établissements publics un agrément réservé aux associations par la loi ou les règlements, l'association régulièrement déclarée ou inscrite doit, pour satisfaire à la condition d'objet d'intérêt général mentionnée à l'article 25-1 de la loi du 12 avril 2000 susvisée, inscrire son action dans le cadre d'une gestion désintéressée et d'une absence de but lucratif, demeurer ouverte à tous sans discrimination, et présenter des garanties suffisantes au regard du respect des libertés individuelles. Sauf exception législative ou réglementaire, son action ne doit pas se limiter à la défense du seul intérêt collectif de ses membres.* ».

1310 METAIS (P.), VALETTE (E.), « Le séquencement comme instrument de régulation de l'instance », *JCP G*, n° 51, 18 décembre 2017, 1360.

1311 CA Paris, pôle 2, ch. 2, 20 avr. 2017, n° RG : 16/09997.

1312 Cela induirait, pour la société, « *la charge de prouver dans le cadre du débat au fond que, pour chacun des cas individuels présentés, les conditions d'une action en responsabilité ne sont pas remplies. Cela aboutirait alors à un transfert de la charge de la preuve directement causé par l'interprétation de règles procédurales. Or les lois sur l'action de groupe sont des lois de procédure […]. Elles ne doivent en conséquence pas avoir d'effet sur les règles applicables à la responsabilité civile.* » JAVAUX (B.), « De la difficulté d'obtenir la nullité de l'assignation en action de groupe », *RLDC*, n° 154/6388, 1er décembre 2017, p. 37.

rétives au renversement de la charge de la preuve[1313]. Il semble que le droit de la responsabilité administrative soit plus diversifié en la matière[1314].

439. L'ouverture de l'action de groupe à d'autres domaines que la consommation : pour l'avènement d'une action de groupe horizontale. Bien qu'il ne s'agisse pas d'une législation horizontale de l'action de groupe, cet élargissement répond tout de même aux recommandations émises par la Commission européenne[1315]. Dès 2013 en effet la Commission prenait acte du fait que « *L'économie moderne engendre parfois des situations dans lesquelles une même pratique illicite [...] est susceptible de léser un grand nombre de personnes ("préjudice de masse"). Ces dernières peuvent ainsi être fondées à demander la cessation de cette pratique ou à réclamer des dommages et intérêts.* »[1316]. Pour assurer aux parties lésées la réparation de leur préjudice, il est nécessaire que l'action de groupe puisse être ouverte à d'autres domaines que celui de la consommation. C'est en ce sens que la Commission recommandait une application horizontale de l'action collective à différents domaines, particulièrement quant à « *la protection des consommateurs, la concurrence, la protection de l'environnement, la protection des données à caractère personnel, la réglementation des services financiers et la protection des investisseurs.* »[1317].

440. Début 2018, la Commission européenne a publié un rapport d'évaluation concernant la mise en œuvre, dans l'Union, de sa recommandation de 2013[1318]. Après avoir souligné le développement des préjudices de masses[1319], la

---

[1313] Voir not. : MEKKI (M.), « Le droit privé de la preuve… à l'épreuve du principe de précaution », *D.*, n° 24, 3 juillet 2014, p. 1391 : « *L'inconvénient dans l'hypothèse du principe de précaution est que le demandeur n'a pas toujours accès à l'information, souvent protégée par le secret des affaires, et n'a pas toujours les moyens financiers d'établir les preuves exigées, notamment en recourant aux expertises [...]* ».

[1314] En effet, les régimes de responsabilité pour faute, en droit administratif, connaissent des fautes présumées et engendrent un renversement de la charge de la preuve ; l'administration devant alors justifier de sa bonne gestion et de l'absence de toute carence d'entretien. Point central de la responsabilité en matière de travaux publics. La prise en compte croissante de la victime et la volonté de réparation des dommages résultant des activités risquées et/ou dangereuses des personnes publiques expliquent également les régimes de responsabilité sans faute. Sur ce point, et vu le développement de la responsabilité sociale de l'entreprise, il semble que le droit privé ait tout à gagner à s'inspirer du droit administratif.

[1315] Recommandation de la Commission, (2013/396/UE), 11 juin 2013, relative à des principes communs applicables aux mécanismes de recours collectif en cessation et en réparation dans les États membres en cas de violation de droits conférés par le droit de l'Union, JOUE L 201/60, 26 juillet 2013.

[1316] Recommandation de la Commission, (2013/396/UE), *op.cit.*, cons. 2.

[1317] Recommandation de la Commission, (2013/396/UE), *op. cit.*, cons. 7 : « *Il est des domaines où l'intervention des personnes privées sous la forme d'un recours collectif complète utilement le contrôle public du respect des droits conférés par le droit de l'Union [...].* ».

[1318] Commission européenne, COM (2018) 40 final, 25 janvier 2018.

[1319] Commission européenne, COM (2018) 40 final, 25 janvier 2018, p. 2.

Commission expose la situation des recours collectifs au sein de l'Union européenne. Elle relève notamment que « *la majorité des projets en cours ou ayant débouché sur de nouvelles lois sont limités à la protection des consommateurs* »[1320]. La recommandation de 2013 n'a en ce sens pas été pleinement entendue par les États membres et des disparités substantielles entre les législations nationales subsistent. De plus, « *seuls six États membres (BG, DK, LT, NL, PT et UK) ont adopté une approche législative horizontale, autorisant les procédures collectives en réparation dans tous les domaines.* »[1321].

441. La correspondance entre l'action de groupe et la RSE. Les législations relatives aux actions de groupe sont loin d'être harmonisées et suscitent de nombreuses interrogations[1322]. Pourtant, le mécanisme de l'action de groupe gagnerait à être approfondi, conformément aux recommandations européennes. Or, on constate que le « *ressort de l'action de groupe (ne) concerne [...] (qu') une partie des domaines inclus dans la RSE* »[1323]. Le lien est nécessairement distendu dans la mesure où la responsabilité sociale des entreprises est « *à mi-chemin entre la* soft *et la* hard law »[1324]. Cela implique que « *les parties prenantes ne peuvent invoquer valablement en justice des arguments probants relatifs à la RSE* »[1325]. Enfin, cela était vrai jusque récemment, la modification du Code civil, qui fait l'objet de développements ultérieurs, pourrait être à l'origine d'un élargissement de l'action de groupe.

442. La publicité des actions de groupe : un élément crucial de la pertinence de l'action de groupe contre le monopole de fait. Cette publicité vient au soutien du *cause lawyering* et a une grande influence sur la réputation de l'entreprise. L'idée du *cause lawyering* désigne « *une pratique par laquelle le droit et l'action en justice sont mis au service d'un engagement politique et social : ce qui est recherché par le recours au juge est moins le rendu de la justice et la réparation éventuelle d'un dommage que la promotion et*

[1320] Commission européenne, COM (2018) 40 final, 25 janvier 2018, p. 3.

[1321] Commission européenne, COM (2018) 40 final, 25 janvier 2018, p. 4.

[1322] Notamment du fait de préjudices transnationaux qui posent la question de la possibilité d'intenter des actions de groupe à l'étranger ou cristallisent un risque de décisions contradictoires. Ces écueils ont été mis en évidence par la Commission européenne, COM (2018) 40 final, 25 janvier 2018, p. 12.

[1323] LOPEZ (L.), « Les parties prenantes en matière de Responsabilité sociale de l'entreprise (RSE) : les oubliés de la loi J21 en matière d'action de groupe. Proposition d'une nouvelle forme d'action », *Procédures*, n° 2, février 2018, étude 3.

[1324] LOPEZ (L.), *L'action en justice des parties prenantes dans le cadre de la Responsabilité Sociale de l'Entreprise,* Droit et Sciences politiques, Connaissances et Savoirs, 2017, p. 37.

[1325] Laëtitia LOPEZ, *L'action en justice des parties prenantes dans le cadre de la Responsabilité Sociale de l'Entreprise,* Droit et Sciences politiques, Connaissances et Savoirs, 2017, p. 39.

l'affirmation d'un message. »[1326]. Or, et dans ce sens, l'un des intérêts majeurs de l'action de groupe, c'est qu'elle s'inscrit bien dans cette logique de *cause lawyering*. Notamment parce qu'une telle procédure donne lieu à publicité. En effet, l'efficacité de l'action de groupe tient à ce que l'information et la publicité en constituent un aspect principal : cet effet permet une large information des consommateurs et en cela restreint l'asymétrie d'information dont l'entreprise pourrait jouer pour constituer un monopole de fait. Mais la publicité peut aussi être problématique. Afin d'intenter une action de groupe, il est nécessaire de fédérer les demandes en amont, puisqu'il s'agit de réparer un préjudice subi par différentes personnes. La publicité relative à la procédure participe de son effectivité, il s'agit d'une obligation, y compris devant la juridiction administrative[1327]. Ainsi, « *le lancement d'actions de groupe est généralement précédé d'intensive campagne d'information de la part des associations.* »[1328] afin de pouvoir « découvrir » les cas individuels lui permettant de constituer un dossier[1329]. Cela n'avait pas été anticipé par le législateur et certains considèrent qu'il s'agit d'une « *atteinte à la réputation des professionnels* »[1330]. Cette difficulté ne saurait être tranchée, et comme le souligne la Commission il est nécessaire d'opérer une juste conciliation entre ces deux intérêts[1331].

La publicité ne pose néanmoins pas de difficulté particulière une fois que la décision a été rendue et qu'a été reconnue la responsabilité de l'entreprise. Cette publication permet d'informer le public et en cela participe à réduire

---

[1326] Sur ce point, voir not. : ISRAEL (L.), « Le droit mis au service des causes politiques, un détour par le *cause lawyering*, un modèle nord-américain », *in Au cœur des combats juridiques, Pensées et témoignages de juristes engagés,* DOCKES (E.) dir., Dalloz, Paris, 2007, p. 7 et s. Voir également : DE PERMON (G.), « Le contentieux à forte charge symbolique : le cas de la responsabilité sociale des entreprises », *in Lobbying et procès orchestrés,* DE BEAUFORT (V.), MASSON (A.) dir., coll. Droit, Management et Stratégies, Larcier, Bruxelles, 2011, p. 48. L'auteure précise que : « *Le prétoire favorise en effet la médiatisation de la "cause" qui y est portée, ne serait-ce que par la protection qu'elle offre contre les plaintes en diffamation.* ».

[1327] DE MONTECLER (M.-C.), « L'action de groupe devant le juge administratif est en marche », *AJDA*, n° 17, 15 mai 2017, p. 965 : « *toute action de groupe ou en reconnaissance de droits engagée doit faire l'objet d'une publicité sur le site internet du Conseil d'Etat précisant, notamment, la juridiction compétente.* ».

[1328] BIARD (A.), « Sale temps pour l'action de groupe… la nécessaire recherche d'outils alternatifs pour résoudre les litiges de masse », RLDC, n° 157/6418, mars 2018, p. 23.

[1329] Ce point est également un point de différence majeur entre l'action de groupe et l'action en représentation conjointe.

[1330] BIARD (A.), « Sale temps pour l'action de groupe… la nécessaire recherche d'outils alternatifs pour résoudre les litiges de masse », RLDC, n° 157/6418, mars 2018, p. 24.

[1331] Commission européenne, COM (2018) 40 final, 25 janvier 2018, p. 8 : « *Dans le cas d'une action en représentation, la diffusion d'informations ne devrait pas seulement être un droit de l'entité représentative, mais également un devoir. Par ailleurs, diffuser des informations sur une action collective (planifiée) pourrait avoir des effets néfastes sur la situation économique du défendeur dont la responsabilité n'a pas encore été établie. Il convient de trouver un juste équilibre entre ces deux intérêts.* ».

l'asymétrie d'information relative au marché ; son impact quant à la réputation de l'entreprise est central. C'est en cela que la publicité constitue un moyen particulièrement dissuasif pour les entreprises et les incite à un comportement respectueux envers les parties prenantes.

443. Les dimensions à la fois collective et publique de l'action de groupe constituent les atouts majeurs de cette procédure. Son élargissement à différents domaines constitue une avancée considérable. Néanmoins, une application véritablement horizontale permettrait de lui conférer une meilleure dimension fonctionnelle.

B. L'articulation de l'action de groupe avec les procédures contentieuses concurrentielles

444. L'action de groupe et l'action en réparation des pratiques anticoncurrentielles. La procédure de l'action de groupe présente d'indéniables avantages pour le justiciable et participe d'une meilleure efficacité de la justice en permettant de grouper les demandes, de les mutualiser[1332]. Mais on a craint également les conséquences d'une telle procédure sur le terrain concurrentiel et il a été recommandé que l'action de groupe soit subsidiaire au système de répression des pratiques anticoncurrentielles et aux sanctions administratives, notamment celles prononcées par l'Autorité de la concurrence[1333]. Si les craintes peuvent être justifiées[1334], cette approche restreint et nie à l'action de groupe sa dimension extraconcurrentielle, bien que toujours économique. Il ne s'agit pas tant de punir les opérateurs économiques n'ayant pas respecté les règles de concurrence, mission dévolue aux autorités de régulation, mais de s'assurer

---

[1332] Ce point a notamment été mis en avant par FARGE (H.), « Conclusion : le regard de l'avocat », *RFDA*, n° 1, 18 mars 2017, p. 29 : « *dans le souci de désengorgement, si l'on cherche d'abord à éviter la saisine du juge, il faut ensuite améliorer le traitement quantitatif des recours qui lui parviennent. [...] Les actions collectives, action de groupe et action en reconnaissance de droits, qui font leur entrée dans le code de justice administrative avec la loi de modernisation de la justice du XXI*e *siècle relèvent de cette même inspiration puisqu'elles évitent les "séries" ou en permettent un traitement plus rationalisé.* ».

[1333] ANTOINE (A.), CALMETTE (J.-F.), « La sanction administrative des pratiques anticoncurrentielles à la suite de l'affaire du cartel de l'acier », *RFDA*, n° 6, 3 février 2011, p. 1157. Ces auteurs ajoutent : « *Non seulement le régulateur est mieux armé que le juge civil pour appréhender une problématique économique, mais l'action civile pourrait rendre inutiles les procédures alternatives de règlement des litiges concurrentiels favorisant la diminution des sanctions.* ».

[1334] Voir not. pour une approche approfondie, LASSERRE-KIESOW (V.), « La promotion des sanctions civiles en droit des pratiques anticoncurrentielles », *D.*, n° 30, 13 septembre 2007, p. 2116.

qu'ils ne conservent pas les bénéfices issus de ce comportement anticoncurrentiel ; et ce faisant de redistribuer le profit lié à la rente de situation que s'était constituée l'entreprise.

445. Les procédures doivent être coordonnées afin de ne pas devenir concurrentes. On relèvera d'ailleurs qu'une procédure propre aux pratiques anticoncurrentielles a été pensée, cristallisant un véritable mouvement de responsabilisation des opérateurs économiques, l'article L. 481-1 du code de commerce énonce que : « *Toute personne physique ou morale formant une entreprise ou un organisme [...] est responsable du dommage qu'elle a causé du fait de la commission d'une pratique anticoncurrentielle [...]* ». Et en matière de réparation des pratiques anticoncurrentielles, les autorités publiques doivent veiller à ce que ne se concurrencent pas et soient cohérentes les décisions relevant d'autorités habilitées, telles que les autorités de régulation, et les actions en réparation introduites sur le même objet, allant jusqu'à préconiser que le juge sursoie à statuer dans le cas où une instance serait en cours devant une autorité habilitée[1335]. Ce dispositif est obligatoire en droit de la concurrence du fait de directives européennes[1336], mais il est largement absent des législations nationales concernant d'autres domaines[1337]. Pourtant un tel dispositif permet justement aux parties prenantes à un monopole de fait, condamné sur le fondement du droit de la concurrence, de faire valoir leurs droits et de demander la réparation de leur préjudice, ce qui permet la redistribution de la rente constituée du fait de l'exercice abusif d'un pouvoir de marché[1338].

[1335] Recommandation de la Commission (2013/396/UE), 11 juin 2013, relative à des principes communs applicables aux mécanismes de recours collectif en cessation et en réparation dans les États membres en cas de violation de droits conférés par le droit de l'Union, point 33.

[1336] Directive 2014/104/UE du Parlement européen et du Conseil du 26 novembre 2014 relative à certaines règles régissant les actions en dommages et intérêts en droit national pour les infractions aux dispositions du droit de la concurrence des États membres et de l'Union européenne (JO L 349 du 5.12.2014, p. 1).
Transposée en droit national par l'ord. n° 2017-303 du 9 mars 2017 relative aux actions en dommages et intérêts du fait de pratiques anticoncurrentielles, et le décret n° 2017-305 du 9 mars 2017. Voir : DE MONTECLER (M.-C.), « La réparation des pratiques anticoncurrentielles », *AJDA*, n° 10, 20 mars 2017, p. 548.

[1337] Commission européenne, COM (2018) 40 final, 25 janvier 2018, p. 21 : « *Il peut par conséquent être conclu que, sur ce point, la recommandation n'a été transposée dans l'ordre juridique national des États membres que de manière très limitée. Si plusieurs États membres autorisent les actions collectives de suivi, les principes de la recommandation ne semblent pas avoir été respectés en ce qui concerne la priorité à accorder à la décision de l'autorité publique et les délais de prescription.* ».

[1338] Et donc issu, comme cela a été vu précédemment, tant par des ententes, des abus de position dominantes, des pratiques restrictives de concurrence ou autres pratiques commerciales déloyales.

446. La difficile conciliation avec certaines procédures particulières du droit de la concurrence. Des questions demeurent néanmoins quant aux conséquences de l'action de groupe sur deux procédures particulières du droit de la concurrence : la procédure de clémence et la procédure des engagements. En effet, la procédure de clémence permet de ne pas sanctionner un opérateur économique qui aurait pris part à une pratique anticoncurrentielle s'il a dénoncé cette pratique. Néanmoins, « *l'entreprise qui dénoncera une entente [...] aura fourni tous les éléments pour se faire condamner dans le cadre d'une action de groupe, y compris les éléments pour définir le groupe concerné et pour évaluer le montant du préjudice* »[1339] ; or cela peut conduire à limiter les avantages pour les opérateurs économiques à recourir à la procédure de clémence. S'agissant de la procédure des engagements, elle permet également d'éviter le prononcé d'une sanction dans la mesure où l'opérateur s'engage à modifier son comportement anticoncurrentiel, il n'y a alors pas véritablement de constat d'un manquement au droit de la concurrence, ce qui semble évincer toute possibilité d'action de suivi.

447. La délicate question de la manipulation de l'action de groupe à des fins anticoncurrentielles. L'action de groupe ne doit pas non plus être un outil anticoncurrentiel. C'est à ce titre que la partie demanderesse doit être transparente financièrement et indiquer les fonds qui seront utilisés pour l'action de groupe. Une telle transparence permet de vérifier que des actions de groupes ne sont ouvertes dans un but autre que celui pour lequel elles ont été instaurées. De manière générale, « *les règles énoncées dans la recommandation quant au financement par une tierce partie ont pour objectif de veiller à ce que les modalités de financement ne créent aucune incitation à introduire des recours abusifs ni aucun conflit d'intérêts.* »[1340]. Sans surveillance de ces financements, il est fort à craindre que certaines entités financent des recours dans le seul but de porter atteinte à un de ses concurrents. Cette stratégie est d'autant plus poursuivie que la publicité autour de ces actions de groupe est grande. On retrouve sur ce point la question de la réputation des entreprises qui constitue un levier d'action efficace.

448. L'existence d'un manquement justifiant l'action de groupe devant la juridiction administrative. Aux prises à différents sentiments, « *souhaitée ou redoutée par la doctrine, envisagée à de nombreuses reprises par le législateur, l'action collective fait une entrée remarquable dans le droit administratif, en même temps qu'elle connaît une extension considérable devant le juge judiciaire, avec la loi du 18 novembre 2016.* »[1341]. La procédure

[1339] ROSSIGNOL (P.-Y.), *Comment faire face à l'action de groupe*, coll. Les essentiels, L'argus, 2015, p. 36.
[1340] Commission européenne, COM (2018) 40 final, 25 janvier 2018, p. 10.
[1341] DOMINO (X.), « Innovations : la médiation et l'action collective en droit administratif », *RFDA*, n° 1, 18 mars 2017, p. 19.

de l'action de groupe devant les juridictions administratives s'inscrit dans la même logique que l'action de groupe introduite devant une juridiction judiciaire, ce sont les entreprises concernées qui varient. Ainsi, « *l'action de groupe permet tout à la fois de faire cesser un manquement reproché à une personne morale de droit public ou à un organisme de droit privé chargé de la gestion d'un service public et/ou de statuer sur la responsabilité de cette même personne publique ou de ce même organisme afin d'obtenir l'indemnisation des préjudices supportés à la suite d'un tel manquement.* »[1342]. Vu cette définition il semble que les actions de groupe à l'encontre des entreprises exerçant leur activité dans les grands services publics, ceux reposant sur une infrastructure essentielle et constituant des monopoles naturels, se déroulent devant la juridiction administrative. L'action de groupe tiendrait notamment en ce domaine à un manquement des personnes morales. On pourrait y voir, avec une approche extensive, la possibilité d'introduire une action de groupe par des usagers des services publics.

449. L'action de groupe et le principe *non bis in idem*. La question du principe *non bis in idem* se pose également pour la juridiction administrative. Il ne faut pas qu'avec l'introduction d'un recours collectif devant la juridiction administrative celle-ci soit conduite à prononcer une deuxième sanction à l'encontre, notamment d'un opérateur économique qui aurait déjà été condamné sur le fondement du droit de la concurrence par une autorité de régulation par exemple. Le juge administratif admet ce principe[1343], mais celui-ci ne fait pas obstacle à ce que les mêmes faits donnent lieu « *d'une part à des poursuites différentes aux fins de sanctions administratives ou pénales en application de corps de règles distincts, et d'autre part à une sanction pénale et à une sanction administrative pécuniaire ou disciplinaire* »[1344], la règle à suivre en ces cas étant alors celle de la proportionnalité. Il semble d'ailleurs que la Cour de justice de l'Union européenne accepte une limitation du principe *non bis in idem* dans certaines circonstances[1345].

450. Le cas particulier de l'action en reconnaissance de droits devant la juridiction administrative. La loi de modernisation de la justice introduit également en droit français l'action en reconnaissance de droit[1346]. Cette action permet, au même titre que l'action de groupe avec laquelle elle partage

---

1342 BLANCO (F.), « L'action de groupe en reconnaissance de responsabilité devant le juge administratif », *AJDA*, n° 40, 28 novembre 2016, p. 2256.

1343 PAULIAT (H.), « La règle *ne bis in idem* et le juge administratif », *RDP*, n° 1, 1er janvier 2018, p. 39.

1344 PAULIAT (H.), « La règle *ne bis in idem* et le juge administratif », *op. cit.*

1345 Voir CJUE, 20 mars 2018, aff. C-524/ 16 et aff. C-596/ 16 et C-597/16, pour un commentaire voir, JCP E, n° 13, 29 mars 2018, act. 251.

1346 Loi n° 2016-1547 du 18 novembre 2016 de modernisation de la justice du XXIe siècle, art. 93.

de *« nombreux traits communs »*[1347], de permettre à une association ou à un syndicat professionnel de déposer une demande en vue de la reconnaissance de droits individuels résultant de normes en conférant à un groupe déterminé[1348]. Avec cette action, « *Le législateur ouvre ainsi, en contentieux administratif, une possibilité d'action collective allant à l'encontre de la jurisprudence Syndicat des patrons-coiffeurs de Limoges (CE 28 déc. 1906, n° 25521, Lebon 977) et de l'adage "nul ne plaide par procureur" sur lequel elle se trouve fondée.* »[1349]. Cette action en reconnaissance de droits permet de régler plus rapidement les contentieux sériels.

§ II. UNE ACTION PERTINENTE CONTRE LES MONOPOLES DE FAIT DANS DES DOMAINES VARIES

451. L'action de groupe est ouverte dans différents domaines. On constate que ce type d'action revêt un intérêt particulier vis-à-vis des monopoles de fait issus du numérique (A) ainsi que des monopoles de fait reposant sur l'émission d'externalités négatives (B).

A. Une action pertinente dans le domaine numérique

452. Parmi les situations récentes où le consommateur se retrouve particulièrement isolé, l'exemple des relations commerciales entre consommateur et plateformes numériques est emblématique du déséquilibre de pouvoir existant et de la déloyauté de certaines entreprises. Déloyauté car les plateformes numériques jouent du manque d'information du

---

1347 DE MONTECLER (M.-C.), « L'action de groupe devant le juge administratif est en marche », *AJDA*, n° 17, 15 mai 2017, p. 965.

1348 Code de justice administrative, art. L. 77-12-1 : « *L'action en reconnaissance de droits permet à une association régulièrement déclarée ou à un syndicat professionnel régulièrement constitué de déposer une requête tendant à la reconnaissance de droits individuels résultant de l'application de la loi ou du règlement en faveur d'un groupe indéterminé de personnes ayant le même intérêt, à la condition que leur objet statutaire comporte la défense dudit intérêt. Elle peut tendre au bénéfice d'une somme d'argent légalement due ou à la décharge d'une somme d'argent illégalement réclamée. Elle ne peut tendre à la reconnaissance d'un préjudice.*
Le groupe d'intérêt en faveur duquel l'action est présentée est caractérisé par l'identité de la situation juridique de ses membres. Il est nécessairement délimité par les personnes morales de droit public ou les organismes de droit privé chargés de la gestion d'un service public mis en cause. [...] ».

1349 MAMOUDY (O.), « L'action en reconnaissance de droits », *AJDA*, n° 40, 28 novembre 2016, p. 2264.

consommateur pour mieux récolter ses données et les monétiser, se constituant ainsi une véritable rente de situation. Cette situation est illustrée notamment par le recours accru de ces plateformes à des contrats d'adhésion, à l'encontre desquels le consommateur est souvent démuni, faute de connaître ses droits en matière numérique.

453. La contrepartie de la gratuité des services numériques. L'une des grandes difficultés liées aux plateformes numériques c'est que, du point de vue de l'utilisateur, la gratuité des services proposés n'est pas questionnée et peu se rendent compte que, la gratuité cache en fait des contreparties. Ce point a été évoqué précédemment pour mettre en lumière certains leviers de monopole de fait, reposant précisément sur la collecte des données de l'utilisateur.

454. La contrepartie matérialisée dans le contrat d'adhésion : un contrat non négociable. Le propre d'un contrat d'adhésion c'est qu'il est proposé à l'utilisateur sans que ce dernier ne puisse y apporter des modifications. Généralement dénommées Conditions générales d'utilisation (CGU), le contrat d'adhésion, souvent laborieux à lire, contient de multiples informations que l'utilisateur prend rarement la peine de lire. Il n'y a ici aucun jugement de valeur, un simple constat[1350], confirmé par l'idée que finalement « *aucune disposition ne dissuade d'accéder à un service considéré comme incontournable* »[1351]. Parmi les informations fournies à l'utilisateur, et concernant les plateformes numériques, les CGU doivent préciser de quelle manière les données qui pourraient être collectées seront utilisées. Le consommateur est donc, normalement, au fait de la contrepartie qu'il offre à la plateforme numérique.

455. Comme ces conditions générales d'utilisation prennent la forme d'un contrat, on pourrait penser que le droit des contrats suffit à encadrer la relation commerciale. Il n'en est rien[1352]. C'est que la loyauté des plateformes numériques est depuis quelque temps déjà suspectée[1353], appelée de tous les

---

[1350] « *L'accès aux services des plateformes est l'objet d'un leurre car les utilisateurs sont le plus souvent entretenus dans l'idée que les services proposés, sans contrepartie financière, sont gratuits, voire sans aucune contrepartie.* », FOREST (D.), « Clauses abusives de Twitter : vent de fronde sous le contrôle du juge », Dalloz IP/IT, n° 1, 17 janvier 2019, p. 57.

[1351] FOREST (D.), « Clauses abusives de Twitter : vent de fronde sous le contrôle du juge », Dalloz IP/IT, n° 1, 17 janvier 2019, p. 57.

[1352] Voir not. : PILLET (G.), « L'efficacité du droit français des contrats face aux géants de l'internet », *RTD Com.*, n° 2, 28 juillet 2018, p. 273.

[1353] ROCHFELD (J.), ZOLYNSKI (C.), « La "loyauté" des "plateformes". Quelles plateformes ? Quelle loyauté ? », *Dalloz IP/IT*, n° 11, 14 novembre 2016, p. 520.

vœux, par la doctrine[1354] affirmée par la loi[1355], la loyauté de ces entreprises est toujours une question au centre de la réflexion sur leur encadrement. Mais déclarer la loyauté, obliger à la loyauté n'est pas performatif. La sanction prononcée à l'encontre de Twitter l'a été sur le fondement des clauses abusives, comme dans d'autres cas où était en cause une plateforme[1356]. Solution a salué car les juridictions chargées des affaires ne s'y sont pas trompées en qualifiant la relation de commerciale, malgré la défense des plateformes qui mettaient en avant la gratuité des services et donc l'impossibilité de qualifier une relation commerciale. Les juges ont considéré qu'il y avait bien une contrepartie[1357]. Mais une évolution récente va certainement entraîner une mutation des recours : l'ouverture de l'action de groupe dans le domaine numérique. Action qui permet, précisément de sanctionner la déloyauté des plateformes numériques dans leur relation avec leurs utilisateurs.

456. L'ouverture bienvenue de l'action de groupe en cas de manquements des plateformes numériques à leurs obligations relatives aux données personnelles. On constate que la majorité des condamnations prononcées à l'encontre des plateformes numériques, portées par des associations de consommateurs, le sont sur le fondement du droit commercial et ne prennent pas la forme d'action de groupe. L'action de groupe est en effet relativement récente en matière de données personnelles, et elle s'inscrit dans une réflexion où la protection des données personnelles, si elle est affirmée, n'en demeure pas moins problématique en droit français qui avait fait le choix, depuis 1978, de la libre disposition des données[1358]. La loi pour une République numérique, précisée par la loi n° 2018-493 du 20 juin 2018 relative à la protection des

---

[1354] Voir not. : CYTERMANN (L.), « La nécessaire loyauté des plateformes », *Concurrences*, 2015-2, p. 7 ; GRYNBAUM (L.), « Loyauté des plateformes : un champ d'application à redéfinir dans les limites du droit européen », *JCP* 2016, p. 456.

[1355] La loi n° 2016-1321 du 7 octobre 2016 pour une République numérique, codifiée dans le Code de la consommation, art. L. 111-7 : « […] *Tout opérateur de plateforme en ligne est tenu de délivrer au consommateur une information loyale, claire et transparente* […] ».

[1356] DELPECH (X.), « À la une — Association de consommateurs — Google condamné pour clauses abusives », *JA*, 2019, n° 596, p.10 ; AUGAGNEUR (L.-M.), « Les clauses abusives des conditions de Google », AJ Contrat, n° 4, 17 avril 2019, p. 175.

[1357] AUGAGNEUR (L.-M.), « Les clauses abusives des conditions de Google », AJ Contrat, n° 4, 17 avril 2019, p. 175 : « *comme Twitter, Google contestait qu'il se trouvât dans le champ d'application du droit de la consommation du fait de la gratuité de son service. En apparence, le tribunal ne s'y laisse pas tromper. Comme la Commission des clauses abusives, et ainsi qu'il l'avait fait dans sa décision Twitter, le tribunal retient que, même en l'absence de "paiement monétaire" et même en l'absence de cession des données, l'utilisation du service a pour "contrepartie une valorisation économique ultérieurement opérée par le prestataire sur les données personnelles". Il en conclut qu'il s'agit d'un contrat à titre onéreux.* ».

[1358] Sur ce point voir not. : OCHOA (N.), « Pour en finir avec l'idée d'un droit de propriété sur ses données personnelles : ce que cache véritablement le principe de libre disposition », *RFDA*, n° 6, 3 janvier 2016, p. 1157.

données personnelles sans trancher le débat sur l'existence d'un droit de propriété sur les données personnelles, consacre le droit à la protection de ces données. Dans la continuité, en 2018, est ouverte l'action de groupe fondée sur un manquement d'une plateforme numérique aux obligations lui incombant en matière de traitement des données personnelles[1359]. Sans effet rétroactif, cette mesure n'est ouverte que pour les préjudices dont le fait générateur est postérieur au 24 mai 2018. Solution de circonstances qui laissent le temps aux plateformes numériques d'adapter leurs règles d'utilisation. Même si l'on constate déjà qu'une action de groupe est sur les rails, du fait de l'Internet society France (ISOC) à l'encontre de Facebook en vue d'obliger cette dernière à remédier à certains manquements en matière de protection des données personnelles. Histoire à suivre dans la mesure où la mise en demeure adressée par l'ONG à Facebook a fait l'objet d'une réponse des intéressés qui peut laisser pantois[1360] et qui laisse supposer qu'une action de groupe va effectivement se former.

B. Une action pertinente en matière environnementale

457. Le droit de l'environnement connaît un essor certain ces dernières années et la reconnaissance d'une responsabilité environnementale permet de venir sanctionner un monopole de fait lorsque, la rente qui s'est constituée, repose sur la non-internalisation par l'entreprise de ses coûts environnementaux· c'est le cas lorsque l'activité d'une entreprise engendre des externalités négatives. La branche de l'économie analysant ces externalités se réclame de l'économie du bien-être. Pigou[1361] fut le premier, après avoir constaté l'existence de certaines externalités négatives, à proposer que ces externalités soient internalisées par l'entreprise qui en est à l'origine et qu'elles soient prises en charge à hauteur du dommage causé. De manière générale, « *Pour les économistes, la présence d'externalités constitue une défaillance du marché puisque dans un monde de marché parfait, tout effet d'un agent sur un autre serait pris en compte, négocié et intégré dans la définition d'un équilibre global du marché en tant que bénéfice privé ou coût privé.* »[1362]. Cette défaillance de marché doit être corrigée car elle empêche d'atteindre

[1359] Loi n° 78-17 du 6 janvier 1978 relative à l'informatique, aux fichiers et aux libertés, art. 37.
[1360] Voir : https://www.isoc.fr/ebastille-mars-2019/
[1361] PIGOU (A. C.), *The economics of welfare*, 4e éd., Macmillan and co., London, 1952.
[1362] SUTTERLIN (O.), *Principe pollueur - payeur*, JCL Environnement et Développement durable, fasc. 2420, 15 juin 2017, 2.

l'équilibre entre les parties prenantes. De nombreuses activités engendrent des externalités négatives[1363].

458. L'approche internationale des atteintes à l'environnement. L'approche internationale contemporaine de l'environnement semble se faire sous l'angle du droit pénal. La multiplication des catastrophes environnementales interpelle, « *le péril n'est pas seulement multicolore (boues rouges, marées noires et algues vertes) et multiforme (pollutions, biopiraterie, trafic de déchets, etc.). Désormais, il s'étend dans l'espace [...], et dans le temps* »[1364]. En effet, « *les pollutions sont transfrontières et la détérioration de l'écosystème est planétaire* »[1365], l'environnement comme bien public mondial « *ne peut être efficacement gouverné qu'à cette échelle* »[1366] ; c'est bien en ce sens que se développe un droit international pénal de l'environnement. Les textes sont épars au niveau international mais pas de « *grandes infractions transversales* » énoncées[1367]. Les textes régionaux semblent parfois plus précis[1368] mais sont finalement tributaires de leur exécution par les États.

459. Les écocrimes et l'écocide. Une distinction a pu être faite entre les écocrimes et l'écocide[1369]. La distinction tiendrait à une différence d'échelle : les écocrimes ne concernant que des écosystèmes particuliers alors que l'écocide concernerait la sûreté de la planète[1370]. La difficulté soulevée par la

---

[1363] Dans le domaine du sport par exemple, FIEVET (R.), « Évènements sportifs : quelles externalités négatives ? », *JT*, 2016, n° 187, p. 30.

[1364] DELMAS-MARTY (M.), « Préface », *in Des écocrimes à l'écocide, Le droit pénal au secours de l'environnement*, NEYRET (L.) dir., Bruylant, 2015, p. VI.

[1365] BEAUVAIS (P.), « Les limites de l'internationalisation du droit pénal de l'environnement », *in Des écocrimes à l'écocide, Le droit pénal au secours de l'environnement*, NEYRET (L.) dir., Bruylant, 2015, p. 4.

[1366] BEAUVAIS (P.), « Les limites de l'internationalisation du droit pénal de l'environnement », *op. cit.*, p. 5. L'auteur précise néanmoins les obstacles, à la fois politique et juridique, à l'instauration d'un tel droit pénal international de l'environnement.

[1367] BEAUVAIS (P.), « Les limites de l'internationalisation du droit pénal de l'environnement », *op. cit.*, p. 11. L'auteur énonce certains textes particuliers de protection environnementale, notamment la Convention Marpol de 1973 pour la prévention de la pollution par les navires, le Protocole de 1996 sur la pollution des mers, etc.

[1368] Voir not. : MARTIN-CHENUT (K.), PERRUSO (C.), « La contribution des systèmes régionaux de protection des droits de l'homme à la pénalisation des atteintes à l'environnement », *in Des écocrimes à l'écocide, Le droit pénal au secours de l'environnement*, NEYRET(L.) dir., Bruylant, 2015, p. 39 et s.

[1369] Voir not. : NEYRET (L.), « Libres propos sur le crime d'écocide : un crime contre la sûreté de la planète », *in Pour un droit économique de l'environnement, Mélanges Martin*, Éd. Frison-Roche, Paris, 2013, p. 411 et s.

[1370] Voir not. : NEYRET (L.), « Libres propos sur le crime d'écocide… », *op. cit.*

mise en œuvre d'un droit pénal tient au caractère intentionnel[1371] qu'il requiert ; mais l'approche des écocrimes et écocides repose également sur la négligence. On peut y voir le manque de diligence ou le manquement. Il semble à ce titre que le droit pénal international puisse constituer un moyen de sanction du monopole de fait en mettant en jeu la responsabilité pénale des entreprises pour des externalités négatives qualifiables d'écocrimes ou d'écocides.

460. Le droit français : l'autonomie du préjudice écologique et la responsabilité civile en matière environnementale. Le préjudice écologique est à entendre comme l'atteinte portée à l'environnement, que cette atteinte soit directe ou indirecte. Cette définition issue de la jurisprudence de la Cour de cassation en 2012[1372] a été qualifiée de « *bond de géant* »[1373] par la doctrine car elle entre désormais dans le droit positif.

Avant cette décision, le préjudice écologique a pu trouver un fondement dans la responsabilité pour troubles du voisinage ou dans la responsabilité du fait des choses ou du fait du risque de certaines activités[1374]. Ce qu'il importe de relever c'est l'objectivation de la responsabilité en matière environnementale, c'est-à-dire la distance prise avec le droit de la responsabilité civile fondé exclusivement sur l'existence d'une faute qu'il est en pratique très difficile à prouver en matière environnementale et l'érection d'un régime de responsabilité qui « *trouve son fondement dans la notion de risque [...] particulièrement adaptée à la matière environnementale, en raison des spécificités du dommage écologique* »[1375]. Cette évolution a été longue, elle peut être datée du naufrage de l'Erika, « *À partir de là, les juges appelés à connaître des conséquences juridiques de la catastrophe n'ont pas hésité à faire œuvre créatrice et à dépasser l'obstacle de l'exigence de préjudice causé à "autrui" de l'ancien article 1382 du code civil, pour admettre le principe de la réparation du préjudice écologique, indépendamment de toute répercussion sur les sujets de droit.* »[1376]. Un premier pas a été fait avec la loi

[1371] Voir not. pour l'évolution de la notion d'intention en droit pénal : GRIFFON (R.), *De l'intention en droit pénal*, Recueil Sirey, Paris, 1911, l'auteur note d'emblée que « *À l'inverse du droit civil, le droit pénal tend de plus en plus à accorder une importance décisive dans les différents délits, à la considération des éléments subjectifs, celle des éléments matériels passant au second plan.* », p. 1.

[1372] Cour de cassation, 25 septembre 2012, n° 10-82.938.

[1373] NEYRET (L.), « Le préjudice écologique au lendemain de l'arrêt Erika », *in Le préjudice : entre tradition et modernité*, Journées franco-japonaises, Association Henri Capitant, t. I/2013, Bruylant, 2015, p. 177.

[1374] Voir sur ce point : VAN LANG (A.), *Droit de l'environnement*, *op. cit.*

[1375] VAN LANG (A.), *Droit de l'environnement*, *ibid.*, p. 306.

[1376] NEYRET (L.), « La consécration du préjudice écologique dans le code civil », *D.*, n° 17, 4 mai 2017, p. 924.

du 1er août 2008[1377] transposant la directive du 21 avril 2004[1378] et qui donnait une définition des dommages causés à l'environnement. La véritable consécration du préjudice écologique résulte de la loi du 8 août 2016[1379]. Désormais, « *Toute personne responsable d'un préjudice écologique est tenue de le réparer.* »[1380] et est réparable « *le préjudice écologique consistant en une atteinte non négligeable aux éléments ou aux fonctions des écosystèmes ou aux bénéfices collectifs tirés par l'homme de l'environnement.* »[1381]. Les personnes pouvant intenter une action en réparation sont « *l'Etat, l'Agence française pour la biodiversité, les collectivités territoriales et leurs groupements dont le territoire est concerné, ainsi que les établissements publics et les associations agréées* »[1382].

461. La définition de l'externalité négative : une forme de préjudice écologique. « *Une externalité est un effet résultant de l'acte de production ou de consommation d'un agent économique sur un agent économique qui n'y a pas consenti : elle s'exerce donc en dehors du marché. L'externalité est dite positive lorsque l'effet consiste en une amélioration du bien-être de l'autre agent et négative lorsque cet agent voit son bien-être diminuer.* »[1383]. En matière environnementale, les externalités négatives prennent souvent la forme de pollution, constituant une atteinte à l'environnement. Or, si l'entreprise ne supporte pas les coûts liés à ses propres activités, c'est bien une rente de situation qu'elle se crée, aux dépens de ses parties prenantes externes qui subissent le coût des externalités négatives.

462. Un renforcement de la responsabilité environnementale des entreprises par la consécration d'une action de groupe environnementale dont peuvent se saisir les parties prenantes externes à un monopole de fait. À l'origine et telle qu'elle résulte de la loi Hamon, l'action de groupe avait pour objectif premier de renforcer le pouvoir des consommateurs, qui, représentés par une association de défense, pouvaient mettre en cause la responsabilité d'une entreprise leur ayant causé un préjudice. Néanmoins, l'action de groupe,

---

[1377] Loi n° 2008-757 du 1er août 2008 relative à la responsabilité environnementale (JO 2 août 2008, p. 12361), et son décret d'application n° 2009-468 du 23 avril 2009 (JO 26 avr. 2009, p. 7182).

[1378] Directive 2004/35/CE du Parlement européen et du Conseil du 21 avril 2004 sur la responsabilité environnementale en ce qui concerne la prévention et la réparation des dommages environnementaux.

[1379] Loi n° 2016-1097, 8 août 2016, pour la reconquête de la biodiversité, de la nature et des paysages.

[1380] Code civil, Art. 1386-19.

[1381] Code civil, Art. 1386-20.

[1382] Code civil, Art. 1386-21.

[1383] SUTTERLIN (O.), Principe pollueur - payeur, *op. cit.*, pt 2.

dorénavant régie de manière générale par le Code de procédure civile[1384], trouve à s'appliquer dans divers domaines.

463. L'action de groupe trouve une application en matière environnementale. Ce point précis permet d'envisager que les parties prenantes externes à une entreprise puissent intenter une action à son encontre dans le cas où l'entreprise leur causerait un préjudice environnemental. En effet, et selon l'article L. 142-2 du Code de l'environnement[1385], l'action de groupe est désormais ouverte aux associations agréées lorsque l'activité d'une entreprise porte atteinte à un intérêt collectif qu'elles ont pour objet de défendre en matière environnementale.

1384 Code de procédure civile, art. 826-2 et s.

1385 « *Les associations agréées mentionnées à l'article L. 141-2 peuvent exercer les droits reconnus à la partie civile en ce qui concerne les faits portant un préjudice direct ou indirect aux intérêts collectifs qu'elles ont pour objet de défendre et constituant une infraction aux dispositions législatives relatives à la protection de la nature et de l'environnement, à l'amélioration du cadre de vie, à la protection de l'eau, de l'air, des sols, des sites et paysages, à l'urbanisme, à la pêche maritime ou ayant pour objet la lutte contre les pollutions et les nuisances, la sûreté nucléaire et la radioprotection, les pratiques commerciales et les publicités trompeuses ou de nature à induire en erreur quand ces pratiques et publicités comportent des indications environnementales ainsi qu'aux textes pris pour leur application. [...]* ».

CONCLUSION DU CHAPITRE II

464. Les secteurs de réseaux, qui reposent sur une infrastructure essentielle, constituent de véritables monopoles naturels et demandent à ce titre un encadrement particulier pour défaire le pouvoir de marché des opérateurs historiques. Il s'agit d'assurer une gestion neutre de l'infrastructure essentielle. La neutralité de gestion signifie que la gestion de l'infrastructure, notamment dans les modalités d'accès à celle-ci, ne doit pas conduire à favoriser un opérateur économique sur les autres. C'est en ce sens que la séparation des activités de gestion et d'exploitation de l'infrastructure est primordiale pour pallier les comportements anticoncurrentiels qui se développent dans les secteurs de réseaux. Cette séparation permet de démonopoliser les opérateurs historiques, cela brise le pouvoir de marché dont ils disposent du fait de leur position monopolistique sur l'infrastructure. Sous cet aspect, la régulation en s'attaquant aux défaillances de marché et en garantissant l'égale liberté des opérateurs économiques participe à l'encadrement juridique du monopole de fait.

465. La sanction du monopole de fait peut aussi prendre d'autres formes, notamment contentieuses. L'avènement en droit français de l'action collective constitue une autre avancée significative dont la pertinence vis-à-vis du monopole de fait est évidente. En effet, en assurant la représentation et l'effectivité des intérêts collectifs, notamment celui des consommateurs, et plus largement en donnant corps à la notion de partie prenante, même si cela n'a pas été expressément formulé, l'action collective constitue à n'en pas douter un outil contentieux permettant de sanctionner un monopole de fait.

CONCLUSION DU TITRE I

466. L'appropriation collective est une sanction applicable au monopole de fait. Néanmoins, son assimilation à la nationalisation a, dans un premier temps, restreint le champ de l'étude. En effet, on retrouve en substance dans les nationalisations, et notamment dans leur dimension sociale, un point caractéristique de l'appropriation collective : la volonté d'affirmer la primauté de l'intérêt de la Nation, de l'intérêt général, sur les intérêts particuliers des entreprises. En somme, l'affirmation de la démocratie économique. Cette sanction par l'appropriation collective a été concrétisée par la mise en place d'une gouvernance multipartite des entreprises nationalisées. Gouvernance qui a permis, en 1946, à ce que les intérêts des travailleurs soient représentés auprès des organes dirigeants des entreprises. L'objectif de l'appropriation collective par la nationalisation étaient les gains réalisés par l'entreprise nationalisée ne soient pas accaparés, ne constituent pas une rente de situation, mais soit justement alloués entre les parties prenantes qui participent de la création de la valeur.

467. La propriété publique correspond ainsi à l'idée de l'appropriation collective ; et ce, car les personnes publiques sont tenues par l'intérêt général. Il était néanmoins nécessaire de dépasser cette approche du monopole de fait. La compréhension de l'appropriation collective n'est possible que si l'on accepte de considérer que l'esprit du texte constitutionnel de 1946 vise à la démocratisation de l'économie, à une juste allocation de la valeur créée. En ce sens, il fallait mettre l'accent sur la diversité des parties prenantes, directes, indirectes, voire externes, à l'exploitation des biens ou des entreprises, pour comprendre en quoi la gouvernance peut servir l'appropriation collective. C'est en désignant les parties prenantes qu'il est possible de donner une ébauche juridique de l'appropriation collective. En évinçant la question propriétaire pour se concentrer sur la gouvernance, ce sont bien les parties prenantes qui reviennent au centre de l'étude et l'on arrive à une acception fonctionnelle et contingente de l'appropriation collective. Celle-ci doit permettre d'éviter que l'intérêt particulier de l'entreprise ne s'impose aux dépens des parties prenantes, qu'une rente de situation ne soit accaparée aux dépens de l'intérêt des parties prenantes.

468. Dans cette logique, il semble que le droit du marché fasse écho à l'appropriation collective car il permet de démonopoliser les opérateurs historiques dans les secteurs de réseaux, véritables monopoles naturels. L'existence d'une infrastructure essentielle permet, pour celui qui la détient et qui gère son accès, d'avoir une véritable influence sur la concurrence relative à l'exploitation de l'infrastructure. La séparation des activités de gestion et d'exploitation est alors primordiale pour éviter que le gestionnaire de l'infrastructure ne tire parti de cette position pour favoriser sa propre exploitation et ne se crée une rente de situation.

469. La démonopolisation passe également par le renforcement du pouvoir des parties prenantes à l'entreprise. En effet, il ne suffit pas de sanctionner le pouvoir de marché directement, il est également nécessaire que les parties prenantes, aux dépens desquelles se constitue une rente de situation, puissent faire valoir leur droit et intérêt, qu'elles disposent d'un pouvoir opposable au monopole de fait. L'action de groupe trouve ici toute sa pertinence, et permet, à ce titre, une réappropriation collective du monopole de fait. La diversité des domaines où une telle action peut être intentée correspond à la diversité des parties prenantes parce qu'elle correspond, en fait, à la diversité de certains leviers utilisés par les entreprises pour se constituer une rente de situation, qui reposent, en grande partie, sur la manipulation de l'asymétrie d'information entre elle et ses parties prenantes.

470. Finalement, le dépassement de l'approche propriétaire ouvre un nouveau champ de réflexion à propos de l'appropriation collective. Son objectif fondamental étant la conciliation des intérêts des parties prenantes avec ceux poursuivis par l'entreprise pour assurer la démocratie dans l'entreprise et la démocratie économique. Pour redonner toute son effectivité à cette pensée contenue dans le neuvième alinéa, il est également nécessaire de penser et de mettre en œuvre un cadre juridique permettant et facilitant l'équilibre des pouvoirs entre les entreprises et leurs parties prenantes.

Titre II.
LA PREVENTION DU MONOPOLE DE FAIT

471. Le monopole de fait résulte d'un déséquilibre de pouvoir entre l'entreprise et ses différentes parties prenantes. Déséquilibre de pouvoir dont abuse cette dernière pour constituer une rente de situation. Pour prévenir le monopole de fait, la loyauté est donc à réinstaurer dans les échanges économiques. En ce sens, assurer un environnement juridique à même de restreindre le monopole de fait a pour composante obligatoire de rationaliser l'activité des entreprises et d'assurer des rapports de pouvoir équilibré entre les différentes parties prenantes, entre différents intérêts[1386]. La question de l'équilibre des pouvoirs, centrale dans la sanction du monopole de fait, est également au cœur de sa prévention. Réfléchir aux outils de prévention du monopole de fait revient à réfléchir aux outils permettant d'éviter sa constitution, aux mécanismes juridiques qui instaurent un environnement défavorable à sa constitution. C'est donc à l'encadrement juridique des entreprises que l'on s'intéresse, ceux qui portent sur l'exercice du pouvoir de marché (levier de monopole de fait), ceux qui portent sur les finances de l'entreprise (pour déceler la rente de situation) et plus généralement, ceux qui participent de la transparence du marché, car l'opacité, l'asymétrie d'information, constitue bien un levier de monopole de fait.

472. Dans ce cadre, l'affirmation de la responsabilité sociale des entreprises[1387] constitue une première étape pour rationaliser l'activité des entreprises et les inciter à prendre en compte leurs parties prenantes dans la poursuite de leur activité. La compliance[1388] est de mise. Il s'agit de responsabiliser les

---

[1386] Sur la difficulté à définir l'intérêt, voir : OST (F.), *Droit et intérêt, vol 2, op. cit.* L'auteur conclut comme suit : « *À défaut de réussir à définir l'intérêt (même ramené à l "intérêt juridiquement pertinent"), on peut le caractériser à l'aide de quatre traits : l'imprécision, l'ubiquité, la souplesse et une potentialité subversive. Notion confuse, l'intérêt résiste à la classification, la systématisation et la définition [...]. En définitive, l'intérêt nous est apparu comme "la monnaie du droit", l'"équivalent universel" qui permet tous les glissements de plan : du pré-droit au droit, du droit privé au droit public, de l'usage à l'abus du droit, des conditions de recevabilité de l'action en justice au fond de la prétention formulée. [...]* », p. 185.

[1387] BELLIVIER (F.), NOIVILLE (C.), « Jeux d'acteurs, jeux de miroirs, comment prendre une décision politique responsable ? », *in Droits, sciences et techniques, quelles responsabilités ?*, Réseau Droit Sciences & Techniques, coll. Colloques & Débats, LexisNexis, 2011, p. 15. Selon les auteurs : « *En effet, si la responsabilité est un concept à la fois éthique et juridique, individuel et collectif, elle est aussi — et peut-être avant tout — politique, au sens où elle préside à l'organisation de la vie de la cité.* ».

[1388] Voir sur ce terme : FRISON-ROCHE (M.-A.), « Le droit de la compliance au-delà du droit de la régulation », *D.*, n° 28, 26 juillet 2018, p. 1561 : *« Ce que l'on appelle souvent la "responsabilité sociale de l'entreprise (RSE)" [...] : c'est la compliance elle-même. »*.

entreprises en les sensibilisant au fait que leurs activités ne s'inscrivent pas seulement dans la sphère marchande et concurrentielle, mais de manière générale dans la société civile. Et qu'à ce titre, elles doivent prendre en considération les risques qu'elles peuvent faire peser sur elle, et qu'elles doivent prendre en charge les dommages pouvant en résulter. Leur comportement ne peut être loyal qu'à cette condition, et si l'on invoque dans cette étude la loyauté c'est bien parce qu'elle sert de « *correctif moral à l'exercice d'une liberté* », et surtout d'un pouvoir[1389].

473. C'est la prévention dans le volet incitatif qu'il s'agit d'approfondir. Néanmoins, la contrainte est également utile pour prévenir le monopole de fait et l'encadrement contraignant de l'exercice du pouvoir de marché est à ce titre essentiel. Le droit du marché, et notamment le droit de la concurrence tout autant que le droit des relations commerciales, permet ainsi d'assurer un environnement concurrentiel loyal où l'entreprise puissante ne peut abuser de son pouvoir de marché. Cela limite et prévient la constitution de monopole de fait (Chapitre I).

La responsabilisation des opérateurs économiques doit se doubler de la transparence de leurs activités ; condition *sine qua non* pour assurer aux parties prenantes un niveau correct d'information relative au marché. Pallier l'asymétrie d'information réduit les leviers de monopole de fait. L'exemple le plus probant concerne les consommateurs : l'information dont ils disposent est primordiale pour réinstaurer une loyauté dans toutes les dimensions des échanges marchands. La transparence est néanmoins difficile à instaurer, ce dont témoignent les stratégies de secrets qui se dressent contre elle. Cette question délicate de transparence trouve une application particulière en matière comptable et financière où elle constitue un moyen de lutte contre la fraude fiscale, grand levier de création d'une rente de situation. Dissuasives, ces obligations de transparence comptable et financière connaissent aujourd'hui un élargissement certain. Les grandes entreprises, les plus puissantes, sont tenues à la transparence, y compris dans leurs résultats extrafinanciers. Parce que la transparence, à tout niveau, permet d'assurer un niveau d'information élevé de toutes les parties prenantes, ainsi que des pouvoirs publics et autorités de régulation, elle instaure un environnement défavorable à la constitution de monopole de fait (Chapitre II).

[1389] BLOUD-REY (C.), « Loyauté et pratiques anticoncurrentielles, antinomie ? », *Petites aff.*, n° 234, 24 novembre 2011, p. 20.

Chapitre I.
La responsabilisation des acteurs economiques

474. La règle est bien connue, « *(t) out fait quelconque de l'homme, qui cause à autrui un dommage, oblige celui par la faute duquel il est arrivé à le réparer.* »[1390]. Cette règle de droit civil trouve à s'appliquer dans de nombreux domaines[1391] et fonde le droit de la responsabilité[1392]. Néanmoins, appliquer un régime de responsabilité au monopole de fait semble difficile, dans la mesure où ce dernier se présente sous de multiples aspects et ne résulte pas nécessairement de comportements illicites ou fautifs. S'il fallait envisager un régime de responsabilité des monopoles de fait, il serait nécessaire de lui trouver un fondement, chose complexe[1393]. C'est bien en ce sens qu'ont été envisagés, dans la première partie de ces développements et pour préciser comment l'on pouvait concevoir la rente de situation, l'enrichissement injustifié et les quasi-contrats, source de responsabilité en dehors d'obligation légale ou contractuelle.

475. L'approche japonaise, par rapport au droit français, adopte une approche plus souple de la responsabilité. Le droit japonais met l'accent à la fois sur le

---

1390 Art. 1240, Code civil. La responsabilité civile a reçu valeur constitutionnelle avec la décision Cons. const., n° 99-149 DC, 9 novembre 1999, loi relative au pacte civil de solidarité : *« l'affirmation de la faculté d'agir en responsabilité met en œuvre l'exigence constitutionnelle posée par l'article 4 de la Déclaration des droits de l'homme et du citoyen de 1789, dont il résulte que tout fait quelconque de l'homme qui cause à autrui un dommage oblige celui par la faute duquel il est arrivé, à le réparer ».*

1391 Les régimes de responsabilité sont divers et variés, voir not. LE TOURNEAU (P.), *Droit de la responsabilité et des contrats*, *op. cit.*, n° 5.

1392 Il ne s'agit pas ici de revenir sur les différents régimes de responsabilité (civile, délictuelle, contractuelle ou quasi délictuelle) l'essence étant là même pour tous les régimes : le manquement à une obligation préexistante, qu'elle fasse partie du droit positif (responsabilité civile et délictuelle), qu'elle émane d'un contrat ou d'une situation que l'on considère comme telle (responsabilité contractuelle ou quasi contractuelle). C'est donc une approche extensive de la responsabilité qui est ici mobilisée. Voir en ce sens : RIPERT (G.), *La règle morale dans les obligations civiles*, LGDJ Lextenso, 2014.

1393 Certains auteurs ont pu œuvrer en faveur du développement d'une responsabilité fondée sur le risque, notamment en ce qui concerne les activités économiques. Voir not. : FARJAT (G.), *Pour un droit économique*, *op. cit.*, p. 57 et s. et les références citées.
Approche originale qui reste fidèle aux mécanismes de responsabilité civile, voir en ce sens : PLANIOL (M.), RIPERT (G.), *Traité élémentaire de droit civil*, *op. cit.*, n° 918 et s.
Cette idée de risque est par ailleurs centrale en droit de la responsabilité administrative et entraîne un régime de responsabilité sans faute, dont l'arrêt fondateur est celui du Conseil d'État, 21 juin 1895, Cames et qui s'est déployé dans de nombreux domaines d'activités.

fait dommageable et sur les intérêts lésés[1394]. Il s'agit, en droit japonais, de mettre en perspective le comportement dommageable et l'intérêt juridiquement protégé pour déterminer s'il y a une illicéité et pouvoir caractériser la responsabilité de l'auteur du dommage. Cette approche diffère de l'approche française de la responsabilité qui analyse uniquement « *les circonstances dans lesquelles s'est déroulée l'activité* »[1395], parmi lesquelles la faute tient une place singulière. La nature de l'intérêt lésé est incomplètement prise en compte sous le prisme de l'intérêt à agir.

476. La faute, en droit français, est centrale dans les dispositifs de responsabilité. Elle a fait l'objet de nombreuses réflexions et définitions[1396] et de manière objective il s'agirait d'« *une défaillance quelconque* »[1397] et imputable[1398]. Le Professeur le Tourneau précise d'ailleurs que *« D'intuition, et sans doute assez grossièrement, il est possible d'avancer qu'une indemnisation est mise à la charge de toute personne dont l'activité dommageable peut, de quelque manière, être qualifiée d'anormale ou, ce qui revient au même, de déraisonnable* »[1399]. Ainsi, le fait personnel à l'origine du dommage ne devrait

---

1394 MORITA (H.), « Notion de préjudice en droit japonais », *in Le préjudice : entre tradition et modernité*, Journées franco-japonaises, Association Henri Capitant, t. I/2013, Bruylant, 2015, p. 27. L'auteur précise que : « *L'illicéité du fait générateur de la responsabilité est dès lors qualifiée en considération non seulement du comportement de l'auteur du dommage, mais aussi en fonction de la nature des intérêts juridiques lésés. Ainsi, s'agissant de l'hypothèse de concurrence déloyale, l'intérêt juridiquement protégé de la victime est celui selon lequel le concurrent devrait respecter la règle de conduite imposée par l'ordre juridique en matière de concurrence.* ».

1395 MORITA (H.), « Notion de préjudice en droit japonais », *op. cit.*, p. 27.

1396 Voir not. : PLANIOL (M.), RIPERT (G.), *op. cit.*, n° 913 sur la notion de faute où les auteurs précisent que « *On ne peut reprocher au Code (civil) de ne pas donner de définition de la faute, car la faute est à peu près indéfinissable.* ».

MAZEAUD (H. et L.), TUNC (A.), *Traité théorique et pratique de la responsabilité civile délictuelle et contractuelle*, *op. cit.*, particulièrement les pages 429 et s. Les auteurs précisaient, p. 473, que « *Quand on commet une faute, on n'agit pas comme il faudrait : on commet ce qu'on peut appeler une erreur de conduite ; certes, il n'y a pas là encore une définition de la faute, mais simplement une indication du sens dans lequel il est nécessaire de diriger les recherches. Elles doivent, en effet, porter sur la manière dont s'appréciera l'erreur de conduite. Quand peut-on dire que l'auteur du dommage n'a pas agi comme il faudrait ? Tout est là.* ».

1397 BRUN (P.), *Responsabilité du fait personnel*, Répertoire de droit civil, 2015, n° 15. L'auteur précise tout de même en suivant que « *s'il advient qu'une faute civile est commise de manière intentionnelle, cette circonstance sera riche de conséquences juridiques, en particulier quant au jeu de l'assurance de responsabilité civile* ».

1398 BRUN (P.), *Responsabilité du fait personnel*, *op. cit.*, n° 15 : « *Cette notion d'imputabilité renvoie, il faut le préciser, à deux réalités bien différentes. [...] une imputabilité matérielle, dont la problématique se rattache à celle de la causalité. Mais l'exigence d'imputabilité revêt aussi un tout autre sens : lorsqu'il s'agit de s'assurer que l'auteur de la faute était à même de mesurer la portée de l'acte qu'il a commis, en d'autres termes que la faute peut lui être moralement imputée. Or si cette exigence a longtemps été consubstantielle à l'idée de faute, tel n'est plus le cas aujourd'hui.* ».

1399 LE TOURNEAU (P.), *Droit de la responsabilité et des contrats*, *op. cit.*, n° 8.

pas nécessairement être fautif, mais créer un dommage anormal[1400], c'est une première inflexion de la faute qui entrouvre une voie vers la prise en compte de la nature des intérêts lésés, vers une mise en balance des intérêts pour déterminer l'anormalité.

477. La pertinence d'un régime de responsabilité propre au monopole de fait est discutable. C'est plutôt la question de la réforme des régimes de responsabilité qui est à poser[1401]. En effet, « *le moment est sans doute venu de développer la prévention générale, en dehors des mécanismes de la responsabilité civile, en quelque sorte en amont, [...], il convient d'accentuer ou de créer une véritable culture de la prévention, impliquant tous les acteurs : les pouvoirs publics, les industriels et leurs salariés, les assureurs, etc.* »[1402]. L'attention est à porter sur cet aspect, sur la nécessité d'imposer un certain cadre d'action à l'entreprise, à même de prévenir la constitution de monopole de fait. Il s'agit de s'assurer que les opérateurs économiques se conduisent en bon père de famille[1403], que l'on connaît en droit de la concurrence sous le terme

---

[1400] Pour une approche approfondie du fait personnel à l'origine du dommage voir not. : ARHAB-GIRARDIN (F.), GELY (M.-L.), « Le fait personnel », *in Droits privé et public de la responsabilité extracontractuelle*, ALBERT-MORETTI (N.), LEDUC (F.), SABARD (O.) dir., coll. Perspective(s), LexisNexis, Paris, 2017, p. 7.

[1401] Question qui est perpétuellement renouvelée. Voir not. : SAVATIER (R.), Les métamorphoses économiques et sociales du droit civil d'aujourd'hui, Dalloz, Paris, 1948.

[1402] LE TOURNEAU (P.), *Droit de la responsabilité et des contrats*, *op. cit.* n° 4.

Notons également que la responsabilité civile fait l'objet d'un projet de réforme (déposé en mars 2017) qu'il faudra suivre de près sur le point du recours en responsabilité par les tiers à l'encontre des parties à un contrat en cas de manquement à leurs obligations. En effet, il résulte de ce projet que « *que les tiers légitimement intéressés à la bonne exécution d'un contrat et qui subiraient un dommage du fait de l'inexécution de celui-ci disposeraient d'une option. Ils pourraient agir contre le débiteur défaillant soit sur le fondement de la responsabilité extracontractuelle à condition de prouver l'existence d'un fait générateur de celle-ci (c'est-à-dire en pratique d'une faute), soit sur celui de la responsabilité contractuelle, à raison de la seule existence du manquement contractuel, auquel cas ils pourraient se voir opposer les conditions et limites posées à la responsabilité du débiteur envers son créancier.* », BORGHETTI (J.-S.), « La responsabilité des contractants à l'égard des tiers dans le projet de réformes de la responsabilité civile », *D.*, n° 32, septembre 2017, p. 1846. Nous soulignons car cette notion de tiers légitimement intéressés à la bonne exécution du contrat pourrait être entendue comme une partie prenante.

Voir pour une approche pratique de l'intérêt légitime : VINEY (G.), *Introduction à la responsabilité*, 3e éd., LGDJ, 2008, n° 215-4, selon qui « *le seul fait que le tiers soit en mesure de démontrer qu'il a subi un dommage lié directement au manquement contractuel suffit à prouver que le respect de l'obligation présentait un intérêt pour lui* ».

Voir également sur ce projet de réforme : DESHAYES (O.), « La nouvelle mouture de l'avant-projet de loi de réforme de la responsabilité civile : retour sur la responsabilité à l'égard des tiers », *Revue des contrats*, 2017, p. 238.

Voir not. les références citées pour plus de précisions quant à ce projet de réformes.

[1403] PEIGNOT (B.), « Requiem pour un bon père de famille défunt », *Revue des loyers*, n° 982, 1er décembre 2017.

d'opérateur économique diligent[1404]. Ce comportement en bon père de famille renvoie à l'idée de comportement rationnel. Et « *lorsque la rationalité est faussée par manque de connaissances suffisantes de l'ensemble des informations, le rôle de l'État est d'assurer cette vérité, d'inciter les particuliers à retrouver un comportement rationnel.* »[1405].

478. En ce sens, pour prévenir le développement du monopole de fait, assurer la rationalité des entreprises et des parties prenantes est un élément décisif. Cette rationalisation passe tout d'abord par la responsabilisation. On constate que le droit se saisit peu à peu de la responsabilité sociale des entreprises qui revient, pour les opérateurs économiques, à mettre en œuvre une exploitation diligente, respectueuse de certains principes et valeurs. Une exploitation, en bon père de famille, loyale, qui poursuit toujours son intérêt propre mais n'omet pas de prendre en compte celui de ses parties prenantes. La responsabilité sociale de l'entreprise, si elle n'est pas spécifique aux monopoles de fait, correspond à l'idée profonde de l'appropriation collective et constitue ainsi un outil de prévention du monopole de fait (Section I). D'un autre point de vue, et si l'on met l'accent sur le pouvoir de marché, ce levier de monopole de fait, la régulation et le droit de la concurrence, le droit commercial aussi, rationalisent l'exercice du pouvoir de marché des entreprises et restreignent, incidemment, les possibilités de monopole de fait (Section II).

Section I.
L'AFFIRMATION DE LA RESPONSABILITE SOCIALE ET ENVIRONNEMENTALE DES ENTREPRISES

479. Si les entreprises optaient pour une gestion raisonnable, sociale, tant en termes de production, meilleure utilisation et allocation des ressources, que de gouvernance, avec la prise en compte équitable de ses parties prenantes, directes et indirectes, alors les possibilités de constitution de monopole de fait seraient limitées car l'intérêt de l'entreprise ne serait plus exclusif. En effet, la gestion raisonnable et sociale de l'entreprise revient à prendre en compte, dans le processus décisionnel, tous les intérêts en présence, toutes les parties

---

[1404] Voir pour un exemple d'utilisation de ce terme : CJUE, grande chambre, 12 juillet 2011, *L'Oréal c/ eBay Internationa, aff.* C-324/ 09.
C'est-à-dire qu'ils doivent se conduire selon un comportement « *Normalement prudent et diligent, attentif, soucieux des biens et des intérêts qui lui sont confiés, comme s'il s'agissait des siens propres, le "bon père de famille" est utilisé par le juriste comme un "mètre étalon", pour définir, dans un contexte donné, la norme comportementale en se rapportant à un individu de référence.* », PEIGNOT (B.), « Requiem pour un bon père de famille défunt », *op. cit.*
[1405] BOY (L.), *L'intérêt collectif en droit français, op. cit.*, p. 371.

prenantes, et cela permet d'enrayer le monopole de fait. Désormais, l'entreprise doit être citoyenne[1406].

480. La rationalisation des modes de gestion de l'entreprise est passée par l'évolution de l'objet social des entreprises[1407] et plus particulièrement par l'affirmation de la responsabilité sociale des entreprises. Il s'agit en fait de réfléchir à l'éthique de l'entreprise[1408]. Il a été très justement relevé qu'« *En termes de responsabilité sociale, l'entreprise joue un rôle de plus en plus prégnant car elle est omniprésente dans la conduite des affaires mondiales* »[1409]. Rappeler les entreprises à leur responsabilité sociale c'est recréer le lien entre l'exercice d'une activité économique et la société civile. C'est (re) connecter l'entreprise à son environnement, *lato sensu* (§I). La responsabilité sociale de l'entreprise est plus intimement liée à l'idée de développement durable, et fait appel à la responsabilité des entreprises quant à la préservation de l'environnement pour les générations futures. En remettant à la charge de l'entreprise le coût des externalités négatives dont elle peut être à l'origine, la responsabilité environnementale prévient la constitution de rente de situation qui reposerait sur des stratégies où les coûts de ces externalités sont laissés à la charge des parties prenantes, et particulièrement à la charge des communautés locales (§II).

1406 Sur la notion d'entreprise « citoyenne », voir not. SUPIOT (A.), « Citoyenneté et entreprise (A) », et MUCKENBERGER (U.) « Citoyenneté et entreprise (B) », *in De la citoyenneté*, KOUBI (G.) dir., Paris, Litec, 1995, p. 119 et s. et p. 127 et s. Alain Supiot précisait qu'« *Il faut éviter tout malentendu : la notion d'entreprise citoyenne essaie de répondre à la nécessité objective où nous sommes, de reformuler les rapports du privé et du public dans l'activité de l'entreprise.* », p. 124. Quant à Ulrich Muckenberger, il précise que « *La notion de citoyenneté dans l'entreprise exprime la recherche d'un nouveau mode de réconciliation sociale.* », p. 131. TREBULLE (F. G.), « Personnalité morale et citoyenneté, considérations sur l'entreprise citoyenne », *Rev. soc.*, n° 1, 24 avril 2006, p. 41 : « *La citoyenneté évoque l'appartenance à la nation, l'organisation politique de l'Etat et le passage de la qualité de sujet à la consécration de droits politiques.* ».

1407 MARDINE (G.), PAVAGEAU (P.), « Que peut-on attendre en droit du travail d'une modification de "l'objet social de l'entreprise" ? », *op. cit.*

1408 Sur les différentes conceptions de la responsabilité sociale des entreprises, voir not. : POSTEL (N.), SOBEL (R.), *Dictionnaire critique de la RSE*, Septentrion ; coll. Capitalismes, éthique, institutions, 2013, et notamment l'entrée relative à ces différentes conceptions rédigée par Michel Capron, p. 65.

1409 BARTHE (N.), « Préface. Transversalité et transdisciplinarité de la Responsabilité Sociale de l'Entreprise », *in* ROSE (J.-J.), *Responsabilité sociale de l'entreprise*, De Boeck Supérieur « Méthodes & Recherches », 2006, p. 5-8.

§ I. LA RESPONSABILITE SOCIALE DES ENTREPRISES

481. L'inscription au Titre XI de la Constitution du Conseil économique, social et environnemental est une avancée dans le sens de la démocratisation des activités économiques. Certaines initiatives récentes vont dans le sens d'un approfondissement du rôle de ce Conseil et préconisent sa transformation en Chambre de la société civile[1410]. Néanmoins, l'approche institutionnelle en est encore à ses balbutiements et c'est du côté de la pratique que l'on peut trouver des initiatives plus concrètes permettant la responsabilisation des opérateurs économiques. La prise en compte par les entreprises de leur implication sociale passe par trois étapes : la mise au point d'une nouvelle politique d'entreprise, la compréhension des problèmes soulevés par cette nouvelle politique et la généralisation de cette politique au sein de l'entreprise[1411]. Cette transformation nécessite patience[1412].

La place croissante de la question de la responsabilité sociale des entreprises marque un changement d'approche de l'entreprise dont le droit commence à se saisir. Si ce changement n'est pas spécifique à l'encadrement des monopoles de fait, ce mouvement de responsabilisation des opérateurs économiques participe de la prévention du monopole de fait en faisant supporter aux entreprises une responsabilité élargie (A). La responsabilisation passe aussi par l'affirmation de la responsabilité des entreprises donneuses d'ordre pour les activités de leurs filiales. Cette avancée évite les zones d'ombre (B).

A. La responsabilité de l'entreprise du fait de ses activités

482. L'entreprise doit assumer la responsabilité de ses activités et l'intégralité des coûts de ses activités. À défaut, c'est bien une rente de situation qu'elle

---

[1410] Voir à ce titre le projet de loi constitutionnelle pour une démocratie plus représentative, responsable et efficace, n° 911, déposé le 9 mai 2018.

[1411] ACQUIER (A.), AGGERI (F.), « Une généalogie de la pensée managériale sur la RSE », *op. cit.*, p.139 et suivante. Notons que ce développement en trois phases est repris des réflexions d'Ackerman, 1973.

[1412] C'est une vision et des stratégies de long terme qui doivent ici être privilégiées. Car « *le management socialement responsable se distingue des autres modèles par ses finalités et ses démarches : il vise la justice entre les parties prenantes de l'entreprise (Rawls) et le bien-être (Stiglitz) des acteurs socio-économiques qui suppose la jouissance de biens matériels, tandis que les autres modèles recherchent prioritairement, voire exclusivement la productivité et la rentabilité.* », PLUCHART (J.-J.), UZAN (O.) dir., Avant-propos, *Responsabilité sociale de l'entreprise*, coll. Master, MA éd., 2017.

peut se constituer. La responsabilité sociale permet de rappeler aux opérateurs économiques le fait que leur activité ne peut être déconnectée de la vie en société et qu'ils doivent prendre à leur charge les conséquences, notamment pécuniaires, de leurs activités.

483. L'avènement de la responsabilité sociale de l'entreprise. La question de la responsabilisation des entreprises n'est pas nouvelle. Dans son sens moderne, de nombreux auteurs attribuent la paternité de cette notion à Howard Bowen, dans son ouvrage *Social responsabilities of the Businessman* publié en 1953. Bowen précisait que « *la liberté unique de prise de décision économique dont bénéficient des millions d'hommes d'affaires privés, qui caractérise notre système de libre entreprise [...] ne peut être justifiée que si elle est bonne pour l'ensemble de la société.* »[1413].

484. L'idée selon laquelle les entreprises devraient endosser une responsabilité sociale a connu de violentes critiques, notamment celle de Milton Friedman[1414]. Selon lui, leur seul objet est d'augmenter les profits, et c'est en exerçant leur activité *librement* sur un marché que les entreprises participent du bien-être général de la société. Leur faire endosser une responsabilité sociale serait alors une hérésie. Pourtant, l'approche empirique est toute autre. La course à la réduction des coûts de production, à la maximisation des profits, peut avoir des effets néfastes pour la société[1415]. La responsabilité sociale de l'entreprise se développe alors pour faire peser sur les entreprises le coût des

---

[1413] BOWEN (H. R), *Social responsabilities of the Businessman* : *op. cit.*, p. 6-7, traduction reprise de LOPEZ (L.), *L'action en justice des parties prenantes dans le cadre de la Responsabilité Sociale de l'Entreprise, op. cit.*, p. 13.
Howard Bowen va encore plus loin en remettant en cause la liberté de décision des hommes d'affaires lorsqu'ils sont incapables de lier leurs décisions à la réalisation de l'intérêt général : « *If their individual actions lead to abuses, damage other individuals, or detract from the attainment of established and valued social objectives, steps will eventually be taken to curb the freedom of businessmen. If those who exercise freedom are unwilling or unable – even with the best of rationalizations – to relate their private decisions and actions to the attainment of valued social objectives, that freedom is in jeopardy.* », BOWEN (H. R.), *Social responsabilities of the businessman*, University of Iowa Press, Iowa City, 2013, p. 6.

[1414] FRIEDMAN (M.), « The social responsability of business is to increase its profits », New York Times Magazine, 13 september 1970 : « *The businessmen believe that they are defending free enterprise when they declaim that business is not concerned "merely" with profit but also with promoting desirable "social" ends ; that business has a "social conscience" and takes seriously its responsibilities for providing employment, eliminating discrimination, avoiding pollution and whatever else may be the catchwords of the contemporary crop of reformers. In fact, they are - or would be if they or anyone else took them seriously – preaching pure and unadulterated socialism.* ».

[1415] Nous avons déjà parlé précédemment du *dumping* fiscal, néfaste pour les États et a fortiori pour la société.

choix de gestion qu'elle met en œuvre[1416]. Il s'agit d'admettre que « *la dynamique entrepreneuriale n'est pas réductible à un calcul économique ; elle est mue par des fondements éthiques* »[1417]. Cette approche de l'entreprise redonne souffle à la pensée des constituants de 1946 et à la condamnation des monopoles de fait.

485. La responsabilité sociale de l'entreprise : une initiative privée consacrée par le droit. La responsabilité sociale de l'entreprise peut résulter de l'initiative des entreprises[1418], et nombreux sont désormais les chartes éthiques ou autres codes de conduite[1419]. Les pouvoirs publics ont également défini certains objectifs et certaines orientations. Ils ont souhaité affirmer la primauté de certains objectifs sociaux sur les objectifs économiques, notamment sur la maximisation du profit. Ces objectifs se retrouvent au niveau européen, tant dans la stratégie de Lisbonne (2000-2010)[1420] que dans la stratégie Europe 2020 (2010-2020). L'un des éléments importants concerne la volonté de rationaliser l'activité économique, afin que celle-ci concoure à la mise en place d'une croissance durable et du plein emploi. La RSE fait partie intégrante de ces stratégies européennes. C'est ce que démontre l'adoption en 2004 du Livre vert sur la RSE[1421]. Ce Livre vert définit la RSE comme « *l'intégration volontaire des préoccupations sociales et écologiques des entreprises à leurs activités commerciales et leurs relations avec leurs parties prenantes* »[1422]. Il s'agit donc de l'affirmation de l'intérêt social au sens large à côté de l'intérêt social de l'entreprise. On passe d'une relation d'opposition entre ces deux intérêts à une relation de complémentarité.

[1416] DECAUX (E.), « La responsabilité des sociétés transnationales en matière de droits de l'homme », *revue sciences criminelles*, 2005, p. 789.
CAPRON (M.), QUAIREL-LANOIZELEE (F.), *La responsabilité sociale d'entreprise*, 2e éd., La découverte, coll. Repères, Paris, 2010.

[1417] ACQUIER (A.), AGGERI (F.), « Une généalogie de la pensée managériale sur la RSE », *Revue française de gestion*, 2007/11, n° 180, p. 135.

[1418] Bien que certaines entreprises mettent en avant cette responsabilité et l'utilisent comme outil de communication. La responsabilité sociale devient alors un outil *marketing*, qui promeut l'image de marque d'une entreprise.

[1419] Voir not. sur les codes de conduite : LAROUER (M.), *Les codes de conduite, sources du droit*, Nouvelle bibliothèque de thèses, t. 176, Dalloz, Paris, 2018.

[1420] Stratégie qui énonçait que l'objectif était de « *devenir l'économie de la connaissance la plus compétitive et la plus dynamique du monde, capable d'une croissance économique durable accompagnée d'une amélioration quantitative et qualitative de l'emploi et d'une plus grande cohésion sociale* », Conseil européen de Lisbonne, 23 et 24 mars 2000, conclusions de la présidence.

[1421] Livre vert, Promouvoir un cadre européen pour la responsabilité sociale des entreprises, COM/2001/0366 final.

[1422] Livre vert, Promouvoir un cadre européen pour la responsabilité sociale des entreprises, COM/2001/0366 final, n° 20.

486. La responsabilité sociale interne et la responsabilité sociale externe. Le livre vert distingue entre la responsabilité sociale interne et externe de l'entreprise. Par responsabilité sociale interne, le texte renvoie à la gestion interne de la société et l'on y retrouve en substance la notion de parties prenantes directes[1423]. Cette dimension interne renvoie en partie aux réflexions menées ci-dessus quant à la participation salariale. Plus encore, cette dimension interne renvoie surtout à la gestion des ressources naturelles utilisées dans la production et il s'agit alors de considérations environnementales.

487. Par responsabilité sociale externe, le texte renvoie à la responsabilité de l'entreprise vis-à-vis des communautés locales, de ses partenaires, fournisseurs et clients, et enfin vis-à-vis des droits de l'homme. On retrouve toutes les parties prenantes évoquées précédemment. On retrouve toute l'idée selon laquelle le pouvoir de marché d'une entreprise ne doit pas s'exercer en vue de faire primer son intérêt particulier aux dépens de l'intérêt des parties prenantes. Toutes les entreprises sont concernées. Vis-à-vis des communautés locales, le Livre vert rappelle que « *Les entreprises apportent leur contribution à la communauté, locale notamment, en fournissant des emplois, des salaires et prestations et des recettes fiscales. Inversement, les entreprises dépendent de la bonne santé, de la stabilité et de la prospérité des communautés qui les accueillent* »[1424]. Il s'agit donc d'une relation équilibrée entre les entreprises et le territoire sur lequel elles sont implantées. De nombreuses actions peuvent être menées de façon conjointe.

488. La norme ISO 26000. La responsabilité sociale de l'entreprise se concrétise au niveau international dans la norme ISO 26000. Cette norme qui énonce des niveaux minimaux d'exigences, des lignes directrices à respecter par les entreprises[1425]. Notons que de prolixes débats ont eu lieu concernant l'appellation à retenir, notamment entre le terme de responsabilité *sociale* ou *sociétale*[1426]. L'Afnor retient l'expression de responsabilité sociétale qui

---

[1423] Selon le texte, « *au sein de l'entreprise, les pratiques socialement responsables touchent premièrement les salariés et concernent par exemple l'investissement dans le capital humain, la santé et la sécurité, ainsi que la gestion du changement, tandis que les pratiques écologiques responsables ont surtout trait à la gestion des ressources naturelles utilisées dans la production* », Livre vert, Promouvoir un cadre européen pour la responsabilité sociale des entreprises, COM/2001/0366 final, n° 27.

[1424] Livre vert, Promouvoir un cadre européen pour la responsabilité sociale des entreprises, COM/2001/0366 final, n° 48.

[1425] Pour une approche pratique de la norme ISO 26000, voir not. BRUN (E.), *Comprendre ISO 26000*, Afnor, 2011. La norme ISO 26000 y est définie comme « *un document de cadrage qui donne des définitions et recommandations sur la responsabilité sociétale pour en faciliter la compréhension et en partager une approche commune au niveau international.* », p. 4.

[1426] Voir pour plus de précisions : LOPEZ (L.), *L'action en justice des parties prenantes…*, *op. cit.*, p. 20 et s.

« *reflète mieux toutes les dimensions de la Social responsability et permet non seulement d'assumer les impacts sur l'environnement mais également ceux sur la société dans son ensemble* »[1427]. En effet, « *Les risques qu'il s'agit de prévenir ne sont plus seulement ceux causés à l'entreprise, mais les risques que l'entreprise engendre pour les tiers avec l'exercice de son activité. Certes, les derniers (concernant plutôt les externalités négatives) peuvent affecter les premiers (risques internes à l'entreprise), mais la notion de due diligence ou diligence raisonnable s'est imposée plus largement comme instrument de gestion de risque en matière des droits de l'homme en général.* »[1428].

489. Finalement, la responsabilité sociale de l'entreprise fait l'objet de débats et nombreux sont ceux qui souhaiteraient la voir consacrée dans le texte législatif. Le rapport Notat-Sénard[1429] démontre bien toute la volonté du législateur a rappelé les entreprises à leur responsabilité sociale, toute la volonté selon laquelle l'entreprise doit participer de l'intérêt général.

B. La responsabilité des entreprises donneuses d'ordre

490. Pour que la responsabilité sociale des entreprises ne soit pas que déclaration d'intention, une attention particulière est à porter sur les entreprises largement filialisées et/ou de dimension transnationale. En effet, dans ces cas, les stratégies d'entreprises peuvent jouer de différentes législations nationales et échapper à ce mouvement de fond en délocalisant la production. Pour éviter les zones d'ombre, la question du devoir de vigilance des sociétés mères à l'égard de leurs filiales revêt une place particulière permettant de vérifier que les filiales des entreprises se plient aux mêmes exigences que la société mère, obligeant à une compliance élargie[1430].

491. La transformation du droit des sociétés. Certains ont pu dire qu'« *il souffle un vent nouveau sur l'entreprise* »[1431]. En effet, ces dernières années,

[1427] LOPEZ (L.), *L'action en justice des parties prenantes...*, *op. cit.*, p. 20.
[1428] MARTIN-CHENUT (K.), « Devoir de vigilance : internormativité et durcissement de la RSE », *Dalloz, Droit social*, 2017, p. 798.
[1429] NOTAT (N.), SENARD (J.-D.), *L'entreprise, objet d'intérêt collectif*, 9 mars 2018, Dalloz actualité, 13 mars 2018.
[1430] Voir les exemples cités par VOGEL (D.), *Le marché de la vertu, Possibilités et limites de la responsabilité sociale des entreprises*, Economica, 2008, p. 1-2.
[1431] SERINET (Y.-M.), « Loi "Sapin 2" et devoir de vigilance : l'entreprise face aux nouveaux défis de la compliance », *D.*, n° 28, 2017, p. 1619.

divers textes d'initiative internationale[1432] et suivis aux niveaux européen[1433] et national[1434], ont affirmé la nécessité de responsabiliser les entreprises, et notamment les grands groupes. En France, dès 2014, la loi d'orientation et de programmation relative à la politique de développement et de solidarité internationale précisait la nécessité d'une réflexion pour « *renforcer le devoir de vigilance incombant aux entreprises dans le cadre de leurs activités, de celles de leurs filiales et de leurs sous-traitants, afin de prévenir les dommages sociaux, sanitaires et environnementaux qui peuvent en résulter* »[1435]. Ce qu'il s'agit en fait de mettre en place, c'est une forme d'imputation de « *responsabilité "déduite", en lien avec leur "sphère d'influence"* »[1436]. De manière générale, le devoir de vigilance, autrement appelé devoir de surveillance[1437], responsabilise les sociétés donneuses d'ordre.

492. L'affirmation du devoir de vigilance des sociétés donneuses d'ordre. Il faudra quand même plusieurs scandales avant que cette politique n'aboutisse à l'affirmation d'un devoir de vigilance mis à la charge de certaines entreprises par le Code de commerce. C'est en 2017 qu'une loi est adoptée en vue de préciser le régime juridique applicable, au moins pour les sociétés anonymes d'une certaine dimension. La loi n° 2017-399 du 27 mars 2017[1438] relative au devoir de vigilance des sociétés mères et des entreprises donneuses d'ordre vient obliger les sociétés anonymes à mettre en œuvre un plan de vigilance à l'égard des comportements de leurs filiales mais aussi des sous-traitants avec

---

1432 Voir not. : A/HRC/RES/17/4, 6 juin, 2011, Principes directeurs des Nations unies relatifs aux entreprises et aux droits de l'homme.

1433 Communication de la Commission, 25 octobre 2011, COM/2011/0681, Responsabilité sociale des entreprises : une nouvelle stratégie de l'UE pour la période 2011-2014. Voir également le recueil mis à jour en 2014, Responsabilité sociale des entreprises, Politiques des États membres de l'Union européenne en 2014.

1434 Voir not. le Plan national d'action pour la mise en œuvre des principes directeurs des Nations Unies relatifs aux droits de l'homme et aux entreprises, publié le 26 avril 2017 par le ministère des Affaires étrangères et du Développement international : [https://www.diplomatie.gouv.fr/IMG/pdf/pnadh_09052017_version_finale_cle8c39ac.pdf].

1435 Loi n° 2014-773 du 7 juillet 2014 d'orientation et de programmation relative à la politique de développement et de solidarité internationale, annexe article 2, 1.3, Secteur privé et responsabilité sociétale.

1436 RYDBERG (E.), « Multinationales, supply chain et syndicats : une typologie », *in Le pouvoir des entreprises transnationales*, Passerelle, n° 5, Avril 2011, p. 15.

1437 COULON (C.), *L'obligation de surveillance*, Economica, coll. Recherches juridiques, 2003. L'auteur précise que « *on parvient au principe suivant : celles qui sont titulaires d'un pouvoir de direction sur autrui doivent en répondre de plein droit, tandis que celles qui n'ont pas ce pouvoir peuvent désormais en répondre lorsqu'elles ne l'ont pas surveillé.* », p. 19.

1438 Crée l'art. L. 225-102-4, Code de commerce.

lesquels une relation commerciale est établie[1439]. De manière plus générale, ce texte impose aux sociétés anonymes de se tenir informées de l'activité des sociétés qu'elles contrôlent. Elles doivent « *identifier les risques et [...] prévenir les atteintes graves envers les droits humains et les libertés fondamentales, la santé et la sécurité des personnes ainsi que l'environnement, résultant des activités de la société et de celles des sociétés qu'elle contrôle* »[1440]. Cette disposition permet en substance de s'assurer que les sociétés donneuses d'ordre imposent aux sociétés qu'elles contrôlent de respecter le même niveau d'exigence auquel elles se conforment en matière de responsabilité sociale.

493. Les manquements à l'obligation de vigilance. L'article L. 225-102-5 du Code de commerce précise que les manquements à ces obligations de vigilance « *engage (nt) la responsabilité de son auteur et l'oblige (nt) à réparer le préjudice que l'exécution de ces obligations aurait permis d'éviter.* ». Lorsqu'il y a défaut de surveillance alors la mise en jeu de la responsabilité de la société concernée est possible[1441].

Il semble raisonnable d'imposer à ces entreprises donneuses d'ordre un devoir de vigilance vis-à-vis des sociétés qu'elles contrôlent. Bien que la responsabilité évoquée par le Code de commerce soit une responsabilité du fait d'un manquement à ce devoir de vigilance, cela conduit incidemment à responsabiliser l'entreprise quant aux modalités d'exploitation mises en œuvre par les sociétés qu'elle contrôle, et particulièrement lorsqu'elles recourent à la délocalisation de la production. Il ne s'agit pas d'engager la responsabilité de la société donneuse d'ordres pour les atteintes aux droits et libertés fondamentaux ou à l'environnement résultant des activités des sociétés qu'elles contrôlent mais de lui imposer de tout mettre en œuvre afin de prévenir de tels comportements en son sein. Néanmoins, le dispositif mis en place a pu être critiqué en ce qu'il énonce une liste des mesures propres à

[1439] Certains auteurs questionnent cet élément : « *Faut-il comprendre la référence à cette notion, qui trouve d'autres applications dans le code de commerce, comme limitant la sphère d'application du plan de vigilance aux contractants directs, ce qui exclurait les sous-traitants au deuxième, troisième ou quatrième degré ? La jurisprudence devra en décider.* », DENIS-FATOME (A.), VINEY (G.), « La responsabilité civile dans la loi relative au devoir de vigilance des sociétés mères et des entreprises donneuses d'ordre », *D.*, n° 28, 2017, p. 1610.

[1440] Art. L. 225-102-4, Code de commerce. Notons que le Conseil constitutionnel a censuré une disposition de la loi. Cons. const., déc. n° 2017-750 DC, 23 mars 2017, Loi relative au devoir de vigilance des sociétés mères et des entreprises donneuses d'ordre.

[1441] Il est fait recours « *au droit commun de la responsabilité civile extracontractuelle pour faute personnelle [...] ce qui écarte tant la responsabilité contractuelle que les régimes de responsabilité de plein droit ou pour faute présumée, a fortiori la responsabilité du fait d'autrui qui avait été évoquée par un projet de réforme, mais rejetée catégoriquement par les représentants des intérêts économiques qui la jugent trop sévère et par conséquent menaçante pour la compétitivité des entreprises françaises.* », DENIS-FATOME (A.), VINEY (G.), « La responsabilité civile... », *op. cit.*

assurer le devoir de vigilance. Or « *cette énumération, si elle donne une réelle visibilité au contenu de la vigilance exigée, et facilite, par là même, la preuve de la faute qui résulte de son inobservation, contribue également à limiter le domaine de la responsabilité, celle-ci ne pouvant résulter que du manquement à l'une des prescriptions imposées à l'auteur du plan.* »[1442]. Certaines améliorations sont possibles, mais on ne peut que saluer l'introduction d'un tel devoir de surveillance dans le Code de commerce.

494. Le devoir de vigilance permet de responsabiliser les entreprises filialisées et particulièrement les entreprises transnationales. C'est bien à ce titre que cela permet de prévenir le monopole de fait car cela contraint directement les stratégies de l'entreprise et le pouvoir de marché dont elle dispose du fait de sa dimension transnationale.

§ II. L'INTERNALISATION PAR LES ENTREPRISES DES COUTS ENVIRONNEMENTAUX DE LEURS ACTIVITES

495. La responsabilité des entreprises conduit naturellement à considérer qu'elles doivent internaliser tous les coûts résultant de leurs activités, et particulièrement les coûts environnementaux. C'est ce qui a déjà été évoqué à travers l'action de groupe. Cette internalisation des coûts permet d'éroder les rentes de situation qui reposerait, précisément, sur l'absence d'internalisation. Plusieurs outils peuvent être mobilisés afin d'inciter (A) ou de contraindre (B) les entreprises à une telle internalisation.

A. La réputation des entreprises : un outil incitatif d'internalisation des coûts

496. Il existe un lien intime entre l'entreprise et la société, souvent marqué du sceau de la suspicion : « *entreprise et société sont et seront toujours les meilleures ennemies du monde* »[1443], elles sont à la fois interdépendantes et concurrentes. La critique montante à l'égard des grandes entreprises et du peu de cas qu'elles font parfois de l'environnement ou des droits de l'homme n'a pas donné lieu à de véritables explications : « *soumise à la critique sociale, l'entreprise a pu être tentée de restreindre son objet — et, de fait, sa responsabilité — à la production de biens et de services, justifiant son utilité*

[1442] DENIS-FATOME (A.), VINEY (G.), « La responsabilité civile… », *op. cit.*

[1443] BILLIET (S.), *Les relations « publics ». Refonder la confiance entre l'entreprise, les marques et leurs publics*, 2e éd., *Marketing/communication*, Dunod, 2017, p. 3.

par l'existence d'une demande solvable »[1444]. Or, cette justification est « *intenable* »[1445]. Avec l'avènement de la responsabilité sociale des entreprises, ces dernières ont tout intérêt à préserver leur image de marque et à démontrer leur implication à garantir une exploitation conforme aux attentes de la société. On constate ainsi le développement de stratégie de communication, émanant des entreprises, qui laissent à penser que se développe une véritable responsabilité stratégique[1446] des entreprises.

497. L'influence de la réputation sur les stratégies d'entreprise. La mise en avant de sa responsabilité sociale par une entreprise participe de sa réputation. La réputation « *vue comme l'agencement collectif des opinions d'un groupe, [...] est alors une clé d'entrée pour les organisations qui souhaitent, dans une perspective phénoménologique, analyser leurs actions et discours par le prisme de leurs publics* »[1447]. La réputation est, pour les entreprises, d'une importance cruciale car elle influence le comportement des consommateurs. Une entreprise a tout intérêt à avoir une réputation solide et stable, propre à instaurer une relation commerciale de confiance avec les consommateurs[1448]. Mais à l'ère numérique, la maîtrise de la réputation est complexifiée, les réflexions relatives à la *e-réputation* en témoignent[1449].

Le problème naît de ce que les entreprises communiquent sur leur responsabilité sociale sans pour autant y accorder fondamentalement de l'importance. La stratégie vise alors à optimiser la réputation de l'entreprise plus qu'à s'engager dans une véritable démarche de responsabilité sociale. En effet, « *la RSE est beaucoup mieux comprise si on la considère comme étant une niche plutôt qu'une stratégie générique : elle revêt un sens commercial pour certaines entreprises, dans certaines régions, en certaines circonstances.* »[1450]. Or, c'est bien sur cet aspect qu'il faut jouer pour inciter les entreprises à se conformer aux règles essentielles de la RSE, l'impact sur

---

[1444] BILLIET (S.), *Les relations publics…, op. cit.*, p. 10.

[1445] BILLIET (S.), *Les relations publics…, ibid.*, p. 10.

[1446] Il a été soulevé que « *Si les entreprises socialement responsables n'hésitent pas à communiquer dans leurs documents de reporting sur leurs stratégies RSE et sur la création de valeur qu'elles génèrent pour la société, peu d'entre elles abordent la question de la contribution à la création de valeur stratégique pour l'entreprise de ces pratiques RSE.* », JUZAN (O.), « *Renault : Des stratégies RSE vers une RSE stratégique* », *in Responsabilité sociale de l'entreprise*, PLUCHART (J.-J.), UZAN (O.) dir., coll. Master, MA éd., 2017, p. 25.

[1447] ALLOING (C.), « La réputation pour questionner l'autorité informationnelle : vers une "autorité réputationnelle" ? », *Quaderni*, n° 93, Printemps 2017, p. 34.

[1448] C'est d'ailleurs cette motivation qui a conduit à ce que le juge administratif accepte le recours pour excès de pouvoir contre les actes de droit souple. En effet, dans ces différentes affaires, le caractère influent de la décision a suffi pour justifier de l'intérêt à agir, sans que l'acte soit qualifié de décisoire. Voir pour plus de précision : DE FONTENELLE (L.), « La notion d'"influence" dans le recours pour excès de pouvoir », *RFDA*, n° n° 2, 9 mai 2018, p. 312.

[1449] Voir not. : ALCANTARA (C.) dir., *E-réputation. Regards croisés sur une notion émergente*, Gualino-Lextenso Editions, 2015.

[1450] VALLAEYS (F.), *Pour une vraie responsabilité sociale*, *op. cit.*, p. 4 et p. 73 et s.

leur réputation constitue le meilleur levier à disposition des pouvoirs publics à l'encontre des entreprises[1451].

498. La réputation et la publicité des sanctions. L'importance de la réputation n'a pas été oubliée par le droit. Tout l'objet de l'affichage des sanctions, sous de multiples formes, est bien d'informer le public des motifs de la condamnation de l'entreprise. Cette dimension est bien prise en compte par Commission nationale de l'informatique et des libertés (Cnil) qui fait preuve, depuis 2017, d'une véritable volonté de publication des sanctions. En effet, le 27 avril 2017, la Cnil a condamné les sociétés Facebook Inc. et Facebook Ireland pour violation des règles relatives aux données personnelles. Cette condamnation a fait l'objet d'une publication[1452]. Deux raisons ont été avancées pour expliquer les motivations de la publicité de ses décisions par la Cnil[1453] : la volonté de sanctionner encore plus, vu la gravité des manquements des entreprises, et la volonté d'informer, tant les autres acteurs que les consommateurs. La publicité des sanctions revêt bien une dimension intéressante dans un objectif de responsabilisation des acteurs. L'objectif n'est pas directement de ternir la réputation de l'entreprise mais d'assurer la bonne information des consommateurs concernés et de leur assurer la possibilité de consommer en toute connaissance de cause. C'est par ailleurs ce qui explique l'engouement des entreprises pour les moyens alternatifs de règlement des litiges. Si ces moyens sont indéniablement pratiques, surtout rapides, et participent d'une bonne organisation de la justice, ils font souvent l'objet d'une clause de confidentialité et les manquements des entreprises sont ainsi passés sous silence et n'entament pas leur réputation.

499. La réputation est la pierre angulaire de certains mécanismes d'incitation des entreprises à être socialement responsables. L'essor de la compliance, terme anglosaxon renvoyant à une certaine conformité de comportement des entreprises vis-à-vis du droit applicable, qu'il s'agisse de normes

---

1451 Faut-il rappeler les incidences du Dieselgate, cette affaire où le constructeur automobile Volkswagen a sciemment dissimulé les véritables taux d'émission des moteurs diesel, vis-à-vis de la réputation de l'entreprise ? La chute du cours illustre la perte de confiance du public et l'atteinte à la réputation de l'entreprise.

1452 Il faut noter que le pouvoir de sanction de la Cnil résulte de la loi n° 78-17 du 6 janvier 1978 relative à l'informatique, aux fichiers et aux libertés, alors que la possibilité de publier les sanctions est précisée par la loi organique n° 2011-333 du 29 mars 2011 relative au Défenseur des droits.

1453 BENSOUSSAN-BRULE (V.), CHAUVIN (J.), « Les motifs de publicité des décisions de la Cnil », *Revue Lamy droit de l'immatériel*, n° 146, mars 2018, p. 39 et s.

contraignantes ou non[1454], démontre l'importance de la réputation pour les entreprises. Avec la *compliance*, il semble que le lien soit fait entre la conformité réglementaire[1455] et la performance de l'entreprise. Bien que les entreprises évaluent leur intérêt à se conformer à l'environnement réglementaire[1456], et cherchent parfois à s'y soustraire, elles sont bien conscientes des répercussions de la *compliance* sur leur réputation[1457], du risque réputationnel encouru en cas de non-conformité à certaines normes, et aux exigences de la société civile.

B. L'internalisation forcée : l'exemple du principe de « pollueur-payeur »

500. Le principe du pollueur-payeur. Ce principe répond à l'émission d'externalités négatives et traduit cette « *ambition de mettre la fiscalité au service de l'environnement* »[1458]. Cette solution est aussi en mesure d'inciter les entreprises à internaliser les coûts de leurs externalités négatives, et donc, restreint les rentes de situation nées du refus par les entreprises d'internaliser de tels coûts. Il repose sur différents mécanismes, des quotas d'émission de gaz à l'écotaxe[1459], et permet d'obliger les entreprises émettrices d'externalités

---

[1454] Le débat relatif à l'effectivité ou non du droit souple ne sera pas discuté ici. Pour plus de précisions, voir not. : CARBONNIER (J.), « Effectivité et ineffectivité de la règle de droit », *in Flexible droit : Pour une sociologie du droit sans rigueur*, 8e éd., Paris, LGDJ, 1995, p. 135 ; ROUVIERE (F.), « Le fondement du savoir juridique », *RTD Civ.* n° 2, 20 juin 2016, p. 279 ; LAROUER (M.), *Les codes de conduite*, *op. cit.*
Pour un approfondissement sur la nature de la responsabilité sociale de l'entreprise entre droit dur et droit souple, voir not. : DOUCIN (M.), « Les initiatives françaises pour une convention internationale sur la responsabilité sociale des entreprises », *in La responsabilité des entreprises multinationales en matière de droits de l'homme*, DECAUX (E.) dir., *Droit et Justice*, n° 89, Bruylant, 2010, p. 131 et s.
Voir également pour une approche générale du droit et certains développements quant au droit souple : JESTAZ (P.), « Définir le droit… ou l'observer », *RTD Civ.*, n° 4, 11 décembre 2017, p. 775.

[1455] Pour une étude sémantique de la conformité et une approche très étayée de la conformité réglementaire voir not. : ROQUILLY (C.), « Cadre conceptuel : De la conformité réglementaire à la performance : pour une approche multidimensionnelle du risque juridique », *Cahiers de droit de l'entreprise*, n° 6, novembre 2009, dossier 34.

[1456] Notons cependant que : « *Cette rationalité est néanmoins limitée, les calculs coût/avantage ne sont pas nécessairement fiables, et les décideurs ne mesurent pas systématiquement l'intégralité des conséquences découlant d'une prise de décision par rapport à une norme juridique, que ces conséquences soient de nature organisationnelle, réputationnelle, stratégique, etc.* », ROQUILLY (C.), « Cadre conceptuel… », *op. cit.*

[1457] ROQUILLY (C.), « Cadre conceptuel… », *op. cit.*

[1458] VAN LANG (A.), « Principe de précaution : exorciser les fantasmagories », *op. cit.*

[1459] Voir par exemple : GARNIER (T.), « Le marché de quotas d'émission de gaz à effet de serre et les interactions entre le droit financier et le droit de l'environnement », *in Pour un droit économique de l'environnement, Mélanges Martin,* Éd. Frison-Roche, Paris, 2013, p. 226 et s.

négatives en matière environnementale à les internaliser. Il s'agit en fait de mettre à la charge de l'entreprise les externalités dont elle est l'auteure, d'imputer « *aux exploitants le coût des mesures de prévention et de lutte contre les pollutions résultant de leurs activités, indépendamment de toute faute de leur part.* »[1460].

501. Le mécanisme des quotas de carbone. La question de la pollution émise par les entreprises dans leur processus de production a fait l'objet de nombreux questionnements, notamment depuis la signature du protocole de Kyoto en 1997[1461]. Conscients du danger que représentent les gaz à effet de serre, les pays signataires se sont engagés à réduire leurs émissions et ont mis en place un système de quotas d'émission. Avec ce mécanisme de quotas, « *Les entreprises qui émettent moins que leurs allocations vendent leur surplus d'allocations aux entreprises qui émettent plus que leurs allocations. [...]. Les entreprises pour lesquelles la diminution des émissions est plus coûteuse que le prix du carbone vont acheter des allocations sur le marché au lieu de réaliser les diminutions.* »[1462]. Ce système d'échange de quotas d'émissions (SEQE) doit permettre une diminution des gaz à effets de serre significative. Ce principe rompt avec la logique traditionnelle des « *stratégies régulatrices moins préoccupées par l'imputation des responsabilités que par l'instauration, la conservation et le cas échéant la restauration la plus rapide possible de l'équilibre surveillé [...], si nécessaire au prix d'arrangements conduisant à une réduction, voire à une suppression des conséquences préjudiciables à l'auteur des pratiques en cause.* »[1463].

502. Les fuites de carbone. Un risque lié à ce système d'émission de quotas est révélé par le passage de l'octroi gratuit de ces quotas à leur mise aux enchères. En effet, la directive 2009/29/CE[1464] précisait que le SEQE devrait progressivement tendre à la mise aux enchères généralisée des quotas

---

[1460] VAN LANG (A.), *Droit de l'environnement*, *op. cit.*, p. 306. L'auteur poursuit en ces termes : « *L'obligation d'indemniser repose sur un fait objectif, la production de nuisances : le principe trouve donc son fondement dans la notion de risque créé, s'apparentant en cela à la responsabilité sans faute applicable aux activités dangereuses. Mais c'est, rappelons-le, un principe économique d'internalisation des coûts sociaux, qui n'a nullement pour objet de désigner un responsable, mais uniquement un payeur, capable de supporter l'indemnisation sous forme de taxes par exemple.* ».

[1461] Signé en 1997, 3e Conférence des parties, à Kyoto. Pour un historique, voir not. : VAN LANG (A.), « Principe de précaution : exorciser les fantasmagories », *op. cit.*, p. 143 et s.

[1462] VENMANS (F.), « L'efficacité environnementale et économique du marché du carbone européen », Courrier hebdomadaire du CRISP, 2011/14, n° 2099-2100, p. 5-91.

[1463] COLSON (J.-P.), IDOUX (P.), *Droit public économique*, *op. cit.*, n° 314.

[1464] Directive 2009/29/CE du Parlement européen et du Conseil du 23 avril 2009 modifiant la directive 2003/87/CE afin d'améliorer et d'étendre le système communautaire d'échange de quotas d'émission de gaz à effet de serre, article 10, § 1 : « *À compter de 2013, les États membres mettent aux enchères l'intégralité des quotas qui ne sont pas délivrés à titre gratuit conformément aux articles 10 bis et 10 quater.* ».

d'émission. Cela crée un risque de fuite de carbone. Dans son rapport de 2017 relatif au fonctionnement du marché du carbone, la Commission européenne définit la fuite de carbone comme les « *transferts de production pour des raisons de coûts liés aux politiques climatiques vers des pays tiers où les contraintes en matière d'émissions de gaz à effet de serre sont moins strictes, avec pour conséquence potentielle une augmentation des émissions totales de la société.* »[1465]. Pour éviter ce phénomène, une exception à la mise aux enchères des quotas d'émission est prévue pour les secteurs présentant un risque important de fuite carbone[1466]. La commission a même recommandé le recours à un « *facteur de correction uniforme transsectoriel* » afin d'assurer une certaine harmonisation du marché des émissions au sein de l'Union européenne. Retoqué une première fois[1467], ce critère de correction uniforme fait désormais l'objet de la décision du 24 janvier 2017 de la Commission européenne[1468].

Section II.
L'ENCADREMENT DE L'EXERCICE DU POUVOIR DE MARCHE

503. L'exercice abusif d'un pouvoir de marché peut prendre diverses formes. En premier lieu, cela renvoie aux « *limitations à la concurrence qui résultent directement de l'exercice par les entreprises d'un pouvoir de monopole sur leurs marchés* »[1469]. En second lieu, cela renvoie aux « *pressions monopolistiques dont l'origine réside dans la seule puissance globale des grandes entreprises, pressions qui peuvent affecter le producteur indépendant comme l'acheteur, le fournisseur comme le personnel salarié de la grande*

1465 Rapport de la commission au Parlement européen et au Conseil, 1er février 2017, COM (2017) 48 final, p. 11.
1466 Directive 2009/29/CE du Parlement européen et du Conseil du 23 avril 2009 modifiant la directive 2003/87/CE afin d'améliorer et d'étendre le système communautaire d'échange de quotas d'émission de gaz à effet de serre, article 10 bis, § 12 : « *Sous réserve de l'article 10 ter, en 2013 et chaque année suivante jusqu'en 2020, les installations des secteurs ou des sous-secteurs qui sont exposés à un risque important de fuite de carbone reçoivent, conformément au paragraphe 1, une quantité de quotas gratuits représentant 100 % de la quantité déterminée conformément aux mesures visées au paragraphe 1.* ».
1467 Voir à ce sujet : THIEFFRY (P.), « Chronique Droit européen des transports, Facteur de correction uniforme transsectoriel pour l'octroi à titre gratuit de quotas d'émission de gaz à effet de serre », *RTD Eur.*, n° 2, 25 juillet 2017, p. 291.
1468 Décision (UE) 2017/126 de la Commission du 24 janvier 2017 modifiant la décision 2013/448/UE en ce qui concerne la définition d'un facteur de correction uniforme transsectoriel, conformément à l'article 10 bis de la directive 2003/87/CE du Parlement européen et du Conseil.
1469 HOUSSIAUX (J.), *Le pouvoir de monopole…*, *op. cit.*, p. 184.

firme »[1470]. On parle traditionnellement, pour désigner les abus de pouvoir de marché, d'abus d'exploitation et d'abus d'éviction ; le premier renvoie à la fixation des prix alors que le deuxième correspond, surtout, aux abus de position dominante[1471].

504. Les régulateurs, en prenant en compte à la fois la structure concurrentielle d'un marché mais également les comportements des entreprises, tendent à endiguer, à tous les niveaux, l'exercice abusif d'un pouvoir de marché. La régulation encadre ce pouvoir des opérateurs économiques. Et dans les secteurs de réseaux, elle empêche le monopole de fait. Le droit de la concurrence, tout comme celui du commerce, sanctionne quant à lui tout comportement anticoncurrentiel, et surtout, les comportements déloyaux. Il vise à instaurer un équilibre dans les relations commerciales. C'est en ce sens que le droit du marché, si l'on devait désigner toutes les branches du droit qui ont un rapport avec la concurrence sous un terme unique, contraint le monopole de fait. Sans que cela ait été expressément formulé.

505. Le pouvoir de marché peut permettre les pratiques déloyales de la concurrence[1472] ; et il faut en tout état de cause lutter contre les *abus de domination*[1473], et notamment l'abus de position dominante, l'abus de dépendance économique, la pratique restrictive de concurrence. En effet, certaines pratiques commerciales (§II) et de concurrence (§I) ont pour objectif exclusif l'éviction de la concurrence et permettent des bénéfices auxquels les entreprises ne pourraient prétendre si la concurrence était effective. Vis-à-vis du monopole de fait, le droit du marché est essentiel car en condamnant l'exercice abusif d'un pouvoir de marché, en condamnant les comportements déloyaux, même si l'objectif est proconcurrentiel, il permet de restreindre les leviers de rente de situation.

1470 HOUSSIAUX (J.), *Le pouvoir de monopole…*, *op. cit.*

1471 Sur ces notions, voir not. DEFFAINS (B.), PELLEFIGUE (J.), « Vraiment pertinent ? Une analyse économique des marchés pertinents », *RTD com.*, n° 3, 7 novembre 2018.

1472 Sur le lien entre loyauté et concurrence, voir not. : BOUNIOL (R.), « Loyauté et concurrence », *in Droit et loyauté*, PETIT (F.) dir., Dalloz, coll. Thèmes & commentaires, 2015, p. 85 : « *Au nom de la liberté de la concurrence, les individus vont adopter un certain nombre de comportements qui, au nom de la loyauté de la concurrence, peuvent être sanctionnés. […] La liberté ne doit donc pas conduire l'individu à se comporter de manière déloyale. […] À l'évidence, l'état d'esprit qui anime les entreprises réside dans la volonté de vaincre ses concurrents, de conquérir davantage de parts de marché que son adversaire, de conquérir la clientèle d'autrui. Elle ne doit pas être accompagnée de comportements contraires à la loyauté.* ».

1473 CHONE (A.-S.), *Les abus de domination*, *op. cit.*, p. 26.

§ I. LE MONOPOLE DE FAIT ET LES RAPPORTS ENTRE OPERATEURS CONCURRENTS

506. Les pratiques anticoncurrentielles sont interdites par le droit européen[1474] ainsi qu'en droit national[1475]. Elles sont prohibées car elles portent atteinte au bon fonctionnement du marché[1476]. Et plus précisément, elles faussent le libre jeu de la concurrence. Ces pratiques résultent de l'exercice d'un pouvoir de marché par les opérateurs économiques. Or, lorsque la concurrence n'est plus libre et non-faussée, lorsque les comportements sont déloyaux, se créent des ouvertures pour la constitution de rente de situation.
La sanction de l'exercice abusif d'un pouvoir de marché se retrouve évidemment dans la répression des abus de position dominante (A). Tout un pan de cette répression se retrouve dans la sanction de l'instauration des barrières à l'entrée d'un marché. Ces barrières, utiles à la conservation d'un pouvoir de marché, en est l'expression même (B).

A. La condamnation des abus de position dominante

507. L'identification d'une position dominante. De manière générale, la position dominante est définie comme « *une situation de puissance économique détenue par une entreprise qui lui donne le pouvoir de faire obstacle au maintien d'une concurrence effective sur le marché en cause en lui fournissant la possibilité de comportements indépendants dans une mesure appréciable vis-à-vis de ses concurrents, de ses clients et, finalement, des consommateurs* »[1477]. On retrouve, avec la notion de position dominante, tout ce que l'on a évoqué pour la situation monopolistique et les difficultés à la caractériser[1478]. On constate une certaine divergence de point de vue entre

1474 Art. 102, TFUE.
1475 Titre II du Livre IV du Code de commerce.
1476 Article L. 420-1 du Code de commerce : « *Sont prohibées même par l'intermédiaire direct ou indirect d'une société du groupe implantée hors de France, lorsqu'elles ont pour objet ou peuvent avoir pour effet d'empêcher, de restreindre ou de fausser le jeu de la concurrence sur un marché [...]* ».
1477 Communication de la Commission européenne, n° 2009/C 45/02 portant orientations sur les priorités retenues par la Commission pour l'application de l'article 82 du traité CE aux pratiques d'éviction abusives des entreprises dominantes.
1478 Le terme de position dominante n'a pas été retenu pour éviter la confusion entre la notion de monopole de fait et celle d'abus de position dominante. Nous renvoyons à l'introduction sur ce point.

l'approche américaine et l'approche européenne de la position dominante[1479]. Plusieurs définitions ont pu être données de l'abus de position dominante, elles ont pu varier selon les pays mais aussi selon les juridictions.

508. L'approche de l'abus de position dominante outre-Atlantique. Aux États-Unis, les abus de position dominante et les trusts sont prohibés par le Scherman Act[1480]. Celui-ci ne donne pas de liste ou d'exemples de comportements (« monopolisation ») laissant libre l'appréciation des atteintes au commerce et à la concurrence. Dès 1956, dans l'affaire du Pont de Nemours[1481], la Cour suprême a à analyser un abus de position dominante dans le secteur de l'emballage. La Cour précise que ce qu'il faut considérer pour déterminer si un opérateur économique commet un abus de position dominante, c'est le fait de savoir s'il contrôle les prix et la concurrence sur le marché, de la même manière que le ferait une entreprise en situation de monopole[1482]. En 1966, la Cour suprême va préciser[1483] que l'abus de position dominante revêt deux éléments : la détention d'un pouvoir de monopole sur le marché pertinent et l'acquisition délibérée ou le maintien de ce pouvoir autrement que par la croissance ou le développement résultant de la qualité supérieure d'un produit, d'un sens aigu des affaires ou d'un accident

---

[1479] En effet, « *La conception européenne veut que l'entreprise dominante ait des obligations particulières pour préserver une structure concurrentielle des marchés. A contrario, le monopole est une structure de marché admise aux États-Unis, même si l'entreprise prélève la totalité de sa rente, du moment où le marché demeure contestable et que sa position de marché n'a pas été acquise, défendue ou étendue à un marché connexe par le biais de pratiques anticoncurrentielles* », MARTY (F.), PILLOT (J.), « Divergences transatlantiques en matière d'application de la théorie des facilités essentielles aux actifs immatériels », *Revue d'économie industrielle*, n° 129-130, 2010, p. 279.

[1480] Scherman antitrust Act, adopté par le 51e Congrès des États-Unis, 2 juillet 1890, chapitre 647, section 2 : « *Every person who shall monopolize, or attempt to monopolize, or combine or conspire with any other person or persons, to monopolize any part of the trade or commerce among the several States, or with foreign nations, shall be deemed guilty of a misdemeanor, and, on conviction thereof, shall be punished by fine [...]* ». Notons que depuis l'adoption de ce texte, l'abus de position dominante est passé de délit à crime.

[1481] U.S Supreme Court, United States v. E.I. du Pont de Nemours & Co, 351 U.S. 377 (1956), voir plus précisément les conclusions du Juge Reed.

[1482] U.S Supreme Court, United States v. E.I.du Pont de Nemours & Co, 351 U.S. 377 (1956) : « *The ultimate consideration in determining whether an alleged monopolist violates § 2 of the Sherman Act is whether the defendant controls prices and competition in the market for such part of trade or commerce as he is charged with monopolizing.* ».

[1483] U.S. Supreme Court, June 13th, 1966, United States v. Grinnell Corp., 384 U.S. 563 (1966), n° 73.

historique[1484]. Cette définition fondera de nombreuses condamnations[1485]. On constate que la caractérisation d'un abus de position dominante, en violation du §2 du Scherman Act, a pour objectif principal de caractériser une inefficience du marché (fixation arbitraire des prix, éviction illégitime de la concurrence). L'approche européenne semble plus transversale.

509. L'approche européenne de l'abus de position dominante. On constate, au-delà de la volonté de restaurer une concurrence effective, que « *la législation européenne fait intervenir d'autres valeurs que l'efficience, telles que l'équité, l'opportunité et la légitimité, et elle accorde une attention particulière à la viabilité des petites et moyennes entreprises* »[1486]. Dès 1957, le Traité de Rome interdisait les abus de position dominante[1487], le texte n'a pas fondamentalement changé depuis et donne une liste, non exhaustive, des pratiques correspondant à un abus de position dominante. Cette liste est reprise actuellement à l'article 102 du Traité sur le fonctionnement de l'Union européenne.

Constitue un abus de position dominante le fait d'imposer des prix ou des conditions non équitables de transaction ; la limitation du marché (en termes de production, de débouchés ou de techniques) préjudiciable aux consommateurs ; la discrimination de certains partenaires commerciaux pour des prestations équivalentes ; et enfin, constitue un abus de position dominante le fait de subordonner la conclusion d'un contrat à la prise en charge de prestations complémentaires dénuées de tout lien avec l'objet du contrat. Autrement dit, constitue un abus de position dominante toute action visant à fausser la libre formation des prix, à contraindre la production, à procéder à des pratiques discriminatoires ou à faire fi de la volonté individuelle des partenaires commerciaux.

La liste n'étant pas exhaustive, c'est au cas par cas que les abus de position dominante sont caractérisés. À ce titre, les institutions européennes ont donné quelques indications et précisions quant aux abus de position dominante. Dès 1971, la Commission européenne dans sa décision Continental can, précise

---

1484 Traduction libre, U.S. Supreme Court, June 13 1966, United States v. Grinnell Corp., 384 U.S. 563 (1966), n° 73.

1485 Voir not. : La condamnation d'American Tobacco en 1911, U.S. Supreme Court, United States v. American Tobacco Co., 221 U.S. 106 (1911) ; la condamnation de la Standard Oil Company en 1911, U.S. Supreme Court, Standard Oil Co. of New Jersey v. United States, 221 U.S. 1 (1911) ; la condamnation d'AT&T en 1982, AT&T fut démantelée le 8 janvier 1982 après 6 ans de procédure du ministère de la Justice américain. Ce cas passe pour le plus emblématique.

À noter que IBM (1982), Microsoft (1997) et Apple (2013) firent également l'objet de poursuites pour violation du Scherman Act, parfois à des titres autres que l'abus de position dominante, mais ces poursuites ont été réglées par transaction entre les parties.

1486 OECD, Policy roundtables, Abuse of dominance and monopolisation, OCDE/GD (96) 131, 1996, p. 64, [http://www.oecd.org/daf/competition/abuse/2379408.pdf].

1487 Art. 102, TFUE (ancien art. 86, CEE).

que « *des entreprises sont en position dominante lorsqu'elles ont une possibilité de comportements indépendants qui les met en mesure d'agir sans tenir notablement compte des concurrents, des acheteurs ou des fournisseurs* »[1488]. On retrouve l'approche américaine en ce que la définition met l'accent sur l'indépendance de l'opérateur économique. Dans l'affaire United Brands[1489], la Cour de Justice adopte le même raisonnement. En effet, elle précise que la position dominante « *concerne une position de puissance économique détenue par une entreprise qui lui donne le pouvoir de faire obstacle au maintien d'une concurrence effective sur le marché en cause en lui fournissant la possibilité de comportements indépendants dans une mesure appréciable vis-à-vis de ses concurrents, de ses clients et, finalement, des consommateurs* »[1490]. On constate, à travers ces différentes décisions, que l'abus de position dominante se concrétise généralement dans certaines pratiques telles que les rabais de fidélité « *c'est-à-dire de remises liées à la condition que le client — quel que soit par ailleurs le montant, considérable ou minime, de ses achats — s'approvisionne pour la totalité ou une partie importante de ses besoins auprès de l'entreprise en position dominante* »[1491]. Or, cela vient fausser la concurrence car les clients ne sont plus libres de choisir leur fournisseur et sont liés, quasi exclusivement, à l'entreprise dominante[1492].

1488 Décision de la Commission, 72/21/CEE, 9 décembre 1971, relative à une procédure d'application de l'article 86 du traité CEE (IV/26 811 - Continental Can Company), II, B, 3.

1489 CJCE, 14 février 1978, aff. C-27/76, United Brands Company and United Brands Continental BV c/ Commission des Communautés européennes. Voir également CJCE, 13 février 1979, aff. 85/76, point 91 où l'abus de position dominante est défini de manière générale comme une exploitation abusive : « *la notion d'exploitation abusive est une notion objective qui vise les comportements d'une entreprise en position dominante qui sont de nature à influencer la structure d'un marché où, à la suite précisément de la présence de l'entreprise en question, le degré de concurrence est déjà affaibli et qui ont pour effet de faire obstacle, par le recours à des moyens différents de ceux qui gouvernent une compétition normale des produits ou services sur la base des prestations des opérateurs économiques, au maintien du degré de concurrence existant encore sur le marché ou au développement de cette concurrence* »

1490 CJCE, 14 février 1978, aff. C-27/76, United Brands Company and United Brands Continental BV c/ Commission des Communautés européennes, §65.

1491 CJUE, 19 avril 2012, aff. C-549/10, Tomra Systems e.a. c/ Commission (plus particulièrement points 65 et suivants). Pour d'autres décisions européennes sur l'abus de position dominante, voir not. : CJCE, 16 décembre 1975, Coöperatieve Vereniging « Suiker Unie » UA et autres c/ Commission des Communautés européennes, dite affaire de l'industrie sucrière (plus particulièrement points 365 et suivants) ; CJCE, 13 février 1979, aff. 85/76, Hoffmann-La Roche c/ Commission des Communautés européennes (plus particulièrement points 80 et suivants) ; CJCE, 9 novembre 1983, aff. 322/81, Nederlandsche Banden-Industrie-Michelin c/ Commission (plus particulièrement points 62 et suivants) ; CJUE, 15 mars 2007, aff. C-95/04, British Airways c/ Commission (plus particulièrement points 105 et suivants).

1492 Cela peut constituer un abus de dépendance économique, voir les développements du § suivant.

510. L'approche nationale de l'abus de position dominante. En droit interne, c'est à l'article L. 420-2 du Code de commerce que l'on retrouve l'interdiction des abus de position dominante[1493]. Là encore, la liste des abus n'est pas exhaustive, ce dont témoigne l'utilisation de l'adverbe « notamment ». Au fil des décisions de l'Autorité de la concurrence et des autorités de régulation sectorielle ont été envisagés des cas, non listés dans les textes, et qui étaient pourtant constitutifs d'un abus de position dominante. Par exemple, en 2007[1494], l'Autorité de la concurrence a considéré que France Télécom a abusé de sa position dominante, dans l'objectif de favoriser sa filiale Wanadoo « *en mettant à la disposition des FAI alternatifs (et de leurs distributeurs) des informations [...] moins actualisées et moins précises que celles dont disposaient [...] Wanadoo ainsi qu'en ne mettant pas en place un système de commande d'une ligne ADSL aussi direct et rapide que celui dont disposaient les agents commerciaux de France Télécom pour la commercialisation des packs Wanadoo* »[1495]. Ce type d'abus n'était pas présent dans la liste énoncée à l'article 102 du TFUE ou à l'article L. 420-2 du Code de commerce et pourtant, cette pratique est bien considérée comme un abus de position dominante car c'est du fait de sa position dominante sur la boucle locale que France Télécom bénéficiait d'informations privilégiées qu'elle pouvait ensuite transmettre à sa filiale Wanadoo et fournir aux autres fournisseurs d'accès des informations tronquées ou plus anciennes. Toujours dans cette décision de 2007, l'Autorité de la concurrence considère que « *Parmi les actes qui peuvent être regardés comme abusifs, le dénigrement occupe une place majeure* »[1496] ; cependant « *pour qu'un dénigrement puisse être qualifié d'abus de position dominante, il convient que soit établi un lien entre la domination de l'entreprise et la pratique de dénigrement* »[1497], si le lien n'est pas établi, alors le dénigrement relève des pratiques commerciales et non plus des pratiques concurrentielles.

511. Le point commun des abus de position dominante : un comportement déloyal, l'exercice abusif d'un pouvoir de marché. Ce qu'il importe de remarquer, et la raison pour laquelle la répression des abus de position dominante permet de limiter le monopole de fait, c'est que plus que la

---

[1493] Art. L. 420-2, Code de commerce : « *Est prohibée, [...], l'exploitation abusive par une entreprise ou un groupe d'entreprises d'une position dominante sur le marché intérieur ou une partie substantielle de celui-ci. Ces abus peuvent notamment consister en refus de vente, en ventes liées ou en conditions de vente discriminatoires ainsi que dans la rupture de relations commerciales établies, au seul motif que le partenaire refuse de se soumettre à des conditions commerciales injustifiées* ».

[1494] ADLC, déc. n° 07-D-33, 15 octobre 2007, relative à des pratiques mises en œuvre par la société France Télécom dans le secteur de l'accès à Internet à haut débit.

[1495] ADLC, déc. n° 07-D-33, 15 octobre 2007, *op. cit.*, §76.

[1496] ADLC, déc. n° 07-D-33, 15 octobre 2007, *ibid.*, §77.

[1497] ADLC, déc. n° 07-D-33, 15 octobre 2007, *id.*, §77.

protection de la concurrence, elle vise à instaurer une loyauté de la concurrence. La réglementation relative à l'abus de position dominante constitue l'un des aspects les plus représentatifs de l'importance de la loyauté de la concurrence, elle évite qu'une « *concurrence excessive* »[1498] n'annihile en fait la concurrence. Si l'abus de position dominante est condamné, c'est bien parce que « *dans ce cas, l'entreprise a agi contrairement à la loyauté car le libre jeu de la concurrence n'est pas préservé.* »[1499]. Or, un tel comportement résultant de l'exercice abusif d'un pouvoir de marché, permet évidemment de constituer une rente de situation. Ainsi, le droit de la concurrence prévient la constitution de monopole de fait en prohibant les abus de position dominante.

512. **Avec ces développements, on se rend compte de la distinction entre la notion d'abus de position dominante et celle de monopole de fait**. La première s'intéresse aux excès du pouvoir de marché, aux manifestations de ces excès, l'abus de position dominante est caractérisé par le comportement déloyal de l'entreprise. L'approche est exclusivement concurrentielle puisqu'elle concerne les comportements des entreprises sur le marché. Alors que la seconde notion, celle de monopole de fait, se caractérise par la résultante de ces excès : la rente de situation. L'approche est concurrentielle pour déterminer les leviers de monopole de fait mais elle est bien plus transversale lorsqu'il s'agit de régler la situation puisqu'on ne s'intéresse pas aux seuls effets concurrentiels des comportements mais bien à leur résultat vis-à-vis des parties prenantes. Les deux notions sont donc connexes, mais pas synonymes.

B. La résorption des barrières à l'entrée d'un marché

513. L'existence de barrières à l'entrée d'un marché entraîne une baisse de la pression concurrentielle[1500] qui devrait normalement s'exercer sur les opérateurs déjà établis. Divers facteurs peuvent créer des barrières à l'entrée sur un marché donné. Or, plus l'entrave à l'entrée sur le marché est grande plus le niveau de concurrence est faible et inversement, « *des barrières à l'entrée peu élevées favorisent une plus vive concurrence potentielle et ont*

[1498] SERRA (Y.), *Le droit français de la concurrence*, Dalloz, coll. Connaissance du droit, 1993, p. 7.
[1499] : BOUNIOL (R.), « Loyauté et concurrence », *in Droit et loyauté*, PETIT (F.) dir., Dalloz, coll. Thèmes & commentaires, 2015, p. 89.
[1500] Voir en ce sens : BRUN (B.), TOULEMONT-DAKOURE (A.), « Les barrières à l'entrée en droit de la concurrence », *Contrats-concurrrence consommation*, n° 11, novembre 2003, chronique 11.

pour effet de discipliner les entreprises en place sur le marché, ce qui limite la possibilité d'exercer un pouvoir de marché »[1501], et, *a fortiori*, limite les rentes et donc le monopole de fait.

514. La définition des barrières à l'entrée d'un marché. La première définition des barrières à l'entrée a été donnée par l'économiste Joe Bain dans son ouvrage *Barriers to new competition*[1502]. Il donne une définition assez vaste, voire vague[1503]. La définition met l'accent sur les conséquences de l'existence d'une barrière à l'entrée d'un marché[1504]. En effet, lorsqu'existent de telles barrières, alors les opérateurs déjà présents sur le marché bénéficient de cet avantage qui consiste à pouvoir fixer librement leurs prix, au-dessus du niveau concurrentiel, et donc d'augmenter les profits.

Cette première définition a été critiquée par l'économiste Stigler[1505]. Ce dernier en a proposé une définition mettant l'accent sur les coûts et non les profits. Existe une barrière à l'entrée lorsqu'existent des coûts que doivent supporter les nouveaux entrants et que ne doivent pas/plus supporter les opérateurs en exercice. Une définition a notamment mis l'accent sur le « bénéfice social » : c'est la définition de Ferguson[1506]. Selon lui existe une barrière à l'entrée lorsque, malgré le bénéfice social qu'une nouvelle entrée sur le marché induirait, celle-ci ne se réalise pas. Won Veizsacher envisage

---

1501 OCDE, Manuel pour l'évaluation de la concurrence, *op. cit.*, 3.1.2.

1502 BAIN (J. S.), *Barriers to New Competition: their character and consequences in manufacturing industries*, 1956, cité *in* OCDE, DAF/COMP(2005)42, Policy Roundtables, 2005, Barriers to entry.

1503 Joe BAIN donne la définition suivante d'une barrière à l'entrée du marché : *« an entry barrier is an advantage of incumbents over potential entrants that can be measured by the extent to which incumbents can persistently hold their prices above competitive levels without attracting new firms to the market* ». Selon une traduction libre : Une barrière à l'entrée est un avantage pour les opérateurs « en exercice » sur les nouveaux entrants. Cet avantage consiste en une capacité permanente des opérateurs historiques à maintenir leurs prix au-dessus des niveaux concurrentiels (prix de monopole) sans attirer de nouvelles entreprises sur le marché, cité *in* OCDE, DAF/COMP(2005)42, Policy Roundtables, 2005, Barriers to entry.
BAIN (J. S.), Barriers to New Competition: their character and consequences in manufacturing industries, 1956, cité in OCDE, DAF/COMP(2005)42, Policy Roundtables, 2005, Barriers to entry, p. 20.

1504 Il s'agit d'une analyse fondée sur le paradigme SCP (structure/comportement/performance). Ce modèle SCP a pour objectif de poser la question de la nature de la concurrence dans un marché en s'attachant à ces trois caractéristiques que sont la structure (nombre de concurrents, parts de marché, accès au marché, standardisation du produit, interdépendance verticale, risque…), le comportement (politique de prix, coopération entre agents économiques, stratégie de différenciation/diversification…) et la performance (allocation des ressources, profit…). Pour plus de précisions voir not. : JACQUEMIN (A.), *Sélection et pouvoir dans la nouvelle économie industrielle*, Economica, Paris, 1985.

1505 Voir not. : STIGLER (G.), *The Organization of Industry*, University of Chicago Press, 1968.

1506 FISHER (F.), Diagnosing Monopoly,19 Quarterly Review of Economics and Business 23 (1979), cité *in* OCDE, DAF/COMP(2005)42, Policy Roundtables, 2005, Barriers to entry, p. 22.

quant à lui les barrières à l'entrée comme un coût supporté par les nouveaux entrants et non par les opérateurs en exercice et qui induit une distorsion dans l'allocation des ressources au sein de la société, là encore la définition n'est pas précise. L'allocation des ressources optimale, dans le sens parétien du terme est-elle possible ?

515. Une proposition de définition en deux catégories a été proposée par McAfee, Malon et Williams[1507]. La première catégorie correspond à la définition de Stigler, c'est-à-dire qu'existe un coût à supporter par les nouveaux entrants que n'ont pas ou plus à supporter les opérateurs en exercice. La seconde catégorie de barrières à l'entrée d'un marché correspond aux situations où existe un coût qui retarde l'entrée sur le marché alors même qu'une entrée immédiate sur le marché augmenterait le bien-être social[1508].

516. La diversité pratique des barrières à l'entrée. Il existe tout d'abord les barrières naturelles. La question des barrières naturelles est intimement liée au développement relatif à l'existence d'un monopole naturel.
On trouve ensuite les barrières liées aux coûts irrécupérables. À l'occasion de l'entrée sur un marché, le nouvel entrant doit investir dans certains actifs afin d'assurer la production de certains biens ou la prestation de certains services. Or ces coûts d'entrée sont parfois irrécupérables lors de la sortie du marché. En effet, certains secteurs nécessitent la détention d'actifs très spécifiques et peu redéployables. Ainsi, lors de la sortie du marché il est impossible de les réutiliser à d'autres fins. En effet, un opérateur ayant investi dans des machines onéreuses de production, très spécialisées, aura beaucoup de mal à la sortie du marché pour réutiliser ces actifs très spécifiques (et non redéployables). Généralement, le prix de revente de ces actifs est négligeable et ne compense pas le prix d'achat de ceux-ci. Les coûts irrécupérables peuvent également résulter de dépenses en recherche et développement, n'ayant pas abouti et ne pouvant ainsi faire l'objet de valorisation.
Enfin, on retrouve certaines barrières directement liées au comportement des opérateurs, c'est ce que nous avons vu avec la pratique des prix prédateurs dans la première partie.

517. La résorption des barrières à l'entrée d'un marché permet de limiter les leviers de monopole de fait. Un exemple flagrant en a été donné précédemment à travers l'étude du monopole naturel et des secteurs de

---

1507 MCAFEE (R. P.), MIALON (H.), WILLIAMS (M.), « What Is a Barrier to Entry ? », *American Economic Review*, Papers and Proceedings 461, 463 (2004), cité *in* OCDE, DAF/COMP(2005)42, Policy Roundtables, 2005, Barriers to entry, p.24.

1508 « *a cost that delays entry and thereby reduces social welfare relative to immediate but equally costly entry* », MCAFEE (R. P.), MIALON (H.), WILLIAMS (M.), « What Is a Barrier to Entry ? », *American Economic Review*, Papers and Proceedings 461, 463 (2004), cité *in* OCDE, DAF/COMP(2005)42, Policy Roundtables, 2005, Barriers to entry, p.24.

réseaux. En effet, l'existence d'une infrastructure essentielle constitue une barrière à l'entrée si l'accès à celle-ci n'est pas encadré afin de permettre une véritable concurrence.

518. Finalement, la sanction des abus de position dominante comme la condamnation des barrières à l'entrée d'un marché, concourent à l'établissement d'une efficacité concurrentielle, cela encadre l'exercice du pouvoir de marché et permet incidemment d'éroder les rentes. En effet, les entreprises, du fait de cet encadrement, ne peuvent utiliser abusivement leur pouvoir de marché, levier de monopole de fait, et les possibilités dont ils disposent pour constituer une rente de situation en sont alors amoindries.

§ II. LE MONOPOLE DE FAIT ET LES RAPPORTS ENTRE PARTENAIRES ECONOMIQUES

519. Le droit commercial garantit l'égalité des droits des parties prenantes à un accord commercial, conformément aux principes juridiques qui régissent les relations contractuelles. Souvent imbriqués, ils relèvent tous d'une certaine idée de bonne foi[1509] et de loyauté dans les relations commerciales. Pourtant, « *S'il n'existe pas d'alternative dans une transaction pour un des partenaires et que l'autre en dispose, le partenaire jouissant d'une alternative est en mesure d'imposer ses conditions. En d'autres termes, il peut s'approprier l'intégralité du surplus de l'échange. Le pouvoir économique s'exprime de façon privilégiée au travers de tels déséquilibres.* »[1510]. Les relations contractuelles, commerciales, ne sont pas toujours négociées à pouvoir égal, ce déséquilibre de pouvoir entre les différentes parties peut également aboutir à constituer une rente de situation.

520. Les restrictions de concurrence sont souvent considérées comme faisant partie du petit droit de la concurrence et ne mériteraient pas d'être partie intégrante du grand droit de la concurrence, et des pratiques anticoncurrentielles. Pourtant, cette distinction entre petit et grand droits de la

---

[1509] Sur la notion de bonne foi, voir not. : LE TOURNEAU (P.), POUMAREDE (M.), Répertoire civil Dalloz, Bonne foi, 2017.
JALUZOT (B.), *La bonne foi dans les contrats. Étude comparative de droit français, allemand et japonais*, Nouvelle bibliothèque de thèses, Dalloz, Paris, 2001.
[1510] MARTY (F.), « Le prix des services juridiques… », *op. cit.*

concurrence, si elle est pédagogiquement utile, n'est pas toujours opérante[1511], surtout en matière de monopole de fait.
Il s'agira de mettre en lumière cette situation particulière où le comportement des opérateurs économiques peut conduire à la constitution d'un monopole de fait : c'est-à-dire, les situations de dépendance économique où une entreprise use de son pouvoir de marché pour contraindre, de manière déloyale et à son seul bénéfice, son partenaire économique. Situation qui revient à constituer une rente de situation pour l'opérateur le plus puissant dans l'échange (A). De telles situations de déséquilibre de pouvoir trouvent de nouvelles applications dans le domaine numérique (B).

A. Entre abus de dépendance économique et sanction du déséquilibre significatif : un encadrement complet du déséquilibre de pouvoirs

521. Il y a eu une certaine évolution : si à l'origine, la question de la dépendance était centrale et illustrait la réalité des pratiques anticoncurrentielles, non plus entre concurrents, mais entre partenaires économiques (1), l'attention est aujourd'hui portée sur l'existence d'un déséquilibre significatif entre les parties à un échange économique (2).

1. L'abus de dépendance économique : une pratique anticoncurrentielle

522. C'est dans le secteur de la grande distribution qu'a émergé, au sein des pratiques restrictives de concurrence[1512], la notion d'abus de dépendance

---

[1511] Ce dont témoigne un avis de l'autorité de la concurrence, n° 15-A-06 du 31 mars 2015 relatif au rapprochement des centrales d'achat et de référencement dans le secteur de la grande distribution, n° 20 : « *Le secteur de la distribution occupe une place centrale dans la pratique décisionnelle et consultative de l'Autorité de la concurrence en raison de l'importance de ce secteur pour les consommateurs, et des nombreuses problématiques concurrentielles qui peuvent s'y poser.* ».

[1512] CHAGNY (M.), « Du droit des pratiques restrictives de concurrence à un droit des pratiques déloyales de marché ? », *RLC*, n° 64, 1er septembre 2017 : « *Force est de constater, que le droit des pratiques restrictives de concurrence, complémentaire du droit des pratiques anticoncurrentielles et du droit commun, permet d'appréhender des abus d'exploitation que ces autres branches du droit peinent à saisir, dans les secteurs traditionnels comme celui de la distribution ou, dans celui, plus récent, de l'économie numérique.* ».

économique, parfois qualifiée de « *subversive* »[1513] et faisant l'objet de diverses approches[1514].
Il s'agit pour un opérateur économique, généralement en position dominante sur un marché mais pas nécessairement, de faire pression sur ses fournisseurs ou clients afin de bénéficier de tarifs préférentiels ou encore de les forcer à prendre en charge des activités qu'ils n'auraient pas accepté d'assurer si la relation commerciale était équilibrée. L'interdiction de ce type d'abus « *avait été créée pour tenter de lutter contre les pratiques des centrales d'achat et de référencement qui disposant d'un important pouvoir de négociation, étaient en mesure d'exiger des fournisseurs des conditions abusives* »[1515].
L'abus de dépendance économique fait partie, dans les textes, du grand droit de la concurrence, pourtant, il concerne des rapports verticaux entre des opérateurs économiques et s'approche du droit commercial. C'est pour cette raison qu'il apparaît dans cette partie[1516].

523. L'évolution de l'abus de dépendance économique. L'évolution de la réglementation relative à l'abus de dépendance économique s'est faite en plusieurs étapes. En 1945[1517], n'étaient visés que « *les abus de domination absolue* » [1518]; puis avec l'ordonnance de 1986,[1519] on a eu un élargissement de l'exploitation abusive à l'abus de dépendance économique[1520]. Dès 1987, le Conseil de la concurrence a eu à se prononcer sur l'existence d'abus de dépendance économique. Au gré des affaires, le Conseil a « *énuméré quatre critères révélateurs de l'abus de dépendance économique [...] : la notoriété de la marque, la part de marché du fournisseur, la part de ces produits dans le chiffre d'affaires du diffuseur, la possibilité pour le distributeur d'obtenir des produits équivalents et à des conditions identiques auprès d'autres*

1513 PIROVANO (A.), SALAH (M.), « *L'abus de dépendance économique : une notion subversive ?* », *Petites aff.*, 21 et 24 septembre 1990.
1514 MARTY (F.), REIS (P.), « Une approche critique du contrôle de l'exercice des pouvoirs privés économiques par l'abus de dépendance économique », *RIDE*, 2013/4, t. XXVII, p. 579-588.
1515 DISSAUX (N.), LOIR (R.), *Droit de la distribution*, coll. Précis Domat Droit privé, LGDJ, 2017, p. 180, n° 354.
1516 BOY (L.), « L'abus de pouvoir de marché : contrôle de la domination ou protection de la concurrence ? », *op. cit.*, p. 44 : « *L'idée est que la notion d'abus de dépendance économique ne vise pas à préserver l'équilibre des relations économiques, mais à assurer le bon fonctionnement du marché. Cette pratique doit être sanctionnée au titre des pratiques restrictives (refus de vente) sans passer par le droit de la concurrence. Ces éléments tendent à prouver que la distinction entre le droit des contrats et le droit de la concurrence est délicate, de même que celle entre "grand" et "petit droit" de la concurrence.* ».
Voir également : MARTY (F.), REIS (P.), « Une approche critique du contrôle de l'exercice des pouvoirs privés économiques par l'abus de dépendance économique », *op. cit.*
1517 Ord. n° 45-1483 du 30 juin 1945 relative aux prix, article 50.
1518 BOY (L.), « L'abus de pouvoir de marché… », *op. cit.*, p. 43.
1519 Ord. n° 86-1243 du 1er décembre 1986 relative à la liberté des prix et de la concurrence, art. 8.
1520 BOY (L.), « L'abus de pouvoir de marché… », *op. cit.*, p. 43.

fournisseurs »[1521]. Ces quatre critères correspondent à un abus de dépendance économique de la part d'un fournisseur vis-à-vis d'un distributeur. On retrouve également quatre critères cumulatifs constitutifs d'un abus de dépendance économique de la part d'un distributeur vis-à-vis d'un fournisseur ; il s'agit de l'importance du chiffre d'affaires réalisé par le fournisseur avec le distributeur, de la position du distributeur sur le marché de la commercialisation, des facteurs justifiant la concentration des ventes et de l'existence d'autres voies de distribution[1522]. Le critère de l'inexistence de solution alternative, dans les deux hypothèses, est le critère le plus significatif dans l'appréciation de la dépendance économique d'un opérateur vis-à-vis d'un autre[1523].

C'est aujourd'hui à l'article L. 420-2 du Code de commerce qu'on retrouve l'interdiction de l'abus de dépendance économique comme pratique anticoncurrentielle. Est en effet interdite, « *l'exploitation abusive par une entreprise ou un groupe d'entreprises de l'état de dépendance économique dans lequel se trouve à son égard une entreprise cliente ou fournisseur* ». Cet article a d'ailleurs été modifié récemment[1524] pour intégrer les dispositions de la loi Egalim[1525], promettant un rééquilibrage des relations commerciales dans le secteur de l'agroalimentaire.

524. L'abus de dépendance économique : l'exemple de la grande distribution. Dans le secteur de la distribution, il semble que « *les comportements des agents ne se cantonnent pas à la minimisation des coûts mais s'étendent à des enjeux plus politiques relatifs à la répartition et à la*

1521 BOY (L.), « L'abus de pouvoir de marché… », *ibid.*, p. 43/44.
Voir pour les critères utilisés dans la détermination d'un abus de dépendance économique : Cour de cassation, 12 octobre 1993, n° 91-16988 91-17090 ; Conseil de la concurrence déc. n° 09-D-02, 20 janvier 2009 relative à une demande de mesures conservatoires présentée par le Syndicat National des Dépositaires de Presse ; Autorité de la concurrence, déc. n° 11-D-04, 23 févr. 2011 relative à des pratiques mises en œuvre par Carrefour dans le secteur de la distribution alimentaire.

1522 Pour une illustration, Conseil de la concurrence, déc. n° 93-D-21, 8 juin 1993, Société des grands magasins du Groupe Cora ; Cour de cassation, chambre commerciale, 10 décembre 1996, n° 94-16.192, Groupe Cora.

1523 MARTY (F.), REIS (P.), « Une approche critique du contrôle de l'exercice des pouvoirs privés économiques par l'abus de dépendance économique », *op. cit.*

1524 Ordonnance n° 2019-359 portant réforme du titre IV du livre IV du code de commerce.

1525 Loi n° 2018-938 du 30 octobre 2018 pour l'équilibre des relations commerciales dans le secteur agricole et alimentaire et une alimentation saine, durable et accessible à tous.

gestion du pouvoir dans les canaux »[1526]. Un avis de 2015[1527] de l'Autorité de la concurrence donne à voir un exemple d'appréciation d'abus de dépendance économique dans le secteur de la grande distribution. Selon cet avis, pour caractériser un abus de dépendance économique, le raisonnement doit tenir en deux temps : tout d'abord l'identification de l'état de dépendance, puis la caractérisation de l'abus compte tenu de la dépendance. Pour la première étape, ce sont les quatre critères cumulatifs évoqués précédemment qui doivent être vérifiés[1528]. Une fois que ces critères sont vérifiés, l'Autorité suppose l'état de dépendance économique et peut ainsi entamer l'analyse du comportement des opérateurs à l'aune de cette dépendance pour caractériser un abus. Le secteur de la distribution est particulièrement marqué par les abus de dépendance économique, et cela est dû en partie au développement de centrales d'achat d'envergure, qui verrouillent en quelque sorte les canaux de distribution en se rendant incontournables. Dans ce secteur, « *La pression des lobbies [...] est particulièrement intense et, dans une certaine mesure, les lois qui se succèdent semblent plus répondre aux sollicitations de groupes de pression que refléter les enseignements d'une analyse économique cohérente.* »[1529].

525. La pratique du *pay for delay* : l'abus de dépendance dans le secteur pharmaceutique. Il s'agit d'une pratique notablement illustrée dans le secteur pharmaceutique, où la commercialisation d'un médicament générique est retardée au profit d'un autre produit, généralement plus onéreux. Il s'agit en fait pour un opérateur d'accepter une rémunération contre une

---

1526 POIREL (C.), « Stratégies logistiques et stratégies de résistance dans les canaux de distribution », *Logistique & Management*, vol. 17, n° 2, 2009, p. 66.

1527 Autorité de la concurrence, avis n° 15-A-06, du 31 mars 2015 relatif au rapprochement des centrales d'achat et de référencement dans le secteur de la grande distribution. L'autorité précise que « *La question de l'adaptation des conditions de mise en œuvre de l'interdiction des abus de dépendance économique se pose, dans le cadre du présent avis, au regard des enjeux soulevés par les évolutions récentes du secteur de la grande distribution, notamment à travers les rapprochements à l'achat de plusieurs distributeurs, et les effets induits sur leurs relations commerciales avec les fournisseurs.* », point 298.

1528 Autorité de la concurrence, avis n° 15-A-06, du 31 mars 2015 relatif au rapprochement des centrales d'achat et de référencement dans le secteur de la grande distribution, point 239. L'autorité fait référence à un de ses précédents avis pour préciser comment entendre la puissance d'achat d'un opérateur : Avis n° 97-A-04 du 21 janvier 1997 relatif à diverses questions portant sur la concentration de la distribution où l'Autorité précisait que « *L'analyse de la puissance d'achat se mène à partir de critères multiples qu'il est difficile de hiérarchiser. Parmi ceux-ci, figurent les conditions dans lesquelles sont négociés les achats (fonctionnement des structures d'achat), les caractéristiques des enseignes, les limites des surfaces de vente, le comportement des consommateurs, le degré de développement des MDD, leur positionnement par rapport aux marques nationales ainsi que le processus d'intégration verticale.* ».

1529 REY (P.), TIROLE (J.), « Quelles régulations pour le commerce ? », *in Régulation des relations entre fournisseurs et distributeurs*, Conseil d'analyse économique, La documentation française, 2000, p. 9.

commercialisation différée. Cette pratique a été qualifiée de pratique restrictive de concurrence par la jurisprudence européenne[1530] et illustre le débat relatif à la distinction entre restriction de la concurrence par objet ou par les effets ; les deux étant pris en compte dans la jurisprudence européenne[1531].

526. L'abus de dépendance économique est étroitement lié aux réflexions relatives au monopole de fait. Lorsqu'il y a abus de dépendance économique, les opérateurs économiques les plus faibles sont contraints car ils ne disposent pas d'un pouvoir de négociation suffisant pour s'opposer à leurs partenaires économiques en cas de désaccord. Cette situation porte atteinte à l'efficience supposée du marché, quand bien même il n'y aurait pas de situation monopolistique avérée. En effet, les prix ne sont pas fixés de la manière la plus optimale pour toutes les parties prenantes mais bien de façon unilatérale par l'opérateur économique en position de force. L'opérateur économique utilise sa puissance vis-à-vis de ses partenaires pour leur imposer ses choix, or, cela constitue une violence économique[1532] qui fausse la libre concurrence et permet de constituer une rente de situation. Cela constitue alors un monopole de fait.

2. Le déséquilibre significatif dans les relations contractuelles

527. L'antinomie entre déséquilibre significatif et relation contractuelle. Il est très difficile d'appréhender un déséquilibre dans des relations commerciales. En effet, la relation commerciale correspond fondamentalement à un échange dont les conditions sont librement fixées par les parties – selon le principe de la liberté contractuelle. Comment un tiers au contrat peut-il appréhender un déséquilibre de manière objective alors même que le contrat n'est que subjectivité ? Le principe de loyauté des relations contractuelles constitue un standard permettant d'apprécier à la fois le contrat en lui-même, mais ce standard permet également d'apprécier la conduite des relations contractuelles, le comportement des parties au contrat. Cela permet

---

1530 Voir par exemple : Tribunal UE, 8 septembre 2016, aff. T-472/13, Lunbdbeck c. Commission, *RLC*, 2016, n° 54, n° 3035.

1531 Voir en ce sens : IDOT (L.), « Chronique Droit européen de la concurrence : pratiques anticoncurrentielles – les suites de l'arrêt dit "des cartes bancaires" : la distinction "restriction de concurrence par objet/restriction par effet" toujours au cœur des débats sur l'article 101 TFUE », *RTD Eur.*, n° 4, 5 janvier 2017, p. 817.

1532 Cour de cassation, 3 avril 2002, n° 00-12932 : « *l'exploitation abusive d'une situation de dépendance économique, faite pour tirer profit de la crainte d'un mal menaçant directement les intérêts légitimes de la personne, peut vicier de violence son consentement* ».

Cette notion de violence économique a été consacrée par l'ord. n° 2016-131 du 10 février 2016 portant réforme du droit des contrats, du régime général et de la preuve des obligations, qui modifie l'art. 1143, Code civil comme suit : « *Il y a également violence lorsqu'une partie, abusant de l'état de dépendance dans lequel se trouve son cocontractant, obtient de lui un engagement qu'il n'aurait pas souscrit en l'absence d'une telle contrainte et en tire un avantage manifestement excessif.* ».

de mettre en exergue des situations où un déséquilibre est significatif et ne devrait donc pas pouvoir exister dans des relations commerciales libres.

528. Le déséquilibre significatif dans les relations verticales. Les pratiques restrictives de concurrence consistent à utiliser le pouvoir de marché dans les relations commerciales (verticales), et non plus vis-à-vis des concurrents (horizontales).

L'interdiction des pratiques restrictives de concurrence, et d'autres pratiques prohibées, entendue d'un point de vue commercial, est étroitement liée au principe de loyauté des relations contractuelles. Tout contrat est censé être le fruit de l'autonomie des volontés et de la liberté des parties, de cette égalité des parties découle le caractère obligatoire du contrat. Néanmoins, il est des situations où l'égalité des parties n'est pas vraiment vérifiée et pire encore, des situations où la position d'un opérateur économique lui confère une autorité dirimante vis-à-vis de ses partenaires commerciaux. Ces derniers étant contraints d'accepter les conditions des premiers, fixées unilatéralement et donc en opposition complète avec l'idée même du lien contractuel.

529. La loi de modernisation de l'économie[1533], dite loi LME, a abrogé de nombreuses dispositions relatives aux pratiques restrictives de concurrence ; ont ainsi disparu de cet article l'abus de relation de dépendance ainsi que l'interdiction des discriminations abusives. Le Code de commerce a été modifié, encore récemment, avec l'ordonnance n° 2019-359[1534]. Ces modifications laissent place à un nouvel article L. 442-1 du Code de commerce qui dispose dorénavant que la responsabilité de toute personne exerçant une activité de production, distribution ou service, est engagée par le fait « *D'obtenir ou de tenter d'obtenir de l'autre partie un avantage ne correspondant à aucune contrepartie ou manifestement disproportionné au regard de la valeur de la contrepartie consentie* » ou le fait « *De soumettre ou de tenter de soumettre l'autre partie à des obligations créant un déséquilibre significatif dans les droits et obligations des parties.* ». La nouvelle rédaction met fin au « *catalogue à la Prévert* »[1535] qui prévalait. Notons d'ailleurs que cette disposition a été renforcée par la création de l'article 1171 du Code civil

[1533] Loi n° 2008-776 du 4 août 2008 de modernisation de l'économie.

[1534] Pour un état des lieux des conséquences de cette ordonnance sur le droit des contrats, voir le dossier à l'AJ contrat, n° 5, 27 mai 2019.

[1535] GRALL (J.-C.), MALLEN (G.), « Déséquilibre significatif : entre une affirmation progressive en droit des pratiques restrictives de concurrence et une apparition inédite en droit commun des obligations », *RLC*, n° 56, 1er décembre 2016.

qui consacre également le déséquilibre significatif[1536]. La nouvelle rédaction simplifie ainsi l'approche des pratiques restrictives de concurrence et autres pratiques prohibées autour de trois grands thèmes[1537], dont l'un d'eux est le déséquilibre significatif.

530. Le déséquilibre de pouvoir entre les différents acteurs du domaine agroalimentaire, déjà rationalisé par l'encadrement de l'abus de dépendance économique, l'est aussi par le déséquilibre significatif. Cette situation de déséquilibre significatif se retrouve particulièrement dans le domaine agroalimentaire (déjà concerné par l'abus de dépendance économique). C'est en tout cas ce que laisse supposer la tenue des États généraux de l'alimentation, l'expression n'est pas anodine, et dans le cadre de nos réflexions on ne peut que souligner le recours à des expressions datées pour mieux mettre en évidence l'insoutenabilité de certaines situations[1538]. Relancés notamment en juin 2018[1539], les États généraux de l'alimentation ont pour objet d'amorcer une concertation entre les parties prenantes à l'alimentation. Ce dialogue a abouti à un projet de loi pour l'équilibre des relations commerciales dans le secteur agricole et alimentaire et une alimentation saine et durable et accessible à tous. Le projet a fait l'objet de désaccords entre les deux chambres parlementaires, notamment du fait de sa contestation par le Sénat[1540]. La loi est tout de même adoptée en lecture définitive le 2 octobre 2018.

Si la timidité de la loi quant à l'environnement est critiquée[1541], il faut constater qu'un effort a été fait en faveur d'un rééquilibrage des pouvoirs entre les différentes parties prenantes. En effet, la tenue d'États généraux de l'alimentation résulte bien, en grande partie, du déséquilibre existant entre les différentes parties, notamment les agriculteurs, et les centrales d'achat. Le déséquilibre de pouvoir entre les parties prenantes de l'agroalimentaire est saillant au point de conduire à une loi spécifique. La question du prix est

---

[1536] Art. 1171, Code civil, issu de l'Ord. n° 2016-131 du 10 février 2016 portant réforme du droit des contrats, du régime général et de la preuve des obligations : « *Dans un contrat d'adhésion, toute clause qui crée un déséquilibre significatif entre les droits et obligations des parties au contrat est réputée non écrite.*
L'appréciation du déséquilibre significatif ne porte ni sur l'objet principal du contrat ni sur l'adéquation du prix à la prestation. ».

[1537] Voir not. : PICOD (Y.), « Le nouveau droit des pratiques abusives de l'article L. 442-1 du code de commerce », *AJ Contrat*, n° 5, 27 mai 2019, p. 201.

[1538] Il en va des États généraux comme des féodalités économiques.

[1539] De premiers États généraux de l'alimentation avaient été tenus en 2000 sous la houlette de Lionel Jospin.
La loi n° 2014-1170 du 13 octobre 2014 d'avenir pour l'agriculture, l'alimentation et la forêt constitue une avancée en faveur de la prise en compte des considérations environnementales dans ce secteur.

[1540] Le Sénat a rejeté ce projet le 25 septembre 2018.

[1541] Notamment sur le fait que le glyphosate (herbicide) n'ait pas été interdit.

centrale, ce que rappelait le Gouvernement dans le communiqué de presse du Conseil des ministres du 31 janvier 2018[1542]. On constate bien que toute la question juridique sous-jacente est celle du déséquilibre significatif, et notamment en ce qui concerne la fixation du prix des produits, véritable indicateur de pouvoir de marché[1543]. Le secteur agroalimentaire est bien sujet à monopole de fait. C'est en cela que l'une des principales dispositions du texte tient à l'établissement d'un cadre transparent de détermination des prix[1544].

531. Le déséquilibre significatif peut résulter du prix, et le juge semble désormais pouvoir analyser le prix. C'est une petite révolution qui a eu lieu en fin d'année 2018 car le Conseil constitutionnel[1545], dans sa décision du 30 novembre 2018[1546] en affirmant la constitutionnalité de la responsabilité issue de la création d'un déséquilibre significatif, confirme qu'il est possible d'exercer un contrôle sur les prix. Les requérants soulevaient que l'article du Code de commerce, prévoyant un tel déséquilibre, et tel qu'il a été mis en œuvre par la Cour de cassation[1547], permettrait en fait « *au juge de contrôler le prix des biens faisant l'objet d'une négociation commerciale.* »[1548], portant ainsi atteinte à la liberté contractuelle et à la liberté d'entreprendre. Mais le Conseil n'a pas considéré que cette disposition était inconstitutionnelle, et, sans trancher le débat[1549] sur le fait de savoir si elle introduisait la possibilité pour le juge de se prononcer sur le prix, ouvre bien une telle possibilité, sans

---

[1542] Le communiqué de presse est disponible sur Legifrance dans le dossier législatif relatif à ce projet de loi.

[1543] C'est d'ailleurs en ce sens qu'a été créé l'Observatoire de la formation des prix et des marges des produits alimentaires par la loi n° 2010-874 du 27 juillet 2010 de modernisation de l'agriculture et de la pêche (LMAP). Les missions de cet observatoire sont précisées aux art. L. 692-1 et L. 621-8, Code rural.

[1544] Le premier titre de la loi est relatif à l'amélioration de l'équilibre des relations commerciales dans le secteur agricole et alimentaire ; il prévoit l'établissement d'accord-cadre entre les parties prenantes où devront figurer les modalités de détermination du prix de vente des produits.
Voir l'avis Conseil d'État, n° 394.081, 25 janvier 2018, où le Conseil précise qu'« *Afin que la contractualisation puisse s'établir sur la base d'un rapport équilibré entre les parties, le producteur deviendra l'auteur de la proposition initiale de contrat.* ».

[1545] Même si certains sont déçus de la timidité de la décision : BEHAR-TOUCHAIS (M.), « Le Conseil constitutionnel instaure le contrôle des prix à la française ! », *JCP A*, n° 51, 17 décembre 2018, p. 1346.

[1546] Conseil constitutionnel, décision n° 2018-749 QPC, 30 novembre 2018, Société Interdis et autres [Déséquilibre significatif dans les relations commerciales II].

[1547] Cour de cassation, chambre commerciale, 25 janvier 2017, n° 15-23.547.

[1548] Conseil constitutionnel, décision n° 2018-749 QPC, 30 novembre 2018, Société Interdis et autres [Déséquilibre significatif dans les relations commerciales II], 3.

[1549] ESTANGUET (P.), « Quand le Conseil constitutionnel suggère mais ne tranche pas », *Constitutions*, n° 1, 26 juin 2019, p. 66.

pour autant qu'« *un contrôle judiciaire et marginal du prix ne transforme [...] une économie de marché en économie dirigée !* »[1550].

532. Le déséquilibre significatif : un parallèle possible avec les clauses abusives. Cette modification semble faire écho à l'interdiction des clauses abusives présentes en droit de la consommation[1551]. La consécration des clauses abusives partait du constat qu'existait une asymétrie de puissance, liée à l'asymétrie d'information, entre le professionnel et le consommateur[1552]. Ce constat n'a pas suscité tant de débats et la mise en œuvre de la réglementation relative aux clauses abusives est relativement aisée, dans la mesure où celles-ci se retrouvent dans les contrats passés entre un professionnel et un non-professionnel. À l'inverse, l'introduction du déséquilibre significatif en droit commercial ne relève pas de l'évidence[1553].
Le déséquilibre significatif est donc le pendant des clauses abusives mais il est applicable aux relations entre professionnels, peu importe d'ailleurs le « sens » de la relation[1554]. Vu la rédaction de l'article, il semble que « *En visant au pluriel les "droits" et les "obligations" des parties, [...] le législateur ait envisagé ici un déséquilibre significatif global et non pas uniquement clause par clause* »[1555]. Il s'agit en fait d'admettre qu'il peut exister une situation d'asymétrie des forces entre professionnels.

533. Le déséquilibre significatif et la proportionnalité. La notion de déséquilibre significatif met l'accent sur l'absence de proportionnalité entre les droits et obligations respectives des parties. Or, cette absence de proportionnalité résulte bien de la puissance d'un opérateur économique qui lui permet de faire pression sur son partenaire économique afin de lui faire

---

1550 BUY (F.), « Oui au contrôle judiciaire du prix ! », *AJ Contrat*, n° 1, 17 janvier 2019, p. 29.
1551 Art. L. 132-1, Code de la consommation : « *Dans les contrats conclus entre professionnels et non-professionnels ou consommateurs, sont abusives les clauses qui ont pour objet ou pour effet de créer, au détriment du non-professionnel ou du consommateur, un déséquilibre significatif entre les droits et obligations des parties au contrat.* ».
1552 Il est à relever d'ailleurs que la loi n° 2018-287 du 20 avril 2018 ratifiant l'ord. n° 2016-131 du 10 février 2016 portant réforme du droit des contrats, du régime général et de la preuve des obligations, donne une définition du contrat d'adhésion qui correspond à la définition des clauses abusives, notamment en ce de tels contrats ne reposent pas sur la négociation. Voir la nouvelle rédaction de l'art. 1110, Code civil selon lequel « *[...] Le contrat d'adhésion est celui qui comporte un ensemble de clauses non négociables, déterminées à l'avance par l'une des parties.* ».
1553 LUCAS DE LEYSSAC (C.), CHAGNY (M.), « Le droit des contrats, instrument d'une forme nouvelle de régulation économique », *Revue des contrats*, 2009, p. 1268 ; BEHAR-TOUCHAIS (M.), « Première sanction du déséquilibre significatif dans les contrats entre professionnels : l'article L. 442-6, I, 2° du code de commerce va-t-il devenir "une machine à hacher le droit" ? », *RLC*, 2010/23, n° 1584 ; CHAGNY (M.), « Le nouveau droit de la concurrence : quel impact sur les relations contractuelles ? », *Revue Contrats concurrence consommation*, 2008, alerte 70.
1554 Fournisseur – distributeur ; ou distributeur – fournisseur.
1555 BEHAR-TOUCHAIS (M.), « Que penser de l'introduction d'une protection contre les clauses abusives dans le Code de commerce ? », *RDC*, 1er juillet 2009, n° 3, p. 1258.

accepter des conditions contractuelles qu'il n'aurait pas acceptées s'il était totalement libre de ses choix et s'il jouissait d'une véritable autonomie de décision. On retrouve en substance cette idée d'unilatéralité décisionnelle, que l'on pense propre aux situations monopolistiques mais qui résulte en fait de la détention d'un certain pouvoir de marché. De manière générale, les juges apprécient *in concreto* l'exigence d'un déséquilibre significatif[1556]. Le juge administratif, depuis 2001[1557], est compétent pour apprécier les clauses abusives dans les contrats administratifs. Néanmoins, on constate que l'application qu'il en fait est relativement restreinte[1558].

B. Les relations commerciales à l'ère numérique

534. L'essor des plateformes numériques intermédiaires dans les relations commerciales. De nombreux sites, parfois gargantuesques[1559], se sont développés et ont pour objet de mettre en relation les vendeurs et les acheteurs. Ces prestataires de services intermédiaires en ligne (PSIL), véritable place de marché en ligne comme les dénomme la Commission[1560], référencent les différents produits sur leur plateforme. Il n'a échappé à personne l'importance croissante de ces prestataires dans les échanges en ligne. Cela fait craindre l'établissement de dépendance des opérateurs économiques vis-à-vis de ces plateformes pour une large part de la vente de leurs produits. En effet, ces plateformes constituent désormais une sorte d'intermédiaire obligatoire afin de bénéficier d'une certaine visibilité. Néanmoins, les règles applicables à ce

---

[1556] Voir par exemple : CA Paris, 20 décembre 2017, n° 13/04879.

[1557] CE, sect., 11 juillet 2001, Société des eaux du Nord, n° 221458. Dans cet arrêt le juge administratif se reconnaît, pour la première fois, compétent pour appliquer le droit de la consommation (dans la mesure où le litige relève au principal de sa compétence). Cet arrêt a souvent été présenté comme le pendant de la décision CE, sect., 3 novembre 1997, Million et Marais, n° 169907 où le juge administratif s'estimait compétent pour appliquer le droit de la concurrence.

[1558] BOUILLON (H.), « Propos dubitatifs sur l'application du droit des clauses abusives par le juge administratif. Note sous CE, 30 déc. 2015, Société des eaux de Marseille, n° 387666 », *Civitas Europa*, 2016/2, n° 37, p. 221-239.

[1559] Que l'on songe à Amazon ou E-bay.

[1560] COM(2018), 238 final, 2018/0112 (COD), Proposal for a regulation of the european parliament and of the council on promoting fairness and transparency for business users of online intermediation services : « *online platforms are keys enablers of digital trade. At present, more than a miliion EU enterprises trade through online platforms in order to reach their customers and it is estimated that around 60% of private consumption and 30% of public consumption of goods and services related to the digital economy are transacted via online intermediaries. These online intermediation activities usually benefit from important data-driven direct and indirect network effects wich tend to result in only a limited number of successful platforms per intermediated segment of the economy.* ».

type de relations ne sont pas précisément édictées et certains écueils sont à craindre.

535. Les propositions de la Commission européenne. Pour encadrer les pratiques de ces nouveaux intermédiaires de marché, la Commission avance trois grands axes[1561] : une transparence accrue, un règlement des différends plus efficace et la création d'un observatoire de l'UE pour surveiller l'incidence des nouvelles règles. L'objectif affiché est d'empêcher que ces acteurs incontournables n'utilisent leur situation privilégiée pour mettre en œuvre des pratiques restrictives de concurrence. En effet, « *Le constat qu'elle dresse des relations entre ces prestataires et les entreprises qui ont recours à leurs services est très similaire à celui qui peut être fait au sujet des relations entre la grande distribution physique et ses fournisseurs.* »[1562].

536. Les modalités de référencement. La question des modalités de référencement a fait l'objet de vifs débats ; « *les opérateurs concernés craignent en effet que la divulgation des critères utilisés pour opérer ce classement ne les conduisent à livrer des secrets d'affaires ou des informations permettant aux utilisateurs de manipuler les résultats.* »[1563]. Si la crainte peut sembler légitime, il faut toutefois prendre en compte cette particularité selon laquelle, parfois, les plateformes en ligne proposent leurs propres produits concurrents et qu'ainsi, les modalités de référencement peuvent permettre de privilégier son propre produit par rapport aux autres, en dehors de toute loyauté contractuelle[1564]. C'est en ce sens qu'au niveau européen, la Commission oblige à la transparence comme gage d'une certaine neutralité des intermédiaires dans leurs opérations de référencement. Dans la même veine, on constate une vigilance accrue des autorités de concurrence à l'égard des pratiques de distribution en ligne[1565].

537. Les plateformes numériques en droit français. Si l'influence et le pouvoir de marché dont disposent les plateformes numériques ont fait l'objet d'un encadrement en droit de la consommation ; les mêmes conséquences n'ont pas été tirées en matière de relations contractuelles. Le droit de la

---

1561 Voir le communiqué de Presse de la Commission, [http://europa.eu/rapid/press-release_IP-18-3372_fr.htm].

1562 COUSIN (M.), « Vers un droit européen des relations commerciales en matière digitale ? », *RLC*, n° 74, 1er juillet 2018. L'auteur précise par la suite que : « *Cette position de force des plateformes, et la dépendance qu'elle engendre à l'égard des entreprises les plus fragiles, peut ainsi dégénérer en pratiques déloyales.* ».

1563 COUSIN (M.), « Vers un droit européen des relations commerciales en matière digitale ? », *op. cit.*

1564 Car il existe bien, sous une forme écrite ou non, une relation contractuelle entre les opérateurs économiques souhaitant vendre leurs biens et services et les plateformes numériques chargées de les référencer.

1565 Voir sur ce point : FERRIER (D.), « Concurrence-Distribution », *D.*, n° 16, 26 Avril 2018, p. 865.

consommation précise en effet la définition des plateformes numériques comme étant « *toute personne physique ou morale proposant, à titre professionnel, de manière rémunérée ou non, un service de communication au public en ligne reposant sur : 1° Le classement ou le référencement, au moyen d'algorithmes informatiques, de contenus, de biens ou de services proposés ou mis en ligne par des tiers ; 2° Ou la mise en relation de plusieurs parties en vue de la vente d'un bien, de la fourniture d'un service ou de l'échange ou du partage d'un contenu, d'un bien ou d'un service.* »[1566]. Conscient de l'importance de ces plateformes, le législateur leur impose une obligation d'information claire et loyale vis-à-vis des consommateurs, en imposant notamment de préciser les modalités de référencements et déréférencements.

538. Si cette règle est à saluer, elle ne prend en compte qu'un aspect du marché alors même que les plateformes numériques agissent sur un marché biface. C'est-à-dire un marché où d'une part ils sont en relation avec les consommateurs, et d'autre part, avec les entreprises. Leur position d'intermédiaires leur permet ainsi de jouer à la fois sur les deux marchés et sur deux types de relations, entre professionnels, et entre professionnels et consommateurs. Et c'est bien, comme cela était vu précédemment, de cette situation particulière que découle la possibilité d'un monopole de fait.

539. Finalement, l'encadrement des relations économiques permet, en assurant l'effectivité des libertés économiques, de pallier les défaillances de marché et d'assurer une concurrence libre et non faussée. Le droit du marché permet de tendre vers cette concurrence en sanctionnant les abus de position dominante et en condamnant les barrières à l'entrée d'un marché. Il permet d'éviter l'exploitation des déséquilibres de pouvoir entre les opérateurs économiques. Pour ces raisons, il est indéniable que le droit du marché sanctionne le monopole de fait, tout autant qu'il le prévient.

[1566] Article L. 111-7, Code de la Consommation.

CONCLUSION DU CHAPITRE I

540. Il est nécessaire, pour prévenir le développement d'un monopole de fait, de penser à nouveau l'entreprise et sa place dans la société, de trouver sa raison d'être selon les termes de la loi PACTE. En ce sens, la responsabilité sociale et environnementale serait à l'entreprise, ce que la responsabilité civile est aux individus. Il s'agirait de l'obligation pour l'entreprise en situation de monopole de fait de réparer le dommage causé à ses parties prenantes. Si cela semble relever du bon sens, cela ne va pas forcément de soi, comme en témoigne le cas des externalités négatives telles que la pollution dont le coût pèse sur les communautés locales et que les entreprises ne prennent pas en charge. Loin d'être aboutie et de faire l'unanimité, la responsabilité sociale des entreprises n'en est pas moins l'objet d'attentions de plus en plus diverses. Véritable projet d'entreprise ou marottes *marketing* ; projet politique ou propagande politique ; la responsabilité sociale de l'entreprise inonde le droit, sous toutes ses formes. Or, son affirmation progressive, sa (presque) consécration dans la loi PACTE, permet de rationaliser le comportement des entreprises et de restreindre les sources de rente de situation, parce qu'elle incite, autant qu'elle oblige, les entreprises à réinternaliser des coûts dont elles s'étaient habilement départies, créant par la même une rente de situation. La responsabilité sociale de l'entreprise qui induit la prise en compte par les entreprises de considérations sociales et environnementales répond à la logique inhérente à l'appropriation collective. L'entreprise ne peut se comporter de manière déloyale vis-à-vis de ses parties prenantes. En ce sens, elle constitue bien un outil de prévention du monopole de fait même si elle ne lui est pas spécifique.

541. Plus contraignant, le droit du marché permet aussi de prévenir la constitution de monopole de fait. Toutes les activités économiques sont concernées par ce droit. Les deux grandes branches de ce droit sont complémentaires. L'un des aspects les plus importants du grand droit de la concurrence tient à la sanction des abus de position dominante, par lesquels un opérateur impose son pouvoir de marché aux autres opérateurs économiques et peut, à ce titre, constituer une rente de situation. L'encadrement de l'exercice du pouvoir de marché dans les relations entre concurrents et dans les relations commerciales permet ainsi de prévenir le monopole de fait.
En matière économique, les rapports entre partenaires économiques peuvent également donner lieu à monopole de fait. Le déséquilibre significatif dans les contrats traduit l'existence d'un déséquilibre de pouvoir, d'un rapport de force déséquilibré, dont se prévaut l'opérateur le plus puissant pour contraindre son

partenaire économique. Ce faisant, c'est bien une rente de situation qui risque de se créer au profit de l'opérateur le plus puissant. Le petit droit de la concurrence, en défendant la liberté contractuelle notamment, évite qu'un monopole de fait ne se développe par l'exercice d'un pouvoir de marché qui asphyxie les partenaires commerciaux. Le droit du marché, en obligeant à la loyauté les entreprises puissantes, permettent de prévenir la constitution de monopole de fait.

Chapitre II.
LA TRANSPARENCE DES ACTIVITES ECONOMIQUES

542. La transparence est aujourd'hui de tous les domaines[1567] et fait l'objet d'une véritable « *promotion généralisée* »[1568] ; garante de la démocratie et vertueuse[1569], la transparence constitue un outil préventif de monopole de fait car elle limite l'asymétrie d'information et permet une information rationalisée des parties prenantes dans la nouvelle société de l'information[1570]. En renforçant le niveau d'information, la transparence permet de restaurer une certaine forme d'équilibre des pouvoirs entre l'entreprise et ses parties prenantes. L'asymétrie d'information est restreinte et ne peut ainsi plus constituer un levier de monopole de fait. Tout d'abord appliquée à la vie politique, la transparence avait pour objectif de restaurer la confiance des citoyens dans les institutions. L'essor de la transparence aux activités économiques des entreprises les plus puissantes témoigne de la nécessité de démocratiser le système économique pour restaurer un autre lien de confiance, économique cette fois. La transparence, si elle concerne l'intégralité des entreprises, revêt un intérêt particulier pour prévenir le monopole de fait lorsqu'elle s'applique aux grandes entreprises.

543. La transparence doit permettre de disposer d'une information, exhaustive, sur les entreprises. Le regain de pouvoirs des parties prenantes n'est ainsi possible que s'il dispose d'une information relative aux pratiques et objectifs poursuivis par l'entreprise. La transparence doit permettre à tout un chacun de ne pas être une partie prenante qui s'ignore à un monopole de fait (Section I). La lutte contre le blanchiment et la fraude fiscale a conduit à renforcer les exigences de transparence des entreprises puissantes, en matière comptable et financière. Là encore, cette transparence permet de mieux déceler les situations rentières, tout autant que d'évaluer les pratiques des entreprises en matière de responsabilité sociale et environnementale. Incidemment, les contraintes comptables et financières viennent restreindre l'attractivité du monopole de fait puisqu'elles obligent à tenir des comptes d'exploitation et à

[1567] Pour une approche constitutionnelle de la transparence, voir not. : *Nouv. Cah. Cons. const.*, n° 59, Avril 2018.

[1568] MARCHAND (J.), « Réflexions sur le principe de transparence », *RDP*, n° 3, 1er mai 2014, p. 677.

[1569] Voir en ce sens : REYGROBELLET (A.), *Les vertus de la transparence : l'information légale dans les affaires*, Presses de la fondation nationale des sciences politiques, La bibliothèque du décideur, 2001.

[1570] Issue de l'avènement des technologies de communications électroniques notamment, cette société de l'information conduit à une « *infobésité* », qui rend difficile l'accès aux informations pertinentes et conduit également à la non-sélectivité, voir en ce sens : DELBECQUE (E.), FAYOL (J.-R.), *Intelligence économique*, 2e éd., Vuibert, 2018, p. 6 et s.

dévoiler les personnes ayant un intérêt financier dans l'entreprise, permettant plus facilement de déceler le monopole de fait d'une entreprise voire d'identifier un responsable. Cette transparence est particulièrement utile pour assurer un véritable contrôle des entreprises et participe de la réduction de l'asymétrie d'information entre les opérateurs économiques et leurs parties prenantes (Section II).

Section I.
L'INFORMATION DES PARTIES PRENANTES

544. La rationalisation de la vie économique est intimement liée à une certaine idée de l'éthique[1571]. Et le respect d'une certaine éthique, notamment en termes de transparence, permet d'endiguer les comportements opportunistes et frauduleux, qui peuvent conduire à un monopole de fait. Cette transparence, en restaurant un niveau d'information élevé de chaque partie prenante vis-à-vis de l'entreprise permet de restaurer l'équilibre des pouvoirs. En effet, un tel équilibre n'est possible que si les parties prenantes ont connaissance de la réalité du marché, l'information doit ainsi leur être accessible afin qu'ils puissent, notamment, consommer de façon réfléchie. Le prix, s'il est un élément important, n'est pas le seul élément que les consommateurs prennent en compte dans leur choix de consommation, à ce titre, l'information disponible doit être transversale.

Cette connaissance du marché par les consommateurs ne peut reposer uniquement sur l'information fournie par les entreprises, ne serait-ce que parce que celles-ci sont toujours tentées de donner une image impeccable et de mettre en avant leurs seuls atouts, voire de dissimuler les zones d'ombre afin de ne pas ternir leur réputation[1572]. Il semble que l'on soit devant ce renversement : la réputation échappe à toute influence des consommateurs, pris en tenaille par les stratégies commerciales des entreprises. En effet, celles-ci rivalisent d'ingéniosité, particulièrement dans leurs diverses stratégies de

---

1571 HABERMAS (J.), « Sur le rapport de la théorie et de la pratique », *Les Études philosophiques*, 2008/4 (n° 87), p. 489.

1572 Le terme de *greenwashing* (le blanchiment écologique) a été utilisé pour désigner ces stratégies de communication des entreprises visant à vanter leur mérite écologique. Néanmoins, avec cette stratégie c'est un peu l'arbre qui cache la forêt et les sommes alloués à cette stratégie de communication sont autant de sommes qui ne sont pas mobilisées pour une action effectivement responsable en matière écologique. Le ministère de l'Écologie, du Développement durable, des Transports et du Logement, et le Ministère de l'Économie, des Finances et de l'Industrie ont établi un guide pratique des allégations environnementales à destination des professionnels et consommateurs pour s'y retrouver dans les stratégies de communication des entreprises, [https://www.economie.gouv.fr/files/guide_allegations_31janv.pdf].

communications et de marketing, pour s'assurer l'opinion favorable des consommateurs en dépit de l'expérience vécue par eux.

545. Ainsi la juste information des parties prenantes quant aux propriétés ces produits, à leur prix, ou quant aux modalités pratiques d'exploitation, permet d'éviter les écueils liés à une asymétrie d'information et évite la capture des parties prenantes. Restaurer un haut niveau d'information sur le marché permet de restaurer le pouvoir des parties prenantes à une entreprise et prévient ainsi le monopole de fait (§I). Il faut également encadrer certaines pratiques telles que la représentation d'intérêts ou certaines cultures du secret pour éviter que les entreprises ne puissent organiser et utiliser une telle asymétrie d'information. Il faut restreindre, ou à tout le moins s'assurer du bien-fondé de certains îlots de résistance (§II).

§ I. Les sources d'information des parties prenantes

546. « *À rechercher une "morale", qui n'est que le pur doublon d'un économique réducteur, on manque à tout coup l'essentiel : l'éthique* »[1573]. Car l'homme ne peut être réduit à *l'homo œconomicus*, et quand bien même il y serait réduit, il est nécessaire de lui fournir les moyens de faire des choix de consommation éclairés[1574]. En matière économique, la transparence permet d'éviter les phénomènes de capture[1575]. C'est-à-dire ces phénomènes où la capacité décisionnelle d'un agent est altérée du fait de l'asymétrie d'information existante. Ce phénomène de capture peut aboutir à un monopole de fait. Dans le domaine de la consommation, il est alors primordial d'assurer un niveau élevé de transparence quant à la qualité des biens et services.
Ce haut niveau d'information accessible à tous est une condition de réalisation des effets de la concurrence pure et parfaite. Comme le rappelle Fama, « *un marché dans lequel les prix "reflètent pleinement" et toujours l'information*

[1573] CAILLE (A.), INSEL (A.), *revue du MAUSS*, n° 15, 1er sem. 2000, p. 7.

[1574] Cet aspect fait l'objet d'une approche économique sous l'angle de la sélection adverse. L'existence d'une asymétrie d'information peut avoir des effets délétères pour le marché comme tend à le démontrer George Akerlof, Prix Nobel d'économie en 2001, notamment récompensé pour un article jetant les bases de la sélection adverse en prenant l'exemple du marché d'occasion des automobiles.

[1575] Notamment mis en avant par l'économiste STIGLER (G. J.), *The Theory of Economic Regulation : Bell Journal of Economic and Management Science, 1971 ;* FRISON-ROCHE (M.-A.), *Esquisse d'une sociologie du droit boursier : L'année sociologie, n° 49 (2) : Sociologie du droit économique*, 1999, p. 477. Cette théorie de la capture du régulateur est ici transposée à toutes les parties prenantes.

disponible est appelé "efficient" »[1576]. On constate un regain d'intérêt des consommateurs envers la qualité des produits et services et la volonté de pouvoir consommer en connaissance de cause ; voire une volonté d'être un véritable acteur de la vie économique, qui y participe par des choix raisonnés. Ceux-ci accordent une importance croissante aux pratiques de production et au respect de l'environnement, la question du choix de consommation est aujourd'hui au centre de l'attention. Mais comment faire quand l'internationalisation des échanges fait que les étals sont pleins de produits, *a priori* similaires et substituables, mais dont l'origine et la qualité varient, sans que le consommateur en soit toujours bien averti ? Il s'agit d'organiser la transparence pour pallier l'asymétrie d'information préjudiciable aux consommateurs.

547. Tout l'enjeu de l'information est que celle-ci soit la plus neutre possible, qu'il s'agisse de l'information des consommateurs (A) ou de l'information relative aux entreprises dont les destinataires sont toutes les parties prenantes (B).

A. L'information à destination des consommateurs

548. Le principe de l'information relative aux conditions d'origine, de fabrication, de production, des biens et services permet de mettre en lumière les pratiques et valeurs d'une entreprise. Avec l'information du consommateur, les entreprises ne peuvent plus maximiser leur profit au détriment de consommateurs mal informés.
Plusieurs outils d'information se sont développés, certains du fait des autorités publiques, notamment la normalisation, d'autres du fait des opérateurs économiques, notamment les comparateurs de prix. L'origine de l'information ne préjuge pas de l'objectivité de l'information donnée ; pourtant, une information fournie par un opérateur économique doit faire l'objet d'une attention particulière afin que l'information qu'il donne ne constitue pas, en fait, une publicité ou une information subjective.

549. La normalisation et les labels. La normalisation agit à deux échelles, pour les consommateurs mais aussi pour les entreprises ; « *pour le public, l'établissement d'une norme est une garantie que les produits, services,*

[1576] FAMA (E. F.), « Efficient capital Markets : a review of theory and empirical work », *The journal of finance*, vol. 25, n° 2, 1970, p. 383-417, [http://efinance.org.cn/cn/fm/Efficient Capital Markets A Review of Theory and Empirical Work.pdf] ; voir également : GUERRIEN (B), GUN (O.), « L'étrange silence du Nobel Prize Committee sur la "théorie des marchés efficients" », *Revue de la régulation, Capitalisme, institutions, pouvoirs*, n° 14, 2013 : Autour d'Ostrom : communs, droits de propriété et institutionnalisme méthodologique.

méthodes ou systèmes auxquels elle s'applique répondent à un besoin (sécurité, fiabilité, etc.) et sont réalisés selon les règles de l'art définies par des experts. »[1577]. Le décret du 16 juin 2009 précise que « *La normalisation est une activité d'intérêt général* »[1578]. Il s'agit avec la normalisation d'assurer un niveau d'information minimum quant à la sécurité des produits et services, qui peut être attestée par l'octroi de certificat. Ainsi, la norme CE garantit que le produit ou service répond aux normes élémentaires posées par le droit de l'Union.

Par ailleurs, le fait de disposer d'un label oriente positivement les consommateurs et permet une consommation plus raisonnée. Les consommateurs, soucieux de l'environnement, pourront ainsi agir via leur consommation dans le sens du développement d'une économie durable. Du point de vue de l'entreprise, la labellisation permet une différenciation des produits proposés sur le marché. Cette différenciation, bien que coûteuse[1579], s'avère souvent être une stratégie payante pour les entreprises[1580]. Seront envisagés quelques exemples de labels officiels[1581] français[1582].

550. En matière alimentaire, le label permet aux consommateurs de détenir une information sur la provenance du produit mais aussi sur la qualité du produit. La plupart des informations qu'il est possible de mentionner pour les produits alimentaires sont énoncées par le Code rural[1583]. Différents types d'information peuvent être donnés. Selon ce Code, il est possible pour les entreprises et producteurs[1584] d'obtenir et défendre contre la contrefaçon ou autres pratique déloyale certains signes d'identification de la qualité et de l'origine de leurs produits[1585]. L'acteur principal dans l'octroi de ces signes d'identification est l'Institut national de l'origine et de la qualité (INAO).

1577 SELINSKY (V.), CHOLET (S.), « Les enjeux concurrentiels de la normalisation institutionnelle et de la certification », *in Le droit économique entre intérêts privés et intérêt général. Hommage à Laurence BOY*, PUAM, 2016, p.128.

1578 Décret n° 2009-697 du 16 juin 2009 relatif à la normalisation.

1579 Le prix de l'écolabel varie en fonction du type d'entreprise et du produit en cause.

1580 Car la différenciation des produits permet de jouer sur les prix. De plus, les entreprises y gagnent en réputation.

1581 Dans le sens où il s'agit de label octroyé par un organisme public et faisant l'objet d'une publication officielle.

1582 Pour une approche européenne, se référer au Règlement (UE) n° 1169/2011 du Parlement européen et du Conseil du 25 octobre 2011 concernant l'information des consommateurs sur les denrées alimentaires.

1583 Label rouge (Code rural, art. L. 641-1), appellation d'origine (Code rural, art. L. 641-5), agriculture biologique (Code rural, article L. 641-13)…
On peut aussi mentionner l'écolabel qui permet de renseigner sur le cycle de vie du produit.

1584 Code rural, art. L. 642-17 : « *La défense et la gestion d'un produit bénéficiant d'un label rouge, d'une appellation d'origine, d'une indication géographique ou d'une spécialité traditionnelle garantie est assurée par un organisme doté de la personnalité civile.* ».

1585 Code rural, art. L. 641-1 et s.

L'octroi de label participe ainsi à rendre disponible des informations sur les produits ou services disponibles sur le marché, mais il faut garder à l'esprit que les labels peuvent être instrumentalisés[1586], et même s'ils constituent des outils d'incitation auprès des entreprises, celles-ci y voient avant tout un outil de maximisation financière.

551. De la transparence tarifaire à la transparence de la formation du prix. La France a pendant longtemps choisi[1587] de contrôler les prix, jusqu'à l'ordonnance du 1er décembre 1986[1588], on savait donc, pour une grande majorité de produits et services, la manière dont le prix était fixé. Mais la liberté des prix (et de la concurrence – qui doit tendre à la formation du juste prix) affirmée par la suite a conduit à une forme d'opacité autour de la formation des prix et a rendu possible des taux de marge auparavant impossible.

La transparence tarifaire a tout d'abord joué un rôle dans l'approche des négociations commerciales et a eu des incidences sur la structuration des méthodes de facturation[1589]. Étaient au centre de l'attention le prix payé et les éventuelles remises accordées. La formation du prix était, dans ce cadre, envisagée pour mettre en évidence l'existence de prix prédateurs, c'est-à-dire de prix fixés en dessous du juste prix. La démarche est inversée dans la logique du monopole de fait, car celui-ci peut résulter du fait que l'entreprise assoit sa rente sur des prix excédant le juste prix.

552. On sait que le juste prix, dans la pensée économique, est supposé résulter de la concurrence et correspondre, peu ou prou, aux coûts de production, de transformation et de commercialisation[1590]. Néanmoins, les marges parfois exorbitantes pratiquées par les entreprises ne permettent pas d'accepter cette assertion sans un certain scepticisme. Mais on touche là à un secret de polichinelle (secret d'affaires), les entreprises n'ont aucun intérêt à révéler leur taux de marge. Surtout lorsque ceux-ci sont source de rentes de situation. De plus, le taux de marge dépend aussi des effets de marque. Les stratégies marketing et le phénomène des marques permettent aux entreprises de fixer des prix s'éloignant des coûts effectifs de production, mais au-delà d'une certaine mesure, on peut raisonnablement considérer que le phénomène des

---

1586 Sur la politique de labellisation, voir not. : PONTIER (J.-M.), « La politique de labellisation », *AJDA*, n° 30, 18 septembre 2017, p. 1700.

1587 Depuis l'ordonnance n° 45-1483 du 30 juin 1945 relative aux prix.

1588 Ordonnance n° 86-1243 du 1er décembre 1986 relative à la liberté des prix et de la concurrence.

1589 MALAURIE-VIGNAL (M.), « Transparence tarifaire, négociations contractuelles et liberté des prix au regard de la loi du 1er juillet 1996 sur la loyauté et l'équilibre des relations commerciales », *D.*, n° 42, 5 décembre 1996, p. 361.

1590 MALAURIE-VIGNAL (M.), « Transparence tarifaire, négociations contractuelles et liberté des prix au regard de la loi du 1er juillet 1996 sur la loyauté et l'équilibre des relations commerciales », *D.*, n° 42, 5 décembre 1996, p. 361.

marques permet une rente de situation. La transparence dans la formation des prix permettrait de rationaliser le comportement des consommateurs.

553. Récemment la Nouvelle-Calédonie avait souhaité instaurer un mécanisme dérogatoire de contrôle sur les marges pratiquées par les entreprises dans certaines activités. Cette réglementation a donné lieu à une QPC[1591] où le Conseil constitutionnel a déclaré une partie du dispositif non conforme à la Constitution, sur le fondement de la liberté d'entreprendre. Mais sur certains points cette décision est intéressante car il reconnaît un objectif d'intérêt général de protection des consommateurs et valide, sur le principe, la possibilité et la nécessité de contrôler les marges commerciales, précisément dans un intérêt concurrentiel et pour l'intérêt des consommateurs, il ne s'agit que d'une atteinte proportionnée à la liberté d'entreprendre.
Le contrôle des marges commerciales est donc possible, dans certaines circonstances particulières, pourtant, ces marges sont gardées comme de véritables secrets d'affaires, et une information directe des consommateurs semble difficilement envisageable. Néanmoins, on pourrait imaginer que l'Autorité de la concurrence, dans certains secteurs déterminés, ceux sensibles aux monopoles de fait, puisse évaluer les marges commerciales pratiquées par les entreprises et puisse sanctionner certaines pratiques lorsqu'elles portent atteinte à l'intérêt des consommateurs ou constituent, en fait, un monopole de fait.

554. Les comparateurs de prix : un outil de comparaison des prix mais pas de transparence des marges commerciales. La surveillance des prix entre opérateurs économiques afin de proposer l'offre la plus attrayante possible aux consommateurs fait partie des stratégies les plus anciennes. Le droit ne condamne pas cette pratique visant à relever les prix de ses concurrents[1592]. Néanmoins, des intermédiaires ont vu le jour avec l'avènement numérique et proposent dorénavant un accès direct aux consommateurs à une comparaison d'offres concurrentes. Les comparateurs de prix permettent à tout consommateur d'avoir une information en temps réel sur les tarifs des biens ou services demandés. Il s'agit, avec les comparateurs, de proposer différentes offres, de différentes entreprises, afin de proposer au consommateur un aperçu de l'offre disponible.
En principe, le comparateur de prix participe bien de l'information des consommateurs et leur permet de comparer les différentes offres sans qu'ils aient à le faire par eux-mêmes. Leur intérêt réside dans leur aspect synthétique et facilement utilisable qui permet au consommateur d'avoir une information

---

[1591] Conseil constitutionnel, décision n° 2019-774 QPC, 12 avril 2019, Société Magenta Discount et a..

[1592] Pour une approche approfondie de cette pratique et de la jurisprudence, voir not. : DUREZ (D.), « Relever les prix d'une entreprise rivale en vue de les comparer avec ses propres prix, un droit garantissant le libre jeu de la concurrence », *D.*, n° 42, 1er décembre 2011, p. 2900.

rapide sur l'état de l'offre. Il permet à ce titre un juste retour d'équilibre entre le niveau d'information relatif à la demande, dont disposent les opérateurs économiques du numérique et qu'ils monétisent aux annonceurs, et le niveau d'information relatif à l'offre dont disposent dorénavant les consommateurs, qui s'émancipent en quelque sorte de la publicité ciblée.

555. La comparaison doit être neutre, sinon c'est de la publicité. Assez tôt, en jurisprudence comme en doctrine, se sont cristallisées les craintes vis-à-vis des comparateurs de prix. La question principale était celle de savoir s'il s'agissait réellement de comparateurs, ou bien s'il s'agissait en fait de sites publicitaires. La jurisprudence a ainsi eu à se prononcer sur diverses situations. En 2012 notamment, la Cour de cassation[1593] a considéré que lorsqu'un comparateur de prix fait bénéficier ses clients payants d'une place préférentielle dans les résultats comparatifs, il exerce en fait une activité publicitaire. Et à ce titre doit le mentionner afin de ne pas induire en erreur le consommateur.

Ce cas de figure ne constitue pas un cas d'école, et la Commission européenne s'est prononcée à l'encontre de Google pour ce motif en juin 2017[1594], condamnant la société à une amende record de plus de 2 milliards d'euros. En effet, il était « *reproché à Google d'exercer un effet de levier moyennant l'appui sur une position dominante acquise par des mérites incontestés pour accaparer d'autres marchés, où ses mérites sont faibles, en étouffant ceux de ses concurrents.* »[1595]. En effet, la position dominante dont bénéficie Google en matière de moteur de recherche lui permet de faire bénéficier ses activités annexes d'une véritable publicité et mise en lumière, voire de les privilégier dans les résultats par rapport aux offres concurrentes. C'est notamment le cas lorsqu'il utilise sa position dominante en tant que moteur de recherche pour mettre en avant son service *Google shopping*. Or, cela fait que « *les mérites sont étouffés.* »[1596].

556. La contre-attaque des entreprises sujettes à comparaison. Un arrêt de 2015 de la Cour de justice de l'Union européenne[1597] illustre cette volonté des entreprises de ne pas être sujettes à comparaison car cela pourrait leur faire mauvaise publicité et annihiler leurs stratégies marketing. Les comparateurs de prix en ligne constituent un intermédiaire non désiré.

[1593] Cass. com., 4 déc. 2012, n° 11-27.729, Sté Leguide.com c/ Sté Pewterpassion.com : JurisData n° 2012-028226, comm. Jacques Larrieu, Propriété industrielle, n° 3, mars 2013, comm. 18.

[1594] Décis. (UE) 17 juin 2017, Google Search Shopping, COMP/39.740, IP/17/1784.

[1595] PRIETO (C.), « Les mérites étouffés des concurrents de Google ou l'abus par l'algorithme », *RTD Eur.*, n° 3, 23 octobre 2017, p. 429.

[1596] PRIETO (C.), « Les mérites étouffés des concurrents de Google ou l'abus par l'algorithme », *op. cit.*

[1597] CJUE, 15 janvier 2015, aff. C-30/14, Ryan Air c/ Pr Aviation BV.

Dans cette affaire, Ryan Air reprochait à Opodo, comparateur de vols en ligne, d'utiliser sans aucun accord sa base de données relatives aux prix des différents vols. La lutte se fondait alors principalement sur le terrain de la propriété intellectuelle[1598]. En effet, il s'agissait de déterminer les règles applicables à l'utilisation de base de données. Or, « *la directive n° 96/9/CE du 11 mars 1996 concernant la protection juridique des bases de données doit être interprétée en ce sens qu'elle ne fait pas obstacle à ce que le créateur d'une base de données qui n'est protégée ni par le droit d'auteur ni par le droit sui generis établisse des limitations contractuelles à l'utilisation de celle-ci par des tiers.* » [1599] ; il faut pour pouvoir limiter l'accès à une base de données, démontrer qu'elle résulte d'un véritable investissement propre.
Cette affaire cristallise les tensions autour des bases de données relatives au prix des biens ou services. Le développement exponentiel des comparateurs permet bien souvent de comparer des offres que le consommateur n'aurait pas comparées par lui-même, faute de moyens[1600]. On voit donc combien les comparateurs peuvent être d'une grande utilité lorsqu'ils permettent aux consommateurs de détenir une information fiable et neutre quant à l'offre de marché existante.

557. Finalement, l'information relative aux produits renvoie à une diversité d'information, relative tant à la qualité, qu'à la provenance, au type d'exploitation ou aux prix. En permettant aux consommateurs de disposer d'une information relativement complète sur les produits qu'ils consomment, c'est à un rééquilibrage des pouvoirs que l'on assiste. Les consommateurs disposent, du fait de cette information, d'un véritable choix de consommation, qui lorsqu'il s'exerce, constitue un véritable contre-pouvoir, opposable au pouvoir économique des entreprises. En effet, elles sont contraintes d'être à l'écoute des consommateurs et de répondre à leurs demandes. L'essor de l'information relative aux produits fait que les entreprises pourront de moins en moins se prévaloir d'une opacité en la matière pour conserver leur situation économique.

B. L'information relative aux entreprises

558. Si l'information relative aux produits a pour destinataires principaux les consommateurs, partie prenante indirecte, l'information relative aux

---

1598 Ainsi que sur le droit des marques (car Opodo faisait apparaître le logo de Ryan Air sur son site).
1599 LANCRENON (T.), « Comparateurs de vols : les bases de données et les marques en vents contraires », *Dalloz*, n° 15, 2015., p. 908. Voir : CJUE, 15 janvier 2015, aff. C-30/ 14, Ryan Air c/ Pr Aviation BV, 45.
1600 L'utilisation d'algorithme comparatif de bases de données permet de sonder quasi instantanément les offres existantes, ce qui prendrait, manuellement beaucoup plus de temps.

entreprises permet une information plus diffuse, pouvant intéresser plus largement et à la fois, les parties prenantes indirectes et les parties prenantes directes. Plusieurs sources d'information existent. Certaines sources sont directement issues des personnels de l'entreprise et ont fait une grande entrée en droit français avec l'introduction du régime de l'alerte (1), une autre source est constituée par les agences de notation financière (2).

1. Les lanceurs d'alerte

559. L'introduction du régime de l'alerte en droit français, aussi désigné par l'expression d'*« alerte éthique »*[1601], parfois considéré comme un « *symptôme social* »[1602], s'inscrit dans un large mouvement de transparence et de lutte contre la corruption, qu'il s'agisse des activités publiques[1603] ou des activités de l'entreprise[1604]. Il s'agit, avec les lanceurs d'alerte, « *de rendre plus responsables ceux qui, par leur abus de pouvoir, qu'ils l'exercent dans le domaine sécuritaire ou économique, violent un certain nombre de principes fondamentaux et justement manipulent les secrets pour organiser leur irresponsabilité* »[1605]. Le régime de l'alerte a fait l'objet d'une étude du Conseil d'État[1606]. Celui-ci n'a pas manqué de relever l'existence de procédure sectorielle[1607] de signalement de comportements illicites tout en appelant à une approche transversale du régime de l'alerte. Le régime de l'alerte peut permettre l'information de différentes parties prenantes, en fonction du contenu de la révélation.

[1601] ROMANET (L.), BENAICHE (L.), *Les lanceurs d'alerte, auxiliaires de justice ou gardiens du silence ? L'alerte éthique en droit français*, coll. Hygiéa, Éd. De santé, Paris, 2014.

[1602] *Lanceurs d'alerte : innovation juridique ou symptôme social*, SORDINO (M.-C.) dir., Presses Universitaires de Montpellier, 2016.

[1603] Loi n° 2013-907 du 11 octobre 2013 relative à la transparence de la vie publique.
Il existe également une circulaire relative au régime de l'alerte du fait des agents publics : Circulaire du 19 juillet 2018 relative à la procédure de signalement des alertes émises par les agents publics dans le cadre des articles 6 à 15 de la loi n° 2016-1691 du 9 décembre 2016 relative à la transparence, à la lutte contre la corruption et à la modernisation de la vie économique, et aux garanties et protections qui leur sont accordées dans la fonction publique.

[1604] Loi n° 2016-1691 du 9 décembre 2016 relative à la transparence, à la lutte contre la corruption et à la modernisation de la vie économique.

[1605] BOURDON (W.), « La liberté d'informer des journalistes et lanceurs d'alerte », *Légicom*, n° 57, 2016/2, p. 85.

[1606] *Le droit d'alerte : signaler, traiter, protéger*, EDCE, La documentation française, Paris, 2016.

[1607] Par exemple, la loi n° 82-1097 du 23 décembre 1982 relative aux comités d'hygiène, de sécurité et des conditions de travail (CHSCT).
De manière générale, le régime de l'alerte prend des formes différentes selon les secteurs, notamment avec des degrés de canaux de signalement. Voir pour un exemple de procédure l'arrêté du 22 décembre 2017 qui a pour objet de préciser, pour l'Autorité de contrôle prudentiel et de résolution (ACPR), les modalités de traitement des signalements des manquements professionnels et les obligations de protection des lanceurs d'alerte.

560. La définition du lanceur d'alerte. Le lanceur d'alerte, véritable *whistleblower*[1608], est défini par la loi Sapin 2 comme « *une personne physique qui révèle ou signale, de manière désintéressée et de bonne foi, un crime ou un délit, une violation grave et manifeste d'un engagement international régulièrement ratifié ou approuvé par la France, d'un acte unilatéral d'une organisation internationale pris sur le fondement d'un tel engagement, de la loi ou du règlement, ou une menace ou un préjudice graves pour l'intérêt général, dont elle a eu personnellement connaissance.* »[1609]. Il s'agit avec le régime de l'alerte de permettre aux personnes ayant connaissance d'une situation illicite, ou d'une situation portant atteinte à l'intérêt général, de pouvoir la dénoncer aux autorités compétentes et de bénéficier en contrepartie d'une certaine protection. La bonne foi des lanceurs d'alerte doit être entendue comme le fait que les lanceurs d'alerte aient eu « *des motifs suffisants de croire à l'exactitude des faits et des risques qu'ils ont entendu signaler* »[1610].

561. Le lanceur d'alerte permet de lutter contre l'asymétrie d'information. Cette solution permet de limiter les effets de l'asymétrie d'information entre la puissance publique et les entreprises. Si l'on peut y voir une forme de délation[1611], celle-ci est exigée par des nécessités d'intérêt général et pour garantir l'effectivité du droit[1612]. En cela le régime de l'alerte participe pleinement de la transparence de l'activité des entreprises et ainsi de la démocratie économique.

La Commission européenne s'est saisie de la question et a adopté le 23 avril 2018[1613] une proposition de directive relative à la protection des lanceurs d'alerte. À cette occasion, la Commission relevait justement que les

---

1608 Terme désignant le sifflet de l'arbitre en cas de faute, entraînant un arrêt de jeu.

1609 Loi n° 2016-1691 du 9 décembre 2016 relative à la transparence, à la lutte contre la corruption et à la modernisation de la vie économique, art. 6.

1610 *Le droit d'alerte : signaler, traiter, protéger*, EDCE, La documentation française, Paris, 2016, p. 8.

1611 Comme le relevait le Conseil d'État : « *si l'alerte éthique suscite les enthousiasmes, elle nourrit aussi des réticences fortes, face au double risque d'une suspicion généralisée, qui déstabiliserait notre société, ou d'une délation organisée, pratique qui a constitué une tache dans des périodes troublées de notre histoire et qui a tant fait souffrir les peuples vivant sous des régimes totalitaires.* », *Le droit d'alerte : signaler, traiter, protéger*, EDCE, La documentation française, Paris, 2016, p. 11.

Pour une analyse plus approfondie du rapport entre le lanceur d'alerte et la dénonciation, voir not. : FERRET-LESNE (M.), « Du dénonciateur de l'ancien droit procédural au lanceur d'alerte », *in Lanceurs d'alerte : innovation juridique ou symptôme social*, SORDINO (M.-C.) dir., Presses Universitaires de Montpellier, 2016, p. 7.

1612 On peut ici trouver un lien avec la procédure de clémence utilisée en droit européen de la concurrence pour « inciter » au signalement des ententes, ce signalement a pour contrepartie une sorte d'immunité à l'égard de l'entreprise ayant signalé la pratique.

1613 Commission européenne, 23 avril 2018, Proposition de directive du Parlement européen et du Conseil sur la protection des personnes dénonçant les infractions au droit de l'Union, COM (2018) 218 final.

comportements pouvant donner lieu à une alerte sont très divers et peuvent résulter d'une fraude, de la corruption, d'un mauvais comportement, délibéré (mauvaise application des règles), ou pas (négligence)[1614]. Il ne s'agit ainsi pas seulement d'abus de droit ou de violation du droit mais plus largement d'une situation qui porte atteinte à l'intérêt général et qui doit, à ce titre, être signalée. Or, « *Les personnes qui travaillent pour une organisation ou qui sont en contact avec elle dans le cadre de leurs activités professionnelles sont souvent les premières à être informées de ces évènements et se trouvent donc dans une position privilégiée pour informer ceux qui peuvent résoudre le problème.* »[1615]. Certains secteurs cruciaux étaient au centre de l'attention[1616]. Seuls sont exclus du régime de l'alerte les documents couverts par le secret, tel que le secret de la défense nationale, le secret médical ou encore le secret des relations entre un avocat et son client ou le secret des affaires. La volonté de protéger les lanceurs d'alerte a même été reconfirmée récemment au niveau européen[1617].

562. Le régime de l'alerte et le monopole de fait. De manière générale, le régime de l'alerte permet aux personnes disposant d'information privilégiée quant à l'activité frauduleuse ou condamnable d'une entreprise de bénéficier d'un régime de protection incitant ces personnes à confier l'information qu'elles détiennent aux autorités compétentes pour en connaître. L'alerte peut ainsi permettre de découvrir un monopole de fait et permet d'outrepasser le problème de l'asymétrie d'information par l'association des personnes directement concernées. Pourtant, cette procédure de l'alerte se heurte à certaines hydres juridiques, comme le secret des affaires.

2. L'information financière sur les sociétés cotées

563. La crise financière de 2008 a mis l'accent sur la question de la solvabilité des acteurs économiques (et des États) et leur capacité à rembourser les emprunts qu'ils peuvent contracter. Une attention toute particulière a été portée au rôle des agences de notation financière. En effet, l'Union européenne relevait en 2009 que ces agences, et particulièrement les agences de notation de crédit « *jouent un rôle important sur les marchés mondiaux des valeurs mobilières et sur les marchés bancaires, parce que leurs notations de*

1614 Commission européenne, 23 avril 2018, *op. cit.*

1615 Commission européenne, 23 avril 2018, *op. cit.,* Exposé des motifs.

1616 Il s'agit des services financiers, des domaines relatifs au budget de l'Union, des marchés publics, de la concurrence et des montages fiscaux, de l'environnement, de la sécurité nucléaire, de la sécurité des produits et la protection des consommateurs, de la santé, de l'alimentaire et du bien-être animal, la sécurité des transports et la protection des données personnelles, Commission européenne, 23 avril 2018, *op. cit.*

1617 Voir en ce sens l'adoption par le Conseil de l'Union européenne d'une directive sur la protection des personnes qui signalent des violations du droit de l'Union (directive 2018/0106 [COD]).

crédit sont utilisées par les investisseurs, les emprunteurs, les émetteurs et les administrations publiques comme élément les aidant à prendre leurs décisions d'investissement et de financement en toute connaissance de cause. »[1618]. Les agences de notation de crédit sont vectrices d'information et à ce titre, elles doivent appeler une vigilance accrue pour éviter la diffusion de fausses informations. En effet, cela serait source de confusion sur les marchés financiers et induirait un comportement non rationnel des acteurs. Pourtant, si la sécurité financière a fait l'objet d'une réglementation nationale avant la crise, notamment avec la création de l'Autorité des marchés financiers en 2003[1619], la prise en compte des agences de notation a été relativement tardive[1620].

564. La notation financière est ambiguë : elle permet de donner une information aux investisseurs quant à la solidité financière des entités émettrices de crédit, mais l'influence de la notation a parfois conduit à une surréaction du marché. En effet, en notant le risque de défaut elles orientent la marche suivie par les investisseurs ; or, normalement, c'est aux investisseurs, bancaires et financiers, d'évaluer le risque de l'investissement qu'ils projettent. C'est donc à eux de chercher l'information pertinente pour la gestion de leurs affaires. Les agences de notation, sous couvert de vouloir jouer pour la transparence, jouent sur la difficulté à détenir l'information nécessaire à l'évaluation du risque de crédit[1621]. Elles s'imposent donc comme source d'informations précisément en jouant de l'asymétrie d'information particulièrement forte en matière financière.

De plus, il faut relever que les agences de notation fonctionnent soit de manière contractuelle, soit de manière spontanée. Le cas le plus problématique est celui où la notation fait l'objet d'une rémunération car cela interroge

---

1618 Règlement (CE) n° 1060/2009 du Parlement européen et du Conseil du 16 septembre 2009 sur les agences de notation de crédit, cons. 1.

1619 Loi n° 2003-706, 1er août 2003, de sécurité financière, codifiée dans le Code monétaire et financier (art. L. 621- 1 pour les missions de l'Autorité des marchés financiers).

1620 COURET (A.), « Les agences de notation : observations sur un angle mort de la réglementation », *Rev. soc.*, n° 4, 14 janvier 2003, p. 765. L'auteur précisait que : « *[...], brutalement, les comportements des agences de notation ont été associés aux perturbations qui ont affecté le marché boursier et l'on a vu se multiplier les critiques. La chose a été vraie aux Etats-Unis puis en France où des chefs d'entreprises ont accusé certaines agences de notation d'avoir suscité ou accéléré la dégringolade du cours des titres des sociétés aux destinées desquelles ils présidaient. Crise donc de la notation et c'est sans doute cet aspect de crise que l'on associe le plus volontiers au fonctionnement des agences.* ».

1621 Le phénomène de la notation ne concerne pas que la viabilité financière, s'est également développé la notation en matière de respect de l'environnement ou de gouvernement d'entreprise. Voir sur ce point : COURET (A.), « Les agences de notation : observations sur un angle mort de la réglementation », *op. cit.*, points 6 et s.

l'indépendance de l'agence de notation[1622]. C'est l'« *industrie de la notation financière* »[1623] qui doit être réglementée et transparente. C'est en ce sens que l'on retrouve en droit national, au sein du Code monétaire et financier, un encadrement des pratiques des agences de notation[1624] afin d'éviter que l'émetteur de la dette n'influence le résultat de leurs analyses[1625]. On arrive à une sorte de mise en abyme. Les agences chargées d'assurer un niveau d'information correct des acteurs sur les marchés financiers, dit autrement qui participent à la transparence financière, doivent elles-mêmes être soumises à une transparence accrue dans leurs activités de notation.

565. Finalement, on voit bien que la transparence relative aux activités des entreprises permet, généralement, de rationaliser les comportements des opérateurs économiques et évite qu'ils ne puissent exploiter une asymétrie d'information. Cela participe à l'effectivité de la concurrence et restreint ainsi les possibilités de monopole de fait.

§ II. LES ILOTS D'OPACITE ORGANISES PAR LES ENTREPRISES

566. La transparence permet de réduire efficacement l'asymétrie d'information entre les différentes parties prenantes. Cela permet de rééquilibrer les pouvoirs des parties prenantes et prévient ainsi la constitution de monopole de fait. Néanmoins, cette mise à nu des procédés et comportements de l'entreprise ne lui est pas nécessairement bénéfique et les entreprises usent de plusieurs artifices pour éviter que l'environnement juridique ne devienne trop contraignant en matière de transparence.

1622 COURET (A.), « Les agences de notation : observations sur un angle mort de la réglementation », *ibid.*, point 11 : « *Cette rémunération par l'émetteur soulève bien évidemment la question de l'indépendance de l'agence de notation. Mais à dire vrai, la question ne concerne pas que ces agences : elle intéresse également les commissaires aux comptes. Au demeurant, il n'est guère d'exemples aujourd'hui de contestation ouverte de la qualité des notes données sur fond de suspicion d'indépendance découlant du mode de rémunération.* ».

1623 Pour un historique du développement de cette industrie, voir not. : GAILLARD (N.), « Quelles réformes pour l'industrie de la notation financière ? », *Revue d'économie financière*, 2011/1, n° 101, p. 73-86.

1624 Code monétaire et financier, Livre V : Les prestataires de services, Titre IV : Autres prestataires de services, Chapitre UV : Services de recherche en investissement, d'analyse financière ou de notation de crédit, art. L. 544-2 et s.

1625 L'art. L. 544-2, Code monétaire et financier précise que : « *Les dirigeants d'une entreprise doivent s'abstenir de toute initiative auprès des analystes financiers dont ils rémunèrent les services qui aurait pour objet ou pour effet de privilégier leurs intérêts propres, ou ceux de leurs actionnaires, au détriment d'une information sincère.* ».

567. La question du secret d'affaires cristallise bien toute la difficulté à instaurer une véritable transparence des activités économiques. Entre véritable secret d'affaires ou moyen de dissimulation, et donc d'organisation de l'asymétrie d'information, l'encadrement juridique devra nécessairement opérer une conciliation (A). Mais plus encore, c'est dans l'élaboration des normes que les entreprises s'immiscent parfois, afin d'inciter les décideurs publics à intercéder en leur faveur. Il s'agit de la représentation d'intérêt. Cette pratique consiste à promouvoir certains intérêts particuliers, privés, voire catégoriels/professionnels, auprès des décideurs publics afin d'influencer l'environnement juridique dans un sens favorable aux intérêts d'un secteur ou d'une entreprise. Si elle n'est pas condamnable en elle-même, il ne faut pas que cette pratique nuise à une juste prise en compte des intérêts de toutes les parties prenantes auprès des décideurs publics car cela risque de faciliter la constitution de monopoles de fait. La transparence est donc à établir du côté de la représentation d'intérêts (B).

A. Le secret d'affaires

568. La distinction entre secret d'affaires et droit de propriété intellectuelle. « *Bien qu'ils ne soient pas protégés comme des DPI classiques, les secrets d'affaires constituent un instrument complémentaire essentiel à la nécessaire appropriation des actifs intellectuels qui constituent les moteurs de l'économie de la connaissance du XXIe siècle.* »[1626]. C'est pour cela que leur protection par le secret revêt une importance singulière et constitue le seul moyen de préserver certaines informations sensibles. La directive du 8 juin 2016[1627], transposée par la loi du 30 juillet 2018[1628], reconnaît que les entreprises accordent au secret des affaires la même valeur que les brevets ou les droits de propriété intellectuelle[1629]. Selon la directive[1630], constitue un secret des affaires toute information présentant les trois caractéristiques

---

[1626] Document de la Commission, Proposition de Directive du Parlement européen et du Conseil sur la protection des savoir-faire et des informations commerciales non divulgués (secret d'affaires) contre l'obtention, l'utilisation et la divulgation illicites, COM (2013) 813 Final.
[1627] Directive (UE) 2016/943 du Parlement européen et du Conseil du 8 juin 2016 sur la protection des savoir-faire et des informations commerciales non divulgués (secrets d'affaires) contre l'obtention, l'utilisation et la divulgation illicites.
[1628] Loi n° 2018-670 du 30 juillet 2018 relative à la protection du secret des affaires, déclarée conforme par le Conseil constitutionnel, décision n° 2018-768 DC, 26 juillet 2018, Loi relative à la protection du secret des affaires.
Pour une critique de la transposition, voir not. : GALLOUX (C.), « La transposition de la directive sur les secrets d'affaires », *RTD Com.*, n° 3, 7 novembre 2018, p. 643.
[1629] Directive (UE) 2016/943, *op. cit.*, cons. 1.
[1630] Directive (UE) 2016/943, *op. cit.*, art. 2.

suivantes : elle doit être secrète, avoir une valeur commerciale liée à ce secret et avoir fait l'objet de mesures visant à garantir son caractère secret.

569. La conciliation entre le secret d'affaires et le régime de l'alerte. Cette directive relative à la protection du secret des affaires laisse planer un doute quant à sa conciliation avec le régime de l'alerte (notamment la protection des lanceurs d'alerte[1631]) et, de manière plus générale, quant à la contradiction évidente entre la protection du secret des affaires et la transparence des activités économiques.

La directive donne un cadre protecteur aux secrets des affaires, évitant ainsi la divulgation d'informations cruciales pour une entreprise. Conformément au droit de l'UE et aux droits nationaux, certaines exceptions sont prévues. L'une des exceptions tient au régime de l'alerte bien qu'il ne soit pas cité directement. En effet, l'article 1[1632] précise que « *la présente directive ne porte pas atteinte à [...] l'application de règles de l'Union ou de règles nationales exigeant des détenteurs de secrets d'affaires qu'ils révèlent, pour des motifs d'intérêt public, des informations, y compris des secrets d'affaires, au public ou aux autorités administratives ou judiciaires pour l'exercice des fonctions de ces autorités* ». Cette formulation ne semble pourtant pas réellement permettre une conciliation avec le régime de l'alerte. En effet, seuls les détenteurs du secret des affaires, c'est-à-dire « *toute personne physique ou morale qui a le contrôle d'un secret d'affaires de façon licite* », sont ici concernés par l'exception. Or, le secret d'affaires peut être obtenu de façon licite selon des cas énumérés par la directive. Si les premiers cas ne sont pas problématiques[1633], la directive énonce enfin qu'un secret d'affaires peut être obtenu par « *toute autre pratique qui, eu égard aux circonstances, est conforme aux usages honnêtes en matière commerciale* »[1634]. Cette

[1631] Sur ce point, voir not. : ARFI (F.), « Informer n'est pas un délit », *Légicom*, n° 57, 2016/2, p. 89 et s.

[1632] Directive (UE) 2016/943, *op. cit.*, art. 1, §2, 2.

[1633] Directive (UE) 2016/943 du Parlement européen et du Conseil du 8 juin 2016 sur la protection des savoir-faire et des informations commerciales non divulgués (secrets d'affaires) contre l'obtention, l'utilisation et la divulgation illicites, art. 3 : « *1. L'obtention d'un secret d'affaires est considérée comme licite lorsque le secret d'affaires est obtenu par l'un ou l'autre des moyens suivants :*

a) une découverte ou une création indépendante ;

b) l'observation, l'étude, le démontage ou le test d'un produit ou d'un objet qui a été mis à la disposition du public ou qui est de façon licite en possession de la personne qui obtient l'information et qui n'est pas liée par une obligation juridiquement valide de limiter l'obtention du secret d'affaires ;

c) l'exercice du droit des travailleurs ou des représentants des travailleurs à l'information et à la consultation, conformément au droit de l'Union et aux droits nationaux et pratiques nationales ; [...] ».

[1634] Directive (UE) 2016/943 du Parlement européen et du Conseil du 8 juin 2016 sur la protection des savoir-faire et des informations commerciales non divulgués (secrets d'affaires) contre l'obtention, l'utilisation et la divulgation illicites, art. 3, d).

formulation a de quoi interroger par sa largesse et par ce qu'elle peut recouvrir. En effet, quels sont les usages honnêtes en matière commerciale ? Plus encore, quelle application de ces usages dans des circonstances particulières ? Faut-il y voir l'atteinte grave à l'intérêt général que doit signaler le lanceur d'alerte ? La retenue de la directive, qui ne fait pas explicitement référence au régime de l'alerte interpelle et démontre la complexité à concilier ces intérêts antagonistes que sont l'intérêt général et l'intérêt privé. Pourtant c'est bien l'intérêt général qui doit primer.

570. La réception en droit français de la protection du secret d'affaires[1635]. Le Conseil constitutionnel a été saisi pour apprécier la conformité à la Constitution de la loi relative au secret des affaires[1636] qui introduit, notamment, dans le livre Premier du Code de commerce, un Titre relatif à sa protection. Dans sa décision du 26 juillet 2018[1637], il juge la loi conforme à la Constitution. Bien que sur certains points, il se déclare incompétent du fait de la consistance de dispositions législatives qui « *se bornent à tirer les conséquences nécessaires de dispositions inconditionnelles et précises d'une directive* »[1638].

571. Selon la lettre de la directive en cause, il s'agit de pallier le fait qu'« *il n'existe pas de cohérence sur le plan des réparations disponibles en droit civil face à une obtention, une utilisation ou une divulgation illicite de secrets d'affaires, la possibilité d'ordonner la cessation ou l'abstention à l'encontre de tiers qui ne sont pas des concurrents du détenteur légitime de secrets d'affaires n'existant pas dans certains États membres* »[1639]. En précisant que certains secrets d'affaires peuvent être obtenus ou divulgués par d'autres personnes qu'un concurrent au détenteur légitime du secret, la directive ne place pas pour autant le secret des affaires autre part que dans le champ

---

1635 Le texte avait été soumis pour avis au Conseil d'État, avis n° 394422, 15 mars 2018 sur la proposition de transposition de la directive du Parlement et du Conseil sur la protection des savoir-faire et des informations commerciales non divulguées contre l'obtention, l'utilisation et la divulgation illicites.

1636 La loi n° 2018-670 du 30 juillet 2018 relative à la protection du secret des affaires transpose la directive du 8 juin 2016 précitée.

1637 Cons. const., déc. n° 2018-768 DC, 26 juillet 2018, Loi relative à la protection du secret des affaires.

1638 Le Conseil rappelle cette condition de l'exercice de son contrôle dès le début de la décision et s'y réfèrera sur plusieurs points. Il se borne ici à reprendre les termes de l'avis du Conseil d'État (n° 394422).

1639 Directive (UE) 2016/943 du Parlement européen et du Conseil du 8 juin 2016 sur la protection des savoir-faire et des informations commerciales non divulgués (secrets d'affaires) contre l'obtention, l'utilisation et la divulgation illicites, cons. 6. Nous soulignons.

concurrentiel et commercial[1640]. Et le Conseil ne considère pas que la directive « *a pour seul objet d'éviter une concurrence déloyale* »[1641], alors que ce devrait être le cas. L'absence de précision quant à la portée de la directive peut laisser perplexe et donner lieu à interprétation. Cela peut entraîner des dérives en incluant dans le champ de la directive des personnes normalement protégées en cas de divulgations d'informations sensibles[1642]. Peut-être le Conseil aurait-il dû fonder son analyse sur le premier considérant de la directive[1643] qui ne laisse aucun doute quant à la portée de la directive s'inscrivant dans une logique proconcurrentielle et ne devant avoir aucune incidence quant à la protection des personnes divulguant un secret ne relevant pas de ce champ.

572. En tout état de cause, le débat législatif est clos, s'ouvre alors le champ contentieux qui sera révélateur (ou non) des critiques émises à l'encontre de ce nouveau dispositif. Seule l'expérience démontrera si le régime de protection des secrets d'affaires sera utilisé à des fins de dissimulation d'information et comme outil d'organisation de l'asymétrie d'information pouvant permettre de dissimuler, par exemple, un monopole de fait.

B. La représentation d'intérêt

573. La transparence relative à la représentation de certains intérêts particuliers auprès des décideurs publics a fait l'objet d'un encadrement en vue d'assurer la transparence de la vie publique, elle met incidemment en lumière les stratégies politiques utilisées par les entreprises pour leur garantir un environnement juridique favorable, propre à pérenniser une situation rentière (1). Cependant, une distinction nette est à opérer entre la représentation d'intérêts et la participation des parties prenantes à l'élaboration des normes.

[1640] Ce qui se retrouve en substance dans le considérant 4 de la directive : « *L'obtention, l'utilisation ou la divulgation illicite d'un secret d'affaires compromet la possibilité légitime pour les détenteurs de ce secret d'affaires de bénéficier des avantages liés au statut de précurseur tirés de leur travail lié à l'innovation.* ». Nous soulignons car cet avantage de précurseur s'inscrit dans le champ économique et concurrentiel.

[1641] Cons. const., déc. n° 2018-768 DC, 26 juillet 2018, Loi relative à la protection du secret des affaires.

[1642] Les lanceurs d'alerte mais aussi les journalistes. La liberté de la presse s'est déjà heurtée à la loi n° 2015-912, 24 juillet 2015 relative au renseignement. Voir en ce sens : DAOUD (E.), GODEBERGE (C.), « Loi sur le renseignement et protection des sources journalistiques : une occasion manquée », *Constitutions,* n° 3, 3 décembre 2015, p. 408.

[1643] « *Les entreprises comme les organismes de recherche non commerciaux investissent dans l'obtention, le développement et l'utilisation de savoir-faire et d'informations qui constituent la monnaie de l'économie de la connaissance et qui confèrent un avantage concurrentiel. [...]* ». Nous soulignons.

Seule cette dernière permet d'élaborer des normes à même d'assurer une démocratie économique et sociale (2).

3. L'encadrement des représentants d'intérêts auprès des décideurs publics

574. Du *lobbying* aux représentants d'intérêts : un changement sémantique mais pas un changement de but. On qualifiait de *lobbying* ce « *travail d'influence en amont de la norme, tourné essentiellement vers les autorités décisionnelles : autorités législatives ou administratives ou politiques qui prennent la décision de fonder, modifier un texte, voire de renoncer à une action législative ou réglementaire.* »[1644]. Il existe une sorte de différenciation des acteurs pratiquant le *lobbying* et l'émergence de nouveaux acteurs, les *think tank*. Ces derniers sont considérés comme indépendants, tant de l'État que d'opérateurs économiques et comme ayant pour but, non lucratif, de questionner et réfléchir à certains mouvements de fond de la société et de proposer des contenus de politique publique dans un objectif d'intérêt général[1645]. À ce titre, les *think tank* utilisent en substance les mêmes moyens que le *lobbying* classique mais ils ne seraient pas mus par les mêmes intérêts[1646].

Souvent décrié et accusé d'être purement et simplement de la corruption, le *lobbying* fait peau neuve[1647] avec la loi sur la transparence de la vie publique[1648] qui introduit et officialise les représentants d'intérêts en instaurant un répertoire de ceux-ci, confiés à la Haute autorité pour la

1644 DE BEAUFORT (V.), « Passer d'un *lobbying* d'anticipation pour influencer un texte à un *lobbying* juridique pour influencer son application », *in Lobbying et procès orchestrés*, DE BEAUFORT (V.), MASSON (A.), dir., coll. Droit, Management et Stratégies, Larcier, Bruxelles, 2011, p. 11.
Voir également : DE BEAUFORT (V.), « Définitions-notions-*lobbying* et stratégies d'influence », *in Lobbying : cadre, outils & stratégies*, DE BEAUFORT (V.), HACQUE-COSSON (F.) dir., Larcier, coll. Droit, Management et stratégies, Bruxelles, 2015.
Pour une approche comparée France / États-Unis, voir not. : HOUILLON (G.), *Le lobbying en droit public*, Bruylant, coll. Droit administratif, 2012.
Pour une approche historique du *lobbying*, voir not. : STAUBER (J.), RAMPTON (S.), *L'industrie du mensonge, Relations publiques, lobbying et démocratie*, Agone, coll. Elements, 2012.
1645 Pour une approche de l'influence des *think tank*, notamment en matière de RSE, voir : *Intelligence économique et lobbying au crible des valeurs publiques*, RIVAL (M.), BOURNOIS (F.), CHANUT (V.) (coord.), Eska, Paris, 2014, p. 175 et s.
1646 Voir not., DE BEAUFORT (V.), « Passer d'un lobbying d'anticipation pour influence un texte à un lobbying juridique pour influencer son application », *op. cit.*, p. 12.
1647 PORTMANN (A.), « Répertoire numérique des lobbyistes : les obligations pour l'avocat », *Dalloz actualité*, n° 15, 15 mai 2017.
1648 Loi n° 2013-907 du 11 octobre 2013 relative à la transparence de la vie publique, telle que modifiée par la loi Sapin II.

transparence de la vie publique[1649]. Ce dispositif permet de limiter les phénomènes de corruption dont usent parfois les entreprises pour maîtriser l'environnement juridique dont elles relèvent et participe de la restauration du lien de confiance entre les citoyens et leurs représentants, tout en assurant la transparence sur les stratégies et les intérêts poursuivis par les entreprises.

575. L'encadrement des représentants d'intérêt : la transparence dans la participation à l'élaboration des politiques publiques. L'utilisation de moyens de communication de masse constitue une nouvelle forme de *lobby*[1650]. L'acception des *lobbies* n'allait pas de soi en droit français, contrairement au droit américain, cela semblant tenir aux acceptions de l'intérêt général, divergentes de chaque côté de l'Atlantique[1651].
En France, la loi relative à la transparence de la vie publique[1652], adoptée en 2013 et modifiée par la loi Sapin II en 2016, précise le régime applicable aux représentants d'intérêts. L'article 18-2 précise ce qu'est un représentant d'intérêts et donne une liste déterminée de décideurs publics[1653]. Avec cette loi de 2013, « *Un répertoire numérique assure l'information des citoyens sur les relations entre les représentants d'intérêts et les pouvoirs publics.* »[1654].
La transparence des *lobbies* a été renforcée par la loi Sapin II. La Haute autorité pour la transparence de la vie publique a pour mission[1655] de contrôler le patrimoine des représentants ainsi que de prévenir les conflits d'intérêts[1656]

[1649] Notons que l'inscription est ouverte depuis le 1er juillet 2017. Selon des lignes directrices émises par la HATVP en janvier 2018, sont comprises dans les communications pouvant lier les représentants d'intérêts et les décideurs publics : une rencontre physique, une conversation téléphonique ou par visio-conférence, les courriers – postaux ou électroniques ou encore l'interpellation directe sur un réseau social.

[1650] Voir en ce sens : MALINVAUD (Ph.), « De l'influence des médias et des *lobbies* en construction », *RDI*, n° 9, 18 septembre 2017, p. 381.

[1651] FAGES (F.), ROUVILLOIS (F.), « *Lobbying* : la nouvelle donne constitutionnelle », *D.*, n° 5, 4 février 2010, p. 277.

[1652] Loi n° 2013-907 du 11 octobre 2013 relative à la transparence de la vie publique, telle que modifiée par la loi Sapin II.
Pour un historique complet de la réglementation sur les représentants d'intérêts, voir not. : DE BEAUFORT (V.), « Statut du lobbying en France et évolutions stratégiques », *in Lobbying : cadre, outils & stratégies*, DE BEAUFORT (V.), HACQUE-COSSON (F.) dir., Larcier, coll. Droit, Management et stratégies, Bruxelles, 2015, p. 51 et s.

[1653] Loi n° 2013-907 du 11 octobre 2013 relative à la transparence de la vie publique, art. 18-2.

[1654] Loi n° 2013-907 du 11 octobre 2013 relative à la transparence de la vie publique, art. 18-1 : « *Ce répertoire est rendu public par la Haute Autorité pour la transparence de la vie publique. Cette publication s'effectue dans un format ouvert librement utilisable et exploitable par un système de traitement automatisé, dans les conditions prévues au titre II du livre III du code des relations entre le public et l'administration.* ».

[1655] Loi n° 2013-907 du 11 octobre 2013 relative à la transparence de la vie publique, art. 20.

[1656] Le conflit d'intérêts est constitué par « *toute situation d'interférence entre un intérêt public et des intérêts publics ou privés qui est de nature à influencer ou à paraître influencer l'exercice indépendant, impartial et objectif d'une fonction.* », Loi n° 2013-907 du 11 octobre 2013 relative à la transparence de la vie publique, art. 2.

et dispose de certains pouvoirs à cet égard ; elle est aussi chargée de tenir à jour le registre des représentants d'intérêts.

576. Comme le précise le décret du 9 mai 2017[1657], les représentants d'intérêt peuvent être divers et variés[1658].

Le décret d'application donne également, en annexe, une liste non exhaustive du type de décisions sur lesquelles peuvent influer les représentants d'intérêts. Sont ainsi concernées les lois et ordonnances, les actes réglementaires mais y entrent paradoxalement de nombreux contrats, qu'ils s'agissent de marchés publics ou de concessions, les autorisations d'occupation du domaine public ou encore les délibérations approuvant la constitution d'une société d'économie mixte. Autant de situations où le choix du décideur public intéresse fortement les opérateurs économiques, et donc les représentants d'intérêts.

577. La représentation d'intérêts et le droit européen. Les représentants d'intérêt ont également été appréhendés en droit européen, mais la transparence à ce niveau semble plus timide qu'au niveau national ; a même été évoquée sa « *légèreté insoutenable* »[1659]. Dès 2006[1660], la Commission européenne précisait que le *lobbying* correspond à « *toutes les activités qui visent à influer sur l'élaboration des politiques et les processus décisionnels des institutions européennes.* »[1661]. Elle précise également que le terme de *lobbyiste* concerne « *les personnes qui se livrent à ce type d'activités et qui travaillent dans toute une série d'organisations telles que les cabinets de consultants spécialisés dans les affaires publiques, les cabinets d'avocats, les ONG, les groupes de réflexion, les groupes de pression au sein des entreprises ("représentants internes") ou les groupements professionnels.* »[1662]. Malgré cette prise en considération précoce de l'activité des représentants d'intérêt et de leur nécessaire encadrement afin qu'elles ne tendent pas vers la corruption, le chemin a été long jusqu'à l'instauration d'un registre de transparence.

[1657] Décret n° 2017-867 du 9 mai 2017 relatif au répertoire numérique des représentants d'intérêts, art. 1.

[1658] CLAVAGNIER (B.), « En France, rien ne se fait sans exagération ! », *JA*, n° 565, 1er janvier 2017, p. 3 : « *Il ne s'agit pas seulement des personnes défendant les intérêts d'une profession, de corporations ou de multinationales. De nombreuses associations sont également concernées par cette obligation d'inscription sur ce répertoire et de déclaration, et pas seulement les fédérations professionnelles. Il s'agit plus généralement de celles dont l'un des dirigeants, employés ou membres consacre plus de la moitié de son temps, à son initiative, à des actions de représentation d'intérêts auprès de responsables publics* ».

[1659] DUBOS (O.), « L'encadrement des *lobbies* eu Parlement européen : l'insoutenable légèreté de la transparence », *Petites aff.*, n° 116, 11 juin 2009, p. 81.

[1660] Livre vert : Initiative européenne en matière de transparence, du 3 mai 2006, COM (2006) 194 final, [http://europa.eu/documents/comm/green_papers/pdf/com2006_194_fr.pdf].

[1661] Livre vert : Initiative européenne en matière de transparence, *op. cit.*, p. 5.

[1662] Livre vert : Initiative européenne en matière de transparence, *op. cit.*, p. 5.

578. En effet, il faut attendre 2011 et l'accord entre le Parlement européen et la Commission européenne sur l'établissement d'un registre de transparence pour les organisations et les personnes agissant en qualité d'indépendants qui participent à l'élaboration et à la mise en œuvre des politiques de l'Union européenne[1663] pour qu'un premier pas soit fait. Cet accord permet d'instaurer un registre de transparence où doivent s'inscrire les représentants d'intérêts, d'horizons divers et variés[1664]. L'inscription au registre de transparence vaut acceptation par les représentants d'intérêt du code de bonne conduite qui lui est associé[1665]. Ce code de bonne conduite prévoit en substance que les représentants d'intérêts n'utiliseront pas de pratiques abusives ou ne mettront pas en œuvre de comportements illicites dans la poursuite de leurs objectifs.

579. Les initiatives européennes ne s'arrêtent pas là et un rapport de 2017[1666] met l'accent sur l'importance de la transparence des institutions européennes, et des *lobbies*, dans la mesure où le rapport avec les citoyens européens est largement distendu. Le rapport énonce que « *L'accès privilégié aux décideurs de l'Union dont bénéficient de puissants lobbies contraste nettement avec le principe d'égalité de traitement des intérêts des citoyens. Ceux qui détiennent déjà plus d'argent et de pouvoir peuvent facilement exercer une influence comparativement plus importante.* »[1667]. La question de l'élaboration de la norme au niveau européen connaît de nombreuses critiques, notamment fondées sur l'entre-soi qui règne dans les institutions européennes. Ainsi, instaurer effectivement la transparence est un premier pas pour la restauration du lien de confiance des citoyens européens envers leurs représentants ; mais de manière générale, c'est bien l'égalité de traitements des intérêts des citoyens européens qui est à assurer. L'égalité de traitement des intérêts par les décideurs publics constitue un préalable indispensable à toute légitimité des normes.

1663 Journal officiel de l'Union européenne, L 191/29, 22 juillet 2011.

1664 Accord entre le Parlement européen et la Commission européenne sur l'établissement d'un registre de transparence pour les organisations et les personnes agissant en qualité d'indépendants qui participent à l'élaboration et à la mise en œuvre des politiques de l'Union européenne, annexe du Rapport sur la conclusion d'un accord institutionnel entre le Parlement européen et la Commission sur un registre commun de transparence, 26 avril 2011, (2010/2291(ACI)).

1665 Accord entre le Parlement européen et la Commission européenne sur l'établissement d'un registre de transparence, *op. cit.*, annexe III.

1666 Rapport de la Commission des affaires constitutionnelles sur la transparence, la responsabilité et l'intégrité au sein des institutions européennes, 30 mars 2017, 2015/2041 (INI), Sven Giegokd (rap.).

1667 Rapport de la Commission des affaires constitutionnelles, Sven Giegokd (rap.), 30 mars 2017, sur la transparence, la responsabilité et l'intégrité au sein des institutions européennes, 2015/2041 (INI), exposé des motifs.

4. La distinction entre la représentation d'intérêt et le principe de participation à l'élaboration de la norme.

580. Une distinction nécessaire pour éviter la confusion. Une condition permet de distinguer la représentation d'intérêts de la participation à l'élaboration de la norme. Est considérée comme une représentation d'intérêts la communication à l'initiative du représentant. Ainsi, ne peut être une représentation d'intérêt le fait pour un représentant d'être invité, notamment au cours d'une audition, à suggérer des modifications de rédaction[1668], c'est l'avis de l'expert que l'on demande, et non celui du représentant d'intérêt. Pourtant la limite est subtile. Il semblerait alors que le législateur a à faire preuve de prudence et devrait énoncer clairement une définition de la représentation d'intérêt et devrait la préciser par rapport à d'autres activités de participation à l'élaboration des normes, qu'il s'agisse du recours à des experts ou de l'association du public aux décisions ayant des incidences en matière environnementale[1669].

581. L'OCDE et le principe de participation. L'OCDE ne dit rien de la représentation d'intérêts mais elle invite à prendre en compte toutes les parties prenantes lors de la discussion des normes. Plus précisément, l'OCDE relève que « *Recueillir des points de vue équilibrés sur les dossiers en cause est la clé d'un débat éclairé et de la définition de politiques efficaces. Un accès juste et équitable de toutes les parties prenantes du secteur privé et de l'ensemble du public à la participation à l'élaboration des politiques publiques est crucial pour préserver l'intégrité des décisions publiques et l'intérêt général en contrebalançant les intérêts en place les mieux organisés pour s'exprimer.* »[1670]. C'est tout l'objet du principe de participation que d'assurer aux parties prenantes des normes – citoyens et destinataires – voix au chapitre dans la procédure de leur élaboration. En cela, il constitue un principe connexe à l'appropriation collective, l'égalité de traitements des intérêts par les

[1668] Voir en ce sens les lignes directrices émises par la HATVP en janvier 2018, p. 10.

[1669] C'est en effet en cette matière que le principe de participation connaît un développement accru, que l'on songe notamment aux enquêtes publiques, aux études d'impact ou à d'autres procédures permettant la consultation et l'information du public en matière environnementale. Ce principe de participation est également affirmé à l'article 7 de la Charte de l'environnement : « *Toute personne a le droit, dans les conditions et limites définies par la loi, d'accéder aux informations relatives à l'environnement détenues par les autorités publiques et de participer à l'élaboration des décisions publiques ayant une incidence sur l'environnement.* ».

[1670] Voir la Recommandation du Conseil sur les Principes pour la transparence et l'intégrité des activités de lobbying, [C (2010) 16]. Voir également : OCDE, Transparence et Intégrité dans les pratiques de Lobbying, 2013, [https://www.oecd.org/fr/gouvernance/ethique/Transparence-et-Int%C3%A9grit%C3%A9-dans-les-pratiques-de-Lobbying.pdf].
Nous soulignons.

décideurs publics constitue un moyen préventif de situations de monopole de fait qui résulteraient de la manipulation des décideurs publics.

582. Le niveau d'information disponible sur un marché, comme cela a été précisé au tout début de ces développements, participe de l'établissement d'une concurrence pure et parfaite. En effet, assurer un niveau élevé d'information disponible, que ce soit une information relative aux produits disponibles ou une information relative aux entreprises, permet de rééquilibrer les relations de pouvoir entre les entreprises et leurs parties prenantes. Ces dernières, délivrées (si l'on ose dire) de l'opacité des marchés, se réapproprient un véritable pouvoir : celui du choix de consommation, voire du choix de non-consommation. Ce choix constitue un véritable pouvoir car il oblige les entreprises à prendre en compte les considérations de ses parties prenantes, au premier titre desquelles, les consommateurs. Les stratégies de secret et d'influence que continuent à mettre en œuvre les entreprises sont également découvertes et ont un effet sur leur réputation qui les conduit à adopter des comportements responsables. L'information est bien au cœur de la rationalisation des mécanismes économiques et des comportements de tous les acteurs.

Section II. LA TRANSPARENCE COMPTABLE, FINANCIERE ET EXTRAFINANCIERE DES ENTREPRISES PUISSANTES

583. La transparence des activités économiques à de nombreuses vertus. Si pendant longtemps les entreprises ont été considérées comme des boites noires, insondables, aujourd'hui l'entreprise est soumise à de nombreuses obligations, et particulièrement les entreprises d'une certaine dimension. Cela résulte en grande partie de la crise financière de 2008. Le constat de l'irrationalité du secteur financier et de sa déconnexion de l'économie réelle a conduit (forcé) les décideurs publics à imposer un cadre de gestion aux entreprises cotées, notamment en matière comptable. Cette transparence de gestion permet aux autorités, prudentielle ou de régulation, d'assurer leur mission et de garantir le bon fonctionnement du secteur.
En effet, c'est en assurant une gestion transparente des activités que les pouvoirs publics se dotent de véritables moyens de contrôle sur les entreprises cruciales ; « *Dans un sens négatif, une entreprise est cruciale si sa disparition cause un choc sur le secteur qui met en péril celui-ci. Dans un sens positif, une entreprise est cruciale si le bon fonctionnement du secteur dépend de la présence, du bon gouvernement et du bon comportement de l'entreprise.* »[1671]. L'approche positive est, des mots mêmes de l'auteure, assez politique. Le bon

---

[1671] FRISON-ROCHE (M.-A.), « Réguler les "entreprises cruciales" », *op. cit.*

fonctionnement du secteur renvoie, au-delà de la dimension concurrentielle et de la compétitivité d'une entreprise, à une approche en termes de performance sociétale de l'entreprise. On retrouve comme exemple emblématique de ces deux facettes de l'entreprise cruciale, d'une part, les entreprises systémiques dans le secteur financier et d'autre part, les GAFA. Mais cela concerne de manière générale les entreprises *leaders* sur leur marché.

584. La transparence se déploie à plusieurs niveaux et permet de donner une vue d'ensemble des activités de l'entreprise. En matière comptable tout d'abord, la transparence oblige les entreprises à consigner toutes leurs activités dans un document comptable unique, permettant l'information des parties prenantes et facilitant ainsi le contrôle et l'identification des bénéficiaires en cas de monopoles de fait (§I). La transparence exigée des grandes entreprises s'élargit, et elles doivent depuis 2001 présenter un rapport de leur performance extrafinancière. Cette obligation, bien antérieure à la consécration de la RSE des entreprises par la loi PACTE, démontre s'il en était besoin l'incidence de l'activité de ces entreprises sur la société et incidemment, les menaces qu'un monopole de fait d'une telle entreprise font peser sur la société (§II).

§ I. LA TRANSPARENCE COMPTABLE ET FINANCIERE DES ACTIVITES ECONOMIQUES

585. Certaines situations de monopole de fait prospèrent grâce à l'opacité dans laquelle s'exerce l'activité économique. La transparence comptable et financière, en assurant un niveau élevé d'information sur les entreprises, permet de créer un environnement économique rationalisé. En effet, la transparence comptable à laquelle sont soumises les entreprises, et particulièrement les entreprises cotées, les oblige à fournir l'information nécessaire à la vérification de leurs comptes dans un objectif de sécurité financière. Cette information doit néanmoins être soumise au respect d'une certaine sincérité (A). De plus, cette transparence influe sur la réputation de l'entreprise lorsqu'elle permet de mettre à jour des pratiques condamnables. Or « *la réputation, comme chacun sait, constitue un véritable patrimoine, qui peut croître ou décroître, et assure à son détenteur la jouissance d'une rente de situation* »[1672]. C'est ainsi qu'en assurant une correcte information des parties prenantes, notamment quant aux considérations extrafinancières des entreprises, la transparence évite la constitution de rente prospérant du fait d'une réputation faussée, d'une information biaisée des parties prenantes (B).

[1672] ZAMAGNI (S.), « Gratuité et action économique », *op. cit.*

A. La transparence comptable et la sécurité financière

586. Les normes comptables internationales : un risque pour la transparence financière ? L'existence d'une nomenclature internationale applicable à la comptabilité des entreprises laisse supposer l'importance de la présentation des bilans de ses activités par une entreprise. En effet, qu'il s'agisse du bilan comptable ou du compte de résultat[1673], la transparence comptable permet de contrôler l'activité d'une entreprise et constitue un outil de prévention des fraudes, de toute nature et particulièrement fiscales. Le référentiel comptable international (IFRS[1674]) propose des normes élaborées par l'*International accounting standards board* (IASB), auxquelles à adhérer l'Union européenne avec le règlement européen n° 1606/2002[1675]. Dans une optique d'harmonisation de présentation des documents comptables, la Commission européenne décide de l'applicabilité des normes comptables internationales[1676]. Celles-ci permettent d'harmoniser la présentation des informations comptables des entreprises d'une certaine dimension et dont les titres sont admis à la négociation sur des marchés boursiers. Elles mettent l'accent sur certains indicateurs. Il faut néanmoins relever que les IFRS s'éloignent de la comptabilité telle qu'elle s'est développée en droit national et constitue plutôt une information financière, ce qui leur a valu certaines critiques[1677].

Le divorce semble bien acté entre transparence financière et comptable. Au niveau national, et pour remettre l'intérêt public au centre de la question comptable, l'Autorité des normes comptables a été créée en 2009[1678]. Elle joue

---

[1673] Pour ne citer que les deux documents principaux en matière comptable. Le bilan comptable fait état du patrimoine de l'entreprise, le compte de résultat permet de rendre compte de l'état des financements de l'entreprise (bénéficiaire/déficitaire). La lecture combinée de ces documents permet d'évaluer la santé financière d'une entreprise et pour ce qui nous intéresse, de contrôler que la gestion de l'entreprise ne dissimule pas de fraude.

[1674] *International Financial Reporting Standards*.

[1675] Règlement (CE) n° 1606/2002 du Parlement européen et du Conseil du 19 juillet 2002 sur l'application des normes comptables internationales.

[1676] Règlement (CE) n° 297/2008 du Parlement européen et du Conseil du 11 mars 2008 modifiant le règlement (CE) no 1606/2002 sur l'application des normes comptables internationales, en ce qui concerne les compétences d'exécution conférées à la Commission.

[1677] TELLER (M.), « Les normes comptables internationales : la transparence en question », *RTD Com.*, n° 4, 21 mars 2011, p. 671. Et la transparence de l'IASB chargée de les édicter : « *l'IASB est une entité de droit privé qui répond à des intérêts particuliers voire partisans : la dimension collective et l'intérêt public échappent aux préoccupations du régulateur.* » ; TELLER (M.), « Le conflit entre droit comptable et information financière : régularité *vs* exactitude », *RTD Com.*, n° 2, 30 juillet 2012, p. 287.

[1678] DELPECH (X.), « Création de l'Autorité des normes comptables », *Dalloz actualité*, 26 janvier 2009.

un rôle moteur dans la production de normes comptables (le Plan comptable général[1679]) ainsi que dans les discussions supranationales à leur sujet.

587. La certification des comptes par l'audit ou le contrôle de la sincérité des entreprises dans la présentation de leur compte. L'audit est une « *procédure consistant à s'assurer du caractère complet, sincère et régulier des comptes d'une entreprise, à s'en porter garant auprès des divers partenaires intéressés de la firme et, plus généralement, à porter un jugement sur la qualité et la rigueur de sa gestion* ». Il s'agit donc d'un contrôle complet de l'entreprise, opéré par un commissaire aux comptes indépendant et impartial[1680], qui vient certifier les comptes. Cette certification est une obligation européenne[1681] et nationale, elle est conditionnée par certains seuils. En vue d'éviter les conflits d'intérêts, on ne peut cumuler expert-comptable et commissaire aux comptes (le commissaire aux comptes doit nécessairement être extérieur à l'entreprise auditionnée). L'expert-comptable travaille au sein de l'entreprise et tient un rôle de conseil. L'expert-comptable est donc sous mission contractuelle (en contrat avec l'entreprise). L'objectif ultime de l'expert-comptable est d'assurer la cohérence et la vraisemblance des comptes tout en gardant un rôle de conseil et d'accompagnement de l'entreprise. Sa mission crée de la valeur pour l'entreprise. Quant au commissaire aux comptes, sa mission est légale. Il ne travaille pas pour l'entreprise. Il agit en tant qu'expert-comptable extérieur avec pour mission de certifier (ou non) les comptes de l'entreprise. Il agit ainsi pour la transparence de la gestion de l'entreprise et génère de la confiance pour les tiers puisqu'il certifie les comptes avant leur dépôt obligatoire au greffe du tribunal de commerce[1682].

588. La sincérité avec laquelle les entreprises doivent composer constitue bien une obligation légale, pourtant, « *sitôt la sincérité proclamée, il (le législateur) s'est bien gardé d'en donner une définition et d'en préciser le rôle* »[1683]. Ainsi, la sincérité se distingue difficilement d'autres notions connexes[1684], elle exige que les commissaires suivent les règles et procédures

---

1679 Pour une approche récente de la modification du plan comptable général concernant le secteur non lucratif, voir not. : JARDOT (R.), SCOLAN (I.), « Une mise en œuvre à anticiper », *JA*, 2019, n° 602, p. 35.

1680 Dont les attributions figurent aux articles A. 823-2 du Code de commerce.

1681 Directive 2013/34/UE du Parlement Européen et du Conseil du 26 juin 2013 relative aux états financiers annuels, aux états financiers consolidés et aux rapports y afférents de certaines formes d'entreprises, modifiant la directive 2006/43/CE du Parlement européen et du Conseil et abrogeant les directives 78/660/CEE et 83/349/CEE du Conseil

1682 Obligation qui concerne tous types de sociétés. Voir les art. L. 232-21 et s., Code de commerce.

1683 TELLER (M.), « La sincérité dans la présentation des budgets et des comptes privés », *in* LE BOT (O.) coord., *La sincérité en droit*, Larcier, 2011, p. 83.

1684 Telle la régularité, l'image fidèle, la vérité… voir sur ce point : TELLER (M.), « La sincérité dans la présentation des budgets et des comptes privés », *in* LE BOT (O.) coord., *La sincérité en droit*, Larcier, 2011, p. 85.

applicables, et doit tendre à refléter une image fidèle de l'entreprise, de sa situation financière.

On retrouve ainsi une forme de sincérité dans l'obligation de consolidation des comptes pour les groupes de sociétés. Pour cela, il faut déjà délimiter le groupe et présenter les informations comptables comme s'il s'agissait d'une seule et même entreprise. En droit français c'est l'article L. 233-16 du Code de commerce qui énonce cette obligation de consolidation des comptes pour les groupes[1685].

Néanmoins, la sincérité ne met pas à l'abri d'un risque d'audit.

589. Le risque d'audit. Toute opération d'audit comporte pourtant des risques. On peut en distinguer plusieurs.

Le risque inhérent à l'audit est le risque lié directement aux états financiers ou aux assertions fournies par l'entreprise. Il s'agit en fait d'anomalies, d'erreurs, pouvant être portées dans les états financiers ou les assertions, qui ne sont pas régularisées du fait de l'inexistence du contrôle interne de l'entreprise.

Le risque lié au contrôle est le risque résultant d'une défaillance du contrôle interne de l'entreprise. C'est le risque selon lequel le contrôle interne ne régularise pas les erreurs, anomalies potentielles, présentent dans les assertions.

Le risque de non-détection, quant à lui, est un risque pesant sur l'auditeur directement. C'est le risque lié au fait que l'auditeur ne détecte pas une anomalie dans les assertions. Enfin, il existe un type de risque particulier : le risque de fraude. Il s'agit du risque qu'un acte intentionnel ait été commis en vue d'obtenir un avantage injuste ou illégal. Généralement, la fraude consiste en une présentation erronée (intentionnellement) d'informations financières, ou encore en une appropriation illicite d'actifs.

590. La saisine d'office en matière comptable. Dans une décision QPC récente[1686], le Conseil constitutionnel a eu à se prononcer sur la constitutionnalité de la possibilité pour le président du tribunal de commerce de se saisir d'office et d'enjoindre à une société commerciale de déposer ses comptes annuels, avec possibilité d'astreinte[1687]. Les requérants prétendaient qu'une telle possibilité portait atteinte au principe d'impartialité des

[1685] Art. L. 233-16, § I, Code de commerce : « *Les sociétés commerciales établissent et publient chaque année à la diligence du conseil d'administration, du directoire, du ou des gérants, selon le cas, des comptes consolidés ainsi qu'un rapport sur la gestion du groupe, dès lors qu'elles contrôlent de manière exclusive ou conjointe une ou plusieurs autres entreprises, dans les conditions ci-après définies.* ».

[1686] Cons. const., 1er juillet 2016, n° 2016-548 QPC, Sté Famille Michaud Apiculteurs.

[1687] En application de l'art. L. 611-2, II, Code de commerce, issu de l'ordonnance du 9 décembre 2010.

juridictions[1688]. Or, conformément au principe d'impartialité et comme le retient le Conseil, « *une juridiction ne saurait, en principe, disposer de la faculté d'introduire spontanément une instance au terme de laquelle elle prononce une décision revêtue de l'autorité de chose jugée* » ; cependant, cette interdiction n'est ni générale ni absolue, et surtout « *la saisine d'office d'une juridiction ne peut trouver de justification qu'à la condition qu'elle soit fondée sur un motif d'intérêt général et que soient instituées par la loi des garanties propres à assurer le respect du principe d'impartialité* ». Or, ces conditions sont satisfaites puisque d'une part, la saisine d'office permet d'assurer la transparence comptable nécessaire à assurer la sécurité financière ; et d'autre part, une injonction n'est pas une sanction, l'astreinte prononcée correspond à la constatation d'un manquement de la société à ses obligations comptables.

Cette position du Conseil constitutionnel est bienvenue puisqu'elle confère une certaine effectivité à l'obligation de présentation des informations comptables. En cas de manquement, le juge peut se saisir d'office.

591. La communication entre les différents acteurs de la transparence. Selon l'article L. 821-12-5[1689] du Code de commerce, « *Le Haut conseil (du commissariat aux comptes) peut communiquer des informations confidentielles à l'Autorité des marchés financiers, à l'Autorité de contrôle prudentiel et de résolution, à l'Autorité de la concurrence, à la Banque de France, au Système européen de banques centrales, à la Banque centrale européenne et au Comité européen du risque systémique, lorsque ces informations sont destinées à l'exécution de leurs tâches au titre du règlement (UE) du 16 avril 2014.* ». Avec une réserve notamment, lors de la communication de ces éléments, il faut prendre en compte « *l'intérêt légitime des entreprises à la protection de leurs secrets d'affaires* ». Il faut donc trouver un juste milieu. On constate ainsi une communication entre différentes autorités spécialisées dans les marchés financiers et œuvrant pour la sécurité financière. La transparence comptable permet un encadrement à plusieurs niveaux, et sous différents angles, des marchés financiers. Cela constitue directement un outil de prévention de monopole de fait lorsque sont en cause de grandes entreprises. Finalement, les obligations de transparence comptable constituent un cadre juridique défavorable à la constitution de monopole de fait puisqu'elles rendent difficile la dissimulation d'une rente de situation.

[1688] Le principe d'impartialité est issu de l'article 16 de la DDHC selon lequel « *Toute société dans laquelle la garantie des droits n'est pas assurée, ni la séparation des pouvoirs déterminée, n'a point de Constitution* ».

[1689] Créé par Ord. n° 2016-315 du 17 mars 2016, art. 13.

B. La transparence relative aux liens financiers : la notion de bénéficiaires effectifs

592. Pour mieux déceler le monopole de fait et les personnes qui en bénéficient, il est nécessaire d'instaurer la transparence des relations financières des entreprises, sous toutes leurs dimensions. Cela permet de mieux cerner la situation de l'entreprise et les personnes intéressées financièrement à ses résultats. La transparence des relations financières d'une entreprise permet de s'assurer qu'elles ne soient pas le support de pratiques comme le blanchiment d'argent ou la fraude fiscale. En cas de monopole de fait, la transparence relative aux relations financières d'une entreprise et à ses bénéficiaires effectifs, permet de déterminer à qui il profite réellement.

593. La notion de bénéficiaire effectif. Dans la continuité de la réglementation des sociétés dont les titres sont admis à la négociation sur un marché réglementé[1690], et pour assurer la transparence des entreprises, et sous l'impulsion européenne de la lutte contre le blanchiment d'argent et le terrorisme[1691], le législateur[1692] est venu imposer à presque toutes les sociétés[1693] d'identifier clairement leurs bénéficiaires effectifs. C'est-à-dire, les personnes physiques « *soit qui contrôlent en dernier lieu, directement ou indirectement, le client*[1694] *; soit pour laquelle une opération est exécutée ou une activité exercée* »[1695]. Il s'agit de pouvoir identifier les personnes ayant un intérêt financier directement concerné par l'activité de l'entreprise et de s'assurer que ces bénéficiaires effectifs n'utilisent pas la société à des fins de blanchiment de capitaux ou de financement du terrorisme.

[1690] Ordonnance n° 2015-1576 du 3 décembre 2015 portant transposition de la directive 2013/50/UE du Parlement européen et du Conseil du 22 octobre 2013 modifiant la directive 2004/109/CE du Parlement européen et du Conseil sur l'harmonisation des obligations de transparence concernant l'information sur les émetteurs dont les valeurs mobilières sont admises à la négociation sur un marché réglementé.

[1691] Directive (UE) 2015/849 de Parlement européen et du Conseil du 20 mai 2015 relative à la prévention de l'utilisation du système financier aux fins du blanchiment de capitaux ou du financement du terrorisme, Chapitre III, Information sur les bénéficiaires effectifs.

[1692] Loi n° 2016-731 du 3 juin 2016 renforçant la lutte contre le crime organisé, le terrorisme et leur financement, et améliorant l'efficacité et les garanties de la procédure pénale et Ordonnance n° 2016-1635 du 1er décembre 2016 renforçant le dispositif français de lutte contre le blanchiment et le financement du terrorisme.

[1693] Sociétés financières évidemment mais aussi, certaines des sociétés mentionnées à l'art. L. 123-1, Code de commerce.

[1694] L'entreprise concernée par la déclaration de ses bénéficiaires exclusifs, pour une explication de l'utilisation de ce terme, voir not. : MORTIER (R.), BOL (S.), « Le registre des bénéficiaires effectifs », *JCP G*, n° 51, 18 décembre 2017, doctr. 1354, pt 15.

[1695] Code monétaire et financier, art. L. 561-2-2.

Ce dispositif assure la transparence pour toutes les entreprises en termes de bénéficiaires de l'activité de l'entreprise. Le bénéficiaire effectif est celui qui détient, directement ou indirectement, plus de 25% du capital ou des droits de vote, ou à défaut, la ou les personnes qui « *exercent, par tout autre moyen, un pouvoir de contrôle sur la société* »[1696]. Cette dernière précision permet de considérer que peut être bénéficiaire effectif une entité dont la participation au capital ne dépasse pas 25% mais dont la participation, eu égard aux autres participations, permettrait de détenir un certain pouvoir de contrôle.

594. Le bénéficiaire effectif et les participations indirectes. Ce dispositif a été critiqué notamment du fait de la difficulté d'appréhender les participations indirectes[1697]. L'Autorité des marchés financiers a émis des lignes directrices quant à l'identification des bénéficiaires effectifs[1698], et elle est favorable à la méthode du produit pour une telle identification[1699]. Néanmoins, de nombreux exemples[1700] démontrent la difficulté pratique à identifier les bénéficiaires effectifs. La référence au pouvoir de contrôle ne permet pas d'éclairer cette disposition[1701].

595. En tout état de cause et malgré les difficultés soulevées par la mise en œuvre de ce registre des bénéficiaires effectifs, il semble que ce mécanisme, propre à assurer la transparence financière, puisse trouver une utilité vis-à-vis du monopole de fait. En effet, bien que l'existence d'un tel registre permette de déterminer les personnes physiques intéressées et bénéficiaires de certaines opérations de blanchiment de capitaux ou de financement du terrorisme du fait de personnes morales, il permet de mettre en lumière les personnes physiques qui bénéficient, financièrement parlant, des pratiques abusives mises en œuvre par une entreprise. Si le texte ne fait pas référence à la responsabilité des bénéficiaires effectifs, l'idée que ceux-ci sont ceux qui exercent un contrôle effectif invite à considérer cette possibilité.

Ce mécanisme invite à élargir les régimes de responsabilité applicables aux personnes morales, notamment aux entreprises, et à dépasser les régimes de responsabilité des dirigeants ou mandataires afin d'envisager la mise en cause

---

1696 Code monétaire et financier, art. R. 561-1.

1697 Voir not. : LASSERRE CAPDEVILLE (J.), « L'identification du bénéficiaire effectif en droit des sociétés », *Rev. soc.*, n° 1, 6 janvier 2018, p. 7 ; CURTET (A.), « LCB/FT et registre des bénéficiaires effectifs : compte à rebours pour déclarer », *Petites aff.*, n° 64, 29 mars 2018, p. 5 ; MORTIER (R.), BOL (S.), « Le registre des bénéficiaires effectifs », *op. cit.*, n° 21 et s.

1698 AMF, Lignes directrices relatives à la notion de bénéficiaire effectif en matière de lutte contre le blanchiment des capitaux et le financement du terrorisme, doc. 2013-05.

1699 LASSERRE CAPDEVILLE (J.), « L'identification du bénéficiaire effectif en droit des sociétés », *op. cit.*, n° 16.

1700 Voir not. les exemples développés par LASSERRE CAPDEVILLE (J.), « L'identification du bénéficiaire effectif en droit des sociétés », *ibid.*, n° 16 et s.

1701 Il faut rappeler que le Code de commerce à l'art. L. 233-16, établit certaines conditions à remplir pour considérer qu'une personne, physique ou morale, en contrôle une autre.

de la responsabilité des bénéficiaires effectifs de l'activité de la personne morale considérée.

596. Un outil de transparence. L'obligation faite aux entreprises d'établir ce registre des bénéficiaires effectifs[1702] et de le tenir actualisé[1703] participe de la transparence financière des entreprises, de façon générale, et constitue ainsi un outil préventif de monopole de fait tout autant qu'un moyen d'identification des personnes physiques potentiellement responsables. Pour que ce registre soit réellement utile vis-à-vis des monopoles de fait, il est nécessaire que les conditions d'accès à ce registre soient élargies. En effet, ce registre n'est pas accessible à tous, l'article L. 561-46 donne une liste exhaustive des autorités pouvant avoir accès à ce registre[1704]. Pour pouvoir être utilisé vis-à-vis d'un monopole de fait, il semble nécessaire d'y adjoindre les associations agréées pour la mise en œuvre d'action collective. En effet, leur conférer l'accès à ce registre leur permettrait d'étayer le dossier à déposer en vue de l'ouverture d'une action de groupe.

597. La transparence financière constitue un maillage juridique contraignant pour les entreprises, et permet de limiter la dissimulation des rentes de situation. La publication d'information relative aux bénéficiaires effectifs des entreprises permet de mieux comprendre les comportements de ces derniers et de pouvoir mettre en balance l'intérêt de l'entreprise et l'intérêt de ses parties prenantes financières. La technique financière doit servir le développement économique.

§ II. LA DECLARATION DE PERFORMANCE EXTRAFINANCIERE DES ENTREPRISES

598. Le *reporting* en droit européen. C'est une directive européenne qui est à l'œuvre dans la performance extrafinancière. En effet, la directive du 26 juin 2013[1705], à l'article 19 sur le rapport de gestion, prévoit que ce dernier peut

[1702] Pour un exemple de mise en œuvre, voir not. : LECOURT (A.), « Bénéficiaires effectifs : premières précisions importantes et… louables », *RTD Com.* N° 4, 20 février 2019, p. 928.

[1703] Code monétaire et financier, art. L. 561-46, al. 1 : « *Les sociétés et entités juridiques mentionnées aux 2°, 3° et 5° du I de l'article L. 123-1 du code de commerce autres que les sociétés dont les titres sont admis à la négociation sur un marché réglementé [...] sont tenues d'obtenir et de conserver des informations exactes et actualisées sur leurs bénéficiaires effectifs définis à l'article L. 561-2-2.* ».

[1704] Code monétaire et financier, art. L. 561-46, al. 3.

[1705] Directive 2013/34/UE du Parlement européen et du Conseil du 26 juin 2013 relative aux états financiers annuels, aux états financiers consolidés et aux rapports y afférents de certaines formes d'entreprises, modifiant la directive 2006/43/CE du Parlement européen et du Conseil et abrogeant les directives 78/660/CEE et 83/349/CEE du Conseil.

comporter des indications autres qu'exclusivement financières[1706]. Cette directive sera complétée par la directive du 22 octobre 2014[1707]. C'est avec cette directive qu'un cadre est posé au niveau européen quant au *reporting* extrafinancier. Cette directive insère un article 19 bis relatif aux déclarations non financières. Pourtant, la pertinence de ce cadre est à relativiser. Les indicateurs proposés restent flous, la directive recourt à « *des formules vagues sur le fond* »[1708]. Ainsi, la directive précise que les informations non financières à renseigner doivent être relatives « *au moins aux questions environnementales, aux questions sociales et de personnel, de respect des droits de l'homme et de lutte contre la corruption* ». S'ensuivent quelques précisions, mais rien de très précis pour autant. La pertinence des indicateurs n'est absolument pas remise en question, ni même discutée.

599. L'un des éléments à relever dans la directive c'est qu'elle comprend dans le champ d'application de l'obligation de *reporting* financier, les entités d'intérêt public. La directive précise bien que « *l'obligation de publier une déclaration non financière ne devrait s'appliquer qu'aux grandes entreprises qui sont des entités d'intérêt public et aux entités d'intérêt public qui sont les entreprises mères d'un grand groupe, et qui emploient en moyenne, dans chaque cas, plus de 500 salariés, dans le cas d'un groupe sur une base consolidée.* »[1709]. On retrouve en substance ces mêmes entreprises évoquées tout au long de ces développements, les entreprises puissantes dont l'activité à des effets sur l'économie réelle et la société ; dont les activités, lorsqu'elles revêtent le caractère d'un monopole de fait, portent une atteinte substantielle à l'intérêt général. Si de telles entreprises d'intérêt public sont obligées d'établir un *reporting* extrafinancier, cela ne signifie pas pour autant que les autres entreprises en soient exemptées[1710]. Certaines exceptions à l'obligation de *reporting* extrafinancier sont précisées par la directive de 2014. C'est le cas

---

1706 Directive 2013/34/UE, article 19 : « *l'analyse comporte des indicateurs clés de performance de nature tant financière que, le cas échéant, non financière ayant trait à l'activité spécifique de l'entreprise, notamment des informations relatives aux questions d'environnement et de personnel* ».

1707 Directive 2014/95/UE du Parlement européen et du Conseil du 22 octobre 2014 modifiant la directive 2013/34/UE en ce qui concerne la publication d'informations non financières et d'informations relatives à la diversité par certaines grandes entreprises et certains groupes.

1708 PETIT (B.), « "*Reporting*" RSE : un nouveau coup d'épée dans l'eau… », *op. cit.*, n° 11.

1709 Directive 2014/95/UE du Parlement européen et du Conseil du 22 octobre 2014 modifiant la directive 2013/34/UE en ce qui concerne la publication d'informations non financières et d'informations relatives à la diversité par certaines grandes entreprises et certains groupes, cons. 14.

1710 Directive 2014/95/UE du Parlement européen et du Conseil du 22 octobre 2014 modifiant la directive 2013/34/UE en ce qui concerne la publication d'informations non financières et d'informations relatives à la diversité par certaines grandes entreprises et certains groupes, cons. 14 : « *Ceci ne devrait pas empêcher les États membres d'exiger la publication d'informations non financières des entreprises et des groupes autres que les entreprises qui relèvent de la présente directive* ».

lorsque les entreprises n'œuvrent en faveur d'aucune des considérations sociales et environnementales prévues par la directive. Mais il leur est alors demandé de motiver cette volonté.

600. Le champ d'application du *reporting* extrafinancier en droit français. Véritable précurseur en la matière, la loi du 16 mai 2001 relative aux nouvelles régulations économiques (loi NRE)[1711] prévoyait déjà un système de *reporting* extrafinancier[1712] pour certaines entreprises de grande dimension, soit des entreprises relativement puissantes. Il s'agit d'inclure dans le rapport de gestion présenté à l'assemblée des actionnaires, un bilan extrafinancier. La loi NRE, codifiée aux articles L. 225-102-1 et suivants du Code de commerce, vient compléter les exigences relatives aux informations à présenter dans le rapport annuel présenté par une entreprise à l'assemblée générale des actionnaires. Dans sa version initiale, le texte précisait que le rapport annuel d'une entreprise doit comprendre « *également des informations [...] sur la manière dont la société prend en compte les conséquences sociales et environnementales de son activité. Le présent alinéa ne s'applique pas aux sociétés dont les titres ne sont pas admis aux négociations sur un marché réglementé* »[1713]. La volonté est donc celle d'assurer une certaine transparence de l'activité des entreprises et de pouvoir mettre en place une évaluation de la prise en compte des considérations sociales et environnementales dans la gestion de l'entreprise et dans son processus décisionnel, les parties prenantes directes, actionnaires et salariés, sont directement concernées. Ce texte sera largement complété par la loi Grenelle II[1714]. Le champ d'application de cette mesure est élargi, notamment par la modification des seuils à partir desquels les entreprises sont soumises à ces obligations[1715].

[1711] Loi n° 2001-420, 15 mai 2001 relative aux nouvelles régulations économiques, art. 116. Cet article 116 crée l'art. L. 225-102-1, Code de commerce.

[1712] Un tel système avait déjà fait l'objet d'initiative des entreprises, notamment au niveau international avec le Global reporting initiative (GRI). Pour plus de précisions à ce sujet et notamment la pertinence de ce GRI, voir not. : FATOUX (F.), « La différenciation normative selon les activités », *in La responsabilité des entreprises multinationales en matière de droits de l'homme*, DECAUX (E.) dir., *Droit et Justice*, n° 89, Bruylant, 2010, p. 155 et s.

[1713] Art. L. 225-102-1, Code de commerce, al. 4 (version initiale).

[1714] Loi n° 2010-788, 12 juillet 2010 portant engagement national pour l'environnement, art. 225.

[1715] Posés à l'origine par le décret n° 2012-557, 24 avril 2012, relatif aux obligations de transparence des entreprises en matière sociale et environnementale, les conditions ont été redéfinies par le décret n° 2017-1265 du 9 août 2017 pris pour l'application de l'ord. n° 2017-1180 du 19 juillet 2017 relative à la publication d'informations non financières par certaines grandes entreprises et certains groupes d'entreprises.

Certaines avancées ont été faites en 2018. Le nouvel article L. 225-2-1 du Code de commerce[1716] remplace le *reporting* par la déclaration de performance extrafinancière. Dorénavant, les entreprises doivent se soumettre à cette obligation de déclaration de performances extrafinancières et surtout, cette déclaration doit être librement accessible au public[1717]. En ce sens, cette déclaration constitue un outil non négligeable d'information des parties prenantes de l'entreprise, même si certains points, notamment en ce qui concerne la sanction des manquements à cette obligation restent problématiques[1718].

601. Les indicateurs à renseigner. Le décret de 2012[1719] listait les indicateurs à renseigner dans le *reporting* extrafinancier, qui sont les mêmes pour la déclaration de performance extrafinancière et varient en fonction des sociétés concernées[1720].

Les indicateurs à renseigner sont rangés en trois grandes catégories : les informations sociales, les informations environnementales et les engagements sociétaux en faveur du développement durable. Les informations sociales renvoient à des indications concernant l'emploi, l'organisation du travail, les relations sociales, la santé et la sécurité, la formation, et enfin l'égalité de traitement. Les informations environnementales recouvrent des indicateurs relatifs à la politique générale en matière environnementale, la pollution et la gestion des déchets, l'utilisation durable des ressources, le changement climatique et la protection de la biodiversité. Enfin s'ensuit une série d'indicateurs relatifs aux engagements sociétaux en faveur du développement durable. Ces indicateurs renvoient à des informations concernant l'impact territorial, économique et social de l'activité de la société ; des informations sur les relations entretenues avec les parties prenantes ; des informations quant aux relations avec les sous-traitants et fournisseurs. Certains indicateurs sont spécifiques aux sociétés cotées, notamment quant à la loyauté des pratiques d'entreprise et aux actions engagées en faveur des droits de l'homme.

1716 Tel que modifié par l'ord. n° 2017-1162 du 12 juillet 2017 portant diverses mesures de simplification et de clarification des obligations d'information à la charge des sociétés et conformément au décret n° 2017-1265 du 9 août 2017 pris pour l'application de l'ord. n° 2017-1180 du 19 juillet 2017 relative à la publication d'informations non financières par certaines grandes entreprises et certains groupes d'entreprises.

1717 Art. R. 225-105-1, III, Code de commerce.

1718 Voir en ce sens : CUZACQ (N.), « *Le nouveau visage du* reporting *extrafinancier français* », *Rev. soc.*, n° 6, 8 juin 2018, p. 347.

1719 Décret n° 2012-557, 24 avr. 2012 relatif aux obligations de transparence des entreprises en matière sociale et environnementale.

1720 En effet, l'art. L. 225-102-1, code de commerce distingue les sociétés dont les titres sont admis aux négociations sur un marché réglementé des sociétés dont les titres ne sont pas admis aux négociations sur un marché réglementé.

Les écarts entre les indicateurs à renseigner en fonction des seuils applicables « *laisse perplexe* »[1721]. En effet, renseigner des indicateurs relatifs à la loyauté des pratiques d'entreprise et aux actions engagées en faveur des droits de l'homme, permet d'évaluer le niveau d'exigence auquel se soumet une entreprise en matière de responsabilité sociale. Et cela participe de la rationalisation des comportements, notamment en ce qui concerne le *dumping social*. Cette différence de traitement instaurée entre les différents types d'entreprises ne semble ainsi pas forcément pertinente. De plus, aucune méthode n'est donnée pour renseigner les indicateurs. Les entreprises sont libres de renseigner les indicateurs selon leur convenance. Cela complexifie la comparaison d'un exercice à l'autre. L'évaluation des progrès dans la promotion de la RSE est alors complexe. Il fallait peut-être s'inspirer du Global reporting initiative (GRI), cet organisme constitué d'économistes[1722] et de différentes organisations non gouvernementales qui propose des lignes directrices aux entreprises dans l'établissement de leur *reporting* extrafinancier[1723]. Au même titre que les normes comptables internationales (IFRS), la déclaration de performance extrafinancière mériterait un cadre directeur harmonisé, surtout en l'absence de sanction.

602. La performance extrafinancière et le secret des affaires. Une difficulté persiste : celle de la conciliation entre l'obligation de *reporting* extrafinancier et la protection des secrets d'affaires. En effet, on peut supposer que sous couvert du secret des affaires, les entreprises ne feront pas figurer toutes les informations pertinentes à une véritable information des parties prenantes. Cette hypothèse est d'ailleurs envisagée comme une véritable exception à l'obligation de déclaration lorsque révéler ces informations « *nuiraient gravement à la position commerciale de l'entreprise* »[1724]. La directive laisse une large brèche aux entreprises pour se dispenser de leur obligation, l'entreprise dispose d'une sorte de pouvoir discrétionnaire difficile à remettre en cause.

603. Une possible sanction fondée sur la publicité mensongère. Dès 2014, certains auteurs proposaient d'encadrer la communication des entreprises en matière de RSE et l'appréhender comme de la publicité, qui pourrait être

---

[1721] PETIT (B.), « "*Reporting*" RSE : un nouveau coup d'épée dans l'eau… », *Environnement et développement durable*, n° 7, juillet 2014, étude 12, n° 8.

[1722] Economistes faisant partie du *Coalition for Environmentally Responsible Economies* (CERES).

[1723] Quelques sociétés françaises se soumettent aux lignes directrices du GRI.

[1724] Directive 2014/95/UE du Parlement européen et du Conseil du 22 octobre 2014 modifiant la directive 2013/34/UE en ce qui concerne la publication d'informations non financières et d'informations relatives à la diversité par certaines grandes entreprises et certains groupes, § 1, e).

sanctionnée[1725]. Une disposition équivalente existe en droit français[1726] qui interdit aux entreprises de faire de la publicité relative à leurs engagements. En effet, les engagements sont pris par les entreprises lors de procédures de sanction concurrentielle et résultent du constat des mauvaises pratiques mises en œuvre par l'entreprise. Cette disposition évite ainsi une situation paradoxale où une entreprise qui mettrait en œuvre des pratiques condamnables et s'engage à y remédier communique sur ce seul engagement, ce qui lui permet d'avoir une bonne image, sans faire mention du fait qu'il s'agit d'un engagement lié au constat de mauvaises pratiques antérieures.

1725 « *Il est en effet possible de s'inspirer d'une affaire retentissante outre-Atlantique — Kasky vs. Nike (2002) — aux termes de laquelle la Cour suprême de l'État de Californie a considéré que les documents émis par une entreprise au titre de ses engagements RSE devaient être appréhendés comme des publicités, justifiant ainsi l'application de la législation relative à la publicité mensongère* », PETIT (B.), « "*Reporting*" RSE : un nouveau coup d'épée dans l'eau… », *op. cit.*, n° 24.

1726 Art. L. 121-1, Code de la consommation.

Conclusion du Chapitre II

604. Le développement de la transparence permet aux consommateurs de faire des choix de consommation éclairés. Cela participe de la rationalité des échanges économiques et rééquilibre les pouvoirs entre les différents agents. En restreignant l'asymétrie d'information sur les marchés, c'est à un véritable regain de pouvoir des consommateurs que l'on assiste. Les rentes de situation pouvant résulter de l'organisation de cette asymétrie d'information sont ainsi considérablement restreintes. En cela, assurer la transparence et l'information des consommateurs constitue un outil préventif de monopole de fait.
De la même façon, en obligeant les entreprises d'une certaine dimension à établir et tenir à disposition des autorités leurs bilans comptable et financier ainsi qu'une déclaration de performance extrafinancière, la transparence crée un environnement juridique hostile à la constitution de monopole de fait. La transparence rationalise les comportements et endigue les stratégies consistant à dissimuler les informations utiles et pertinentes à la mobilisation des parties prenantes à un monopole de fait.

605. La qualité de la réglementation et l'évaluation de ses effets, incitatifs ou non, permet de construire un modèle économique ne permettant pas, ou restreignant significativement, les possibilités de monopole de fait. La transparence, parce qu'elle réduit l'asymétrie d'information, joue directement sur un des leviers de monopole de fait.

CONCLUSION DU TITRE II

606. La responsabilisation des acteurs économiques permet de leur faire supporter le coût des externalités dont ils pourraient être à l'origine. la transparence des activités économiques évite toute stratégie de dissimulation.

607. La responsabilisation, c'est inciter les opérateurs économiques à respecter certaines exigences, notamment en matière sociale et environnementale, en les incitant à intégrer à leur logique marchande inhérente, une dimension plus transversale. Par la responsabilisation et la transparence, le droit se dote d'un véritable encadrement préventif de monopole de fait. En effet, l'entreprise responsable prendra à sa charge les effets de son exploitation sans les faire peser sur ses parties prenantes. Il s'agit de l'entreprise qui, consciente que son exploitation participe de la vie en société, se comporte de façon raisonnable et responsable ; c'est-à-dire considère l'intérêt de ses parties prenantes et les intègre à sa stratégie d'entreprise. C'est tout l'objet de la responsabilité sociale de l'entreprise.

Ce mouvement de responsabilisation est renforcé par l'introduction d'outils contentieux propres à sanctionner les manquements des entreprises dans ce nouvel environnement juridique. L'action de groupe constitue en cela une voie contentieuse à explorer et à élargir comme constituant un nouvel outil d'appropriation collective du monopole de fait. En effet, cette voie contentieuse donne la possibilité aux parties prenantes à un monopole de fait d'exercer leur pouvoir collectivement contre l'entreprise. Les parties prenantes ne sont plus isolées et démunies, elles disposent, avec l'action de groupe, d'un véritable outil contre les grands pouvoirs économiques privés qui seraient portés à abuser de leur pouvoir face à la dissémination apparente des parties prenantes.

608. La transparence des activités économiques rend effective la responsabilisation des acteurs en les obligeant à communiquer certains types d'information, qu'elle soit relative aux produits, aux politiques d'influence mises en œuvre par les entreprises, ou encore à la tenue de leur compte et l'établissement de la liste de leurs bénéficiaires effectifs.

CONCLUSION DE LA PARTIE II

609. La sanction du monopole de fait consiste à sanctionner l'exercice abusif d'un pouvoir de marché par un opérateur économique et à assurer la réappropriation collective, par les parties prenantes, du bien ou de l'entreprise accaparé. La sanction par la propriété de la collectivité est difficile à concevoir en droit français sous une autre forme que la propriété publique, et donc mise en œuvre par la puissance publique. Il semblerait que seule la puissance publique soit assez forte pour condamner les puissances économiques.

610. La désuétude des nationalisations invite néanmoins à repenser l'appropriation collective. Libérée de l'approche propriétaire, c'est la collectivité qui appelle l'attention, et la notion de parties prenantes s'impose évidemment. Notion nouvelle, la partie prenante est celle qui a un intérêt lésé du fait de l'existence d'un monopole de fait, celle aux dépens de laquelle s'exerce le pouvoir de marché d'un opérateur économique. Partant, l'appropriation collective doit être entendue comme la sanction d'une lésion d'intérêt[1727], hors cadre contractuel. L'appropriation collective c'est, en ce sens, la rescision du monopole de fait, soit la sanction et la réparation de la lésion d'intérêt. Elle doit tendre et permettre l'équilibre de pouvoir entre les parties prenantes et l'entreprise pour éviter ces déséquilibres de pouvoir favorables à la constitution de monopole de fait. Car c'est bien lorsque l'entreprise dispose d'un fort pouvoir de marché, auquel aucun contre-pouvoir n'est opposé, qu'elle peut constituer une rente de situation et donc un monopole de fait.

611. Sans tout à fait le savoir, le droit du marché traite de ces parties prenantes particulières que sont les opérateurs concurrents ou ceux faisant partie du réseau de l'entreprise en monopole de fait. Le droit du marché sanctionne les pratiques anticoncurrentielles, les pratiques restrictives de concurrence et encadre l'exercice du pouvoir de marché par les entreprises. Le droit du marché régule la puissance économique à divers niveaux. Plus particulièrement dans les secteurs de réseaux, qui constituent des monopoles naturels, l'encadrement des activités économiques par des autorités spécialisées permet de détecter les comportements indépendants qui conduisent à constituer un monopole de fait, à les prévenir et/ou les

---

[1727] Par référence au droit des obligations qui définit la lésion d'intérêt comme le « *Préjudice que subit l'une des parties au contrat ou au partage du fait de l'inégalité originaires des prestations réciproques ou des lots, disproportion de valeur qui, dans la conception française, justifie la rescision de l'acte.* », CORNU (G.), *Vocabulaire juridique*, 12e éd., Association Henri Capitant, PUF, janvier 2018, p. 606.

sanctionner. Il participe ainsi de l'effectivité du neuvième alinéa du Préambule de la Constitution de 1946.

612. La régulation est efficace contre le monopole de fait, mais d'autres mécanismes encore, semblent également participer de l'endiguement des monopoles de fait en permettant aux parties prenantes de recouvrer un pouvoir contre la puissance économique de certains opérateurs. C'est le cas de l'action de groupe qui permet aux consommateurs isolés face à la puissance de certaines grandes entreprises de recréer une véritable collectivité, disposant d'un pouvoir d'autant plus fort à l'encontre des entreprises qui les lèsent.

613. L'approche préventive du monopole de fait repose sur ce constat selon lequel l'asymétrie d'information est souvent instrumentalisée et participe de la constitution d'un monopole de fait car elle rompt l'équilibre des pouvoirs, elle biaise les échanges économiques. L'asymétrie d'information constitue à n'en pas douter un levier de monopole de fait. La prévention du monopole de fait passe alors par un niveau d'information adéquat des différents agents économiques sur un marché, permettant de rééquilibrer les relations de pouvoir, et la transparence de gestion des entreprises. Tous ces moyens pris ensemble permettent de limiter l'exercice abusif d'une puissance de marché et, céans, la création de rentes de situation et donc, le monopole de fait.

CONCLUSION GENERALE

« Nos connaissances réelles tendent [...] avec une évidente spontanéité, vers une entière systématisation, aussi bien scientifique que logique »[1728].

614. La découverte du monopole de fait ne pouvait qu'être entamée par une approche réflexive sur la réalité des phénomènes ayant conduit à sa condamnation dans le texte constitutionnel. L'essence est la même à tous les monopoles de fait. Pourtant, les doctrines, politiques et économiques, optent pour des prismes différents : celui du marché d'un côté, celui de la société et de l'État de l'autre. Il s'agit pourtant d'une seule et même réalité.

615. L'origine économique du monopole de fait semble être la plus évidente, elle est celle qui est intuitivement perçue aujourd'hui car plus proche de nous. L'avènement de pouvoirs économiques privés issus de la révolution industrielle ayant conduit à une situation économique et sociale particulièrement insoutenable, le renouveau démocratique appelé de tous les vœux après la Seconde Guerre mondiale portera en lui leur condamnation. C'est la concentration du pouvoir de marché qui suscite la méfiance, c'est la puissance économique que l'on craint. Ce sont les abus perpétrés, et que l'on attribue à la propriété privée des moyens de production, qui sont stigmatisés. Cette condamnation ne va pourtant pas d'elle-même dans la mesure où elle s'inscrit en défaut de la pensée de l'économie classique et de son modèle de concurrence pure et parfaite. La pertinence de ce modèle n'est pas remise en cause. Il demeure un point d'ancrage pour la compréhension des mécanismes de marché et l'appréciation de la monopolisation du pouvoir de marché. Ce pouvoir qui permet d'adopter des comportements indépendants et peut ainsi conduire, lorsqu'il est effectivement exercé, à l'inertie concurrentielle et au monopole de fait.

616. L'origine politique du monopole de fait était quant à elle presque oubliée. Il fallait donc la redécouvrir. Le regard historique sur cet objet politique laisse entrevoir une filiation avec la notion de féodalités économiques, condamnées dans le Programme du CNR. En effet, après la Seconde Guerre mondiale, l'idéologie résistante fait l'unanimité politique et les assemblées constituantes œuvrent à l'unisson et conformément à cette idéologie. Les difficultés, nombreuses, à la fois économiques et sociales, relèguent les dissensions politiques au second plan et forgent une volonté commune en faveur d'une démocratie économique et sociale. C'est au titre de ce grand dessein que sont condamnées les féodalités économiques. Elles sont condamnées en première instance à la Révolution, et en réaction à l'époque féodale et à ses rapports de

[1728] COMTE (A.), *Discours sur l'esprit positif : ordre et progrès*, 2e éd., 1898, p 38.

pouvoir fondés sur l'élément personnel et la propriété foncière. Elles sont condamnées à nouveau en 1946, sous le terme plus moderne de monopole de fait. On lève alors le voile d'égalité formelle que le droit a semblé poser sur la société lors de la Révolution. Cette égalité a été mise à mal par la propriété privée des moyens de production, à l'encontre de laquelle les grandes lois sociales du XIXe se sont dressées. L'origine politique rejoint l'origine économique. De ces origines, ce sont bien les excès des puissances économiques et leurs conséquences délétères, que ce soit en termes concurrentiels ou en termes sociaux, qui ressortent avec force et que l'on a voulu condamner.

617. L'expression de monopole de fait, que l'on considérait évidente dans les débats des assemblées constituantes, se trouve néanmoins être rebelle à la traduction juridique. Dans les débats des assemblées, on retrouve, en synthèse les origines du monopole de fait. Dans le projet d'Avril, qui voulait établir une nouvelle Déclaration des droits de l'homme, le lien est fait entre l'exercice abusif du droit de propriété et la condamnation du monopole de fait par la propriété de la collectivité. Le contexte politique, tout autant que la stigmatisation des féodalités économiques, expliquent la formule juridique. Mais le deuxième projet de Constitution est plus elliptique. On renouvelle l'attachement à la Déclaration des droits de 1789, mais l'on ne fait plus aussi explicitement le lien entre abus de propriété privée et donc propriété de la collectivité en cas de monopole de fait. La question du pouvoir, les problèmes soulevés par l'indépendance de certaines puissances économiques ne ressortent plus si nettement.

Pourtant, le second texte, s'il relativise le lien entre propriété et monopole de fait, conserve comme élément fondamental la nécessité de démocratiser les puissances économiques. Dans cette nouvelle mouture, la condamnation du monopole de fait fait suite l'affirmation de la participation des travailleurs à leurs conditions de travail. La problématique se déplace, à l'origine centrée sur la propriété des entreprises, c'est bien sur leur gestion que l'on met la pleine lumière. C'est le caractère démocratique de la gestion des entreprises que l'on affirme par la condamnation du monopole de fait. Le pouvoir détenu par les entreprises, l'exercice de ce pouvoir, doit répondre aux exigences démocratiques, comme tout pouvoir.

618. L'approche juridictionnelle du monopole de fait est réservée. On y retrouve une assimilation du monopole de fait à une situation monopolistique. La méthode pouvait être bonne, déceler une situation monopolistique peut permettre, en effet, de découvrir un monopole de fait. Il s'agit d'un indice car la situation monopolistique laisse suggérer l'existence d'un fort pouvoir de marché, l'existence d'une véritable puissance économique, qui est un levier de monopole de fait. Mais la situation monopolistique ne se laisse pas facilement appréhender par le droit, et cela est dû à la nécessaire souplesse de ces deux notions : le marché pertinent et l'entreprise. Cela a conduit à des décisions, notamment de la part du Conseil constitutionnel, relativement elliptiques, qui ne permettent pas de préciser la notion de monopole de fait en termes juridiques.

619. Le monopole de fait est pourtant une réalité tangible. En de nombreux domaines, sous des comportements divers, c'est bien sur l'abus de pouvoir de marché qu'il repose, sur l'adoption de comportements indépendants rendus possibles par la détention d'un fort pouvoir de marché qu'il se construit. Ces comportements indépendants peuvent prendre de multiples formes, ils résultent toujours de décisions stratégiques de l'entreprise où son seul intérêt est poursuivi exclusivement, arbitrairement. Cette situation heurte, par là même, des intérêts divers, et de manière englobante, l'intérêt général. C'est en tout cas ce qui ressort de différents exemples pris pour illustrer le monopole de fait. Les droits exclusifs et assimilés, octroyés par la puissance publique, la dimension systémique du secteur bancaire et financier, les super monopoles numériques, ou encore les entreprises transnationales ; autant de leviers de monopole de fait où le pouvoir de marché est central.

620. Mais ces leviers de monopole de fait ne lui sont pas spécifiques, ils peuvent correspondre à d'autres situations connexes ; l'abus de position dominante par exemple. Ce qui caractérise le monopole de fait, l'élément commun à toutes les situations de monopole de fait, c'est que l'exercice abusif d'un pouvoir de marché conduit à la création d'une rente de situation. C'est le dénominateur commun. Cette rente qui s'oppose, en substance, à la rente entendue traditionnellement en droit, était à préciser. C'est une rente abusive, assimilable à un véritable privilège, une rente illégitime. Une sorte d'enrichissement injustifié, la confiscation d'un surplus de valeur que seule rend possible la puissance économique. Un surplus de valeur qui n'aurait pas lieu d'exister si la concurrence avait été effective, si l'entreprise n'avait pu adopter des comportements indépendants sur le marché et vis-à-vis de ses parties prenantes.

621. La notion de monopole de fait est alors plus précise, pas précisément définie, parce que cela est impossible, une telle situation devient quand même identifiable. Mais la question du régime applicable, dans l'étude, est un autre défi. En 1946, les constituants ont obligé à ce que le monopole de fait devienne la propriété de la collectivité. C'est bien le contexte politique qui explique la formule juridique. Contre la propriété privée des moyens de production et ses abus, est opposée la propriété de la collectivité. Et naturellement, cela a été traduit, en pratique, par la propriété publique, qui, supposée tenue par l'intérêt général, réinstaure la primauté de ce dernier face aux intérêts privés des entreprises. À la puissance économique s'oppose la puissance publique. Car seule la puissance publique semble capable de sanctionner le monopole de fait et le contraindre, malgré la puissance qu'il détient, à ne pas adopter des comportements indépendants et à prendre en compte les intérêts de ses parties prenantes. C'est à ce titre que les nationalisations d'après-guerre font une place d'honneur à la gestion tripartite des entreprises. Et c'est bien ce point qui importe : la propriété de la collectivité sur le bien ou l'entreprise exploité en monopole de fait doit correspondre à une gestion collective plus qu'à un droit de propriété collectif. La propriété de la collectivité doit en fait permettre l'équilibre des pouvoirs entre l'entreprise et ses parties prenantes.

622. L'expression de propriété de la collectivité est bien mieux réceptionnée en droit si l'on raisonne en *appropriation collective*, et sous le prisme des intérêts. On passe d'une logique propriétaire à une logique de gestion des intérêts. Les intérêts en présence sont fonction des parties prenantes au monopole de fait. Chaque situation est différente. Est alors proposée une classification des différentes parties prenantes. D'une part, les parties prenantes directes, dont notamment les travailleurs et les actionnaires, qui sont évidemment toujours intéressés à la gestion de l'entreprise et peuvent constituer des contre-pouvoirs au sein même de l'entreprise. D'autre part, les parties prenantes indirectes, ou encore externes, celles qui ne font pas partie intégrante de l'entreprise mais pour lesquelles l'activité de l'entreprise a des répercussions. Cette catégorie varie en fonction de chaque situation. À chaque type de partie prenante correspond un intérêt collectif qu'il s'agit de faire prendre en considération aux entreprises afin que leurs activités ne fassent plus primer, arbitrairement, leur seul intérêt pécuniaire (faire du profit) sur des intérêts connexes à l'exploitation.

623. Cette conciliation des intérêts, qui passe par l'équilibre des pouvoirs, est particulièrement saillante en droit de la concurrence et en droit de la régulation. En poursuivant l'équilibre de pouvoir économique, tant horizontal que vertical, c'est vers une concurrence loyale que l'on tend. Et c'est bien ce qui est fondamental : car une telle concurrence est très peu propice à la constitution d'un monopole de fait puisqu'elle limite drastiquement les comportements indépendants et opportunistes. Même si un opérateur détient un fort pouvoir de marché, l'effectivité de la concurrence, ou sa seule potentialité permet de rationaliser ses comportements. Il n'utilisera pas abusivement sa puissance économique pour constituer une rente de situation car en cas de rupture effective de l'équilibre des pouvoirs, la sanction ne se fait pas attendre. Le droit du marché est alors absolument utile et nécessaire à l'encadrement et à la sanction du monopole de fait. Il n'est pourtant pas le seul dispositif juridique mobilisable à son encontre et de nouveaux dispositifs contentieux, comme l'action de groupe, permettent de revaloriser le pouvoir des parties prenantes à l'encontre des entreprises.

624. Si la sanction est évidemment nécessaire, la prévention l'est peut-être encore plus. Une telle prévention du monopole de fait passe par deux éléments principaux : la responsabilisation des acteurs économiques et la transparence des activités économiques. Ces deux éléments permettent à la fois d'inciter et de contraindre les puissances économiques dans leurs activités.

625. La responsabilisation permet, avec de multiples moyens, d'inciter les entreprises à se conformer à certaines exigences contemporaines, notamment en matière d'environnement. Les opérateurs économiques, dans leurs activités, entraînent des conséquences dont la charge ne doit pas incomber, seulement, aux parties prenantes, mais qu'il leur revient de supporter aux titres des coûts d'exploitation. C'est particulièrement flagrant en cas d'externalités négatives. Lorsqu'une entreprise échappe à sa responsabilité cela revient à ce qu'elle n'en supporte pas le coût, une forme de rente de situation négative se crée. Faire endosser aux entreprises une responsabilité sociale du fait de leurs activités demande finesse et patience, mais le mouvement est d'ores et déjà engagé.

626. Une autre mesure de prévention à l'encontre du monopole de fait consiste à assurer la transparence des activités économiques des entreprises ; parce que l'asymétrie d'information constitue, elle aussi, un levier de monopole de fait. Seule une bonne information de toutes les parties en présence permet de limiter la constitution de monopole de fait. Un niveau élevé d'information sur un marché permet d'instaurer un certain équilibre des pouvoirs. La transparence fait assurément partie des éléments permettant une concurrence libre et non faussée, et une concurrence loyale. Tout ce qui permet une libre information fait s'éloigner la possibilité de monopole de fait car les puissances économiques ne peuvent se dissimuler derrière l'opacité des marchés. C'est ainsi que l'information des consommateurs est primordiale. Elle constitue un véritable moyen pour eux de recouvrer le pouvoir normalement lié à l'acte de consommation. Avec ce type de transparence, les consommateurs ne peuvent plus ignorer le type d'exploitation mis en œuvre par l'entreprise dont ils consomment les produits ou services ; ils ne peuvent plus être une partie prenante qui s'ignore à un monopole de fait. Et il faut lutter contre les îlots de résistance des entreprises face à la libre diffusion d'informations les concernant, hors secrets d'affaires.

627. Cette transparence des activités économiques est accrue en matière comptable et financière. À ce titre, la lutte contre la fraude et la corruption est un outil incident de prévention contre le monopole de fait. On constate même un certain mouvement vers un renforcement d'une déclaration des performances extrafinancières des grandes entreprises, faisant entrer dans la lutte contre la fraude et la corruption la responsabilité sociale de l'entreprise. Cette dernière ne doit pas seulement se conformer à ses obligations comptables et financières, elle doit faire état de ses actions extraéconomiques, et justifier, le cas échéant, l'absence de ce type d'action dans sa stratégie d'entreprise. Les puissances économiques doivent désormais rendre des comptes sur leurs activités et cela les incite à ne pas adopter des comportements indépendants.

628. Cette étude systématise le monopole de fait. Elle contribue, tout d'abord, à mettre en évidence que le ressort du monopole de fait, c'est le pouvoir de marché. Pouvoir que sont tentées d'utiliser les entreprises pour constituer une rente de situation, c'est-à-dire pour accaparer un surplus de profit. En effet, le pouvoir de marché permet à l'entreprise d'adopter des comportements indépendants vis-à-vis de ses parties prenantes, et à leurs dépens. C'est le déséquilibre de pouvoir qui est au cœur du monopole de fait. Et si la puissance publique peut contrebalancer de telles situations, par l'appropriation publique, la démonopolisation est et demeure nécessaire. Cela parce que l'appropriation collective renvoie, plus fondamentalement, à l'idée de contre-pouvoirs collectifs à opposer au monopole de fait, contre-pouvoirs qui n'attendent qu'à trouver de nouvelles voies juridiques d'expression.

BIBLIOGRAPHIE

La bibliographie est présentée de façon alphabétique, en fonction du nom de l'auteur, et subdivisée selon les catégories suivantes :

I. Ouvrages, Thèses, Manuels

II. Articles, Contributions, Communications

III. Dictionnaires, Lexiques, Répertoires

I. OUVRAGES, THESES, MANUELS

AIGRAIN (P.), *Cause commune, L'information entre bien commun et propriété*, Fayard, Paris, 2005.

ALBERTINI (J.-M.), **SILEM** (A.), *Comprendre les théories économiques*, Seuil, coll. Points, 2011.

ALCANTARA (C.) dir., *E-réputation. Regards croisés sur une notion émergente*, Gualino-Lextenso, 2015.

ALLAIS (M.), *La théorie générale des surplus*, 2nde éd., Presses universitaires de Grenoble, 1989.

ANDREFF (W.), *Les multinationales globales*, Repères, La Découverte, Paris, 2003.

ANDRIEU (C.), *Le programme commun de la Résistance, Des idées dans la guerre*, Éd. De l'Érudit, Paris, 1984.

BACHOFEN (B.) dir., *Le libéralisme au miroir du droit, L'État, la personne, la propriété*, ENS Éditions, 2008.

BARREAU (J.) dir., *L'Etat entrepreneur : nationalisations, gestion du secteur public concurrentiel, construction européenne (1982-1993)*, coll. Logiques économiques, L'Harmattan, 1990.

BEAUD (M.), **DOSTALER** (G.), *La pensée économique depuis Keynes*, Éditions du Seuil, coll. Point, 1993, particulièrement p. 33 et s.

BECK (U.), *Pouvoir et contre-pouvoir à l'ère de la mondialisation*, Aubier, Paris, 2003.

BETAILLE (J.) dir., *Le doit d'accès à la justice en matière environnementale*, Actes de colloques, n° 26, Presses de l'Université Toulouse 1 Capitole, 2016.

BETTELHEIM (C.), *Problèmes théoriques et pratiques de la planification*, 3e éd., François Maspéro, 1977.

BIDAUD (L.), *La délimitation du marché pertinent en droit français de la concurrence*, Litec, Paris, 2001.

BILLIET (S.), *Les relations « publics ». Refonder la confiance entre l'entreprise, les marques et leurs publics*, 2e éd., Marketing/communication, Dunod, 2017.

BLANC (J.), **BRULE** (C.), *Les nationalisations françaises en 1982, Notes & Etudes documentaires*, La documentation française, n° 4721-4722, 20 juin 1983.

BLANC (F.), *Les engagements dans le droit français des concentrations*, Bibliothèque de droit public, t. 284, LGDJ, Paris, 2015.

BONNAFOUS-BOUCHER (M.), **PESQUEUX** (Y.) dir., *Décider avec les parties prenantes, Approches d'une nouvelle théorie de la société civile*, La découverte, coll. Recherches, Paris, 2006.

BONNAFOUS-BOUCHER (M.), **DAHL RENDTORFF** (J.), *La théorie des parties prenantes*, Repères, La découverte, Paris, 2013.

BONNEAU (T.), *Droit bancaire*, 11e éd., Montchrestien, 2015.

BONNEAU (T.), *Régulation bancaire et financière européenne et internationale*, 3e éd., Bruylant, coll. Droit de l'Union européenne, 2016.

BONNEAU (T.), **VERBIEST** (T.), *Fintech et droit : quelle régulation pour les nouveaux entrants du secteur bancaire et financier ?*, RB éd., 2017.

BONOMO (S.), *Les traités bilatéraux relatifs aux investissements, entre protection des investissements étrangers et sauvegarde de la souveraineté de l'État*, Presses Universitaires d'Aix-Marseille, 2012.

BORRITS (B.), *Au-delà de la propriété. Pour une économie des communs*, La Découverte, 2018.

BOUKHARINE (N.), *L'économie politique du rentier, Critique de l'économie marginaliste*, Études et documentation internationales, Paris, 1967.

BOURDEAU-BOROWSKI (N.), Essai sur la notion de marché pertinent, *Vol I : Le contenu de la notion de marché pertinent*, Thèse pour le doctorat, soutenue le 14 décembre 2007.

BOURGEOIS (L.), *Solidarité*, Armand Colin, Paris, 1896.

BOURJOL (M.), *Les biens communaux : voyage au centre de la propriété collective*, coll. Décentralisation et développement local, LGDJ, Paris, 1989.

BOY (L.), *L'intérêt collectif en droit français (Réflexions sur la collectivisation du droit)*, Thèse, Nice, 1979.

BOWEN (H. R), *Social responsabilities of the businessman*, University of Iowa Press, Iowa City, 2013.

BRACONNIER (S.), *Droit public de l'économie*, 2e éd., PUF, coll. Thémis Droit, Paris, 2017.

BRÜLS (C.) dir., *Les multinationales, Statut et réglementations*, coll. Droit des sociétés, Larcier, 2013.

BRUN (E.), *Comprendre ISO 26000*, Afnor, 2011.

CALANDRI (L.), *Recherche sur la notion de régulation en droit administratif français*, Bibliothèque de droit public, t. 259, LGDJ, Paris, 2008.

CALMETTE (J.-F.), *La rareté en droit public*, L'Harmattan, coll. Logiques juridiques, 2004, 380 p.

CAMPION (L.), *De l'exercice antisocial des droits subjectifs : La théorie de l'abus des droits*, LGDJ, Paris, 1925.

CAPRON (M.), **QUAIREL-LANOIZELEE** (F.), *La responsabilité sociale d'entreprise*, 2e éd., La découverte, coll. Repères, Paris, 2010.

CARBONNIER (J.), *L'hypothèse du non-droit*, Archives de philosophie du droit, 1963.

CARBONNIER (J.), *Droit civil*, éd. définitive, Paris, 2004.

CARMINATI (J.), *La loyauté dans les relations commerciales au sens du Code de commerce*, Thèse, Toulouse, 2013.

CARREZ (G.), **CHABAN DELMAS** (J.-J.), *Pour une intervention publique libérale, L'État dans une économie de liberté*, Economica, coll. Urgences, Paris, 1983.

CARTIER-BRESSON (A.), *L'État actionnaire*, Bibliothèque de droit public, t. 264, LGDJ, Lextenso, Paris, 2010.

CASTELLS (M.), *La société en réseaux. L'ère de l'information*, Vol. 1, Fayard, 2001.

CHARLIER (J.), *La chaîne de valeur de l'entreprise. Améliorer sa productivité et sa rentabilité*, éd. Azura, 2017.

CHAUDEY (M.), *Analyse économique de la firme*, Armand Colin, coll. Cursus économie, Paris, 2014.

CHAVAGNEUX (C.), **PHILIPPONNAT** (T.), *La capture, Où l'on verra comment les intérêts financiers ont pris le pas sur l'intérêt général et comment mettre fin à cette situation*, La Découverte, Paris, 2014.

CHENOT (B.), *Organisation économique de l'État*, Paris, 1951.

CHEVALLIER (J.), *Le service public,* PUF, coll. Que sais-je, 1987, p. 41.

CHIGNARD (S.), **BENYAYER** (L.-D.), *Datanomics, Les nouveaux business models des données*, Éditions fyp, 2015

CHONE (A.-S.), *Les abus de domination, Essai en droit des contrats et en droit de la concurrence*, Economica, Recherches Juridiques, 2010.

CLAMOUR (G), *Intérêt général et concurrence, Essai sur la pérennité du droit public en économie de marché,* Nouvelle bibliothèque de thèse, vol. 51, Dalloz, 2006.

CLASTRES (P.), *La société contre l'État*, éd. de Minuit, coll. Critique, Paris, 1974.

COLIN (F.), *Droit public économique*, 6e éd., Gualino, 2017.

COLSON (J.-P.), **IDOUX** (P.), *Droit public économique*, LGDJ/Lextenso, 9e éd., 2018 (l'édition utilisée dans les développements est la 8e).

CONSTANT (B.), *Écrits politiques*, annotés par Gauchet (M.), coll. Folio essais, Gallimard, Paris, 1997.

COORNAERT (E.), *Les corporations en France avant 1789*, coll. La suite des temps, Gallimard, Paris, 1941.

CORNU (G.), *Droit civil*, 13e éd., Montchrestien, 2007.

COULON (C.), *L'obligation de surveillance, Economica*, coll. Recherches juridiques, 2003.

DABIN (J.), *Le droit subjectif*, Dalloz, Paris, 1952.

DARMOIS (G.), *Le partage de la rente pétrolière : État des lieux et bonnes pratiques*, Ed. Technip, Paris, 2013, p. 11.

DAVIE (A.), *Les politiques industrielles : libéralisme ou intervention de l'État ?, Hatier, série Initiation*, Paris, Janvier 1987.

DE BODT (G.), *La maîtrise des coûts et des marges dans l'entreprise. Direct costing, profit planning*, 4e éd., Dunod, Paris, 1978.

DE CALATAŸ (D.), *Le pouvoir de la gratuité, L'échange, le don, la grâce*, L'Harmattan, coll. L'esprit économique, Paris, 2011.

DE GAULLE (C.), *Discours et messages, 1940-1946*, Plon, 1970.

DELAUNAY (B.), *Droit public de la concurrence*, 2e éd., Manuel, LGDJ Lextenso, 2018.

DELBECQUE (E.), **PARDINI** (G.), *Les politiques d'intelligence économique*, coll. Que sais-je ?, PUF, 2008.

DELBECQUE (E.), **FAYOL** (J.-R.), *Intelligence économique*, 2e éd., Vuibert, 2018.

DELILEZ (J.-P.), *Les monopoles, Essai sur le capital financier et l'accumulation monopoliste*, éd. Sociales, coll. Economie et politique, Paris, 1972.

DENIS-JUDICIS (X.), **PETIT** (J.-P.), *Les privatisations*, Montchrestien, coll. Clefs économie, 1998.

DE ROUSIERS (P.), *Les industries monopolisées (Trusts) aux États-Unis*, Armand Colin, 1898.

DESPAX (M.), *L'Entreprise et le droit*, Bibliothèque de droit privé, t. 1, LGDJ, 1957.

DESPAX (M.), *Droit de l'environnement*, Litec, 1980.

DESMET (P.), **ZOLLINGER** (M.), *Le prix, De l'analyse conceptuelle aux méthodes de fixation*, Economica, coll. Gestion, 1997.

DESSENS (A.), *Essai sur la notion d'équité*, imprimerie Boisseau, Toulouse, 1934.

DEZOBRY (G.), *La théorie des facilités essentielles : Essentialité et droit communautaire de la concurrence*, Bibliothèque de droit international et communautaire, t. 124, LGDJ Lextenso, 2009.

DISSAUX (N.), **LOIR** (R.), *Droit de la distribution*, coll. Précis Domat Droit privé, LGDJ, 2017.

DOBB (M.), **SWEEZY** (P.-M.), *Du féodalisme au capitalisme : problèmes de la transition*, Petite collection Maspéro, F. Maspero, Paris, 1977.

DOBROVICI (C.) *De l'abus de droit*, Giard et Brière, Paris, 1909, p. 147.

DUBOUIS (L.), *La théorie de l'abus de droit et la jurisprudence administrative*, LGDJ, 1962.

DUBY (G.), *Qu'est-ce que la société féodale ?*, coll. Mille & une page, Flammarion, Paris, 2011.

DUCLOS (J.), *L'opposabilité : essai d'une théorie générale*, LGDJ, Paris, 1984.

DUGUIT (L.), *Le droit social, le droit individuel et la transformation de l'État*, Conférences faites à l'École des Hautes Études Sociales, Félix Alcan, Paris, 1908.

DUGUIT (L.), *Les transformations du droit public*, Armand Colin, Paris, 1913.

DUPEYRAT (P.), *Guide des investissements étrangers dans les secteurs stratégiques*, Ellipses, Paris, 2011.

DURAND (C.) dir., *De l'économie planifiée à l'économie de marché : l'intervention de l'État dans l'industrie*, comparaisons internationales, Publisud, Paris, 1990.

DUSSART (M.-L.), *Constitution et économie*, Nouvelle bibliothèque de thèses, vol. 144, Dalloz, Paris, 2015.

ELIAS (N.), *La société des individus*, Fayard, coll. Agora, 1991.

ELY (R. T.), *Monopolies and Trusts*, The Macmillan Company, London, New York, 1912.

ERDEMLI (H.), *Éléments d'économie industrielle globale : la production industrielle, le concept d'économie d'échelle et la théorie de l'échange international*, Connaissances et savoirs, coll. Économie et gestion, Paris, 2011.

FARJAT (G.), *L'ordre public économique*, Bibliothèque de Droit privé, LGDJ, t. 37, 1963.

FARJAT (G.), *Pour un droit économique*, PUF, coll. Les voies du droit, Paris, 2004.

FAVOREU (L.), *Nationalisations et Constitution,* Economica, coll. Droit public positif, 1982.

FILHO (C. S.), *Histoire critique des monopoles. Une perspective juridique et économique*, LGDJ, coll. Droit & Économie, 2010.

FLEINER-GERSTER (T.), *Théorie générale de l'État*, Graduate Institute Publications, 2014, Quatrième partie, Chapitre 2, §34, 10.

FOUCAULT (M.), *Naissance de la biopolitique*, Cours au Collège de France, 1978-1979, Hautes études, Gallimard, Seuil, Paris, 2004.

FOULETIER (M.), *Recherches sur l'équité en droit public français*, Bibliothèque de droit public, t. 229, LGDJ, 2003.

FRANCOUAL (P.), *L'entreprise sociale, Essai de renouvellement des théories de l'entreprise à la croisée du droit des groupements et du droit du travail*, Thèse dactylographiée, Toulouse, Décembre 2017.

FRAYSSINET (M.-H.), *La notion d'intérêt en droit administratif*, Thèse dactylographiée, Toulouse, 2000.

FREEMAN, HARRISON, WICKS, PARMAR et **DE COLLE**, *Stakeholder theory : the state of the art*, Cambridge University Press, 2010.

FRISON-ROCHE (M.-A.), **BONFILS** (S.), *Les grandes questions du droit économique*, PUF, Paris, 2005.

FRISON-ROCHE (M.-A.) dir., *Régulation, supervision, compliance*, Dalloz, 2017.

GABSZEWICZ (J.), *La concurrence imparfaite*, La découverte, Repères, Paris, 1994.

GALBRAITH (J. K.), *La science économique et l'intérêt général*, Bibliothèque des sciences humaines, Gallimard, (trad. Crémieux J.-L., le Nan M.).

GANIDIS (B.), *Stratégie de diversification des grands groupes industriels en France, Approche historique et enseignements contemporains*, Eska, Paris, 2003.

GANSHOF (F.-L.), *Qu'est-ce que la féodalité ?*, 3e éd., coll. Approches, Tallandier, 1982.

GAUDEMET (A.) dir., *La compliance : un monde nouveau ? Aspects d'une mutation du droit*, Panthéon Assas, 2016.

GAY (L.), *Les droits-créances constitutionnels*, Bruylant, 2007.

GENEREUX (J.), *Les vraies lois de l'économie*, Seuil, coll. Points, 2005.

GLAIS (M.), *Économie industrielle : les stratégies concurrentielles des firmes*, Litec, 1992.

GLAIS (M.), *Concentration des entreprises & Droit de la concurrence*, Economica, Paris, 2010.

GOURDON (P.), *L'exclusivité*, Bibliothèque de droit privé, t. 455, LGDJ, Paris, 2006.

GRIFFON (R.), *De l'intention en droit pénal*, Recueil Sirey, Paris, 1911.

GUGLIELMI (G.), **KOUBI** (G.) dir., *La gratuité, une question de droit ?*, L'Harmattan, Paris, 2003.

GUILLOT (O.), **RIGAUDIERE** (A.), **SASSIER** (Y.), *Pouvoirs et institutions dans la France médiévale*, t. 2, Des temps féodaux aux temps de l'État, Armand Colin, Paris, 2008.

HARDIN (G.), *La tragédie des communs*, PUF, Paris, 2018.

HAURIOU (M.), *Principes de droit public*, Dalloz, 2010.

HENNI (A.), *Le capitalisme de rente, De la société du travail industriel à la société des rentiers*, L'Harmattan, Paris, 2012.

HESSEL (S.), *Le Programme du Conseil National de la Résistance, 15 mars 1944*, coll. Textes essentiels, L'esprit du Temps, Le Bouscat, 2012.

HINTZ (O.), *Féodalité, Capitalisme et État moderne*, Essais d'histoire sociale comparée choisis et présentés par Hinnerk Bruhns, Éditions de la Maison des sciences de l'Homme, Paris, 1991.

HOUILLON (G.), *Le lobbying en droit public*, Bruylant, coll. Droit administratif, 2012.

HOUSSIAUX (J.), *Le pouvoir de monopole : essai sur les structures industrielles du capitalisme contemporain*, Recherches économiques, Sirey, Paris, 1958.

HUBERT-VALLEROUX (P.), *Les corporations d'arts et métiers et les syndicats professionnels en France et à l'étranger*, Paris, Librairie Guillaumin et Cie, 1885.

JACQUEMIN (A.), *Sélection et pouvoir dans la nouvelle économie industrielle*, Economica, Paris, 1985.

JALUZOT (B.), *La bonne foi dans les contrats*. Étude comparative de droit français, allemand et japonais, Nouvelle bibliothèque de thèses, Dalloz, Paris, 2001.

JAURES (J.), *Pour la laïque*, Librairie générale française, Paris, 2016.

JEZE (G.), *Les principes généraux du droit administratif, t. 3, Le fonctionnement des services publics*, Dalloz, 2011.

JOSSERAND (L.), *Essais de téléologie juridique I, De l'esprit des droits et de leur relativité : Théorie dite de l'abus des droits*, Dalloz, 2e éd., 2006.

KATZAROV (K.), *Théorie de la nationalisation*, coll. Travaux et recherches de l'Institut de droit comparé de l'Université de Paris, vol. XVII, Ed. de la Baconnière, Neuchâtel, 1960.

KOVAR (J.-P.), **LASSERRE CAPDEVILLE** (J.), *Droit de la régulation bancaire*, RD éd., 2012.

KRUGMAN (P.), *L'âge des rendements décroissants*, 3e éd., Economica, 2000, (trad. Bertrand (E.)).

LAPARRE (E.), *La théorie de l'abus du droit et la théorie du détournement de pouvoir*, Imprimerie Bonnet, Toulouse, 1913

LAROUER (M.), *Les codes de conduite, sources du droit*, Nouvelle bibliothèque de thèses, t. 176, Dalloz, Paris, 2018.

LASSERRE CAPDEVILLE (J.), **STORCK** (M.), **ROUTIER** (R.), **MIGNOT** (M.), **KOVAR** (J.-Ph.) et **ERESEO** (N.), *Droit bancaire*, coll. Précis, Dalloz, 2017.

LAVERGNE (B.), *Le socialisme à visage humain, L'ordre coopératif*, PUF, 1971.

LAUFENBURGER (H.), *L'intervention de l'État en matière économique*, LGDJ, coll. L'économie politique contemporaine, vol. IV, Paris, 1939.

LEMARIGNIER (J.-F.), *La France médiévale, Institutions et société*, Armand Colin, coll. U, 2e éd., 2004.

LENOIR (N.), « Le droit de la concurrence confrontée à l'économie du *Big data* », *AJCA*, n° 2, 16 février 2016, p. 66

LEROY-BEAULIEU (P.), *L'Etat moderne et ses fonctions*, Préface de la 1e éd., 3e éd., Guillaumin, Paris, 1900.

Le Tourneau (P.) dir., *Droit de la responsabilité et des contrats, régimes d'indemnisation*, 10e éd., Dalloz, 2014.

Leveque (F.), *Économie de la réglementation*, Repères, Nouvelle Édition, La Découverte, Paris, 2004.

Lhomme (J.), *Capitalisme et économie dirigée*, LGDJ, Paris, 1942.

Linotte (D.), *Recherches sur la notion d'intérêt général en droit administratif français*, Thèse dactylographiée, Bordeaux, 1975.

Lokiec (P.), *Contrat et pouvoir : Essai sur les transformations du droit privé des rapports contractuels*, Paris, LGDJ, 2004.

Lombard (M.), *Recherches sur le rôle de la bonne et la mauvaise foi en droit administratif français*, Thèse, Strasbourg, 1978.

Lombard (M.), *L'État schizo*, J.-C. Lattes, Paris, 2007.

Lombard (M.), *La régulation économique et financière face aux défis de l'information : de la régulation par l'information à la régulation de l'information, Actes des 7e journées européennes de la régulation à Strasbourg les 2 et 3 mars 2017*, Paris, L'Harmattan, collL Logiques juridiques, 2018.

Lopez (L.), *L'action en justice des parties prenantes dans le cadre de la Responsabilité Sociale de l'Entreprise*, Droit et Sciences politiques, Connaissances et Savoirs, 2017.

Mackaay (E.), **Rousseau** (S.), *Analyse économique du droit*, Dalloz, coll. Méthodes du droit, 2008.

Maddalon (P.), *La notion de marché dans la jurisprudence de la Cour de justice des communautés européennes*, Bibliothèque de droit public, t. 253, LGDJ, Lextenso, Paris, 2007.

Magris (F.) « Logique de marché et pouvoirs publics dans la sphère internationale : la Banque Mondiale, le FMI et l'OMC », *in Le marché et l'État à l'heure de la mondialisation*, Thirion (N.) dir., Actes du 1er colloque David-Constant de la Faculté de droit de l'Université de Liège, Larcier, 2007, p. 193 et s.

Mainguy (D.), *L'action de groupe en droit français après la loi Hamon du 17 mars 2014*, coll. Guide pratique, Lextenso, 2014.

Malaurie-Vignal (M.), *L'abus de position dominante*, LGDJ, Systèmes : droit, 2002.

Manoïlesco (M.), *Le siècle du corporatisme. Doctrine du corporatisme intégral et pur*, Félix Alcan, Paris, 1938.

Marchal (J), *Cours d'économie politique*, t. I, Paris, 1952.

Marchand (J.), *Recherche sur le régime des actions et participations financières publiques*, Bibliothèque de droit public, t. 279, LGDJ, 2014.

Marshall (A.), Principes d'économie politique, t. 1, Gordon & Breach, 1971.

Marx (K.), *Le Capital*, Éditions sociales, Paris, 1974 (trad. C. Cohen-Solal et Gilbert Badia).

MAZEAUD (H. et L.), **TUNC** (A.), *Traité théorique et pratique de la responsabilité civile délictuelle et contractuelle*, t. I, 6e éd., Montchrestien, Paris, 1965.

MILL (J. S.), *Principes d'économie politique avec quelques-unes de leurs applications à l'économie sociale*, 2e éd., t. deuxième, Guillaumin et Cie, Paris, 1861, p. 476, ((trad. Dussard, Courcelle-Seneuil).

MOISSON (M.), *L'étude de la rentabilité des entreprises*, Les éditions d'organisation, Paris, 1962.

MORACCHINI-ZEINDENBERG (S.), *L'abus dans les relations de droit privé*, Presses universitaires d'Aix-Marseille, 2004.

MOYSAN (H.), *Le droit de propriété des personnes publiques*, Paris, LGDJ, coll. Bibliothèque de droit public, t. 219, 2001.

MURAT (A.), *Le corporatisme*, Les publications techniques, coll. Les doctrines sociales, Paris, 1944.

NASSAU SENIOR (W.), *Political economy*, 3e éd., Richard Griffin and company, London and Glasgow, 1851.

NICINSKI (S.), *Droit public de la concurrence*, LGDJ, 2005.

NICINSKI (S.), *Droit public des affaires*, 6e éd., LGDJ, coll. Précis Domat droit public, 2018. (NB : la 5e éd. a également été utilisée et est citée dans certains développements).

NORD (P.), *Le new deal français*, Perrin, Paris, 2016, trad. Michel Bessières.

NOREL (P.), *L'histoire économique globale*, Seuil, coll. Economie humaine, 2009.

ODIER (P.), *Esquisse du droit féodal*, éd. Auguste Durand, 1862.

OLLIVIER (B.), **SAINSAULIEU** (R.) dir., *L'entreprise en débat dans la société démocratique*, Presses de la Fondation nationale des sciences politiques, 2001.

ORLEAN (A.), *L'empire de la valeur, Refonder l'économie*, Editions du Seuil, coll. Economie, 2011

OST (F.), *Droit et intérêt, vol. 2, entre droit et non-droit : l'intérêt*, Facultés universitaires de Saint-Louis, Bruxelles, 1990.

OST (F.), **VAN DE KERCHOVE** (M.), *De la pyramide au réseau ? Pour une théorie dialectique du droit*, Facultés Universitaires de Saint-Louis, Bruxelles, 2002.

OST (F.), *À quoi sert le droit ? Usages, fonctions, finalités*, Bruylant, coll. Penser le droit, 2017.

OSTROM (E.), *Gouvernance des biens communs. Pour une nouvelle approche des ressources naturelles*, De Boeck, Bruxelles, 2010.

PADER (R.), *La théorie de l'État Actionnaire, Une de ses applications pratiques : La Compagnie générale pour la Navigation du Rhin*, Les presses universitaires de France, Paris, 1926.

PARETO (V.), *Manuel d'économie politique, t. I, Principes généraux, Introduction à la science sociale, Notion générale de l'équilibre économique, Les goûts, Les obstacles*, 2e éd., Paris, LGDJ, 1963.

PERROUX (F.), *Les réformes agraires en Europe : année scolaire 1934-1936*. Livre premier. Cours de doctorat professé à la faculté de droit de Lyon, Domat-Montchrestien, 1935.

PERROUX (F.), *Œuvres complètes, VI Théorie et histoire de la pensée économique, Le problème du profit*, Presses universitaires de Grenoble, 1996.

PIETTRE (A.), *Économie dirigée d'hier et d'aujourd'hui : du Colbertisme à notre temps*, Librairie de Médicis, Paris, 1947.

PIGOU (A. C.), *The economics of welfare*, 4e éd., Macmillan and co., London, 1952.

PLANIOL (M.), **RIPERT** (G.), *Traité élémentaire de droit civil*, 4e éd., t. 2, LGDJ, Paris 1948.

PONTIER (J.-M.), *La République*, Dalloz, 1992.

PRIETO (C.), **BOSCO** (D.), *Droit européen de la concurrence. Ententes et abus de position dominante*, coll. Droit de l'Union européenne, Bruylant, 2013.

PRIEUR (M.), *Droit de l'environnement*, 7e éd., Dalloz, coll. Précis, Paris, 2016.

PROUDHON (P.-J.), *Théorie de la propriété*, 2e éd., Librairie internationale, Paris, 1866.

RABAULT (H.) dir., *L'ordolibéralisme, aux origines de l'Ecole de Fribourg-en-Brisgau*, L'Harmattan, Paris, 2016.

RAWLS (J.), *Théorie de la justice*, Paris, Seuil, 1987 (trad. C. Audard).

RAWLS (J.), *La justice comme équité, Une reformulation de Théorie de la justice*, La Découverte, Paris, 2008 (trad. B. Guillarme).

REGNAULT (G.), *Valeurs et comportements dans les entreprises françaises*, coll. Logiques sociales, L'Harmattan, 2006.

RICHER (L.) coord., *Concurrence pour le marché et concurrence dans le marché*, coll. Bibliothèque de l'Institut André Tunc, LGDJ, 2007.

RIPERT (G.), *Le régime démocratique et le droit civil moderne*, LGDJ, Paris, 1936.

RIPERT (G.), *Aspects juridiques du capitalisme moderne*, LGDJ, Paris, 1946.

RIVERO (J.), *Le régime des nationalisations*, Éd. Techniques, Paris, 1948.

ROBE (J.-Ph.)., *L'entreprise et le droit*, Paris, PUF, 1999.

ROBINSON (J.), *L'économie de la concurrence imparfaite*, coll. Finance et économie appliquée, vol. 49, Dunod, 1975.

RODRIGUE (L.), *Les aspects juridiques de la régulation européenne des réseaux*, Bruylant, Bruxelles, 2012.

ROMANET (L.), **BENAICHE** (L.), *Les lanceurs d'alerte, auxiliaires de justice ou gardiens du silence ? L'alerte éthique en droit français*, coll. Hygiéa, Éd. De santé, Paris, 2014.

ROSANVALLON (P.), *Le libéralisme économique : Histoire de l'idée de marché*, Ed. du Seuil, coll. Points Politique, Paris, 1989.

ROSANVALLON (P.), *L'État en France, de 1798 à nos jours*, Seuil, coll. L'univers historique, 1990.

ROSANVALLON (P.), *La crise de l'État providence*, coll. Essais, Seuil, 1992.

ROSANVALLON (P.), *La société des égaux*, Seuil, Paris, 2011.

ROSSIGNOL (P.-Y.), *Comment faire face à l'action de groupe*, coll. Les essentiels, L'argus, 2015.

ROUBIER (P.), *Droits subjectifs et situations juridiques*, Dalloz, 2005.

ROUX (V.), *Le capitalisme utopique, Propriété privée et destination universelle des biens*, L'Harmattan, 2001.

RUFFIER (J.), *L'efficience productive, Comment marchent les usines*, CNRS, 1996.

SACCO (R.), *Anthropologie juridique, Apport à une macro-histoire du droit*, Dalloz, coll. L'esprit du droit, 2008.

SADOUN (M.), **SIRINELLI** (J.-F.), **VANDENBUSSCHE** (R.) dir., *La politique sociale du général de Gaulle*, Centre d'histoire de la région du Nord et de l'Europe du nord-ouest, coll. Histoire et littératures régionales, 1990.

SAINSAULIEU (R.) dir., *L'entreprise, une affaire de société*, Presses de la Fondation nationale des sciences politiques, Paris, 1990.

SAMUELSON (P. A.), *Les fondements de l'analyse économique, t. I Théorie de l'équilibre et principales fonctions économiques*, 2e éd., coll. Finance et économie appliquée, Dunod, 1971.

SAMUELSON (P. A.), **NORDHAUS** (W. D.), *Économie*, 18e éd., Economica, 2005.

SANDEL (M.), *Ce que l'argent ne saurait acheter*, Editions du Seuil, coll. Economie, 2016.

SANSALONI (R.), *Le non-consommateur, Comment le consommateur reprend le pouvoir*, Dunod, Paris, 2006.

SAVATIER (R.), *Les métamorphoses économiques et sociales du droit civil d'aujourd'hui*, Dalloz, Paris, 1948.

SCHREPEL (T.), *L'innovation prédatrice en droit de la concurrence*, Competition Law, Bruylant, 2018.

SEN (A.), *Éthique et Économie*, Paris, PUF, 1993 (traduction Sophie MARNAT).

SERRA (Y.), *Le droit français de la concurrence*, Dalloz, coll. Connaissance du droit, 1993

SIMON (H.), *Models of Man : Social and Rational. Mathematical Essays on Rational Behavior in a Social Setting*, New York, Wiley, 1957.

SIMON (H.), **BILSTEIN** (F.), **LUBY** (F.), *La rentabilité avant la part de marché*, Economica, Paris, 2009 (trad. C. Alcouffe).
SIMON (H.), **JACQUET** (F.), **BRAULT** (F.), *La stratégie prix. Le pricing, levier indispensable pour augmenter votre rentabilité*, 3e éd., Dunod, Paris, 2011.
SIRKS (B.), **MAUSEN** (Y.), *Æquitas, équité, equity*, Actes de colloque, Montpellier, 2015.
SMITH (A.), *Recherches sur la nature et les causes de la richesse des nations*, trad. Garnier (G.), Blanqui (A.)., 2e éd., Guillaumin, 1843.
STIGLER (G.), *The Organization of Industry*, University of Chicago Press, 1968.
STOFFAES (C.), **VICTORRI** (J.), *Nationalisations*, Flammarion, 1977.
SUPIOT (A.), *L'esprit de Philadelphie. La justice sociale face au marché total*, Seuil, Paris, 2010.

THIRION (N.), *Les privatisations d'entreprises publiques dans une économie sociale de marché : aspects juridiques*, Bruylant, LGDJ, 2002.
THIRION (N.) dir., *Libéralisations, privatisations, régulations, Aspects juridiques et économiques des régulations sectorielles*, Larcier, coll. Droit, économie, international, Bruxelles, 2007.
TIROLE (J.), *La concurrence imparfaite*, Economica, Paris 1985.
TIROLE (J.), *Théorie de l'organisation industrielle*, coll. Economie et statistiques avancées, Economica, Paris, 2015.
TORRE-SCHAUB (M.), *Essai sur la construction juridique de la catégorie de marché*, Bibliothèque de droit privé, t. 163, LGDJ, Paris, 2002.
TORRE-SHAUB (M.) dir., *Le bien-être et le droit*, Publications de la Sorbonne, 2016.
TRUCHET (D.), *Les fonctions de la notion d'intérêt général dans la jurisprudence du Conseil d'État*, LGDJ, 1977.

USUNIER (L.), **SEFTON-GREEN** (R.), *La concurrence normative, Mythes et réalités, Société de législation comparée*, coll. De l'UMR de droit comparée de Paris, vol. 33, Paris, 2013.

VALLAEYS (F.), *Pour une vraie responsabilité sociale*, Clarifications, propositions, PUF, Paris, 2013.
VAN LANG (A.), *Droit de l'environnement*, 4e éd., PUF, coll. Thémis droit, Paris, 2016.
VERDIER (J.-M.), *Syndicats et droit syndical, vol. I – Liberté, structures, action, in Droit du travail*, t. 5, 2e éd., Dalloz, 1987.
VIDONNE (P.), *Essai sur la formation de la pensée économique : nature, rente et travail*, Thèse, Grenoble, 1982.
VINEY (G.), *Introduction à la responsabilité*, 3e éd., LGDJ, 2008.
VOGEL (D.), *Le marché de la vertu, Possibilités et limites de la responsabilité sociale des entreprises*, Economica, 2008.

WALINE (M.), *L'individualisme et le droit*, Dalloz, 2007.
WALRAVENS (E.), *Dumping fiscal, Enquête sur un chantage qui ruine nos États*, Les petits matins, Paris, 2014.
WILLIAMSON (O. E.), *Les institutions de l'économie*, (trad. COEURDEROY (R.), MAINCENT (E.), GHERTMAN (M.)), Interéditions, Paris, 1994.

YANNAKOPOULOS (C.), La notion de droits acquis en droit administratif français, Bibliothèque de droit public, t. 168, LGDJ, Paris, 1997.
YERNAULT (D.), *L'État et la propriété, Le droit public économique par son histoire (1830-2012)*, Bruylant, Bruxelles, 2013.
YOLKA (P.), *La propriété publique : éléments pour une théorie*, Bibliothèque de droit public, t. 191, LGDJ, Paris, 1997.

II. ARTICLES, COMMUNICATIONS ET CONTRIBUTIONS

ACQUIER (A.), **AGGERI** (F.), « Une généalogie de la pensée managériale sur la RSE », *Revue française de gestion*, 2007/11, n° 180, p. 135.
ALBERTINI (P.), « Les échelles de l'État : permanences et changements (rapport de synthèse) », *in L'État interventionniste. Le rôle de la puissance publique dans l'économie*, Bottini (F.) dir., L'Harmattan, 2012.
ALBOUY (M.), « Portée et limites du modèle de Walras », *Rev. éco. pol.*, Juillet-Août 1972, n° 4.
ALBOUY (M.), « L'actionnaire comme apporteur de ressources financières », *Revue française de gestion*, 2002/5, n° 141, p. 21.
ALCOUFFE (A.), « Approches économiques de l'appropriation », *in Qu'en est-il de la propriété ? L'appropriation en débat*, Revue de l'institut des Etudes juridiques de l'Urbanisme et de la Construction, n° 61/2006, p. 59.
ALLAIS (M.), « Intérêt général et intérêts particuliers », *Nouvelle revue d'économie contemporaine*, février 1951, p. 13.
ALLAIS (M.), « Les conditions économiques d'une société libre », *Revue des Travaux de l'Académie des sciences morales et politiques et comptes rendus de ses séances*, A. 112, 4e série, année 1959, p. 38.
ALLIEZ (Q.), « Le rachat des concessions autoroutières : une impasse financière », *Revue Contrats et marchés publics*, 2017, étude n° 4.
ALLOING (C.), « La réputation pour questionner l'autorité informationnelle : vers une "autorité réputationnelle" ? », *Quaderni*, n° 93, Printemps 2017, p. 34.
AMMANNATI (L.), « Le marché et l'État à l'heure de la mondialisation. Les privatisations », *in Le marché et l'État à l'heure de la mondialisation*, Thirion (N.) dir., Actes du 1er colloque David-Constant de la Faculté de droit de l'Université de Liège, Larcier, 2007, p. 103 et s.
ANDREANI (T.), « Peut-on réformer le capitalisme financiarisé ? », *in Marché(s), société(s), histoire et devenir de l'humanité*, Actes du colloque

de la Fondation Gabriel Péri, 13 et 14 novembre 2008, coll. Actes, Fondation Gabriel Péri, 2010.

ANDRIANTSIMBAZOVINA (J.), « L'abus de droit dans la jurisprudence de la Cour européenne des droits de l'homme », *D.*, n° 32, 24 septembre 2015, p. 1854.

ANDRIANTSIMBAZOVINA (J.), « La protection de l'environnement et l'exécution des obligations découlant du droit de l'Union européenne justifient des restrictions des activités d'une société de mytiliculture », *Gazette du Palais*, n° 25, 10 juillet 2018.

ANTOINE (A.), « Les expériences étrangères d'ouverture de l'accès aux données publiques », *AJDA*, n° 2, 25 janvier 2016, p. 81.

ANTOINE (A.), **CALMETTE** (J.-F.), « La sanction administrative des pratiques anticoncurrentielles à la suite de l'affaire du cartel de l'acier », *RFDA*, n° 6, 3 février 2011, p. 1157.

ANTOINE (A.), **LAHOUAZI** (M.), « Privatisation *vs* nationalisation : faut-il choisir son camp ? », *AJDA*, n° 31, 24 septembre 2018, p. 1758.

ARBELET (L.), « L'ambivalence de l'évasion fiscale », *Dalloz actualité*, n° 26, 26 janvier 2017.

ARBELET (L.), « Le conseil fiscal met l'Union européenne face à un dilemme », *Dalloz actualité*, n° 12, 12 décembre 2017.

ARCELIN (L.), « L'avis n° 18-A-03 du 6 mars 2018 portant sur l'exploitation des données dans le secteur de la publicité sur internet : un avis point d'étape », *RLC*, n° 74, 1er juillet 2018.

ARCELIN (L.), « La conquête du droit du marché par la notion d'entreprise », *RTD com.*, n° 3, 7 novembre 2018, p. 575.

ARFI (F.), « Informer n'est pas un délit », *Légicom*, n° 57, 2016/2, p. 89 et s.

ARHAB-GIRARDIN (F.), **GELY** (M.-L.), « Le fait personnel », *in Droits privé et public de la responsabilité extracontractuelle*, Albert-Moretti (N.), Leduc (F.), Sabard (O.) dir., coll. Perspective(s), LexisNexis, Paris, 2017.

ARNAUD (A.-J.), « *Imperium* et *dominium* : Domat, Pothier et la codification », *Revue française de théorie juridique*, n° 22, novembre 1995, p. 55.

ASENCIO (S.), « Le dirigeant de société, un mandataire "spécial" d'intérêt commun », *Rev. soc.*, 2000, p. 683.

ASSELAIN (J.-C.), « La dimension sociale des nationalisations de 1982 », *Rev. éco.*, vol. 34, n° 3, 1983, p. 536-576.

AUBY (J.-B.), « Quelques observations sur la "Constitution économique" », *Petites aff.*, 2009, n° 16, p. 5.

AUDRAN (F.), « *Gun jumping* : l'Autorité française dégaine la première », *RLC*, n° 60, 1er avril 2017.

AUGUET (Y.), « L'équilibre, finalité du droit de la concurrence », *in Mélanges Yves Serra, Études sur le droit de la concurrence et quelques thèmes fondamentaux*, Dalloz, 2006.

Auzero (G.), « La représentation obligatoire des salariés dans les conseils d'administration et de surveillance », *Revue droit social*, n° 9, 2 septembre 2013, p. 740.

Azzi (T.), « Open Data et propriété intellectuelle », *D.*, 2017, p. 583.

Balibar (E.), La proposition de l'égaliberté, *Actuel Marx Confrontation*, PUF, 2010, p. 91.

Barbier (M.), « Pouvoir et propriété chez Thomas d'Aquin : la notion de dominium », *Revue des sciences philosophiques et théologiques*, 2010/4, t. 94, p. 655-670.

Barbier (H.), « Le droit de la consommation peut-il être un droit commun ? », *RTD Civ.*, n° 1, 31 mars 2018, p. 96.

Barbier (H.), « Un point sur le devoir de loyauté : existence, contenu et rayonnement », *RTD Civ.*, n° 1, 16 avril 2019

Barfety (J.-B.), « Chaque entreprise a une raison d'être », *Revue de droit du travail*, n° 4, 30 avril 2018, p. 268.

Barilarie (A.), « Peut-on réformer l'État avec les méthodes du secteur privé ? », *Regards croisés sur l'économie*, 2007/2, n° 2, p. 225-232.

Barraud (B.), « Données personnelles Facebook ne peut pas enregistrer les données de navigation des internautes sans leur consentement », *REM*, n° 37, hiver 2015-2016, p. 23.

Barthe (N.), « Préface. Transversalité et transdisciplinarité de la Responsabilité Sociale de l'Entreprise », *in Responsabilité sociale de l'entreprise*, Rose (J.-J.), De Boeck Supérieur, Méthodes & Recherches, 2006, p. 5-8.

Baudu (I.), « Faut-il réguler la tarification algorithmique ? », *RLC*, n° 74, 1er juillet 2018.

Bazot (A.), « Plateformes "économie collaborative" : des clauses litigieuses à déloger ! », *Juris tourisme*, n° 211, 15 septembre 2018, p. 14.

Beaud (O.), « Nationalisation et souveraineté : la nationalisation comme acte de puissance publique », *Petites aff.*, n° 141, 24 novembre 1995, p. 11.

Beaud (O.), « Nationalisations et souveraineté de l'État », *Histoire@Politique*, 2014/3, n° 24, p. 72-87.

Beauvais (P.), « Les limites de l'internationalisation du droit pénal de l'environnement », *in Des écocrimes à l'écocide, Le droit pénal au secours de l'environnement*, Neyret (L.) dir., Bruylant, 2015, p. 4.

Behar-Touchais (M.), « Première sanction du déséquilibre significatif dans les contrats entre professionnels : l'article L. 442-6, I, 2° du code de commerce va-t-il devenir "une machine à hacher le droit" ? », *RLC*, 2010/23, n° 1584.

Behar-Touchais (M.), « Que penser de l'introduction d'une protection contre les clauses abusives dans le Code de commerce ? », *RDC*, 1er juillet 2009, n° 3, p. 1258.

Bellivier (F.), **Noiville** (C.), « Jeux d'acteurs, jeux de miroirs, comment prendre une décision politique responsable ? », *in Droits, sciences et techniques, quelles responsabilités ?,* Réseau Droit Sciences & Techniques, coll. Colloques & Débats, LexisNexis, 2011.

Bensoussan-Brule (V.), **Chauvin** (J.), « Les motifs de publicité des décisions de la Cnil », *Revue Lamy droit de l'immatériel*, n° 146, Mars 2018, p. 39 et s.

Beroud (S.), **Yon** (K.), « Représenter les salariés dans l'entreprise après la loi du 20 août 2008. Sur les limites de la "démocratie sociale" », *Presses universitaires de Grenoble*, Politiques de communication, 2014/1, n° 2, p. 51.

Berthat (V.), **Lizop** (A.), « Débat autour du projet de loi Macron concernant la réforme des professions réglementées », *Gazette du Palais*, 23 décembre 2014, n° 357.

Bioy (X.), « La propriété éminente de l'État », *RFDA*, n° 5, 15 septembre 2006.

Birota (F.) et al., « Mal-être et crise sociale », *Les Temps Modernes*, 2011/1, n° 662-663, p. 142.

Blanco (F.), « L'action de groupe en reconnaissance de responsabilité devant le juge administratif », *AJDA*, n° 40, 28 novembre 2016, p. 2256.

Blanco (F.), **Chenu** (D.), « La distinction du dommage et du préjudice », *in Droits privé et public de la responsabilité extracontractuelle. Étude comparée*, Albert-Moretti (N.), Leduc (F.), Sabard (O.) dir., *Perspective(s)*, Lexis Nexis, Paris, 2017, p. 83.

Bloud-Rey (C.), « Loyauté et pratiques anticoncurrentielles, antinomie ? », *Petites aff.*, n° 234, 24 novembre 2011, p. 20.

Boccara (P.), « De l'exacerbation actuelle des marchés à leur maîtrise et à leur dépassement possibles », *in Marché(s), société(s), histoire et devenir de l'humanité*, Actes du colloque de la Fondation Gabriel Péri, 13 et 14 novembre 2008, coll. Actes, Fondation Gabriel Péri, 2010, p. 216.

Boccon-Gibod (T.), « Duguit, et après ? Droit, propriété et rapports sociaux », *RIDE*, 2014/3, t. XXVIII, p. 288.

Boissard (S.), « Comment garantir la stabilité des situations juridiques individuelles sans priver l'autorité administrative de tous moyens d'action et sans transiger sur le respect du principe de légalité ? Le difficile dilemme du juge », *Nouv. Cah. Cons. const.*, n° 11, Dossier : Le principe de sécurité juridique, décembre 2001.

Boiteau (C.), « L'entreprise régulée », *RFDA*, n° 3, 12 juillet 2018, p. 469.

Boiteau (C.), « La loi *PACTE* et l'État », *RFDA*, n° 4, 25 septembre 2019, p. 581.

Borel (S.), **Masse** (D.), **Demailly** (D.), « L'économie collaborative, entre utopie et big business », *Esprit*, 2015/7, Juillet, p. 9-18.

BORGHETTI (J.-S.), « Le préjudice de masse », *in Le préjudice : entre tradition et modernité*, Journées franco-japonaises, Association Henri Capitant, t. I/2013, Bruylant, 2015, p. 153.

BORGHETTI (J.-S.), « La responsabilité des contractants à l'égard des tiers dans le projet de réformes de la responsabilité civile », *D.*, n° 32, Septembre 2017, p. 1846.

BOTTINI (F.), « Tout change, mais rien ne change », *in L'État interventionniste. Le rôle de la puissance publique dans l'économie*, Bottini (F.) dir., L'Harmattan, 2012.

BOUILLON (H.), « Propos dubitatifs sur l'application du droit des clauses abusives par le juge administratif. Note sous CE, 30 déc. 2015, Société des eaux de Marseille, n° 387666 », *Civitas Europa*, 2016/2, n° 37, p. 221-239.

BOUNIOL (R.), « Loyauté et concurrence », *in Droit et loyauté,* PETIT (F.) dir., Dalloz, coll. Thèmes & commentaires, 2015, p. 85 et s.

BOURDON (W.), « La liberté d'informer des journalistes et lanceurs d'alerte », *Légicom*, n° 57, 2016/2, p. 85.

BOURNOIS (F.), **BORDEAU** (N.), « L'intelligence économique créatrice de valeurs publiques : une revue de la littérature », *in Intelligence économique et lobbying au crible des valeurs publiques*, Rival (M.), Bournois (F.), Chanut (V.) coord., Eska, Paris, 2014.

BOUVERESSE (J.), « La IIIe République eut-elle une politique économique et sociale ? », *in L'État interventionniste, Le rôle de la puissance publique dans l'économie*, Bottini (F.) dir., L'Harmattan, Paris, 2012, p. 85 et s.

BOY (L.), « Réflexions sur l'action en justice », *RTD Civ.*, 1978, p. 512.

BOY (L.), « L'ordre concurrentiel : essai de définition d'un concept », », *in L'ordre concurrentiel, Mélanges Pirovano*, éd. Frison-Roche, Paris, 2003, p. 23.

BOY (L.), « L'abus de pouvoir de marché : contrôle de la domination ou protection de la concurrence ? », *RIDE*, 2005/1, t. XIX, 1, p. 29.

BOY (L.), « L'appel à la régulation en droit de l'environnement », *in Pour un droit économique de l'environnement, Mélanges Martin*, Éd. Frison-Roche, Paris, 2013, p. 71 et s.

BRECHAT (P.-H.), **GROSSET** (M.), **TABUTEAU** (D.), « Sécurité alimentaire et politiques nutritionnelles : enjeux et perspectives », *Journal de droit de la Santé et de l'Assurance maladie*, n° 17, 2017, p. 36.

BRISSON (F.), « L'incidence de la loi du 20 avril 2005 sur le régime des infrastructures aéroportuaires », *AJDA*, n° 33, 3 octobre 2005, p. 1835.

BRUN (B.), **TOULEMONT-DAKOURE** (A.), « Les barrières à l'entrée en droit de la concurrence », *Contrats-concurrence consommation*, n° 11, Novembre 2003, chronique 11.

BRUNET (F.), **VERNEY** (C.), « Vers une clarification jurisprudentielle de la notion de gun jumping : une entreprise en suspens ? Les conclusions de l'avocat général Nils Wahl dans l'affaire Ernst & Young/KPMG (C-633/16) », *RLC*, n° 70, 1er mars 2018.

BURGER-HELMCHEN (T.), **FRANK** (L.), « La création de rentes : une approche par les compétences et capacités dynamiques », *Innovations*, 2011/2, n° 35, p. 99.

BUTSTRAEN (L.), « Conventions réglementées. Le régime des conventions réglementées est applicable aux syndicats professionnels ayant une activité économique », *JA*, n° 275, 15 mars 2003, p. 8.

BUY (F.), « Oui au contrôle judiciaire du prix ! », *AJ Contrat*, n° 1, 17 janvier 2019, p. 29.

CANIVET (G.), « La pertinence de l'analyse économique du droit : le point de vue du juge », *Petites Aff.*, mai 2005, n° 99, p. 23.

CAILLE (A.), « Présentation », *Revue du Mauss*, 2007/1, n° 29, p. 7.

CAILLOSSE (J.), « Le droit administratif contre la performance publique ? », *AJDA*, 1999, p.195.

CAILLOSSE (J.), « Le juriste occidental en son théâtre », *Droit social,* n° 2, 10 février 2006, p. 206.

CALAIS-AULOY (J.), « Les modes d'intervention de la puissance publique pour la défense des consommateurs », *in L'interventionnisme économique de la puissance publique, Mélanges Péquignot*, t. 1, CERAM, Montpellier, Mai 1984.

CARBONNIER (J.), « Effectivité et ineffectivité de la règle de droit », *in Flexible droit : Pour une sociologie du droit sans rigueur*, 8e éd., Paris, LGDJ, 1995, p. 135.

CARTIER-BRESSON (A.), « Marché, concurrence, État actionnaire. Dits, non-dits et clairs-obscurs constitutionnels », *Petites aff.*, 22 janvier 2009.

CASSIA (P.), « Vers une action collective en droit administratif ? », *RFDA*, 2009, p. 657.

CASTETS-RENARD (C.), « Open data des données de la recherche publique : entre réformes législatives et retour d'expérience sur un guide pratique à destination des chercheurs », *Légicom*, n° 56, 2016/1, p. 67 et s.

CASTETS-RENARD (C.), **NDIOR** (V.), **RASS-MASSON** (L.), « Le marché unique numérique : quelles réalités matérielles et conceptuelles ? », *D.*, n° 17, 9 mai 2019, p. 956.

CATEL DUET (A.), « Être ou ne pas être : le groupe de société comme firme unifiée ou comme ensemble de sociétés ? Une approche sociologique », *Droit et société*, 2007/3, n° 67, p. 615.

CATTAN (J.), « La question de la séparation des entreprises de réseaux verticalement intégrées : un facteur de divergence au cœur de la régulation sectorielle », *RJEP*, n° 692, décembre 2011, 3.

CAUDAL (S.), « Existe-t-il UN principe de précaution appliqué par le juge administratif ? », *RFDA*, n° 6, 11 janvier 2018, p. 1061.

CHAGNY (M.), « Le nouveau droit de la concurrence : quel impact sur les relations contractuelles ? », *Revue Contrats concurrence consommation*, 2008, alerte 70.

CHAGNY (M.), « Dix ans de droit de la concurrence : Rétrospectives et perspectives, Rapport introductif », *Contrats concurrence Consommation*, n° 6, Juin 2016, dossier 11.

CHAGNY (M.), « Les nouvelles formes d'abus de position dominante en matière tarifaire », *AJDA*, 2016, p. 228 et s.

CHAGNY (M.), « Du droit des pratiques restrictives de concurrence à un droit des pratiques déloyales de marché ? », *RLC*, n° 64, 1er septembre 2017.

CHAIGNEAU (A.), « L'entreprise à la croisée des doctrines du "bien commun" », *in Repenser les biens communs*, Parance (B.), de Saint Victor (J.) dir., CNRS Éditions, Paris, 2014.

CHAIGNEAU (A.), « Des droits individuels sur des biens d'intérêt collectif, à la recherche du commun », *RIDE*, 2014/3, t. XXVIII, p. 335-350.

CHAMPAUD (C.), « Propriété, pouvoir et entreprise », *in Le droit économique entre intérêts privés et intérêt général. Hommage à Laurence Boy*, PUAM, 2016, p. 47.

CHANIAL (P.), « La nature donne-t-elle pour de bon ? L'éthique de la Terre vue du don », *Revue du MAUSS*, 2013/2, n° 42, pp 83-96.

CHANTEPIE (P.), **SOUFRON** (J.-B.), « La régulation des géants du Net : horizon ou mirage ? », *Nectart*, 2016/2, n° 3, p. 144 et s.

CHANUT (V.), « L'intelligence économique au crible des valeurs publiques : vers une connaissance engagée ? ou comment rapprocher le savant et le politique », *in Intelligence économique et lobbying au crible des valeurs publiques*, Rival (M.), Bournois (F.), Chanut (V.) coord., Eska, Paris, 2014.

CHARLIER (R.-E.), « Signification de l' « intervention » de l'État dans l'économie (quelques observations linguistiques) », *in L'interventionnisme économique de la puissance publique*, *Mélanges Péquignot*, t. 1, CERAM, Montpellier, Mai 1984, p. 95 et s.

CHARPIN (A.), « L'indispensable test du monopoleur hypothétique », *RLC*, n° 47, 1er février 2016.

CHENOT, « Philosophie des nationalisations françaises », *Revue Française d'administration publique*, n° 15, Juillet-septembre 1980.

CHEROT (J.-Y.), « Le droit communautaire de la concurrence fonde-t-il un ordre concurrentiel ? Essai sur la notion d'entreprise et d'activité économique dans la jurisprudence de la Cour », *in L'ordre concurrentiel, Mélanges Pirovano*, éd. Frison-Roche, Paris, 2003.

CHEVALLIER (J.), « Le pouvoir de monopole et le droit administratif français », *RDP*, 1974, p. 21.

CHEVALLIER (J.), **COCHART** (D.), **HAROCHE** (C.) et al., *La solidarité : un sentiment républicain ?*, *CURAPP*, PUF, 1992.

CHEVALLIER (J.), « Le service public : regards sur une évolution », *AJDA*, n° HS, 20 juin 1997, p. 8.

CHEVALLIER (J.), « Réflexion sur l'idéologie de l'intérêt général », *in Variations autour de l'idéologie de l'intérêt général*, vol. 1, PUF, 1978.

CHIU (V.), « Les cours constitutionnelles européennes et le principe de précaution », *RFDA*, n° 6, 11 janvier 2018, p. 1055.

CHONE-GRIMALDI (A.-S.), « Contrôle des concentrations : amende pour délivrance de fausses informations », *L'essentiel Droit de la distribution et de la concurrence*, juillet 2017, n° 110, p. 5.

CHRISTOPHE-TCHAKALOFF (M.-F.), « Le principe d'égalité », *AJDA*, n° HS, 10 juin 1996.

CLAMOUR (G.), « La "concurrence" dans la jurisprudence du Conseil constitutionnel », communication au VIe congrès de l'Association française de droit constitutionnel, 2005.

CLEMENT (V.), « Economie du bien-être, choix social et l'influence de la Théorie de la justice », *Raisons politiques,* 2009/1, n° 33, p. 57-79.

CLAVAGNIER (B.), « En France, rien ne se fait sans exagération ! », *JA*, n° 565, 1er janvier 2017, p. 3.

CLAVAGNIER (B.), « La RSE ne se confond pas avec les critères sociaux et environnementaux d'attribution des marchés publics », *JA*, n° 581, 2018, p. 3.

CLERC (C.), « Sur la réforme de l'entreprise : l'objet social, objet de réforme sociale », *Revue de droit du travail*, n° 2, 28 février 2018 p. 107.

COIN (R.), « Gestionnaire de réseau et entreprise verticalement intégrée. L'exemple français du transport de gaz », (dossier : Le droit de l'énergie), *RFDA,* n° 2, 12 mai 2017, p. 240.

CONSEIL SUPERIEUR DU NOTARIAT et la Chambre interdépartementale des notaires de Paris, « Professions réglementées : désaccords du notariat sur le rapport de l'IGF », *Revue du notariat*, 15 septembre 2014, n° 17.

COSSALTER (Ph.), « L'alinéa 9 », *in Le Préambule de la Constitution de 1946*, Gaudemet (Y.) dir., Ed. Panthéon Assas, 2008, p. 181.

COURET (A.), « Les agences de notation : observations sur un angle mort de la réglementation », *Rev. soc.*, n° 4, 14 janvier 2003, p. 765.

COURET (A.), « La réforme de l'entreprise passe-t-elle nécessairement par une réécriture du Code civil ? », *Rev. sociétés*, n° 11, 10 novembre 2018, p. 639.

COUSIN (M.), « Vers un droit européen des relations commerciales en matière digitale ? », *RLC*, n° 74, 1er Juillet 2018.

COUSIN (M.), **BOILLOT** (T.), **REY** (P.), « Politique(s) tarifaire(s) des entreprises en position dominante depuis l'arrêt Post Danmark II, vues croisées économiste et juriste », *Contrats Concurrence Consommation,* n° 6, Juin 2016, dossier 14.

COUSTET (T.), « Lutte contre l'évasion fiscale : les avocats dans le viseur de l'UE », *Dalloz actualité*, n° 22, 22 décembre 2017.

CRETOIS (P.), « La propriété repensée par l'accès », *RIDE*, 2014/3, t. XXVIII, p. 319-334.

CROZET (M.), « Commerce et géographie : la mondialisation selon Paul Krugman », *Rev. éco. pol.*, 2009/4, vol. 119, p. 513-534.

CURTET (A.), « LCB/FT et registre des bénéficiaires effectifs : compte à rebours pour déclarer », *Petites aff.*, n° 64, 29 mars 2018, p. 5.

CUZACQ (N.), « Le nouveau visage du reporting extra-financier français », *Rev. soc.*, n° 6, 8 juin 2018, p. 347.

DAMMANN (R.), **PODEUR** (G.), « Fiducie-sûreté et droit des procédures collectives : évolution ou révolution ? », *D.*, 2007, p. 1359.

DAMMANN (R.), **GUERMONPREZ** (M.), « Pour une réforme du droit des sûretés en adéquation avec le droit des entreprises en difficulté », *D.*, 2018, p. 1160.

DAMMANN (R.), **GUERMONPREZ** (M.), « Pistes de réflexion pour une réforme des procédures collectives », *D.*, n° 12, 29 mars 2018, p. 629.

DAOUD (E.), **GODEBERGE** (C.), « Loi sur le renseignement et protection des sources journalistiques : une occasion manquée », *Constitutions*, n° 3, 3 décembre 2015, p. 408.

DARDOT (P.), **DAVAL** (C.), « Du public au commun », *Revue du MAUSS*, 2010/1, n° 35, p. 111.

DARGENT (L.), « Évasion fiscale : vers une obligation de divulgation pour les avocats ? », *Dalloz actualité*, n° 5, 5 septembre 2017.

DAUGERON (B.), « L'intérêt général, fondement de la représentation nationale ? », *in L'intérêt général dans les pays de common law et de droit écrit*, Gilles J. Guglielmi dir., coll. Colloques, Éd. Panthéon-Assas, 2017.

DE BEAUFORT (V.), « Passer d'un *lobbying* d'anticipation pour influencer un texte à un *lobbying* juridique pour influencer son application », *in Lobbying et procès orchestrés*, DE BEAUFORT (V.), MASSON (A.), dir., coll. Droit, Management et Stratégies, Larcier, Bruxelles, 2011, p. 11.

DE BEAUFORT (V.), « Définitions-notions-*lobbying* et stratégies d'influence », *in Lobbying : cadre, outils & stratégies*, de Beaufort (V.), Hacque-Cosson (F.) dir., Larcier, coll. Droit, Management et stratégies, Bruxelles, 2015.

DE BEAUFORT (V.), « L'engagement actionnarial en France, vecteur de gouvernance pérenne ? », *Rev. sociétés*, n° 6, 7 juin 2019, p. 375.

DE CHAMPS (E.), « Utilitarisme et liberté. La pensée politique de Jeremy Bentham », *Archives de philosophie*, 2015/2, tome 78, p. 221.

DE MELLO (X.), « Loyauté ou liberté de la concurrence ? », *Petites aff.* n° 83 et 84, 1994.

DEBENE (M.), « Nationalisation et industrie », *AJDA*, 20 avril 1982, n° 4, p. 215.

DECAUX (E.), « La responsabilité des sociétés transnationales en matière de droits de l'homme », *revue sciences criminelles*, 2005, p. 789.

DECOCQ (G.), « De la difficulté de prouver un prix d'éviction », *Contrats Concurrence Consommation,* n° 1, Janvier 2015, comm. 14.

DEFFAINS (B.), **PELLEFIGUE** (J.), « Vraiment pertinent ? Une analyse économiques des marchés pertinents », *RTD com.*, n° 3, 7 novembre 2018.

DE FONTENELLE (L.), « La notion d'"influence" dans le recours pour excès de pouvoir », *RFDA*, n° 2, 9 mai 2018, p. 312.

DEFROMONT (J.-A.), **MENETRY** (S.), « Concurrence normative en Europe : quelle attractivité pour les droits nationaux ? », *RIDE*, 2014/4, t. XXVIII, p. 499-515.

DEJEANTS-PONS (M.), « L'insertion du droit de l'homme à l'environnement dans les systèmes régionaux de production », *Revue universelle des droits de l'Homme*, 1991, p. 461.

DELAUNAY (J.-C.), « Mondialisation productive, mondialisation financière, problèmes du dollar », *in Marché(s), société(s), histoire et devenir de l'humanité*, Actes du colloque de la Fondation Gabriel Péri, 13 et 14 novembre 2008, coll. Actes, Fondation Gabriel Péri, 2010.

DELMAS-MARTY (M.), « Préface », *in Des écocrimes à l'écocide, Le droit pénal au secours de l'environnement*, Neyret (L.) dir., Bruylant, 2015, p. VI.

DELPECH (X.), « Le pouvoir de règlement des différends de l'ARAFER conforté », *Dalloz actualité*, 13 mars 2018.

DELPECH (X.), « À la une - Association de consommateurs - Google condamné pour clauses abusives », *JA*, 2019, n° 596, p.10

DELVOLVE (O.), « La loi *PACTE* et l'entreprise », *RFDA*, n° 4, 25 septembre 2019, p. 589.

DE MONTECLER (M.-C.), « La réparation des pratiques anticoncurrentielles », *AJDA*, n° 10, 20 mars 2017, p. 548.

DE MONTECLER (M.-C.), « L'action de groupe devant le juge administratif est en marche », *AJDA*, n° 17, 15 mai 2017, p. 965.

DE MONTECLER (M.-C.), « "Contrat social" : le dialogue de sourds », *AJDA*, n° 27, 30 juillet 2018, p. 1522.

DENIS-FATOME (A.), **VINEY** (G.), « La responsabilité civile dans la loi relative au devoir de vigilance des sociétés mères et des entreprises donneuses d'ordre », *D.*, n° 28, 2017, p. 1610.

DE RAVEL D'ESCLAPON (T.), « Enrichissement sans cause : caractère subsidiaire de l'action de *in rem verso* », *Dalloz actualité*, 26 mai 2017.

DE RAVEL D'ESCLAPON (T.), « Rapport Notat-Senard : l'entreprise, "objet d'intérêt collectif" », *Dalloz actualité*, 13 mars 2018.

DERIEUX (E.), « Information et citoyenneté : l'information, instrument de la citoyenneté », *in De la citoyenneté*, Koubi (G.) dir., Paris, Litec, 1995, p. 147.

DEROUSSIN (D.) (préface), *in Essais de téléologie juridique I, De l'esprit des droits et de leur relativité : Théorie dite de l'abus des droits*, Louis Josserand, Dalloz, 2e éd., 2006, p. XIII.

DESCHEEMAEKER (E.), « Quasi-contrats et enrichissement injustifié en droit français », *RTD Civ.*, n° 1, 8 avril 2013.

DE SCHUTTER (O.), « Rapport général », *in* La responsabilité des entreprises multinationales en matière de droits de l'homme, Decaux (E.) dir., *Droit et Justice*, n° 89, Bruylant, 2010, p. 22 et s.

DESHAYES (O.), « La nouvelle mouture de l'avant-projet de loi de réforme de la responsabilité civile : retour sur la responsabilité à l'égard des tiers », *Revue des contrats*, 2017, p. 238.

DJAVADI (L.), **FOURGOUX** (J.-L.), « Panorama sur l'abus de position dominante », *AJ Contrats d'affaires, Concurrence, Distribution*, 2016, p. 220.

DOMINO (X.), « Innovations : la médiation et l'action collective en droit administratif », *RFDA*, n° 1, 18 mars 2017, p. 19.

DOMINO (X.), « Un régulateur doit respecter ses lignes directrices mais peut aller au-delà », *AJDA*, n19, 29 mai 2017, p. 1121.

DOMPE (M. N.), **MENNESSON** (N.), « Franchissements de seuils et abus de marché », *RD bancaire et financier*, 2013, dossier 21.

DORMOY (D.), **MARCHIARO** (R.), « Les nouvelles orientations du contrôle de l'État sur les entreprises publiques », *in L'interventionnisme économique de la puissance publique*, *Mélanges Péquignot*, t. 1, CERAM, Montpellier, Mai 1984.

DOUAI (A.), « De la dimension politique de la propriété et des institutions : apports et limites de l'approche d'E Ostrom », *RIDE*, 2014/3, t. XXVIII, p. 301-317.

DOUCIN (M.), « Les initiatives françaises pour une convention internationale sur la responsabilité sociale des entreprises », *in La responsabilité des entreprises multinationales en matière de droits de l'homme*, Decaux (E.) dir., *Droit et Justice*, n° 89, Bruylant, 2010, p. 131 et s.

DRAGO (G.), « La conciliation entre principes constitutionnels », *D.*, 1991, p. 265.

DRAGO (G.), **LOMBARD** (M.), « Avant-propos », *in Les libertés économiques*, Drago (G.), Lombard (M.) dir., coll. Droit public, éd. Panthéon-Assas, 2003, p. 7.

DRAGO (G.), « Droit de propriété et liberté d'entreprendre dans la jurisprudence du Conseil constitutionnel : une relecture », *Cahiers de la recherche sur les droits fondamentaux*, n° 9, 2011, p. 31-39.

DREYER (E.), « La réversibilité des droits de l'homme dans le domaine économique », *in Droit économique et Droits de l'homme*, Boy (L.), Racine (J.-B.), Siiriainien (F.) coord., Larcier, coll. Droit, Economie internationale, Bruxelles, 2009, p. 243.

Dubos (O.), « L'encadrement des lobbies eu Parlement européen : l'insoutenable légèreté de la transparence », *Petites aff.*, n° 116, 11 juin 2009, p. 81.
Duffar (J.), « Environnement et jurisprudence de la Cour européenne des droits de l'homme : quelques considérations pratiques », *Mélanges Morand-Deviller*, Montchrestien, 2007, p. 787.
Dupuy (C.), **Gilly** (J.-P.), « Les stratégies territoriales des grands groupes industriels », *in Économie industrielle et économie spatiale*, Rallet (A.), Torre (A.) dir., Paris, Economica, 1995, p. 129 et s.
Durez (D.), « Relever les prix d'une entreprise rivale en vue de les comparer avec ses propres prix, un droit garantissant le libre jeu de la concurrence », *D.*, n° 42, 1er décembre 2011, p. 2900.
Dutheillet de Lamothe (O.), « Les principes de la jurisprudence du Conseil constitutionnel en matière sociale », *Nouv. Cah. Cons. const.*, 2014 :4, n° 45, p. 5-20.

Encaoua (D.), **Santini** (J.-J.), « Les privatisations en France : éléments d'analyse et bilan », *L'actualité économique*, vol. 65, n° 1, 1989, p. 21-52.
Encaoua (D.), « Pouvoir de marché, stratégies et régulation : Les contributions de Jean Tirole, Prix Nobel d'Économie 2014 », *Rev. éco. pol.*, 2015/1, vol. 125, p.7.
Euillet (A.), « L'utilité sociale, une notion dérivée de celle d'intérêt général », *RDS*, n° 2, 14 juin 2002, p. 207.

Fages (F.), **Rouvillois** (F.), « *Lobbying* : la nouvelle donne constitutionnelle », *D.*, n° 5, 4 février 2010, p. 277.
Farjat (G.), « Les pouvoirs privés économiques », *in Souveraineté étatique et marchés internationaux à la fin du 20ème siècle*, *Mélanges Philippe Khan*, Litec, coll. Travaux du centre de recherche sur le droit des marchés et des investissements internationaux, vol. 20, 2000.
Fatoux (F.), « La différenciation normative selon les activités », *in La responsabilité des entreprises multinationales en matière de droits de l'homme*, Decaux (E.) dir., *Droit et Justice*, n° 89, Bruylant, 2010, p. 155 et s.
Fauvarque-Cosson (B.), **Maxwell** (W.), « Protection des données personnelles », *D.*, n° 19, 24 mai 2018, p. 1033.
Favard (E.), « Les entreprises publiques ne porteront pas l'uniforme social », *Revue française d'administration publique*, n° 20, octobre-décembre 1981, p. 723 et s.
Favereau (O.), « Synthèse des travaux », *in L'entreprise, formes de la propriété et responsabilités sociales*, Cours, Colloques, Conférences, Collège des Bernardins, Lethielleux, 2012, p. 44.
Favoreu (L.), « Les décisions du Conseil constitutionnel dans l'affaire des nationalisations », *RDP*, 1982, p. 404.

FERRET-LESNE (M.), « Du dénonciateur de l'ancien droit procédural au lanceur d'alerte », *in Lanceurs d'alerte : innovation juridique ou symptôme social*, SORDINO (M.-C.) dir., Presses Universitaires de Montpellier, 2016, p. 7.

FERRIER (D.), « Concurrence-Distribution », *D.*, n° 16, 26 Avril 2018, p. 865.

FLAUSS (J.-F.), « La procéduralisation des droits substantiels de la Convention européenne des droits de l'homme au service de la lutte contre les pollutions et les nuisances », *Mélanges Prieur*, Dalloz, 2007, p. 1263.

FOREST (D.), « Clauses abusives de Twitter : vent de fronde sous le contrôle du juge », *Dalloz IP/IT*, n° 1, 17 janvier 2019, p. 57.

FOREST (D.), « Dialogue aux enfers entre Google et Wikileaks », *Dalloz IP/IT*, n° 1, 17 janvier 2019, p. 64.

FOUCHER (K.), « Un an de Charte de l'environnement au Conseil constitutionnel (novembre 2012 à octobre 2013) : les incertitudes d'une jurisprudence en voie de construction », *Constitutions*, n° 4, 6 février 2014, p. 606.

FOUCHER (K.), « Le Conseil constitutionnel, embarrassé par le principe de précaution », *Constitutions*, n° 1, 13 mai 2015, p. 117.

FOUCHER (K.), « De la possibilité de valider une mesure de précaution… sans reconnaître le principe de précaution », *Constitutions*, n° 4, 15 mars 2016, p. 602.

FOURNIERE (E.), « Du socialisme comme utilitarisme sympathique », *Revue du MAUSS*, 2008/1, n° 31, p. 137-154.

FRANÇOIS (B.), « Rapport 2017 de l'AMF sur le gouvernement d'entreprise et Recommandation AMF consolidée DOC-2012-02 », *Rev. soc.*, n° 1, 6 janvier 2018, p. 69.

FRENEAUX (L.), « L'efficacité du recours aux engagements en matière de contrôle des concentrations », *RIDE*, 2007/1, t. XXI, p. 43-67.

FRISON-ROCHE (M.-A.), « Les conditions communautaires de validité des *golden shares* dans les entreprises publiques privatisées (arrêts CJCE, 4 juin 2002), *D.*, 2002, p. 2242.

FRISON-ROCHE (M.-A.), « Le droit de la compliance au-delà du droit de la régulation », *D.*, n° 28, 26 juillet 2018, p. 1561 :

FRISON-ROCHE (M.-A.), « Proposition pour une notion : l'opérateur crucial », *D.*, n° 27, 20 juillet 2006, p. 1895.

FRISON-ROCHE (M.-A.), « Réguler les "entreprises cruciales" », *D.*, n° 27, 24 juillet 2014, p. 1556.

FRISON-ROCHE (M.-A.), « Le droit de la compliance », *D.*, n° 32, 29 septembre 2016, p. 1871.

FRISON-ROCHE (M.-A.), « Le droit de la compliance au-delà du droit de la régulation », *D.*, n° 28, 26 juillet 2018, p. 1561.

FROMONT (M.), « Le droit de propriété et la Constitution en Allemagne et en France », *in L'interventionnisme économique de la puissance publique, Mélanges Péquignot*, t. 1, CERAM, Montpellier, Mai 1984.

GAILLARD (N.), « Quelles réformes pour l'industrie de la notation financière ? », *Revue d'économie financière*, 2011/1, n° 101, p. 73-86.

GARNIER (T.), « Le marché de quotas d'émission de gaz à effet de serre et les interactions entre le droit financier et le droit de l'environnement », *in Pour un droit économique de l'environnement, Mélanges Martin*, Éd. Frison-Roche, Paris, 2013, p. 226 et s.

GAUDEMET (Y.), « Synthèse générale. La réforme des professions juridiques réglementées et la Constitution », *Semaine juridique Notariale et Immobilière*, n° 6, Février 2015, 1071.

GENIAUT (B.), « Le droit de vote des salariés actionnaires comme mode d'expression collective : vision d'un travailliste », *Revue droit social*, n° 6, 5 juin 2014, p. 512.

GERVAIS (A.), « Quelques réflexions à propos de la distinction des "droits" et des "intérêts" », *in Mélanges en l'honneur de Paul Roubier*, Paris, 1961, t. I, p. 241.

GIACUZZO (J.-F.), « À la recherche d'un équilibre entre la propriété individualiste et la propriété-fonction sociale », *Constitutions*, n° 4, 15 mars 2016, p. 555.

GILLES (P.), « Vulnérabilité et crises financières : enseignements pour une architecture financière internationale », *in Vulnérabilité et crises financières*, Gilles (P.) dir., L'Harmattan, coll. Région et développement, n° 26, 2008, p. 9.

GODIVEAU (G.), « La politique de concurrence et les droits fondamentaux », *in Politiques de l'Union européenne et droits fondamentaux*, Treizièmes journées Jean Monnet, POTVIN-SOLIS (L.) dir., Bruylant, 2017, p. 259.

GOESEL-LE-BIHAN (V.), « Le Conseil constitutionnel "botte-t-il en touche" lorsqu'il ne statue pas sur le grief tiré de la violation de l'article 5 de la Charte de l'environnement ? Le juge constitutionnel et le principe de précaution », *RFDA*, n° 6, 11 janvier 2018, p. 1047 :

GOESSERIES (A.), « La propriété peut-elle justifier la primauté actionnariale ? », *in L'entreprise, formes de la propriété et responsabilités sociales*, Cours, Colloques, Conférences, Collège des Bernardins, Lethielleux, 2012, p. 447.

GRALL (J.-C.), **MALLEN** (G.), « Déséquilibre significatif : entre une affirmation progressive en droit des pratiques restrictives de concurrence et une apparition inédite en droit commun des obligations », *RLC*, n° 56, 1er décembre 2016.

GUERRIEN (B), **GUN** (O.), « L'étrange silence du Nobel Prize Committee sur la "théorie des marchés efficients" », *Revue de la régulation, Capitalisme,* *institutions, pouvoirs*, n° 14, 2013 : Autour d'Ostrom : communs, droits de propriété et institutionnalisme méthodologique.

GUINARD (D.), « La notion de bénéfice raisonnable dans le contentieux des aides d'État : entre précisions techniques et imprécisions conceptuelles », *RLC*, n° 47, 1er février 2016.

GUINCHARD (S.), « Grandeur et décadence de la notion d'intérêt général : la nouvelle recevabilité des actions civiles en cas d'infraction à la législation économique », *in Mélanges Jean Vincent*, Dalloz, 1981.

GUINCHARD (S.), « Une class action à la française ? », *D.*, 2005, p. 2180.

HABERMAS (J.), « Sur le rapport de la théorie et de la pratique », *Les Études philosophiques*, 2008/4, n° 87, p. 489.

HALPERIN (J.-L), « Propriété et souveraineté de 1789 à 1804 », *Revue française de théorie juridique*, n° 22, novembre 1995, p. 67.

HARRISON, WICKS, « Stakeholder Theory, Value, and Firm Performance », *Business Ethics Quaterly*, Janvier 2013, vol. 23, p. 97-124.

HAUSER (J.), « Définir la subsidiarité, condition de l'action de *in rem verso* : contribution du concubinage ! », *RTD Civ.*, n° 1, 2011, p. 107.

HECQUARD-THERON (M.), « De l'intérêt collectif », *AJDA*, n° 2, 20 février 1986, p. 66 et s.

HIRSCH (J.-P.), « La concurrence : discours et pratiques, hier et aujourd'hui », *L'économie politique*, 2008/1, n° 37, p. 67.

HOURCADE (J.-Ch.), « Les économies d'échelle », *Communications*, vol. 42, 1985.

HUBERT (P.), **CASTAN** (A.), « Droit constitutionnel et liberté de la concurrence », *Nouv. Cah. Cons. const.*, 2015/4, n° 49, p. 15-27.

HUGLO (C.), « Environnement : Vigilance. Vers un principe d'anticipation de la responsabilité environnementale », *JCP G*, n° 43-44, 24 octobre 2011, doctr. 1177.

HUGOUNENQ (R.), **VENTELOU** (B.), « Les services publics français à l'heure de l'intégration européenne », *Revue de l'OFCE*, 2002/1, n° 80, p. 7-61.

HUTEN (N.), « Quelques avancées du Conseil d'État sur les principes de précaution et de prévention », *Constitutions*, n° 4, 11 janvier 2013, p. 651.

IDOUX (P.), « Les spécificités de l'actionnariat public », *RFDA*, 2012, p. 1101.

IDOUX (P.), « Le nouveau statut général des AAI et API », *AJDA*, n° 19, 29 mai 2017, p. 1115.

IDOUX (P.), « Après la régulation, la compliance ? », *in Actualité du droit de la concurrence et de la régulation*, Idoux (P.), Nicinski (S.), Glaser (E.) dir., *AJDA*, n° 33, 9 octobre 2017, p. 1872.

IDOUX (P.), **NICINSKI** (S.), **GLASER** (E.), « Actualité du droit de la concurrence et de la régulation », *AJDA*, n° 33, 8 octobre 2018, p. 1879.

IDOUX (P.), « Le droit public de l'économie vu à travers la loi PACTE », *Droit administratif*, n° 10, octobre 2019, étude 13.

IDOT (L.), « La notion d'entreprise en droit de la concurrence, révélateur de l'ordre concurrentiel », *in L'ordre concurrentiel, Mélanges Pirovano*, éd. Frison-Roche, Paris, 2003.

IDOT (L.), « Procédures quasi-répressives en droit de la concurrence », *RSC*, 2013, p. 167.

IDOT (L.), « Chronique Droit européen de la concurrence : pratiques anticoncurrentielles – les suites de l'arrêt dit "des cartes bancaires" : la distinction "restriction de concurrence par objet/restriction par effet" toujours au cœur des débats sur l'article 101 TFUE », *RTD Eur.*, n° 4, 5 janvier 2017, p. 817.

ISRAËL (J.-J.), « L'alinéa 9 », *in Le Préambule de la Constitution de 1946. Histoire, analyse et commentaires*, Conac (G.), Pretot (X.), Teboul (G.) dir., Dalloz, Paris, 2001.

JANIN (L.), **MENONI** (B.), « Le contrôle des concentrations en France : une analyse empirique des avis du Conseil de la concurrence », *Economie & prévision*, 2007/2, n° 178-179.

JARDOT (R.), **SCOLAN** (I.), « Une mise en œuvre à anticiper », *JA*, 2019, n° 602, p. 35.

JAUME (L.), « Les droits contre la loi ? Une perspective sur l'histoire du libéralisme », Vingtième siècle, *Revue d'histoire*, 2005/1, n° 85, p. 22.

JESTAZ (P.), « Définir le droit… ou l'observer », *RTD Civ.*, n° 4, 11 décembre 2017, p. 775.

JULLIEN (B.), **ROCHET** (J.-C.), « La régulation en pratique », *Rev. éco. pol.*, 2005/3, vol. 115, p. 273-283.

JURY (F.), « Le régime des aides d'État : un moteur efficace de la politique fiscale européenne », *Revue UE*, n° 620, 2018, p. 427.

KRIMMER (I.), « Réseaux de distribution et ordre concurrentiel », *in L'ordre concurrentiel, Mélanges Pirovano*, éd. Frison-Roche, Paris, 2003.

La loyauté : *mélanges offerts à Étienne Cerexhe*, Larcier ; Bruxelles, 1997.

LAFAILLE (F.), « Qu'est-ce qu'une rémunération excessive ? Travail, Morale, Fiscal », *D.*, n° 11, 22 mars 2018, p. 553.

LAFFONT (J.-J.), « Une note sur la compatibilité entre rendements croissants et concurrence parfaite », *Rev. éco. pol.*, juillet-août 1972, n° 4, p. 1188.

LAFFONT (J.-J.), « Pourquoi réguler ? », *in Les stratégies d'entreprises dans les nouvelles régulation*, Chevalier (J.-M.), Ekeland (I.), Frison-Roche (M.-A.), Kalika (M.) dir., PUF, coll. Droit, éthique, société, 2002, p. 17 et s.

LAMASSOURE (A.), « Les GAFA, enfin sous pression fiscale ? », *D.*, n° 12, 29 mars 2018, p. 664.

LANCRENON (T.), « Comparateurs de vols : les bases de données et les marques en vents contraires », *D.*, n° 15, 2015., p. 908.

LANNEAU (R.), « L'analyse économique du droit constitutionnel », *Revue interdisciplinaire d'études juridiques*, 2017/1, vol. 78, p. 67 et s..

LASSERRE (B.), « Qu'est-ce qu'un régulateur ? », *in Les stratégies d'entreprises dans les nouvelles régulation*, Chevalier (J.-M.), Ekeland (I.), Frison-Roche (M.-A.), Kalika (M.) dir., PUF, coll. Droit, éthique, société, 2002, p. 43 et s.

LASSERRE CAPDEVILLE (J.), « Le crédit intragroupe : une exception au monopole bancaire aux contours controversés », *AJ Contrats*, n° 10, Octobre 2017, p. 418.

LASSERRE CAPDEVILLE (J.), « L'identification du bénéficiaire effectif en droit des sociétés », *Rev. soc.*, n° 1, 6 janvier 2018, p. 7.

LASSERRE-KIESOW (V.), « La promotion des sanctions civiles en droit des pratiques anticoncurrentielles », *D.*, n° 30, 13 septembre 2007, p. 2116.

LAURAND (V.), « La loyauté : un éclairage philosophique », *in Les figures de la loyauté en droit public*, NIQUEGE (S.) dir., Mare & Martin, 2017, p. 29.

LAVERGNE (B.), « La forme coopérative des nationalisations », *in Les nationalisations en France et à l'étranger*, Julliot de la Morandiere (L.), Bye (M.) dir., Recueil Sirey, Paris, 1948.

LAVIGNE (P.), « Les biens qui doivent "devenir la propriété de la collectivité" », *in L'interventionnisme économique de la puissance publique, Mélanges Péquignot*, t. 2, Centre d'études et de recherches administratives, Montpellier, 1984.

LAZARD (M.), « De l'intervention de l'État en matière économique et de l'équilibre des forces sociales », *Mélanges offerts à Ernest Mahaim*, Librairie du recueil Sirey, Paris, 1935.

LAZZERI (C.), « La querelle de l'intérêt et de la sympathie. Petite anthologie philosophique des XVIIe et XVIIIe siècles », *Revue du MAUSS*, 2008/1, n° 31, p. 33-66.

LE BIHAN-GRAF (C.), **ROSENBLIEH** (L.), « La séparation des activités dans le secteur de l'énergie : des modèles sous contraintes ? », (dossier : Le droit de l'énergie), *RFDA*, n° 2, 12 mai 2017, p. 231.

LE BOT (O.), « L'introduction d'une action de groupe en droit administratif », *in L'accès au juge, recherches sur l'effectivité du droit*, Donier (V.), Laperou-Scheneider (B.) dir., Bruylant, 2013.

LE CANNU (P.), « L'éthique du droit des sociétés », *in L'éthique du droit des affaires*, d'Onorio (J.-B) dir., Téqui, 2008, p. 65.

LECOMTE (D.), « Le rapport de l'IGF sur les professions réglementées », *Gazette du Palais*, 30 novembre 2014, n° 334.

LECOURT (A.), « Innover, se transformer, grandir, créer des emplois, repenser l'entreprise et sa gouvernance… un programme ambitieux », *RTD com.*, n° 2, 9 août 2019, p. 385.

LEFEBVRE (J.), « L'hypothèse du néo-féodalisme. Présentation », *in L'hypothèse du néo-féodalisme. Le droit à une nouvelle croisée des chemins*, coll. CEPRISCA, PUF, Fougères, 2006.

LENFANT (J.-S.), « Psychologie individuelle et stabilité d'un équilibre général concurrentiel dans le Traité d'économie pure de Maurice Allais », *Rev. éco.*, 2005/4, vol. 56, p. 862.

LEVENEUR (L.), « La liberté contractuelle en droit privé : les notions de base (autonomie de la volonté, liberté contractuelle, capacité…), *AJDA*, n° 9, 21 septembre 1998, p. 676.

LIGNERES (P.), « Conseil constitutionnel – Référendum sur la privatisation d'ADP, Le rendez vous manqué de la résolution juridique du débat », *Droit administratif*, n° 10, Octobre 2019, repère 9.

LIPIETZ (A.), « Caractères séculaires et conjoncturels de l'intervention économique de l'État », intervention au colloque Estado y economica, Universidad de Antioquia (Medellin), Septembre 1986, *CEPREMAP*, Paris.

LOMBARD (M.), « Les limites constitutionnelles à la privatisation des entreprises dont l'activité a le caractère d'un monopole », *in Mélanges Franck Moderne*, Dalloz Ed., 2004.

LOMBARD (M.), « De Colbert à Posner : malentendus sur l'économie du droit », *International Law, Forum du droit international*, n° 6-2, 2004, p. 81-89.

LOMBARD (M.), « Portée du 9e alinéa du préambule de 1946 », *RDA*, 2004, comm. n° 62.

LOMBARD (M.), « 80 ans après l'arrêt Chambre syndicale du commerce en détail de Nevers : pavane pour une infante défunte », *RJEP*, n° 683, Février 2011, repère 2.

LOMBARD (M.), « Pour un nouvel usage des QPC en matière de concurrence », *RJEP*, n° 706, Mars 2013, repère 3.

LUC (I.), « Quand les bases de données ne sont pas qualifiées de facilités essentielles… Autorité de la concurrence 8 juillet 2014 », *AJCA*, n° 8, 17 novembre 2014, p. 332.

LUCAS (F.-X.), **SENECHAL** (M.), « Fiducie vs Sauvegarde, Fiducie ou sauvegarde, il faut choisir », *D.*, 2008, p. 29 et suivantes.

LUCAS (F.-X.), « L'acquisition du pouvoir dans les sociétés en France », *in Le pouvoir dans les sociétés*, Journées chiliennes, Travaux de l'Association Henri Capitant, Bruylant, LB2V, Bruxelles, Paris, 2012.

LUCAS DE LEYSSAC (C.), **CHAGNY** (M.), « Le droit des contrats, instrument d'une forme nouvelle de régulation économique », *Revue des contrats*, 2009, p. 1268.

MACHEFERT (T.), « Les racines philosophiques de l'interventionnisme étatique », *in L'État interventionniste, Le rôle de la puissance publique dans l'économie*, Bottini (F.) dir., L'Harmattan, 2012.

MAMOUDY (O.), « L'action en reconnaissance de droits », *AJDA*, n° 40, 28 novembre 2016, p. 2264.

MAGNON (X.), note sous n° 543 DC du 30 novembre 2006, RFDC n° 70, 2007, p. 324.

MALAURIE (P.), « Réglementations et libertés économiques : la quadrature du cercle ? », *in Le marché et l'État à l'heure de la mondialisation*, Thirion (N.) dir., Actes du 1er colloque David-Constant de la Faculté de droit de l'Université de Liège, Larcier, 2007, p. 125 et s.

MALAURIE-VIGNAL (M.), « Transparence tarifaire, négociations contractuelle et liberté des prix au regard de la loi du 1er juillet 1996 sur la loyauté et l'équilibre des relations commerciales », *D.*, n° 42, 5 décembre 1996, p. 361.

MALINVAUD (Ph.), « De l'influence des médias et des lobbies en construction », *RDI*, n° 9, 18 septembre 2017, p. 381.

MARCOU (G.), « Que reste-t-il de l'alinéa 9 du Préambule de la Constitution de 1946 ? », *AJDA*, 2007, p. 192.

MARCOU (G.), « L'ordre public économique aujourd'hui. Un essai de redéfinition », *in Annales de la régulation*, Revet (T.), Vidal (L.) dir., IRJS éditions, 2009.

MARDINE (G.), **PAVAGEAU** (P.), « Que peut-on attendre en droit du travail d'une modification de "l'objet social de l'entreprise" ? », *Revue de droit du travail*, n° 2, 28 février 2018, p. 101.

MARIS (B.), « Les conditions économiques de l'intervention de l'État », *Humanisme et entreprise*, n° 151, Février 1985.

MARTIN (G. J.), « Principe de précaution, prévention des risques et responsabilité : quelle novation, quel avenir ? », *AJDA*, n° 40, 28 novembre 2005, p. 2222.

MARTIN-CHENUT (K.), **PERRUSO** (C.), « La contribution des systèmes régionaux de protection des droits de l'homme à la pénalisation des atteintes à l'environnement », *in Des écocrimes à l'écocide, Le droit pénal au secours de l'environnement*, Neyret (L.) dir., Bruylant, 2015, p. 39 et s.

MARTIN-CHENUT (K.), « Devoir de vigilance : internormativité et durcissement de la RSE », *Dalloz, Droit social*, 2017, p. 798.

MARTY (F.), **PILLOT** (J.), « Divergences transatlantiques en matière d'application de la théorie des facilités essentielles aux actifs immatériels », *Revue d'économie industrielle*, n° 129-130, 2010, p. 279.

MARTY (F.), « Les stratégies de ciseau tarifaire : analyse économique et mise en perspective des pratiques décisionnelles », *RLC*, n° 27, 1er avril 2011.

MARTY (F.), **REIS** (P.), « Une approche critique du contrôle de l'exercice des pouvoirs privés économiques par l'abus de dépendance économique », *RIDE*, 2013/4, t. XXVII, p. 579-588.

MARTY (F.), **MEZAGUER** (M.), « Quelles garanties pour la procédure d'engagements en droit de la concurrence de l'Union européenne ? », *RIDE*, 2016/1, t. XXX, p. 146.

MARTY (F.), « Le prix des services juridiques entre défaillance de réglementation et défaillance de marché ? », *RIDE*, 2017/4, t. XXXI.

MARTY (F.), « La concentration des pouvoirs économiques privés : une perspective d'économie institutionnelle du droit », *RIDE*, 2019/1, p. 35

MASSON (A.) coord., **BOUTHINON-DUMAS** (H.), **DE BEAUFORT** (V.), **JENNY** (F.), *Stratégies d'instrumentalisation juridique et concurrence*, coll. Droit, Management et stratégies, Larcier, 2013.

MATHEU (M.), « La régulation des services publics en réseaux, ou la lente émergence d'une innovation majeure », *Entreprises et histoire*, 2002/3, n° 30, p. 115-135.

MATHIEU-IZORCHE (M.-L.), « La liberté contractuelle », *in Libertés et droits fondamentaux*, Dalloz, Paris, 12e éd., 2006, p. 677.

MAZEAUD (D.), « Loyauté, solidarité, fraternité : la nouvelle devise contractuelle ? », *in Mélanges F. Terré,* PUF, 1999, p. 603.

MEILLER (C.), « La loi PACTE et les brevets : fait-elle preuve d'inventivité ? », *Propriété industrielle*, n° 2, Octobre 2019, étude 22.

MENETRY (S.), « L'action en justice entre intérêts privés et intérêt général », *in Le droit économique entre intérêts privés et intérêt général. Hommage à Laurence Boy*, PUAM, 2016, p. 91.

METAIS (J.), « Le protectionnisme bancaire a-t-il un sens aujourd'hui ? », *Revue d'économie financière*, n° 92, Juin 2008, p. 19.

METAIS (P.), **VALETTE** (E.), « Le séquencement comme instrument de régulation de l'instance », *JCP G*, n° 51, 18 décembre 2017, 1360.

MESTRE (J.-L.), « Le Conseil constitutionnel, la liberté d'entreprendre et la propriété », *D.*, 1984, p. 1.

MIAILLE (M.), « De la nature du plan, A propos de la réforme de la planification », *in L'interventionnisme économique de la puissance publique, Mélanges Péquignot*, t. 1, CERAM, Montpellier, Mai 1984, p. 489 et s.

MIGNON (M.), « La valeur juridique du Préambule de la Constitution selon la Doctrine et la Jurisprudence », *D.*, 1951, 34e Cahier, Chronique, p. 128.

MILHAUD (E.), « Les régies et leur évolution », *Les annales de la régie directe. Revue internationale*, t. X, n° 103-114, 1917-1918, p. 6.

MOLFESSIS (N.), « L'exorbitance de l'action de groupe à la française », *D.*, n° 16, 1er mai 2014, p. 947.

MONGIN (Ph.), « Simon, Stigler et les théories de la rationalité limitée », *Social science Information*, 1er septembre 1986, vol. 25, issue 3, p. 555-606.

MORAND (P.-H.) et al., « UMTS : fallait-il choisir un concours de beauté ? », *Rev. éco. pol.* 2001/5 (Vol. 111), p. 670.

MOREAU (M.-A.), « La mobilité des salariés dans les groupes de dimension communautaire : quelques réflexions à partir d'une analyse comparée », *Travail et Emploi*, n° 53, 1992, p. 58.

MORITA (H.), « Notion de préjudice en droit japonais », *in Le préjudice : entre tradition et modernité*, Journées franco-japonaises, Association Henri Capitant, t. I/2013, Bruylant, 2015, p. 27.

MORTIER (R.), **BOL** (S.), « Le registre des bénéficiaires effectifs », *JCP G*, n° 51, 18 décembre 2017, doctr. 1354.

MOUGEOT (M.), **NAEGELEN** (F.), « La concurrence pour le marché », *Rev. éco. pol.*, 2006/6, vol. 115, p. 741.

MOUTON (S.), « La face Cachée du pouvoir de droit : la raison d'État ? », *in Études en l'Honneur du Professeur Jean-Arnaud MAZERES*, LexisNexis, 2009, p. 578.

NAPOLITANO (G.), « Les biens publics et les "tragédies de l'intérêt commun" », *Revue de droit administratif*, n° 1, Janvier 2007, p. 5.

NEGRI (A.), « La démocratie contre la rente », *Multitudes*, 2008/1, n° 32, p. 128.

NELIDOFF (P.), « La loyauté en histoire du droit », *in Mélanges en l'honneur du Professeur Claire Neirinck*, LexisNexis, Paris, 2015,. p. 5-13.

NEYRET (L.), « Le préjudice écologique au lendemain de l'arrêt Erika », *in Le préjudice : entre tradition et modernité*, Journées franco-japonaises, Association Henri Capitant, t. I/2013, Bruylant, 2015, p. 177.

NEYRET (L.), « Libres propos sur le crime d'écocide : un crime contre la sûreté de la planète », *in Pour un droit économique de l'environnement, Mélanges Martin*, Éd. Frison-Roche, Paris, 2013, p. 411 et s.

NEYRET (L.), « La consécration du préjudice écologique dans le code civil », *D.*, n° 17, 4 mai 2017, p. 924.

NICOLAS (E.), « Le salarié, consommateur d'actions cotées de son entreprise », *Revue Droit social*, n° 6, 5 juin 2014, p. 528.

NICINSKI (S.), « Application de la jurisprudence Altmark par le juge administratif français », *AJDA*, n° 24, 3 juillet 2006, p. 1346.

NICINSKI (S.), « La transformation des établissements publics industriels et commerciaux en sociétés », *RFDA*, 2008, p. 35.

NICINSKI (S.), « Les services sociaux devant le Conseil d'État : la construction d'une exception française », *AJDA*, n° 4, 4 février 2008, p. 185.

NICINSKI (S.), « L'ordonnance n° 2014-948 du 20 août 2014 relative à la gouvernance et aux opérations sur le capital des sociétés à participation publique », *RFDA*, n° 1, 12 mars 2015, p. 93.

NICINSKI (S.), « Opérateur historique et pratique anticoncurrentielle », Actualité juridique de la concurrence et de la régulation, Idoux (P.), Nicinski (S.), Glaser (E.) dir., AJDA, n° 21, 19 juin 2017, p. 1207.

NICINSKI (S.), « Les droits exclusifs », *RFDA*, n° 3, 12 juillet 2018, p. 479.

NICINSKI (S.), « Les privatisations dans la loi PACTE », *AJDA*, n° 22, 24 juin 2019, p. 1261.

NOREL (P.), « État et marché : éléments pour l'histoire d'une synergie », *in Le marché et l'État à l'heure de la mondialisation*, Thirion (N.) dir., Actes du 1er colloque David-Constant de la Faculté de droit de l'Université de Liège, Larcier, 2007, p. 229 et s.

NUMA (G.), « Note sur le monopole naturel et le monopole pratique chez J. S. Mill », *Rev. éco.*, 2010/2, vol. 61, p. 341.

OCHOA (N.), « Pour en finir avec l'idée d'un droit de propriété sur ses données personnelles : ce que cache véritablement le principe de libre disposition », *RFDA*, n° 6, 3 janvier 2016, p. 1157.

OLIVESI (S.) « Présentation du dossier. De la démocratie en entreprise. Dialogue social et représentation des salariés », *Presses universitaires de Grenoble*, Politiques de communication, 2014/1, n° 2, p. 5.

PAILLUSSEAU (J.), « Le droit des activités économiques à l'aube du XXIe siècle », *D.*, 2003, p. 260.

PARK (S.), « Market Power Revisited », *Research in Law and Economics*, 2012, Vol. 25, pp. 1-13.

PASSALACQUA (A.), « La réforme ferroviaire française de 1997 : une histoire à rebondissements pour un scénario original », *Revue d'histoire des chemins de fer*, n° 45, 2014.

PAULIAT (H.), « La règle *ne bis in idem* et le juge administratif », *RDP*, n° 1, 1er janvier 2018, p. 39.

PAVIA (M.-L.), « Un essai de définition de "l'interventionnisme" », *in L'interventionnisme économique de la puissance publique, Mélanges Péquignot*, t. 2, Centre d'études et de recherches administratives, Montpellier, 1984.

PEIGNOT (B.), « Requiem pour un bon père de famille défunt », *Revue des loyers*, n° 982, 1er décembre 2017.

PELLOUX (R.), « Le Préambule de la Constitution du 27 octobre 1946 », *RDP*, 1947.

PERELMAN (C.) dir., *Le problème des lacunes en droit*, Bruylant, 1968.

PERROT (A.), « Les frontières entre régulation sectorielle et politique de la concurrence », *Revue française d'économie*, 2002, vol. XVI, pp. 81-112.

PERROT (A.), « L'économie digitale et ses enjeux : le point de vue de l'économiste », *AJCA*, n° 2, 16 février 2016, p. 74.

PERROUD (T.), « Face aux privatisations, retrouver l'esprit de l'alinéa 9 du Préambule de la Constitution de 1946 », *Juspoliticum*, 10 juillet 2018, [http://blog.juspoliticum.com/2018/07/10/face-aux-privatisations-retrouver-lesprit-de-lalinea-9-du-preambule-de-la-constitution-de-1946-par-thomas-perroud].

PETIT (B.), « "Reporting" RSE : un nouveau coup d'épée dans l'eau… », *Environnement et développement durable*, n° 7, juillet 2014, étude 12.

PETIT (F.), « Avant propos », *in Droit et loyauté,* PETIT (F.) dir., Dalloz, coll. Thèmes & commentaires, 2015.

PEZ (T.), « L'ordre public économique », *Nouv. Cah. Cons. const.*, n° 49, (dossier : L'entreprise), octobre 2015, p. 44-57.

PEZ (T.), « Les attributions des autorités de régulation économiques », *RFDA*, n° 1, 18 mars 2017, p. 42.

PICOD (Y.), *Le devoir de loyauté dans l'exécution du contrat*, LGDJ, 1998.

PICOD (Y.), « Le nouveau droit des pratiques abusives de l'article L. 442-1 du code de commerce », *AJ Contrat*, n° 5, 27 mai 2019, p. 201.

PIEDELIEVRE (S.), « La loi sur la séparation et la régulation des activités bancaires », *D.*, n° 31, 19 Septembre 2013, p. 2110.

PILLET (G.), « L'efficacité du droit français des contrats face aux géants de l'internet », *RTD Com.*, n° 2, 28 juillet 2018, p. 273.

PIROVANO (A.), « La fonction sociale des droits : Réflexions sur le destin des théories de Josserand (A propos d'un arrêt de la 3e Chambre civile de la Cour de cassation, du 12 oct. 1971) », *D.*, 1972, p. 67.

PIROVANO (A.), « Progrès économique ou progrès social (ou les contradictions du droit de la concurrence) », *Recueil Dalloz Sirey*, 1980, 20e cahier, chronique XXII, p. 145.

PIROVANO (A.), **SALAH** (M.), « L'abus de dépendance économique : une notion subversive ? », *Petites aff.*, 21 et 24 septembre 1990.

PIROVANO (A.), « Justice étatique, support de l'activité économique. Un exemple : la régulation de l'ordre concurrentiel », *Justices*, n° 1, Janvier/juin 1995, p. 15.

PIROVANO (A.), « La "boussole" de la société. Intérêt commun, intérêt social, ou intérêt de l'entreprise ? », *D.*, 1997, p. 189.

POIREL (C.), « Stratégies logistiques et stratégies de résistance dans les canaux de distribution », *Logistique & Management*, vol. 17, n° 2, 2009, p. 66.

PONGERARD-PAYET (H.), « Critères sociaux et écologiques des marchés publics : droit communautaire et interne entre guerre et paix », *Europe*, n° 10, Octobre 2004, étude 10.

PONTIER (J.-M.), « La politique de labellisation », *AJDA*, n° 30, 18 septembre 2017, p. 1700.

PORTMANN (A.), « Répertoire numérique des *lobbyistes* : les obligations pour l'avocat », *Dalloz actualité*, n° 15, 15 mai 2017.

PRIETO (C.), « De Luxleaks au plan d'action de lutte contre l'évasion fiscale des multinationales », *RTD Eur.*, n° 1, 19 mai 2016, p. 3.

PRIETO (C.), « Les mérites étouffés des concurrents de Google ou l'abus par l'algorithme », *RTD Eur.*, n° 3, 23 octobre 2017, p. 429.

QUIOT (G.), « Service public national et liberté d'entreprendre », *in Le Préambule de la Constitution de 1946 : antinomies juridiques et contradictions politiques*, CURAPP, PUF, Paris, 1996.

QUIOT (G.), « De l'inconstitutionnalité de la loi du 31 décembre 2003 relative aux obligations de service public des télécommunications et à France Télécom, *AJDA*, n° 15, 2005, p. 813.

Quiot (G.), « La révision de l'alinéa 9 du préambule de la Constitution de 1946 par le Conseil constitutionnel », *Petites aff.*, 2007, n° 48, p. 4.

Rabault (H.), « La constitution économique de la France », *Revue Française de droit constitutionnel*, 2000-707.

Racine (J.-B.), « Droit économique et lois de police », *RIDE*, 2010/1, t. XXIV, p. 61-79.

Rapp (L.), « Stabilité du contrat public et mutabilité de son objet », *Revue Contrats et Marchés publics*, n° 7, Juillet 2008, étude 7.

Rapp (L.), « Numérique et concurrence », *RFDA*, n° 5, 12 novembre 2014, p. 896.

Rapp (L.), « De l'État-entrepreneur à l'État-protecteur : article 152 et 153 de la loi 'PACTE' », *Revue droit des affaires*, Hebdo – éditions affaires, n° 597, 13 juin 2019.

Ray (J.-E.), « Facebook, le salarié et l'employeur », *Revue droit social*, n° 2, 10 février 2011, p. 128.

Reberioux (A.), « Governance d'entreprise et théorie de la firme. Quelle(s) alternative(s) à la valeur actionnariale ? », *Revue d'économie industrielle*, vol. 104, 4e trimestre 2003, p. 85-110.

Rey (P.), **Tirole** (J.), « Quelles régulations pour le commerce ? », *in Régulation des relations entre fournisseurs et distributeurs*, Conseil d'analyse économique, La documentation française, 2000.

Richer (L.), « La contractualisation comme technique de gestion des affaires publiques », *AJDA*, n° 19, 19 mai 2003, p. 973.

Riem (F.), « Retour sur l'ordre concurrentiel », *RIDE*, 2013/4 (t. XXVII), p. 440.

Riffault-Treca (J.), « La répression des infractions d'initié en droit français, *RSC*, n° 1, 14 Mars 1997, p. 1.

Rigaux (F.), « Les droits économiques et sociaux », *in Liberté et droit économique*, Farjat (G.), Remiche (B.) dir., De Boeck, coll. Droit/Economie, Bruxelles, 1992.

Ripert (G.), « L'ordre économique et la liberté contractuelle », *Mélanges Gény*, 1934, t. 2, p. 352.

Rivero (J.), « Idéologie et techniques dans le droit des libertés publiques », *Mélanges J.-J. Chevallier*, Editions Cujas, Paris, 1978.

Rivero (J.), **Vedel** (G.), « Les principes économiques et sociaux de la Constitution : Le préambule », *Pages de doctrine*, vol. 1, LGDJ, Paris, 1980.

Rivero (J.), « Les conditions de conformité à la Constitution de la première loi de privatisation », *AJDA*, n° 10, 1986, p. 584.

Rochfeld (J.), **Zolynski** (C.), « La 'loyauté' des 'plateformes'. Quelles plateformes ? Quelle loyauté ? », *Dalloz IP/IT*, n° 11, 14 novembre 2016, p. 520.

ROQUILLY (C.), « Cadre conceptuel – De la conformité réglementaire à la performance : pour une approche multidimensionnelle du risque juridique », *Cahiers de droit de l'entreprise*, n° 6, Novembre 2009, dossier 34.

ROSANVALLON (P.), « L'idée de nationalisation dans la culture politique française », *Le Débat*, 1981/10, n° 17, p. 5.

ROSANVALLON (P.), « Corporations et corps intermédiaires », *Le Débat*, 1989/5, n° 57, p. 172-175.

ROUBIER (P.), « Les prérogatives juridiques », *Archives de philosophie du droit*, 1960, p. 128.

ROUSSEAU (D.), « L'objet de la Constitution, ce n'est pas l'État, mais la société », *Critique*, 2012/5, n° 780.

ROUSSEAU (D.), « Le droit constitutionnel continue : institutions, garantie des droits et utopie », *RDP*, 2014, n° 6.

ROUSSEAU (S.), « Rapport général », *in Le pouvoir dans les sociétés*, Journées chiliennes, Travaux de l'Association Henri Capitant, Bruylant, LB2V, Bruxelles, Paris, 2012, p. 25.

ROUVIERE (F.), « Le fondement du savoir juridique », *RTD Civ*. n° 2, 20 juin 2016, p. 279.

RYDBERG (E.), « Multinationales, supply chain et syndicats : une typologie », *in Le pouvoir des entreprises transnationales, Passerelle*, n° 5, Avril 2011, p. 15.

SAINT AMANS (P.), **AGLIETTA** (M.), « Lutter contre les paradis fiscaux », *in Qui capture l'État*, Lorenzi (J.-H.) dir., PUF, coll. Descartes et cie, 2012, p. 92-93.

SALAH (M.), « Le pouvoir économique et le droit. Variation sur un thème très niçois », *RIDE*, 2013/4, t. XXVII, p. 475-490.

SAOUDI (M.), « La gouvernance fiscale européenne », *Revue de l'union européenne*, n° 620, 9 Juillet 2018, p. 416.

SAUNIER (S.), « L'autonomie de la volonté en droit administratif français : une mise au point », *RFDA*, n° 3, 2007, p. 609 et s.

SAVARY (J.), « Les mutations françaises de 1982 : une mutation des structures industrielles », *in L'interventionnisme économique de la puissance publique, Mélanges Péquignot*, t. 2, Centre d'études et de recherches administratives, Montpellier, 1984.

SAVATIER (R.), « L'ordre public économique », *D.*, 1965, chronique p. 37.

SAVY (R.), « La constitution des juges », *D.*, 1983, vol. 1, p. 105.

SAUTEL (O.), **MUÑOZ** (A.), « Le test de ciseau tarifaire en pratique : les défis de son implémentation », *RLC*, n° 63, 1er juillet 2017.

SCHMIDT (D.), « La société et l'entreprise », *D.*, n° 41, 30 novembre 2017, p. 2380.

SERINET (Y.-M.), « Loi 'Sapin 2' et devoir de vigilance : l'entreprise face aux nouveaux défis de la compliance », *D.*, n° 28, 2017, p. 1619.

Sirinelli (P.), **Prevost** (S.), « Les maîtres de la GAFAXIE », *Dalloz IP/IT*, n° 10, 22 octobre 2019, p. 525

Sheperd (W. G.), « Entry barriers, contestability, and predatory pricing », *Revue d'économie industrielle*, 1988, n° 46, pp. 1-20.

Sorbara (J.-G.), « Les biens communaux », *RDP*, n° 4, 1er juillet 2008, p. 1023.

Spielmann (A.), **Spielmann** (D.), « La notion de l'abus de droit à la lumière de la convention européenne de sauvegarde des droits de l'homme et des libertés fondamentales », *in L'abus de droit et les concepts équivalents : principe et applications actuelles*, Actes du dix-neuvième Colloque de droit européen, Conseil de l'Europe, Strasbourg, 1990, p. 58 et s.

Spitz (J.-F.), « Imperium et dominium chez Locke », *Revue française de théorie juridique*, n° 22, novembre 1995, p. 27.

Steennot (R.), « Libre marché et réglementations contraignantes : le cas de la protection du consommateur en Europe », *in Le marché et l'État à l'heure de la mondialisation*, Thirion (N.) dir., Actes du 1er colloque David-Constant de la Faculté de droit de l'Université de Liège, Larcier, 2007, p. 159 et s.

Stifani (F.), **Berthet** (K.), **Letienne** (P.), « La nouvelle transparence fiscale dans l'Union européenne : les ETNC à la lumière du projet BEPS », *Revue de l'Union européenne*, n° 601, 5 septembre 2016, p. 460.

Sudre (F.), La Cour européenne des droits de l'homme et le principe de précaution », *RFDA*, 2017, n° 6, 11 janvier 2018, p. 1039.

Sueur (J.-J.), « Régénération des droits de l'homme et/ou consécration de droits nouveaux ? », *in Le Préambule de la Constitution de 1946 : antinomies juridiques et contradictions politiques*, CURAPP, PUF, Paris, 1996.

Sueur (J.-J.), « Pour une autre "analyse économique" du droit », *Revue interdisciplinaire d'études juridiques*, 2012/1, vol. 68, p. 107 et s

Sun (B.), **Jing** (W.), **Zhao** (X.), **He** (Y.), « Research on market power and market structure. A direct measure of market power of internet platform enterprises », *International Journal of Crowd science*, vol. 1, n° 3, 2017, pp. 210-222.

Tabeau (T.), « Loi relative à la gratuit et aux modalités de la réutilisation des informations du secteur public », *REM*, n° 37, hiver 2015/2016, p. 16.

Taccola-Lapierre (S.), « La crise du subprime », *in Vulnérabilité et crises financières*, Gilles (P.) dir., L'Harmattan, coll. Région et développement, n° 26, 2008, p. 51 et s.

Teller (M.), « La sincérité dans la présentation des budgets et des comptes privés », *in* Le Bot (O.) coord., *La sincérité en droit*, Larcier, 2011, p. 83.

Terneyre (Ph.), « La liberté contractuelle est-elle un droit fondamental ? Le point de vue constitutionnel », *AJDA*, n° 9, 21 septembre 1998, p. 667.

Theron (J.-P.), « À propos de la liberté d'entreprendre », *in L'interventionnisme économique de la puissance publique, Mélanges*

Péquignot, t. 2, Centre d'études et de recherches administratives, Montpellier, 1984, p. 676.

THIRION (N.), « L'émergence de nouveaux pouvoirs privés normatifs : l'exemple du gouvernement d'entreprise », *in Le marché et l'État à l'heure de la mondialisation*, Thirion (N.) dir., Actes du 1er colloque David-Constant de la Faculté de droit de l'Université de Liège, Larcier, 2007, p. 139 et s.

TREBULLE (F. G.), « Personnalité morale et citoyenneté, considérations sur l'entreprise citoyenne », *Rev. soc.*, n° 1, 24 avril 2006, p. 41.

TREBULLE (F.-G.), « La propriété à l'épreuve du patrimoine commun : le renouveau du domaine universel », *Mélanges Malinvaud*, Litec, Paris, 2007, p. 659.

TRUCHET (D.), « Douze remarques simples sur le principe de précaution », *JCP G*, n° 12, 20 mars 2002.

TUFFERY-ANDRIEU (J.-M.), « Propos liminaire ou contribution historique à l'étude de l'actionnariat salarié », *Revue Droit social*, n° 6, 5 juin 2014, p. 493.

URBAIN-PARLEANI (I.), « La raison d'être des sociétés dans le projet de loi PACTE du 19 juin 2018 », *Rev. sociétés*, n° 11, 10 novembre 2018, p. 623.

UZAN (O.), « Renault : Des stratégies RSE vers une RSE stratégique », *in* PLUCHART (J.-J.), Uzan (O.) dir., *Responsabilité sociale de l'entreprise*, coll. Master, MA éd., 2017, p. 25.

VALENBOIS (A.-L.), « La constitutionnalisation de l'exigence de sécurité juridique en droit français », *Nouv. Cah. Cons. const.*, n° 17, mars 2005.

VAN DROOGHENBROECK (S.), « L'article 17 de la Convention européenne des droits de l'homme est-il indispensable ? », *Revue trimestrielle des droits de l'Homme*, 2001, p. 541.

VAN LANG (A.), « Principe de précaution : exorciser les fantasmagories », *AJDA*, n° 9, 16 mars 2015, p. 510.

VAUTROT-SCHWARZ (C.), « L'ordre public économique », *in L'ordre public*, Dubreuil (C.-A.) dir., Cujas, 2012.

VEDEL (G.), « Existe-t-il deux conceptions de la démocratie ? », *Pages de doctrine*, Vol. 1, LGDJ, 1980.

VEDEL (G.), « La place de la Déclaration de 1789 dans le "bloc de constitutionnalité" », *in La déclaration des droits et l'homme et du citoyen et la jurisprudence*, Paris, 1989, p. 34 et s.

VEDEL (G.), « Études et doctrines : excès de pouvoir législatif et excès de pouvoir administratif » (en deux publications), *Nouv. Cah. Cons. const.*, n° 1 et n° 2, Décembre 1996 et Mai 1997.

VENMANS (F.), « L'efficacité environnementale et économique du marché du carbone européen », *Courrier hebdomadaire du CRISP*, 2011/14, n° 2099-2100, p. 5-91.

Vernac (S.), « Du bon gouvernement de l'entreprise en société », *Revue de droit du travail*, n° 4, 30 avril 2018.

Vergnerie (M.-L.), **Jarry** (C.), « La gestion des déchets ménagers dans le cadre des filières "REP" », *AJCT*, n° 5, 14 mai 2011, p. 218.

Vincent (C.), « Jouir sans posséder », *Cahiers du Monde*, n° 22844, Samedi 23 juin 2018.

Vivant (M.), « L'irrésistible ascension des propriétés intellectuelles ? », *Mélanges Christian Mouly*, Litec, 1998, p. 441.

Vivant (M.), « Contre la logique de l'instant. Le droit et l'air du temps à travers l'exemple de la propriété intellectuelle », *Mélanges Jacques Béguin*, Litec, 2005, p. 769.

Voyame (J.), **Cottier** (B.), **Rocha** (B.), « L'abus de droit en droit comparé », *in L'abus de droit et les concepts équivalents : principe et applications actuelles*, Actes du dix-neuvième Colloque de droit européen, Conseil de l'Europe, Strasbourg, 1990, p. 23 et s.

Winant (P.), « Privatisations et rentes de monopole », Regards croisés sur l'économie, 2007/2, n° 2, p. 106-107.

Wolmark (C.), « L'action dans l'intérêt collectif : Développements récents », *Revue Droit social*, n° 7-8, 17 juillet 2017, p. 631.

Yildirim (G.), « L'enrichissement injustifié, nouveau visage de l'enrichissement sans cause », *AJ Fam.*, 2016, p. 472.

Zamagni (S.), « Gratuité et action économique », *Revue du MAUSS*, 2010/1, n° 35, p. 382.

Zaradny (A.), « Léon Blum, un socialiste au Conseil d'État », *RFDA*, n° 1, 7 mars 2013, p. 191.

Zenati-Castaing (F.), « La propriété, mécanisme fondamental du droit », *RTD Civ.*, 2006, p. 445.

III. Dictionnaires, Lexiques, Repertoires

Alland (D.), **Rials** (S.), *Dictionnaire de la culture juridique*, Paris, PUF, coll. Quadrige dicos poche, 2003.

Andriantsimbazovina (J.), **Gaudin** (H.), **Marguenaud** (J.-P.), **Rials** (S.), **Sudre** (F.), *Dictionnaire des droits de l'Homme*, Paris, PUF, coll. Quadrige dicos poche, 2007.

Abécédaire de droit de l'Union européenne*, en l'honneur de Catherine Flaesh-Mougin*, Presses universitaires de Rennes, coll. Droits européens, 2017.

Arnaud (A.-J.), *Dictionnaire encyclopédique de théorie et de sociologie du droit*, LGDJ, Story Scientia, 1988.

Bazex (M.), **Eckert** (G.), **Lanneau** (R.), **Le berre** (C.), **du Marais** (B.), **See** (A.) dir., *Dictionnaire des régulations*, Lexisnexis, Paris, 2015.

BEQUET (L.), *Répertoire du droit administratif*, t. XX, Société d'imprimerie et librairie administratives et des chemins de fer, Paris, 1882.
BRUN (P.), « Responsabilité du fait personnel », *Répertoire de droit civil*, 2015.

CAPITANT (H.), **TERRE** (F.), **LEQUETTE** (Y.), **CHENEDE** (F.), *Les grands arrêts de la jurisprudence civile,* 12e éd., t. 2, Dalloz, 2008.
CORNU (G.), *Vocabulaire juridique*, 12e éd., Association Henri Capitant, PUF, Janvier 2018.
CRUVELIER (E.), « Impôts directs », *Répertoire de droit commercial*, Avril 2017 (actualisation : février 2018).

DAGORNE-LABBE (Y.), « Rentes », *Répertoire de droit civil*, Dalloz, Mars 2012.

Encyclopedia Universalis, 5e éd., Paris, 2002.

FRISON-ROCHE (M.-A.), *Les 100 mots de la régulation*, PUF, coll. Que sais-je ?, 2011

GAÏA (P.), **GHEVONTIAN** (R.), **MELIN-SOUCRAMANIEN** (F.), **OLIVA** (É.), **ROUX** (A.), *Les grandes décisions du Conseil constitutionnel,* (ouvrage créé par Louis Favoreu et Loïc Philip), 18e éd., Dalloz, 2016.
GAUDEMET (Y.), **STIRN** (B.), **DAL FARRA** (T.), **ROLIN** (F.), *Les grands avis du Conseil d'État*, 3e éd., Dalloz, 2008.
GIACOPELLI (M.), « Délit et manquements d'initiés », *Répertoire de droit pénal et de procédure pénale*, Dalloz, Mai 2015, actualisation octobre 2017.
GREVY (M.), « Syndicats professionnels : constitution et fonctionnement », *Répertoire de droit du travail*, Mars 2012 (actualisation : janvier 2016).

HALLOUIN (J.-C.), « Administration », *JCl Sociétés Traité*, Fasc. 133-20, Mai 2013.

LEVENEUR (L.), « Le fait », *Archives de philosophie du droit*, t. 35, CNRS, Sirey, Paris, 1990, p. 143 et s.
LE TOURNEAU (P.), **POUMAREDE** (M.), « Bonne foi », *Répertoire civil*, Dalloz, 2017.

MAGNIER (V.), « Gouvernance des sociétés cotées », *Répertoire de droit des sociétés*, *Dalloz* (actualisation 2014).

POSTEL (N.), **SOBEL** (R.), *Dictionnaire critique de la RSE*, Septentrion, coll. Capitalismes, éthique, institutions, 2013.
PRIETO (C.), « Abus de position dominante », *JCl. Europe Traité*, Synthèse 150, mis à jour 29 octobre 2018.

SEILLER (B.), « Acte administratif : identification », *Répertoire de contentieux administratif*, *Dalloz*, octobre 2015 (actualisation : mai 2018).

SORBARA (J.-G.), « Biens communaux », *JCl Propriétés publiques*, fasc. 34-20.

SUTTERLIN (O.), « Principe pollueur - payeur », *JCL Environnement et Développement durable*, fasc. 2420, 15 juin 2017, 2.

TLFi : Trésor de la langue Française informatisé, [http://www.atilf.fr/tlfi], ATILF - CNRS & Université de Lorraine.

VERPEAUX (M.), **DE MONTALIVET** (P.)**, ROBLOT-TROIZIER** (A.), **VIDAL-NAQUET** (A.), *Droit constitutionnel, Les grandes décisions de la jurisprudence*, 2e éd., PUF, Thémis droit, 2017.

TOUZEIL-DIVINA (M.), *Dictionnaire de droit public interne*, Lexis nexis, 2017.

INDEX

A

B

C

D

E

F

G

S

T

U

TABLE DES MATIERES

Structures éditoriales du groupe L'Harmattan

L'Harmattan Italie
Via degli Artisti, 15
10124 Torino
harmattan.italia@gmail.com

L'Harmattan Hongrie
Kossuth l. u. 14-16.
1053 Budapest
harmattan@harmattan.hu

L'Harmattan Sénégal
10 VDN en face Mermoz
BP 45034 Dakar-Fann
senharmattan@gmail.com

L'Harmattan Cameroun
TSINGA/FECAFOOT
BP 11486 Yaoundé
inkoukam@gmail.com

L'Harmattan Burkina Faso
Achille Somé – tengnule@hotmail.fr

L'Harmattan Guinée
Almamya, rue KA 028 OKB Agency
BP 3470 Conakry
harmattanguinee@yahoo.fr

L'Harmattan RDC
185, avenue Nyangwe
Commune de Lingwala – Kinshasa
matangilamusadila@yahoo.fr

L'Harmattan Congo
67, boulevard Denis-Sassou-N'Guesso
BP 2874 Brazzaville
harmattan.congo@yahoo.fr

L'Harmattan Mali
Sirakoro-Meguetana V31
Bamako
syllaka@yahoo.fr

L'Harmattan Togo
Djidjole – Lomé
Maison Amela
face EPP BATOME
ddamela@aol.com

L'Harmattan Côte d'Ivoire
Résidence Karl – Cité des Arts
Abidjan-Cocody
03 BP 1588 Abidjan
espace_harmattan.ci@hotmail.fr

L'Harmattan Algérie
22, rue Moulay-Mohamed
31000 Oran
info2@harmattan-algerie.com

L'Harmattan Maroc
5, rue Ferrane-Kouicha, Talaâ-Elkbira
Chrableyine, Fès-Médine
30000 Fès
harmattan.maroc@gmail.com

Nos librairies en France

Librairie internationale
16, rue des Écoles – 75005 Paris
librairie.internationale@harmattan.fr
01 40 46 79 11
www.librairieharmattan.com

Librairie l'Espace Harmattan
21 bis, rue des Écoles – 75005 Paris
librairie.espace@harmattan.fr
01 43 29 49 42

Lib. sciences humaines & histoire
21, rue des Écoles – 75005 Paris
librairie.sh@harmattan.fr
01 46 34 13 71
www.librairieharmattansh.com

Lib. Méditerranée & Moyen-Orient
7, rue des Carmes – 75005 Paris
librairie.mediterranee@harmattan.fr
01 43 29 71 15

Librairie Le Lucernaire
53, rue Notre-Dame-des-Champs – 75006 Paris
librairie@lucernaire.fr
01 42 22 67 13

www.ingramcontent.com/pod-product-compliance
Lightning Source LLC
LaVergne TN
LVHW021136061026
849535LV00002B/259
* 9 7 8 2 3 4 3 1 9 4 1 0 3 *